불가능성의
인문학

불가능성의
인문학

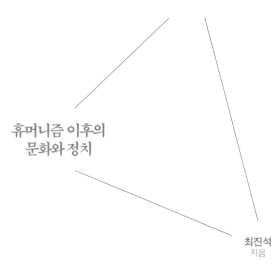

휴머니즘 이후의
문화와 정치

최진석
지음

문학동네

Whither Humanities?

비인간, 그로테스크, 감응

한국에서 '인문학'은 1990년대 중반을 지나며 '창안된' 개념이다. 물론, 문학과 역사, 철학을 기반으로 삼는 학문적 전통으로서의 인문학은 분명 그 이전에도 존재했다. 그렇지만 정치와 경제, 사회와 문화, 문학과 예술, 과학기술과 인공지능, 페미니즘을 아우르는 인식과 성찰의 전 영역을 인문학이라 부르는 풍조는 비교적 최근에 생겨난 것이다. '사회과학의 시대'라 불리던 1980년대에 '인문과학'이라는 명칭이 있긴 했지만, 그것은 전통적 인문학에 과학적 관점과 방법론을 적용시킴으로써 사회'과학'과 비등한 지위로 끌어올리려는 시도에 가까웠다. 해방을 향한 거리의 열정으로 들끓었던 1980년대에도 아카데미를 중심으로 한 인문학의 전통은 온존해 있었다. 하지만 문학·역사·철학에 한정되어 있던 이 근대적 유산은 1990년대 중반 '인문학의 위기'와 더불어 끝나고 말았다. 세간의 통념과는 다르게 들리겠지만, 지금 우리가 아는 인문학은 냉전의 종말과 근대 문화의 종언, 그리고 '포스트모던'의 바람이 교차하는 지점에서 탄생한 '신생' 학문이었다고 말해도 좋을 것이다.

태생이 그러하니, '새로운' 인문학이 아카데미의 범주를 넘어서는 다른 무엇으로서 표상되는 것은 당연한 노릇이다. 대학제도에서 '위기'가 선포되자마자 학교 바깥으로 흘러나오기 시작한 인문학은 곧장 대중과 사회로 침투해 들어갔다. 인간이라면 누구나 갖춰야 할 기본적인 소양으로 떠받들어지거나, 일상의 우울과 고독에 휩싸일 때는 언제든 찾아갈 만한 '마음의 양식'으로 명명되기도 했다. 관조적 지혜이기보다 실천적 지식으로서 호출된 경우도 종종 있었다. 기업과 공장을 경영하는 실용적 지침으로도 인문학은 어김없이 호명되었고, 불경기를 벗어나기 위한 근본비책처럼 언론에 소개되기도 했다. 누구든 인생길을 되돌아보거나 새롭게 설계해야 할 시점에서는 인문고전을 음미하는 것이 사려 깊은 태도라 간주되었다. 이런 경향이 비난받거나 조소될 만한 일은 아닐 게다. 문제는 삶의 골목골목 어디에나 적용되는 만병통치약처럼 휘둘리는 가운데 인문학이 급속도로 낡고 상투적인 지적 상품이 되었다는 사실이다. 삶을 바꾸긴커녕 현재의 상태대로 유지시키거나 체념한 채 머무르도록 마비시키는 위약僞藥효과로서의 인문학이 그것이다. 아니, 어쩌면 인문학은 항상 그런 식으로만 존속해온 것이 아닐까? 니체를 빌려 말한다면, 오래된 것이든 새로운 것이든 인문학이란 늘 포장만 바꾼 채 똑같이 소비되어온 노예의 도덕에 가깝진 않을까?

인간, 문화, 학문. 이 세 가지는 인문학이 움켜쥐고 있던 본질적인 가치들이었다. 지구상의 어떤 존재보다도 인간을 우선하는 지혜로서, 삶을 풍요롭게 증진시키고 알차게 채우는 예술적 환경으로서, 그리고 즉물적 인식을 넘어서 삶의 근저를 관통하는 앎으로서 인문학은 스스로를 정체화해왔다. 하지만 휴머니즘을 명분으로 인간 아닌 것 일반에 자행되었던 공격성, 다수자와 소수자를 가르고 차별하며 배제함으로써 성립한 폭력적 구조, 비대해진 두뇌의 폭주 속에 소외되어버린 감각 및 신체적 실존의 문제 등은 인문학의 가치나 소용이 진정 추구할 만한 것인지 의문스럽게 만든다. 안 팔리는 고물이 되었다고 한탄하던 게 엊그제 같은데 지금은 인터넷과 스마트폰, SNS를 통해 언제 어디서든 구입 가능한 기호상품이 되어버린 인문학의 현실에서 '웃픈' 감정을 느끼는 것은 분명 기분 탓은 아닐 것이다. 세계에 대한 해석이 아니라 변화가 중요하다는 마르크스의 언명조차 소비자를 유인하는 광고문구가 되는 상황에서 인문학이 어디로 가게 될지 묻는 것은 비단 호사가적 관심사만은 아니다. 삶을 쉬어가는 여가로 즐기든, 실리를 위한 실제적 방편으로 삼든, 또는 필생을 거는 업으로 안든 지금 대체 왜 인문학을 하는가라는 질문에는 어떻게든 답을 하지 않을 수 없다. 이는 문학, 역사, 철학 혹은 인간, 문화, 학문이라는 분과와 주제에 얽매여 있던 인문학의 오랜 경향을 다른 방향으로 돌리고 또 흐르도록 변화시킬 수 있는가라는 과제와 연결된 응답의 문제일 것이다.

인문학 이후의 인문학. 그런 것이 과연 가능할까? 어떻게? 나는 비인간, 그로테스크, 감응이 그 답변으로 제시될 수 있다고 생각한다. 푸코가 지적했듯, 인간에게조차 인간이 사유의 화두가 되고 물음과 답변의 중심 문제로 던져진 것은 단지 몇 세기에 지나지 않는다. 지구상의 수많은 종 가운데 하나에 불과한 이 존재자를 담론적으로 옹호하고 정당화한 것이 인문학이었다면, 이제 인간의 시대가 저물고 있는 이 시점에서 더이상 인간 자신만이 인간의 주요한 관심사로 남을 수 없다. 비인간적인 모든 것에 주의를 기울이고 손길을 내뻗을 때 우리는 세계에 대한 더 내밀한 이해에 도달하며, 마침내 근대 인문학의 벽을 넘어설 수 있을 것이다. 감히 단언컨대 휴머니즘 너머의 비인문학이 우리의 유일한 장래다. 그로테스크는 모든 경계지어진 것의 바깥을 가리킨다. 공동체가 오랫동안 지속적으로 유지해온 관습과 규범, 제도와 체계, 법과 규칙의 총체를 문화라 부를 때, 그것이 특정한 계급과 성별, 인종과 연령, 지역 따위를 지지하는 억압적 강권으로 작용해왔음은 잘 알려진 사실이다. 이런 문화가 계속해서 정상과 비정상을 나누고 상하의 위계 및 지배/복종의 기울어진 질서를 강화해갈 것임은 자명하다. 그러니 조화롭고 정제된 문화의 경계선을 침탈하고 그로테스크한 괴물성의 반문화를 도입하는 데 대해 사유할 이유는 충분하다. 그로테스크는 익숙한 일상의 감각을 파열시키는 동시에 낯설고 섬뜩하지만 진정 새로운 삶의 잠재성을 끌어내는 열쇠가 될 것이다. 마지막으로 감응. 삶의 예측 불가능성을 거부하고 법의 통치를 열망하는 우리 시대의 요구는 사건적인 돌발을 기각하는 데 전력을 기울인다. 안정과 안온이 실존의 우선 가치란 점을 부정하진 못할 성싶다. 그러나 논리로 틀지어진 상식의 세계와 의사소통체계는 오직 볼 수 있는 것만 보게 만들고 들을 수 있는 것만 듣게 허락한다. 미지의 것에 눈멀고 귀먹은 우리는 낯선 삶의 유혹을 두려워하고 적대하는 무능력에 함몰되어 있다. 무의식적 욕망에 감관을 열고 억압 불가능한 충동을 삶에 연결시키는 능력의 발견과 발명을 위해 무언가 달라져야 한다. 감응하는 삶에 감응하는 인문학은 더이상 우리가 아는 인문학이 아닐 것이다. 이렇게 비인간, 그로테스크, 감응이라는 화두에 대한 응답이야말로 인문학 이후의 인문학을 가늠하는 탐침이 될 것이다. 그로테스크와 감응은 이전에 쓴 두권의 책『민중과 그로테스크의 문화정치학』과『감응의 정치학』에서 다룬바 있기에, 이 책에서는 비인간을 화두로 쓴 글들을 주로 모아보았다.

인문학은 불가능한가? 그렇다. 진작 유효기간이 지난 쿠폰에 미련을 둘 필요가 어디 있는가? 인간적 가치를 위해 인간 밖의 모든 것을 지옥으로 몰아넣는 인문학, 문화를 창달한답시고 권력의 시종이 된 인문학에 장래를 걸 이유는 없다. 인문학은 가능한가? 진정 그렇다. 인문학을 배반하는 인문학, 휴머니즘이라는 철 지난 깃발을 걷어내고 인간성의 경계 너머로 인간을 돌려보내는 인문학, 문화의 내부와 외부를 구분짓는 경계선을 지워내는 그로테스크한 표정의 인문학, 실선과 직선의 논리학을 점선과 곡선 그리고 뫼비우스의 비논리로 감응하는 인문학을 통해 우리는 인문학을 넘어서는 인문학을 기대할 수 있으리라. 그것을 인문학이라 계속 불러도 좋을지는 나중에 고민하기로 하자. '불가능성'은 이토록 낯선 인식과 통찰, 반어와 역설의 아포리아를 포기하지 않고 이어가기 위한 사유의 실마리다. 지금—여기서 우리에게 요청되는 것은 그 같은 아포리아를 철저하게 받아들이는 것, 사유와 활동의 조건으로 삼는 것이다. 불가능성을 둘러싼 아포리아로서의 (불)가능성. 이제 우리는 이 아포리아를 직시하고 성찰해야 할 시간 앞에 서 있다. 인문학의 불가능성과 가능성의 조건을 동시에 사유함으로써 현재성의 굴레에 결박되지 않기 위해서, 이 책은 불가능성에 내재한 역설로부터 인문학을 향해 타전한 메시지가 되길 원한다. 미—래의 인문학은 아마도 그곳에서 찾을 수 있으리라.

*

수년간 썼던 글들을 모아서 책으로 묶어내자니 낡은 자화상을 보는 듯해 스스로도 얼굴이 붉어지는 일이 잦았다. 시간의 편차만큼이나 글의 색도 바래고 문체의 표정도 바뀌었기에 도무지 원형 그대로는 실을 수 없어 수정에 수정을 거듭해야 했다. 하지만 흡족하게 모두 고칠 수는 없었음을 시인해야겠다. 이 책을 읽다가 논지의 흐름이나 문장의 결에 어색함을 느꼈다면 애초에 미진했던 부분을 끝내 털어내지 못한 나 자신의 부족함 때문이다. 그럼에도 정치와 철학, 문화와 사회, 예술에 걸친 산만한 글들을 한 권의 책으로 엮어낼 수 있던 것은 전적으로 타인들의 도움 덕택이다. 장르도 방향도 모른 채 갈 곳 없던 글 묶음을 출판하도록 권유해

주신 이진경 선생님께는 늘 감사하는 마음 가득이다. 매번 약속을 어기며 연기에 연기를 거듭하는 나를 어르고 달래며 여기까지 오게 해준 문학동네 이경록 편집자님께도 깊은 고마움을 전한다. 아울러 피로와 게으름을 핑계로 방 한켠에 숨어 진전을 못 보던 내게 따뜻하고도 엄격한 조언을 남겨주며 애써 일으켜 세워준 친구에게도 손 맞잡아 다정한 인사를 건네고 싶다. 모든 사물의 세계가 그러하듯, 이 책 역시 나와 너, 그들이 공-상共-想으로 빚어낸 공-동共-動의 산물일 것이다.

2020년 5월

최진석

3부 휴머니즘 이후의 인문학

4부 급진적 문화연구의 계보학

1부   (불)가능,
또는
정치의
아포리아

1. 슬라보예 지젝과 도래할 공산주의
가설과 이념 사이의 정치적 동력학

1. 지젝 신드롬과 이념의 귀환

2013년, 'MTV 철학자' 혹은 '세계에서 가장 위험하고 바쁜 철학자'라고 불리는 지젝이 공산주의의 부활을 외치며 한국에 왔다. 지난 세기의 끝 무렵 문화와 철학 비평을 통해 명성을 떨쳤던 그는 21세기의 벽두부터 갑자기 "레닌을 반복하라!"는 (철 지난) 구호로 세계를 아연실색하게 만들더니, 급기야 공산주의를 정치철학적 화두로 내세우며 전 세계를 순회하기 시작했다.[1] 2009년 런던을 시작으로 베를린, 뉴욕을 거쳐온 그의 여정은 서울에 이르러 마침내 '공산주의 이념 국제학술대회'라는 행사가 열리게 만들었다. 왜 '마침내'인가? '종북'이라는 볼썽사나운 색깔론이 여전히 기승을 부리는 한국의 현실에서 공산주의를 전면에 내세운 학술대

---

1 "진리의 정치를 향하여: 레닌의 복구"를 주제로 2001년 독일에서 열린 국제학술대회 논문집이 "Lenin Reloaded: Toward a Politics of Truth"라는 제목으로 2007년 출판된 바 있다. 한국어판은 2010년 간행되었다(지젝 외, 2010).

회가 개최된 것도 놀랍지만, "멈춰라 생각하라"라는 표제로 경희대에서 열린 그의 강연에 커다란 관심이 쏠렸던 까닭이다. 사흘간 찾아든 인파만 매일 500여 명이 넘고 지젝의 특별강연에는 거의 1만 명가량이 밀려들었다 하니,[2] 학술대회의 실질적 성과와는 별개로 '탈이데올로기'를 희구하는 21세기 한국에서 좌파적 이념을 앞세우며 이토록 성황리에 진행되었던 행사는 전무후무할 듯싶다.[3]

2008년 미국발 세계 경제위기와 중동지역에서 터져나온 민주주의의 요구 등을 지켜보며, 우리는 공산주의를 주창하는 지젝에게서 흡사 새로운 세계의 도래를 설파하는 예언자의 모습을 보는 듯하다. 물론 그의 이론이나 정치적 입장에 매서운 비판을 가하며 '거짓 예언자'라 규탄하는 목소리도 없지 않다. 가령 『르몽드 디플로마티크』에서 펼쳐진 이택광과 홍준기의 논쟁은 단순히 지젝에 대한 호불호의 차이를 넘어, 그가 제기한 공산주의의 현실성에 대한 상이한 해석의 편차를 보여주었다. 이는 이후 국내의 진보적 학술지, 저널 등에 연이어 게재된 논문들에서도 확인되는 바, '지젝 현상'이 비단 지식사회의 호사가적 관심사에 그치지 않았음을 반증하고 있다.[4] 지젝의 사유는 단지 탈현대의 다양한 이론들 중 하나로

2 이재원, 「철학은 있었지만 철학적 사건은 없었다」, 『중앙문화』 65, 2013.

3 지젝의 첫번째 방한은 2003년 다산기념 철학강좌로 이루어진 바 있다. 당시 이 행사의 제목이 "탈이데올로기 시대의 이데올로기: 20세기에 대한 철학적 평가"였던 만큼, 지젝으로서는 한 번도 이데올로기를 포기한 적이 없던 셈이다(지젝, 2005a). 알튀세르의 경우처럼, 지젝의 이데올로기론적 지반이 의식에서 무의식으로 완전한 구조변동을 바탕에 두고 있다는 점에서 우리의 논제 전체와 공명하는 바가 적지 않다.

4 지젝의 정치철학에 대해 이전부터 많은 논문들이 발표되었으나, 공산주의와 관련된 글들은 특히 논쟁적이다. 홍준기, 「지젝의 '공산주의'가 공허한 이유」, 『르몽드 디플로마티크』 63, 2013; 이택광, 「'지젝' 오독은 한국 사민주의자들의 반정치적 경향성」, 『르몽드 디플로마티크』 64, 2014; 홍준기, 「공산주의라는 환상에서 벗어나야」, 『르몽드 디플로마티크』 65, 2014; 진태원, 「좌파 메시아주의라는 이름의 욕망」, 『황해문화』 82, 2014; 이진경, 「실재의 정치학과 배제된 자들의 공산주의」, 『마르크스주의 연구』 11(1), 2014; 박도영, 「공산주의와 '도래할 민주주의'」, 『마르크스주의 연구』 11(1), 2014; 김정환, 「한국사회에서 지젝의 위험한 철학」, 『진보평론』 59, 2014.

서가 아니라, '포스트 공산주의 시대'에 제기된 또하나의/또다른 공산주의라는 문제설정 속에서 검토되어야 한다. 이는 공산주의를 '당위'의 차원에 올려놓은 채 현실정치를 사실상 '방기'해버렸던 진보좌파의 딜레마와 깊이 관련되어 있다. 정신분석적으로 말하자면, 숱하게 쏟아졌던 자본주의에 대한 비판과 불만, 적대 뒤편으로 우리는 자본주의의 영원불변한 건재함을 무의식적으로 믿어왔을지도 모른다.

지젝과 그의 '전략적 동반자'인 바디우에 의해 제기된 공산주의가 역사 속의 공산주의와 똑같다고 믿는 사람은 없을 듯하다. 물론 그것은 서구 마르크스주의의 전통과도 다르다. 관건은 때로는 '가설'로 때로는 '이념'으로 제시되는 공산주의가 대체 무엇인지, 그것이 이전의 정치적 체제 및 전통과는 어떻게 다른지, 또한 어떤 특이적인 변별지대를 구성하는 것인지 따져보는 데 있다. 만일 공산주의 혹은 진보적 이상 일반을 거부할 요량이 아니라면, 오늘날 또다시 제기된 공산주의를 적극적으로 사유하지 않을 까닭이 없다. 당연하게도, 그 목적은 지젝 등이 내세운 공산주의의 진리치를 검증하는 데 있지 않다. 그런 과정은 결국 지난 세기의 (강단적) 논쟁을 무익하게 되풀이하는 것에 지나지 않을 터이기 때문이다. 관건은 지젝의 공산주의가 현실을 변혁하는 실제적인 교두보가 되려면 어떤 조건들이 필요한지, 그 조건들이 과연 가능하며 또 어떻게 실현될 수 있는지를 이론적으로 따져보고 실천적으로 실험해보는 데 있다. 따라서 가설과 이념을 분리하는 '단락short-circuit'[5]을 분석해보는 일은 비단 지젝 사유의 현실성만이 아니라 공산주의의 현실성 및 그 가능성과 불가능성을 검토해보는 작업이 된다. 응답인 동시에 물음을 반복하는 문제제기야말로 우리의 목표가 되어야 할 것이다.

그런 의미에서 이 글은 지젝에 대한 '보충'이나 '방어' 또는 '반대'가 아니다. 우리의 논제는 지젝의 공산주의가 아니라, 공산주의라는 문제설정으로부터 지젝의 입론을 검토해보는 데 있다. 공산주의를 '현재의 상태를 지양해나가는 현실의 운동'이라 규정할 수 있다면(마르크스·엥겔스, 1990: 215),[6] 마르크스와 레닌이 그러했듯 지젝 역시 그 운동이 통과하는 경유지에 붙여지는 이름일 터이기 때문이다.

2. 가설과 이념 사이의 단락들

21세기 혁명운동의 표제인 '공산주의 이념'은 바디우에 의해 처음 안출되었고, 지젝이 적극적으로 받아쓰며 더욱 확장되었다. 두 철학자 사이에서 표면화되지 않은 이론적 간극을 염두에 두면서, 먼저 바디우의 논변을 짚어보도록 하자. 그에 따르면 공산주의는 일단 '가설'로서 우리에게 제기되어 있다.

공산주의 가설이란 무엇인가? 그 가설의 정전인『공산주의자 선언』에

5 '단락'은 체계적으로 기술되진 않았지만 지젝의 저술 곳곳에서 발견되는 결절적 개념이다. 그것은 상이한 심급들을 다양한 계기 속에 연결한다는 점에서 발리바르를 연상시키기도 하지만, 환영적으로 매개되어 있다는 점에서 차이가 난다. 가령 단락은 공허한 형식에 우연한 내용이 들어앉아 일시적으로 공백이 메워질 때 생겨나는 점멸현상 같은 것으로서 정신분석적 의미에서 '주체화'가 이에 해당된다. 다시 말해, 주체는 주어(라는 형식)의 효과이고, 주체성은 그 비어 있는 주어를 환영적으로 봉합함으로써 가상적인/잠재적인 내용을 부여한 결과다. 요점은 이러한 환영에도 불구하고, 혹은 그 환영적 봉합을 통해서 주체는 비로소 주체로서 가동된다는 데 있다. 어떠한 진리사건도 이 같은 환영의 단락을 포함하며, 이로부터 실재로서의 사건(공산주의!)도 벌어지게 된다(지젝, 2005b: 218). 단락의 개념적 대당(對當)은 '도약'일 것이다.

6 'communism'을 '현실의 운동'으로 정의할 때, 이를 한국어로 '공산주의'로 번역하는 것의 한계는 명확하다. 이는 역사적 공산주의를 직접적으로 환기시키기에 새로운 사유의 가동을 방해하며, 이 운동의 다양한 잠재성을 제한하는 탓이다. 들뢰즈·가타리나 네그리, 바디우, 고진의 'communism'을 논의할 때 '코뮨주의'나 '코뮌주의' '코뮤니즘' 등으로 번역하려는 노력은 이런 사정을 잘 말해준다. 다만 현재 우리의 초점은 지젝의 논변을 분석하는 데 있기에 그의 여러 한국어 번역서들이 채택한 '공산주의'를 그대로 사용했음을 밝혀둔다.

서 주어진 일반적 의미에서 '공산주의적'이라는 말은 우선 계급의 논리―노동의 지배계급에의 근본적 종속, 고대 이래로 지속되어온 합의―는 불가피하지 않고 극복될 수 있다는 것을 의미한다. 공산주의 가설은 다른 집단적 조직이 실천 가능하다는 것이고, 부富의 불평등 그리고 심지어는 노동분업을 제거하리라는 것이다. 거대한 재산의 사적 소유와 상속에 의한 그 재산의 양도는 사라질 것이다. 시민사회와 분리된 강제적 국가의 존재는 더는 필연성으로 인식되지 않을 것이다. 다시 말해 생산자들의 자유로운 연합에 근거한 장기에 걸친 재조직과정은 국가를 소멸시킬 것이다(바디우, 2009: 364).

서울 강연에서 바디우는 계급 철폐를 통한 평등의 실현, 억압국가의 철폐, 사회와 노동의 새로운 조직화 등으로 이 가설을 재차 요약한 바 있다(바디우, 2013). 지젝은 이러한 공산주의의 '영원한 이념'이자 '불변항'으로서 플라톤부터 중세 천년왕국운동 및 자코뱅과 레닌, 마오쩌둥으로 이어지는 근본개념들을 지적하고 있다. '엄격한 평등주의적 정의' '처벌적 테러' '정치적 주의주의' 및 '민중에 대한 신뢰'가 그것들이다(지젝, 2010: 249-250). 이 개념들의 매트릭스는 그 어떤 외적인 타격에 의해서도 허물어지지 않은 채 끈질기게 존속해왔는데, 그것은 영원불변하게 남아 있는 것이라기보다 패배 이후 매번 다시 돌아오는 방식으로 우리에게 던져지기에 '영원'하고 '불변적'이다. 프로이트식으로 말해 억압된 것의 귀환이라 해도 좋을 성싶다. 잠재적으로 항상-이미 실존해온 이념이 네 가지 개념들에 내속해 있으며, 핵심은 그것을 현행화시켜줄 수 있는 실제적 계기들, 즉 "공산주의 이념과 독특한 역사적 순간을 이어주는 특권적 고리"를 찾아내는 데 있다(지젝, 2010: 250). 이 고리는 가설과 이념을 이어주는 지점이자 보편적 이념과 구체적 사건의 연결점, 접속지대일 것이다.

'가설'로서 제기된 공산주의가 '이념'이라 명명될 수 있는 까닭이 여기에 있다. 단지 가설일 뿐이라면 공산주의와 그것의 현행화에 관한 이론은 전혀 새롭다고 할 수 없다. 우리는 공산주의 학설사에서 지겹도록 반복되었던 공식들에서 그 사례를 확인해볼 수 있다. 그럼 무엇이 가설을 이념으로 전화시킨다는 말인가? 정의상 가설은 입증되지 않은 논리이자 추론이다. 이에 반해 이념은 입증할 수 없으나 실재하는 사상의 힘을 뜻한다. 단적으로 말해, 가설과 이념 사이의 단락, 연속성과 불연속성을 이어주는 운동은 이념에서 나온다. 이념이 있다면 가설도, 그 실험도 가능하겠지만 무작정 내세워지는 가설은 이념을 만들 수도, 실증할 수도 없다. 이념이 견인하는 한 가설은 이념을 향한 추동력을 갖지만 이념 없는 가설은 실험될 여지도 없다. '현실의 운동'을 주장하는 공산주의는 '이념 - 가설'로서 제기될 수밖에 없는 것이다.

당연하지만 이러한 입론은 그 자체로 정당화될 수 없다. 이념이 가설을 이끌어간다고 해도, 그 이념이 가짜이거나 거짓일 수 있기 때문이다. 실제로 역사상의 숱한 이념들은 대개 사이비 예언자들이 내세운 거짓말에 다름없지 않았는가? 지금 귀환한 공산주의가 과거의 공산주의와 같지 않으리라 어떻게 확신하겠는가? 그러나 공산주의를 단지 신념의 문제라 치부하는 것도 가설과 이념 사이의 역사적 운동을 회피하려는 몸짓과 다르지 않다. 가설에서 이념으로 공산주의의 전위가 문제시되는 지점이 바로 여기다. 지젝에 따르면 이념은 객관적 진리로서 존재하는 게 아니라 철저하고 순수한 주의주의主意主義적 효과로서 나타난다. 참과 거짓, 진짜와 가짜, 진리와 허위 사이의 양자택일이 문제가 아니라, 오히려 양자택일의 행위 자체가 참과 거짓, 진짜와 가짜, 진리와 허위를 가르는 근본적 계기가 된다는 뜻이다. 그러나 이 같은 행위의 작인作因이 무의식이란 점이 중요하다. 무의식은 문제를 전치시키는 중심고리에 있다. 하지만 무의식이 문제화될 때 역사와 사회, 정치, 문화의 현실적 지형은 결코 명징하게 결정되지 않는다.

이 점에서 공산주의를 둘러싼 물음은 자명하거나 역사적으로 실증되는 관념이 아니다. 또한 '가짜'라는 딱지를 곧장 붙여도 좋을 만큼 쉽게 판별되는 허위의식도 아니다.[7] 핵심은 보다 복합적이며, 알튀세르라면 차라리 '영원한 이데올로기'라고 불렀을 비가시적이지만 현실적인 운동이다. 이때 단락은 필연적으로 발생하는데, 공산주의는 현실의 가시적 조건들을 기계적으로 이어붙임으로써 성취되는 이상이 아니기 때문이다. 자연적으로 비치는 현실의 이행을 비가시적으로 조건짓는 지점들, 그 요소들을 고려하지 않는다면 공산주의는 단지 이룰 수 없는 꿈, 불가능에 지나지 않는다. 가설과 이념 사이에서 현상적으로 불가능해 보이는 가설을 가능한 것으로 전화시키는 도약, 그것이 현재를 지양해가는 현실의 운동으로서 공산주의일 것이다. 가설과 이념 사이의, 그 도약을 사유하기 위해 우리는 지금 단락에 대해 먼저 분석해야 한다. 이제부터 제기될 세 가지 단락들은 역사적이고 이론적이며 실천적 차원에서 꾸준히 제기되었던, '공산주의'라는 운동이 내포해온 고유한 문제들이기도 하다.

2-1. 의식의 규제적 원리 vs. 무의식의 구성적 원리

가설이 갖는 임의성과 추상성을 바디우 역시 잘 알고 있기에 다음과 같이 덧붙이길 잊지 않았다. "'공산주의'는 그 자체로 바로 이러한 지적 표상의 일반적 집합만을 나타낸다. 그것은 강령이라기보다는 오히려 칸

---

7 『독일 이데올로기』에서 마르크스는 지배 이데올로기를 허위의식으로 규정하는데, 알튀세르는 그것이 '실증주의적 맥락'에서 밝혀진 1차적 분석이며 이로부터 이데올로기적 국가장치에 대한 분석을 발전시켜야 한다고 주장한다. 더 부연할 것도 없이, 허위의식과 이데올로기적 국가장치 사이의 단락을 이어주는 것은 바로 무의식에 대한 정신분석적 연구다(알튀세르, 2007: 381). 현대 자본주의 및 공산주의 정치에 대한 이론적 입장이 어떤 식으로든 정신분석을 경유하지 않을 수 없는 이유가 여기에 있다.

트가 규제기능을 가진 이념이라 불렀던 것이다"(바디우, 2009: 364). 요컨대 공산주의는 규제적 원리로서 기능해야 하며, 오직 그런 한도에서 공산주의라는 보편성을 주장할 수 있다는 말이다. 상당히 조심스러운 판단이다. 왜 이런 말을 하는 걸까? 조금만 돌아가 이야기해보자.

20세기의 현실사회주의가 소비에트연방에서 유일당 독재체제로 귀착한 이래 서구의 좌파 지식인들은 공산주의의 제도적 장치들, 즉 당과 국가에 거리를 두는 '초연함'의 정치철학을 추구해왔다. 실제 정치로부터의 '후퇴'라 부를 만한 이러한 정치철학 혹은 '철학적 정치'는 나치즘과 스탈린주의를 참조하며 '공동체 없는 공동체'와 같은 비 - 적극적인non-positive 자세를 취하도록 종용했고, 이는 현실의 장을 우파에게 넘겨줘버리는 의도치 않은 결과를 낳았다.[8] 19세기 '혁명의 시대'와 그 정점으로서 1917년 러시아혁명이 터져나왔던 역사적 흐름과는 정반대의 현상이 20세기 지식사회에서 벌어졌던 것. 이러한 개입과 초연의 아포리아 사이에서 좌파가 망설이는 동안, 우파가 현실정치의 빈자리에 들어섰다는 게 지젝의 분석이다. 2008년 금융위기 이후 폭발한 아랍 민중의 봉기나 미국의 월가 점령시위에 대해 좌파 지식인들이 보인 대책 없는 놀라움의 원인도 여기 있다. 덧붙여 2000년대에 접어들며 타올랐던 촛불집회에 대해 한국의 지식인들이 보인 이론적 혼란과 실천적 무능도 그와 멀지 않을 성싶다.

실천적 대중운동이 봉쇄되었던 20세기 후반의 지식인들은 이론적 무기를 가다듬는 데 열성을 쏟았다. 다만 날카롭게 정련된 그들의 이론은,

---

8 이러한 조류에 대한 비판으로는 다니엘 벤사이드의 글을 참조하라(벤사이드, 2010: 43-81). 물론 좌파 지식인들의 망설임에는 역사적 이유가 있다. 근대성에서 연유한 20세기의 파멸적 경험, 곧 파시즘과 스탈린주의가 낳은 전체주의적 공포는 어떠한 공동체적 실천에 대해서도 강력한 반발을 초래할 수밖에 없었던 것이다. 이에 관해서는 다음을 참조하라(블랑쇼 외, 2005).

알튀세르의 언명과 달리 실천의 무기로서 실제로 휘둘러지지 못했다. 현실의 장에서 이론이 직접 무기로 쓰이는 것을 그들은 거북해했고 심지어 저항하기까지 했다. 담론적 정당화가 여기에 부가되었는데, 이론은 언제나 규제적이기에 실천적 행위의 배후에 자리한다는 것, 그것이 이론의 실천이자 실천의 이론이라는 논리다. 가설과 이념의 섣부른 연결을 거부하고 심지어 금지해야 한다는 의식이 여기 있다. 하지만 이는 결국 이론과 실천 사이에 넘을 수 없는 결락이 있음을 자인하는 게 아닐까?

다시, 규제적 원리란 무엇인가? 칸트에게 그것은 이성의 구성적 사용에 반대하는 원리로서, 이성의 역할을 특정 부문으로 인도하고 거기에 한정짓는 것이다. 즉 현상을 탐구하는 지성의 성과물들을 정리정돈하고 통일하는 기능에 이성을 묶어둠으로써, 이성이 할 수 있는 것과 할 수 없는 것을 분별하지 못하는 오류를 예방하려는 원리다. 18세기에 칸트가 대결하고자 했던 적수는 영혼과 세계, 신을 이성적으로 인식 가능하다고 보았던 독단적 형이상학이었다. 그가 보기에 이러한 독단주의는 유한한 이성의 능력을 무한하다고 오판함으로써 불가능한 것을 가능한 것으로 착각하는 데서 비롯되었다. 초감성계의 대상, 곧 물자체에 우리는 결코 도달할 수 없다는 칸트적 인식론의 온당한 무대이자 한계가 이로부터 유래한다. 칸트에게 감히 이 한계를 넘어서려는 시도는, 이성의 '태만함' 혹은 '월권'이자 '전도'를 자인하는 것과 다르지 않다(칸트, 2006: B717 - 720).

공산주의를 그러한 규제적 원리 안에서 정의하려는 대표적인 철학자가 가라타니 고진이다. 그에 따르면 이성의 규제적 사용은 공산주의가 근대성의 파탄적 결과를 반복하지 않기 위해 반드시 지켜야 할 이론적·실천적 금지에 해당된다. 지젝이 격찬했다는 『트랜스크리틱』의 서문에서 그는 이렇게 말하고 있다.

마르크스는 공산주의를 '구성적 이념(이성의 구성적 사용)'으로서 생각하는 것을 일관되게 거부했다. 따라서 그는 미래에 대해 말하지 않았다. (…) [공산주의를 '현 상태를 지양해나가는 현실의 운동'이라 마르크스가 규정한 것은] 그가 공산주의를 '규제적 이념(이성의 규제적 사용)'으로서 지니고 있었다는 것과 전혀 모순되지 않는다. 그것을 '과학적 사회주의' 따위로 이론화하여 말하는 것이 형이상학이며, 마르크스는 그것을 물리쳤던 것이다. (…) 마르크스에게 있어 공산주의는 칸트적인 '지상 명령', 요컨대 실천적(도덕적) 문제다. (…) 많은 마르크스주의자들이 이러한 도덕성을 바보 취급하고 역사적 필연이나 '과학적 사회주의'를 표방한 결과 바로 노예적 사회를 '구성'하고 말았다. 그것은 '이성의 월권행위' 이외에 아무것도 아니다(고진, 2013: 14-16).

규제적 원리에 대한 고진의 강조는 역사적 공산주의('과학적 사회주의')의 재현을 경계하기 위함이다. 바디우가 규제적 사용의 한계 속에서 공산주의를 정초하고자 한 것도 같은 맥락에 있다. 공산주의는 영원한 이념이되 하나의 가설로서, 현실을 이런저런 방식으로 규정하고 구축하려 들지 않는 오직 '가설'로서 간주될 때만 그 이념의 진리치를 보장받는다는 의미일 게다. 하지만 지젝이 이 말을 받아쓸 때 이야기는 전혀 다른 방향으로 흐르기 시작한다. 바디우가 공산주의의 이념을 철학적 과제로서 제시하고 우리의 의무가 그 가설에 '새로운 존재양식'을 부여하는 데 있다고 말한 것에 대해 지젝은 이렇게 써넣고 있다.

이 구절을 칸트적 방식으로 읽지 않도록, 즉 공산주의를 하나의 '규제적 이념'으로 간주하고, 그럼으로써 평등을 선험적 규범-공리로 취하는 '윤리적 사회주의'의 유령을 소생시키는 방식으로 읽지 않도록 조심해야 한다. 오히려 우리는 공산주의에 대한 필요를 창출하는 일단의 실제적인 사회적 적대에 대해 세심한 주의를 기울여나가야 한다. ─공산주의는 하나의 이상이 아니라 그러한 적대에 대응하는 운동이라는 마르크스의 관념은 여전히 전적으로 타당하다(지젝, 2010: 176).

칸트가 경험의 범위 안에서 작동하는 이성을 고집했을 때 근대과학의 합리성은 견고하게 다져질 수 있었다. 그러나 현재의 경험에 결박된 미래가 합리성의 중추라면 우리는 영원한 현재성이라는 유리병 속에 유폐될 위험에 처한다. 달리 말해 시간적 연속의 합리성은 과거로부터 선형적으로 이어지는 현재를, 현재에서 뻗어나간 미래만을 상상하도록 강제하는 것이다. 이러한 시간관에서 혁명이라는 단절적 사건은 일어날 수 없다. 공산주의가 규제적 이념에 따라 가동되는 운동이라면, 그리하여 현재의 운동이 '준수'해야 할 이상이라면, 그렇게 도달한 미래가 과연 현재와 얼마나 다를 것인가? 역사의 기차를 멈춰세워야 한다고 주장했던 벤야민처럼,[9] 우리는 필연적으로 현재의 단락을, 또한 그것으로부터 탈구된 채 출발해야 하는 또다른 발단을 요구해야지 않을까? 어떻게?

공산주의를 영원한 이념으로 추앙하기 이전에 먼저 그것을 하나의 역사적 '이데올로기'라고 부르고, 이데올로기적 '기능'에 투여하는 것이 필요하다. 가설을 진리를 입증하는 경험적 실험의 장에 던져넣어야 한다. 가설로서의 공산주의는 무엇보다도 우선 이데올로기이며, 이데올로기인 한에서 현실의 전장戰場에 투입될 필요가 있다. "이데올로기는 언제나 투쟁의 장이다"(지젝, 2010: 78). '철학적 정치'라는 유리장에 진열된 공산주

---

9 동질적이고 비어있는 연속체로서의 근대성과 다른 시간성, 파열과 폭발 후에 도래할 타자의 차원이야말로 혁명의 시공간일 것이다(벤야민, 2009: 344-347). 이 책의 2장 「자크 데리다와 (불)가능한 정치의 시간」도 참조하라.

의를 오염되고 불투명한 현실에, 행위의 차원으로 투여해야 한다. 철 지난 이데올로기처럼 보이는 공산주의를 문서고에서 다시 끌어내고, 박제가 되어 붉은 광장에 전시된 레닌의 이름을 입에 올리는 것은 그런 이유에서다. 관건은 '믿음'뿐만 아니라 '행위' 역시 가설의 차원에 포함시키는 데 있다. 하지만 그 행위는 가설을 초과하는 가설의 외부로서, 가설이 비로소 이념으로 전화하는 축이 될 것이다. 정신분석의 언어로 말해, 대타자의 결여에 자신을 마개로써 제공하는 게 아니라 부재를 넘어서는 것, 대타자–없음을 수행한다는 것이 핵심이다. "오직 행위 자체를 위해 수행해야 하는" 광기가 여기 도사리고 있다(지젝, 2004a: 52). 가설과 이념 사이의 단락에는 어떠한 이성의 논리도 없기에 행위의 맹목과 광기만이 가능하고 필요하다. 대타자의 빈자리를 채워넣어야 한다.

이는 칸트가 금지한 '구성적 사용'일까? 그렇기도 하고 아니기도 하다. 맹목과 광기에 따른 행위는 이성의 차원 너머에 있는 까닭이다. 그런데 공산주의는 가설이면서 이념이다. 후자는 무의식과 욕망의 수준에 걸려 있으며, 코기토cogito의 규제를 초과한 영역에 있다. 공산주의를 현재의 상태를 지양하는 현실의 운동으로, '변증법적 도약'으로 파악한다면(벤야민, 2009: 345), 그것은 이성이 아니라 무의식과 욕망에 달린 문제일 것이다. 이러한 운동으로서 공산주의는 이성의 규제적 원리가 아니라 무의식과 욕망의 구성적 원리에 더욱 가까이 있다.[10] 이런 맥락에서 우리에게 공산주의는 실현 가능한 유토피아가 아니다. 역설적으로 그것은 실현 불가능한 이상이자 꿈으로서 현실과 단락지어져 있으며, 바로 그 때문에 공

---

10 지면상 더 논의할 수 없으나, 이러한 무의식의 구성적 작동이야말로 들뢰즈·가타리의 분열분석이 예각화했던 지점이다. 대중의 합리와 공포, 욕구를 넘어서 무차별적으로 이합집산하며 이접적 종합을 행하는 욕망의 운동이 그것이다. 많은 차이에도 정신분석과 분열분석은 그다지 멀리 있지 않은 듯하다(최진석, 2013).

산주의는 현재의 '너머'에서만 생성되는 낯선 시공간일 수밖에 없다. 우리는 공산주의를 글자 그대로의 장소 없는 시공간, 유-토피아로 받아들여야 한다.

가장 내밀한 곳에서 유토피아는 불가능한 이상적 사회를 상상하는 것과는 아무런 상관도 없다. 유토피아를 특징짓는 것은 문자 그대로 자리가 없는u-topia 공간의 건설이다. 즉 기존의 매개변항들―기존의 사회세계에서 무엇이 '가능한' 것으로 나타나는가를 규정하는 매개변항들― 바깥에 있는 사회적 공간의 건설이다. '유토피아적인' 것은 가능한 것의 좌표를 바꾸는 제스처다. (…) 이와 같은 순간의 절박함이 진정한 유토피아다. 우리는 바로 이러한 레닌주의적 유토피아의 (엄밀히 키르케고르적 의미에서의) 광기를 고수해야 한다(지젝, 2004b: 159-160).

마르크스의 말을 비틀자면, "가설은 가설이다. 그것은 특정한 조건에서 이념이 된다". 현재의 단락을 뛰어넘는 것은 두말할 나위 없이 광기 어린 행위다. 당연히 그것은 이성(논리)에 의한 현실에의 개입이 아니다. 신좌파가 손사래를 치며 사양했던, 현실에 대한 이론의 설익은 참여가 아니라 '막무가내'로 보일 법한 충동에 가까운 도약이다. 그것은 거짓 예언자의 참언 같기도 하고, 혹세무민하는 '유령적' 소문일 수도 있고, 종말에 대한 공포스러운 예언일지도 모른다. 진짜는 오직 행위 자체의 수행성으로부터, 의식 아래 깔린 무의식과 욕망의 영토로부터 연유하는 어떤 움직임이다.

2-2. 신적 폭력, 혹은 메시아는 어떻게 오는가?

현재로부터 미래로의 도약, 이때 지젝이 당차게 거론하는 것이 바로 벤야민의 신적 폭력이다. 그리고 지젝에게 쏟아지는 세찬 비난의 상당수가 이러한 '폭력 예찬'에서 기인한다. '유대적 자기희생'의 의미를 탈각한 채 타자에 대한 유혈로 점철된 '사디즘적 폭력'이 그것이라는 지적이다. 일종의 자기에 대한 폭력, 가령 '노동자의 헌신과 희생'이야말로 벤야민이 강조했던 폭력의 핵심인데, 지젝은 이를 이해하지 못한 채 '신적 폭력'이라는 레테르를 달고 세계에 대한 폭력불사를 강변했다는 것이다(홍준기, 2014). 비판의 빌미가 된 지젝의 문장을 옮겨보자.

> 십수 년 전 브라질의 리우데자네이루에서 일어난 사태를 상기해보자. 빈민가의 군중들이 도심의 부유층 거리로 가서 슈퍼마켓을 마구 약탈하고 방화하기 시작했다. 이런 것이 바로 신적 폭력이다. (…) 그들은 인간의 죄를 신의 이름으로 벌주기 위해 성경에 나오는 메뚜기떼 같았다. 신적 폭력은 목적 없는 수단으로서 어딘지 모르는 곳에서 들이닥친다(지젝, 2011: 277-278).

무질서한 혼란의 도가니에서 일상의 질서가 난맥에 휘말리는 것, 재산은 물론이고 생명조차 보존할 수 없는 폭력적 상황은 상상도 하기 싫으며, 두렵기 짝이 없다. 어느 누구도 그러한 사태를 원하지 않을 것이다. 또한 비판자들이 주장하듯, 저 장면이 정말 '신적'인 것인지 누가 확증하겠는가? 단지 무의미한 카오스에 불과하다면? 그 어떤 진리의 빛도 이 순간에 명멸하지 않는 듯하다. 문제는 마지막 문장이다. "신적 폭력은 목적 없는 수단으로서 어딘지 모르는 곳에서 들이닥친다."[11] 마치 주의 날

---

11 지젝을 '폭력적 혁명주의자'라 신랄하게 비판하는 홍준기는 이 마지막 문장을 누락시킨 채 인용했다. 하지만 필자가 보기에 이 문장이야말로 지젝의 이념-가설을 이해하는 데 필수적이다. 선형적·인과적 목적론으로부터 해방된 폭력이야말로 불가능한 혁명을 지금-여기의 현실적 가능성으로 전화시키는 도약점이기 때문이다.

이 '도둑같이' 찾아들듯, 신적 폭력은 언제 어디인지 알 수 없는 장면에서, 식별 불가능한 힘을 따라 도래한다는 것.

벤야민은 카를 슈미트의 파시즘적 국가법 논리와 대결하기 위해 「폭력의 비판을 위하여」(1921)를 작성했다. 예외상태에서 유일무이한 권력을 행사하는 주권권력, 국가주의에 대항하는 혁명의 논리를 개발하려는 것이었다. 법질서에 의해 정연하게 짜인 근대국가를 넘어서는, 그것을 타도하고 새로운 삶의 장소를 여는 운동이 혁명일 때, 이는 당연히 평화롭고 행복한 계약이나 양도를 통해 달성될 수 없을 것이다. 필연적으로 여기엔 단락이 발생하게 마련이고, 그 단락의 형태가 폭력이 되리란 점은 누구나 예상할 만하다. 그러한 폭력은 국가적 통제의 바깥에서 생겨난 폭력이며, 따라서 법과 제도, 국가의 외부에서 '난데없이' 발원하는 순수한 힘의 표출이다. 순수하기 때문에 여기엔 어떤 목적의식이 개입하지 않으며, 무차별적인 난동이나 혼돈, 무의미한 파열과 구별되지 않는다. "법의 수중에 있지 않을 때의 폭력은 그것이 추구할 수도 있는 목적 때문이 아니라 그것이 법의 바깥에 현존하다는 사실 자체 때문에 법을 위협한다"(벤야민, 2004: 144).

폭력 그 자체는 본성상 진보적인 것도 아니고 보수적인 것도 아니다. 차라리 그것은 분별 불가능한 사태, 그러한 사태를 야기하고 모든 것을 그에 휩쓸리게 만드는 일체의 강제력이라 할 만하다. 진보든 보수든, 해방이든 억압이든, 폭력의 성격은 다만 그 결과에 입각해서만 기술될 따름이다. 예컨대 법보존적 폭력은 국가의 내부에서 작동하는 폭력으로서 주권자의 의지에 종속된 합리화된 힘, 즉 치안의 권력을 뜻한다. 그것은 국가의 현존을 유지하고 지속시키기 위해 동원된 힘의 행사이자, 법의 연속성을 보증하는 억압적 국가장치ARE의 효과다. 반면 법정초적 폭력은 기성의 권력구조를 파괴하고 이전과는 상이한 정치의 장을 열어젖힌다는 의미에서 법을 '새로이', 이전과는 '다르게' 정초하는 역할을 맡는다. 이 두 가지 폭력은 경우에 따라 한 가지로 해석될 수도 있고, 전혀 상반되는 관점에서 의미화될 수도 있다. 벤야민은 신적인 폭력과 신화적 폭력을 구별하면서 그에 대한 참조점을 마련했다. 그에 따르면 신화적 폭력은 초월적인 경계를 돌파하려는 모든 시도를 저지함으로써 끝내 금지의 한계를 유지하는 데 기여하는 법보존적 성격을 강하게 함축한다. 가령 그리스신화에서 테베의 왕비 니오베는 일곱 명의 아들과 일곱 명의 딸을 낳은 자신이 남매만 낳은 레토보다 우월하다고 자랑하다가 레토의 저주로 아이들을 모두 잃었다. 인간이 자기에게 주어진 경계를 넘어서려고 할 때, 초월적 존재, 즉 신은 무자비하게 보복함으로써 그들 사이의 불가침적 경계를 확고히 유지한다는 것(벤야민, 2004: 160-162).

그렇다면 신적 폭력이란 무엇인가? 성경의 「민수기」 16장을 예거하며 벤야민이 언급하는 신적 폭력이란 신이 "특권을 누리던 레위족 사람들을 경고도 위협도 하지 않은 채 내리치고 주저 없이 말살"한 사건을 가리킨다(벤야민, 2004: 164). 어떠한 자비나 망설임도 없이, 참회의 기회도 주지 않고서 몰아닥친 이 폭력의 양상은 실로 '비인간적'이라 할 만하다. 하지만 이로부터 하나의 역설이 성립하는바, 그와 같은 전면적이고 무차별적인 폭력만이 기존의 모든 죄를 씻어내는 속죄의 길을 열기 때문이다. 즉 초월성의 경계를 일거에 허물어뜨리고 순수한 내재성의 지평을 열어젖힘으로써 모든 잠재적인 (비)법의 현행화를 가동시키는 사건이 그것이다. 그렇게 일체의 것을 무無로 환원해버리는 신적인 폭력만이 완전한 창세, 전적으로 새로운 법의 정초를 시작하게 만든다. 낡은 것과 새로운 것의 절대적인 단락을 야기시키고, 그로써 온전히 다른 것으로의 도약을 강요하는 것은 오직 신적인 폭력뿐이다. 이러한 단락과 도약은, 그 주체나 이유가 알려지지 않은 채 그저 맹목적인 행위('목적 없는 수단')에만 열려 있다는 점에서 우리의 의지나 인식, 예상을 넘어선다. 핵심은 순수한 행위로서의 이러한 폭력이 공산주의를 가설에서 이념으로 전화시킨다는 데 있다.

왜 주체화되지 않는 차원, 목적 없는 행위, '도둑처럼' 습격하는 '두렵고 낯선' 폭력만이 현재의 시간을 해체하고 또다른 시간을 여는 정초적 특징을 갖는가? 그것은 바로 우리의 무의식을 공격해서 뒤흔들어놓기 때문이다.

보편성에 맞서는 우리의 '생활세계', 즉 구체적인 민족적 실체는 습관으로 이루어져 있다. 그런데 습관이란 무엇인가? 법률적 질서든 명시적 규범의 질서든 이것들은 모두 비공식적 규칙들로 이루어진 복잡한 네트워크를 바탕으로 만들어지는 것이다. 그러니까 우리가 이 비공식적 규칙들과 명시적 규범들의 관계를 어떻게 맺어야 하는지, 또 이 규범들을 어떻게 적용해야 하는지, 곧이곧대로 받아들여야 한다면 그건 어디까지인지, 그리고 심지어 애걸복걸을 해서라도 그 규범을 어떻게 무시할 수 있는지 그럴 수 있는 건 또 언제인지 등은 바로 그 비공식적 규칙을 통해 알 수 있는 것이다. 그리고 어떤 사회의 습관에 대해 안다는 것은 그 사회가 가진 규칙에 대한 규칙을 아는 것과 같다(지젝, 2011: 221).

습관, 혹은 '규칙에 대한 규칙'은 암묵적인 불문율이다. 그것은 정확히 '알려지지 않은 알려진 것들unknown knowns'로서 (무)의식의 지위에 놓여 있다(지젝, 2004b: 19).[12] "이 외설적인 지하의 영역, 습관이라는 무의식의 영역이야말로 정말 변화시키기 어려운 부분이다. 이런 이유에서 모든 급진적 혁명은 (…) 감히 우리 일상생활을 암묵적으로 떠받치고 있는 지하 영역을 뒤흔들려 하는 것이다!"(지젝, 2011: 234) 신적인 힘, 법정초적 폭력 혹은 혁명이 타격해야 할 대상이 있다면 그것은 바로 대중의 무의식이라는 주장의 이유를 이보다도 명확히 보여줄 수는 없다.

우리의 일상을 지배하는 선형적이고 기계적인 시간 바깥을 사유하기 어렵듯, 암묵적 습관들의 규칙으로 이루어진 복잡한 사회적 네트워크를 붕괴시키지 않고서 기존의 사회체제를 바꾸기란 거의 불가능한 노릇이다. 아니, 우리는 오히려 우리의 신체와 정신, 습관과 무의식을 변화시키는 데 결사적으로 저항하고 있다. 우리가 가장 두려워하는 것은, 인지할 수 있고 계산 가능하며 기획 가능한 가시적 구조의 파괴가 아니라 각자의 신체 속에 각인된 '사회[정체성의 메커니즘]'라는 (무)의식적 믿음이 제거되는 것이다. 이러한 믿음에 대한 고집은 우리를 각성시키는 대신, 〈매트릭스〉(1999)에 나오는 인간 동력원처럼 계속해서 꿈속에서 살아가도록 강요한다(지젝, 2010: 44). 세계 최초의 공산주의 사회를 건설할 때 레닌의 근심은 러시아 인민을 "어떻게 새로운 인간으로 만드는가?"가 아니라 "그들이 낡은 믿음을 버리지 않으면 어떻게 해야 하는가?"에 있었다. 조직화되고 규율화된 혁명가 집단의 적은 잘 훈련된 군대나 경찰, 국가 기구라기보다 차라리 대중의 무의식에 뿌리박힌 오래된 관습, 습관의 힘이다.

수백, 수천만 명이 갖고 있는 습관의 힘은 가장 무서운 힘이다. 투쟁 속

---

12 '(무)의식'이라는 양가적 표현을 취하는 이유는 이론적으로나 실천적으로나 의식과 무의식의 영역 및 작동양상을 명확히 구별할 수 없다는 데 있다. 이 같은 결정 불가능성의 프리즘을 통해 공산주의를 사유하는 것이야말로 공산주의를 특정한 이념, 절대화된 대상으로 삼지 않는 유일한 방법일지 모른다. 그럼에도 이 같은 양가적 표현이 의식과 무의식을 조형하는 데 있어 무능력의 변명거리가 되지 않도록 주의를 기울여야 한다. (불)가능성의 경우와 마찬가지로, 오직 무의식의 진리를 경유해서만 우리는 의식의 진리에 도달할 수 있다. 존재론적으로 볼 때 무의식이 더욱 근본적이며 의식의 가능조건으로 작동하는 힘이다.

에서 단련된 철의 당 없이, 일정 계급의 모든 정직한 사람들의 신뢰를 누리는 당 없이, 대중의 분위기를 지켜보고 그것에 영향력을 발휘할 수 있는 당 없이 그와 같은 투쟁은 성공적으로 수행할 수 없다(레닌, 1992: 43).[13]

무의식과 신체에 각인된 습관을 '강제로' 뜯어내는 투쟁을 신적 폭력이라 할 때, 그것은 말 그대로 역사와 시간, 사회와 국가, 현재와 미래를 절단하는 단락이자 도약이 아닐 수 없다. 신체적으로나 의식적으로나 심지어 무의식적으로나 보수적 존재자인 우리들에게 신적 폭력은 결정 불가능한 사건으로서 들이닥친다. 적대의 운동으로서 공산주의는 '우리'와 '그들' 사이에서만이 아니라, 우리 '안'에서 의식과 무의식 사이의 적대를 포함하는 운동일 것이다. 그것이 신적인지 아닌지를 결정하는 순간은, 마치 알튀세르가 최종심급의 고독한 결단의 순간은 오지 않으리라 단언했던 것처럼, 항상 우리 '앞'에 전前미래적인 시점으로만 와 있다. 물론 그 미래는 단락에 의해 넘을 수 없이 경계지어진 또다른 시간의 차원일 것이다.[14]

시간의 이러한 단절은 메시아의 시간성이란 문제를 제기한다. 벤야민을 따라 데리다가 규정하는 바에 따르면, 메시아주의messianisme는 해방이라는 목적, 시간, 의지에 정향된 초월적 믿음인 반면 메시아적인 것

---

13 덧붙이자면 낡은 습관과의 투쟁이 레닌에서 트로츠키로 이어지는 문화혁명의 진정한 목표였다(최진석, 2019: 7장).
14 전미래(futur antérieur)는 선형적 시간관을 절단하여 현재와는 다른 시간의 잠재성을 끌어내기 위해 데리다가 구사하는 시제다(진태원, 2007: 392-395). 곧 이어질 '메시아적인 것'과 연관되는 이 시제는 시간의 인과율에 비추어 미래의 불가능성으로부터 연유하지만, 역으로 바로 그러한 불가능성으로부터 비로소 가능해지는 지금-여기의 행위를 촉발시키는 잠재적 차원에 다름아니다. 그러므로 전미래적 시간성, 곧 도래할 시간으로서의 미래란 일종의 '창조적 기획의 시간'을 뜻한다(지젝, 2009: 687).

messianique은 유대-기독교적 전통 바깥에 포진한 모든 해방 경험의 보편적 구조를 지시한다. 경험적이라는 점에서 후자는 결코 신이나 내세에 대한 강박을 앞세우는 초월세계에 결박되지 않는다. 역으로 마르크스주의를 비롯한 모든 현실세계의 보편적 해방에 관련되기에 내재성의 장에 속한 힘이며, '현 상태를 지양하는 현실의 운동'에 결부된 '이념적인 것'에 가깝다.

[마르크스주의적 정신] 그것은 오히려, 우리가 일체의 교리들이나 심지어 일체의 형이상학적·종교적인 규정, 일체의 메시아주의로부터 해방시키려고 시도할 수 있는 어떤 해방적이고 메시아적인 긍정, 약속에 대한 어떤 경험이다. 그리고 어떤 약속은 지켜진다는 것을 약속해야 한다. 곧 '정신적'이거나 '추상적'인 것으로 남는 것이 아니라, 사건들과 새로운 형태의 활동, 실천, 조직 등을 생산해낼 것을 약속해야 한다. '당 형태'나 이러저러한 국가 형태 내지 인터내셔널의 형태와 단절한다고 해서 모든 실천적이거나 현실적인 조직형태를 포기한다는 뜻은 아니다. 여기서 우리에게 중요한 것은 정확히 정반대의 것이다. (…) 마르크스주의의 어떤 정신에 대한 이러한 충실성의 태도는 원리상 누구에게나 부과되는 하나의 책임이다(데리다, 2007: 180-181).

요컨대 해방의 시간은 '메시아주의 없는 메시아적인 것'의 시간을 뜻한다(데리다, 2007: 343). 그것은 보편적 해방에 대한 약속이지만 언제 어디서 어떻게 실현될지 알려져 있지 않은 '가망 없는 "메시아주의"'로 불릴 만하다. 다시 말해, 대타자 없이 도래할 해방의 순간인 것이다. 전적인 결정불가능성 속에 해방이, 공산주의가 실현될 수밖에 없다면 행위는 '주체도 목적도 갖지 않는 과정' '오직 행위 자체를 위해 수행되는' 제스처가 아닐 수 없다. 언어적 의미를 이탈하고 곧장 무의미에 빠져버리지만 역설적으로 '두렵고 낯선' (무)의미의 착종에 도달하는 사건적 충실성의 순간이 그것이다.[15]

그렇다면 데리다의 메시아 없는 '메시아주의', 곧 메시아적인 것은 지젝 식으로 말해 대타자가 없음에도 행위하는 맹목이자 광기가 아닐까?(데리다, 2004: 56-57) 라캉의 지적대로 대타자는 없다. 정확히 말해, 대타자는 분열된 타자다(Lacan, 1982: 151). 주권자-메시아는 베케트의 고도처럼 영원히 오지 않는 '그'일 뿐이며, 시간의 단락을 생성시키는 폭력은 언제나 신 없는 폭력, 그렇기에 역설적으로 신적 폭력일 수밖에 없는 사건이다(그러므로 폭력만이 단락으로부터 도약해 다른 시간으로의 이월을 추진할 수 있다). 과거의 연장선에, 현재의 지평에 갇혀 있는 한 우리는 결코 전미래의 관점에서 우리 자신을 들여다볼 수 없다. 우리는 항상 우리 자신에게 연루되어 있기에 메타적('대타자의') 시점에서 우리-현재를 돌아볼 수 없는 것이다. 우리가 알 수 있는 것은 오직 행위해야 하는 행위, 수행적 행위의 현재일 뿐이다. 그것이 파열시키는 시간의 단락과 도약, 도래하는 미래는 우리의 믿음과 행동에만 달려 있는 '가망 없는' 시간의 이념이다.[16]

그렇다면 공산주의 또는 해방의 시간은 언제 오는가? 신적인 폭력을 통해 이념이 현행화되는 순간은 어떻게 도래하는가? 시간의 이음매를 비틀어 단절과 도약 속에 다른 시간이 시작되도록 촉발하는 것은 대체 누

---

15 의미에 대한 이러한 저항, 어떠한 심층적 의미도 거부하는 재난적 사태가 바로 실재가 틈입하는 순간일 것이다(지젝, 2011: 249-250).
16 데리다에게 표나게 각을 세우던 지젝이 화해의 말을 건네는 지점이 후기 데리다의 정의론이다. 정의는 해체 불가능한 것, 반복할 수 없는 절대적 타자로서 주어져 있지만 현재의 실천을 이끌어내는 궁극적인 추동력이며, 해방의 메시아적 약속인 까닭이다(지젝, 2013a: 205-206).

구인가? 아니, 그러한 단락 '너머'의 시간을 욕망하는 우리는 도대체 누구일까?

2-3. 사건과 주체─빼기와 더하기의 정치학

메시아 없는 메시아주의는 구원의 대타자를 상정하지 않는 주체의 태도를 암시한다. 하지만 과연 우리는 우리를 구원해줄 누군가를 상상하지 않은 채 우리의 구원을, 궁극적인 해방의 시간을 온전히 욕망할 수 있을까? 해방에 대한 욕망만큼이나 대타자에 대한 욕망은 우리를 사로잡아왔던 오래된 유혹, 불가결한 약속 아니던가? 대타자는 매혹적인 덫이다. 마르크스든 레닌이든 공산주의든, 혹은 그 어떤 다른 이름으로 바꿔 부르든 대타자를 벗어나지 못한다면, 우리는 여전히 구원의 신화에 갇혀 있으며 예속의 사슬을 풀어줄 해방자-주인을 기다리는 노예일 따름이다. 그러므로 메시아 없는 메시아주의, 대타자에 대한 물음은 곧 주체에 관한 질문이기도 할 것이다.

세간에 너무나 잘 알려진 라캉의 신화 중 하나는, 1968년 파리의 시위대를 향해 그가 "여러분이 혁명가로서 열망하는 것은 새로운 주인입니다. 여러분은 새로운 주인을 얻게 될 것입니다"라고 외쳤다는 이야기다(지젝, 2012: 149). 다양한 해석과 논란을 낳았던 이 발언은 또다른 라캉의 신화와 접목되어 우리로 하여금 대타자의 필연성을 짐짓 불가항력적으로 받아들이게 만드는 듯싶다. 재미있게도 라캉은 도스토옙스키의 소설 『카라마조프가의 형제들』을 언급하며 대타자에 관한 논의를 이끌었다.

알다시피 [카라마조프의] 아들 이반은 후자를 문명화된 인간의 사유에 의해 수용된 오만방자한 길로 끌어들였습니다. 특히, 그는 "만약 신이 존재하지 않는다면……"이라 말했죠. 아버지 카라마조프도 말합니다.

"만일 신이 존재하지 않는다면, 모든 것이 허용될 것이다"라고. 분명 그것은 순진한 발상입니다. 우리 분석가들은 신이 존재하지 않는다면 아무것도 허용되지 않으리란 점을 아주 잘 알고 있기 때문이죠. 신경증자들이 매일 증명하고 있는 게 바로 그겁니다(Lacan, 1991 : 128).

하나의 체계로서의 정신분석에서 대타자에 대한 정언적인 답변을 찾기는 어렵지 않다. 물론 대타자는 없다. 그렇기에 우리는 대타자에게 의지하지 않은 채 우리 자신에 도달해야 한다. 이른바 '환상의 통과 또는 횡단' '주체의 궁핍' '증상과의 동일시' 등으로 표징되는 분석의 종료가 정신분석의 치료적 지향점인 한, 우리는 대타자를 절대화하는 통속적 정신분석에 반대해야 할 것이다.[17] 이론적으로 따져볼 때 우리는 이미 모범답안을 갖고 있는 셈이다.

하지만 실상은 그리 녹록지 않다. 대타자에 대한 욕망은 해방에 대한 욕망에 삽입되어 있는 보이지 않는 덫이다. 해방을 위해 대타자에 대한 예속을 감내해야 하기 때문이다. 마치 질병으로부터의 치유를 원하는 환자가 약물에 중독되는 위험을 무릅쓰는 것처럼, 대타자는 자유를 위한 조건으로서 우리에게 은밀히 삽입되어 있다. 관건은 대타자의 위험이 우리가 원한다고 피해갈 수 있는 것이 아니라는 데 있다. 오히려 우리는 해방을 빙자하여 대타자를 욕망하는 경향조차 갖고 있다는 게 함정이다. 라캉에 따르면 환자는 '낫고 싶다'는 표면적 의지만큼이나 '낫고 싶지 않다' '증상에 머물고 싶다'는 무의식적 욕망에 동시에 휘둘린다. 벗어나고 싶으면서 또한 벗어나지 않고 싶다는 이중적 역설이야말로 욕망하는 주체

---

17 정신분석의 종결점은 환자(분석주체)가 분석가와 자신을 동일시할 때 성립한다. 이때 욕망의 원인인 대상a는 '쓰레기처럼' 폐기될 것이다(홍준기, 2008: 각주15).

의 진리라는 것이다.[18] 따라서 주체가 환상을 횡단하고 스크린 너머에 아무것도 없음을 깨닫는 것은 거의 불가능에 가까운 도전이 된다. 그렇기에 종결을 향한 분석의 여정은 환자의 그와 같은 (무)의식적인 저항을 통과하며 진행되어야 하고, 이는 환자가 분석 - '주체'로서 주체화되는지의 여부에 달리게 된다.[19]

그러나 여기엔 모종의 역설이 따른다. 해방과 예속을 동시에 욕망하는 환자가 후자를 통과하면서 전자에 도달하기 위해서는 그 자신의 자발성에만 의존할 수는 없다. 환자는 자신의 증상이 표출하는 의미를 처음부터 읽어내는 게 아니다. 적합한 조건을 통해 증상이 무엇을 뜻하는지 파악해야 하고, (정신)분석적 과정을 거치면서 비로소 그것이 자신에게 무엇을 의미하는지 알아야 한다. 이 과정에 개입하는 것이 바로 분석가다. 그는 분석과정의 지침이나 대행자agent가 아니라 거기서 환자가 투사하는 욕망의 스크린이 되어야 한다. 메시아 없는 메시아주의. 하지만 이는 일종의 신적 폭력과도 같은 개입이면서, 환자가 증상과 맺는 타협의 절충지대를 파괴하는 위력을 가져야 한다. 예속을 넘어서는 해방의 도정이란 이를 가리키는바, 분석과정에 참여하는 세 요소는 분석가와 분석주체 그리고 전이transference라는 보이지 않는 힘의 운동이다(도르, 2005: 81). 욕망의 치유, 또는 해방의 구성적 원리에 관해 말할 수 있다면, 이 삼자가 공 - 동적共 - 動的으로 참여하는 구조 속에서만 가능할 것이다.

---

18 이를 진리와의 관계로 전치시켜놓고 이야기하면, 환자 즉 주체는 진리를 알고 싶다는 욕망과 더불어, 혹은 그것보다 더욱 큰 강도로 알고 싶지 않다는 욕망에 추동되며 진리로부터 '도망치고자' 한다(핑크, 2002: 24).

19 '환자'는 의사라는 치료주체의 수동적 대상을 뜻하는 단어다. 이런 의미론적 맥락에 머무는 한, 환자(해방을 욕망하는 우리)는 메시아(치유자로서의 분석가)를 욕망하는 자리에서 떠날 수 없을 것이다. 정신분석에서 '피분석자(analysé)'는 환자의 위상을 가리키는데, 분석가와의 상호 관계 속에서 자신의 주체적 위치를 발견하고 정립하는 '주체가 된다'는 의미에서 라캉은 피분석자를 '분석주체(analysant)'로 부르자고 제안했다. 이로써 정신분석 과정의 주인공은 분석주체에게 넘어가게 된다(도르, 2005: 82).

이러한 역동적 구조는 정치적 차원에도 이입해 적용해볼 수 있다. 여기서 당은 분석가의 지위를 갖는다. '당이 결정하면 우리는 따른다'고 할 때의 당이 바로 그것이다. 흔히 레닌주의적 전위주의는 주체해방의 대행자로서의 당의 역할에 초점을 맞추었다. 그러나 이렇게 흠결 없는 예지력을 지닌 전위당론은 그것이 아무리 옳은 길을 비춰준다 해도 결국 메시아주의의 반향에 지나지 않는다. 우리가 깊이 숙고해 보아야 할 지점은 당의 전위성이 아니라 외부성에 있다. 분석의 대행자는 분석가가 아니라 전이라는 과정이며, 그것은 언제나 분석자의 외부적 위치에서 기인하는 역동적 현상이라는 게 핵심이다.

신, 분석가, 당―이것은 '안다고 가정된 주체', 전이적 대상의 세 형식이다. 그래서 우리는 세 경우 모두 "신/분석가/당은 늘 옳다"는 말을 듣게 되는 것이다. 그러나 키르케고르가 분명히 알고 있었듯이, 이 진술의 참은 늘 그 부정이다. 즉 인간은 늘 틀린다는 것. 이 외부적 요소는 객관적 지식을 나타내는 것이 아니다. 즉 그 외부성은 엄격하게 내부적이다. 당의 필요는 노동계급이 결코 '완전히 자기 자신'일 수 없다는 사실에서 나온다. 따라서 이 외부성에 대한 레닌의 고집의 궁극적 의미는 '적합한' 계급의식은 '자연발생적으로' 나타나지 않으며, 이것은 노동계급의 '자연발생적 경향'과 일치하지 않는다는 것이다. 외려 '자연발생적인' 것은 자신의 사회적 위치를 오인하는 것이며, 따라서 '적합한' 계급의식은 힘든 노력을 통해 쟁취해야 한다. 여기서 다시 상황은 정신분석의 상황과 일치한다. 라캉이 되풀이해서 강조하듯이 원초적인 '지식충동'은 없다. 인간의 자연발생적 태도는 "나는 그것에 대해 전혀 알고 싶지 않다"는 것이다. 정신분석적 치료는 우리의 가장 깊은 내적 경향을 실현하는 것이기는커녕 '결을 거슬러서' 진행되어야 한다(지젝, 2017:

68-69).

분석가는 해석을 수행하는 대행자가 아니라 환자 즉 분석주체의 해석
이 작동하는 스크린이다. 이 스크린에 비쳐진 것은 관계 속에서 유동하는
욕망의 지도인바, 이 낯선 기표의 지도와 씨름하며 해석의 노동을 수행하
는 작업이야말로 사건이라 부를 만하다. 기지의 언어를 전혀 읽어낼 수
없는 이질적인 기표와의 만남, 그로 인한 주체의 발생/변형이 사건인 것
이다.

여기서 한 가지 질문을 빠뜨리고 넘어갈 순 없겠다. 사건 이전의 주체
는 어떤 주체인가? 사건 이전에도 주체는 과연 존재했는가? 주체는 자신
이 놓인 시간과 공간의 지평에 속해 있으며, 그가 포함된 사회·문화적 장
이 조형한 정체성을 부여받는다. 예컨대 우리는 가족과 학교, 사회생활
속에서 '한국인'으로 호명되고 그것을 믿어 의심치 않으며 실존하고 있
다. 국적과 민족, 성별과 계급, 실존적 자의식 등은 자연적인 것처럼 우리
에게 부여되어 있고, 그것이 우리의 일차적 존재 조건을 이룬다. 존재가
의식을 결정한다는 마르크스의 언명에 따라, 우리의 계급의식 역시 우리
에 앞서 조성된 조건들에 따라 사후적으로 수여된 것이다. 이러한 일상의
조건들에 의해 주체는 단락 없는 자의식을 보유하고 세계상을 형성하며
그것을 객관적이라 믿는다. 그러나 실상 주체의 자기정체성에 대한 믿음
은 상당 부분 습관과 무의식에서 연원하고 균열되어 있으며, 이를 정확히
인식하는 데 항상 저항하곤 한다. 흡사 증상에 머무르고 싶어하는 환자처
럼 말이다. 때문에 정체성을 깨뜨리는 과정은 일상의 자연적 태도를 '거
슬러서' 폭력적이고 사건적으로 발생할 수밖에 없다.

바디우를 통해 이 과정을 다시 구성해보자. 그에 따르면 주체 바깥에
서 가해진 타격으로서의 사건만이 주체를 뒤흔들고 그를 변형시키거나

심지어 (재)탄생시킨다. 외부로부터 촉발된 사건은 주체의 (무)의식적 결단을 촉발하고 주체는 비로소 자기 앞에 벌어진 사태를 하나의 '사건'으로 규정짓는다. 그렇게 규정된 사건을 통해 주체는 이전과는 '다른' '새로운' 주체로 정립되는 것이다. 오해를 피하고자 덧붙인다면, 이때 '결단'은 흔히 실존주의적 맥락에서 등장하는 의지적 결정행위를 가리키지 않는다. 오히려 주체가 사건을 맞닥뜨리며 내리는 결단은 상황에 의해 강제된 것이며, 그리하여 주체의 비의지적이며 무의식적인 차원에 깊이 삼투된 결과다(바디우, 2001: 54-55). 주체는 어떤 정체성을 지닌 존재가 되고자 결정하고서 그러한 주체가 되는 게 아니다. 차라리 그는 사건 속에 휘말려들어감으로써 그 사건이 계열화되는 어느 결정 불가능한 지점에서, 그 사건의 효과를 통해서만 주체가 된다(이치로, 2012: 21-23).

물론, 사건에 휩싸인다고 '자동적으로' 주체가 되지는 않는다. 관건은 주체가 사건의 결과를 얼마나 자신이 관여한 효과로서 받아들이는가, 그것에 '충실한' 태도를 취하는가에 달려 있다. 이것이 주체가 탄생하는 과정이다(서용순, 2011: 107-110). 물론 주체 이전에도 어떤 무엇으로서의 존재자가 있었을 것이다. 그러나 주체가 사건을 통해 생겨나는 것이라면, 그 사건 이전에 주체는 '다른' 주체였고 사건 이후의 주체와 결코 동일할 수 없다. 다만 사건에 대한 주체의 개입(결단, 즉 행위)만이 주체 자신의 탄생을 촉진할 수 있을 따름이다. 주체의 진리와 자유는 다름아닌 '주체가 주체가 되는' 데 달려 있다. 지젝이 헤겔의 『정신현상학』을 독해하며 주창한 '실체로부터 주체로의 이행'이란 바로 이렇게 주체의 자기 확인과 확증, 주체의 (무)의식적 형성과정에 다름아니다.[20] 사건이란 그와 같은

---

20 주체의 자기확증은 그가 자기의 의식만이 아니라 무의식마저 자신의 것으로 떠안고 그에 책임진다는 것을 뜻한다. 이러한 자기-관여의 정치학에 입각한 행위만이 유일하게 진정한 무한한 정의를 보장해준다(헤겔, 2005: 51; 지젝, 2004b: 90).

(무)의식적 형성과정에 대한 명명이고, 바디우 역시 이에 동의하고 있다.

우리는 충실성의 담지자, 즉 진리의 과정의 담지자를 '주체'라고 부른다. 따라서 주체는 결코 과정에 앞서 존재하지 않는다. 주체는 사건이 생기기 '이전의' 상황 속에서는 절대적으로 부재한다. 우리는 진리의 과정이 주체를 도출시킨다고 말할 수 있을 것이다(바디우, 2001: 56).

진리는 [사건이라는] 고유한 공정으로부터 귀결될 것이다. 사실상, 이 공정은 보충물의 관점에서만, 상황을 초과하는 무엇인가의 관점에서만, 즉 사건의 관점에서만 촉발될 수 있을 것이다. 진리란 우연적 보충의 무한한 결과다. 모든 진리는 후後사건적이다(바디우, 1995: 139-140).

오직 사건적 관계만이 관건이라면, 우리가 알고 있던 주체와 대상, 진리의 규정은 처음부터 끝까지 새로 쓰여야 할 것이다. 사건 속에서 주체와 대상의 역동성(전이)이 발생하며, 그로써 진리가 비로소 규정될 수 있기 때문이다. 객관주의적이고 과학주의적인 함수관계를 통해 주체와 대상, 진리를 규정하려던 근대 철학의 관성을 벗어나, 사건적 과정에 의해 주체를 규정하려는 방법적 태도를 세공해야 한다. 바꿔 말해, 그것은 '과학적 사회주의(이성의 구성적 사용)' / '공산주의의 규제적 이념'에 깊이 의존했던 소비에트 / 서구 마르크스주의의 한계를 넘어서 새로운 주체성을 모색하려는 시도이며, 아마도 공산주의를 영원한 이념으로 선포하면서도 동시에 가설로서 남겨두려는 역설의 근거일지 모른다. 그럼에도 만약 주체를 대상적 활동의 대행자로 정의하지 않고 또 대상화의 객체로도 보지 않는다면, 우리는 어떻게 주체의 진리를 확증할 수 있을까? 나아가 주체가 관여하는 정치의 진정성을 확인할 수 있을까? 결국 자신이 추구하는 것이 진리이며 해방이라는, 그것만이 진정성의 정치를 보증한다는 주체의 믿음이 관건이란 말일까? 모든 것은 다만 신학적 맹목의 소산이란 뜻일까?

그럴지도 모른다. 하지만 우리는 모르는 것에 대한 침묵을 넘어서, 어떻게든 대답하려는 해석의 노동에 던져진 존재다. 지금 우리에게 남은 단 하나의 거소인 믿음을 주관 / 객관의 이분법에 귀착시킴으로써 상대성의 시소놀이를 무한정 반복할 요량이 아니라면 말이다. 여기서 다시 도스토옙스키로 돌아가보자. 정녕 우리가 대타자 없이 살 수 없다면("신이 없다면 우리는 아무것도 할 수 없다"), "신이 없다면 모든 것이 허용될 것이다"라는 이반의 주장은 지극히 순진한 언명에 불과하리라. 그것은 이성의 규제적 원리에 입각해 있고, 근대 계몽주의의 자가당착을 전형적으로 표명하는 듯하다.[21] 하지만 대타자 역시 결여로 조건지어져 있다면, 대타자가 없다면 어떨까? 대타자에 대한 불완전한 의존, 대타자와의 단락을 가정한다면, 역으로 우리는 "신이 없다면 모든 것이 허용될 것이다"를 문자 그대로 반복해야지 않을까? 라캉의 말대로 가장 강력한 무신론은 "신은 무의식이다"에서 성립하며(라캉, 2008: 96), 무의식은 무제한적인 분기와 종합의 운동을 수행하는 힘을 말한다. 그러므로 "신이 없다면 모든 것이 허용될 것이다"는 무의식의 구성적 원리를 언명한다.[22] 이로부터 흥미로

---

21 가령 프랑스혁명사에서 자코뱅이 가톨릭을 대신해 이성을 신앙의 차원까지 밀어붙였던 사실을 떠올려보라. 종교를 제거한 그 빈자리, 공백을 자코뱅을 비롯한 프랑스 민중은 견딜 수 없었고, 결국 그 자리에 또다른 물신을 세워놓은 것이다.
22 '신이 없다면 무엇이든 허용된다'는 단언은, 욕망이 그런 것처럼 어느 방식으로든 전용될 잠재성을 갖는다. 9·11 테러나 스탈린의 대숙청과 같이 신 즉 대타자를 대행하는 인간-자신의 지위를 떠맡음으로써 우리는 얼마든지 파괴적인 폭력에 사로잡힐 수 있기 때문이다(지젝, 2011: 194-195). 그러므로 단지 '무엇이든 허용된다'는 테제만을 맹목적으로 좇아서는 곤란하다. 우리의 논제는 폭력을 빌미로 욕망의 구성을 규제해서는 안 된다는 점과, 스피노자-들뢰즈식의 '좋은' 구성을 모색해야 한다는 점에 있다(들뢰즈, 1999: 38-39).

운 역전이 발생한다. 라캉이 인용한 이반의 발언은, 기실 그 이전의 다른 언명에 의해 미리 '보충'되고 앞서 '전도'되어 있는 것이다. 즉 이반은 "신이 없기에 무엇이든 행한" 것이 아니라 "행위했기에 신이 없음(대타자의 결여)"을 보여주었다.[23]

> 조화 따위는 원치 않아. 인류에 대한 사랑 때문에 원치 않는 거야. 나는 차라리 복수의 순간을 맛보지 못한 고통들과 함께 머물고 싶어. 비록 내가 틀렸다고 해도 차라리 나는 복수의 순간을 맛보지 못한 나의 고통을, 도저히 풀릴 길 없는 나의 분노를 간직할 거야. 그래, 조화의 값을 너무 높게 매겨놓아서 우리의 주머니 사정으로 도대체 그 비싼 입장료를 감당할 수 없거든. 그렇기 때문에 나는 서둘러서 입장권을 반납하려는 거야. 더욱이 내가 정말로 정직한 사람이라면, 가능한 한 빨리 그것을 반납할 의무가 있는 거지. 그래서 정말로 실행에 옮기는 거야. 나는 신을 받아들이지 않는 것이 아니라, 알료샤, 난 그저 신에게 그 입장권을 극히 정중하게 반납하는 거야(도스토옙스키, 2007: 516).

신과의 유대를 단절하는 것, 신의 나라에 들어가는 입장권을 '정중하게' 반납하는 것, 이것이야말로 대타자의 부재를 현행화하는 수행적 행위이며, 사건을 통해 주체 자신을 이단(즉 다른 세계에 속한 자)으로서 규정 짓는 행위가 아닌가? 천국으로부터 자기 자신을 빼내는 것, 감산하는 과

---

23 수행성의 관건은 '그저 한다'는 게 아니라 '그렇게 함'이 파생시키는 실재적 효과에 있다. 무신론의 힘은 그저 믿지 않음에서 나오는 게 아니라 믿지 않음을 표현하는 행위에서 나오는 것이다. 따라서 수행적 반복을 '그냥 될 때까지 해보라'는 식으로 받아들이는 것은 순진할 뿐만 아니라 위험하다(알튀세르, 2007: 391; 지젝, 2013b: 78-79). 실로 행위하기 이전에는 어떠한 믿음이 돌발할지 우리는 미리 목적론적으로 예정할 수 없다. 알 수 없기에 해봐야 하는 것이지, 미리 알기에 할지 안 할지를 결정하는 게 아니라는 뜻이다.

정이야말로 '낯선 천국', 곧 공산주의로 가는 길이 아니겠는가?(박도영, 2014: 77) '빠져나옴',[24] 또는 감산의 정치학을 사유할 것! 하지만 아직 끝이 아니다.

한 발 더 나가보자. 꽉 짜인 체계('매트릭스'), 그것이 오늘의 현재다. 우리는 근대 자본주의 국가체제의 물샐틈없는 네트워크에 결박되어 있으며, 제아무리 사건적 폭력, 행위를 부르짖는다 해도 정녕 이 그물망을 빠져나가기란 요원해 보인다. 이 점에서 감산의 전략은 분명 유용하다. 지젝은 무엇인가 성급히 나댐으로써 자본주의의 그물에 더욱 강고하게 긴박되느니 차라리 아무것도 하지 말라는 괴상한 주문마저 내거는 입장이다.

"그렇다면 '아무것도' 하지 말아야 한다는 것인가? 그냥 앉아서 기다리고만 있으라는 건가?" 그러면 용기를 내어 이렇게 대답해야 한다. "그렇다, 바로 그것이다!" 즉각 행동하려는 충동을 이기고 끈기 있고 비판적으로 분석하며 '기다리고 보는' 것이 진정으로 유일하게 '현실적인' 상황들이 있다. 아무것도 일어나지 않을 것이고, 자본주의가 무한정 계속될 것이라는 불안한 기대, 무언가를 해야 하고 자본주의에 혁신을 일으켜야 한다는 절박한 요구는 가짜다. 혁명적 변화의 의지는 "그 밖의 다른 방법으로는 할 수 없다"는 강한 충동으로 나타나거나, 또는 무가치하다. 우리는 여기서 다시 기본적인 질문으로 돌아가게 된다. 우리는 정말로 급진적 변화를 원하는가?(지젝, 2013c)

아무것도 하지 않기. 그것은 정말 아무것도 하지 않음인가? 혹시 이것

---

24 여기서 빠져나옴(substraction, 또는 '빼기' '감산')은 광기와 연결되며 행위로서 선언된다(바디우, 2006: 239).

은 20세기 좌파의 딜레마였던 초연함의 정치를 되풀이하는 게 아닐까? 다시 생각해보자. 빠져나온다는 것, 혹은 빼기. 이것은 정녕 아무것도 하지 않음, 곧 무無인가? 비-행위일까? 아니다. '하지 않음'은 '안 함'을 '하는' 것이며, 따라서 비-행위에 대한 행위이기도 하다. 단락짓기와 도약하기. '하지-않음'은 '함'이라는 도약을 포함한다. 이 도약은 가시적인 행위가 아니기에 셈해지지 않지만, 바로 그래서 실상 산술의 원리를 넘어서는 사건의 틈입이라 말할 수 있다. 이반 카라마조프는 천국의 입장권을 고스란히 반납했다. 이 작품에 대한 문학사적 해석을 차치하고 말한다면 그때 그가 얻은 것은 다름아닌 자유다.²⁵ 얼핏 보기에 빼기와 더하기의 동등계산을 통해 새로 산출될 것은 없어 보이지만, 입장권을 반납하고 자유를 쟁취하는 이 과정은 기실 항상-이미 존재해왔던 자유라는 실재를, 불가능한 것을 가능한 것으로 가시화하는 행위에 다름아니다(지젝, 2004b: 107).

이러한 덧붙임, 가산의 정치는 셈할 수 있는 가산성의 범위를 훌쩍 넘어가버린다. 우리가 셈해야 할 것은 실제가 아니라 실재, 정치(치안)가 아니라 정치적인 것이라는 불투명성, 비가시성의 차원에 있는 까닭이다. 자유 역시 그러한데, 자유는 허락되거나 규제되는 것이 아니라 수행됨으로써만 그것의 실재성이 확인되고 가동될 수 있는 현행적 운동 자체다. 무엇이든 허용되어 있는 게 아니라 어떤 것을 수행할지, 어떻게 '좋은' 구성을 발견하고 창안할지에 관한 해석적 노동의 과정이다. 들뢰즈식으로 말한다면 비주체적인 욕망이 흐르는 지도를 그리고 부지런히 뒤좇는 것, 그

---

25 카프카의 작품 중 「단식광대」에 대한 살레츨의 분석은 이와 유사하면서도 분명히 구별된다. 단식광대는 아무것도 먹지 않았지만 동시에 '무'를 계속 먹으며 '행복하게' 죽었다. 하지만 그가 얻은 것은 자유가 아니라 대타자의 인정이었다. 결국 그는 죽음의 선을 타고 현세로부터 이탈함으로써 주체가 되지 못한 것이다(살레츨, 2003: 183-185).

리하여 그 흐름 가운데 삶의 공간을 구성하는 것만이 관건이다.[26]

요컨대 신(대타자, 당) 없이 살기, 전적인 자유란 불가능한 동시에 가능한 것이다. 정신분석의 공리마냥 되풀이되어온 실재의 불가능성은 규제적 원리에 기반해 있다. 확실히 상징계에 걸려 있는 우리의 지성은 실재와 만날 수 없을 것이다. 하지만 무의식은 실재의 차원에서 작동하며, 상징계 너머의 실재는 초월적 현실이 아니라 다른 현실, 선형적 시간 너머의 차원을 가리킨다. 자유는 지금-여기의 단락을 도약해서 마주치는 실재의 이름인 까닭이다. "진정으로 외상적인 것은 자유 그 자체, 자유가 정말로 가능하다는 사실이다"(지젝, 2011: 270). 우리는 감히 자유로울 수 있는가? 그런 자유의 조건은 무엇인가?

필요한 것은 단락으로부터의 도약, 불가능한 행위로서의 도약(무의식의 구성적 원리)이다. 그것은 정교하게 계산되는 덧셈과 뺄셈의 기술적 공정이 아니라 사건적 과정으로부터 생성되는 파열의 효과, 시간의 기계적 연쇄를 찢어내고 혁명의 차원을 도입하는 과정이다. 덧붙이고 덧붙이는, '일보전진 이보후퇴'의 무한한 과정을 통해 나아가는 더하기의 전략, 가산의 정치학이 그것일 터.[27] 공산주의 가설이 이념으로 전화하는 순간은 바로 이 감산-가산의 정치적 과정을 통과할 때 나타날 것이다. (불)가능성이라는 역설의 동력학은 이렇게 가동된다.

---

26 이 자리에서 상론할 수는 없지만 지젝의 최근 행보, 특히 정치철학의 입지에서 그는 '정통' 라캉주의적 교리를 넘어서 들뢰즈·가타리의 분열분석과 접점을 만들고 있다는 게 나의 입장이다. 어쩌면 '노회한' 헤겔과 유사하게, 지젝은 자신의 정적을 공박하는 동시에 흡수해서 자신의 자원으로 적합한 활용을 행하고 있을지 모른다. 이 역시 욕망의 구성적 활동이라면 지나친 표현일까?

27 바디우에게 가산의 정치학이 없다고 생각하는 것은 오해다. 가설로서의 공산주의가 수행적 행위에 의해 이념적 지위를 획득한다고 할 때, 그가 염두에 두는 것은 감산을 통해 창출되는 더 심오한 의미의 통일성이다. 가령 파리의 모로코인 노동자는 차별과 배제의 다양한 감산을 통해 역으로 노동자라는 자신의 정체성을 '창안'(가산)하게 된다. 공산주의 정치의 '오직 하나의 세계'란 이 과정을 가리킨다(바디우, 2009: 369-372). 감산(빼기)은 새로운 것을 위한 무대를 만들어내는 급진적 행위다(지젝, 2009a: 611-613).

3. 반복, 또는 (불)가능한 공산주의

논의를 마무리해보자. 처음 이 글은 응답이자 물음으로서의 문제설정을 목표로 삼는다고 밝혔다. 그것은 공산주의 가설이 현실의 정치로 가동할 만한 것인지 검토하고, 현재의 상태를 지양하는 현실의 운동으로서의 이념이 될 수 있을지 질문을 반복하는 것이다.

들뢰즈는 니체의 영원회귀를 차이나는 것들이 매번 되돌아오는 운동, 그리하여 차이만이 영원히 반복되는 사건으로 정의했다(들뢰즈, 2004: 112-114). 동일자만이 무한히 재생산되는 반복을 거부하고 차이의 창조로서 반복을 자리매김해야 한다는 뜻이었겠지만, 실상 시간의 흐름 위에 놓인 모든 것들은 항상-이미 차이나는 반복을 수행하고 있지 않을까? 과거-현재-미래로 '자연스럽게' 이어지는 시간의 질서는 우리가 원하지 않고 행위하지 않아도 자동적으로 우리 앞에 미래를 대령해놓는다. 벤야민의 말대로 '균질하고 공허한 시간'은 역사를 절단하고 다른 방향으로 이끌려는 어떠한 노력도 필요 없는 자연적 이전의 대상일 따름이다(벤야민, 2009: 345). 선형적이고 기계론적 규칙에 의거해 작동하는 이 근대적 시간은, 그러나 거대한 무의식적 시간의 흐름에 비할 때 부차적이고 부분적이다(베르그손, 2005). 실재의 시간으로서 무의식의 흐름은 지금 우리 앞에 있지 않은 것, 보이지 않고 들리지 않으며, 그래서 존재하지 않는다고 믿어지는 불가능한 실재다. 이념적으로 우리가 욕망하지만 결코 현존하는 형식으로서는 붙잡을 수 없는 불가능한 대상들, 정의와 환대, 혹은 공산주의라는 이름들. 이는 시간의 연대기chronicle를 깨뜨리는 시대착오적anachronic 사건을 도입하는 파열의 흔적들이기도 하다.

그런 의미에서 자유는 이미 우리 곁에 도래한 실재의 시간이라는 지젝의 언명은 유효하다. 현실의 우리는 자유를 열망한다고 주장하지만, 무의식적으로는 더 큰 의혹과 두려움 속에서 자유로부터 도피하기를 원한다. 신이 없기에 모든 것이 허용된 세계를 공포와 폭력의 상상력으로 채워버리고, 있는 힘을 다해 자유로부터 도망쳐버리길 욕망하는 것이다. 만약 자유가 우리에게 정말로 주어진다면, 우리는 파멸하고 말 것이다! 때문에 자유는 언제나 도래할 수 없는 것, 불가능한 것으로서 표상된다. 욕망에 앞서 금지가 선행하는 것이다. 하지만 이와 같은 병리pathos는 자유를 획득하기 위해 통과해야 할 장애물이 아니다. 실상 그 병리야말로 지금-여기의 우리를 규정짓는 우리의 조건이다(지젝, 2013b: 340). 반복이 필요하고 또 필요한 이유가 여기에 있다. 지금-여기를 규정하는 조건 너머의 조건, 불가능하기에 존재하지 않는다고 간주되는 조건을 발견하고 구성함으로써만 우리는 시간의 실재로 나아갈 수 있다. 반복이라는 사건은 그때 벌어지는 단절과 단락, 그리고 도약의 과정을 가리키는바, 잠재성을 현행화하는 행위에 다름아니다. 따라서 사건으로서의 반복은 이미 주어진 가능성을 동일하게 되풀이하는 게 아니다. 반복이란 잠재적인 조건을 찾아내 현행화하는 행위이기 때문이다. 레닌을 반복한다는 것, 재장전한다는 것 역시 그렇게 이해되어야 한다.

우리는 레닌을 반복하고 재장전해야만 한다. 즉 우리는 오늘날의 성좌에서 똑같은 추동력을 되살려내야 한다. 레닌으로의 변증법적 회귀는 '좋았던 옛 혁명기'를 향수 속에서 재연하는 것도, 기회주의적이고 실용주의적으로 옛 프로그램을 '새로운 조건'에 맞추는 것도 아니다. 그보다 이 귀환은 제국주의, 식민주의, 세계대전—더 정확히는 1914년의 파국으로 진보주의라는 긴 시기가 정치적·이념적으로 붕괴하고 난 뒤—이라는 조건 속에서 혁명의 기획을 재창조하려는 '레닌의' 제스처를 현재의 지구적 조건 속에서 반복하는 것을 목표로 삼는다. (…) 레닌이 1914년에 한 것을 우리는 우리의 시대에 해야만 한다(지젝 외, 2010: 23-24).

레닌을 반복하는 일은 '재현'이 아니라 '수행'이다. 붉은 광장의 묘석 내부에 눕혀져 전시되고 있는 그의 사체를 되살려내는 것이 아니라, 그가 했던 행적들을 고스란히 되풀이하는 것도 아니라, 레닌이 하지 않고 남겨 놓은 잠재성을 찾아내 그것이 현행화될 수 있는 조건들을 지금-여기서 수행하는 것이 레닌의 '반복'이자 공산주의 이념의 '귀환'이다.

레닌을 반복하는 것은 레닌으로 회귀하는 것을 의미하지 않는다. 레닌을 되풀이하는 것은 '레닌이 죽었다'는 것, 그의 특수한 해법이 실패했다는 것, 그것도 아연할 정도로 실패했다는 것, 그러나 그 안에 구해낼 가치가 있는 유토피아적 불꽃이 있다는 사실을 받아들이는 것이다. 레닌을 반복한다는 것은 레닌이 실제로 한 일과 그가 연 가능성의 영역을 구분한 다는 뜻이다. 레닌이 실제로 한 일과 또다른 수준, 즉 '레닌 내부에서 레닌 자신을 넘어선' 것 사이의 긴장을 받아들여야 한다는 것이다. 레닌을 반복한다는 것은 레닌이 한 일을 반복하는 것이 아니라, 그가 하지 못한 일, 그가 놓친 기회를 반복한다는 것이다(지젝, 2017: 361-362).

'레닌 내부에서 레닌 자신을 넘어선 것', 또는 '레닌 이상의 레닌'이란 그가 하지 않은 것, 가능했지만 실현되지 않은 잠재성의 현행화를 가리킨다. 역사적으로 실현된 과거를 동일하게 되풀이하는 게 아니라, 하지 않은 것의 잠재력을, 그래서 현재의 선형적 논리 '바깥'에서 가시화되지 않은 불가능성을 행위로써 지금-여기로 불러내는 것이다(Žižek, 2002: 2-3). 실제적으로는 불가능한 것을 실재적으로 가능한 것으로 사건화하는 것이야말로 혁명의 정의에 부합하는 과제일 터. 현재의 인과율을 넘어서 다른 사건의 차원을 불러내는 것은 단절을 통해 단락을 구성하고 동시에 도약하는 행위를 가리킨다.

이런 맥락에서 우리 앞에 호출된 공산주의는, '현실사회주의', 1991년 해체된 소비에트연방과 동일한 것일 수 없다. 불가능한 공산주의는 역사적 공산주의를 고스란히 돌이키는 게 아니며, '다른' 공산주의이자 '새로운' 공산주의의 잠재성을 현행화하는 것이다. 이러한 반복을 수행하는 한, 공산주의는 공산주의가 아니다. 이 두 번의 공산주의라는 부름 사이에는 사건이 개입하며, 여기서 주체가 발생한다. 두 번의 긍정은 그래서 각각 다르며, 각각 다르게 발화되어 서로 다른 것들을 구성해낸다. 단 한 번의 유일무이한 공산주의는 필연적으로 진리가 아니다(지젝, 2013d: 825-829). 실패를 무릅쓰고 우리가 또다시 실패해야 한다는 것은 공산주의가 매번 (재)발명되어야 하는 가설-이념 사이의 운동이라는 뜻이다.[28]

지금-여기의 공산주의는 따라서 내용에 의해서가 아니라 형식의 관점에서 발명되어야 한다(지젝, 2009: 590). 현실화되지 않았기에 가능한 역사의 경로에는 포함되지 않으나 잠재적으로는 항상-이미 존재해왔던 형식의 조건을 찾아낼 필요가 있다. 당연히 그 일을 수행해야 하는 것은 우리다. 발명이라는 사건 속에서 생성되는 주체가 우리 자신인 까닭이다. 기억해두자. 그와 같은 발명이 도출하는 우리는 단순히 현재의 우리가 시간의 연장을 통해 이어지는 우리 자신일 수 없다. 미래가 아닌 미-래에 속하는 우리는 우리 이상의 우리이며, 우리와는 다른 우리, 타자로서의

---

28 그러므로 매번 발명되는 공산주의는 공산주의인 동시에 공산주의가 아니며, '공산주의'라 불릴 필요도 없다. '코뮨주의'든 '코뮌주의'든 '코뮤니즘'이든, 모든 것은 다시금 새로이 발명될 것이기 때문이다. 역설적이게도, 바로 그런 이유에서 다시 '공산주의'라 불러도 전혀 무방하지 않겠는가? 무명(無名)의 공산주의!

우리다.

"우리가 기다리던 사람들은 바로 우리다." 우리를 위해 일을 대신해 줄 누군가를 기다리는 것은 우리의 비활동성을 합리화하는 한 방법이다. 그러나 여기서 피해야 할 덫은 도착적 자기수단화다. "우리가 기다리던 사람들은 바로 우리다"라는 것은 과제를 수행하도록 운명(역사적 필연)에 의해 예정된 행위자가 어째서 우리인가를 발견해야 한다는 뜻이 아니다. 그것은 그와 정반대, 즉 우리가 의존할 대타자는 없다는 것을 의미한다(지젝, 2010: 302-303).

우리가 기댈 만한 것은 아무것도 없다. 그러나 허무주의에 빠지지 않도록 주의하자. 아무것도 믿지 말고 아무것도 계산하지 않고, 아무것도 분별하지 말라는 뜻이 아니다. 요점은 공산주의는 여하한의 권위도 보증도 없는 믿음이라는 것, 더 정확히 말해 공산주의는 행위만을 위한 행위의 반복이며 따라서 '도착적 수행'이자 '병리적'이라 부를 만한 충동의 강제라는 데 있다. 이런 운동이 없다면 과거와 현재의 단락을 만들고, 낯선 미래로의 도약은 불가능한 노릇이리라. 이것이 도래할 공산주의가 순수한 주의주의에 근거할 수밖에 없다는 역설이 성립하는 이유다.

가설과 이념 사이에 놓인 공산주의는 (불)가능한 이름이다. 우리는 그것을 가능성과 불가능성이 역설적으로 교차하는 시차적 관점을 통해서만 바라볼 수 있다. 보이지 않지만 언제나 출몰해온 이 유령을 우리가 여전히 '공산주의'라 부르는 까닭은, 우리가 여전히 그것을 믿으며 또한 불러내기 위해 행위하고 있는 탓이다. 혁명을 불러내는 정치는, 그렇게 항상-이미 시작되어왔다.

2. 자크 데리다와 (불)가능한 정치의 시간
혁명과 폭력의 아포리아

1. 역사와 시간의 역설

데리다와 정치에 관해 논의하려는 지금, 내 앞에는 세 가지 시간의 좌표가 이상스레 맞물려 공전하고 있다. 2008년 6월 10일과 2009년 1월 19일, 그리고 2012년 12월 19일. 이 글을 읽는 사람들에게 전혀 낯설지만은 않을 이 날짜들은 각각 '촛불집회'와 '용산참사' '18대 대선'이라는 역사적 사건들을 표시하며, 한국사회에서 민주주의를 열망하는 대중이 맛본 성취인 동시에 패배의 기억을 환기시킨다. 각기 서로 다른 사안과 상황, 효과 속에 각인된 이 시간들을 함께 엮는 것은 너무 성기기에 억지스럽거나 반대로 현재의 결과로부터 소급되는 뻔한 의미화에 불과할지 모른다. 하지만 나는 이 사건들 '이후'에 SNS나 이런저런 지면들, 또는 익명의 댓글과 술자리 푸념을 통해 마주쳤던 목소리들, 탄식과 분노, 체념과 질타가 뒤섞인 어떤 물음들로부터 논의를 시작하고 싶다. 그것은 일어나지 않은 또다른 시간의 계열들, 역사의 다른 길에 대한 의문들이다. 가령 그때 우리는 이른바 '명박산성'이라 불리던 바리케이드를 넘어 청와대까지 갈 순 없었던 걸까? 민주적 '질서'를 지키며 끝내 멈춰 섰던 우리는 정말 승리자였을까? 용산의 비극은, '학살'은 신자유주의 통치체제의 필연적인 결과일까 혹은 우발적인 사고였을까? 정녕 '다른 문'은 열릴 수 없던 것일까? 궁극적인 승리, 민주주의를 향한 열망이 가득했던 그때, 선거만이 우리의 유일한 무기였을까? 이제 '봉기'는 불가능한 신기루가 된 걸까?

이런 질문이 회피되는 이유는, 우리가 "과거는 바꿀 수 없다"는 상식에 충실하기 때문만은 아닐 듯하다. 그런 물음에 앞서 우리는 지금-현재와 다르게 구축되는, 시간의 상이한 계열이 불가능하다는 믿음에 붙들려 있는 탓이다. 과거에서 현재에 이르는 단 하나의 계열화만이 가능하고, 그 계열을 일으키는 조건들은 다른 계열화를 불가능하게 봉쇄해버린다는 논리. 조건들의 연쇄이자 결과로서 역사를 파악하려는 태도는 합리적일 뿐더러 역사유물론에 충실한 마르크스주의자의 자세로 간주되어왔다. 현재는 과거의 조건들로부터 분기되었으며, 미래는 현재의 조건들을 연장한 결과라는 것. 사건의 순차적이고 논리적인 계열화는 가능한 것과 불가능한 것을 근본적으로 구분하고 서로 합쳐질 수 없는 시간의 계열 속에 할당한다. 단 하나의 가능하고 유일한 '현실'과 불가능한 '상상들'이라는 이름으로. 또다른 역사에 대한 질문이 곧잘 공상과 환상으로 치부되고 후회와 잡담의 텅 빈 시간 속에 던져지는 이유는, 이렇게 '합리적'인 상식과 통념에 우리가 (무)의식적으로 고착된 까닭이다.

그러나 조건에 따른 사유, 그에 입각한 정치와 혁명의 전략·전술은 아이로니컬하게도 자체의 논리로 인해 와해된다. 주어진 조건들에 구속된 사유와 행위는 시간의 근본적인 탈구를 감행하기보다는 허용 가능한 수정이나 보완에 머물기 쉽고, 그런 한에서 역사의 물줄기를 역전시키는 혁명은 불가능에 던져지고 마는 탓이다. 혁명은 지금 현재의 계열과 '다른' 계열에 있으며, 지금-여기의 계열에 속한 우리가 저 너머의 계열로 도약한다는 것은 결국 불가능한 일이라는 것. 심정은 불편하지만 이것이 더 '논리적'인 판단 아니겠는가?

물론, 논리 너머의 실천적 힘을 강조하는 입장에서는 과거의 혁명을 사례로 조건의 변형과 이탈, 새로운 역사의 가능성을 확신할 수도 있을 것이다. 그 신념과 열의를 부정하자는 뜻은 아니다. 다만 과거-현재-미래로 이어지는 순차적이고 논리적인, 유일하게 가능한 시간의 계열을 우리가 (무)의식적으로 신봉하고 있으며, 그러한 조건 '너머'의 시간과 역사에 대해서는 견고하게 문을 걸어 닫고 있지 않느냐는 의문을 제기해야 한다. 컨테이너의 성城 앞에 멈춰서고 남일당 옥상에서 참화를 겪으며 '민주적 절차에 따라' 순순히 승복하고 허탈에 빠졌던 시간들의 객관성은, "그땐 그럴 수밖에 없었던" 조건들과 동시에 그 조건 이상은 상상할 수도 행동할 수도 없었던 우리의 (무)의식의 지평을 고스란히 폭로하고 있다.[1]

대체역사alternative histories를 서술하여 위안을 찾거나, 실패한 과거를 복기하여 미래에 쟁취할 혁명의 방정식을 짜는 작업이 무익할 리 없다. 하지만 때로는 그 같은 일들이 오히려 가장 경계해야 할 대상이 되기도 한다. 그런 과정이야말로 시간의 흐름을 가능한 계열과 불가능한 계열로 영구히 분할하고, 현실과 상상의 이분법으로 덧씌우는 작업인 까닭이다.

---

1 "그땐 그럴 수밖에 없었다"는 진술의 객관성은, 예컨대 전두환이 12·12 군사반란에 대한 변명으로 그것을 되풀이할 때 극도로 외설화되어 나타난다. 그때는 그 선택만이 가능했고 '그러므로' 필연적일 수밖에 없었다는 태도가 그것이다. 현실의 여러 조건들이 응축되어 일정한 역사적 상황을 조성할 때, 그것만이 '전체'라고 받아들이는 태도는 이렇듯 벗어날 수 없는 시간의 단일한 계열만을 전제한다. 이 같은 논리가 대개 기성질서와 지배관계를 정당화한다는 것은 너무나 잘 알려진 역사의 금언이 아닌가? 결국 지나간 것은 어찌할 수 없다는, 그래서 받아들여야만 한다는.

오히려 필요한 일은, 불가능한 시간, 일어나지 못했고 비-현실의 차원에 가라앉은 또다른 역사의 계열을 잠재성의 차원에서 다시 사유해보는 것이다. 이는 사건의 계열화가 논리와 인과관계를 일탈하는 방식으로 작동한다는 것을, 서로 교차하고 뒤섞여 '상상들'이 '현실'의 계열로 어떻게 전이되는지를 묻고 응답하는 작업에 다름아니다. 불가능성과 가능성을 '동시에' 따져보는 것, 이러한 역설 없이 어떻게 혁명과 정치의 시간이 도래할 것인가?

(불)가능성이란 그 같은 아포리아를 사유하려는 데리다의 역설을 보여주는 용어다. 아포리아를 말장난이나 이해할 수 없는 선문답처럼 여기는 세간의 태도와 반대로, (불)가능성은 지금-현재 우리에게 불가능해 보이는 정치의 시간을 가능성의 장으로 불러오고 혁명적으로 현행화할 수 있는 조건을 묻기에 오히려 역설적인 합리성을 갖는다. 그것은 현실적 조건 너머의 잠재적 조건을 헤아리고, 불가능한 것이 가능한 것에 항상-이미 머물러 있음을 통찰하는 힘을 가리킨다. 또한 이는 아포리아를 지적 만족과 감상의 수준에 고이 모셔두는 대신, 정치와 혁명의 장에서 사용 가능한 개념적 무기가 되도록 연마하는 공정이기도 하다.

이 글의 주안점은 데리다에게 (불)가능성의 지위가 폭력과 정의, 법 그리고 환대를 둘러싸고 어떻게 정위되어 있는지 살펴보는 데 있다. 그다음, (불)가능성을 하나의 논쟁적 무대에 올려봄으로써 그것이 아포리아를 넘어서는 힘으로 어떻게 작동할 것인지 검토해보려 한다. 이로써 또다른 시간과 역사의 계열이 우리에게 어떻게 도래할 것인지, 그 (불)가능성에 대해 타진할 것이다.

2. 폭력과 법의 (불)가능한 해체

현대 정치철학에서 폭력은 우리를 (불)가능성에 관한 문제의식으로 이 끄는 개념적 통로이다. 알다시피 폭력에 대한 거부감과 제한의 필요성, 혹은 폭력의 국가적 독점은 근대 국가-법 체계의 주요한 특징이라 할 수 있다. 고삐 풀린 폭력의 위협으로부터 시민적 질서를 보호하고 정상적 인 삶을 유지시키는 유일한 방법은 폭력의 권리를 국가에 위임하고 폭력 을 대체하는 수단으로서 법과 질서를 수립하는 데 있다는 것(베버, 1991: 208-209). 이토록 간단하고 당연한 논리에는 법과 폭력은 전적으로 상 이한 토대 위에 놓여 있다는 전제가 깔려 있다. 설령 '국가의 폭력'이란 레토릭이 성립한다 해도, 이는 잘못된 법체계의 문제로 간주되고 체계의 수정을 통해 교정 가능하다거나, 혹은 법의 보존을 위해 일시적으로 동원 되는 필요악이라는 인식이 일반적이다("악법도 법이다").[2] 합법적 폭력과 불법적 폭력의 대립이 '법의 보존'이란 목표로 수렴되는 이유도 여기 있 다. 국가의 '공적' 사용에 의해 규정되는 폭력의 합법성은 대개 폭력으로 감지되지 않는다는 점에서 법은 마치 '힘'의 공백처럼 여겨지곤 한다.[3] 이 렇듯 국가가 곧 법이며 법이 곧 국가인, '물리적 강제력의 정당한 사용에 대한 독점'으로부터 어떻게 '다른' 정치가 시작될 것이며, '새로운' 혁명이

---

2 폭력의 '효율적'이고 '경제적'인 사용이라는 테제로 집약되는 현실주의 정치학이 여기에 속한다. 요점 은 폭력은 적절히 사용되면 얼마든지 선용(善用)될 수 있다는 주장이 대중적으로 널리 수용되어 있다는 것이다(윌린, 2009: 13-79).

3 근대 국가법 체제의 이상은 법에 의한 힘(폭력)의 전적인 소거일까 혹은 전면화일까? 전자를 보여주 는 영화 <데몰리션맨>(1993)은 법이 그 자신의 힘조차 제거한 미래사회를 전시하는데, 부활한 20세기 악당들에게 21세기 경찰들은 "법을 준수하라!"는 명령 외에는 아무 조치도 취하지 못한 채 무력하게 제 압당한다. 반면 <져지 드레드>(1995)는 후자를 극대화해 보여준다. 여기서 판사(져지)는 사법권과 집행 권을 동시에 소유하며 범죄자를 즉결처분까지 할 수 있는 권리를 누린다. 디스토피아적 미래를 표방하는 이 영화들은 법과 힘(폭력)의 관계에 내재한 근대적 이율배반을 고스란히 간직한다는 점에서 현재의 연 장선에 있다고 할 만하다.

점화될 수 있을까?

이런 곤궁을 맞닥뜨려 벤야민은 폭력을 두 가지로 종별화함으로써 그 난관을 타개하고자 했다. 법정초적 폭력과 법보존적 폭력의 구별이 그것이다(벤야민, 2004: 148). 그에 따르면 일단 국가-법 체계가 설립되고 정상적으로 운영된다면, 국가장치가 가동시키는 정치·경제·사회·문화·일상의 논리적 계열은 빈틈없이 짜이고 '또다른' 계열이 끼어들 여지를 남기지 않는다. 어떤 다른 계열화가 발생하려는 기미가 보이자마자 경찰권력과 같은 국가-법을 수호하려는 법보존적 폭력이 즉각 작동함으로써 그것을 무력화시킬 것이기 때문이다. 특정한 시간계열의 순차적 논리가 근대 국가-법 체계의 연속성을 표상한다면, 이를 깨뜨리고 다른 혁명적 계열화를 구동시키기 위해서는 필연적으로 기성의 지배적 계열을 파열시키는 폭력이 요구되지 않을 수 없다. 법정초적/창설적 폭력이 나타나는 시점이 여기다. 견고하게 정착된 근대 시민사회와 국가를 전복시키기 위해 벤야민이 기대하는 것은 새로운 공산주의적 세계를 창조하는 폭력, 이전의 국가-법을 중단시키고 새로운 질서를 도입하는 '신적 폭력'으로서의 주권이다(벤야민, 2004: 168-169).

그런데 폭력을 종별화하는 벤야민의 관점은, 현재적 질서에서 불가능해 보이는 혁명을 가능한 것으로서 개념적으로 촉발하는 한편 정반대의 방향에서, 보수반동적 반-혁명의 개념적 장치로도 전용될 수 있다. 근대적 국가-법의 논리를 재구성함으로써 이를 실험해보자. 원리적으로 국가 이전에는 아나키적 혼돈 혹은 무無가 있다. 그것은 자연의 폭력이며, 이른바 '만인에 대한 만인의 투쟁'(홉스)이 그 역사적 표상이다. 이를 중단시키기 위해, 폭력의 지양으로서 국가-법이 개시되기 위해서는 반-폭력으로서의 폭력이 요구된다. 여기서 국가-법의 폭력은 '기원'의 지위에 도달하는데, 마치 신이 천지를 창조할 때 '말씀'의 권화를 통해 정화의 토대를 닦듯, 폭력은 창설의 절대적인 기호로서 대두되는 것이다. 이로써 국가가 창설되고 법이 정립되면 폭력은 지양되어 유혈의 외피를 벗고 정당화된다. 실정법은 기원적 폭력의 흔적이며, 합법의 울타리에서 법을 보존하라는 사명을 부여받는다. 우리에게 익숙한 역사의 '가능한' 논리가 이것으로서, 리바이어던의 담론 또는 사회계약의 신화가 이로부터 멀리 있지 않다.

이런 점에서 벤야민식 구별의 한계는 뚜렷해 보인다. 지배의 계열로부터 혁명의 계열이 어떻게 나올 수 있는가를 묻고 답하는, 그 실천적 유의미성에도 데리다가 벤야민의 폭력론을 해체하는 이유가 그것이다. 데리다는 법(/국가)의 기원에서 폭력의 자취를 찾아내고, 법과 폭력의 불가분한 관계를 문제 삼고자 한다. 법을 보존하기 위해 불가피하게 폭력이 동원되는 게 아니라, 실상 법이 정초되는 순간부터 폭력은 내재해 있었다. 시원의 순간에 폭력이 이미 법에 기입되어 있지 않았다면, 법은 그것의 실제적 효력을 주장할 수조차 없었을 것이다. "적용 가능성 없이는 어떠한 법도 존재하지 않으며, 힘이 없이는 어떠한 법의 적용 가능성이나 '강제성'도 존재하지 않는다"(데리다, 2004a: 106). 이로써 아나키의 폭력을 지양하기 위해 법이 등장했고, 폭력은 법의 정초를 위해 단 한 번 필요했을 뿐이라는 국가-법의 이념은 허구로서 기각된다. 이 같은 이념은 기원의 폭력이 먼저 있고, 그런 다음에 법이 정립되고 또 국가가 창설된다는 순차성의 논리에 기대고 있기 때문이다. 단 하나의 가능한 시간적 계열, 가능성의 인과관계만을 인정할 때, 또다른 시원의 순간, 곧 혁명의 시간은 결코 찾아올 수 없다. '기원의 폭력'이 갖는 신화성은 폭로되고 해체되지만, 문제는 다시금 되돌아오고 만다. 아니, 다른 형태로 다시 제기된다.

폭력은 법과 이질적인 동시에 동종적이다. 일회적 사건으로서 법정초적 폭력은 어떠한 조건도 전제도 갖지 않는다. 따라서 법 '이전'의 사태이기 때문에 법의 '바깥'에 있지만, 또한 그것이 법으로서 정초되고 기능하기 위해서는 이미 법적 체계를 '내포'하고 있어야 한다. 이상한 역설이지 않은가? 폭력과 법은 서로의 외부에 있으며, 서로의 타자이지만, 또한 상호 공속적인 관계를 벗어나서는 그 어느 쪽도 성립할 수 없다! 나아가 법의 정초로서 기원의 폭력은 '단 한 번'이라는 정의와 달리, 반복되지 않는다면 그 유효성을 잃어버릴 아이러니마저 안고 있다. 실정법의 형태로 불가피하게 폭력이 동원될 때에도, 그것이 무-법적이거나 비-법적인 폭력과 구별되기 위해서는 기원의 법에 유사해야만 법적인 것으로서 인지될 수 있을 것이다. 그런데 기원에 있던 법은 폭력과 분리되지 않는 것이었기에, 결국 법보존적 폭력이란 기원의 폭력적 사건을 되풀이하고 모방하지 않을 수 없다. 역설적이지만 폭력의 해체는 법을 부르는 게 아니라, 법 자체가 폭력과 합체되어 있음을 폭로하며 실현되는 것이다.

이렇게 폭력과 법은 기원에서부터 등을 맞대고 태어난 샴쌍둥이처럼 서로 구별 불가능하게 뒤섞여 존재한다. 폭력-법이라는 이중체의 실재성이 적나라하게 드러나는 지점이다. 따라서 법정초적 폭력과 법보존적 폭력의 벤야민적 구별 가능성은 일정한 수준 너머에서는 구별 불가능성에 자리를 내주어야 한다.[4] "법정초적이거나 법정립적 폭력 자체는 법보존적 폭력을 포함해야만 하며 결코 그것과 단절될 수 없다"(데리다, 2004a: 88). 관건은 폭력의 두 구별이 유효한 것인가 그렇지 않은가에 있지 않다. 문제는 차라리 그렇게 구별되는 폭력의 의미에 있는바, 이 같은 구별이 실제로 현행화되었을 때 어떻게 작용하며, 어떤 의미를 우리에게 던지는지 묻고 답하는 데 있다. 이는 폭력-법의 기원적 순간과 그 수행

---

4 데리다도 인정하듯, 벤야민 역시 자신의 논지가 부분적으로 타당할 뿐 두 폭력의 구별이 절대적으로 가능하다고 보지는 않았다(데리다, 2004a: 66; 벤야민, 2004: 147).

성에 관련된 문제다.

3. 폭력 - 법에서 폭력 - 폭력으로

잠시 질문을 바꿔보자. 우리는 정말 두 가지 폭력을 전혀 구별할 수 없는가? 촛불행진을 가로막은 거대한 컨테이너 더미, 남일당 옥상에 들이닥친 경찰특공대, 3.6퍼센트의 차이로 민주주의의 열망이 무산되었음을 공표하는 법령들은 다 무엇인가? 법보존적 폭력이 구체적으로 어떤 것인지 말하지 못할 사람은 없을 듯하다. 그렇다면 법정초적 폭력은? 1789년, 1917년이 그러했는가? 아마도. 하지만 그 이후 성립한 부르주아체제나 스탈린주의는 또 무엇인가? 구별 가능하면서도 또한 불가능한 아포리아 속에 폭력의 문제는 여전히 남아 있다.

시간적 계열화의 결과로 나타나는 폭력은 법보존적이다. 법정초적 폭력, 기원의 자리에서 발생하는 그 힘이 어떤 의미를 지니는지 알려면 잠재성의 차원에서 그것이 현행화되는 순간을, 그 수행적 시공간을 추적해야 할 것이다. 기원의 순간, 대체 무슨 일이 일어나는가?

전술했듯, 최초의 순간에 법과 폭력은 동시적이며 동일한 것으로 등장했을 것이다. 그러나 양자는 법도 폭력도, 그 무엇으로도 인지되지는 않을 터인데, 왜냐하면 시원의 정의상 전제나 토대가 없는 탓이다. 법정초의 필연성, 시초적 폭력의 불가피성은 오직 사후적으로 지각되고 인정될 따름이다. '최초의 설립'으로서 폭력 - 법은 긍정도 부정도 할 수 없는 수행 자체일 뿐이다. 그것은 이전과 이후의 시간적 계열을 절단하고 그 공백에 '차이'를 도입한다. 만일 여기에 모종의 의미가 있다면, 의미라는 것을 가정할 수 있다면 그것은 다만 시간의 흐름 자체로서 클리나멘이 빚어내는 사건들의 연쇄에 있을 따름이다.[5] 달리 말해, 어떠한 가치판단도 예정될 수 없고 성립하지 않는, 해석 '이전'의 순수한 '힘의 차이적 성격'(데리다, 2004a: 18)만이 나타나는 시공간이 있을 뿐이다.

법을 정초하고 창설하고 정당화하는 작용, 법을 만드는 작용은 어떤 힘의 발동, 곧 그 자체로는 정당하지도 부당하지도 않은 폭력으로, 이전에 정초되어 있는 어떤 선행하는 정의, 어떤 법, 미리 존재하는 어떤 토대도 정의상 보증하거나 반박할 수 없는 또는 취소할 수 없는, **수행적이며 따라서 해석적인 폭력**으로 이루어져 있다(데리다, 2004a: 31. 강조는 인용자).

절대적인 비결정의 차원, 알튀세르식으로 말해 '주체도 목적도 없이' 그저 차이로서 차이화되고 있는 시간, 그것이 기원의 비밀 아닐까? 현실적이기보단 상상적인, 그러나 그것 없이는 결코 현재에 이르는 시간의 계열이 불가능하고 오직 그것의 실재성을 믿고 불러들여야만 지금-여기의 가능성도 성립하는 아포리아의 공간. 특정한 실체성이 아니라 수행적 의미만으로 충전된 시공간. 그렇다면, 합법도 불법도 아닌 이 기원 이후의 정초를 굳이 국가-법적인 것으로 생각해야 할 이유가 있을까? 법과 폭력이 뒤엉켜 그 잠재성을 현행화하는 순간, '기원'이라 우리가 불렀던 그 순간은 실상 법도 폭력도 아직 구별 불가능한 차원에 있다. 아니, 구별

---

5 초기부터 데리다가 강조했던 '차이(差移, différance)'의 의미에 유의하자. "순수한 법의 정초나 순수한 정립, 따라서 순수한 정초적 폭력이란 존재하지 않으며, 순수하게 보존적인 폭력도 역시 존재하지 않는다. 정립은 이미 되풀이 (불)가능성이며, 자기보존적인 반복에 대한 요구다. 역으로 자신이 정초한다고 주장하는 것을 보존할 수 있기 위해서 정초는 재정초적인 것이어야 한다. 따라서 정립과 보존 사이에는 아무런 엄격한 대립도 존재하지 않으며, 내가 양자의 차이(差移)적 오염이라 부르려 하는 것만이, 그것이 유발할 수 있는 모든 역설들과 더불어 존재할 뿐이다"(데리다, 2004a: 90).

되지만 동시에 구별되지 않는 양가성을 띠는데, 한편으로는 폭력의 얼굴을, 다른 한편으로는 법의 얼굴을 보여주며 구별 (불)가능한 차원에서 끊임없이 유동하고 있는 까닭이다. 이와 같은 (불)가능성을 통과하는 수행성은 어떤 의미를 갖는가? 그것은 합법과 불법, 정초와 보존의 어떤 대립적 해석도 초과한다. 이는 그 어느 쪽도 될 수 없거나(전체부정) 어느 한 쪽만 되는(부분부정) 방식이 아니라, 어느 쪽이든 될 수 있는(전체긍정) 잠재성의 차원을 가리키는 것이다.

> 권위의 기원이나 법의 기초, 토대 또는 정립은 정의상 궁극적으로 자기 자신들에게만 의지할 수 있기 때문에, 토대를 지니고 있지 않은 폭력들이다. 이는 그것들이 '불법적'이거나 '비적법'하다는 의미에서 그 자체로 부당하다는 것을 의미하지 않는다. 이것들은 자신들의 정초의 순간에는 불법적이지도 비적법하지도 않다. 이것들은 모든 토대주의나 반토대주의와 마찬가지로 정초된 것과 비정초된 것 사이의 대립을 초과한다(데리다, 2004a: 32-33. 강조는 인용자).

우리는 앞서 기원의 순간을 가정하지 않을 수 없었고, 그때 나타나는 폭력은 동시에 법을 정초한다고 말했다. 아이로니컬하게도 그 최초의 폭력을 통해 국가가 세워지고 그것을 보존하는 폭력으로서 법이 생산된다는 것은 국가-법과 혁명이론이 공유하는 논리이다. 어느 쪽이든 기원의 폭력 이후에 정도가 더하든 덜하든, 늦든 빠르든 일종의 국가-법이 출현한다는 것을 상정하는 까닭이다.[6] 이런 전제로부터 법과 폭력의 동종성

---

6 혁명의 논리가 곧잘 국가주의, 법치주의적 통치성으로 전화할 수 있음을 보여주는 사례를 우리는 러시아 혁명의 역사에서 찾아볼 수 있다. 프롤레타리아 독재라는 법정초적 폭력을 통해 국가를 해소하려던 기획은 당-국가의 통치질서 즉 법보존적 폭력이 정립되면서 산산이 부서져버렸다(최진석, 2019: 5장).

을 보여주는 '폭력 - 법' 개념의 실재성이 도출되지만, 이상하게도 우리는 이런 도식을 통해 기원의 순간으로부터 곧바로 국가 - 법의 상태로 이행해버리고 만다. 크나큰 의문이 여기에 있다. 가령 자본주의 국가든 공산주의 국가든, 시원적 폭력은 국가장치와 법적 체계를 필연코 즉각 생산한다는 것이다. 정말 그렇다면, 우리는 어떻게 국가 - 법에 의해 가동된 인과의 계열을 끊을 수 있단 말인가? 다시 말해, 법정초적 폭력과 동시필연적으로 국가 - 법 체계의 발생이 이어진다면, 그것의 계열을 절단할 혁명은 본질적으로 불가능한 것으로 내버려지지 않겠는가? 그렇다면 우리에게 가능한 것은 '차선'으로서의 국가 - 법이라는 유일하고도 불가피한 선택 이외에 다른 게 있을까?

문제는 기원적 폭력의 수행성, 그것의 (불)가능성이 갖는 의미다. 데리다가 주장하듯, 최초의 타격, 최초의 폭력은 그 어떤 해석적 개입에 의해 침해받지 않는 (이름 없는) 폭력 자체일 뿐이다. 어쩌면 그것은 '해체'라 불러도 좋을 어떤 작용, 운동일 것이다. 그 인과적 계열의 효과로서 국가도 법도 나타나게 마련이다. 그러나 기원의 폭력과 동시에 생겨나는 것은 국가 - 법이면서 또한 오직 수행적 효과 자체로서의 폭력에 다름아니다. 이는 국가를 강요하는 (법보존적) 폭력이라기보다 '폭력의 타자성'이라 부를 만한 힘의 강제 자체인바, 여기에는 어떠한 선험적 이데올로기도 내포되어 있지 않다. 시원적 행위로부터 반동적이고 억압적인 국가 - 법의 체계가 계열화되는 만큼, 또한 동시에 혁명적이고 카오스적 힘의 (재)분기 역시 가능한 것이다. 따라서 기원적 상황을 보다 정확히 규정하는 것은 폭력 - 법의 본질주의적 종별화가 아니라 폭력 - 폭력 또는 힘 - 힘이라는 구별 (불)가능한 운동성, 그것의 유전流轉과 변형, 분화의 잠재력이 충만하게 장전된 순간들의 사건화라 하지 않을 수 없다.[7] '힘의 차이적 경제'로서 기원적 폭력이 있을 뿐이다.[8]

현실적 시간의 계열, 즉 역사를 따라가보면 우리는 어느 시점에서 법의 정립과 국가의 창설을 목격하게 된다. 다만 시원으로서 폭력의 순간은 국가-법의 설립을 구동시키는 한편으로, 즉 코스모스를 낳는 한편으로 또다른 카오스의 연쇄로 이어질 잠재력 또한 갖는다는 점을 인식해야 한다(폭력-법과는 다른 계열로서의 폭력-폭력, 혹은 폭력-혁명. 폭력과 혁명은 꼭 같지는 않지만, 그러나 완전히 다른 것도 아니다). 반대로 카오스의 잠재성을 코스모스의 실체성으로 조급히 이전시키는 순간, 우리는 필연코 국가-법의 순환고리에 빠져들 것이다(폭력-법의 유사테제로서의 폭력-국가 또는 혁명-국가). 벤야민에게 정치적 총파업과 프롤레타리아 총파업의 구별이 중요한 이유도 바로 그래서가 아니었을까?

이제 우리는 가장 강력한 권위를 지닌 기존의 법, 곧 국가의 법에 저항할 수 있는 권리와 유비적인 어떤 권리, 곧 모든 해석적 독해의 '총파업'의 가능성, 총파업의 권리가 존재한다고 말해볼 수 있을 것이다. 우리는 적법화하는 권위와 그것의 모든 독해 규범을 중단시킬 권리를 지니고 있으며, 가장 예리하고 가장 효과적이고 가장 적합한 독해들을 통해 이를 해낼 권리를 갖고 있다. 물론 이 독해들은 때로는 또다른 독해의 질서—또다른 국가를 정초하기 위해, 그리고 때로는 그렇게 하지 않거나 그렇게 하지 않기 위해 왜냐하면 벤야민은 두 종류의 총파업, 곧 하나의 국가 질서

---

7 들뢰즈라면 이를 '기관없는 신체' '강도=0'의 상태라 불렀을 것이다. 그것은 힘의 부재가 아니라 충만, 무엇으로도 변형 가능한 잠재력의 충전상태를 가리킨다(들뢰즈·가타리, 2000: 160etc).
8 우리의 새로운 사유가 폭력-법의 이중성과 수행적 효과를 취소하리라 생각지는 않는다. 벤야민과 데리다의 고찰에서 드러나듯, 그것은 여전히 시원상태와 그 이후의 계열적 역사를 사유하는 데 유용하고 결정적인 관념이다. 다만 폭력-폭력이라는 틀을 새로이 도입함으로써 주어진 시간과 인과의 계열을 절단하고 새로운 상황(혁명)을 창출할 수 있는 개념의 고리를 찾아보고자 한다. 폭력-폭력은 폭력-법과 평행하는 상이한 사건의 계열일 것이다.

를 다른 국가 질서로 대체하게 될 것(정치적 총파업)과 국가를 폐지하게 될 것 (프롤레타리아 총파업)을 구분하기 때문이다―독해 불가능한 것에 근거하기도 한다. (…) 모든 창설적 독해에는 총파업, 따라서 혁명적 상황이 존재하기 때문이다(데리다, 2004a : 86-87. 강조는 인용자).[9]

따라서 정초 혹은 창설의 시간, 그 기원적 사건을 국가-법의 설립과 동일시해서는 안 된다. 그것은 잠재성을 읽지 못한 채 가시적인 인과법칙에 (무)의식을 온통 점령당한 우리 근대인들의 '나쁜' 사고습관일 뿐이다. '기원의 사건'이란 무규정적이고 결정 불가능한 순간으로서 '이전'과 '이후' 사이에서 차이(타자성)가 가동되는 때이며, 그런 한에서 오직 '수행적'으로만 의미화될 수 있다. 폭력-법 또는 폭력-폭력으로 잠재성이 현실화되는 장면들을 통해! 데리다가 강조하듯, 그 같은 기원은 '독해 불가능'한 것이다. 그렇다면 이 차이를 어떻게 읽을 것이며, 그것은 어떤 척도에 의거하여 법(국가)이나 폭력(혁명)으로 상이하게 분기하는가? 또 그것을 어떻게 식별할 수 있을까?

4. 유령의 척도에 관하여

정의와 환대는 그 '차이'에 붙여진 이름들이다. 그러나 (불)가능한 이념이라는 점에서 정의와 환대는 통상의 이해를 넘어선다. 우리는 이 이

---

9 창설 없는 기원에 대해 생각하는 것은 때로 당혹스러운 노릇이 된다. 도대체 무엇인가가 포지티브하게 정립되지 않는다면 기원의 의미가 무엇이란 말인가? 재미있는 것은 플라톤이 민주주의라 부른 것이 바로 이러한 창설없는 상태, 다양한 동시에 평등한 '힘의 차이적 상태'였다는 점이다. "민주정체는 (…) 즐겁고 무정부 상태의(anarchos: '원리 없는'―인용자) 다채로운 정체이며, 평등한 사람들에게도 평등하지 않은 사람들에게도 똑같이 일종의 평등을 배분해주는 정체다"(플라톤, 1997: 558c).

넘들을 실체적인 무엇으로 상정할 수 없고 타자성 자체로 받아들여야 하며, 일종의 부정신학적 방식으로 다가갈 수밖에 없다. 규정적인 속성을 부여하여 그 이념들을 포획하려는 순간, 우리는 사건적 기원과 국가-법을 동시에 설정하는 실수를 범하게 될 것이다.

데리다에게 정의는 사회적이고 사법적인 정의'들', 법보존적 폭력을 통해 가시화되는 현행의 지배적 질서(예컨대 '정의사회구현'으로 표징되는)가 아니다. 서구사상의 전통을 종횡무진으로 해체하던 초기와 달리, 후기 데리다의 정치철학에서 전면화된 정의는 절대적이고 무조건적이며 무한한 윤리라는 자기역설을 내장한다. 기성의 모든 견고한 가치체계와 질서에 딴지를 걸던 그의 지적 여정을 돌아볼 때, 정의와 환대가 절대적 이념의 차원에 올려져 있는 것은 해체론의 자가당착처럼 여겨지는 탓이다. 실제로 정의와 환대는 무한과 보편을 주장해왔고 지금도 그렇다. 하지만 이 념을 현실에 적용하고자 할 때 우리는 늘 주어진 역사적·사회적 지평에 따라 그것을 '제한'해야 한다는 데 일말의 의심도 품지 않는다. "점거? 자기 권리를 찾는 것도 중요하지만 법과 질서를 지켜야 하지 않겠어?" "혁명? 세상을 바꾸는 건 좋은 일이겠지만, 무질서와 혼란은 막아야지 않을까?"

현실과 이념의 모순된 착란은 종종 전체주의의 무서운 얼굴 속에 용해되어 나타났다. 근대 자본주의의 폭압적 역사가, 자유민주주의의 왜곡된 이상이, 현실사회주의의 절대화된 이데올로기가 이를 잘 보여주지 않았던가? 초기에 데리다가 이념적인 것에 대해 가졌던 불편함의 이유가 그것이다. 그런데 이제 그 자신이 정의와 환대를 보편적이고 무한한 것으로 제시하다니?

이에 두 차원의 정의가 제시된다. (1) 무한하고, 계산 불가능하며, 규칙에 반항적이고, 대칭성에 외재적이고, 이질성 지향적일뿐더러 자기 자신에 대해서도 이질적인 정의. (2) 법, 합법성 또는 적법성으로서의 정의,

안정적이고 법제적이며 계산 가능한 장치이자 규제되고 법제화된 명령들의 체계로서의 정의(데리다, 2004a: 47). 전자가 이념으로서의 정의이자 단 하나의 법Law이라면, 후자는 실정법에 의해 현실화되는 법'들'laws을 표상한다.

안이한 판단은 우리를 '조화로운 절충'과 같은 중간지대로 유혹한다. 하지만 이념으로서의 정의, 곧 단수로서의 법은 절대적이고 무한한 만큼 맥락에 따라 변형되지도, 수적으로 증가하거나 감소하지도 않는다. 또한 마찬가지로 현실을 제어하는 법들의 체계, 현실의 정의는 무조건이라는 이상에 따라 기능하지 않는다. 법이 불가능성으로 초월해간다면 법들은 가능성의 수준에 놓여 있는 것이다. 현실의 원리로서 법들이 우리가 살고 있는 시간적 계열, 역사적 지평을 온전히 담고 있다면, 정의로서의 법은 지금-여기의 계열에서 벗어난 또다른 시간을 향하고 있다. 시간의 기계론적 연장으로서 미래futur가 전자를 지시한다면, 시간성의 탈구이자 파열, 도약을 나타내는 도래avenir는 후자를 가리키는 이름이다.[10]

하지만 두 정의가, 법과 법들이 서로 상대적이고 동등한 이분법의 항들을 구성하는 것은 아니다. 이념으로서의 정의와 법은 현실의 정의와 법들을 포괄하는 동시에 그 외부에 놓여 있기 때문이다. 현실은 시간과 공간에 따라 제각각 구별되는 조건들로 불균등하게 분포되어 있다. 쉽게 말해, 역사와 지리, 문화에 따라 서로 다른 민족과 국민들의 삶을 규정하는 제도와 법들이 있을 것이다. 이 차이를 근거짓기 위해 이념은 그 모든 차이들보다 커야 하며, 또한 그 차이들을 담고 있지 않을 수 없다. 대문자로, 유일한 것으로 쓰일 수 있는 정의Justice가 시대와 지역, 인민들의 구분에도 불구하고 보편적이어야 한다는 것, 아무리 제각각 달라도 그러한 이

---

10 진태원은 'avenir'를 '장래'로 옮겼다(진태원, 2004: 192).

넘적 정의는 언제 어디에나 내재해야 한다는 것은 그런 이유에서다. 마치 기원적 사건처럼, 정초하는 폭력처럼 정의는 항상-이미 잠재해 있기에 그것이 없다면 현실의 법들, 정의들을 근거 지을 수 있는 토대에 관해 말할 수조차 없을 것이다.

이런 정의가 정말 가능할까? 우리는 대문자 정의를 실증할 수 있는가? 아니다. 아닐 것이다. 차라리 이념으로서 정의는 불가능한 것이기에 비로소 정의라 할 수 있다. 현존하는 법들의 '바깥'에 있기에 지금 여기로 불러낼 수 없으며, 실체화되지도 않는 까닭이다. 지금 여기에 불러세우는 순간 우리가 마주하는 것은 헐벗은 채 드러나는 정의의 잔여들, 조건화되고 제약된 그 이념의 거죽일 뿐이다.[11] 그렇다면 정의는 불가능한가? 그렇다. 그럼에도 정의가 정말 필요한 것일까? 그렇다. 모든 차이를 정초하는 토대로서의 정의를 요구하지 않는다면, 현실의 그 어떤 정의나 법들도 일관성을 가질 수 없을 터이다. 이 두 번의 긍정은 산술적으로 합산되지 않는 역설의 질서에 따라 나란히 놓여 있다. 정의는 (불)가능의 차원에 있는 것이다. 이런 정의에 대한 데리다식 표기는 정의다.

정의는 타자의 문제와 직결된다. (불)가능성으로서 정의는 모든 낯섦, 이질성 자체로서 '타자적'이기 때문이다. 정녕 타자가 없다면 정의에 대해 어떤 말도 할 수 없을 것이다. "정의의 이념―이것이 무한한 것은 환원 불가능하기 때문이고, 환원 불가능한 것은 타자 덕분이며, 타자 덕분인 것은 타자가 모든 계약에 앞서, 항상 다른 독특성으로서의 타자의 도착으로서 도착해 있기 때문이다"(데리다, 2004a: 54). 정의는 뜻하지 않은 선물처럼, 예기치 않게 찾아온 도둑처럼 다가든다. 정의가 곧 타자인 이

11 9·11에 대한 미국의 무차별적 보복공격이 '무한정의작전(Operation Infinite Justice)'으로 명명되었을 때, 그것은 얼마나 정의의 이념과 멀리 있었던가?

유는, 모두 우리의 앎의 영역을 넘어선 사건들인 까닭이다. 그런 의미에서 "모든 타자는 모든 타자다tout autre est tout autre"(Derrida, 1995: 74)라는 문장은 동어반복이 아니다. 그것은 'être' 동사에 의해 '이전'과 '이후'로 갈라지는 차이他者性의 발생을 보여주는 사건화의 언명에 다름아니다.[12] 그러므로 정의, 타자로서의 정의는 우리가 주체적 역량을 발휘하여 무엇인가를 능동적으로 작용할 수 있는 대상이 아니다. 타자를 무조건적으로 맞아들이라는 환대의 이념이 정의의 지평에서 나타나는 것도 이런 맥락이다.

환대 역시 절대적인 것과 상대적인 것으로 나뉜다. 물론, 정의의 이념과 함께 논의되어야 할 것은 전자인데, 절대적인 환대를 사유하는 데리다는 잔혹할 정도로 환대의 절대성을 우리에게 시험해보도록 요구한다.

우리는 타자를 맞아 어떤 환대를 할 수 있는가? 레비나스처럼, 마치 신을 맞이하는 것처럼 조건 없는 복종과 순종을 통해 맞을 것인가?[13] 반대로 그가 누구인지 묻고 알아보는 신원확인을 통해, 권리와 의무라는 조건에 맞춰 그러할 것인가? 아마 '모범답안'을 찾으려면 문제는 쉬울 듯이다. 그러나 데리다는 무한한 환대, 조건 없고 절대적이며 이념적인 환대가 내포하는 위험과 두려움을 직시하도록 종용한다.

무조건적인 환대는 당신이 타자, 새로 온 사람, 손님에게 무엇인가 답례해줄 것을 요구하지 않는 것, 심지어는 그 또는 그녀의 신원조차 확인하

---

12 이 문장은 우선 타자=타자의 논리를 구성하기에 동일자로 환원되지 않는 타자만의 고유성을 암시하며, 구문이 함축하는 시간성으로 인해 첫번째 타자와 두번째 타자 사이의 차이를 내포한다. 이와 유사한 구조를 우리는 '폭력-폭력'에서 이미 살펴보았다.
13 현실적으로 타자는 '약자' '빈자' '과부와 고아'라는 실존의 최저상태로 표상된다(레비나스, 1998: 101). 그러나 타자의 이 같은 형상이야말로 레비나스에게는 '신'의 증거이고도 남았을 것이다(데리다, 2001: 174).

지 않는 것을 의미한다. 설혹, 그 타자가 당신에게서 당신의 지배력이나 당신의 가정을 빼앗는다 할지라도, 당신은 그것을 받아들여야 한다. 이 것을 받아들인다는 것은 끔찍한 일이지만, 그것이 무조건적 환대의 조건이다. 당신은 당신의 공간, 가정, 나라에 대한 지배력을 포기한다. 그것은 견딜 수 없는 것이다. 하지만 순수한 환대가 되려면, 그것은 이러한 극한으로까지 고양되어야 한다"(도이처, 2007: 119에서 재인용).[14]

모든 것을 앗아갈 수 있는 타자에게, 그래도 당신은 정녕 조건 없이, 절대적인 것으로 환대를 행할 수 있는가? 이를 도덕시험과 착각하지 않는 것, 결기에 찬 의협심이나 타인의 시선을 욕망하는 양심의 자기최면과 혼동하지 않는 것이 좋겠다. 거듭 말하건대, 우리는 손쉬운 선언적 대답을 내려놓고, 한 걸음 물러선 채 생각해야 한다.

환대의 이념적 진정성은 '준다geben'는 행위의 무한함에 있다. 환대가 절대적 윤리의 차원에 있다는 것은 나의 자기성自己性 일반을 탈각하는 것, 곧 소유물과 혈연, 명예와 생명, 의식과 무의식까지도 모두 전적으로 타자에게 내어줄 때 비로소 가능한 탓이다. 타자에 대한 절대적인 헌신, 무조건적 관계가 그것이다. 이 점에서 환대와 정의는 멀리 있지 않다. 환대는 타자를 향한 순수한 개방이며 복종이기에 보편적이며 유일한 법과 일맥상통한다. 물론 이 법과 나란히 현실 속의 조건적이고 규범화된 환대의 규약'들'이 있다. 타자와 나 사이에 가능한 권리와 의무를 규정하고 상호관계를 맺는 것은 후자를 통해서이지만, 문제는 절대적 환대라는 이념

---

14 데리다가 구약성서로부터 예거하는 환대의 사례는 더욱 끔찍스럽다. 그가 창세기 19장과 사사기 19 장에서 드는 에피소드는 낯선 손님을 보호하기 위해 자신의 딸들과 첩을 뭇 사내들의 성적 노리개로 제공하는 롯의 사례를 다루고 있다(데리다, 2004b: 152-154). 절대적 환대는 그 모든 현실의 조건들을 넘어서야 하는 (불)가능한 이념이라는 것이다.

적 지향과 현실의 규약들이 상호 배타적이라는 점이다. 이는 이상과 현실 사이의 '수위조절'이 아니라, 원리적 이율배반의 문제다. 환대의 절대성을 믿는다면 어떤 형태로든 환대의 현실적 고려는 '비겁한 변명'에 지나지 않는다. 반면, 현실적 입장에서 본다면 환대의 절대성이란 그저 동화 속 이상처럼 보일 것이다. 환대의 무조건성인가, 또는 조건적인 환대(들)인가? 이는 환대의 문제가 정의와 정의들, 이념의 법과 현실의 법들 사이의 양립 불가능한 아포리아를 함축하는, (불)가능성에 대한 물음임을 반증한다(데리다, 2004a: 104).

이념으로서 환대가 무조건적이고 절대적 정의와 법을 가리킨다면, 여기엔 어떤 규칙이나 약속이 있을 수 없다. 그것은 선포와 동시에 준행되어야 하는 신의 명령이며, 법을 넘어서는 법이고 또한 법이 없는 법이다. 하지만 이러한 환대의 법은 환대의 법'들'을 요청할 수밖에 없는데, 왜냐하면 법의 실행이란 언제나 조건적으로 즉, "역사와 지리의 분배에 따라" 다르게 표현되기 때문이다(데리다, 2004a: 105). 실제로 우리는 타자를 맞이할 때 늘 특정한 관습과 도덕감각, 규칙에 의존하지 않는가? 그것이 우리, 곧 현실을 살아가는 존재의 권리 아닌가? 환대의 법들은 특정한 현실 조건 속에 나름의 규칙을 세우고 그에 따라 집행된다. 하지만 본래적 차원으로 돌아가 말한다면, 어떤 형태의 환대든 그것이 현실화될 수 있는 것은 (무한한 정의가 제약된 정의의 법들을 근거짓듯) 이념으로서 환대의 '법'이 현실로서 환대의 '법(권리)들'을 초월론적으로 근거짓기 때문이다. 절대로서의 환대는 현실의 환대들을 돌파하고 넘어서지 않으면 이념이라 할 수 없다. 현실의 상대성에 대해 불가능한 것으로서의 자신을 요구할 때 이념은 절대적이 된다. 그 절대성이 환대와 환대들을 경계짓고 법과 법들의 분리를 주장할 때 그것은 초월적 독단에 불과할 테지만, 환대와 법에 의해서만 환대들과 법들의 현실성을 정초할 때 그것은 초월론적 근거로서 이념적이다. 현실의 환대들과 법들은 오로지 이념적인 환대와 법이 있음으로써 비로소 가능한 것, 현행적인 것이 될 수 있다. 온갖 역사와 지리의 상대성을 넘어서고 그 경계들을 지워나가는, 항상적인 '더욱 더'의 해체적인 힘으로서 환대와 정의의 이념은 (불)가능성으로 표명되는 것이다. 이로써 우리의 상식과 통념에 배치되는 기이한 결론이 도출된다. 상대의 법들은 절대의 법을 요청하고, 절대의 법은 상대의 법들을 위반하고 파괴한다는!

환대는 초월론적 절대의 법과 내재적인 현실의 법들이 서로 마주침으로써 현행화된다. 환대의 이념을 상대화의 함정에 빠뜨리는 게 아니라, 절대성과 상대성을 '유사' 초월론적 구도에 놓고 작동시켜야 한다. 신의 이름을 부르기 위해 반드시 신이 현존해야 하는 게 아니듯, 환대의 법들을 가동시키기 위해 반드시 초월적 대상인 환대가 있을 필요는 없다. 하지만 신을 이름을 부르려면 신의 실재는 불러들여져야 하고 환대 역시 그러하다. 초월론적 심급으로서 현실을 근거짓고 가동시키는 토대로서 환대는, 정의는 요청된다. 칸트적 실천이성과 혼동하지 말자. (불)가능성의 이율배반은 망상이나 허구가 아니라, 실제적인 작동의 차원에서 실재하는 관계다.

환대의 법들의 저 위에 자리잡고 있으면서도 환대의 무조건적인 법은 환대의 법들을 필요로 하고, 법들을 요청한다. 이 요청은 구성적인 것이다. (…) 결국 환대의 두 법 체제, 법과 법들은 동시에 모순적이고 이율배반적이며 또한 분리 불가능하다. 두 법 체제는 서로를 함유하며, 서로를 동시에 배제한다. 두 법 체제는 서로를 배제하면서 동시에 체내화한다. 두 법 체제는 각각 다른 쪽을 포괄하는 순간 서로 분리된다(데리다, 2004a: 105-16. 강조는 인용자).

정의와 환대의 (불)가능성은 그것들이 가능하지 않다는 의미가 아니다. 잠재적으로 가능할 뿐만 아니라, 실제로도 가능하다. 즉 그것은 작동하는 관계다. 실증 가능한 실체로서 현존한다는 게 아니라 관계와 수행적 현행성으로서 작동한다는 뜻이다. 이와 같은 (불)가능한 차원을 데리다는 유령론hantologie/hauntology이라 명명했다. 왜 유령인가? 전통적인 존재론은 모든 존재자들을 근거짓는 토대를 실체화하려 했고, 그것이 서구 형이상학적 독단의 역사였기 때문이다. 불가능한 것을 그대로 실체화시키면 그것은 곧장 초월적transcendent 이데아로 군림하게 된다. 이는 곧 미신이 되고 만다. 문제는 이렇게 노정된 초월적 세계, 그것의 계열은 현실의 계열과 절대 만날 수 없고 교차하거나 새로운 분기를 생산해낼 수 없다는 데 있다. 처음 이 글을 시작할 때 던졌던 질문들, 즉 정권이 쌓은 컨테이너 더미를 넘어서는 것, '다른 문'을 여는 것, 봉기의 현재성을 실험하는 것은 지금-현재의 계열과는 무관한 사차원의 세계에서나 일어나는 일이 된다. 따라서 정의와 환대를 초월과 내재의 공속적 관계를 통해 지금-여기로 끌어들이기 위해서는, 그것들을 실체화되지 않은 채 작동하는 '유령의 척도'로만 이름 부르지 않을 수 없다.

이렇게 (불)가능성을 사유하는 것은 초월론의 함정에 빠지지 않으면서 지금-현재와는 다른 계열의 시간, 인과관계의 '너머'를 가능한 것으로, 현행화를 기다리는 잠재성의 차원으로 활성화하기 위함이다. 유사 초월론적 구조, 유사 형이상학, 유령론은 실제 이 세계에서 가시적이지는 않으나 마치 햄릿의 아버지가 유령으로 현전해 그에게 명령을 내리듯 지금-현재를 '또다른' 방식으로 조직하고 추동하는 힘의 관계를 가리킨다.[15]

15 '메시아주의 없는 메시아성'도 마찬가지의 맥락에 있다(데리다 외, 2009: 226-227).

그렇다. 유령이란 그런 것이다. 보이지 않으나 흔적으로 자신을 주장하고, 고정된 자리를 갖지 않지만 어디라도 출몰하는, 현상 너머의 힘으로서 지금 – 현재와는 상이한 시간과 역사의 계열을 암유하는 (비)존재. 유령은 환각적으로 드러나는 상상들을 현실 속에 전이시키고, 끝내 현실을 상상들로 채우고 움직이게 만드는 실재적인 힘일 것이다. 무엇보다도 의식적으로 믿든 믿지 않든 유령은 무의식의 경로를 통해 끊임없이 되돌아오고 강박적인 질문을 던지며, 우리를 수행성의 충동적 차원으로 이끌어가는 힘이다(데리다, 2007: 4장).[16] 다시 말해, 합리적인 상식과 통념에 맞춰 살아가는 지금 – 현재를 탈구시켜, 또다른 시간과 역사의 계열 속에 우리를 던져넣는 것이다. 정치의 시간은, 혁명은 그렇게 (불)가능성이라는 유령적 차원을 통과함으로써 현행성의 힘을 획득하게 된다.

5. 계산 불가능한 정의를 계산하라

우리는 이로부터 의미심장한 결론 혹은 물음에 도달하는 듯싶다. 폭력 – 폭력의, 즉 국가 – 법을 이탈하는 잠재성은 사건적 기원의 순간에 있고, 그 같은 유령적 차원에서 작동하는 정의와 환대의 이념들이 다시 우리를 견인한다. 좋다! 그렇다면 정치의 시간을 가동시키고 혁명을 불러오기 위해 우리가 할 일은 다만 그것을 결정하기만 하면 되는 것일까? (불)가능한 것으로서 정의와 환대, 그 보이지 않던 시간의 계열이 열리고, 불가능한 것의 가능성이 개념화되었으니 이제 즉각 행동에 나서기만 하

---

16 '유령의 힘'에 대한 정신분석적 명명이 '실재의 정치학'일 텐데, 이런 의미에서 우리는 폭력 – 폭력에 관해 다시 사유해볼 필요가 있다(지젝, 2011).

면 된다는 걸까?

여기서 카를 슈미트에 대한 참조는 흥미로운 일이다. 그가 『정치신학』 (1922)에서 처음 표명한 예외상태 개념은 현대 정치철학의 주권론 논의에서 지극히 중요한 질문들을 던져주었다. 그것은 주권자와 법의 예외성, 우리의 용어로 말해 (불)가능성에 깊이 연관되어 있다. 예외상태란 법의 효력정지상태, 즉 정상적인 법규범이 작동하지 않는 법의 '외부'를 인위적으로 창출하는 행위다. 그것은 "법질서 바깥에 있는 것도 안에 있는 것도 아니며, 이를 정의하는 문제는 진정 하나의 문턱 또는 내부와 외부가 서로 배제하는 것이 아니라 서로를 식별하지 못하는 구분 불가능한 영역에 놓여 있다. (…) 여기서는 법질서 자체의 경계선이 의문에 부쳐진다"(아감벤, 2009: 52). 아감벤은 법과 법 바깥의 애매모호한 경계로서 예외상태를 강조하며 호모 사케르의 생명정치적 지위나 (예외상태를 정상으로 삼는) 근대국가의 비정상성을 규명하려 하지만, 그와 약간 다른 맥락에서 슈미트 자신은 예외상태가 엄밀하게 법적인 개념이자 범주에 있음을 분명히 밝히고 있다.

예외상태는 원칙적으로 제한없는 권한, 즉 모든 현행 질서를 효력정지시키는 권한을 포함한다. 이 상태가 되면 법은 후퇴하는 반면 국가는 계속 존립한다는 사실이 명백해진다. 예외상태란 그럼에도 무정부상태나 혼란상태와 다른 무엇이기 때문에, 법질서가 없어졌다 하더라도 여전히 법학적 의미에서 하나의 질서가 존속한다(슈미트, 2010: 24).

슈미트의 이론에서 법의 '바깥'으로 나갔으되 법의 '안'에 있는 역설적인 상황, 또는 (불)가능한 법적 상태를 따져보는 일은 우리의 과제가 아니다. 차라리 결정 불가능성이 극대화된 예외상태를 주권에 대한 법적 정의에 적합한 것으로 만드는 것, 즉 법의 초월적 테두리 내에 다시 가두는 것은 어떻게 성립하는가가 우리의 관심사다. 벤야민과 데리다는 국가-법의 탈구, 곧 가능한 시간 계열의 일탈로부터 잠재적인 혁명의 현행화가 시작된다고 생각했다. 반면 슈미트는 예외상태를 정상적인 시간 계열의 파열로 보았음에도 그것이 폭력-폭력이나 혁명으로 전화되지 않으며 오히려 국가-법의 더 높은 수준에서 다시 포획된다고 주장한다. 예외상태는 미리 봉합된 탈구, 사건적 돌발이 지워진 일탈인 셈이다. 도대체 어떻게 그러한가?

예외상태라는 특수한 상황에 슈미트가 투입하는 결정적인 요소는 바로 주권자로서, 그는 이 같은 인위적인 폐색을 '결정'하는 자에 다름아니다(슈미트, 2010: 16). 그런데 주권자는 일반적 의미에서 주체의 지위를 초월하는 존재다. 그는 "통상적으로 유효한 법질서 바깥에 서 있으면서도 여전히 그 안에 속해 있다. 따라서 헌법을 완전히 효력정지시킬 것인지 어떤지를 결정하는 자리에 있는 것이다"(슈미트, 2010: 18). 슈미트의 주권자는 시간의 한 계열(지금-여기)을 절단하고 다른 계열(또다른 시간)로 전이시킬 수 있는 결정자다. 그런 점에서 그는 일종의 기원적 폭력의 수행자이며, 역사의 선형성을 '혁명적'으로 뒤틀어 일탈시킬 수도 있는 사건화의 능력을 보유하고 있다. 그러나 그의 모든 결정과 행위는 초월적 법의 연속성을 조금도 제거하지 않는다는 점에서 반-혁명적이다.[17] 그

---

17 한스 파이힝거의 영향을 받아 슈미트는 '법학적 픽션'이라는 개념을 정초했다. 이에 따르면 자연적 실재로서 자연법, 진리의 실증 가능성 따위는 중요한 문제가 아니다. 거꾸로 이념에 대한 신앙이나 신념, 미망의 견인 속에서 법의 '고차적 목적성' '윤리적 파토스'가 실현된다. 법의 이념은 현실적 규약이나 제약을 넘어서는 돈키호테적 열광과 실천을 통해 수행된다는 점에서 혁명적 파토스와 닮아 있다. 하지만 이 같은 슈미트의 통찰은 그러한 절단적 결단 곧 예외상태의 창출이 국가라는 초월자를 향한다는 점에서 여전히 목적론적이다(코지, 2020: 57-61). 카오스적 사건의 시간을 허용하되 코스모스라는 최종적 순간을 전제하는 경우에만 성립하는 폭력은 법보존적 폭력이며, 반혁명의 회귀에 불과하다.

런 점에서 아감벤이 꼼꼼히 고증하고 있듯, 현대 국가정치사에서 예외상태는 폭발적 전환을 통해 새로운 역사의 지평을 열기보다 기존의 질서와 체제를 특수한 방식으로 유지하고 연장하는 방책으로 기능해왔다(아감벤, 2009: 30-50). 따라서 예외상태는 단선적으로 규정될 수 없는 (불)가능성의 차원에 있지만, 급진적인 정치와 혁명의 시간을 초래하지 않는다. 그것은 법보존적 폭력이, 폭력-법이 극한에 이른 판본을 보여준다.

다소 자세히 슈미트의 예외상태와 주권자를 살펴본 이유는, 그의 논리가 데리다와 대단히 비슷하면서도 치명적인 차이를 통해 전혀 상이한 결론에 도달하기 때문이다. 우리는 지금껏 (불)가능성을 그저 정의와 환대에 관한 아포리아로, 레토릭으로 남겨두지 않기 위해 그것의 여러 차원들을 검토했고, 현행화의 근거와 조건들에 대해서도 살펴보았다. 그래서 마침내 '결정'과 '행위'로 나아가게 되었을 때, 어처구니없게도 슈미트의 함정에 빠진 자신을 발견하게 된 것이다. 그럼 결정과 행위는 봉쇄된 것일까? 우리는 무엇을 할 수 있는가? 아무것도 하지 않고 기다리는 일, 모종의 '대기주의'만이 우리에게 남겨진 일인가?

여기서 다시, 데리다는 교착상태를 한 발짝 더 밀어붙인다. (불)가능한 것에 대한 요구를 끝까지 관철시키도록, 정의와 환대에 대한 욕망을 포기하지 말도록 촉구하는 것이다. 계산 불가능한 것을 계산하라는 명령이 그것이다.

계산 불가능한 정의는 계산할 것을 명령한다. 우선 우리가 정의와 가장 가깝게 연결시키는 것, 곧 법과 법적인 영역, 우리가 확고한 경계 안으로 가둬놓을 수 없는 이 영역에서 계산할 것을 명령하며, 또한 이 영역으로부터 분리될 수 없으며 항상 이 영역으로 개입하는 윤리적인 것, 정치적인 것, 기술적인 것, 경제적인 것, 심리·사회적인 것, 철학적인 것, 문학적인 것 등의 모든 영역 안에서 계산할 것을 명령한다(데리다, 2004a: 59-60. 강조는 인용자).[18]

계산 불가능한 것을 계산하라! 도대체 어떤 의미인가? 우리는 이미 결정하고 행위하는 것을 금지당한 게 아니었던가? 우리는 여기서 타자를 다시 불러와야 한다. 왜냐면 먼저 결정하는 것은 우리(주체)가 아니라 바로 타자이기 때문이다. "모든 타자는 모든 타자"이듯, 타자는 결정 (불)가능한 진리로서 우리에게 육박해오고, 결정하고, 명령한다. 정치의 시간을 가동시키고 전前미래적 사건을 끌어당기는 것, 또는 계산을 시작하는 것은 우선 타자다. 우리에게 그 출발점은 한 번도 제공되지 않았고, 능동적·의식적으로 찾아내 소유할 수도 없다.

만약 계산이 계산이라면, 계산할 것인가에 대한 결정은 계산 가능한 것의 질서에 속하는 것이 아니며, 그래서도 안 되기 때문이다. (…) 항상 타자가 서명한다는 것. (…) 자신의 진리, 곧 항상 타자가, 전혀 다른 자가 서명하며, 모든 타자는 전혀 다르다[모든 타자는 모든 타자다]라는 진리 속에서 실패하는 서명의 시도. 이는 바로 우리가 신이라 부르는 자, 아니 스스로를 신이라 부르는 자일 것이며, 그는 필요할 때면 심지어 내가 그를 명령한다고 믿을 때에도 나의 자리에서 서명한다(데리다, 2004a: 51, 125. 강조는 인용자).

나-우리의 결단과 행위는 타자 이후의 사태다. 그것은 능동적 형식이

---

18 이 명령은 칸트의 형식주의 도덕률과 다르다. "환대의 무조건적인 법이란 어떤 것일지 우리가 생각해본다면, 그것은 결국 명령 없고 지시 없고 의무 없는 그러한 법일 터이다. 한마디로 법 없는 법일 터이다. 명령하지 않고 요청하는 호소일 터이다"(데리다, 2004b: 107).

아니라 하나의 의무이자 과제처럼, '해야 함devoir'이라는 강제적이고 수동적인 형식을 통해 전달된다. 우리가 무언가를 결정하고 행동하고자 할때, 그것은 나-주체의 자발적이고 선차적인 수준에서 시작되지 않는다. 슈미트의 주권자와 데리다의 주체가 갈라지는 지점이 여기다. 주체는 오히려 항상-이미 타자의 부름/물음에 응답response하는 자이며, 그로써 자신의 응답에 책임responsibility지는 자다.[19] 주체는 이차적이고 부차적이며, 근원적 수동성에 갇혀 있다. 오직 타자의 부름, 그의 촉발에 반응하고서야 비로소 개시할 수 있는 자리에 있는 자가 주체다. 그래서 나-주체의 "예"는 자신에 대한 긍정이자 결단, 능동성과 자발성의 확인이 아니다. 그럴 수조차 없다. 내가 그 같은 존재가 되는 것은 타자의 부름/물음에 의한 것, 따라서 타자의 몫이기 때문이다. 내가 결정하고 행동하는 것, 만일 능동과 자발을 말할 수 있다면 그때의 "예"는 그래서 항상 두번째에 자리할 수밖에 없다. 나의 결정과 행동에는 항상 두 번의 "예"가 필요하다 (데리다, 2009: 34).[20]

계산해야 한다는 명령에도 불구하고, 결정과 행위가 유령적인 (불)가능성의 차원에 남겨진 것은 최초의 "예"의 가능성이 온전히 타자에게 위임된 까닭이다. 그런 탓에 계산한다는 것은 가시적이고 명석판명한 과제가 결코 아니다. "책임에 함축되어 있는 '예'라는 것은, 그것이 얼마나 원초적일 수 있든 하나의 응답으로 남아 있다. '예'라는 것은 항상 유령의 명령에 대한 응답처럼 울려퍼진다. 명령은 우리가 생생한/살아 있는 현

---

19 따라서 책임은 도덕적 부채의식이나 개인적 죄의식으로 환원될 수 없다. 그것은 이념적 타자(정의, 환대)에 대한 무한한 응답과 그 과제에 달린 문제다. 여기서 우리는 레비나스적 테마의 잔영을 엿볼 수 있지만, 환대가 절대적인 것으로 받아들여지는 한 책임은 통상의 도덕과 윤리의 한계를 훌쩍 넘어서게 된다. 이는 거주의 장소 곧 에토스에 대한 책임이라 표명되는바, 바꿔 말하자면 사건에 대한 주체의 (무한한) 책임일 것이다(데리다, 2004b: 150; 최진석, 2017: 100-103).
20 본질적으로 '예'는 호응하여 답하는 자리를 전제한다.

재로도, 죽은 이의 순수하고 단순한 부재로도 식별할 수 없는 어떤 곳으로부터 도래한다"(데리다 외, 2009: 124). 계산하는 것은, 결정하고 행위하는 것은 항상 우리를 벗어나 있으며, 그 시작은 타자의 몫이어도 결과는 고스란히 우리의 몫으로 전달된다. 우리는 응답했고, 그에 책임져야 하기 때문이다.

(불)가능성의 아포리아가 말의 성찬에 그치지 않고 막중한 윤리를 떠안게 되는 지점이 여기다. 만약 우리가 계산할 수 있고, 그에 의거해 결정하고 행동한다면 책임을 지는 것은 어렵지 않다. 우리가 시작했고 예측했으며 실행했기 때문이다. 통상의 논리가 그렇지 않은가? 예상되는 시간 및 인과의 계열이 있고, 그것을 조절하고 통제하려는 합리성의 논리. 하지만 처음부터 계산 불가능하며 결정과 행동이 연기되고 미끄러질 때 책임은 진정 어려운 과제가 된다. 그 결과가 무한한 탓이다. 타자로부터 도래하는 부름／물음에 응답하는 것은 불가능하지만, 그러한 부름／물음 자체가 타자에게서 먼저 오는 것이므로 우리는 거부할 수도 회피할 수도 없다. 응답해야 하고 책임져야 하며, "계산하라"는 명령도 거기서 연유한다. 그것은 방치될 수 없는 의무다. (불)가능한 것으로서 타자에 응답할 때, 타자는 정의가 된다. 우리는 응답하고자 고집스레 매달려야 하며, 그것이 비록 목적이 주어지지 않은, 길 없는 길이지만, "응답함으로써 시작할 수밖에 없"는 길이다(Derrida, 1999: 24). (불)가능한 의무, 그것이 응답이자 책임이며, 계산할 것을 명령하는 정치화다.

6. 예시적 정치, 또는 유-토피아의 정치학

우리의 이해가 더 큰 곤궁에 빠지기 전에, (불)가능한 것으로서 정의와 환대를 다시 되새겨보자. 그것은 예측도 계산도 할 수 없는 것이고, 따라서 언제 어떻게 우리에게 도래할지 기대조차 무망한 미-래의 사건에 다름아니다. 즉 정의와 환대의 이념이 만개하는 시간은 현재의 기대와 욕망, 노력에 의해 끌어당길 수 있는 가능한 미래가 아니다. 그것은 시간의 계열을 끊고 발생할, 그러나 그것의 현전에 관해서는 오직 사후적으로만 인식되는 불가능한 장래avenir에 해당된다. 그러한 시간은 (불)가능한 것으로 잠재되어 있기에 현실의 한계 밖에 놓여 있고, 그 같은 이념으로서의 정의와 환대는 지금-현재의 지평에서는 결코 충족되지 않는다. 타자가 내게 포착되고 장악되지 않듯, 무한한 정의와 절대적 환대는 우리(주체)의 결단으로 여기에 도착하지 않는다.

하지만 우리가 항상 정치화할 수 있는 것은 (불)가능한 것으로서 타자의 도래가 탈정치화의 차원을 먼저 열어놓았기 때문이다. 이전의 정치적인 질서를 깨뜨리고 정치적인 것이 새로이 발생할 수 있도록 문을 여는 것은 우리 자신의 결정이나 행동이 아니라, 타자적인 것의 예기치 않은 도래-사건인 탈정치화다. 그것은 하나의 기원적 폭력이자 폭력-폭력으로서, 국가-법으로 수렴될 수 없는 힘의 차이적 성격에서 기인한다. 이로부터 이 글을 쓰게 했던 우리의 물음과 논쟁에 대한 답변도 어느 정도 윤곽을 얻을 듯하다.

중단과 비극, 패배의 유일한 현실 가운데 돌연 솟아난 '상상'으로서의 질문들이 있다. "바리케이드를 넘을 수 있었을까?" "다른 문을 열 수도 있었을까?" "봉기가 가능했을까?" 이는 우리의 결정과 행위가 능동적이고 자발적임을 전제하는 물음들이다. 그러나 우리보다 먼저 도착하는 것은 우리가 아니다. 그것은 타자적 사태 전체로서, 미-래적 사건에 대한 질문을 우리에게 갑자기 던진다. "민주적 절차나 제도를 따지기에 앞서 대중의 열광과 연대가 이토록 달아오른 적이 있었던가?" "국가권력의 강압에 맞서 그토록 고집스럽게 저항할 수 있으리라 기대한 적이 있던가?" "의혹과 불안 속에서라도 봉기의 열망과 욕망이 그렇게 강력히 끓어오른 적이 있었나?"

아마도 그것은 익숙한 시간의 계열, 즉 역사의 연속성을 절단함으로써 균열을 만들고 불연속성을 도입하라는 타자(정의와 환대)의 부름/물음은 아니었을까? 정의와 환대에 대한 응답과 책임의 요구, "계산하라!"는 단호한 명령은 아니었을까? 타자로부터 오는 요구와 명령, '해야 함'의 의무야말로 우리가 시작해야 할 정치화의 첫 걸음이 아닐 수 없다(데리다, 2004a: 60-61). 하지만 이런 정치화는 우리의 의지대로 통제할 수 있는 대상이 아니다. 망령에 사로잡힌 리어왕처럼, 정치화의 운동은 우리의 의식과 결정, 기대와 욕망을 훌쩍 뛰어넘어 '광기'어린 질주를 감행한다.

결정의 순간은 키르케고르가 말하듯 하나의 광기다. 시간을 갈라내야 하고 변증법들에 저항해야 하는 정당한 결정의 순간에 대해서는 특히 그렇다. 이는 하나의 광기다. 하나의 광기인 이유는 이러한 결정이 과잉 능동적이면서도 또한 수동적이기 때문이다. 마치 결정자는 자신의 결정에 의해 자기 자신이 변형되도록 내맡김으로써만 자유로울 수 있는 것처럼, 마치 그 자신의 결정이 타자로부터 그에게 도래하는 것처럼, 이러한 결정은 수동적인―심지어 무의식적인―어떤 것을 보존하고 있다. (…) 긴급하고 촉박한 결정은 비지식과 비규칙의 밤에 이루어진다. 규칙과 지식의 부재가 아니라, 정의상 어떤 지식과 어떤 보증도 지닐 수 없는 규칙의 재설립의 부재다(데리다, 2004a: 56-57).

광기가 촉발한 단절과 분열, 그리고 지식과 규칙의 부재를 감당하는 것. 아무것도 알려지지 않고, 어떤 규칙도 주어지지 않은, 순수한 부재라는 조건을 받아들일 수 있을 때, 그때야 비로소 바리케이드를 넘어 청와대로 행진하고, 새벽녘의 비명 대신 환호성을 지르며, 온순했던 시민이 봉기하는 인민이 되는 사건이 도래할 것이다. 그것이 어떻게 가능할까?

예시적 정치prefigurative politics란 아직 오지 않은 시간을 앞당기고 먼저 살아봄으로써 시간의 논리적 인과성과 계열화를 무너뜨리는 방법이다. 이는 지금-현재의 계열에 속하지 않고 끌어당겨지지도 않는 또다른 시간의 계열을 지금-여기에 접붙여 실행하는 유토피아의 정치학이라 할 만하다(이와사부로, 2010: 342).[21] 온전히 타자적인 사태를 받아들이는 동시에 그것에 응답하고 책임지는 계산을 실행하는 것. (불)가능성이 가진 아포리아의 양가성을 극한까지 밀어붙이는 것. 상식과 통념에 가로막힌 합리성의 장벽을 광기의 상연으로 교란시키는 것. 그것은 다른 시간과 역사로의, '비지식과 비규칙의 밤'으로의 '목숨을 건 도약'에 비견할 만하지 않은가?(고진, 1998) 정의와 환대의 유령적 차원, (불)가능한 정치의 시간은 그렇게 "약속하고 결정하고 책임을 지는 행위, 요컨대 수행적인 방식으로 참여하는 행위"를 통해서만 우리에게 현행화될 것이다(데리다, 2007: 115).

(불)가능한 정치의 시간. 레토릭에 갇힌 이 말을 현재 속에 풀어놓음으로써, 그것의 작동을 현실로서 상상하고 미리 실험해보는 '낯선' 경험이야말로 지금 우리에게 절실해 보인다. 그 출발점은 예의 질문과 사유를 통해서다. 바리케이드 너머에서 우리는 무엇을 할까? 다른 문을 열고서 어떤 활동을 할 것인가? 봉기의 현재를 어떻게 이어갈 것인가? 아니, 어

---

21 유토피아가 최상의 장소(eu-topos)인 동시에 존재하지 않는 장소(ou-topos)라는 어원적 이중성을 염두에 둔다면, 우리는 (불)가능이라는 낯선 시간으로의 도약이 현재의 시간성을 끊고 다른 시간으로 나아가는 유일하고도 불가피한 행위라는 사실을 깨달을 수 있다(김영한, 1983: 13).

쩌면 그 시간은 이미 도착해 있는 게 아닐까? 그렇다면 행위는 벌써 - 이미 시작된 사건이다.[22]

22 최초로 이 글을 쓴 시점 이후 세월호 참사(2014), 촛불항쟁과 박근혜 대통령 탄핵(2016 - 2017) 등으로 한국사회의 큰 변전이 일어났다. 어떤 식으로든 그 사건들은 우리의 감각과 인식을 크게 돌려세웠고, 지금 - 여기의 우리를 이끌어냈다. 기원적 파국으로서의 폭력, 낯설고 두려워하는 폭력적 사태와는 다른 양상이었으나, 이전과 이후가 동일하다고 말할 수는 없을 것이다. 그에 관한 감상과 소회, 성찰과 인식에 대해서는 「진보에 대한 반(反)시대적 고찰」(최진석, 2019: 4장)에서 다루었다.

3. 발터 벤야민과 역사유물론의 미-래
마르크스주의와 무의식

0. 우화

어떤 자동기계가 있었다고 알려져 있는데, 이 기계는 사람과 장기를 둘 때 그 사람이 어떤 수를 두든 반대수로 응수하여 언제나 그 판을 이기게끔 고안되었다. 터키식 복장을 하고 입에는 수연통水煙筒을 문 인형이 넓은 책상 위에 놓인 장기판 앞에 앉아 있었다. 거울장치를 통해 이 책상은 사방에서 훤히 들여다볼 수 있다는 환상을 불러일으켰다. 실제로는 장기의 명수인 난쟁이가 그 속에 들어앉아 인형의 손을 끈으로 조종하고 있었다. 우리는 이 장치에 상응하는 짝을 철학에서 표상해볼 수 있다. '역사적 유물론'으로 불리는 인형이 늘 이기도록 되어 있는 사상이 그것이다. 알다시피 그 인형은, 오늘날 왜소하고 흉측해졌으며 어차피 모습을 드러내어서는 안 되는 신학을 자기편으로 고용한다면 어떤 상대와도 겨뤄볼 수 있을 것이다(Benjamin, 1991: 691-692).[1]

1. 불가능한 미래

제사題詞처럼 올린 첫번째 단락은 발터 벤야민의 「역사의 개념에 대하여」를 여는 유명한 우화다. 그렇다. 이미 '탈근대'라는 표현조차 퇴락한 우리 시대에 마르크스주의와 혁명에 대해 다시 사유하려는 사람이라면 누구나 한번쯤 인용해봤을 법한 그 텍스트다. 한 편의 묵시록적 단상처럼 신비롭게 읽히는 이 글묶음은 흡사 빛나는 사유의 성좌를 이루는 듯하며, 그 정향점은 아마도 근대의 끄트머리를 넘어서 미래의 어딘가에 가닿고 있을 것이다.

하지만 벤야민이 이 글을 쓰던 1940년 4월 즈음은 미래가 명확히 자신의 인장印章을 드러내며 역사의 향방을 가리키던 시점이 아니었다.

---

1 한국어 번역본을 따르되 독일어 원본을 참조해 문맥에 어울리게 수정했다(벤야민, 2009: 329–330, 제1테제). 한편 벤야민 자신이 직접 프랑스어로 번역한 이 텍스트의 한국어 번역본은 다음을 참고하라 (뢰비, 2017: 227).

1933년 합법적으로 정권을 장악한 나치당은 서둘러 재무장을 완수하여 1939년 9월 1일 폴란드를 침공했고 '적성국' 소련과 사이좋게 나누어 가졌다. 폴란드 침공 직전, 세계 최초의 노동자 국가를 표방하던 소련은 어처구니없게도 나치 독일과 불가침조약을 맺음으로써 전체주의의 야만과 맞서 싸울 의지가 없음을 자인해버렸다. 더구나 폴란드가 독일에 유린되는 동안 소련은 영토 확장을 위해 핀란드를 침공함으로써 진보를 믿는 세계인들의 공산주의적 신념에 재를 뿌려놓고 말았다. 그럼 자유 민주주의를 내세우는 영국과 프랑스가 대안이 될 수 있었을까? 폴란드 점령 이후, 두 나라는 독일을 향해 선전포고를 했지만 어느 한쪽도 나치즘의 야욕에 맞서 감히 싸울 엄두를 내지 못했다. 국경을 사이에 둔 독·불 양군은 하염없는 대치상태에 들어갔고, 이 총성 없는 전쟁은 자유진영에게 나치를 제압할 힘이 전무함을 반증해주었다. 실제로 벤야민이 이 글을 마친지 한 달여 지난 시점에 마침내 독일군이 프랑스에 진격해들어감으로써 세계대전의 화약고가 대폭발을 일으켰으니,[2] 「역사의 개념에 대하여」는 어디서도 미래를 확약할 수 없는 암흑천지의 상황에서 더듬거리며 만들어진 텍스트였던 것이다.

2 「역사의 개념에 대하여」의 발생사적 시점을 흔히 독소불가침조약과 나치의 유럽점령 이후로 획정하는데, 시기를 잘 따져본다면 이는 정확하지 않은 추론이다. 1939년 9월 1일 독일이 폴란드를 침공하자 영국과 프랑스가 독일에게 선전포고했으나, 전쟁은 즉각 벌어지지 않았다. 제1차세계대전의 참호전을 악몽처럼 기억하던 영불 양국은 독일과의 전면전을 대단히 부담스러워했고, 특히 독일과 전선을 마주하고 있던 프랑스는 간헐적인 포격만 주고받았을 뿐 다음해 겨울이 다 지나도록 어떠한 적극적인 군사작전도 시도하지 않았다. 소강상태는 1940년 5월 10일 독일군이 프랑스를 전격적으로 침공하면서 비로소 끝났는데, 벤야민이 이 글을 작성했을 시점은 바로 그 소강상태의 무거운 침묵이 전선을 장악하고 있던 때였다.

2. 이전과 이후

「역사의 개념에 대하여」는 출판을 목적으로 작성된 글이 아니었다. 그 래서 치밀한 논증이나 서술의 정합성을 찾아보기 힘들다. 더구나 벤야민 특유의 비유적인 문체는 글 전체의 정서를 모호하게 흐트러뜨리면서 예 언적 분위기를 더욱 강력하게 풍기게 만든다. 그의 선배이자 논적이었던 루카치의 전前마르크스주의적 정조에 훨씬 가까워 보이는 이 글은, 하지 만 그와는 정반대의 측면에서 문제적이다.

루카치의 『소설의 이론Die Theorie des Romans』(1916)은 제1차세계대전 의 암울한 분위기 속에서 세계구원의 가능성을 찾기 위해 집필된 것이었 고, 그 밑바탕에는 청년 루카치가 지성의 닻을 드리우던 딜타이 유의 정 신과학과 신칸트주의가 깔려 있었다(루카치, 2007: 6-7). 아직 마르크스 주의와 만나기 '이전'에 집필된 이 책은 당대 지식서사를 감돌던 분위기 가 어떤 것이었는지를 여실히 보여주는데, 오늘날 우리가 느끼는 '난해 함'이란 그 시대를 풍미하던 글쓰기의 일반적 경향으로 간주해도 무방하 다. 반면 제2차세계대전의 위기를 앞두고 쓰인 벤야민의 「역사의 개념에 대하여」는 마르크스주의로 전향한 '이후'의 저술이다. 비록 유대정신 특 유의 신비주의적 색채가 남아 있다 해도, 이 글의 기저에는 마르크스주의 역사유물론이 분명히 각인되어 있다. 문제는 '과학'을 표방하는 마르크스 주의로의 전회가 벤야민의 글에는 그다지 선명한 필치로 드러나 있지 않 다는 것. 전향 '이후' 루카치의 대표작인 『역사와 계급의식』(1923)과 비 교해보면 그 확연한 차이를 알 수 있다. 마르크스주의자 루카치의 스타일 은 더이상 이전과 같은 장중한 서사적 독백과 예언적 비전의 풍모를 풍 기지 않는다. 반면 벤야민은 마르크스주의라는 '과학'을 접한 이후에도 다소 완고하게 느껴질 정도로 자신의 본래 스타일을 고수하는 편이었고,

그의 마지막 저술은 이런 경향을 거의 최대 한도로 표출하고 있다. 마르크스주의 또는 역사유물론이 승리할 미래에 대한 전망이 여기 담겨 있다고 벤야민은 확언했지만, 이 글이 완전히 해독되지 않은 채 미궁의 텍스트로 남게 된 이유에는 그 같은 스타일의 문제가 깔려 있는 것이다.

3. 미스터리

아직 해독되지 않았다고? 벤야민에 대한 숱한 주석가들, 연구자들은 이미 어느 정도 그런 작업을 끝마친 게 아니었던가? 우리는 이 글의 주제나 사상에 대해 대략적으로나마 이해하고 있지 않은가? 비록 세세한 문장의 결을 다 읽어내진 못하더라도, 전체적 대의에 관해서는 벌써 정리 완료된 텍스트가 「역사의 개념에 대하여」 아닌가?

이러한 반문들을 부정할 수는 없다. 확실히, 우리는 벤야민의 마지막 유작에 대한 해석의 여러 갈래들을 잘 알고 있다. 가령 첫번째 테제의 우화 같은 이야기는 역사유물론과 신학의 '동맹' 또는 전자에 의한 후자의 '이용'을 뜻한다든지, 역사유물론의 미래는 진보적 역사관에 의해 버려진 과거를 구원하여 미래로 투사하는 작업에 달려 있다든지(6-7테제), 파시즘 정국에서 상례화된 비상사태를 혁명적으로 전화시켜 파국(총파업)의 도래를 우리의 과제로 삼아야 한다든지(8테제), 역사는 지금-시간$_\text{Jetztzeit}$으로 재구성되어야 하며 그럼으로써 선형적 시간성을 폭파시켜야 한다는 것(13-15테제) 등등…… 이외에도 몇 가지가 더 있지만, 역시 우리에게 대충이나마 알려진 테제들이다. 그만큼 이 텍스트는 많은 사람들을 사로잡았고, 오랫동안 탐구되어온 게 사실이다.

그럼에도 지금 우리 앞에는 도무지 그냥 넘어갈 수 없는 몇 가지 질문이 불거져나와 있다. 「역사의 개념에 대하여」의 주제를 그렇게 분석하여 나열하는 것은 어쩌면 이 비문祕文 같은 사유를 추상화시켜 마르크스주의 혁명론의 당연한 테제들로 정박시켜놓는 것은 아닐까? 혁명의 사상과 방법론, 구체적 행동강령이나 실천적 지침 등에 대해서라면 벤야민 말고도 당대에 이미 수많은 문헌과 담론들이 널리 퍼져 있던 참이었다. 당위론적 테제들을 열거하는 것이 벤야민의 목적이라면, 구태여 우화적 형식이나 비전적 진술을 사용해 자신의 입장을 반복할 필요는 없었을 듯싶다. 그렇다면, 지금껏 우리가 놓쳐온 것은 무엇일까? 벤야민 자신도 알았을 테지만 굳이 파고들지 않았던 어떤 사유의 형식, 그럼으로써 가시화되지 않는 형식의 이면에 내장된 또다른 사유의 실마리는 어떤 것일까? 꿈-사고보다 꿈-작업에 더 주의를 기울여야 한다는 프로이트의 조언, 화폐 자체보다는 그것을 물신物神으로 만든 메커니즘을 직시해야 한다는 마르크스의 경고를 돌이켜보자.

4. 역사유물론인가 신학인가?

자동기계 이야기는 오랫동안 벤야민의 주석가들을 괴롭혀온 화두였다. 우화적으로 기술되었다는 형식의 문제는 역사유물론과 신학이라는 거대서사의 주인기표들과 얽혀들고, 의미심장한 정치적 해석의 길을 열어놓았기 때문이다. 첫번째 테제를 둘러싼 몇 가지 주석들은 다음과 같다.

알레고리적 이미지로서 자동기계는 다음 세 가지 상이한 요소들을 포함한다. 첫번째는 수연통을 물고 있는 인형이고, 두번째는 기계 내부에 숨어서 실제로 장기를 두는 난쟁이, 세번째는 양자를 통합한 자동기계다

(최문규, 2012: 481-484). 벤야민은 인형이 역사유물론이고 난쟁이는 신학이라고 명시했다. 만일 이 우화를 당대의 정치철학적 전망에 관한 숨겨진 텍스트로 본다면, 관건은 양자 가운데 어느 쪽이 더 주도적 모티프 Leitmotiv로 작동할 것인가에 놓인다. 만일 역사유물론이 주도적이라면, 이는 마르크스주의적 혁명의 전망에 긍정적인 희망의 빛을 던져줄 것이다. 하지만 신학이 주도가 된다면, 역사유물론은 마르크스주의의 잉여적인 도구이기에 폐기되어야 할지 모른다. 신학은 수천 년 동안 지상을 지배하던 종교적 관념이며, '과학'의 객관성과 우월성을 자신하는 마르크스주의가 그것을 이길 수 없다면 양자 간의 전투는 아무 의미도 갖지 못할 것이기 때문이다. 이 무적의 자동기계를 움직이는 주요한 원동력은 어느 쪽에 있는 걸까?

난쟁이, 곧 신학에 방점을 찍는 해석은 인형을 포함한 기계 전체를 작동시키는 주체가 그 안에 있는 '인간'이란 점에 주목한다. 역사유물론은 한낱 '인형'에 불과하며, 인간의 조종을 받는 대상이기에 끝내 주도적 지위를 확보하지 못할 것이다. 또한 기계의 '안쪽'과 '하부'는 '내면'이자 '토대'를 뜻하는바, 이들은 각각 세계사를 운행하는 내적 원리와 물질적 토대에 비견될 만하다. 신학은 "왜소하고 흉측해"진 추한 외모를 지니고 있으나, 그러한 난쟁이 없이 유물론은 승리로 나아갈 수 없다는 게 역사의 진실이란 것. 반면, 인형, 즉 역사유물론을 강조하는 경우는 어떨까? 여기서 인형은 거꾸로 난쟁이를 시종처럼 부리며, 난쟁이를 "자기 편으로 고용"함으로써 자신의 승리를 위해 이용해야 한다. 신학과 결부된 인간의 역사, 곧 종교의 역사는 추악하고 비참한 것이었으나 그러한 믿음의 체계를 충분히 부리지 않고는 결코 이길 수 없을 것이다. 해석의 이 같은 방향성은 벤야민의 초고에서도 확인되는데, 결국 텍스트의 저자로서 그의 의도는 역사유물론이 신학을 배제하지 말고 역으로 이용함으로써 혁명의 새로운 가능성을 타진해야 한다는 데 있다. 대부분의 연구자들과 주석가들이 이에 동의하는 편이다.

다른 한편, 인형과 난쟁이 둘 다를 포함하는 자동기계에 주목해볼 수도 있다. 어떤 게임이든지 최종적 승리를 쟁취하는 주체는 인형이나 난쟁이가 아니라 양자가 결합한 자동기계라고 언급되기 때문이다. 이렇게 기계 자체에 초점을 맞춰놓고 보면 둘 중 어느 것이 '상부'이거나 '하부'이고, '안쪽'이거나 '바깥쪽'인지가 불분명해진다. 벤야민식 알레고리를 한껏 활용하여 인형과 난쟁이가 결합한 일체로서의 자동기계를 역사의 운동이라 가정한다면, 첫 번째 테제의 전체 윤곽이 어느 정도 독해될 법하다.

5. 벤야민이 본 것과 보지 못한 것

모든 해석은 나름의 타당성을 갖는다. 어떤 것이든 적절한 해석의 가능성을 허용하는 것이야말로 알레고리의 묘미일 테고, 벤야민도 그런 중의적 모호성을 노리고 글을 썼을지도 모른다. 결국 자동기계의 우화에서 출발한 「역사의 개념에 대하여」는 과거의 구원이라는 목표를 설정하고, 그 방법으로서 진보의 역사관념을 폭파해 정지시키려는 시도라 할 수 있다. 이런 총론적 해석에 전반적으로 동의한다. 다만 텍스트의 전체 주제와는 별개로, 우리 앞에는 조금 더 구체적으로 답해져야 할 질문들이 여전히 남아 있다. 도대체 신학과 역사유물론은 어떤 관계인가? 동맹이나 협력으로 이어지는 것인가? 이를 어떻게 가능하게 한다는 걸까? 또한 과거를 구원한다는 것은 무엇을 뜻하는가? 『아케이드 프로젝트Das Passagen-Werk』(1928-1929, 1934-1940)에서 보여주었던 과거에 대한 박물학적 관심과 열정을 말하는 걸까? 역사유물론과 신학이 도대체 어떻게 관계를 맺어야 과거를 구원하고 역사를 정지시켜 미래로 나아갈 수 있다는 건가?

미완성으로 남은 미출간 초고로부터 역사와 혁명, 정치와 문화의 모든 것에 대한 답변을 내놓으라고 독촉하는 것은 부당하다 못해 어리석다. 하지만 「역사의 개념에 대하여」가 갖는 통찰력과 파급력을 감안할 때, 우리는 역사유물론과 신학, 과거의 구원과 역사의 파국, 해방의 전조 등에 관해 더욱 구체적으로 묻고 답하지 않을 수 없다. 그렇지 않다면 벤야민의 사유는 그 본래의 의미를 묻어둔 채, 그저 '혜안'으로 남겨져 세상을 유전하는 숱한 경구들의 운명을 반복하고 말 것이다.

이 지점에서 우리는 벤야민의 관점을 거꾸로 뒤집어 벤야민 자신에게 돌려주자고 제안해본다. 즉 과거를 구원하여 현재를 살게 만드는 그의 방법을 그에게, 그의 텍스트에 적용해보는 것이다. 바꿔 말해, 벤야민이 말하지 않은 것, 더 나아가 그가 알지 못했지만 알고 있던 것, 그의 '무의식적 앎'에 관한 사유를 작동시켜보는 것이 그것이다. 텍스트에서 언명되진 않았으나 그것 없이는 텍스트가 성립하지 않으며 작동할 수도 없는 것을 발견하고, 텍스트에 접합시켜 가동시키는 작업이 필요하다. 데리다를 빌려 말한다면, 그 자체는 잉여적일지 모르나 그런 잉여 없이는 작동하지 못하는, 대리보충supplément의 요소를 끼워넣는 방법일 것이다.

6. 기계와 비밀

자동기계에 관한 우화는 일련의 언표적 장치들이 배치되면서 벌어지는 기묘한 (오)작동의 광경을 연출한다. 예컨대 기계 위의 터키인 인형

은 누군가와 장기를 둘 때는 늘 '반대 수'로 응수함으로써 승리를 쟁취한
다. 그런데 반대 수로 상대를 이기는 전술이 정말 "언제나 그 판을 이기게
끔" 신통한 것일까? 상대방이 승수勝數라면 그 반대수는 패수敗數일 텐데,
어떻게 이긴단 말인가? 기계 안쪽 하부의 난쟁이 역시 기이한 형상이다.
"거울장치를 통해 이 책상은 사방에서 훤히 들여다볼 수 있다는 환상을
일으"킨다는데, 도대체 이 환상은 누구에게 일어나는 것인가? 난쟁이에
게? 상대자에게? 전자라면 (난쟁이만의 환상이기에 주관적 독아론에 불과
하므로) 승리의 조건이 될 수 없고, 후자라면 ("훤히 들여다볼" 수 있는 데
도 지는 것이기에) 이 게임은 애초에 성립할 수 없다. 어쩌면 자동장치의
설계자에게 그렇게 보인다는 것은 아닐까? 그의 눈에 자동기계의 인형은
'장기의 명수인 난쟁이'가 조종하는 대상이고, 인형은 '거울'을 통해 사방
을 훤히 볼 수 있으며, 항상 '반대 수'를 던져서 이기는 것이 보인다는 뜻
일까? 설령 그렇다 해도 이상하지 않은가? 이런 설계의 비밀은 공개될
수 없고, 공개된다면 기계는 더이상 작동할 수 없을 텐데, 왜 이런 기묘한
설계의 비밀이 "알려져 있다"는 말인가?

자동기계에 관한 이야기는 일종의 메타담론metadiscourse이 아닌지 의
심스럽다. 모두에게 공개되어 있지만 결코 모두가 아는 것은 아닌, 혹은
아무도 알지 못하지만 실제로는 모두에게 벌써 알려져 있는 무엇인가에
관한. 그것es은 무엇인가? 힌트는 역사적 유물론과 신학이라는, 갑자기
끼어든 생뚱맞은 단어 짝에 있다. 이들은 이야기의 누빔점point de caption
을 이루는 축으로서, 우화적인 알레고리를 순식간에 정치철학적 담론으
로 전환시켜버리고 있다. 벤야민 자신이 적시하듯, 인형은 역사유물론이
고 난쟁이는 신학이다. 전자는 후자를 '고용'하여 "어떤 상대와도 겨루어"
볼 수 있으리라 그는 단언한다. 마르크스주의 혁명이론의 승리를 예고하
는 이 언명을 뒤집어 읽는다면 어떻게 될까? 역사유물론이 승리할 전망

은, 거꾸로 유물론이 신학에 복무할 때, 그때서야 비로소 일어나는 일이라고. 단, 여기서 신학을 제도종교적 표상으로서의 변신론적 담론이라고 확정해 받아들일 필요는 없다. 오히려 역사유물론은 신학에서 신조차도 배제된 믿음, 순수한 믿음의 형식 그 자체를 추출해낼 수 있어야 한다.

7. 무의식, 또는 땅 밑의 세계

벤야민이 마르크스주의자임을 전제한다면, 이런 논의는 부담스러울 수밖에 없다. 확실히 그는 마르크스주의의 세례를 받은 1924년 이후로 자신의 저술활동을 명확한 정치적 행위로 인식하기 시작했다(비테, 1994: 91-95). 그럼에도 그가 받아들인 마르크스주의가 당대의 주류로부터는 어딘지 엇나가는, '기이한' 모습을 지니고 있었음도 잘 알려진 사실이다(최문규, 2012: 475).[3] 분명 벤야민은 마르크스주의에 대해 강한 신념을 지녔고, 자신의 이론적 도정 속에서 마르크스주의적 전망을 세공하여 현실에 투사하려 했다. 하지만 그는 이런 자신에 대해 얼마나 잘 안다고 생각했을까? 프로이트가 무의식을 발견한 이후, 텍스트의 표면과 이면 사이에 단락이 있고 거기에는 일종의 굴절과 왜곡이 개입해 있다는 점은 현대 사상의 대전제다. 소위 '징후적 독서symptomatic reading'란 저자 자신이 알지 못한 채 텍스트에 기입해놓은 창조적 무의식의 흔적을 찾아내는 작업을 가리키는데, 이런 관점에서 「역사의 개념에 대하여」를 읽는다면 무엇이 새로이 발견될까?

---

3 벤야민의 오랜 친구 숄렘은 그가 마르크스주의로 전향한 이후에도 유대주의의 영향력에 강력하게 노출되어 있었음을 지적한다(숄렘, 2002: 295-306). 벤야민 스스로도 자신은 마르크스주의적 사회과학보다 형이상학을 더 지향했다고 밝힌 바 있다(최성만, 2014: 16).

전술했듯 이 텍스트는 마르크스주의를 포함하여 당대의 실증주의적 진보사관이 빠진 역사주의라는 함정, 즉 역사는 앞으로 무한정 나아가는 운동이라는 관념에 도전하려는 의도를 포함하고 있었다(한상원, 2018: 205). 쿨랑주를 인용하며 벤야민이 했던 충고는, 지나간 어떤 시대에 관해 알고자 한다면 그 이후에 나타난 모든 역사적 진행에 대해서는 잊어야 한다는 것이다(벤야민, 2009: 335, 제7테제). 자신이 알고자 하는 시대 이후의 모든 역사는 그 알고자 하는 시대를 규정했던 승자의 기록, 즉 과거에 대한 '공식적 기억'의 산물이기 때문이다. 그런 의미에서 알려지지 않은 역사의 어떤 지점, 망각된 시간의 깊은 퇴적층에 파묻힌 무엇인가를 발굴하고자 한다면 파낸 흙을 모두 버려야 한다. 역사유물론과 신학도 마찬가지다. 전자가 후자를 '고용'하여 역사를 승리로 이끌리라는 전망은, 그것이 아무리 장밋빛으로 채색되었다 할지라도 결국 당위이자 소망 이상일 수 없다. 양자가 어떻게 결합하든 지나간 역사는 신학 곧 난쟁이가 과학(비판적 이론)을 지배하고 통치했던 조건의 기록이며, 후자의 승리를 염원하는 지금에 있어서조차 여전히 이전의 조건을 보존하고 있기 때문이다. 따라서 신학을 '고용'하기만 하면 역사유물론이 승리하리라는 전망은 일종의 환상에 가깝다. 당위와 소망으로서의 승리로부터, 그 환상으로부터 단락短絡을 내고 절단을 감행하지 못한다면 지나간 역사는 머리를 짓누르는 악몽이 되어 언제까지나 지속될 것이다. "모든 죽은 세대들의 전통은 마치 꿈속의 악마처럼, 살아 있는 세대들의 머리를 짓누른다"(마르크스, 1992: 287).

역사의 기나긴 과정은 소망이나 당위와는 다른 사태를 증좌하고 있다. 역사유물론이 신학에 패배당하고, 과거의 흙 속에 파묻혀 존재조차 망각되었다가 수세기를 거쳐 겨우 되살아나고, 다시 매장당하는 수난의 역사가 그것이다. 그런데 지금 갑자기 신학을 '난쟁이'라 모욕하고 '고용'해서

이길 궁리를 한다는 게 과연 유물론적 전략이 될 수 있을까? 폭력과 겁박을 통해 역사를 장악해왔던 신학과 정면으로 부딪치기보다, 그 전장戰場의 밑바닥을 파고들어가 땅 밑에서 회심의 일격을 도모하는 게 낫지 않을까? 도대체 신학이란 무엇인가?

8. 알려지지 않은 알려진 것들

마르크스의 어법을 빌려 말한다면, 신학은 신학이다. 그것은 특정한 조건에서만 신학 자체를 위한, 혹은 역사유물론을 위한 무기가 된다. 우리는 이 무기의 작동형식에 주목해야 한다.

"오늘날 왜소하고 흉측해진" "장기의 명수"란 기실 이데올로기를 지칭하는 다른 이름일 것이다. 신학이 대중의 믿음을 다루는 기예이며 학문이고, 통치술이라면, 그것은 믿음 일반의 작동방식과 다르지 않을 터. 그렇다면, 우리는 마르크스주의의 이데올로기적 사용에 관해 고민해야 하는 걸까? 역사유물론에 대한 이데올로기적 무장의 필요로서? 벤야민에게 이데올로기란 어떤 것이었을까?

20세기 전반에나, 또는 그 이후에도 마르크스주의자의 관점에서 이데올로기는 기만적인 허위의식을 빗댄 개념이었다. 실제로 마르크스 자신은 이데올로기를 카메라 암상자camera obscura에 비유하며 현실을 뒤집어서 비추는 왜곡장치라 규정지은 적도 있다(마르크스·엥겔스, 2019: 60). 문제는 그러한 병리적 형태에도 이데올로기는 늘 작동해왔다는 사실이다. 이야기를 조금 에둘러가보자.

「공산주의당 선언」(1848)에서 마르크스가 '모든 시대의 사상은 지배계급의 사상'이라 주장했을 때(Marx·Engels, 1978: 489), 이는 어떤 시대든 그 시대를 지배하는 사상은 적대계급이 심어놓은 환상에 침윤되어 있게 마련이란 뜻이다. 비록 후일 엥겔스에 의해 '과학적 이데올로기'라는 용어가 만들어지고 프롤레타리아트가 그것을 선용할 수 있는 길이 열리긴 했으나, 여전히 이데올로기는 부정적 함의를 잔뜩 품고 있었다. 벤야민 시대에도 사정은 크게 다르지 않았는데, 루카치의 『역사와 계급의식』의 대의 역시 프롤레타리아가 사물화된 의식, 즉 부르주아적으로 왜곡된 이데올로기를 떨쳐내고 계급적 자기의식으로 무장해야 한다는 데 두어졌던 것이다. 그런 의미에서 벤야민에게 신학이란 한 시대를 규정짓는 지배적인 사고방식, 대중의 일상적 세계관을 장악한 어떤 관념들의 총체에 가까웠을 듯하다.

하지만 이데올로기에 대한 그 같은 정의는 벤야민이 알 수 있었고, 볼 수 있었던 개념적 틀을 지시할 따름이다. 좌인지 우인지 선명하게 분리하여 취사선택할 수 있는 사상으로서의 이데올로기가 그것이다. 그로부터 한 걸음 더 나아가, 우리는 여기서 이데올로기를 후기 알튀세르가 사용했던 것과 동일한 방식으로 재정의해 벤야민에게 공급해야 할 필요가 있다. 이는 이데올로기를 의식뿐만 아니라 무의식의 차원에서도 작동하는 힘으로 간주하는 것이다. 즉 개인과 집단의 삶에 알려져 있지 않은 앎, 모른다고 생각하지만 실제로는 몸에 배어 일상의 사고와 행동에서 표출되는 특정한 태도와 입장이 그것이다(알튀세르, 2007: 384-393). 특정한 세계관, 의식구조, 사고방식과 계급성 등으로 통칭되는 이데올로기의 고전적 정의는 대중의 삶에서 아주 작은 일부만을 차지할 따름이다. 대중의 삶에는 의식적 부분뿐만 아니라 무의식적인 부분들이 포함되며, 후자야말로 대중의 일상생활 전체를 규정짓는다. 이라크 침공 당시 도널드 럼스펠드에 대한 지젝의 논평을 섞어 말한다면, '알려진 알려진 것들known knowns'과 '알려진 알려지지 않은 것들known unknowns'과 더불어 '알려지지 않은 알려진 것들unknown knowns'이야말로 삶의 전모를 이룬다. 이 마지막 항을 무의식이라 부르는데, 그것은 우리에게 알려지지 않은 미지의 것처럼 보이지만 실상 우리는 그에 대해 무의식적으로 이미 알고 있다는 뜻이다.[4] 실로 신학이라는 제도나 규범이 문제라면 20세기의 역사유물론은 그다지 근심할 필요가 없었으리라. 근대의 세속주의는 절대자에 대한 맹신으로서의 종교와 신앙에 무관심해진 지 오래이기 때문이다. 관건은 무의식에 있다. 그것은 억지로 움직일 수도 없고 움직이지 않게 강제할 수도 없는 힘의 실존이기에 진정 두려운 대상이다. 따라서 역사유물론은 그것을 이용('고용')하는 게 아니라 '편승'하고 '업어탈' 궁리를 해야 한다.

자동기계의 메타담론적 성격은 무의식을 문제 삼을 때 분명히 드러난다. 여러 연구자들이 실증적 주석을 통해 밝히듯, 실제로 그런 기계가 실존했는지의 여부는 그다지 중요하지 않다. 핵심은 역사유물론과 이데올로기가 결합하여 작동하는 자동기계에 관한 발상에 있다. 그것은 '알려지지 않은 알려진 것' 곧 무의식의 기계로서 세계사를 통해 항상–이미 가동되어 왔던 힘의 역학을 뜻한다. 자동기계에 대한 묘사에서 나타나는 '반대 수'나 '수연통' '거울' 그리고 '환상' 등의 언표들은 무의식을 매개로 삼아야만 비로소 이해 가능한 이미지들로 우리에게 다가온다.[5] 승자들의 역사에서 배제당한 자들이 승리하기 위해서는 역사유물론과 무의식적 이데올로기의 관계, 혹은 양자 사이의 무의식적 관계 자체를 사유할 수

---

4 나머지 하나는 '알려지지 않은 알려지지 않은 것들(unknown unknowns)'인데 이는 아예 불가지의 것이기에 논의로 친다(지젝, 2004b: 19).

5 무의식은 의식의 '반대편'에 있고, 물담배 연통이 내뿜는 '연기'는 안개처럼 흐릿한 무의식의 분위기를 형성하며, '거울'은 억압된 의식을 되비추는 무의식의 '스크린'에 다름아니다. '환상'은 이와 같은 무의식의 기계적(machinic) 작동을 통해 연출되는 욕망의 (지연된) 충족을 가리킬 것이다. 난쟁이는 장기의 정석을 통해 상대편을 이기는 의식적 주체가 아니라, 전략적으로 유도된 모종의 속임수('환상')를 통해 상대를 궁지에 빠뜨리고 승리를 슬쩍 거머쥐는 무의식의 반(反)주체인 셈이다.

있어야 한다. 그로써 이데올로기를 기만이나 허위로 거부만 할 게 아니라 적절히 편승할 수 있어야 할 것이다. 들뢰즈와 가타리라면 대중의 무의식적 욕망이 흐르는 요도要道를 포착하고, 거기에 개입해야 한다고 말할 법하다. 즉 '그것ça'에 유연하게 올라타 역사의 굴곡을 앞서거니 뒤서거니 부지런히 뒤좇을 수 있어야 한다.

9. 알튀세르와 함께

이런 주장에 당혹감을 내비치거나 반대를 표명하는 이들이 있으리라. 무의식을 전면화해 벤야민을 해석하는 것은 어딘지 불편한 제안이 될 수 있는 탓이다. 물론 그는 프로이트에 관해 대략적으로나마 잘 알고 있었고, 그의 저술들 곳곳에는 무의식과 정신분석을 거론하는 장면들이 적지 않게 나타난다. 게다가 그가 초현실주의자들과 어울렸던 점을 기억한다면, 벤야민에게 프로이트적 무의식의 편린들이 조금씩 엿보인다고 해도 이상할 게 없다. 그 시절엔 모두가 정신분석과 무의식에 대해 조금씩이나마 관심과 흥미를 느꼈던 까닭이다.[6] 그럼에도 벤야민의 역사유물론, 특히 마르크스주의 정치학의 중핵이라 할 수 있는 「역사의 개념에 대하여」를 무의식의 프리즘을 통해 재구성하는 것은 어느 정도 위험한 도전이 아닐 수 없다.

단도직입적으로 말하자면, 비공식적인 과거를 살려내는 작업에 몰두했던 벤야민의 의도나 기획보다 이런 활동의 저변에 깔려 있던 무의식을

---

6 벤야민은 프로이트의 무의식 개념에 적지 않은 관심을 보였고, 정신분석에 관해서도 상당한 정보를 확보하고 있었다(심혜련, 2017: 115-116; 고지현, 2007: 73-78; Roff, 2004: 115-116).

문제 삼고자 한다. 즉 그의 의식이 아니라 무의식적 사유가 관건이다. 벤야민은 이렇게 적고 있다.

과거의 진정한 이미지는 휙 지나간다. 과거는 인식 가능한 순간에 인식되지 않으면 영영 다시 볼 수 없게 사라지는 섬광 같은 이미지로서만 붙잡을 수 있다. (⋯) 과거를 역사적으로 분절한다는 것은Vergangenes historisch artikulieren 그것이 '원래 어떠했는가'를 인식하는 일을 뜻하는 것이 아니다. 그것은 위험의 순간에 섬광처럼 스치는 어떤 기억을 붙잡는다는 것을 뜻한다. 역사적 유물론의 중요한 과제는 위험의 순간에 역사적 주체에게 예기치 않게 나타나는 과거의 이미지를 붙드는 일이다(벤야민, 2009: 333-334, 제5-6테제).

오해하지 말자. 이 진술은 마치 어부가 개울가에 버티고 서서 지나가는 물고기를 붙잡듯이 역사유물론자가 '섬광 같은 이미지'인 과거를 잡아채야 한다는 뜻은 아니다. 차라리 승자의 기록으로 점철된 우리의 의식, 즉 지배계급의 사상이자 공식적 기억으로서 이데올로기를 떨어내고, 그런 의식들의 간극에서 순간적으로 명멸하는 비논리적 결절과 불연속적 돌발 곧 무의식의 출현을 발견해 문제화하라는 뜻일 게다. 바꿔 말해, 공식적 기억이 짓누른 무의식을 발견하고, 그것을 역사와는 다른 방식으로 (재)명명하는 작업이 요청된다. 지배계급에 의해 주입된 사상, 강요된 화해로서 통념과 상식, '정상성'의 사고방식뿐만 아니라 습관과 태도, 관습과 세계감각의 도덕으로서 우리에게 새겨진 일상적 무의식 전체가 이데올로기이기 때문이다.[7]

신학과 이데올로기, 무의식의 역동을 계열화하여 벤야민에게 적용하는 작업은 그에 대한 실증주의적 작가론이나 전기적 해석학에 제약되지 않는다. 벤야민이 무의식의 모티프를 얼마나 선호했는지, 알튀세르가 벤야민에게 얼마나 경도되었는지, 또는 문헌비평의 한 방법으로서 정신분석을 벤야민에게 적용해보는 차원이 아니라는 것이다. 우리가 알튀세르의 이데올로기론을 통해 무의식을 주제화하고 벤야민에게 이입해보는 것은 단순한 방법론적 대입이 아니라 일종의 대리보충적 작업에 가깝다. 이러한 보충이 없다면 「역사의 개념에 대하여」에 나타나는 구원과 정치, 역사의 해방이라는 주제는 해석자의 당위적 소망에 그치고 말 것이다. 벤야민의 무의식을 (재)구성해야 하며, 그것이 어떻게 작동하는지를 알려주는 사유의 교각들을 구축해야 한다. 벤야민이 선언적이고 예언적인 통찰을 통해 멈춰버린 지점, 그가 더이상 기술할 수 없었던 지점들로부터 한 걸음 더 나아가야 한다. '과거의 구원'이라는 테마 또한 이와 같은 방식으로 다시 읽을 수 있어야 한다.

10. 역사의 천사

파울 클레가 그린 「새로운 천사」라는 그림이 있다. 여기서 천사는 마치 자기가 응시하고 있는 어떤 것으로부터 금방이라도 멀어지려는 것처럼 묘사되어 있다. 천사는 눈을 크게 뜨고 있고, 입은 벌어져 있으며, 날개는 펼쳐져 있다. 역사의 천사도 바로 이렇게 보일 것임에 틀림없다. 우리 앞에 일련의 사건들이 전개되고 있는 바로 그곳에서 그는, 잔해 위에 또 잔

---

7 1920년대에 바흐친은 일상적 습관과 태도, 무의식적 감수성 등을 '일상적 이데올로기'라 부른 바 있다. 통속화된 정신분석에 맞서 그는 무의식적 욕망의 힘을 은밀하게 복원하려 했다(최진석, 2017: 5장). 다른 한편, 그와 같은 무의식의 힘을 정치적 동력학 속에 주제화하려 한 것은 레프 트로츠키였다(최진석, 2019: 7). 벤야민의 동시대인들로서, 이들 사이에서 사유의 무의식적 교류나 교감이 전혀 없었다고는 말할 수 없으리라.

Paul Klee, <Angels Novus>, 1920.

해를 쉼 없이 쌓이게 하고 또 이 잔해를 우리 발 앞에 내팽개치는 단 하
나의 파국만을 본다. 천사는 머물고 싶어하고 죽은 자들을 불러일으키고
또 산산이 부서진 것을 모아서 다시 결합하고 싶어한다. 그러나 천국에서
폭풍이 불어오고 이 폭풍은 그의 날개를 꼼짝달싹 못하게 할 정도로 세
차게 불어오기 때문에 천사는 날개를 접을 수도 없다. 이 폭풍은 그가 등
을 돌리고 있는 미래 쪽을 향하여 끊임없이 그를 떠밀고 있으며, 반면 그
의 앞에 쌓이는 잔해의 더미는 하늘까지 치솟고 있다. 우리가 진보라고
일컫는 것은 바로 이러한 폭풍을 두고 하는 말이다(벤야민, 2009: 339, 제
9테제).

11. 과거는 존재하는가?

미래를 등진 천사는 그 반대 방향, 곧 과거를 바라보고 있다. 자신이 실제로 나아가는 방향이 어느 쪽인지 알지 못한 채 바람이 부는 대로 떠밀리고 있다. 인류는 진보라는 목표를 향해 일직선으로 난 길을 나아간다는 근대 역사주의의 믿음을 산산이 깨부수는 언명이 아닐 수 없다. 우리는 결코 시간을 기획하여 우리가 원하는 미래를 향해 전진할 수 없다. 역사의 행진은 그렇게 중지되며, 승자의 기록 '외부'에 잠재되어 있던 다른 기억들, 목소리들을 되살리라는 명령이 내려진다. 공식적인 의례 속에 추존되고 기록되며, 상징화되지 않는 '다른' 과거를 찾아내라는 정언명령이 그것이다. 역사로부터 배제된 자들, 추방당하고 억압된 자들은 그때 비로소 돌아올 것이다. 마치 억압된 무의식적 기억이 귀환하는 것처럼.

그런데 여기에는 한 가지 결코 묻지 않은 채 떠날 수 없는 질문이 잠복해 있다. 승자의 기록에서 삭제되었거나 파묻혀버렸던 과거는 어떻게 역사유물론자 앞에 다시 모습을 드러내는가? 단지 억압된 것이 회귀하리란 기대로, 망각되었던 과거가 자신의 권리를 주장하며 돌아오리란 비전만으로는 불충분하다. '어떻게'라는 방법의 문제와 더불어 사유되어야 할 것은 '과거는 어떤 식으로 사라지지 않았고, 이제 그 권리를 주장하는가?'라는 존재-인식론적 물음이다. 이 질문의 의미가 잘 와닿지 않을 수도 있다. 하지만 이 물음을 방기하기 된다면, 우리는 역사유물론을 신학화하는 어리석음에 길을 내주어야 할지 모른다.

역사유물론자 역시 '역사유물론적'으로 규정되는 존재란 사실은 엄연한 진리다. 존재가 의식을 결정하지 그 반대는 아닌 것이다. 그런데 승자의 기억에 의해 지워진 과거를 찾아내려는 역사유물론자는 어떻게 자신의 과제를 수행할 수 있을까? 그가 마주하고 또 포함된 현재의 시간 또한 승자의 기록에 의해 만들어진 결과물이지 않은가? 우리가 보고 듣고 지각하는 지금-여기의 현실은 '승자'에 의해 특정하게 조형되어, 우리로 하여금 바로 현재와 같은 방식으로 보고 듣고 지각하게끔 조건지어진 결과임에 분명하다. 망각된 과거, 잊혀진 기억은 실상 그런 것이 실제로 존재한다고 상상하기조차 어려운 것인데, 왜냐하면 현재란 그 같은 과거를 괄호 치고서 구성된 전체를 뜻하기 때문이다.[8] 역사에는 '만약'이 없다는 통설처럼 일어나지 않은 사건은 허구의 영역에서나 가정될 수 있을 뿐, 엄존하는 현재의 관점에서는 침묵을 지킬 수밖에 없다. 기록되지 않은 것, 보이지 않고 들리지 않는 시간은 존재하지 않는 것이다. 그렇다면 우리는 영원히 우리 앞에 보이지 않게 된, 들리지 않게 된, 감각할 수 없게 된 것에 대해 결코 볼 수 없고 들을 수 없으며 감각할 수 없다. 따라서 알 수도 없노라고 말해야 정확한 게 아닌가? 그런 과거를 구원한다는 게 도대체 가능한 노릇일까?

이런 점들을 묻지 않은 채 단순히 매장된 과거를 되살려내야 한다고, 배제되고 억압된 자들의 목소리를 들어야 한다고 외치는 것은 그저 당위에 의존하는 자기위안일 뿐이다. 수많은 벤야민 연구자들은 이 텍스트가 함축하는 '과거의 부활'이라는 테마를 정당하게, 그러나 고루한 방식으로 당위론적 지반 위에서 읽어온 경향이 있다. 역사의 기관차를 '정지'시키는 게 혁명이요, 혁명은 부르주아지에 의해 비가시화되었던 또다른 세계 즉 프롤레타리아트의 세계를 드러내 보여주는 '번쩍임'이란 선언에는 감동하지 않을 수 없다. 하지만 다른 한편으로 당위와 비전, 정녕 그것만이

---

8 미리 진술하자면, 감산을 통해 구성된 '전체'는 '부분'이자 '잔여'라 말하는 게 정확하다. 다만 괄호 속에 넣는다는 것, 무의식에 억압해둔다는 것은 비가시화시키는 것이기에 보거나 말하는 게 불가능하고, 따라서 우리는 감히 '전체'라 부르는 것이다. 이렇듯 전체는 언제나 결여와 잉여를 통해 완성되며, 아도르노의 말대로 '비진리'일 수밖에 없다(아도르노, 2014: 74).

역사유물론이 내세울 수 있는 희망의 근거인지 묻는 것 또한 부질없진 않으리라. 만일 도덕적 당위와 예언적 비전에 만족하지 않는다면, 우리는 여기에 또다른 보충물을 끼워넣어서 벤야민의 자동기계가 다시금 움직이도록 시동을 걸어야 할 것이다.

12. 잠재적인 것

단적으로 말해, 역사는 시간의 집합이다. 시간이란 무엇인가? 근대 계몽주의는 역사를 성장의 서사에 비유했던바, 이는 마치 유기체가 시간의 과정을 겪으며 성장의 각 단계를 순차적으로 밟아가는 과정에 비견될 만하다(헤르더, 2011: 78-79). 벤야민은 그렇게 진보의 관념에 깃들인 시간성을 다음과 같이 요약했다. "역사에서의 인류의 진보라는 생각은 역사가 균질하고 공허한 시간을 관통하여 진행해나간다는 생각과 분리될 수 없다"(벤야민, 2009: 344, 제13테제). 균질적이고 공허한 정방형의 공간적 연속체. 여기에 근대적 시간의 표상이 담겨 있다. 아날로그시계의 시침과 분침이 움직인 거리가 시간의 흐름을 가시화하여 우리 앞에 재현할 때, 시간은 더이상 신비로운 조물주의 작용이 아니게 된다. 근대 세계에서 시간은 인간-주체에 의해 계산되고 기획되며 사고팔 수 있는 상품으로 인식되었다. 세계는 시간을 공간의 표상 속에 번역하여 구축된 건축물이라 할 수 있다. 우리는 매일, 매시간, 매분, 매초마다 공간들을 옮겨다니며 시간을 일상 속에 펼쳐놓는다. 이렇듯 시간은 신비로운 조화나 섭리의 표상이 아니라 노동이 투여되고 일정한 결과물을 산출하는 '인간학적 대상'으로 자리잡았다(최진석, 2007: 6강).

인류의 역사에서 기억의 확장은 기계의 도움을 받은 정신의 확장적 경험을 뜻한다(McLuhan, 2011: 61-70), 나아가 21세기의 현재, 전자기적 데이터를 무제한으로 송수신하면서 인간은 단 한 순간의 시간도 유실하지 않을 수 있게 되었다. 나-주체는 자신이 경험하는 시간뿐만 아니라 경험하지 못하는 시간조차 축적하고 사용할 수 있을 정도다. 실제로 경험하지 못한, 경험 너머의 시간이 주어질 때 인간에게 시간은 어떤 의미를 가질까? 시간은 특정한 용도를 위해 분류하고 비축해둘 수 있는 사물이 아니다. 지금 당장 경험하지 못한 시간을 설령 나중에 경험할 수 있다 해도, 그것은 현재 시점에서 겪게 되는 경험과 동일하지 않다. 그렇다면 경험되지 않은 시간이란 여하한의 수단으로 그것을 저장하고 사용할 수 있다 해도 지금-여기서hic et nunc 경험하는 지금-시간Jetzzeit의 흐름 속에 생동하는 시간과는 다른 시간성일 것이다. 보르헤스의 우화를 빈다면 세상에서 가장 정확한 지도는 1:1 축적의 지도이며, 그런 지도를 만들려면 실제 땅의 크기와 동일한 크기의 종이가 필요하기에 결국 불가능하리란 교훈을 끌어와도 좋을 듯싶다(보르헤스, 1997a: 67-68). 경험되지 않은 시간을 작동시키기 위해서는 그것을 경험했어야 할 과거를 다시 경험하는 수밖에 없노라고. 당연하게도, 시간의 역전을 요구하는 이런 요구는 불가능한 우화다. 당신은 지금 책상에 앉아 커피를 마시는 동시에 운동장에서 농구공을 던질 수 없다. 시간은 병렬적으로 동시적으로 나누어 붙일 수 있는 대상이 아니라 오직 일회적으로 경험할 수만 있는 사건적 발생의 흐름이다.

칸트는 선험적 감성형식인 시간과 공간을 따로 나누어 서술했지만, 바흐친은 이 두 형식의 현실적 경험은 오직 시공성chronotope이라는 사건 속에서 가능하다고 단언했다(Bakhtin, 1983: ch.3). 그런데 사건성이란 통념적으로 선언되는 시간의 무상성無常性과 다르다. 일견 시간의 흐름은 모든 현재적인 상태들을 산산이 흐트러뜨리며 파괴하는 사건처럼 보여도, 그 흐름 자체가 또다른 사건의 촉매제가 됨으로써 무한한 사건의 흐름으로 이어진다는 점에서 그렇다. 흐름 자체의 관점에서 본다면 시간의 연쇄란 사건의 무한한 지속이며, 생성이라는 거대한 사건 속에 수렴된다. 파열조차도 시간은 하나의 구성으로, 생성적 사건으로 변형시키는 것이다. 그렇게 사건은 비균질적인 시간의 연속체로 현상하며, 분열과 종합의 무작위적인 과정으로 전화轉化한다. 사건의 무한한 (탈)계열화가 바로 시간의 의미인 것(Deleuze, 1990: 53-54). 그렇다면 지나간 시간은 이미 특정한 방식으로 계열화된 과거의 것이고, 우리가 이를 되돌릴 수 없는 것은 확정적이라 할 수 있는 걸까? '과거의 구원'은 전혀 불가능하다는 뜻일까?

우리는 과거가 무엇인지 뚜렷이 안다고 믿는다. 과거란 다름아닌 발생한 사실, 팩트fact의 집합이라 확신하는 것이다. 실증할 수 있는 어떤 사실들의 총체로서 우리는 과거를 표상하며, 그 묶음을 '역사'로서 공인한다. '공식적 기억'이란 그런 식으로 의식 안으로 모아들여진 팩트들의 집합인 역사를 가리킨다. 그렇다면 과거에 실제로 일어난 사건 '이외의' 사건, 사건 '밖의' 사건이자 사건 '아닌' 사건은 전혀 존재하지 않는 것인가? 역사에는 가정이 없다는 금언金言은 곧장 진리로 승인되어도 좋은 걸까? 일어날 수 있었지만 일어나지 않은 과거, 오직 가정 속에서만 존재하는 그 시간들은 망각 속에 파묻히고 존재하지 않았던 것으로 치부되곤 한다. 하지만 그 시간들이, 사건들이 현재로 계열화되었더라면 우리가 알고 있는 역사는 지금과는 전혀 다른 것이 되었을 것이다. 이는 망상이 아니다. 현재를 이루는 시간의 계열과는 다른 계열의 시간성을 상상하려는 시도, '평행우주'에 대한 강렬한 욕망은 언제나 존재해왔다. 라이프니츠의 철학으로부터 근대소설과 현대영화의 상상력에 이르기까지, 우리는 현재와는 '다른' 현재, 다른 계열의 시간성을 항상 욕망해왔다. 그렇게 실현되지 않은 시간, 혹은 유실되어버린 시간을 잠재적인 것이라 부를 수 있지 않을까? 지금-여기의 현재로 모아들여지지 않은, 인과성의 바깥으로 분기하여 산-재散-在하는 무한한 능력들.

잠재성이란 무엇인가? 들뢰즈는 그것을 "현행화되지 않은 실재적인 것, 추상적이지 않은 이상적인 것"으로 정의했다(Deleuze, 1991: 96-97). 잠재적인 것the virtual은 현실 가운데 실존하든 안 하든 언제나 실재하는 힘으로서, 오직 현실화된 것만을 가리키는 현행적인 것the actualized과 대립한다. 잠재적인 것, 곧 잠재성은 현행화를 일으키는 능력에 의해 정의되며, 따라서 잠재성은 시간의 흐름 속에서 현행화의 계열들을 창안해낸다. 가능성possibility이란 그렇게 현행화된 잠재성을 가리키는 개념으로서, 당연히 잠재적인 힘의 일부만이 가시화된 효과에 국한된다. 어떤 사건이 현행적인 것으로서 실존한다 해도, 그것은 다르게 실현될 수도 있는 수많은 잠재적인 사건들을 배면에 깔고 있는 것이다. 마치 무의식의 거대한 빙하를 수면에 잠근 채 살짝 머리 귀퉁이만 내밀고 있는 의식의 작은 봉우리처럼.

13. 사건의 (불)연속체

우리는 보통 과거는 닫혀 있고 현재는 열려 있다고 말한다. 과거는 어떻게든 결정된 것이라 변경할 수 없고, 현재는 어떤 선택에도 열려 있으니 변화의 여지가 있다는 의미다. 실제로 지금 이 순간, 당신은 커피를 마실 수도 있고 농구를 할 수도 있다. 하지만 어제 한 일을 바꿀 수는 없다. 자유와 구속은 현재와 과거에 대한 통념의 짝이다. 이렇게 현실의 인과성은 가능성과 불가능성의 짝으로 구축되어 있다.

이것이 역사유물론일까? 팩트의 인과관계, 사실과 사실이 이어져서 만들어지는 거대한 그물을 '유물론적'이라 부르던 때가 있었다. 그렇지만 '사실 그 자체'란 실상 존재하지 않는다. 어떤 사실이든 사건화의 한 요소로서, 사건의 한 계기로서 사건의 상관관계 속에서만 포착될 수 있다. 물질이 특정한 성질을 지닌 분자적 집합으로서만 유의미하게 실존하듯, 사실은 특정한 가치론적 해석의 지평과 결합해 있는 특정한 사건의 일부로서만 현존한다. 따라서 과거는 '팩트'들의 조각모음과 등가교환되는 어떤 독자적인 실체가 아니다. 과거는 수많은 사실들에 연관된 사건의 일부로서 의미화되는 한에서만 특정한 '과거'일 수 있다. 과거라는 사실은 그것이 특정한 사건으로서의 '어떤 과거'를 상기시키고 의미 연관될 때 비로소 우리에게 '과거'로서 인지되는 것이다. 그러므로 사건은 사실에 선행한다. 특정하게 계열화된 사건만이 과거라 불리며 그 반대는 아니다. 현재도 다르지 않다. 현재를 '현재'라는 사건으로 의미화하기 위해 우리는 다양한 시간과 사실을 끌어 모아 '현재'를 구성한다. 지금 당신이 도서관에 앉아있다면, 그것은 10분 전에 도서관을 떠나지 않았기 때문에 그런 것이다. 만일 10분 전 도서관을 나서 버스를 탔더라면 지금 당신은 다른 곳에 있게 되고, 그 장소를 통해 당신의 '현재'를 규정지어야 했을 것이다. 마치 꿈의 논리가 그렇듯, 사건이라는 계열을 구성함으로써 현재의 의미도 발생하고 정의된다. 이렇게 사건으로 현행화되는 조건을 사유하는 작업이 역사유물론이다. 무엇을 사건으로 규정짓는지, 사건이 되기 위해서는 어떤 시간의 계열이 조직되어야 하는지, 그 존재조건에 대한 앎이 역사유물론인 것이다.

과거는 열려 있을까, 닫혀 있을까? 물론, 열려 있다. 우리 중 누구도 어제, 그제, 지난 과거의 시간들 전체를 기억할 수 없다. 설령 컴퓨터의 도움을 받는다 해도 나-주체의 경험이 결여된 시간은 무의미하며, 내 삶에 대한 규정자가 되지 못한다.[9] 추상적 주체성은 사건을 경유함으로써 '이 나'가 되는 까닭이다. 그럼 과거는 어떨까? 어제 당신은 분명 24시간을 살았다. 그럼 적어도 잠들지 않은 채 깨어 있던 시간 정도는 모두 기억하고, 순서대로 유의미하게 연관지어 배열할 수 있을까? 그렇지 않을 것이다. 아무리 기억력이 좋아도 어제 하루를 정확히 복기하려면 하루 전체가 다시 필요하고, 그렇게 하려면 오늘 하루를 포기해야 한다. 논리적으로도 현실적으로도 불가능한 일이다. 영화나 소설을 만들 때와 마찬가지로, 과거-시간은 언제나 편집의 산물이다. 주관적이고 주체적으로 의미 있게 규정된 것들이, 사건으로서의 시간만이 '이 나'의 과거를 조형한다. 홍상수 감독의 영화 〈오! 수정〉(2000)이 보여주는 것처럼, 우리는 동일한 사건의 평면 위에서 서로 다른 것들을 보고 듣는다. 지각의 관점에 따라, 각자 다르게 경험한 사건의 틀에 따라 제각각 기억하고 주장한다. 주체의 위치마다 기억은 서로 다르게 조직될 수밖에 없다. 각각의 기억은 저마다의 진실을 담는다. 팩트가 아닌 픽션fiction으로서의 진실을. 각자의 팩트는 각자가 놓인 조건에 따라 서로 다르게 계열화되고, 그것이 픽션의 진실을 그린다.[10]

현재는 닫혀 있지만 과거는 열려 있다. 지금-여기에 가까이 있는 현재는 더 많은 조건들에 의해 더욱 강고하게 제약되어 있고, 현재를 필연성의 고리로 구속해놓는다. 그러나 과거는, 그것이 현재로부터 멀리 떨어지

---

9 지젝에 따르면 인간을 주체의 자리에서 박탈함으로써 절대적인 유물론을 개진하려는 객체지향적 존재론은 유물론의 핵심을 오해하고 있다. 세계의 객관성이란 주체의 시선을 통해 구성되는 것이지 그 자체로 자동적으로 부여되는 게 아니기 때문이다. 주체가 세계의 중심이어서가 아니라 주체를 경유해서만 세계에 대한 기술이 가능하기 때문이다. 주체의 대리보충이라 할 만한 그의 진단은 지금 우리의 논의에 일정한 참조점을 제공해준다(지젝 외, 2019: 1장).

10 푸네스는 초인간적인 기억력을 지녔지만 자신이 기억하는 모든 사실들을 낱낱의 사물들로 환원시켜 분산시킴으로써 역으로 사유의 능력을 잃게 된다. 사유는 개별적인 것들을 한데 모으고 편집하여 경험의 특이성으로 변환시키는 능력인 것이다(보르헤스, 1997b: 188).

면 질수록 더 많은 잠재성을 가질 것이다. 과거가 현재로 이어지는 인과적 고리들을 더 많이 결여할수록, 역설적으로 우리는 더 많은 잠재적인 고리들을 발명함으로써 그 사이에 끼워넣을 수 있는 까닭이다. 복기 불가능한 시간의 암흑지대들, 존재하지 않는 역사, 이렇게 어둡고 공허한 시간의 거대한 (불)연속체야말로 창안의 잠재성으로 가득찬 지대라 할 만하다. 팩트로 채워 넣을 수 없기에 불명不明에 빠진 시간의 구멍은 우리의 부름을 욕망하고 있다.

> 천사는 머물고 싶어하며, 죽은 자들을 불러일으키고 또 산산이 부서진 것을 모아서 다시 결합하고 싶어한다(벤야민, 2009: 339, 제9테제).

물론, 어떤 고리를 어떻게 삽입하느냐에 따라 그 시간에는 각양각색의 무늬가 새겨졌다가 부서지고, 다시금 만들어질 것이기에 이 시간의 흐름은 연속적이면서도 또한 동시에 불연속적일 것이다. 아마도 팩트만으로는 봉합될 수 없는 그 불연속성이야말로, 거꾸로 연속성을 가능하게 만드는 잠재적 힘이 아닐까? 이러한 잠재성의 사유로부터 벤야민의 시간과 역사유물론은 비로소 다시 시동을 걸게 되리라.

14. 도약

과거가 열려 있고, 그래서 무한한 잠재성의 생성능력을 갖는다면, 현재는 어떻게 되는가? 당장 현재는 직전의 조건에 갇혀 있고, 그 조건으로 인해 다른 현행화의 잠재성으로부터 분리된 채 이미 규정된 가능성만을 실현해야 하지 않는가? 그렇다면 과거는 자유로운 반면 현재는 언제나 예속되어 있고, 후자로부터 비롯되어야 할 우리의 미래는 어떠한 자유의 희망도 품을 수 없지 않은가?

역사유물론은 무로부터 유를 만드는 신화, 혹은 환상이 아니다. 현재는 그것이 실존하는 방식 그대로 미래의 현재성을 조형하는 첫번째 조건이 될 것이다. 지금-여기의 조건에 눈감은 채 다른 시간의 문을 열 수는 없다. 다시 신학, 아니 이데올로기 혹은 무의식에 대한 논의로 돌아가보자. 알튀세르의 말대로 이데올로기에는 역사가 없으며, 무의식은 영원하다(알튀세르, 2007: 383). 무의식은 역사 전체에 영원히 걸쳐 있고, 이데올로기 역시 언제나 존재해왔다. 근대적 의미에서 공간화되고 분절화된 시간 이전에, (불)연속적 흐름이자 힘으로서의 시간은 무의식의 역사와 마찬가지로 항상 움직여왔다. 인간의 지각과 의식을 넘어서는 시간을 우리는 불연속적이라 부르지만, 실상 거기에는 연속적인 힘으로서 무의식적 욕망이 늘 작동하고 있다. 시간의 잠재성이란 그와 같은 무의식의 역사, 역사 바깥의 역사를 가리키는바, 팩트의 실증주의를 넘어서는 그 시공간은 발명, 창안, 사건화의 불씨를 기다리는 중이다. 과거라는 시간이 다양한 픽션들, 곧 서사들로 구성될 수 있다면, 이는 그 밝혀지지 않은 시간이 '균질적이고 공허한' 무無의 공간이 아니기 때문이다. 거꾸로 잠재성이란 충만한 힘-운동의 전체성이며, 아무것에 대한 아무것의 접속과 결합, 변형의 자유에 개방된 무의식의 시공간에 다름아니다. 헤겔의 말을 비틀어 표현한다면, 세계사는 무의식의 간계라 할 만하다.[11] 인간이 자신의 욕망을 투사하여 실현하려는 역사는 기실 시간의 무의식에 의해 인간이 놀아

---

11 흔히 헤겔은 의식철학의 완성자로 알려져 있지만, 그의 역사철학은 무의식적 충동이야말로 역사 운동의 동인(動因)임을 반증하고 있다. 신이든 절대정신이든, 완전히 밝혀질 수 없는 그 힘은 결국 무의식적 욕망의 작용과 다르지 않다. 이 욕망의 주체를 인간과 동치시킬 때 우리는 헤겔을 비롯한 근대 의식철학의 오류를 다시 범하고 만다. 무의식적 욕망은 근본적으로 비인간적인 '그것' 자체일 뿐이다(Hegel, 1991: 25-26).

나는/발맞추는 수동적 전회라 말해도 좋을 것이다. 사정이 그러하다면, 역사유물론자는 신학 – 이데올로기 – 무의식을 자신의 의지대로 이용하는 자가 아니라, 역으로 후자의 운동에 예민하게 더듬이를 곤두세우고 그 향방을 짚어내며 부지런히 뒤좇는 자가 되어야 하지 않을까?

스피노자와 라이히를 경유해 들뢰즈와 가타리는 그와 같은 사유의 예각을 다듬어 제시했다. 진보라는 목표를 향해 대중을 이끌려던 전위前衛의 기획과 달리, 혁명은 대중이라는 흐름을, 그 무의식적 욕망의 돌발을 세심하게 관찰하면서 앞서거니 뒤서거니 움직이는 가운데 터져나온 폭발적 전위傳位의 순간이다. 인과적 자동성에 종속된 시간의 흐름을 탈구시키고, 다른 방향으로 틀어버리거나 역전시킬 수조차 있는 힘이 혁명이다. 벤야민적 역사의 중지, 혹은 열차의 탈선이란 바로 그러한 '도약'을 일컫는바, '목숨을 걸지 않으면' 도저히 감당할 수 없는 극한의 도전이 아닐 수 없다(마르크스, 2011: 22). 어느 누구도 자신의 존재 조건을 벗어나기 어려우며, 감히 벗어나고자 의지하기도 힘들다. 그렇기에 혁명은 지난한 사업이며, 인간의 노력을 넘어서는 과업이 된다. 지금 – 여기라는, 현재를 구속하는 불가항력적 환경이 실존하는 까닭이다. 혁명은 바로 그 벽, 즉 현재의 조건을 무너뜨리고 인위적으로 새로운 환경을 조성하는 활동으로부터 출발한다. 그것은 지금 – 여기라는 조건을 부수고, 낯설고 이질적인 지금 – 시간을 창안하는 사건에 다르지 않다.[12] 벤야민은 말한다.

[12] 궁극적으로 신학과 역사유물론은 자동기계적 과정으로 합류하리라는 세번째 가설의 유효성이 부각되는 지점이 여기다. 기계가 주체로서 호명된다는 점에서 벤야민 연구의 전통에서 상당히 벗어나는 이단적 해석처럼 보일 수도 있겠다. 하지만 잠재성을 조직화하는 능력으로서 '시간기계'의 차원을 적극적으로 덧붙임으로써 나는 벤야민 사유의 모호성을 고형화시키보다 충만화하는 방법을 택하고 싶다. 본문의 서술과 같이 시간은 비선형적이고 비연대기적 힘의 충만성이며, 이것을 어떻게 조직화하는가가 다른 세계를 향한 창문을 여는 데 결정적 요소가 된다(로도윅, 2005: 354 – 356). 이런 의미에서 인간의 주체적 노력(역사유물론)은 무의식적 욕망(이데올로기 – 신학)과 접속할 수밖에 없고, 그것은 시간의 기계적(machnic) 과정을 통해 역사로 산출될 것이다.

역사는 구성의 대상이며, 이때 구성의 장소는 균질하고 공허한 시간이 아니라 지금-시간으로 충만한 시간이다(벤야민, 2009: 345, 제14테제).

만일 역사가 구성의 대상이라면, 그런 역사는 진실도 아니고 진리도 되지 못하는 게 아닐까? 허위나 기만이 역사의 일부일 수밖에 없다면 무엇으로 역사의 의미를 주장할 것인가? 이 같은 반문은 지극히 정당하지만 또한 사태의 일면만을 보는 데 그치고 만다. 시간의 흐름 전체를 빼곡하게 채우고 있을 사실들의 연쇄는 유한자에게 인식 불가능한 대상이지만, 만일 신처럼 영원의 관점sub specie aeternitatis에 설 수 있다면 충분히 가능한 대상일 것이다. 물론 신이 아닌 인간에게 후자의 관점을 빌어 세계를 관조하라고 주문하는 것은 무리하고도 폭력적인 요구임을 인정한다. 그럼 영원성을 폐기하고 즉자적인 사물의 현실, 볼 수 있고 들을 수 있는 사실의 집적만을 존재한다고, 인식해야 한다고 주장해야 할까? 지금-여기와 상이한 시간의 궤적을 긋기 위해서는 특정한 조건들의 집적물인 현재의 시간을 넘어서야 한다. 그것이 몽상이나 환각에 그치지 않기 위해서는, 잠재적으로 항상-이미 실재하는 시간의 차원, 무한하고 무제약적인 영원의 관점을 전제하지 않을 수 없다. 오직 이로부터 우리는 또다른 사실들의 발생, 곧 생성하는 사건의 차원을 사유할 수 있다. 그러므로 영원의 관점이란 허구적인 환상의 이미지처럼 보이지만, 동시에 그것 없이 우리는 감히 한 발자국도 더 나아갈 수 없다.[13] 허구와 환상을 통한 역사의 구성, 그것은 사건이 열리기 위해 필요한 진정한 대리보충에 다름아니다.

15. 미-래, 혹은 역사유물론자의 몫

현재의 조건들을 탈구시켜 도약의 모험을 감행하고, 이질적인 조건의 대지로 우리 자신을 옮겨놓으라니! 통념과는 반대로 혁명은 철저히 반反역사적이고, 반反유물론적 사건이 아닌가? 정말 우리는 지금-여기에서 지금-시간으로의 도약을 감행할 수 있을까? 도대체 역사유물론이란 무엇이며, 역사유물론자는 무엇을 하는 자인가?

경과하는 시간이 아니라 그 속에서 시간이 멈춰서 정지해버린 현재라는 개념을 역사적 유물론자는 포기할 수 없다. 그러한 현재 개념이야말로 그가 자기의 인격을 걸고 역사를 기술하는 현재를 정의하기 때문이다. 역사주의가 과거에 대한 '영원한' 이미지를 제시한다면, 역사적 유물론자는 과거와의 유일무이한 경험을 제시한다. (…) 유물론적 역사서술은 하나의 구성의 원칙에 근거를 둔다. 사유에는 생각들의 흐름만이 아니라 생각들의 정지도 포함된다. 사유는, 그것이 긴장으로 가득찬 상황 Konstellation 속에서 갑자기 정지하는 바로 그 순간에 그 상황에 충격을 가하게 되고, 또 이를 통해 그 상황은 하나의 단자Monade로 결정結晶된다. 역사적 유물론자는 역사적 대상에 다가가되, 그가 그 대상을 단자로 맞닥뜨리는 곳에서만 다가간다(벤야민, 2009: 347-348, 제16-17테제).

13 프로이트는 신경증 치료의 목표는 망각된 과거를 있는 그대로 복원시키는 게 아니라, 환자 자신이 믿을 만한 진실로서 구성해주는 데 있다고 생각했다. "구성의 진실 (…) 치료의 관점에서 볼 때, 그것은 되찾은 기억과 똑같은 치료효과를 갖고 있다"(프로이트, 2005: 296). 구성된 진실은 본래의 진리와 구별되지 않는다. 믿음이라는 이데올로기는 우리를 사유하고 행위하게 만드는 진리로서 기능할 수 있다. 역사유물론과 신학의 동맹. 엄밀히 말해, 이는 옳고 그름의 도덕적 문제가 아니라 스피노자적 의미에서 윤리의 문제인 것이다. "현존하는 것으로 표상되는 한에서의 신에 대한 사랑이 아니라, 신을 영원하다고 인식하는 한에서의 신에 대한 사랑이 생긴다. 나는 이것을 신에 대한 지적 사랑이라고 부른다"(스피노자, 1990: 5부 정리32 보충).

역사유물론자는 근대적 인과성의 법칙이 아니라 베르그손적 지속durée의 시간 속에서 상징화되지 않은 지점을 발견하고 관찰하는 자다. 더 정확히 말해, 상징화의 단락短絡을 찾아내 거기에 결정結晶된 의미를 분해하고, 다른 사건성의 실마리를 찾아내 상이한 방식으로 배치하는 자다. '구원받은 과거'란 그렇게 탈사건화된 사건을 재사건화함으로써, 또다른 시간들에 이어붙여 낯설게 계열화함으로써 생성되는 지금-시간의 효과인 셈이다. 인과론적이고 기계론적으로 만들어진, 그리하여 지금-여기의 현재를 규정짓는 과거의 이미지는 '또다른' 시간을 향해 도약하여 우리에게 도달한다. 구원된 과거, 실존하지 않았으되 실재하던 과거의 잔존은 우리가 모르는 또다른 현재를 파생시킨다. 그로써 현재 또한 희미하게나마 구원받을 여지를 거머쥐는 것이다. 미-래future-to-come, avenir는 그렇게 구원된 현재로부터 이어지는 또다른 미래이며, 우리에게 이미 약정되어 있던 미래와는 다른 방식으로 도래할 시간이다. 불가능했으되 가능해져버릴, (불)가능한 자유의 역설적 순간으로서 미-래는 항상-이미 우리에게 도착해 있는 시간의 잠재성을 가리킨다.

마지막 한 걸음이 남아 있다. 미-래를 향한 이러한 언명은, 어쩌면 많은 연구자들이 내놓았던 숱한 해석의 가닥들과 그다지 달라 보이지 않을지도 모른다. 관건은 어떻게, 어떤 식으로 과거의 구원과 현재의 구제를 위한 새로운 사유의 성좌를 구성할 수 있는가에 있다. 역사유물론자는 신이 아니다. 과거의 구원을 역설한다고 손쉽게 이룰 수 있을 리 만무하다. 그 역시 현재의 지평에 갇혀 있는 인과성의 수인囚人인 탓이다. 차라리 역사유물론자는 조심스러운 관찰자이자 신중한 모험가가 되어야 한다. 한편으로 그는 역사의 어떤 고리가 망가지기 쉬운지, 그 성질과 상태를 세심히 조사하고, 폭약의 양과 위치, 강도 등을 무심해질 만큼 계산할 수 있어야 한다. 다른 한편, 어떤 순간에 이르러 마침내 폭약을 설치하고 불을 붙일 수 있도록 결단하고 자신의 모든 것을 걸 수도 있어야 한다. 물론, 우리가 잘 알고 있듯 이 과정 전체에서 그는 언제나 오류와 실수, 착오와 과실, 절망과 패배에 사로잡힐 것이다. 그것이 간교한 역사가 안배해둔, 관찰자이자 모험가인 역사유물론자의 운명일지 모른다.

그럼에도 역사유물론자는 시간의 흐름이 언제 어디서 어떻게 끊어질지 예의주시하며 그 조건을 탐구하는 자다. 혁명이든 무엇이든 사건적 도약을 욕망하고 기획하는 것은 조건에 대한 연구 없이는 불가능한 까닭이다. 나아가 사건 이후의 일상, 그 파괴적 열기와 폭풍이 배출된 이후의 일상에 관해서도 끊임없이 묻고 답하지 않을 수 없다. 사건은 단말마적 순간이지만, 결국 그 시간을 넘어선 세계는 다시 일상의 인과율에, 기계론적 질서에 포획되고 말 것이기 때문이다. 사건은 언제, 어디서, 또 어떻게 사건 아닌 것으로 환원되는가? 이 역시 조건에 관한 탐구의 일부를 이루며, 당연히 역사유물론자의 몫이 아닐 수 없다.

*

혁명을 초래할 종국적 사건, 혹은 최종적인 혁명적 사태를 가리키기 위해 '도래'나 '장래' 등의 단어들이 자주 쓰이고 있다. 어느 것이든 일상의 단절과 폭파, 중지를 뜻하기 위해 도입된, 의미가 전치된 개념들이다. 하지만 그 의미가 제대로 해명되지 못한 채 메시아주의나 타자론, 유령론 혹은 뜻 모를 관념들과 결합함으로써 난해한 이론적 중압을 더하는 경향도 없지 않다. 진정 '다른' 그리고 '새로운' 시간을 궁구하기 위해서는 미래라는 통상의 시제와 구별되는 시간성의 차원을 사유해보지 않을 수 없다. '아직 오지 않은' 미-래는 그렇게 제안된 시간성에 대한 임시적 명명으로 보아도 좋겠다(이진경, 2006: 76). 하지만 미-래의 의미를 확정하는 것이 우리의 목적은 아니다. 정의상 그런 것은 불가능하다. 라캉적으로 말하자면, 미 – 래는 현재의 조건 속에서는 드러나지 않는, 미미하게 '휙 지나가버려' 찰나적으로만 엿보이는 실재의 조각에 가까울 것이다. 이 글은 아직 오지 않았으되 저절로 찾아오지는 않는, 현재의 시간과 끊임없이 대결함으로써만 비로소 기대할 수 있을 뿐인 미 – 래의 이미지를 어렴풋이 그려보려는 미욱한 시도다.

2부 무의식과 욕망의 분열분석

4. 이데올로기의 숭고한 유물론
계급의식에서 계급무의식으로

1. 진리와 믿음의 사회사

18세기 계몽주의 철학자였던 엘베시우스는 진리의 상대성을 보여주기 위해 다음과 같은 이야기를 꺼낸 적이 있다. 일반적으로 양은 인간에게 고맙고 유용한 동물이며 착한 본성을 갖는다고 다들 믿는다. 그게 양의 진리라는 것이다. 하지만 양이 뜯어먹는 풀잎사귀에 붙은 벌레들에게도 그럴까? 그 벌레들에게 양은 풀과 함께 자기를 집어삼키는 무시무시한 괴물이 아닐까? 그렇다면 양을 잡아먹는 늑대는 벌레에게 너무나 고마운 '정의의 사자'가 아니겠는가!(Helvétius, 1810: 42-43) 요컨대 어떤 사물의 진리를 결정짓는 것은 그 사물 자체가 아니라 그것을 어떤 입장에서 바라보는가, 즉 사물이 관련된 사태를 어떻게 해석하고 믿는가에 달려있다. 바꿔 말해, 사물 자체의 객관적인 진리가 있는 게 아니라 무엇을 객관적인 진리라고 믿는지에 관한 인간의 믿음이 존재할 뿐이다. 그러므로 진리에 관한 모든 관념idea은 실상 진리에 관한 담론logos이라 할 수 있다. 이데올로기ideology에 관한 근대의 논쟁이 싹튼 지점이 여기다.

이데올로기라는 용어가 본격적으로 사용되고 논란에 부쳐진 것은 1789년 프랑스혁명이 벌어진 이후였다. 봉건왕정을 타도하고 세워진 혁명정부는 과학아카데미를 세워서 앙투안 데스튀트 드 트라시를 그 책임자로 임명했다. 그가 맡은 임무는 구체제의 '미신'을 혁파하고 과학에 입각한 새로운 진리를 규명하는 것이었다(맥렐런, 2002: 21-22). 왕정시대에는 국왕을 숭배하고 종교적 믿음을 갖는 것이 진리였지만, 세속적 공화주의가 성립한 이후에는 그것들을 대체할 새로운 진리관이 필요했다. 17-18세기 동안 유럽에서 철학은 낡고 잘못된 전통을 타파하는 강력한 사상적 무기였으며, 특히 군주제와 종교라는 오랜 믿음을 깨뜨려야 한다는 사회적 요구에 직면해 있었다. 이에 트라시는 진리의 올바른 인식을 위한 원리를 궁리했고, 그것을 '관념에 대한 학문'이란 의미에서 이데올로기라 불렀다. 이에 따라 자유, 평등, 우애라는 혁명의 이데올로기들은 머릿속 공상이 아니라 현실의 진리로 정당화되었다. 이념을 실현하기 위해서는 약간의 희생은 감수해야 하며, '공포정치'도 불가피하다는 태도도 나타났다.

혁명의 혼란을 수습하는 과정에서 군사 쿠데타로 집권한 나폴레옹은 독재와 영구집권을 추진했고, 혁명을 지지하는 지식인들과 적대적인 관계가 되었다. 자유와 평등에 대한 이념, 공화주의 사상, 무엇이 사회정의에 적합한가에 대한 정치적 논쟁을 나폴레옹은 좋아하지 않았다. 최고 권력자인 자기의 말이 진리지 무슨 토론이 필요하느냐는 것이었다. "지금껏 프랑스가 겪은 모든 불행은 이데올로기 탓이다. 논쟁을 일삼는 이데올로기는 안개 속의 형이상학에 불과하다." 1804년 마침내 황제의 자리에 오른 나폴레옹은 자신과 반목하는 철학자들을 '이데올로그idéologues'라는 이름으로 비난했고, 체포와 고문, 추방 등으로 탄압했다(바르트, 1986: 1장).

소크라테스에게 붙었던 죄목처럼, 이데올로그들은 세상을 속이고 민중을 선동한다는 혐의를 받았다.

프랑스 대혁명은 일차적으로 정치적 사건으로 역사에 기록되어 있지만, 그 여파는 경제와 문화, 관습, 일상생활에 이르기까지 근대적 삶의 전 영역에 걸쳐 깊은 영향을 끼쳤다. 특히 군주의 명령과 종교적 교리가 절대적이라고 신봉되던 시대가 막을 내리면서, 대중은 자기들이 생각하는 진리에 대해 열광적으로 떠들기 시작했다. 철학적이고 종교적인 문제에서부터 이상적인 사회상에 이르기까지 이데올로기는 가장 중요한 근대성의 징표가 되었다. 그것은 진리에 대한 욕망이면서 동시에 진리란 어떤 것인지 말하고 싶은 욕망이기도 했다. 왜곡과 투옥, 위협과 살해 등 나폴레옹의 폭력적인 탄압도 이 욕망만은 잠재울 수 없었다. 그는 1812년 러시아 원정에서 패배한 후 몰락했지만, 프랑스혁명으로부터 물꼬를 튼 19세기 사회사상사는 기나긴 이데올로기 논쟁의 시동을 걸게 되었다. 바야흐로 '이데올로기의 시대'가 열린 것이다.

2. 마르크스와 엥겔스─이데올로기, 미신인가 과학인가

지금도 폭넓게 사용되는 이데올로기라는 용어는 전적으로 마르크스주의 사상사에서 발전된 개념이다. 그것은 마르크스의 저작들 곳곳에 흩어져 있는 '이데올로기 비판'으로부터 찾아낸 요소들을 종합한 것인데, 모든 사상의 역사가 그렇듯 다양한 개념상의 변형을 겪었다. 아이로니컬하게도 마르크스 자신은 이데올로기에 대해 단일한 정의를 내린 적이 없었고, 필요에 따라 여러 가지 의미를 담아 이 용어를 사용했다. 마르크스의 친구였던 엥겔스와 그의 후계자들은 이러한 단편적 논의들을 이어받아

철학과 정치의 영역에서 이데올로기 개념들을 전개시켜왔다. 일단, 마르크스에게 이데올로기란 무엇을 의미했는지 살펴보도록 하자.

2-1. 거꾸로 선 현실과 이데올로기적 착란

마르크스와 엥겔스의 초기 저작들 중 가장 중요한 것으로 거론되는 『독일 이데올로기』(1845-1846)에는 카메라 암상자에 대한 흥미로운 비유가 등장한다.

> 모든 이데올로기 안에서 사람들의 관계는 사진용 어둠상자에서처럼 거꾸로 뒤집어져 나타난다. 망막에 비친 사물들이 거꾸로 보이는 눈의 생리현상과 마찬가지로, 그것은 사람들의 역사적 생활과정이 이데올로기적으로 뒤집어져 발생한 것이다(마르크스·엥겔스, 1990: 202. 문맥에 어울리게 변형해 인용).

우리가 일상생활에서 옳다고 믿고 행동하는 것들은 실제로 그렇게 자연스러운 일이 아닐 수 있다. 가령 왕조시대에는 인간들 사이의 신분적 위계가 천부적이며 당연한 것이라 여겨졌다. 아마도 조선시대에 살았던 양반이나 천민들은 모두 자기들의 신분이 갖는 사회적 차별성에 대해 별다른 회의감을 갖지 않고 일생을 보냈을 것이다. 하지만 지금 우리의 관점에서 볼 때 신분적 차별이 과연 타고난 것인가? 누구는 양반으로 태어나 일생을 호령하며 살아가고, 누구는 천민으로 태어나 평생 굽실대며 혹사당하며 죽는 것이 과연 절대적인 진리일까? 그 시대의 사람들은 이런 사실에 대해 왜 의문을 품지 않았을까? 마르크스와 엥겔스에 따르면 그 사람들에게는 이와 같은 의문이 '문제'로서 전혀 던져질 수 없었기 때문이다. 현실 사회의 모습이 거꾸로 세워진 게 그들에게는 오히려 '자연스럽고' '당연하다'는 듯 받아들여졌던 것이다.

망막에 맺힌 이미지는 실제 보이는 사물의 역상逆像이다. 그와 마찬가지로 현실에서 우리가 당연하다고 간주하는 믿음과 관습들은 전도된 진리의 이미지일지도 모른다. 망막에 비친 상만을 우리는 인식하고 그것을 진리라고 부르는 것이다. 그렇게 역전된 이미지가 시신경을 거치며 두뇌 속에 똑바로 세워지듯, 일상의 믿음과 관습들은 비판을 통해 다시 세워져야 한다는 게 마르크스와 엥겔스의 주장이다. 우리가 직시해야 할 것은 망막이 아니라 두뇌에 전달된 '올바른' 이미지다. 그것이 사물의 본래 모습에 가깝기 때문이다. 마르크스와 엥겔스가 『독일 이데올로기』를 작성하던 19세기 전반의 독일사회는 여전히 봉건적인 관습과 종교적 믿음이 남아서 일상생활을 통제하고 있었기에 군주제 정치에 대한 회의나 그것을 정당화하는 기독교에 대한 불신은 허용되지 않았다. 마르크스와 엥겔스는 그러한 기성의 믿음과 관습들을 이데올로기라 부르며, '전도된 현실'이라고 비판했다. 그와 같이 이데올로기란 현실에 대한 왜곡된 인식을 유발하는 거짓 지식이다.

청년 마르크스와 엥겔스가 공격하려 했던 더 중요한 대상은 그들의 사상적 스승이었던 헤겔과 그의 관념론 철학이었다. 관념론은 현실에 존재하는 모든 것의 원천을 '절대정신absolute spirit'이라는 추상적 관념으로 간주하는 사상인데, 헤겔은 이것을 군주제를 옹호하는 수단으로 이용하고 있었다. 그에 따르면 마치 어린아이가 어른이 되듯 태초에 절대정신이 이 세계에 나타나 성장해왔는데, '세계사'는 그 과정에 붙여진 이름이었다 (Hegel, 1991: 25-26). 아이가 자라면서 신체적으로나 정신적으로나 고통을 겪는 것이 불가피한 것처럼 전쟁과 공포, 억압적 정치와 폭력적 탄압, 사회적 차별과 착취 등은 역사의 발전에는 어쩔 수 없이 따르는 필연적 과정이라는 게 헤겔의 설명이었다. 국가는 절대정신이 지향하는 가장 높은 성취로서, 국가의 완성을 위해서 치르는 모든 희생은 다만 필요악일 따름이다. 군주제처럼 비민주적인 정치형태조차도 절대정신의 발전과정에서는 불가피하게 거쳐야 할 순리이며, 따라서 정당화될 수 있었다.

마르크스에게 이러한 헤겔의 입장은 말 그대로 '전도된 인식'에 불과했다. 헤겔식으로 생각하면 인간이 역사에 등장하기 이전에 이미 절대정신이나 국가가 관념적으로 존재했다는 것인데, 누가 그것을 입증할 수 있다는 말인가? 오히려 인간이 먼저 존재하고, 인간에 의해 국가가 건설되며 절대정신과 같은 관념도 생겨나는 게 아닐까? 이런 의미에서 관념론이란 현실을 뒤집어서 바라본 왜곡된 철학이며, '이상주의'일 뿐이다(마르크스, 2011: 174-175). 현실에 뿌리를 내리지 못한 허공 위의 사상, 즉 오늘날 우리가 편향된 사고방식이나 왜곡된 인식에 대해 부정적 어조로 일컫는 '이데올로기'라는 것이다.

2-2. 유물론적 역사인식과 허위의식

헤겔에 대한 마르크스와 엥겔스의 비판은 그들의 사상이 유물론에 기초해 있으며, 이데올로기 비판은 유물론적 현실인식과 동의어임을 밝혀준다. 오로지 관념에만 근거하는 이데올로기는 왜곡된 의식이자 환영에 지나지 않고, 현실의 진면목을 정확히 파악할 수 없게 하는 허위의식이란 뜻이다. 진정한 의식은 인간이 두 발로 단단히 딛고 서 있는 '이 땅', 즉 현실에서 출발해야 하며, 그것은 머릿속의 공상이 아니라 먹고사는 실제적 문제, 다시 말해 물질적 생산에 입각한 것이어야 한다.

하늘에서 땅으로 내려오는 독일철학[관념론]과는 반대로 여기서 우리는 땅에서 하늘로 올라간다. 말해지고 사유되고 상상되고 표상된 인간들에서 출발하여 살아 있는 인간들에 도달하는 것이 아니다. 우리는 현실적으로 활동하는 인간들에서 출발하며, 그들의 현실적 생활과정으로부터 이 생활과정의 이데올로기적 반영들의 발전을 표현한다. 인간들의 뇌 속의 환영들은 인간들의 물질적이고 경험적으로 확인 가능한, 그리고 물질적 전제들에 연결된 생활과정의 필연적 승화물들이다. 이렇게 하여 도덕, 종교, 형이상학 및 그 밖의 이데올로기와 그에 상응하는 의식형태들은 더이상 자립적인 것이 되지 못한다. 그것들은 아무런 역사도 갖고 있지 않으며, 어떠한 발전도 하지 않는다. 자신들의 물질적 생산과 자신들의 물질적 교류를 발전시키는 인간들이 이러한 현실과 함께 자신들의 사유 및 그 사유의 산물들을 변화시키는 것이다. 의식이 생활을 규정하는 것이 아니라 생활이 의식을 규정한다(마르크스·엥겔스, 1990: 202).

마지막 문장에 유의하자. 관념론과 유물론의 투쟁이란 결국 의식이 생활을 규정하는가, 또는 생활이 의식을 규정하는가를 놓고 벌어진 대결의 역사다. 여기서 생활을 더 구체적으로 정의한다면 생산력과 생산관계 사이의 현실적 운동이라 할 수 있는데, '토대base'라 불리는 이 운동에 의해 역사상의 다양한 단계들이 나타나게 되고 그 위에 우리에게 익숙한 법과 정치, 사회문화적 양식들이 '상부구조superstructure'라는 이름으로 등장하게 된다. 그러므로 무엇보다도 앞서 파악되어야 할 역사의 진리는 토대에 대한 것이며, 그다음이 상부구조로서의 관념의 체계들이다. 두고두고 논란이 되는 "경제(토대)가 가장 중요하다"는 마르크스주의 사상사의 '공식'은 이렇게 완성되었다.

많은 사람들이 마르크스의 이데올로기론을 허위의식에 대한 비판과 동일시하며 연구했다('허위의식'이란 용어는 마르크스 사후 엥겔스가 만들어낸 말이다). 이때 허위의식은 두 가지 방향에서 해석된다. 하나는 사람들이 알고 있는 그릇된 지식이나 그런 지식에 대한 왜곡된 믿음이다. 앞서 언급한 신분 차별을 천부적 진리로 의심 없이 받아들이는 경우가 이에 해당된다. 다른 하나는 어떤 지식이나 믿음을 잘못된 것인 줄 알면서도 자신의 이해관계에 따라 묵인하고 타인들에게 강요하는 것이다. 그것은 '지배의 도구'로서 사용되는 이데올로기를 뜻하는데, 마르크스가 대결하던 부르주아사회의 다양한 상부구조들이 여기에 속한다.[1]

예컨대 부르주아사회에서 법은 자본가를 보호하고 노동자를 착취하는 사회적 규범들로 이루어져 있다. 상품을 팔아서 벌어들인 이익을 불평등하게 나눠주더라도 그것이 법적으로 보호되는 한 자본가의 초과이윤은 전혀 불공정한 행위로 여겨지지 않는다. 또한 종교적 믿음이 사회적 불의를 억지로 견디는 빌미가 되고 정당한 분배와 정의의 실현을 가로막는 도구로 사용된다면, 이 또한 지배의 도구로서 신앙을 이데올로기화하는 것이다. 한국사회에서 널리 통용되는 경제의 독립과 그 우선성 논리, 즉 "일단 빵을 키우고 나중에 분배를 논의해야 국가경제가 살아난다"는 주장은 마치 객관적인 과학적 진리처럼 보이지만, 실제로는 착취와 불균등한 분배를 합리화하는 학문적 기만일 따름이다. 이런 식으로 기능하는 이데올로기를 타파하는 것이 마르크스주의 사상사의 주요 전략이었음은 어렵지 않게 이해할 수 있다. 하지만 이러한 이데올로기 비판의 전략을 전적으로 따를 때 생기는 문제점도 없지 않다. 즉 현실의 모든 상부

---

1 어느 쪽이든 이데올로기는 실천으로부터 유리된 이론, 마르크스의 포이어바흐 테제에 따른다면 존재로부터 분리된 의식의 가상(假像)으로 격하된다. 물질 자체의 견고한 실재성을 강조하던 레닌의 유물론은 이러한 사고의 극단적 전형을 잘 보여준다(레닌, 1988a: 135). 이론과 실천의 통일을 통해 이데올로기의 허위성을 극복해야 한다는 마르크스·레닌주의의 고전적 테제는 부르주아 국가주의 및 자본주의의 정신세계를 잘 보여주는 장점을 갖지만, 이데올로기 자체를 가상화하고 관념화함으로써 그 적극적인 힘을 발견하지 못한 단점을 지닌다. 바꿔 말해 이데올로기를 순수한 상부구조의 현상으로 치부할 때, 우리는 이데올로기에 포위되어 있으면서도 그것과 상호작용할 수 있는 근거를 상실하게 된다.

구조들은 단지 '허위'일 뿐이어서 모두 폐기처분해야 하느냐는 반문을 피할 수 없는 것이다. 철학과 정치·사회적 담론, 종교와 문학, 문화 등은 불필요하며, 올바른 진리인식에 대한 방해물이거나 적대적인 것들일까? 인간이 만들어내는 말과 사상은 정말 아무런 실재적 가치를 갖지 않는 헛된 공상의 산물에 불과할까?

2-3. 변증법, 혹은 혁명의 과학과 무기

부정적 이데올로기의 반대편에서 마르크스는 이데올로기의 긍정적이고 적극적인 측면을 해명하기도 했다. 인간 소외에 대한 청년기의 비분강개한 철학자를 넘어서, 자본주의의 작동원리에 대한 심도 있는 탐구자로서 활동하던 1859년에 쓴 『정치경제학 비판을 위하여』 서문에는 이런 입장이 잘 드러나 있다. 물론, 선결조건은 의식보다 생활이 앞선다는 유물론적 테제에서 나온다. 하지만 그러한 관점을 실천적으로 관철하기 위해서는 이데올로기를 긍정적이고 적극적인 무기로도 사용할 수 있어야 한다.

사회혁명의 시기가 도래한다면, 경제적 기초의 변화와 더불어 거대한 상부구조 전체가 서서히 혹은 급속히 변혁될 것이다. 이러한 변혁들을 고찰함에 있어서 사람들은 자연과학적으로 정확히 확인될 수 있는 경제적 생산조건들에서의 물질적 변혁과 인간들이 이러한 충돌들을 의식하고 싸워서 해결하는 법률적, 정치적, 종교적, 예술적 혹은 철학적, 간단히 말해 이데올로기적 형태들을 항상 구별해야만 한다(마르크스, 1988: 7).

요컨대 이데올로기의 여러 형태들은 우리 인간의 사유와 행동을 촉발시키는 힘이 되기에, 현실을 분석하고 이해하려 할 때 함께 동원할 수 있는 방법이라는 것이다. 레닌의 말을 빌면 상부구조의 다양한 형태들을 관념론적 잔재라고 모조리 폐기처분하는 짓은 '우둔한 유물론'일 뿐, '현명한 관념론'보다도 못하다. 허위의식에 대한 비판을 통해 우리는 낡은 세계의 파멸을 인식하게 되고, 대중은 혁명의 대열에 참여할 동기를 얻을 수 있다. 이데올로기는 단지 대중을 속이고 기만하는 부정적 수단에 머물지 않는다. 오히려 우리가 이데올로기를 비판적으로 사용할 수 있다면, 그것은 사회혁명을 견인하는 적극적이고 긍정적인 수단으로서, 또 최대한의 방법으로서 충분히 활용될 것이다.

1883년 마르크스가 사망한 후 엥겔스는 그의 저술들을 토대로 마르크스주의 사상의 기반을 세우는 일에 주력했다. 그때 엥겔스가 고심을 기울였던 것이 마르크스주의 사상, 즉 마르크스주의 이데올로기를 체계화하는 일이었다(실제로 엥겔스는 마르크스의 사상을 가끔 이데올로기라 불렀다). '변증법'이라 불리는 철학적 세계관(이론)이자 방법론(실천)이 그것인데, 엥겔스는 '혁명의 무기'로서 변증법을 갈고닦는 과정에서 이데올로기의 긍정적 기능을 적극적으로 수용하게 된다.

> 헤겔식의 이데올로기적 전도는 제거해야 한다. 우리는 실제 사물을 다양한 단계의 절대개념의 모상으로 파악하는 대신 우리 머릿속의 개념을 실제 사물의 모상으로 다시 유물론적으로 파악했다. 그리하여 변증법은 외부세계뿐만 아니라 인간 사유의 일반적 운동법칙에 대한 과학으로 환원되었다(엥겔스, 1997: 274).

변증법은 세계를 유물론적으로 올바르게 인식하는 방법으로서 하나의 '철학'이지만, 사변에 머물지 않고 객관적으로 기능한다. 이 같이 실천적으로 현실 개입적 특징을 가진 이데올로기는 '과학'이라 명명되며, 부르주아사회의 허위의식에 맞서는 프롤레타리아계급의 무기로 호출될 수 있다. 후일 레닌은 이렇게 과학화된 이데올로기를 유물론의 진리로 내세우며 가상에 빠진 관념론에 대립시키게 된다.

현대 유물론, 즉 마르크스주의의 입장에서 볼 때, 객관적, 절대적 진리에 대한 우리 인식의 근사적 한계는 역사적으로 조건지어진 것이다. 그러나 그러한 진리의 현존은 무조건적이며, 우리가 그것에 점점 가까이 접근하고 있다는 사실 또한 무조건적이다. (…) 한마디로 말하면, 모든 이데올로기는 역사적으로 조건지어지지만, 모든 과학적 이데올로기(예를 들어 종교적 이데올로기와는 구별되는)에 객관적 진리와 절대적 자연이 조응한다는 것은 무조건적 진리이다. (…) 마르크스와 엥겔스의 유물변증법은 확실히 상대주의를 포함하고 있다. 그러나 그것이 상대주의로 환원되는 것은 아니다. 즉 유물변증법은 우리의 모든 인식의 상대성을 승인하나 그것은 객관적 진리를 부정한다는 의미에서가 아니라 이러한 진리의 우리 인식의 근사적 한계가 역사적으로 조건지어진다는 의미에서 승인하는 것이다(레닌, 1988a: 142-143).

1909년 당시 레닌이 특히 염두에 두고 있는 것은 엥겔스의 입장이었다. 역사적 조건이라는 상대성은 마르크스주의 자체에도 내재하는 계기이며, 이를 불가피한('무조건적인') 조건으로서 받아들이는 것은 유물론자의 당연한 관점이다. 관건은 그러한 절대적 조건으로서의 역사적 상대성을 발판 삼아 현재를 구성해가는 주체적 입장을 수용하는가, 그렇지 않은가에 있다. 후자는 상대주의자이자 관념론자이고, 전자는 변증법주의자이고 마르크스주의자다. "변증법적 유물론에서는 절대적 진리와 상대적 진리 사이의 뛰어넘을 수 없는 경계란 없다"(레닌, 1988a: 141). 엥겔스는 허위의식이자 가상으로서의 이데올로기는 명백히 반대했으나, 과학으로서의 이데올로기는 포기해서는 안 된다고 주장했다(엥겔스, 1997: 554-555). 그것은 과학이 역사와 사회, 인간에게 능동적으로 작용할 수 있음을 몰각하는 어리석은 믿음에 불과하다는 것이다.

엥겔스가 염두에 두었던 과학이란 19세기의 자연과학과 진화론을 가리킨다. 당시로서는 최신의 과학적 성과에 해당하는 것이었기에 엥겔스는 그것이 철두철미하게 객관적 진리에 기초해 있음을 믿어 의심치 않았다. 그러나 현재의 입장에서 볼 때 당대의 과학은 여전히 '발전중'이어서 터무니없는 왜곡이나 오해가 적지 않았으며, 진화론 역시 유전학 등에 의해 충분히 보완되지 않았기에 아직 불명료하고 적지 않은 오류를 포함하고 있었다. 하지만 동시대의 '첨단' 과학의 성과에 기댄 사상은 충분히 '진리의 학문'으로 인식될 만했고, 부르주아 이데올로기에 대립하는 '올바른 인식'의 근거라 불릴 만했다. 엥겔스에 따르면 마르크스주의는 변증법적 방법론에 입각한 지식이기에 과학적이고, 진리에 기댄 참된 이데올로기이기에 허위의식과 구별되어야 했다. 아무튼 엥겔스의 이러한 구별 덕택에 마르크스주의 사상사에서 이데올로기의 긍정성과 부정성에 대한 논의의 장이 마련된 셈이다.

3. 루카치―프롤레타리아의 계급의식은 영원하리라

죄르지 루카치(1885~1971)는 헝가리 태생의 마르크스주의 미학자이자 문예학자였다. 귀족가문에서 태어난 그는 유럽 문화의 정수를 배우며 성장했고, 청년 시절에 마르크스를 접한 후 평생 굽힘 없는 신념을 유지한 마르크스주의자로 살았다(루카치, 1993a). 그가 관심을 두었던 것은 근대 문화를 중심으로 한 프롤레타리아계급의 정신적 각성이었다. 그 궁극적 목표는 노동자들의 삶이 육체와 피폐 및 정신의 빈곤으로부터 벗어나 풍부한 정신적 교양을 누리는 길을 선도하는 것이었다.

우리의 관심을 끄는 것은 루카치가 마르크스주의자로 전향한 후 펴낸 『역사와 계급의식』(1922)이라는 저작이다. 여러 시기 동안 작성했던 정치적·이론적 논문들을 묶어서 출판한 이 책은 루카치 정치철학의 핵심적 저술로 거론되어왔으며, 20세기 전반을 주도한 마르크스주의 이데올로기론의 대표작으로 자주 인용되어왔다. 여기서 주의를 기울여 읽어야 할 부분은 계급의식과 사물화에 대한 루카치의 통찰이다.

3-1. 계급적 각성, 또는 무기로서의 이데올로기

만년의 엥겔스가 과학을 통해 이데올로기에 긍정적 의미를 부여했던 지점에서 루카치는 출발하고 있다. 그런데 이는 이데올로기를 선용하면 긍정적이고 악용하면 부정적이라는 단순한 이분법이 아니다. 오히려 루카치는 이데올로기의 주체가 누구인지를 묻는다. 주체가 진보적이라면 그 계급의 이데올로기는 긍정적이지만, 반대로 주체가 반동적이라면 그 이데올로기도 부정적일 것이다. 그리고 진보와 반동의 여부는 역사적 조건에 의해 결정된다.

마르크스 자신이 정확히 말했던 것처럼, 부르주아지는 16세기 이래 조금씩 형성되기 시작했고 프랑스혁명이 무르익을 즈음에는 세계에서 가장 '진보적'인 의식을 갖고 있었다(마르크스·엥겔스, 1990: 488). 혈통에 의해 지배권이 확립되었던 귀족시대에 부르주아지는 상공업에 종사하여 물질적인 생산을 주도했으며, 당대 역사에서 자신들만이 유일하게 생산적인 계급임을 각성하였기 때문이다. 따라서 부르주아지의 이데올로기는 충분히 '긍정적'이었다고 말할 수 있다. 반면 프랑스혁명 이후 시민사회가 성립하면서 상황은 반전된다. 대공업이 발달하면서 프롤레타리아 계급이 성장하게 되었고, 이제 부르주아계급은 낡은 시대를 대변하는 보수적 세력으로 드러난 것이다. 따라서 '반동적' 부르주아지의 이데올로기는 '부정적'으로 밝혀지고, 역사의 주도권은 프롤레타리아트로 넘어가게 된다. 이렇듯 이데올로기의 긍정성과 부정성은 무조건 결정되는 게 아니라, 그것을 주체화하는 계급의 역사적 자각과 역할에 따라 다른 양상을 띠고 나타나게 된다.

관건은 계급의식이다. 대공업으로 대표되는 시대에 생산력과 생산관계 사이에서 생겨나는 모순을 자본가들이 감당할 수 없음을 노동자들이 인식하고, 그것을 자신들의 과업으로 받아들인다면 혁명은 순식간에 폭발해서 노동해방의 미래가 성취될 것이다. 따라서 계급적 주체화가 가장 중요한 과업이 된다.

혁명의 운명(이와 함께 인류의 운명)은 프롤레타리아트의 이데올로기적 성숙도, 즉 그들의 계급의식에 달려 있다. 계급의식은 프롤레타리아트에 있어서는 다른 계급들에 있어서와는 다른 기능을 갖는데, 이 프롤레타리아트의 계급의식이 갖는 독특한 기능이 다음과 같이 규정되었다. 프롤레타리아트는 계급사회 일반을 폐지하지 않고서는 계급으로서의 자신을 해방시킬 수 없다. 바로 이 때문에, 인류 역사상 최후의 계급의식인 프롤레타리아트의 의식은 한편으로는 사회의 본질을 폭로하는 것과 일치할 수밖에 없으며, 다른 한편으로는 이론과 실천의 점점 더 긴밀한 통일로 향할 수밖에 없다. 프롤레타리아트에게는 그들의 '이데올로기'는 그들이 투쟁하면서 내세우는 기치도 아니고 본래의 목적 설정을 가리는 가면도 아니며 오히려 목적 설정 자체이고 무기 자체이다(루카치, 1993b: 137).

1917년 러시아에서 사회주의 혁명을 성공시킨 레닌에 따르면 이러한 계급적 자각은 결코 노동자계급의 '내부'에서 일어날 수 없다. 왜냐하면 자본가들에게 착취당하는 나날의 생활조건에서 노동자들이 전체사회의 혁명이라는 거대 규모의 정치적 과업을 제대로 성찰하고 조직화하긴 힘들기 때문이다. 노동자들은 자생적으로 자신들의 해방을 위한 운동에 뛰어들 수 있지만, 그것은 자기들이 속한 공장이나 공동체에 국한되기 쉽다. 그보다 더 큰 사회적 해방의 시야를 갖는 것은 그들의 '외부'에서 사태를 직시하고 개입하는 행위자에게 주어진 몫이다(레닌, 1988b: 39). 레닌은 이 집단을 전위적 혁명가 조직('당')이라 불렀는데, 진보적인 지식인들의 역할이 여기에 놓여 있다.

루카치는 이 구도를 이어받아 작업현장 바깥에 있는 지식인들이 노동자들에게 침투해 그들을 의식화하고 계급의식의 각성을 도와주어야 한다고 주장했다. 노동계급의 긍정적 이데올로기는 이렇게 만들어지고 무기화되는 것이다.

3-2. 사물화와 물신주의를 넘어서

그렇다면 노동자계급이 지식인의 도움을 받아 자신들의 역사적 사명을 깨달으면 문제는 금세 풀린다는 말인가? 이미 19세기부터 마르크스와 엥겔스가 줄기차게 그 작업을 시도해왔는데, 어째서 혁명이 발생하지 않은 걸까?

이유는 사물화Verdinglichung에 있다. 사물화는 자본주의사회의 고유한 현상으로서 상품생산양식이 발생시킨 인간의식의 구조적 착란이다. 인간은 노동을 통해 유용한 물건을 제작하는데, 자기가 직접 사용하거나 상품으로 만들어 시장에서 교환하기 위해서다. 이때 주체subject는 인간이고 객체object는 상품이며, 주체와 객체 사이의 위상은 명확히 구분된다. 인간이 사물을, 노동자가 노동의 산물(상품)을 주도하는 것이다. 그런데 자본주의 생산양식에서 이 관계는 거꾸로 뒤집어진다. 노동자가 돈을 벌지 못한다면 자기가 만든 상품이라도 자기를 위해 사용할 수 없는 처지로 굴러떨어진다. 더구나 자신의 봉급 현실로는 엄두도 낼 수 없는 고가의 상품이 존재하는 게 엄연한 현실이다. 무엇보다도, 그 자신이 노동시장에서 마치 상품처럼 거래되며, 상품을 만들기 위해 사용되는 부품으로 인식되는 상황이 벌어진다. 요컨대 인간이 자신이 제작한 물건으로부터, 그리고 자기 자신으로부터 소외되는 것이다(루카치, 1993b: 259). 노동과 그 산물 사이의 이러한 분열은 인간이 자신의 의지와 노력대로 세계를 형성할 수 없다는 무력감을 낳고, 화폐가치로 환산되는 상품에 의해 인간이 지배받는 사태를 낳는다. 자본주의에 만연한 이러한 전도현상을 사물에 의한 인간의 지배, 즉 사물화라 부른다.

상품이 마치 살아 있는 주인처럼 행세하고 인간은 죽은 사물처럼 통제되는 이 사태를 마르크스는 『자본론』에서 물신숭배fetishism라 불렀는데(마르크스, 1996: 90-105), 사물화는 이러한 물신성의 대표적인 양상이라 할 만하다. 그 중심에 화폐가 있다. 인간이 화폐를 발명한 이유는 상이한 가치를 갖는 다양한 상품들을 공통의 매개물을 통해 교환함으로써 삶을 보다 풍요롭고 만족스럽게 만들기 위해서였을 것이다. 하지만 화폐가 만능의 수단으로서 신神처럼 숭배되는 자본주의사회에서 사람들은 화폐에 대한 애초의 기능을 망각하게 되고 화폐 그 자체를 맹목적으로 추구하게 된다. 쉽게 말해, 우리는 행복한 삶을 위해 돈을 버는 게 아니라 돈 자체를 위해 힘겹게 노동에 종사한다는 뜻이다. 화폐 그 자체는 단지 교환의 수단임에도 무엇이든 할 수 있는 전능한 힘을 가진다고 믿고 있으며, 오직 그것만을 위해 전 사회가 질주하는 것은 분명 본질과 현상이 전도된 사태가 아닐 수 없다. 사물화는 그와 같은 전도가 '자연스럽게' 여겨지는 병리현상이자 이데올로기적 환각에 다름아닙니다.

자본주의사회에서 반동적인 자본가뿐만 아니라 진보적이어야 할 노동자 역시 사물화의 왜곡된 의식에 젖어 있지만, 루카치는 오직 노동자계급만이 사물화를 극복할 잠재력을 갖고 있다고 단언한다(루카치, 1993b: 258-263). 부르주아지는 소비적이고 착취적인 활동만 할 뿐이나, 프롤레타리아는 생산을 통해 자기 삶을 개척해나갈 수 있는 역량을 갖고 있기 때문이다.

> 프롤레타리아트의 의식이란 역사변증법의 내재적 결과로서 현상하기 때문에, 프롤레타리아트의 의식 자체가 변증법적으로 현상한다. 다시 말해서 한편으로 프롤레타리아트의 이러한 의식은 역사적 필연성의 발언과 다를 바 없다. 프롤레타리아트는 〔현실로부터 분리된—인용자〕 "실현할 그 어떤 이상도 갖지 않는다". 실천 속으로 전화되는 프롤레타리아트의 의식이란 오로지 역사변증법에 의하여 압축된 결단에 생명력을 불어넣어줄 수 있을 뿐, '실천적으로' 역사의 역정을 무시한다거나 한낱 소원이나 인식을 이 역사에 강요하는 것에 그치는 게 결코 아니다. 왜냐하면 프롤레타리아트의 의식은 진정 의식화된 사회 발전의 모순 이외에 그 어느 것도 아니기 때문이다.[2]

프롤레타리아 의식에 대한 루카치의 입장은 일정 부분 노동계급을 지

---

2 "프롤레타리아트의 의식이란 역사변증법의 내재적 결과로서 현상하기 때문에, 프롤레타리아트의 의식 자체가 변증법적으로 현상한다. 다시 말해서 한편으로 프롤레타리아트의 이러한 의식은 역사적 필연성의 발언과 다를 바 없다"(루카치, 1993b: 272-273).

나치게 과신하고 신화화한다는 평가를 받았지만, 근대사상으로서 마르크스주의에 다분히 충실한 해석이며 이론적 실천이 어떻게 전개될 수 있는지를 보여준 사례라 할 수 있다. 특히 레닌에 의해 과잉 의미부여되었던 객관적 실재로서의 물질적 자연을 역사적이고 사회적인 대상으로 파악하고 인간의 주체적 실천에 의해 변용되어야 할 것으로 파악했다는 점은 근대 변증법 사상가로서 루카치가 이룬 고유한 업적이라 할 만하다 (루카치, 1993a: 182-183; 1993b: 326). 문제는 프롤레타리아 의식이란 것이 과연 얼마나 견고하고 실체적인 것인지, 혁명이라는 역사의 절단적 사건을 불러일으키는 힘이 될 수 있는지가 이론적 논증이나 단언만으로 이루어지지 않는다는 점에 있다. 근대사상으로서, 일종의 진보적 세계관으로서 마르크스주의와 그 방법인 변증법이 현실의 지평에서 실현되는 과정은 보다 엄밀히 파악되고 분석될 필요가 있다. 현실의 변화에 대한 면밀한 관찰을 통해 그 사태를 이론적으로 서술하고 설명해야 할 책임은 20세기 지식인들에게 던져진 주요한 과제였다.

4. 그람시―시민사회를 점령하라

이탈리아의 공산주의자 안토니오 그람시(1891~1937)는 지식인과 혁명의 문제로부터 자신의 질문을 구체화하기 시작했다. 탁월한 이론가적 자질을 지녔으나 어린 시절의 부상으로 척추장애를 앓았던 그는, 감옥에서 10여 년을 보내면서 마르크스주의 정치학과 철학에 대한 자신의 구상을 가다듬었다. 그것은 유기적 지식인과 헤게모니에 관한 이론이었다.

4-1. 이데올로기와 헤게모니의 지배

유물론적 사유에서 이데올로기는 상부구조의 한 요소로서 드러난다. '상부'란 그 '하부'의 경제적 관계인 토대를 반영하며, 토대와 상부구조 사이에 어느 정도 기계론적 상응성이 있다는 가정이 깔려 있다. 예를 들어 노예노동을 통해 유지되던 고대사회에서 노예는 주인의 합법적인 소유물로서 물건처럼 인식되었는데, 법과 종교는 이러한 관계를 정당화하는 도구로 기능했다. 중세의 신분제 이데올로기는 그러한 노예적 종속관계를 도덕과 풍속으로써 지탱하는 장치였다. 근대사회에서도 사정은 다르지 않다. 노동시장에서의 고용관계를 통해 자본가와 노동자는 '자유로운' 관계를 맺는다고 하지만 생산수단을 보유한 자본가와 노동자 사이의 고용구조가 불평등하고 비대칭적임은 부정할 수 없기 때문이다. 노동자는 자신을 상품으로 판매하지 않으면 생존할 수조차 없다. '보이지 않는 손'과 같은 신화적 미명하에 자본주의의 모순은 극심해지고 이를 은폐하려는 이데올로기적 장치들은 더욱 복잡해진다. 이렇게 굴절의 정도에 차이가 있을 뿐 상부구조는 기계처럼 토대를 반영한다는 생각이 마르크스주의자들에게 만연해 있었다(야쿠봅스키, 1987: 68). 이에 따라 마르크스주의 비판가들의 과제는 상부구조와 토대 사이의 굴절 및 반영관계를 밝혀냄으로써 계급지배의 본질을 폭로하는 데 맞춰졌다.

그람시는 이렇게 단순한 상응논리에 일정한 선을 긋고, 이데올로기는 현실을 직접적으로 비추는 거울 '이상'임을 단언한다. 그에 따르면 이데올로기는 인간의 태도와 행위에 영향을 미칠 수 있는 실재적 힘을 갖고 있으며, 인간의 사유와 행동을 특정한 방향으로 이끄는 욕망과 관련되어 있다. 이데올로기의 '물질적 힘'이란 이를 가리킨다. 그로부터 다음과 같은 추론이 도출되어 나온다. 토대와 상부구조는 명확하게 구별되고 분리 가능한 두 실체가 아니라, 특정한 시대마다 특정한 관계 속에서 구성되는 역사적 블록historical block으로 나타나게 된다(그람시, 1999: 215-216; 애덤슨, 1986: 242-254). 이 블록 안에서 이루어지는 토대와 상부구조 사이의 유기적 결합관계가 어떠한가에 따라 사람들의 인식과 지향에 변화가 생겨나고, 이데올로기적 계급투쟁이 조직될 수 있다. 특정한 역사적 조건 속에서 발생한 이데올로기는 대중을 조직해주고 투쟁을 견인해가는 실재적 힘을 보유한다(그람시, 1999: 230). 요컨대 토대와 상부구조의 관계는 역사적으로 상이하게 형성되며, 그에 따라 계급투쟁도 달라지게 마련이다. 여기서 이데올로기는 그 투쟁의 양상을 결정짓는 중요한 계기임이 드러난다.

마르크스의 『정치경제학 비판을 위하여』(1859)는 그람시의 주요한 준거점이었다. 현실세계의 근본적 변혁은 물질적 조건, 즉 경제적 이해관계에 달려 있으며, 따라서 토대의 변형 없는 사회혁명은 불가능하다. 그러나 혁명을 향한 계급투쟁이 상부구조와 전혀 무관히 토대에 의해서만 일방적으로 결정되는 것은 아니다. 오히려 이데올로기의 영역 '안'에서 일어나는 계급투쟁은 필수불가결하다. 사회적 계급들은 이데올로기적 장場에서 자신들의 위치를 확인하고 적대관계를 인식하기 때문이다. 달리 말해, 이데올로기의 '내부'에서, 이데올로기를 '통해', 이데올로기'적'으로 사회적 변혁의 가능성은 구체화될 수 있다. 이처럼 그람시는 상부구조의 중요성을 민감하게 파악하여 문제화한 이론가였다. 그에 따르면 상부구조를, 이데올로기의 문제를 토대에 수동적으로 결박시키는 마르크스주의의 '전통'은 바뀌어야 한다(그람시, 1999: 270-272).

헤게모니란 이러한 이데올로기적 투쟁과정을 주도하는 능력을 가리킨다. 이데올로기는 더이상 지배계급의 통제장치나 피지배계급의 대항무기에 그치지 않는다. 만약 이 두 가지 경우에만 이데올로기의 개념을 한정시킨다면, 이데올로기는 그 사용주체가 누구인가에 따라 긍정적 성격과 부정적 성격을 띠는 물리적 도구에 불과할 것이다. 그람시는 이데올로기가 인간의 사고와 행동에 영향을 끼치는 욕망의 고리란 점을 통찰했다. 구체적인 역사적 블록으로부터 정확히 추출된 이데올로기는 그 시대의 대중 심리와 유기적 관계를 맺는다. 마르크스가 강조했듯, 이와 같은 '대중적 신념의 견고함'은 헤게모니가 형성되어 작동하기 위한 물질적 질료다. 헤게모니는 그러한 욕망을 격발시켜 특정한 방향으로 끌고 가는 견인장치에 다름아니다. 이데올로기는 강제적으로 누군가에게 자기의 의지를 관철시키는 일방적인 폭력이 아니라, 타인의 욕망을 움직여서 나의 의지대로 행동하게끔 설득하는 도덕적이고 지적인 능력이라는 뜻이다.[3]

프롤레타리아트가 받았던 오랜 억압의 역사는 부르주아지의 강권과 기만에 의한 것만은 아니었다. 만일 폭력과 허위의식만이 문제라면, 레닌과 루카치의 말대로 몇몇 지적인 전위가 나서서 그것을 깨우쳐주기만 하면 오래전에 해결되었을 것이다. 문제는 부르주아지의 헤게모니에 대해 프롤레타리아트가 무의식적으로 동조하고 동의하게 되었다는 사실에 있다. 부르주아지가 본질적으로 착취 이외에는 아무런 관심도 없는 계급임에도 그토록 오랜 세월 동안 프롤레타리아트를 지배하는 데 성공했던 것은 바로 이 때문이었다. 이데올로기적 지배는 헤게모니 효과에 의지하는 않는다면 오래 지속할 수 없다.

4-2. 유기적 지식인과 새로운 혁명전략

유기적 이데올로기로서의 헤게모니에 주목할 때 지식인의 역할은 보

---

3 헤게모니는 '외부'로부터 일방적으로 주어지지 않는다. 그것은 지식인의 무기로서 과학이나 종교, 철학이 대중과 유기적으로 결합할 때, 달리 말해 특정한 조건에 자리한 대중의 (무)의식적 신념과 결부될 때 가장 효과적으로 발생한다. 역사적 블록은 그러한 헤게모니가 작동하는 특정한 정치적 지대를 가리킨다(그람시, 1999: 170, 174-175).

다 분명히 드러난다. 레닌과 루카치는 지식인을 전위적 혁명가 집단으로 정의하고, 노동자계급의 '외부'에서 객관적인 세계사적 정세와 사회적 상황을 분석함으로써 노동자들에게 계급의식을 심어주어야 한다고 주장했다. 하지만 '유기성'을 문제 삼을 때 지식인들의 외부적 위치가 어느 정도나 효과적으로 노동계급을 촉발시킬지 의문을 갖지 않을 수 없다. 과연 노동자계급은 자신들의 생활환경과 지적 배경의 바깥에서 들어온 지식인들에게 얼마나 선뜻 동의할 수 있을까? 또한 밖에서 들어온 지식인들이 노동자들에 대해 과연 얼마나 많이 알고 공감할 수 있겠는가? 혁명적 지식인들은 적성 부르주아지에 대항해서뿐만 아니라 동지인 프롤레타리아트에 대해서도 역시 헤게모니적 영향력을 행사할 수 있어야 한다. 즉 도덕적이고 지적인 지도력을 발휘해야 그들의 동의와 참여를 이끌어낼 수 있다. 지식인들은 노동자들과 유기적으로 얽혀 있어야 한다는 뜻이다.[4] 이로써 부르주아지의 이데올로기적 선동에 동조된 프롤레타리아트의 의식을 그로부터 효과적으로 분리시킬 수 있어야 한다.

이 점에서 혁명의 전위에 선 지식인들은 지배계급에 빌붙어 지배를 정당화하는 데 이바지하던 전통적 지식인들과 다르다. 새로운 지식인들은 노동자들의 심리적·정서적 동의를 통해 혁명의 진입로를 개척할 수 있어야 한다. 새로운 프롤레타리아 문화는 지식인과 노동자들의 통일 속에서 나타날 것이며, 이는 두 집단의 도덕적이고 지적인 합일이 언젠가 이루어지리라는 낙관을 통해 선언된다.

---

4 본질적으로, 그람시에게 모든 사람은 철학자이다. 누구라도 일정 정도 지적인 활동에 종사하고 있으며, 예술이나 기타 모든 의식창조적 행위에 직간접적으로 참여하고 있기 때문에 순수한 육체적 노동자란 존재하지 않는다. 근대 세계의 가장 큰 특징, 특히 마르크스주의 혁명사상은 이러한 전인적(全人的) 철학자의 이상을 극대화하는 데 그 목표를 둔다(그람시, 1999: 18-19). 그러므로 혁명의 최종 목적지는 아마도 지식인이라는 별도의 범주가 소거되는 공간이 될 것이다.

대중의 열정을 느끼고 이해함으로써 지식인은 특정한 역사적 상황 속에서 갖는 그 열정의 의미를 설명하고 정당화시켜주며 나아가 그와 같은 열정을 역사법칙 및 과학적이고 체계적으로 다듬어진 우월한 세계관(즉 지식)과 변증법적으로 연관시켜야 한다. 이와 같은 열정 없이는, 지식인과 민중·민족 간의 이러한 심정적 유대 없이는 역사와 정치를 만들 수 없다. (…) 지식인과 민중·민족, 지도자와 피지도자, 지배자와 피지배자 간의 관계가 유기적 결속으로 맺어지고, 이러한 결속을 통해 느낌과 열정이 이해 및 나아가 지식(기계적으로가 아니라 생동적인 방식으로)으로 화할 때, 오직 그때에만 그 관계는 서로를 대변하는 관계가 될 것이다 (그람시, 1999: 284).

그람시에 이르러 이데올로기는 단순한 머릿속 관념이나 의식의 단계를 벗어나 물질적인 힘으로 모습을 드러냈다. 특히 그에게 중요했던 것은 이데올로기가 형성되고 갈등을 빚는 구체적인 사회적 장소들이었는데, 교육과 종교, 출판과 언론 등이 그 곳들이다. 이러한 헤게모니적 무대들이 종합적으로 드러난 첫번째 장소는 시민사회이고 그다음은 국가다. 결국 이데올로기적 투쟁은 시민사회와 국가에서 벌어져야 한다는 의미다.

이로부터 마르크스주의 이데올로기이론의 중대한 전환이 다시 한번 일어난다. 마르크스 이래 시민사회는 부르주아지의 본거지로 지목되었고, 국가는 부르주아지의 이익을 위한 '공동위원회'라 불리며 격렬한 타도의 대상이 되어왔다. 시민사회와 국가는 어차피 '적들의 무대'이기 때문에 개별적인 전투를 벌이며 힘을 소모하기 보다는, 일거에 타도해야 한다는 논리가 마르크스주의 진영에 팽배해 있었다. 이른바 '총파업general strike'을 통한 혁명으로의 거국적 이행론이 그것이다. 하지만 그람시는 헤게모니가 이데올로기적 투쟁과정에서 발휘되는 정치적 주도능력이라 간주했고, 그 대결의 주요한 무대로 시민사회와 국가를 적시함으로써 이 두 장소를 결코 소홀히 여기거나 적대시해서는 안 된다는 입장을 밝혔다. 혁명을 향해 신속하게 투쟁을 전개하는 기동전war of movement과 잠복한 상태에서 봉기를 준비하는 진지전war of position의 구분이 여기서 나온다. 특히 후자는 부르주아사회의 일상생활과 정치행위에도 적극 참여함으로써 혁명적인 파열의 순간을 준비해야 한다는 이데올로기적 전략을 가리키는 것이다.

5. 알튀세르―내가 누구인지 말할 수 있는 자는 누구인가

우리는 앞서 이데올로기의 긍정성과 부정성에 대한 논쟁이 마르크스와 엥겔스 자신으로부터 연유했음을 살펴보았다. 부정적 의미로서의 이데올로기는 기본적으로 현실에 대한 올바른 인식을 저해하고 왜곡하는 것, 즉 허위의식을 말한다. 반면 긍정적인 의미의 이데올로기는 사회적 현실에서 특수한 역할을 담당하며, 역사를 진보적인 방향으로 선회시키는 데 기여하기도 한다. 프랑스의 마르크스주의 철학자 루이 알튀세르 (1918~1990)는 이러한 구분을 더 섬세하게 다듬어서 이데올로기와 과학의 구별 속에 안착시켰다. 이러한 구별은 얼핏 보기에 엥겔스와 유사하지만, 그 내적 구조를 따져보면 상당한 차이점들이 발견된다.

5-1. 무의식과 이데올로기론의 재구성

애초에 알튀세르의 이론적 입안점에 따르면, 이데올로기는 추상적이고 부적절한 지식인 반면 과학은 구체적이며 사태에 적합한 지식이다. 이두 가지 '지식'의 차이에 대해 그가 좋아하던 16세기의 철학자 스피노자의 이야기를 하나 들어보자. 우리는 관찰을 통해 태양의 위치에 대해 다른 사람들에게 설명할 수 있다. 가령 태양은 지구와 대략 200걸음 정도 떨어져 있다는 식으로 말이다(스피노자, 1990: 103, 2부 정리135). 하지만 실제로 태양이 지구로부터 그 정도 거리 밖에 안 떨어져 있겠는가? 눈에 비친 태양의 이미지와 살갗을 태우는 열기는 우리에게 태양의 존재를 감각적으로 느끼게 해주지만, 실제의 지식을 확장하는 데는 별로 도움이 되지 않는다. 달리 말해, 태양에 대한 감각적인 지식을 설명할 수는 있어도 그것이 과학적으로 확실한지 결정하기는 어렵다. 스피노자에 따르면 전자는 결과로부터 원인을 추론한 것이요, 후자는 그 반대다. 진정한 과학적 지식은 원인으로부터 결과로 나아갈 때 생겨나는데, 알튀세르는 이것만이 '과학'이라 불릴 수 있다고 주장한다. 거꾸로, 결과로부터 비롯된 잘못된 지식에 대한 믿음은 '이데올로기'에 불과하다. 물론, 이게 전부는 아니다.

엥겔스를 비롯한 고전적 마르크스주의 사상가들과 알튀세르의 차이점은 이제부터 나타난다. 엥겔스 등에게 부정적인 이데올로기는 폐기의 대상이었다. 그것은 현실에 대한 진정한 지식을 가로막고 왜곡시키는 허위의식이기에 과학적 지식을 통해 소거시켜야 했다. 따라서 이데올로기에 기만당하지 않고 그 '바깥'에 있는 진정한 지식을 찾아나서야 한다. 그런데 다시 스피노자의 예를 들자면, 비록 우리의 눈과 피부에 와닿는 태양의 감각이 그릇된 판단을 유도한다 할지라도 그러한 감각적 지각이 없다면 어떻게 태양의 실존을 인식할 수 있겠는가? 비록 불완전하다 해도 감각 또한 지식의 일종으로서 과학의 구성에 복무할 수 있을 것이다. 그렇다면 과학적 지식이란 감각을 완전히 폐기하는데서 출발하는 것이 아니라 감각적 인식의 오류를 성찰하고 보다 실제적인 지식으로 인도할 때 성립하는 게 아닐까? 진정한 앎이란 이데올로기의 '바깥'에 있는 게 아니라 이데올로기의 '안'에서부터 구성되어야 더 적절한 게 아닐까?

이로써 이데올로기는 신중히 연구하고 통찰해야 할 1차적 자료로 부각된다. 현실을 살아가는 우리들이 우선적으로 만나는 지식은 과학 자체가 아니라 오류의 가능성이 충만한 이데올로기이기 때문이다. 따라서 이데올로기를 우리의 인식을 저해하는 방해물이라고 단정할 수만은 없다. 역으로 이데올로기는 우리가 삶을 살아가고 세계를 체험하며 진리를 찾아 나서도록 자극하는 근본적인 출발점이다. 이데올로기는 주어진 상황에서 역사적이고 사회적인 조건의 산물이며, 그렇기 때문에 '가짜'라고 단정지어 제거할 수 없는 실재의 일부다. 실재로서의 이데올로기는 지금-여기의 현실을 구성하는 부분으로서 불가피하게 주어진 조건이며, 현실에 대한 인식은 그러한 조건을 거치지 않고서는 제대로 이루어질 수 없다(알튀세르, 1997: 402). 요컨대 이데올로기는 오류와 허위의 가능성을 갖고 있으나, 바로 그 가능성이야말로 진리를 지향할 수 있는 본질적 조건인 셈이다. 앞서 스피노자의 예를 다시 끌어들이면, 태양이 우리에게 200걸음 정도 밖에 안 떨어져 있다고 판단하는 것은 우리가 태양을 관찰하는 물리적 조건에서 기인한 결과다. 비록 엄정한 과학적 논리와 방법에 의거한 것은 아니지만, 우리의 판단과 표상에는 우리 자신이 쉽게 벗어날 수 없는 현재적 조건이 포함되어 있는 것이다. 우리가 어떤 신념과 욕망, 인식을 갖든 그것은 우리의 현실적 조건을 포함하지 않을 수 없으며 그런 점에서 상대적이고 부분적인 진리일 수밖에 없다. 이데올로기 역시 그렇지 않을까?

알튀세르가 다른 마르크스주의자들과 달리 프로이트의 무의식 개념을 적극적으로 받아들이게 되는 계기가 여기에 있다. 일반적으로 우리가 무엇인가에 대해 인식한다는 것은 명확한 의식상태가 우리에게 있음을 전제하는 것이며, 무의식을 배제하는 것이다. 전통적으로 무의식은 의식활동에 방해가 되는 것, 의식을 교란하거나 부적합하게 오도하는 것으로서 철학과 과학에서 배척받았던 영역이었으며, 심지어 존재하지도 않는다고 판정되던 영역이었다. 근대 철학의 선구자 르네 데카르트가 사유를 감각적 경험, 꿈 또는 광기로부터 방어하고자 했던 것은 주체성을 정초하기 위한 가장 본원적인 시도였다. 하지만 20세기 초 지그문트 프로이트에 의해 무의식이 의식보다 더욱 거대한 정신적 영역을 차지하며, 의식활동의 전제조건임을 밝히자 상황은 급변해버렸다. 문제는 우리가 무엇을 아는가가 아니라, 우리가 알고자 하지 않는 것은 무엇인가를 아는 데 있다(알튀세르, 1996: 39 -65). 후자는 욕망의 문제와 관련되어 있으며, 그것은 항상 무의식에 의해 감싸여 있다. 이데올로기는 이러한 무의식적 욕망과 깊이 연관된 현상이다.

마르크스주의 이데올로기론이 무의식을 받아들인 것은 이 같은 시대적 조건과도 관련된다. 1848년 「공산주의당 선언」이 발표된 후 100여 년이 지나는 동안 마르크스가 예견했던 거대한 세계혁명은 일어나지 않았다. 만일 그의 이론이 여전히 유효성을 갖는다면, 변화된 정세는 어떤 것인지, 무엇이 혁명을 가로막는 원인인지 정확히 인식하는 과제가 긴요하지 않을 수 없다.

무엇보다도 20세기 중반 서구사회에서 부르주아지와 프롤레타리아트의 양극화가 일어나기는커녕, 폭넓은 중간층이 형성되었다는 점을 거론할 만하다. 이 중간층의 이데올로기는 상당히 모호해 보이는데, 실제 삶의 조건은 프롤레타리아트에 가까우면서도 의식상으로는 부르주아지에 유사하기 때문이다. 따라서 폭력에 의지하지 않고도 이 중간층은 기꺼이 경찰과 군대, 법제도 등의 억압적 국가장치들에 순종하는 태도를 보인다. 오히려 국가의 지배에 만족을 표하고 그것을 바라기조차 하는 형편이다. 사회의 규범을 잘 따르고 국가의 명령에 복종함으로써 '바른생활'을 하는

'성숙한 사회인'이 되는 것이야말로 발달된 현대사회가 추구하는 시민의 모델인 것이다.[5] 사회는 이러한 '모범시민'을 길러냄으로써 자기를 재생산한다. 부르주아가 지배하는 사회는 이 같은 방식으로 영원히 지속되는 것이다. 이것이 알튀세르가 고전적인 이데올로기론을 근본적으로 새로 구성하려 했던 시대적 배경이었다.

5-2. 이데올로기적 국가장치와 상상의 공동체

지배 이데올로기는 총칼을 사용한 무력으로써 우리를 위협하지 않는다. 그람시의 헤게모니 이론이 보여주었듯, 그것은 우리를 부드럽게 달래고 논리적으로 설득하며 심정적으로 동조하도록 이끌어낸다. 지배는 어느 정도 동의를 전제로 한다는 뜻이다. 하지만 동의는 단지 의식적인 차원에 국한되지 않는다. 보다 중요한 것은 동의하는지조차 의식하지 못하는, 무의식적인 동의다.

소위 억압적 국가장치repressive state apparatus라 불리는 정부, 군대, 경찰, 법정, 감옥 등은 가시적인 실체들이다. 법에 명시된 규칙을 지키지 않으면 우리는 경찰에 체포되어 법정에서 재판을 받고 감옥에 수용될 수도 있다. 군대는 외적으로부터 국민을 방어하는 장치지만, 때에 따라서는 국가 내부로 동원되어 '질서'를 잡는 일에 투입되기도 한다. 물리적으로 우리를 억압하는 장치들은 폭력기구라는 점에서 본질적으로 전근대적 통치형태와 다르지 않다. 반면 이데올로기적 국가장치ideological state apparatus는 지배권력과 명확한 연결점을 갖고 나타나지 않는다. 시민의 일상생활에서, 그가 주어진 규칙을 준수하는 한 국가권력은 자신을 드러

---

5 이른바 적대의 상실(은폐)과 헤게모니의 교착이 20세기 마르크스주의가 봉착한 난관이다(라클라우·무페, 2012: 3장).

내지 않는다. 그러나 권력과의 이러한 비가시적 관계야말로 본질적이다. 마르크스주의 전통에 따르면 국가는 경찰과 사법기구 같은 가시적 장치들을 통해 인구를 지배하지만, 실제 국가의 기능은 보이지 않는 다양한 조절장치들을 통해 구현되며 무형적인 이데올로기를 경유하지 않고는 제대로 작동조차 할 수 없다. 국가는 순전한 폭력 장치만으로도, 은밀한 이데올로기적 장치만으로도 성립하지 않는다. 양자 사이에는 미묘하고도 암묵적인 결합이 있으며, 후자는 이러한 결합의 안정성과 기능성을 보장하는 더욱 핵심적인 차원에 놓여 있다(알튀세르, 2007: 367). 그렇다면 이데올로기적 국가장치란 어떤 것을 말하는가?

가령 학교는 지배의 도구인가? 누구나 학교는 공평무사하고 보편적인 지식을 쌓는 장소라고 생각하기에 국가의 통제기구로 생각하지 않는 경향이 있다. 하지만 '건강한 사회인'이 되기 위해서는 학교를 '의무적'으로 다녀야 한다. 학교에서 배운 여러 가지 규칙들과 기술들은 사회와 국가에서 일하며 살아가는 데 필수적인 요소들이다. 따라서 학교를 제대로 마치지 않는다면 사회화를 위한 충분조건에 미달한 것처럼 취급될 뿐 아니라, 범죄자들에 대한 신상조회에서 드러나듯 반사회적 혐의의 대상이 되기도 한다. 가족은 어떨까? 가족은 본능적인 혈연관계의 집단이기에 국가나 사회와 무관한 것일까? 가족과 국가를 일체로 놓는 흔한 비유가 보여주듯, 가족구조와 국가구조는 긴밀하게 얽혀 있다. 왕조시대에 군주를 국가의 머리로 여겼듯, 우리는 국가 없는 가족적 삶을 감히 상상하지 못한다. 국가가 있어야 가족도 있다는 식의 사고가 그렇다. 가정교육을 빌미삼아 형성되는 가족의 관습은 실상 '올바른 사회인'에 대해 유비적 관계에 있으며, 가족과 국가를 불가분하게 여기는 무의식적 습관을 주입한다. 시민사회의 각종 이익단체들이나 국가의 법률, 정당정치 등도 마찬가지다. 사적인 이익을 추구하기에 국가와 관련이 없는 듯 보여도 사회 내부에 있는 모든 개별 단체들은 국가가 정한 범위 내에서 자신들의 기능을 수행한다. 공적인 여러 장치들 역시 그렇다. 법이 부자와 권력자를 위해 작동한다는 점은 누구나 안다. 하지만 동시에 법은 공평무사하고 정의롭다는 무의식적 믿음이 없다면 법 자체가 기능할 수 없다. 우리는 은연중에 후자에 기대어 살아가는 것이다.

사회와 국가를 재생산하는 근본요소인 노동을 예로 들어보자. 외견상 노동은 강제적으로 부과되는 의무가 아니다. 우리는 먹고살기 위해서도 노동을 하지만, 삶의 보람을 찾기 위해서도 노동을 한다. 더 정확히 말하자면, 그렇다고 믿는다. 사회의 각 방면에서 우리는 노동을 자발적으로 욕망하고 있다고 믿도록 유도된다. 예컨대 '가족의 행복'을 지키기 위해, 신이 부여한 '신성한 의무'를 수행하기 위해, 혹은 국가가 보장하는 '국민의 권리'를 향유하기 위해 우리는 아무리 힘들고 어려운 노동이라도 기꺼이 긍정하고 받아들인다. 노동을 둘러싼 이 모든 믿음들은 궁극적으로 사회와 국가의 재생산에 기여하도록 계열화되어 있으며, 그와 같은 믿음을 창출하고 지속시키는 것이 이데올로기적 국가장치의 역할인 셈이다. 여기엔 폭력을 동원한 강제나 억압이 끼어들 틈이 없다. 사회의 주체 각자가 자발적으로 이데올로기를 받아들이고, 그것의 진실성을 기꺼이 믿고자 하기 때문이다(알튀세르, 2007: 355).

단언컨대 이데올로기는 허위의식이 아니다. 알튀세르에 따르면 이데올로기는 세계에 대한 우리의 태도를 반영한다. 그것은 사람들이 현실을 받아들이는 방식에 관련되어 있으며, 따라서 현실에 대한 주체의 관계를 가리킨다(알튀세르, 2007: 386). 개인은 자기를 둘러싼 여러 가지 사적이고 일상적인 영역들과 맺는 관계, 즉 이데올로기적 장치들과의 관계를 통해 보이지 않는 더 큰 영역인 사회와 국가를 상상하고 받아들이는 것이다. 바로 이것이 핵심이다. 우리를 감싸고 있는 작고 친밀한 영역들은 '자율적'으로 보이지만, 실제로는 사회와 국가의 거대한 영역과 보이지 않는 그물망을 형성하며 구조화되어 있다. 앞서 예를 든 노동은 무엇보다도 경제적 생산의 한 방식이지만, 만일 가족과 학교, 종교 등 사적 영역의 지탱점들이 없다면 그렇게 강력한 (무)의식적 힘을 우리에게 발휘할 수 없을 것이다. 그러므로 노동에 대한 우리의 실천은 경제뿐만 아니라 문화와 사회 일반에서 작동하는 이데올로기적 국가장치의 효과라고 할 수 있다.

5-3. 호명의 권력과 주체화 전략

이데올로기는 일상적이고 사적인 영역들을 관통하는 실천적 힘이라는 알튀세르의 정의는, 동시대의 철학자 미셸 푸코의 이론과도 접점을 이룬다. 개인과 사회에서 작용하는 권력에 대해 연구하던 푸코는 만년에 중요한 사실 하나를 발견하였는데, 그것은 권력은 주체를 억압하는 것이 아니라 오히려 생산한다는 것이었다(푸코, 2010: 154). 전통적으로 권력이 개인 주체들을 사회적 대의나 목적에 종속시키고 강제해왔다는 주장과 달리, 푸코는 권력이 개인을 주체로 만들어주는 중요한 원천임을 알아차렸던 것이다.

예를 들어 정체성identity에 대한 우리의 통념을 생각해보자. 나는 누구인가? 이 질문에 대한 답변은 여러 가지다. 그런데 성품이 '착하다' '정직하다'라든지 외모가 '예쁘다' '정이 간다'와 같은 질적 특성들은 다분히 주관적으로 여겨지며, 상대적인 측면이 많은 요소들이다. 오히려 '누구의 아들' '아무개의 딸' '어느 본관의 김씨나 박씨' '어느 학교의 학생' '어떤 회사의 사원', 또는 '어느 나라 국민이나 시민' 등과 같은 공식적인 소속의 표지들을 자신의 정체성으로 제출하기가 더 수월하다. 우리는 자신의 정체성을 이러한 공식적 지표에 맞춰서 일단 받아들이게 되고, 거기에 부가되는 질적 특성들을 자기 것으로 삼기 위해 노력한다.

이것을 정신분석에서는 동일시identification라 부른다. 그것은 다음과 같은 당위와 복종의 메커니즘을 불러일으킨다. 즉 자식은 부모에게 효도하고, 후손은 선조의 명예를 지켜야 한다든지, 학생은 공부를 열심히 해야 하고, 직장인은 직무에 충실히 일하며, 국민은 애국심을 갖는다는 식으로. 이러한 공적 표지들과 우리 자신이 일치한다고 느낄 때 우리는 자부심과 보람을 느끼고, 그것을 기꺼이 타인에게 권유하기도 한다. 이때 정체성의 공적 표지란 결국 권력이 개인에게 부여하는 것이며, 개인은 그것과의 동일시를 통해 자신을 주체로 인식하게 된다. 만약 그렇다면, 권력 없이 어떻게 개인이 주체가 될 수 있다는 말인가? 만년의 푸코는 이 딜레마를 해결하기 위해 새로운 윤리학을 연구하여 제시한 바 있다.

푸코의 딜레마는 알튀세르의 호명이론theory of interpellation에서 다시 구조화된다. 전통적인 마르크스주의는 지배하는 권력과 저항하는 주체를 분리된 실체들로 여기는 경향이 강했다. 전자가 부르주아 국가장치라면 후자는 그에 저항하는 프롤레타리아라 할 수 있다. 국가는 갖가지 기만 장치들로 프롤레타리아의 의식을 왜곡시키고 속이려 들지만, 계급의식을 명확히 파악하면 노동계급은 그러한 허위적 이데올로기를 벗어나 올바른 세계관을 가질 수 있다는 것이다. 이에 따르면 노동자 주체는 권력의 지배를 받기 이전에 이미 존재하는 단단한 실체이다. 자기가 누구인지 모른 채 지배받을 수는 있지만 언젠가 그러한 질곡은 주체의 각성을 통해 깨뜨려질 일시적인 착오나 기만에 불과할 따름이다. 루카치의 사례에서 살펴보았듯 노동계급의 자기의식이 점화되기만 한다면, 권력과 단호히 선을 긋고 저항의 역군으로 성장하는 노동자의 주체화는 금세 성취될 과업이다. 하지만 푸코는 진실은 정반대가 될 수 있음을 지적했다.

노동자는 결코 스스로 노동자로서 주체화되지 않는다. 누군가 그를 주체라고 불러줄 때 비로소 주체가 되지만, 레닌이 낙관했듯 그 같은 호명은 외부의 혁명가에게서만 전해지는 게 아니다. 아이로니컬하게도, 그를 주체로 만들어주는 것은 억압하는 권력, 부르주아의 지배기구인 국가였다. 하지만 '억압'이나 '지배'와 같은 부정적 뉘앙스의 권력작용과 달리, 국가는 '호명하는 권력'으로서 노동자를 불러세운다. 그 부름 앞에 노동자는 먼저 개인이 되고, 국가 안의 주체로서 자신을 인식하기에 이른다. 알튀세르의 호명이론이 착안한 지점이 여기다. 호명이란 주체가 주체가 되기 위해 필요한 외부로부터의 자극이다. 가령 우리가 길을 건널 때 경찰관이 "거기 서시오"라고 명령한다면, 대부분 그 자리에서 멈춰서 경찰관을 돌아보지 않겠는가? 그가 요구하는 신분증 제시에 응하고, 자신이 무고한 시민임을 주장함으로써 무죄를 입증하고자 할 것이다. 이 일상적 과정은 우리가 권력(경찰)의 '부름'에 대해 '호응'함으로써 스스로를 국가의 내부에 귀속시키는 방식을 보여준다. 우리가 국가에 소속된 개인임을 자각하는 순간은 바로 이러한 호명과 호응이 마주치는 지점이다(알튀세르, 2007: 397). 국가는 우리를 호명함으로써 우리가 '주체로서' 자신을 드러내도록 강제하는 것이다. 그러나 이 과정은 억압적이지 않고 폭력적이지도 않게 느껴진다. 이를 우리는 '자발적'이고 '자유롭게' 수행한다고 무의식적으로 믿는다는 점이 관건이다. 이데올로기란 그 같은 무의식적 믿음에 다름아니다.

알튀세르는 우리가 국가의 사슬에 노예처럼 얽매어 있으며, 머릿속에 강제로 주입되는 특정한 사고방식이나 행동양식의 체계를 벗어날 수 없다고 말하고 싶은 게 아니다. 자유주의니 사회주의니, 혹은 무정부주의와 같은 특수한 이념적 가치관, 정치적 지향에 바탕을 두었던 전통적 이데올로기론은 차라리 부차적이다. 가시적인 통제와 억압의 강도가 강해질수록 저항은 더욱 거세질 테니까. 문제는 오히려 통제와 억압이 불투명할 정도로 비가시적이며, 심지어 우리가 그것을 욕망의 대상으로 받아들이게 되었다는 사실에 있다. 누구나 주체가 되길 원하며, 자신의 정체성을 확고히 하면서 강력하고 거대한 준거집단에 소속되길 욕망한다. 국가와 권력이 그것을 제공해준다는데 마다할 까닭이 있을까? 순종을 통해서든 저항을 통해서든 국가와 권력을 경유해 우리가 주체화된다면, 국가권력이야말로 우리가 우리로서 존립할 수 있는 유일한 토대가 아니겠는가? 이데올로기적 국가장치에 의해 우리는 주체화되고, 결과적으로 국가의 재생산과 영속화에 복무하는 셈이다.

호명을 통해 우리는 구체적인 주체로서 자신을 인식하는데, 이러한 개인화야말로 이데올로기가 노정하는 치명적인 덫이다. 현대 자본주의사회에서 우리는 사생활 존중이나 사적 권리 보호를 명분으로 개인의 중요성을 강조하는 경향이 있다. 이러한 개인화는 집합적 민중성과 결코 분리되지 않는다는 점을 곧잘 망각하게 만든다. 전체로서의 민중을 개인들로 조각내서 협력하지 못하도록 불구화하는 것이야말로 국가권력의 전략인 것이다. 그런데 국가는 호명을 통해 우리를 개인적 주체로 만들지만, 이러한 호명은 꼭 국가만 할 수 있는 것이 아니다. 상호평등한 개인들의 집합체에서도 호명은 얼마든지 가능하며, 어딘가에 소속되어야만 정체성을 구성할 수 있는 것도 아니다.

이 점에서 권력은 반드시 국가의 권력만을 가리킬 필요가 없다. 민중이 집단적으로 향유하는 힘 또한 하나의 권력이 될 수 있으며, 알튀세르는 마르크스주의를 통해 이러한 새로운 권력집합체의 가능성에 대해 전망했다. 부르주아적 국가 이후에 도래할 공산주의적 공동체가 그것이다. 이는 호명의 권력에 대립하는 새로운 주체화 전략이며, 알튀세르가 '계급투쟁의 관점'이라 불렀던 입장이기도 하다.

6. 이데올로기 비판에서 욕망의 정치학으로

1991년 소련의 붕괴와 더불어 이데올로기의 시대가 마침내 끝났다는 단언들이 쏟아졌다. '냉전'으로 대변되는 두 정치적 진영의 갈등이 공산권의 종주국이던 소련의 와해와 더불어 끝났다는 평가였다. 그 이후, 정치적 논쟁은 더이상 무의미하다는 진단과 함께 이데올로기에 대한 논의도 사그라들었던 게 사실이다. 그로부터 30여 년 가까이 지난 지금, 우리는 이데올로기로부터 벗어난 시대를 살아가고 있는가?

멀리 볼 것도 없이, 한국사회만 관찰해보더라도 남북한 갈등과는 별개의 차원에서 진보와 보수의 대결이 여전히 심각하다. 또한 문화적인 차원에서의 긴장과 대립도 그에 못지않은데, 성적 취향의 문제나 여성 및 학생들의 권리, 비정규직의 정규직화 등에 관련된 수많은 논쟁적 요소들이 여전히 '이데올로기 갈등'으로 잠재해 있지 않은가? 그렇다면 우리는 '이데올로기의 종언'이라는 세계사의 흐름에 뒤처진 것일까? 또는 역행하는 것일까? 지난 시대의 유물 같은 논의를 구태의연하게 되새기고 있는 걸까? 이데올로기의 시대는 진정 끝났는가? 어쩌면 우리는 국가 대 국가, 거대 정치적 이념과 명분을 통해서만 이데올로기의 의미를 한정짓고 있지는 않을까? 이데올로기는 결코 사라지지 않는다는 경구를 곱씹어본다면, 그것은 책이나 뉴스에 나오는 가시적이고 역사적인 거대 규모의 이념체계가 아니라 우리의 일상을 구성하고 직조하는 미시적 차원, 개인의 사적 삶에 삼투된 (무)의식적 믿음의 구조를 살펴볼 때 더욱 선명하게 이해할 수 있을 것이다.

다시 알튀세르의 논의를 살펴보도록 하자. 그는 이데올로기를 현실에 대한 주체의 상상적 관계라고 규정했는데, 이는 개인들이 사회를 상상해서 구성해보는 태도나 방식과 관련된 것이다. 사적인 삶을 살아가는 우리들의 사고와 행위가 궁극적으로 사회나 국가적 차원에 깊이 관련되어 있다는 (무)의식적 믿음이 바로 이데올로기라는 뜻이다. 예컨대 태극기를 휘날리며 광화문 광장을 뒤덮은 노년의 수구보수적 시위자들이, 그들이 젊은 날을 어떻게 보냈고 어떤 식으로 생활을 영위해왔건 '일평생을 나라의 발전을 위해 헌신했다'고 자부할 때, 이는 그들의 마음속 신념 자체라고 할 수 있다. 다시 말해, 실제 사실이 어떤 것이든 자신이 믿고 있는 과거, 스스로의 정체성과 결부된 생의 이미지와 지금-여기의 실존적 자기를 동일시하는 것이다. 국가에 대한 소속감과 그 같은 가상적 믿음이 결합하여 현재의 행동을 촉발하고, 이는 결코 입증할 수 없는 진실싸움으로 그들을 이끌 수조차 있다(증명할 수 없기에 그들은 결코 패배하지 않을 것이다). 당연히, 동일한 현상이 진보적인 세력이나 좌파에도 벌어지며, 각자는 자신의 믿음과 이데올로기를 동일한 것으로 받아들이면서 현재를 살아가게 된다.[6] 여기서 핵심은 우리 모두는 자기 믿고 싶은 대로 믿으며 산다는 게 아니다. 만일 그렇다면 누가 무엇을 주장하든 그 어떤 것도 허용되지 못할 까닭이 없을 일이다. 그와는 반대로, 자신의 정체성과 그에 연결된 거대한 집합체로서의 국가는 하나의 일관된 (무)의식적 신념 속에 결속하며, 그렇게 구성된 이데올로기를 통해 개인은 현재의 자신을 용인하고 확증한다는 점이 중요하다. 이데올로기는 결국 현실에 대한 주체의 상상적 동일시를 나타내며, 동시에 그 관계에 붙여진 이름과 상징적으로 동일시한 결과라 할 수 있다. 정신분석의 전문적인 논의는 다른 장절에서 더 진전시키도록 하고, 일단은 개인의 (무)의식적 믿음이 자신

---

6 1980년대 민주화운동 시기에 맹활약하던 '운동권' 대학생들이 1987년 이후의 형식적 민주주의의 달성과 1991년 소비에트연방 해체 이후의 90년대를 어떤 식으로 받아들이고 살아왔는지, 그들 내면의 믿음과 정체성, 이데올로기에 대한 (무)의식적 태도 등이 어떤 굴절을 겪어왔는지를 돌아보는 것은 몹시 흥미로운 작업일 테지만 당장 우리의 논제를 벗어나 있다.

과 집단의 가상적 동일성을 구축하고 또 정체성을 부여하는 기제란 사실을 염두에 두어야 한다.

일상의 이데올로기, 심지어 이데올로기라는 의식조차 떠오르지 않는 무의식적 믿음이야말로 우리가 일상을 '문제 없이' 영위하도록 이끄는 동력이 된다. 그것은 자신의 개인적 일상으로부터 범위를 점점 넓혀가서 최종적으로는 사회와 민족, 국가 사이의 가상적 일체감을 만들어주는 것이다. 이데올로기의 비논리적이고 불가능해 보이는 상상이 우리의 일상생활을 지탱하는 끈이라는 지적은 중요하다. 이는 우리의 삶이 언제나 무의식중에 이데올로기로 가득 채워져 있음을 시사하기 때문이다. 우리는 이데올로기 없이 살아온 적이 없으며, 이데올로기 없이는 살 수조차 없다. 다시 말해, 자기 삶의 의미와 방향, 그리고 소속된 집단에 대한 감정적 유대가 바로 이데올로기이며, 그 점에서 이데올로기는 '이데올로기의 시대' 이전에도 존재했고 이후에도 존재할 것이다. 알튀세르는 이렇게 말했다. "무의식처럼 이데올로기는 영원하다"(알튀세르, 2007: 383).

문제는 이데올로기를 부정적인 것 혹은 긍정적인 것으로 이분법적으로 판단해서 배척하거나 수용하는 게 아니라, 이데올로기로 짜인 현실을 직시하고 그것을 통해 현실을 어떻게 바꿔나갈 것인지 고민하는 데 있다. 국가권력이 우리를 호명함으로써 우리는 국가에 속한 주체로서 각성되지만, 그러한 호명과 호응이 항상 완벽히 일치하는 것은 아니다. 학교에서 교사는 우리에게 좋은 학생이 되라고 명령한다. 이때 '좋은 학생'이란 학교의 규칙에 복종하고 학교가 제시하는 프로그램에 자신을 잘 끼워맞추는 학생일 것이다. 하지만 모든 학생이 '모범생'이 되지 않는다는 것은 무엇을 뜻하는 걸까? 그것은 교사의 명령의 의미를 정확히 파악할 수 없다거나, 모범생 곧 특정하게 양식화된 인간형에 자신을 맞추는 것과는 다른 욕망이 우리에게 있다는 뜻이 아닐까? 편지는 언제나 목적지에 도착한다는 라캉의 명제에 맞서 데리다가 편지의 방황과 유실을 지적했던 것은 바로 이런 탈주적 잠재성과 그 욕망을 예감했기 때문은 아닐까?(Derrida, 1987: 411-496) 요컨대, 호명은 늘 우리를 유혹하고 주체화하고자 하지만, 그런 호명이 언제나 성공하는 것은 아니다. 우리는 항상 다른 방향 다른 장소로 흘러들며, 또다른 (비)주체임이 드러나게 된다.[7]

슬라보예 지젝에 따르면, 호명이 항상 성공하지 못하는 이유는 명령의 의미가 정확히 해석될 수 없기 때문이다.[8] 우리는 국가가 제시하는 규칙이 진정 우리에게 원하는 것이 무엇인지 고민하고 그 '정답'을 추구하지만, 늘 정확하게 일치시킬 수는 없다. 어떤 품행이 모범생다운 것인지는 상황과 맥락에 따라 달라질 수밖에 없다. 더구나 우리에게는 항상 규칙으로부터 벗어나려는 욕망이 잠재해 있다. '정답'과 '모범생'의 메커니즘 바깥으로 나가려는 충동이 존재하기에 우리는 완전히 국가적으로 주체화되지 않는 것이다. 그렇게 본다면, 의식적으로는 사회와 국가의 충실한 구성원이 되고 싶어도 그것을 벗어나는 힘에 휘둘리는 우리의 고민은 실상 대단히 자연스러운 현상이 아닐 수 없다. 욕망하는 존재로서의 우리 자신이야말로 이데올로기적 국가장치를 탈출하는 본질적인 동력원인 셈이다.

들뢰즈와 가타리는 이러한 욕망의 힘을 더욱 급진화하여 개념화했다.

---

7 자기보다 '큰 것'에 귀속되려는, 일치하려는 욕망이 있음을 부인할 수는 없다. 하지만 그 같은 동일화는 언제나 무의식적 매개를 통해 이루어지는 오인의 동일시이며, 개인은 국가에 완전히 합치할 수 없다. 문제는 오인이나 불가능성이 아니다. 그 같은 오인을 넘어, 불가능성을 통해 자신과는 다른 것과 함께-함이라는 운동을 이해하는 것이며, 이는 '큰 것'에 결착하려는 욕망과는 다른 운동을 필요로 한다. 감응(affect)은 이를 가동시키는 무의식적 운동이라 할 수 있고, 나는 그렇게 구성되는 공동체를 공-동체(共-動體)라 명명한 바 있다(최진석, 2019: 10장).
8 의미에 달라붙은 쾌락은 상징계가 완전히 봉합되어 의미론적 일원성을 성립시키는 것을 방해한다. 지젝이 이데올로기적 향락(jouis-sense)이라 부르는 것은 이렇게 법에 통합되지 않은 채 법을 가동시키는 잉여의 실재성을 가리킨다(지젝, 2013b, 86-87).

이데올로기가 머릿속 공상이 아니라 현실을 움직이는 물질적인 힘이라 할 때, 욕망은 정확히 이러한 이데올로기적 추동력을 가리킨다. 우리의 욕망은 다양한 방식으로 계열화되며, 여러 가지 형태로 현실화될 수 있는 능력이다. 어떤 성적 취향을 갖든, 어떤 정체성을 갖고 싶든, 어떤 식으로 타인들과 관계를 맺으려 하든, 그것은 전적으로 어떻게 자기의 욕망을 삶 속에서 조직화하는가에 달려 있다. 물론 이러한 욕망의 조직화는 사회적이다(Deleuze & Guattari, 1980). 나 혼자만의 문제가 아니라 타인들의 욕망과 함께 어울리며 중층화되는 것이다. 다른 욕망들과 조화와 타협을 찾는 게 아니라 갈등과 충돌을 감내하는 가운데 다른 욕망을 발견하고 또다른 욕망을 구성해가는 것, 심지어 자신 것이라고 인정할 수 없다 해도 제기될 수밖에 없는 낯선 욕망의 발원을 긍정하는 것. 이 점에서 욕망은 언제나 욕망'들'이라는 복수형으로 제기되며, 특정한 규정성으로 환원되지 않기 때문에 무한히 변주되고 변형될 가능성에 열려 있다. "감히 욕망하라!" 이것이 욕망의 정치학에 내걸린 가장 중요한 선언이며, 이데올로기를 긍정하는 동시에 넘어서는 방식이다. 왜 그런가?

자본주의사회는 욕망의 다양성을 거부하고 제거시키는 메커니즘을 통해 작동한다. 우리는 어려서부터 부모님 말씀에 순종하고, 학교에서 모범생이 되며, 좋은 사회인이 되라고 끊임없이 설득당한다. 이 과정은 사회의 '정상화'이면서 또한 욕망의 '거세'이기도 하다. 가족과 사회, 국가적 차원에서 권장되지 않는 욕망은 잘라내버려야 하는 것이다. '불효'는 사회적으로 지탄받고, '낙오'는 철저히 소외되며, '비정상'은 비난과 폐기의 대상이 된다. 또한 '동성애'는 사회를 저해하고 신의 가르침에 위배된다고 여겨지며, 국가의 명령에 불복하면 '반역'의 딱지를 붙이는 게 당연하다고 간주된다. 이 모든 사고와 행위가 '정상적'으로 보이지만, 이러한 정상성은 욕망의 흐름을 구부러뜨린 채 국가와 자본의 구조 속으로 귀속시키는 폭력의 다른 이름일 뿐이다. 교육과 언론에 길든 대중은 그러한 폭력을 '큰 것'을 지키기 위한 필요악으로 용인하고, 그럼으로써 자신이 빠진 질곡을 합리화한다. 국가든 자본이든 그 무엇이든 근대성이 산출한 '큰 것'과 자신을 동일시하고 이를 보존하기 위한 자기학대와 자기파멸의 승인이야말로 우리를 장악한 무의식적 이데올로기라 할 것이다. 그렇다면 이러한 현실의 이면에 대한 앎, 무의식을 통해 굴곡진 현실 너머의 현실에 대해 안다는 것이 과연 가능할까? 혹여, 이런 질문 자체가 우리를 다시금 이전의 이데올로기에 사로잡히도록 유혹하지는 않을까?

현실은 계속해서 유동하고 있다. 익숙한 것은 흘러가고, 낯선 것이 범람한다. 신체와 정신의 유기적 회로가 새로운 현실에 적응하는 데 점점 힘겨워하는 것은 불가피한 자연의 법칙이다. 과거에는 좋았고 옳았던 것이 지금은 나쁘고 불의하게 여겨지는 것은 그런 탓일 게다. 이렇게 변화하는 현실에 대해 좋음/나쁨, 옳음/그름의 틀frame을 씌우는 것이야말로 이데올로기적 속박이 아닐 수 없다. 현실 너머의 실재가 무엇이든, 우리가 직접 만날 수 없다면 지금-여기의 현실만이 우리의 대상이 아닐 수 없다. 어쩌면 그 같은 현실, 끊임없이 유동함으로써 온갖 가치판단과 실정적 규정성을 벗어나는 '이 현실'을 다른 것을 향한 변이의 과정으로 받아들이고, 나아가 그 과정에 끼어드는 것이야말로 진정으로 가능한 현실성일지 모른다. 아마도 그런 과정은 능동적이고 의식적인 '참여'이기보다 피동적이고 무의식적인 '휩쓸림'에 가까울 것이다. 또한 어느 날 갑자기 도래한 기계신deus ex machina 같은 혁명가나 지도자의 선택이기보다 대중없이 휩쓸리는 대중의 우발적이고 운명적인 무작위이기 십상일 법하다. 니체의 운명애amor fati란 바로 그런 결정 불가능성 가운데 이루어지는 결정의 노력, 그 결과를 또다른 출발로 받아들일 수 있는 능력에 다름 아니다. 인간은 한 번도 자신의 욕망과 의지대로 자기와 집단을, 역사를 구성해본 적이 없다. 오히려 욕망이 욕망하는 대로, 의지가 의지하는 대로 그에 이끌려 어떤 구성의 상태를 이어왔을 따름이다. 노동자, 노동계급, 마르크스주의자…… 혹은 어떤 무엇이든 확고부동한 주체는 한낱 이상에 지나지 않는다. 오히려 언제나 이행중인, 특정한 상태에서 다른 상태로 움직여가는 주체화의 흐름만이 있을 뿐이다. 무의식적 이데올로기가 그런 것처럼. 그러므로 계급의식의 시대로서의 근대는 이제 계급무의식의 탈근대로 이행하고 있다고 말해도 좋을 것이다.

이데올로기의 시대는 끝나지 않았다. 항상 그래왔듯, 그것은 이제 예전과는 다른 방식으로 지속되고 있다. 이데올로기는 무의식적 욕망의 흐름에 따라 분기하고 합류하며 계속해서 유동하는 까닭이다. 우리가 특정한 이데올로기의 틀에 따라 스스로를 규정하지 않고, 자신이 욕망하는 바에 따라 자기를 새로이 규정짓고자 할 때마다 현실은 이데올로기를 넘어서는 또다른 이데올로기로서 모습을 드러낼 것이다. 알튀세르의 말대로, 이데올로기는 영원하리라. 그러나 언제나 다른 모습으로, 다른 방식으로 작동하면서 우리와 더불어 현실을 구성하는 힘으로서 영속할 것이다. 무의식이 영원한 것처럼. 만약 이데올로기가 현실의 부단한 변형을 추진하는 동력이 아니라 그것을 가로막는 반동적인 장애물로 나타날 때, 그에 맞서는 투쟁을 우리는 포기할 이유가 없다. 우리의 무의식이 작동하듯 이데올로기도 작동하며, 능동과 반동의 상호작용을 통해 또다른 현실을 구동시킬 것이다. 그러므로 반복하건대, 이데올로기는 영원하리라. 우리의 욕망이 새로운 현실을 요구하고 구성하는 만큼 그것은 계속될 것이다. 결국 이데올로기를 생성시키고 견인하는 것은 (우리가 그에 휘말린) 욕망이기 때문에.

5. 트랜스-섹슈얼리티의 정치학
n개의 성과 분열분석적 지도그리기

1. 타고난 성, 만들어진 성

1965년 8월, 캐나다 지방 소도시의 젊은 부부 론과 재닛은 쌍둥이 남자아이 브루스와 브라이언을 낳고 뛸듯이 기뻐했다. 둘 다 중학교를 간신히 졸업하거나 중퇴했고, 부모로부터 받은 재산도 없는데다 직업도 변변치 않았지만, 신혼 초에 얻은 쌍둥이 자식은 그들의 미래를 밝혀주는 희망처럼 보였다. 하지만 재앙이 곧 찾아왔다. 두 아이가 생후 7개월에 접어들었을 때 포피가 아이들의 생식기를 막고 있다는 걸 발견한 부부는 포경수술을 시키기로 결정했고, 곧 인근의 병원에서 시술을 받게 되었다. 그런데 첫번째 수술대에 오른 브루스의 생식기를 담당의사가 소작기燒灼器를 다루던 와중에 태워버리는 사고가 발생했고, 결국 브루스를 "평생 남자 구실을 할 수 없는" 상태로 만들어버린 것이다.

다행히 생명에는 지장이 없었으나, 브루스의 잃어버린 성기는 부모들을 커다란 좌절에 빠뜨렸다. 생활의 불편이야 성장하며 차차 보완한다고 해도, 학교생활과 사회활동에서 아이가 자신의 남성성을 숨기고 살아야 하며 평생 조롱당할 수도 있다는 불안이 론과 재닛에게 이루 말할 수 없는 두려움을 일으켰던 것이다. 남성성이 지배하는 가부장적 사회에서 '성적으로 온전한 남자'로 인정받지 못한다는 것이 멸시와 배척의 이유가 된다는 사실은 누구나 잘 아는 사실이다.

그러다 우연히 젊은 부부는 텔레비전에서 존스홉킨스 대학교에서 일하는 '세계 최고의 성의학 전문의' 존 머니의 인터뷰 장면을 시청하게 된다. 성전환 수술은 아직 생소하고 잘 알려지지 않은 분야였지만, 머니 박사의 논점은 간단하고 명료했다. 성적 정체성이란 타고난 성별에 따라 완전히 결정되어 있는 게 아니라 자라나는 환경에 따라 만들어지며, 아직 성적 정체성이 확고하지 않은 나이인 3세 미만의 유아는 어떻게 양육되는가에 따라 남성과 여성의 두 가지 성 가운데 하나를 선택할 수도 있다는 것이었다. 부부는 불안한 심정과 실낱같은 희망을 안은 채 머니를 찾아갔다. 마침 자신의 이론을 실증할 기회를 찾고 있던 머니는 브루스의 성전환 수술을 열심히 권유했고, 마침내 1967년 브루스에 대한 남성 생식기 제거수술이 실시되었다. 놀라운 '인생실험'의 여정은 이렇게 시작되었다.

머니의 이론은 아직 검증되지 않은 것이었다. 성인이 남성에서 여성으로, 혹은 그 반대로 성전환을 한 사례는 더러 있었지만, 그것은 본인의 성적 취향과 결정권이 의식적으로 반영된 결과였기에 브루스의 상황과는 전혀 달랐다. 성에 대한 자신의 의식적 자각이 없는 유아에게 성전환 수술이 이루어진 사례는 아직 없었다. 하지만 바로 그런 이유로, 브루스는 머니에게 '이상적인' 사례가 될 만했다. 외형상 '정상적'인 남성으로 태어났으되 여성으로 수술받고 양육되는 경우를 관찰할 수 있다면, 그래서 성적 정체성이 후천적이고 환경적으로 획득되는 것임을 입증할 수 있다면,

인간의 역사에서 한 번도 의심받아본 적이 없는 자연적 성의 이론은 새로 고쳐 쓰일 수 있을 것이다. 더구나 이 '실험'에는 브루스와 거의 동일한 조건에서 비교해볼 수 있는 쌍둥이 형제 브라이언이 포함되어 있지 않은가!

브렌다라는 이름으로 다시 태어난 브루스는 철저하게 여자아이로 길러졌다. 예쁜 옷과 장신구들로 둘러싸인 환경이 조성되었고, '여성스러움'에 대한 부모와 주변의 강박적인 조언이 잇따랐다. 적어도 브렌다가 아직 어려서 성적 차이에 대해 의식하지 못한 채 지내는 동안에는 론과 재닛에게 제법 '잘한' 선택이라는 확신까지도 생겼던 듯싶다. 그 사이에 머니 박사는 브렌다의 사례를 학계에 발표했고, 성적 정체성이란 선천적인 게 아니라 후천적인 환경에 따라 좌우된다는 보고서를 작성해 명성을 떨쳤다(유전적 성향은 소량 인정되었다). 1년에 몇 차례씩 론과 재닛은 머니 박사를 만나기 위해 아이들을 데리고 볼티모어로 여행을 다녀왔고, 거기서 두 아이는 정신적·신체적으로 철저한 비교검진을 받으며 머니의 이론의 타당성을 입증하는 자료들을 제공해주었다.

문제는 브렌다가 성장하면서 불거져나왔다. 그/녀는 주변이 기대하는 대로 여성적 성향으로 자라나지 않았던 것이다. 머니가 실시하는 검진을 명민하게 벗어나는 방법을 터득한 브렌다는 학계의 공식적 보고서에는 성전환 이후 '여성으로서의 행복한 삶'을 영위하는 사례로 회자되었으나, 비공식적인 실제 생활에서는 인형놀이보다는 전쟁놀이를 즐기는 '남성적' 성향에 더 많이 기울어져 있었다. 여성 생식기 조형술을 받기에 적절한 시기에 이르기 전까지, 사춘기에 접어든 브렌다의 여성성은 여성 호르몬의 투약을 통해 형성되어야 했다. 하지만 그즈음 브렌다는 남들이 의식하기에도 '미묘한', 남성과 여성 '사이의' 태도를 띠기 시작했다. 성적 정체성을 둘러싼 불안하고도 신경질적인 모습으로 인해 부모는 그/녀를 정신과 의사들에게 데려갔고, 의사들은 그/녀가 오이디푸스 콤플렉스를 통과하지 못했다는 진단을 내리게 되었다. 브렌다가 어릴 적에 자신의 페니스를 어머니에게 상실당한 것으로 의심했기 때문이다.

브렌다의 상태에 대한 세상의 의혹도 점차 짙어져갔다. 유전자 결정론을 믿던 또다른 의사 밀턴 다이아몬드는 브렌다의 상황을 집요할 정도로 확인하려 들어 머니와 견원지간이 되었다. 실제로 머니는 최초의 자료를 너무 오랫동안 우려먹었고, 성정체성 형성에 대한 논쟁에서 브렌다의 사례가 부정할 수 없는 근거로 자주 인용되면서 사태의 현황을 확인하려는 언론의 관심을 너무 끌어버렸다. 그들은 곧 여성성에 성공적으로 도달하지 못한 브렌다를 발견했으며, 1970년대 말부터 머니는 공식석상에서 그/녀에 대한 언급을 포기해야만 했다.

오랫동안 마음의 안정을 얻지 못했던 브렌다는 결국 어린 시절의 사고에 관해 알게 되었고, 1981년부터 몇 차례 힘겨운 수술을 거푸 받으면서까지 남성으로 '되돌아'갔다. 이름도 온갖 역경을 물리치고 위대한 영웅이 된 다윗을 본떠 데이비드로 바꾸었다. 비록 정상적인 성생활과 임신이 가능한 수준까지는 이르지 못했어도 사랑하는 연인을 만나 1990년 결혼식도 올려서 이름없이 평범하게, 그러나 행복한 삶을 살게 되었다. 존 머니는 브루스-브렌다 사례로 한때 '금세기 최고의 성 전문가'라는 명성을 누렸지만, 브렌다-데이비드 사건으로 말미암아 큰 망신을 샀고 서서히 몰락해갔다(콜라핀토, 2002).[1]

---

1 이 번역본은 『이상한 나라의 브렌다』(알마, 2014)라는 제목으로 재출간되었다. 이하 인용은 후자에 따른다.

2. 욕망의 자리는 어디인가?

브루스/브렌다의 사례는 성적 정체성 문제에 있어 비단 의학계만이 아니라 지식사회 전반에도 엄청난 후폭풍을 몰고 왔다. 우선, 이야기의 전반부를 차지하는 유아 성전환의 '성공'이 의미하는 것은 무엇일까? 그것은 남성과 여성이라는 정체성이 불변하는 사실이 아니라, 사회적 환경과 제도에 의해 구성된 산물임을 보여준다. 즉 성적 정체성은 생물학적 구별로서의 섹스sex가 아니라 사회적 성역할의 구별로서 젠더gender에 의해 좌우되며, 타고나는 게 아니라 환경에 의해 조성되는 속성이란 것이다. 브루스가 브렌다로 성공적으로 전환되었다는 소식이 전해졌을 때, 젠더적 구별의 중요성을 강조하던 페미니즘은 더욱 큰 사회적 발언권을 얻게 되었다. 이 사례로써 인류 역사를 통틀어 남성과 여성으로 나누고 규율하던 성性이라는 잣대는 생물학적으로 결정된 선험적 진리가 아니라 사회·역사적인 경험에 불과하다는 게 입증된 듯했다. 나아가 그것은 '남성적인 것'과 '여성적인 것'의 구별이 하나의 성이 다른 성을 영속적으로 지배하기 위해 도입한 억압기제가 아니냐는 오랜 의심을 확인시켜주는 증거로도 충분해 보였다. 요컨대 성적 정체성은 미리 결정되지 않는다. 따라서 성적 정체성을 빌미로 성별 사이의 위계를 만들어 그것을 강요하는 전통에 맞서는 투쟁은 윤리적으로 올바를 뿐만 아니라 정치적으로 지지할 만하고, 궁극적으로 과학적인 근거를 얻는다(밀렛, 2009: 85 - 87).[2]

하지만 브렌다가 데이비드라는 남성으로 '돌아간' 스토리의 후반부는 또다른 반전을 일으켰다. 이는 성적 정체성이 선천적인 소질이라는 과거

---

2 이 책에서는 선천적·생물학적 결정론을 반박하는 후천적·문화적 결정론의 근거로 존 머니의 연구가 인용되고 있다(83).

의 결정론으로 복귀했다는 정도의 의미에 머물지 않는다. 오히려 '과학'의 기반 위에서 그것이 더욱 강화되어 되돌아왔다는 사실이 의미심장하다. 브루스가 브렌다로, 다시 데이비드로 '돌아갈' 수밖에 없었다는 이야기는 성적 정체성이 그저 '타고나는' 수준에서 결정되는 정도가 아니라, 염색체에 의해 비가역적으로 고정되어 있다는 '슈퍼 결정론'을 배태시키는 까닭이다. 잘 알려진 유전자 결정론이 그것인바, 과학/의학의 이름으로 제시된 이 현대의 결정론은 생식기관의 차이를 초월하는 강고한 정체성의 경계선을 긋는다. 성적 정체성은 양육의 환경에 좌우되며 남/녀의 차이는 선택적인 것에 불과하다는 머니에 반대하여 브루스의 '변경 불가능한' 남성성을 주장한 사람들은 다름아닌 의사들이었다. '현대의 사제'와 같은 그들은 남성적 특징이나 여성적 소질과 같은 전통적 논리에 의해서가 아니라 XX나 XY 염색체와 같은 과학적 증거에 따라 그/녀의 성적 정체성을 규정짓고자 했다.[3] 이와 같은 결정론이 성적 지향의 평등이라는 윤리적이고 정치적인 요구와 모순을 빚는다는 점은 쉽게 예상할 만하다.

성적 자기결정권이 강력하게 의제화된 현대사회에서 개인의 성적 정체성이 무엇인가를 외재적인 관점으로 판가름짓기는 대단히 어려운 일이다. LGBTQ로 통칭되는 레즈비언과 게이, 바이섹슈얼, 트랜스젠더 및 퀴어의 성적 지향은 온전히 개인 주체의 결정권에 맡겨져 있다. 달리 말해 본인의 생물학적 성이 어떤 것이든, 그것과는 다르게 자신의 성적 지향성을 스스로 규정하고 표현할 수 있다는 뜻이다. 그런데 이 경우 우리

---

3 실험과 실습을 통해 성립한 임상의학은 의학을 체계화하고 교육제도 속에 포괄했으며, 도덕철학에 견인되던 종래의 자연학적 의료행위를 '진리'에 대한 관계 속에서 '과학'으로 정립시켰다(Foucault, 1994: 64-87). 근대의 임상의학은 도덕과 종교적 이데올로기를 대신한 새로운 이데올로기로 자리잡은 셈이다.

가 놓치게 되는 것은, 생물학적 성과 반대되거나 평행하는 식으로 자신의 현재의 성, 즉 성적 정체성을 재규정짓고자 할 때조차 우리는 남성과 여성이라는 기존의 성별적 구별에 자주 의존한다는 점이다. 비이성애자의 시민권과 성적 취향, 정체성의 자기결정을 존중하는 것과는 별개로, 타인이나 자신의 성적 정체성을 규정짓고자 할 때마다 언제나 기존의 성별적 구별이 작동할 수 있다.

브루스/브렌다의 사례에서 곧잘 빠져드는 맹점은, 그것이 '이것이냐 저것이냐?'는 식의 이분법적 귀결, 즉 "결국 남자야 여자야?"라는 '최후의 질문'[4]으로 함몰되기 십상이라는 것이다. 브루스는 남자male로 태어났지만 브렌다라는 여자woman로 자랐고, 데이비드라는 본래의 남성man으로 되돌아갔다는 식이다. 성적 정체성의 형성과정을 이해하기보다는 그 최종적 상태만을 확인하려 들고, 어떤 식으로든 남자 또는 여자라는 성적 발달의 마지막 단계만을 확정짓는 데만 관심을 기울인 필연적 귀결이다. 성적 정체성에 관련된 논란은 대부분 이런 질문들의 가장자리에서 벌어지며, 소모적인 논쟁으로 마무리되곤 한다. 그런데 여기서 브루스/브렌다에게 불가피하게 주어진 조건들, 가령 유아기의 돌이킬 수 없는 사고나 유전적 소인들 이외에 그/녀의 욕망에 대해서는 얼마나 고려되고 있는가? 그/녀는 자신의 성적 정체성을 무엇이라고 생각했는가? 그/녀는 어떤 성적 존재가 되길 원했는가? 어쩌면 우리는 이 질문들을 놓치고 있는 게 아닐까?

물론, 의사들과 이 사건을 취재한 언론은 '성적 욕망'에 관해 언급했다.

---

4 선천적인 성적 구별을 강조했던 다이아몬드 박사가 출현한 BBC 다큐멘터리의 제목은 <최초의 질문 (The First Question)>(1980)이었는데, 이는 아이가 출생할 때 "아들인가요, 딸인가요?"라고 묻는 첫번째 질문이 성적 정체성을 영구히 확정짓는 현실임을 암시한다(콜라핀토, 2002: 224). 반대의 형태지만 정확히 동일한 관점에서 우리는 "결국 남자야 여자야?"라는 확정적 질문에 최종 판단을 위임해버리곤 한다.

머니는 인간의 성적 정체성이 형성되는 3세 정도가 성적 욕망의 발현 시기라고 생각했고, 콜라핀토는 제법 휴머니즘적 시선으로 브렌다의 고통에 감정이입하여 남자가 되고 싶은 그/녀의 욕망을 묘사했다. 하지만 그들의 관점은 공통적으로 브루스/브렌다가 남자나 여자 둘 중의 하나여야만 한다는 양자택일을 전제하고 있었고, 이는 남/녀에 대한 전통적인 성차의 구별로부터 한 치도 벗어나지 않은 것이었다. 거칠게 말해, 머니든 콜라핀토든, 또는 후자가 지지하는 다이아몬드든 남성=남성, 여성=여성이라는 동일성identity의 논리에 입각해 있으며, 이에 따를 때 브루스/브렌다의 성적 정체성sexual identity은 필연적으로 남성 아니면 여성이 될 수밖에 없다.[5] 다양한 성적 경험에 대해 호의적이었음에도 성기 상실에 대한 유일한 처방으로 머니가 성전환만을 고집했다든지, 브렌다는 성적 정체성과 성적 욕망의 불화로 그린 반면 데이비드는 양자의 행복한 일치로 묘사했던 콜라핀토의 서술은 이런 이분법의 당연한 결과일 것이다.

　문제는 이분법적 성적 정체성과 그에 따른 성적 욕망 사이의 정확한 일치가 아닐 듯싶다. 핵심은 남성인가 여성인가의 양자택일이 아니라 남/녀의 양자 사이에 걸쳐져 있는 무수한 욕망의 스펙트럼에 있다. 단일한 성적 정체성이 아닌 섹슈얼리티'들'이 관건이며, 성적 욕망이 아닌 욕망'들' 자체가 문제화되어야 한다.[6] 결론을 앞질러 언급한다면, 섹슈얼리티와 욕망은 남성과 여성의 이원론적 선택지에 고착되지 않는 분열적 욕망의 운동에 따라 움직인다.

5　머니는 성전환의 '완전성'을 확보하기 위해 브렌다와 브라이언에게 포르노 잡지를 보여주거나 성행위를 흉내내도록 강요했다. 가령 그들이 여섯 살 무렵부터 시작된 '삽입과 교미 흉내내기'는 성인이 되어서도 남게 된 끔찍한 트라우마였다(콜라핀토, 1994: 124-125). 데이비드는 CIA의 전기고문 다큐멘터리를 보다가 이 기억을 떠올리며 갑자기 울음을 터뜨렸을 정도로 오랫동안 충격에서 벗어나질 못했다. 아동성학대적 성격의 이 사건은 미국 NBC 방송사의 범죄·법률 드라마 <로 앤 오더(Law & Order)>의 시즌 6, 에피소드 12에서 상세하게 인용·연출된 바 있다.

이제부터 논의하려는 내용은 성전환의 효용을 부정하려는 것이 아니며, 유전자의 역할을 과소평가하려는 것도 아니다. 논점은 지금까지 거의 질문되지 않던 지점들, 문제의 전제를 향한다. 욕망은 섹슈얼리티와 어떤 관계에 있는 것일까? 섹슈얼리티가 남성이나 여성의 양자택일적 성적 정체성을 초과하는 것이라면, 여기서 욕망은 어떤 기능을 맡고 있을까? 욕망의 운동은 성적 정체성의 규범성을 넘어서 어떤 섹슈얼리티를 구성하는가?

3. 프로이트와 라캉—리비도의 지형학과 경제학

남성과 여성, 그리고 '서로를 향한' 성적 욕망이 전통적인 인간학의 전제였다면, 이에 대해 현대적 의미에서 딴지를 건 최초의 이론가는 지그문트 프로이트다. 초기부터 프로이트는 남자는 남성성을 타고나고 여자는 여성성을 타고난다는 자연적 성역할 이론에 의문을 제기했다. 그에 따르면 성을 비롯한 인간의 활동 전반은 리비도라는 생체 에너지의 운동에 달려 있으며, 인간의 신체적·심리적 자극과 반응이란 궁극적으로 리비도

---

6 섹슈얼리티가 섹스나 젠더 등과 어떻게 구분되는지에 관한 명확히 합의는 아직 없다. 이 개념은 여전히 유동적이고 포괄적인 쓰임새를 가지며, "광범위한 의미로 성역할, 성행위, 성적 감수성, 성적 지향, 성적 환상과 정체성을 정의하고 생산하는 모든 영역"을 가리킨다(여성문화이론연구소, 2015: 162-164). 한두 가지 논점을 짚어둔다면, 섹슈얼리티는 역사적으로 구성된 개념이며, 여전히 그 의미론적 영역이 변형되고 있고, 사회의 구성과 개인의 실천에 강력한 영향력을 발휘하고 있다는 점이다(브리스토우, 2000: 19-23; 윅스, 1994: 19). 다른 한편, 섹슈얼리티는 성적 정체성이라는 의식적 규정과 동일한 외연을 갖지 않는다. 이 용어에 대한 번역어가 성욕, 성생활, 성적 본능 및 성적인 것과 관련된 사회생활 전체 등으로 다변화되는 이유는 그런 탓이다(이규현, 2004: 174-175). 또한 성적 욕망과 욕망 자체를 명확히 구분할 수 없음도 물론이다. 유아성욕(infantile sexuality)의 사례가 보여주듯, 오히려 욕망은 처음부터 성적인(sexual) 것이다. 우리의 논지는, 성기적(genital)인 것으로 환원되지 않는 힘으로서의 (성적인) 욕망이 본능보다 크며 무의식적으로 추동되는 에너지(리비도)라는 데 있다.

의 양적 투여에 달린 '경제적' 문제다.[7] 그래서 파트너에 대해 성적 욕망을 느끼고 특정 신체 부위를 통해 그 욕망을 만족시키는 것은 모두 리비도의 투여와 분배에 깊이 의존하게 된다. 이를 성감대의 조직화라는 예를 통해 설명해보자.

'생명'으로 통칭되는 인간의 생체 에너지, 곧 리비도는 출생 초기에는 유아의 몸 전체를 타고 흐른다. 아이는 작은 몸 전체로 에너지를 방사하는 존재이며, 어른의 성감대처럼 따로 특권화된 부위를 갖지 않기에 신체 전체에서 에너지의 민감성을 갖는다. 한겨울에도 아이들이 땀을 뻘뻘 흘리며 열심히 뛰어다니는 모습이나, 몸의 어떤 부위로든 격렬한 간지럼 반응을 보이는 것은 그런 까닭이다. 프로이트의 지적대로, 인간은 "원래 신체 전체가 성감대이다"(프로이트, 2003b: 421). 아이의 몸은 리비도 순환의 충만한 통일성을 보여준다. 하지만 아이는 의식에 있어서도 신체에 있어서도 아직 유기적인 통일체를 이루는 것은 아니다.

먼저 신체에 있어서 유기적 통일체가 아니란 말은 무엇인가? 리비도 순환의 충만함이란 에너지의 흐름에 막힘이 없다는 것이며, 눈이나 귀, 손과 발 등의 특정 기관이 다른 기관들보다 우월한 지위에 있지 않다는 뜻이다. 신체의 어느 부위나 기관으로든 동등한 강도intensity의 에너지가 관류하고 있으며, 부분마다 투여되고 분배되는 에너지의 이동과 흐름이

---

7 프로이트 자신도 리비도에 관한 단일한 정의를 내리지 못했다. 거칠게 말해 리비도는 정신적인 것으로 환원되지 않는 신체적이고 무의식적인 충동(drive)의 영역과 어느 정도 겹쳐지는 양적인 개념이다. 리비도가 본능과 다른 것은 개인별 성적 발달에 따라 서로 다른 방식으로 흐름의 양상이 구성되기 때문이다. 따라서 리비도의 흐름은 인간 일반에 보편적이지만 개인의 특수한 편차를 통해서만 구체화된다(프로이트, 2003a: 98-101). 이하 프로이트 한국어판 전집의 인용시 Sigmund Freud, *The Standard Edition of the Complete Psychological Works of Sigmund Freud*(eds., James Strachey, London: the Hogarth, 1953-1974)를 참조해 문맥에 맞게 수정을 가하도록 한다. 단, '충동(Trieb)'과 같은 단어를 '본능(instinct)'으로 옮긴 영역본의 의미론적 미흡함에 대해서는 독어판을 비롯한 현대적 해석을 참조해 재번역했다.

어느 정도 자유롭다. 물론 아이의 신체도 성인의 신체와 마찬가지로 지절肢節과 장기들로 기관화되어 있다. 다만 근육과 뼈, 내부 장기들이 미발달된 상태에서 아이는 의식적 목적을 위해 신체를 완전히 사용할 수 없기에 유기적인 조직화에 도달하지는 못한 것이다. 신체의 유기적 통일성을 위해서는 각각의 기관들이 그것 자체로 완성되어야 한다. 예컨대 몸 전체를 관류하는 에너지를 묶어두고 용도에 맞게 전환해 사용할 수 있는 매듭들을 만들어야 한다. 자유롭게 유동하기만 하는 에너지의 흐름은 목적론적인 유기적 사용을 수행할 수 없다. 정신에 있어서도 사정은 마찬가지다. 사고의 과정은 리비도의 순환이 특정하게 구축된 두뇌의 회로계에 비유할 수 있다. 신체기관의 하나로서 두뇌 역시 물리적 발달을 경유하여 사고의 회로를 형성하게 된다. 정신분석을 원용할 때, 우리는 여기에 하나의 통과과정을 덧붙일 수 있는데, 라캉이 거울단계라 부른 것이 그것이다.

갓 태어난 아이는 자신과 타자, 세계를 분별할 수 없다. 한편으로 눈-기관이 미성숙한 탓에 사물의 시각적 구별능력이 부족하며, 다른 한편으로 언어가 주어져 있지 않기에 자신과 타자의 차이 자체가 알려져 있지 않은 까닭이다. 아이에게 자신과 자신을 품은 엄마와의 관계는 동일체적이고 충만한 통일성을 이루되 유기적인 기능연관을 맺지는 못한 상태다. 아이가 지각하는 최초의 통일적 세계상이란 순수한 자아의 세계가 아니라 엄마의 세계, 또는 엄마와 뒤섞인 자기이다. 아이의 정신은 사고의 에너지가 지속적으로 방사하고 흐르기만 하는 거름막 없는 유동에 불과하다. 이 상태는 대략 6-18개월의 단계에서 아이가 거울을 마주하고 거기에 비친 대상을 인지하면서 돌파된다. 난생처음으로 거울을 마주한 아이는 거울 속의 이미지가 자신임을 알지 못하지만, 표정과 행동의 유사성이 곧 그를 거울 이미지에 대한 열렬한 탐구자로 만든다. 라캉은 자아-주체의 형성에서 거울단계의 중요성을 강조하기 위해 원숭이와의 대조를 끌어들였다. 인간과 비슷한 성장연령기의 원숭이는 거울 속 이미지에 대한 적대감을 보이다가 그것이 허상임을 알고는 이내 싫증을 낸다. 반면 인간은 거울 속 이미지의 타자성에도 불구하고, 그것이 자아와 맺는 유사성에 강한 호기심을 느끼고 탐색을 계속 수행한다는 것이다. 궁극적으로 인간 아이에게 거울 이미지는 타자가 아니라 자아의 원형으로 부상하게 된다. 아이는 거울 속 이미지와 자기의 관계를 인식하고, 그 관계를 통해 자아에 대한 관념과 이미지를 형성할 수 있기 때문이다.

거울단계에서 아이는 최초로 자기 신체의 통일성을 파악하게 된다. 거울 속의 이미지가 자신을 비추고 있음을, 그래서 거울에 비친 몸 전체가 자신의 것임을 인식하기 이전에는 두 눈에 보이는 손과 발, 배 등의 여러 신체 부위들은 모두 제각각 분리되어 있는 사물들이었다. 거울을 마주하기 전에 아이는 한 번도 자신의 신체적 전체성을 목격한 적이 없던 것이다. 정신적으로도 신체적으로도 아이는 통일된 자아에 대한 관념이나 이미지를 갖고 있지 못했다. 그런데 거울을 보고 궁리한 끝에 아이는 분리되어 있던 신체의 각 부분들이 모두 자신에게 속해 있음을 깨닫게 된다. '나-자아'는 바로 이 분리된 부분들의 통일체임을 알게 된 것이다. 거울 속의 타자-허상의 이미지는 인간이 자신에 대한 유기적인 통일성의 관념을 형성하기 위해서는 불가피하게 요청되는 스크린인 셈이다. 이러한 오인의 구조(Lacan, 2006: 80)는 자아와 타자, 세계라는 사고의 회로를 구성하는 리비도의 정신적 매듭이라 할 수 있다.[8]

---

8 혼란을 피하기 위해 '정신적'이라는 용어의 두 가지 의미를 밝히도록 하자. 일반적으로 그것은 '의식적'인 심리상태를 가리키지만, 정신분석적 의미에서는 (무)의식적인 상태, 특히 무의식이 우선하는 심리상태를 지칭한다. "정신분석에서는 모든 정신적인 것은 우선 무의식적인 것이다. 의식적 성질은 이에 덧붙여져 있을 수도 있고 없을 수도 있다"(프로이트, 2003b: 232).

신체와 정신에서 유기적 통일성을 갖는다는 말은 리비도의 흐름이 더 이상 막힘없이 흘러다닐 수 없게 되어 특정한 방식으로 제어되고 통제된 다는 뜻이다. 유동하던 힘이 집결하고 기능적으로 전환될 수 있도록 매듭을 형성하게 된다. 가령 엄마의 얼굴을 정확히 보기 위해 눈을 부릅뜨거나 순가락을 쥔 손에 힘을 꽉 주는 것, 또는 걷기 위해 다리에 근력을 집중하는 것이 그렇다. 생각 역시 정신적 힘을 집중함으로써 이루어진다. 이로써 신체 전체에 골고루 퍼지던 에너지의 분배는 일정한 회로를 구성하게 되고, 체계적으로 분배되기 시작한다. 즉, 몸을 가득 채우던 생체 에너지는 체계적으로 배출되는데, 성감대란 이렇게 에너지가 빠져나가며 고착화될 때 특권적으로 조직화된 부분들을 가리킨다. 그래서 어른은 아이처럼 몸의 아무 부분을 문지르거나 자극을 준다고 흥분하지 않는다. 성감대라 부르는 부위가 특별한 민감성을 가지며 쾌락을 느끼는 지대로 남는 것이다. 개인의 성장에서 정상적인 억압의 과정이란 특정한 성감대를 형성하기 위해 애초에 신체 전체에 분산되어 있던 다른 성감대들을 포기하는 과정이라 할 수 있다.[9] 성인이 된다는 것은 리비도의 투여와 분배에서 특정한 방식의 회로가 완성되었고, 이러한 유기적 통일성이 돌이킬 수 없는 단계에 이르렀음을 가리킨다. 성감대라 지칭되는 이 부위들의 완성에서 남/녀의 차이가 별반 없음은 잘 알려진 사실이다.

성감대가 출생 이후에 리비도의 운동에 따라 체계적으로 조직된다는 사실은 욕망을 이해하는 데 중요한 열쇠가 된다. 남성성과 여성성이 생물학적으로 결정되는 것이라면 성감대 역시 출생과 동시에 뚜렷이 구별되

9 이른바 '성기기(genital phase)'가 그것인데, 프로이트의 이론적 발전에서 성기기가 해명된 이후에 다시 전(前)성기기로서 구순기와 항문기, 남근기 등이 개념화되었던 사실은, 역으로 '성기'로 특권화된 성감대의 발달 이전에 신체 전체가 리비도의 자유로운 흐름에 관통되어 있었음을 반증한다(프로이트, 2003c: 98-99).

는 형태로 완비되어 있어야 할 게 아닌가? 욕망이란 그러한 성차에 따라 남성과 여성에서 상이하게 작동하는 질적인 차이를 가져야 하지 않겠는 가? 하지만 성감대는 남성이나 여성에게 대체로 유사한 분포를 보이며, 어떤 본질적인 차이를 갖는다기보다 특정한 발달단계에 이르러 보편적 으로 체계화되는 리비도 에너지의 분포결과를 반영할 따름이다. 남성과 여성에게 성감대의 차이는 성차의 결정적인 요소가 아니다. 흔히 남성과 여성의 구별에 의거해 본질적으로 다르다고 언급되는 성적 욕망은 사후 적 기술일 따름이며, 우리는 욕망 자체에 대해 더욱 주의를 기울일 필요 가 있다.

4. 남성 혹은 여성이라는 이름의 신화

성별화된sexed 욕망의 구분이 왜 허구적인지, 기만적인지에 관해 조금 더 알아보도록 하자. 흥미롭게도, 프로이트가 인간의 본질적인 욕망구조 로 설명했던 오이디푸스 콤플렉스에 대한 문제제기가 이 논의에 연관되 어 있다.

아이가 정신적으로나 신체적으로나 종합적인 자아의 관념을 갖는 것 은 생후로도 꽤 시간이 지나서이며, 프로이트의 본래 논의에 더욱 충실 하다면 그것은 3-5세 사이의 오이디푸스적 단계에서 일어난다. 그것은 남아male가 남자man가 되며 여아female가 여자woman가 되는 정신적·성 적 발달의 변곡점이다. 프로이트는 "해부학적 구조는 운명이다"라고 언 명한 바 있다(프로이트, 2003c: 297). 그런데 이 말은 통념과 달리 페니스 와 질의 차이가 성적 정체성을 구별짓는다는 뜻이 아니다. 오히려 그 반 대다. 성적 정체성의 분화에 결정적인 기여를 하는 것은 오이디푸스라는 과정이고, 페니스와 질은 그 과정을 구성하는 '물질적' 조건일 뿐이다. 이를 제대로 설명하려면 유아성욕infantile sexuality이라는 '악명 높은' 이론과 만나야 한다. 20세기 초엽, 그리고 현재도 역시 많은 사람들이 거부감을 갖고 혐오감을 표출하는 이 이론은 오직 성인만이 성적 욕망을 갖는다는 통념을 깨고 인간은 출생하면서부터 이미 '성적 인간'으로 살아간다는 사실을 강조한다.

빈의 진료실을 찾아온 신경증 환자들은 프로이트에게 어린 시절의 성적 체험을 고백했는데, 그것은 대개 성적인 것인지 제대로 인지되지도 못한 채 억압된 무의식적인 기억들이었다. 20세기 초엽에는 신경증 환자들이 겪는 성적인 증상들의 원인을 그들이 어린 시절에 부모나 유모, 혹은 나이 많은 형제 등으로부터 성적인 유혹을 받은 결과로 간주하는 경향이 있었다. 즉 천진난만하던 유아가 성인들에 의해 성적으로 유혹을 당했고, 그 외상적 기억이 성년이 되어 발현된 결과가 신경증이라는 것이다. 프로이트 또한 한동안 '유혹설'을 지지했으나, 임상적 경험과 분석이 축적되면서 자신의 이론에서 축출하게 되었다. 그를 사로잡은 의문은 대개의 환자들이 어린 시절의 유혹을 떠올리는 한편으로 그것을 즐기고 있으며, 또 그 회상은 사실적이기보단 환상적인 애매한 형태를 띠고 나타난다는 점이었다. 이로부터 프로이트는 유혹설을 철회하고 아이의 성적 욕망에 대한 보다 철저한 연구에 접어드는데, 그가 발견한 사실은 아이는 성에 무관심한 존재가 아니며 오히려 열렬한 탐구자일 뿐만 아니라 쾌락을 추구하는 데 있어서 어느 누구보다도 열중하는 존재라는 것이었다.

아이는 태어나면서부터 신체가 주는 쾌락을 알고 있으며, 타인이 자신을 만지거나 보는 데서 즐거움을 얻고, 출생에 대해 집요할 정도로 관심을 갖는다. 성, 오직 이 하나의 주제에 대해서만 묻고 궁리하고 상상하는 최초의 성의학자가 바로 아이다. 이 탐구의 과정이 아이에게 엄청난 만족감을 주는 것은 당연하다. 아이는 노골적으로 어른을 유혹하고 자신에게 성적인 쾌감을 선물하길 강요한다. 이러한 욕망은 남아나 여아를 가리지 않는다. 프로이트에 따르면, 아이는 기본적으로 두 가지 양태의 충동을 갖고 태어난다. 그 하나는 능동적인 것으로서, 만지고 맛보고 다가가는 적극적 경향을 말한다. 반대로 수동적이란 만져지고 보여지는 경향을 가리킨다. 요컨대 능동성과 수동성의 동시적 대립이 선행하며, 남/녀의 성별적 구별은 경험적인 과정에 의해 분배되는 후천적 요인이다. 그러므로 아이에게 남/녀의 성차는 큰 의미가 없고, 단지 스스로 만지거나 타인에 의해 만져지는 것을 통해 만족을 얻는 게 최우선적 관심일 뿐이다. 이 점에서 아이는 생물학적으로 남자든 여자든 외부 생식기(페니스, 클리토리스[10])를 가졌다는 점에서 (능동적인 쾌락을 추구하는) 남성적인 것인 동시에 (타인에 의해 쾌락의 수동적 만족을 요구하는) 여성적인 것이기도 하다. 관건은 여기서 발생하는 쾌락에 대한 충동, 만족을 향한 욕망에 있다. 쾌락에 대한 충동과 욕망이 관찰되는 한, 아이는 언제나 남성적인 것으로 보인다. "리비도가 남자에게서 생겨나건 여자에게서 생겨나건, 또 그 대상이 남자이건 여자이건 상관없이 언제나 남성적인 성질을 띤다고 주장할 수 있을 것이다"(프로이트, 2003c: 121).[11]

---

10 프로이트는 인간이 기본적으로 남성으로 태어난다고 보았기에 남/녀를 막론하고 쾌락의 원천인 성기는 페니스적인 것이라 판단했다. 그러므로 성별의 외형적 짝은 페니스/질이지만, 실제적으로는 페니스/클리토리스(음핵)가 더욱 정확하다. 즉 페니스와 마찬가지로 바깥으로 돌출되어 있어서 스스로 자극하여 쾌락을 생산할 수 있는 자가-성애적 기관인 클리토리스가 여성이 갖는 최초의 성적 기관이라는 것이다(프로이트, 2003c: 122-124). 다만 클리토리스는 성적 발달의 과정에서 수동적인 기관인 질에 쾌락 생산의 임무를 양도해야만 비로소 '여성'으로서 주체의 성장을 완수하게 된다. 이런 관점이 지극히 남성주의적인 편견의 산물이란 점은 명확하지만, 역설적으로 클리토리스의 성적 사용과 쾌락에 대한 통찰을 간직하고 있음도 기억해두자.
11 또한, "리비도가 '남성적'이라고 기술되었을 때, 그 말은 능동적이라는 의미로 쓰이고 있는 것이다. 왜냐하면 충동은 겉보기에는 수동적인 목적을 가졌더라도 언제나 능동적이기 때문이다"(프로이트, 2003c: 122).

일상생활에서 흔히 나타나듯, 성에 대한 아이의 탐구는 어른의 세계에서 무시되고 금지된다. 아이가 '고추'를 만지면 당장 제지하며 "손을 떼지 않으면 그걸 잘라버리겠다"는 거세의 위협이 개입하는 것이다. 스스로 맛볼 수 있는 최대의 쾌락은 금지되어버린다. 유아 때 혼자 독차지하던 엄마를 빼앗기고 다시 자가-성애적 쾌락마저 제지당한 아이는 아버지를 증오할 수밖에 없다. 이토록 원초적인 단계에서 증오는 당연히 살인에 대한 충동이며, 엄마에 대한 욕망은 성적인 것 이외에 다른 게 아니다. 아버지라는 금지를 통해 아이는 원하는 것을 얻을 수 없다는 삶의 가혹한 진리를 깨닫게 되고, 고민 끝에 금지를 받아들이게 된다. 그렇지 않으면 쾌락의 원천, '나의 가장 소중한 것'인 페니스를 상실할 지도 모르기 때문이다. 오이디푸스 콤플렉스는 이 과정을 가리키며, 아버지의 금지를 받아들이는 것은 타자의 질서, 사회의 규범에 순응해가는 과정으로 묘사된다.[12] 남성성이란 오이디푸스를 통과한 아이, 쾌락을 제지당했지만 그 반대급부로 질서의 세계(라캉의 상징계)로 진입하게 된 아이가 획득한 성향을 말한다. 이렇듯 남성성은 타고나는 게 아니라 개인의 발달에서 일정 시기에 획득하는 사회성에 대한 명명이며, 욕망은 이 사회성을 얻기 위해 포기해야 하는 쾌락에 대한 충동이라 할 만하다. 역설적이게도 남성성이란 욕망이 제거된 결과인 셈이다.

그럼 여성성은 어떨까? 한동안 프로이트는 여성성이란 남성성의 변형

12 후기 프로이트의 이론적 가설인 남근기(phallic phase)는 유아기 리비도 조직화의 최종 단계로서 구순기와 항문기의 다음에 위치한다. 이는 다양한 방식으로 표출되던 아이의 리비도 충동들이 성기의 우위 아래 통일되는 단계다. 여성 역시 남성과 마찬가지로 남성적 성질을 갖는다거나, 클리토리스는 남성의 성기와 유사구조라는 식의 진술이 이에 속하는바, 남た든 여자든 페니스의 유/무로 인해 거세의 위협을 받아들이고, 가족/사회의 질서에 편입되는 과정이 그것이다. "유아의 성기기 구조 단계에서는 '남성'만 존재하고 '여성'은 존재하지 않는다. 이 단계에서의 대립은 남성의 페니스와 거세된 페니스로 양분된다"(프로이트, 2003c: 290).

에 불과하다고 생각했다. 앞서 진술했듯이, 여아 역시 처음엔 '남성'으로 태어났다. 클리토리스를 자극하고 성적인 쾌락을 얻으려는 점에서는 남아와 다르지 않다는 것이다. 하지만 이 역시 부모에 의해 금지당한다. 남아와의 주요한 차이는 아이들이 서로의 성기를 비교해보는 중에 남아는 말로만 듣던 거세 위협이 실행될지도 모른다는 위협을 느끼는 반면 여아는 이미 자신에게 실행된 거세를 좌절감 속에 직시한다는 것이다. 여아에게 오이디푸스란 실행된 거세를 인정하고 그 보상물을 선택하는 과정이다. 즉 아버지에게 잃어버린 남근을 다시 받으려고 한다든지, 나중에 남편이나 자식을 통해 상실을 메우려는 충동이 그것이다. 남아와 반대 방향이긴 하지만 그 결과는 동일하다. 결국 사회적으로 인정된 여성성, 곧 아버지에게 순종하고 남편에게 복종하며 아들을 따르는 여성성을 내면화한다는 것이다(프로이트, 2003c: 311–313).

생식기의 형태가 페니스인가 클리토리스인가, 해부학적 특징이 무엇인가는 남성성/여성성의 결정에서 궁극적인 유효인자가 아니다. 다만 이런 외적 차이는 오이디푸스 단계에서 남아와 여아의 발달을 상이하게 진행시키며, 소위 남성성과 여성성을 구성해낸다. 프로이트가 "해부학적 구조는 운명이다"라고 언명한 것은 이런 의미였다.[13] 논의의 흐름에 유의하도록 하자. 우리는 지금 오이디푸스 콤플렉스로 종합되는 정신분석의 성차이론을 재구성하면서, 그것을 거꾸로 뒤집어서 재해석하고 있

---

13 전형은 남성적인 것에 주어져 있으며, 여성성은 이로부터 분기되는 파생형이라는 게 프로이트의 입장이었다. 하지만 점차 남성적인 것을 이탈하거나 포섭되지 않는 영역으로서 여성적인 것에 관한 의혹이 불거져나왔고, 이는 "여성은 무엇을 원하는가?"라는 후기 프로이트의 유명한 질문으로 이어진다. "여성이란 무엇인가를 기술하는 것은 정신분석으로서는 거의 풀 수 없는 문제다. 차라리 어떻게 여성이 되는가, 양성적 소질이 주어진 아이가 어떻게 여성으로 발달하는가를 연구하는 것이 정신분석에 적절한 일이다"(프로이트, 2003d: 156). 요컨대 비-남성으로서 여성은 남성과는 다른 존재다. 이에 대한 적극적인 해명을 시도한 것이 라캉과 정신분석적 페미니스트들이다(브리스토우, 2000: 141–161).

다.[14] 프로이트 자신의 말을 그대로 받아쓸 때, 우리는 남/녀 사이의 성별은 리비도라는 욕망의 에너지 자체의 준별에 따른 게 아니라 그것의 발달구조에 따른 사후적이고 파생적인 결과임을 알 수 있다. 신체 전반을 관류하던 리비도 에너지는 성기를 중심으로 통합되고 재편되어 성인의 성감대를 형성하고, 이른바 성별의 차이를 만들어낸다. 신체의 유기적 통일성이 그것인바, 실상 이 경우에도 남/녀의 성별적 차이는 크게 부각되지 않는다. 우리는 오직 문화적으로 남성과 여성을 구별짓고, 각각의 성이 갖는 '고유한' 욕망을 표지하는 것일 뿐이다. 이때 거세나 오이디푸스는 이러한 성별화를 합리화하는 하나의 서사적 허구로서 기능한다.[15] 성적 정체성의 분배는 리비도 자체와는 다른 문제 위에 놓여 있다. "오직 하나의 리비도가 있을 뿐이며, 그것은 남성적 성기능과 여성적인 성기능 모두에게 똑같이 쓰인다. 그 자체에는 어떤 성별도 부여할 수 없다"(프로이트, 2003d: 176-177). 리비도의 이와 같은 흐름은 인간의 의식적인 통제를 벗어나는 무의식적인 힘에 다름아니며, 라캉에 의하면 정

---

14 짧은 지면상 상술하기는 어려우나, 정신분석의 역사적 전개는 리비도의 자유로운 운동과 충동의 분석으로부터 점차 문화적 성차의 정상과 비정상을 구별하고, '정상화'를 유도하는 처방으로서 무의식이론이 발전해왔음을 보여준다. 프로이트가 성별적 구분을 정당화했다는 혐의는 여기서 나온다. 예컨대 1930-1960년대의 정신분석은 '반동적 이데올로기'의 항목과 연결시켜 다루어지기도 한다(밀렛, 2009: 352-458). 다음 절에서 볼 수 있듯, 『안티 오이디푸스』 이후의 들뢰즈·가타리의 정신분석 비판은 거세와 오이디푸스, 가족 삼각형을 무화(無化)시켜버림으로써 정신분석의 논리뿐만 아니라 성별적 구분에 기반한 근대 인간학을 발본적으로 해체시키려는 시도다.

15 여성성에 대한 브렌다의 거부 및 남성성에 대한 관심을 분석한 정신분석가들은 그/녀의 진술에서 거세와 오이디푸스 콤플렉스를 찾아내고 그/녀를 '본래의' 남성으로 되돌려보내려 한다(콜라핀토, 1994: 204-207). 하지만 만일 거세와 오이디푸스가 허구에 불과하다면, 그/녀의 운명이 남성이나 여성의 하나로 되돌아가야 하는 강력한 동인(動因) 역시 사라지고 말 것이다. 거세와 오이디푸스는 브루스가 상실한 남성성의 근거가 아니라 남성성으로 정박시킬 근거에 불과했다. 원인이 아니라 사후적인 결과의 근거였다는 뜻이다. 그렇다면 유전적 문제라고 사정이 다를까? 그 무엇이든 남/녀의 성별화된 양극 중 하나로 그/녀를 위치시키려는 시도는 기존의 성차적 구조를 정당화하고 공고화하려는 생명정치적 논리와 그리 멀지 않을 것이다.

확히 욕망의 운동과 같다.[16] 욕망은 유기적 통일성 이전부터 작동하는 분산적인 힘의 흐름이고, 문화적인 규범으로서의 성적 정체성의 결과가 아니라 역으로 그것을 구성하는 원천이 된다.

질적으로 상이한 남성적 욕망이나 여성적 욕망이 있는 게 아니라, 욕망은 성별적 구별과 무관하게 쾌락에 대한 충동이라는 점에서 다시 정의되어야 한다. 욕망이 존재하고 작동하기에 비로소 성적 정체성의 분화도 생겨난다는 점이 중요하다. 그와 같은 욕망은 언제나 성적인 힘을 갖고, 성적인 욕망을 이끄는 힘을 프로이트가 리비도라 부른 이유가 여기 있다. 본격적인 질문은 이제부터다. 남성성과 여성성이 인간성의 본질적인 두 극이 아니라 리비도의 운동, 즉 무의식적인 욕망이 파생시킨 결과라면, 남/녀의 양극성과는 다른 방향을 가리키는 무수한 욕망의 극들을 사유해볼 수 있지 않을까? 바꿔 말해, 남성과 여성이라는 두 극 이외에도 무의식적 욕망이 흐르는 또다른 섹슈얼리티의 벡터들이 실재한다고 말할 수 있지 않겠는가?

5. 들뢰즈와 가타리―무의식과 욕망하는 기계

정신분석의 통설적 입장을 근본적으로 반박하는 동시에 프로이트와 라캉의 본래적 통찰을 경유하며, 우리는 성적 정체성과 (성적) 욕망이 인과적 관계를 맺거나 일관된 연속성을 갖는 게 아님을 살펴보았다. 성적

---

16 다음 두 진술을 비교해보라. "인간과 동물이 성적 욕구를 가진 존재라는 사실은 생물학에서 배고픔, 즉 섭취의 본능과 유사한 '성적 충동'이라는 가설로 표현된다. 일상언어에서는 성적 충동에서의 '배고픔'을 표현하는 단어가 없지만, 정신분석에서는 그에 알맞은 '리비도'라는 단어를 사용한다"(프로이트, 2003c: 19). "무의식의 동기는 성적인 욕망으로 제한되어 있으며 (…) 또다른 포괄적 욕망으로서 배고픔은 표상되지 않는다"(Lacan, 2006: 359–360).

정체성, 혹은 성별화된 욕망은 우리의 통념이 강하게 주장하는 것처럼 남성과 여성의 본성으로부터 기인한 특징이 아니며, 거세와 오이디푸스라는 일종의 신화적 허구를 통해 생산되는 특정한 문화적 체제다.[17] 클리토리스와 페니스의 해부학적 구조나 염색체의 차이는 남/녀의 성별적 차이가 유래하는 원인이 아니라 결과에 가깝다. 비유컨대 달이 있기에 그것을 가리키는 손가락이 있는 것이지, 손가락이 있어서 거기에 달이 있는 것이 아니다. 거세와 오이디푸스는 남/녀 사이의 성차를 만들어내는 기제가 아니라, 남/녀의 성차를 설명하기 위해 동원되는 서사적 장치다. 그렇다면 우리는 성별화 이전의 과정, 프로이트의 애초의 발견에 따른다면 리비도의 운동 자체, 무의식적 욕망의 힘에 주의를 기울여볼 필요가 있다.

성별화 이전의 욕망에 관해 논의하기 위해, 유아성욕의 문제로 돌아가보자. 유아의 섹슈얼리티는 욕망의 다면성 그 자체이다. 전술했듯이, 리비도 발달의 매듭이 성인 남/녀의 특권화된 성감대로 형성되지 않은 유아의 신체는 에너지의 순환이 자유롭게 이루어지는 매끄러운 평면이다. 들뢰즈식으로 말하면 아이의 몸은 욕망하는 기계로서 도덕과 규범, 성별적 정체성에 의해 포획되지 않은 채 다양한 쾌락을 생산하는 '실험'에 개방되어 있다. 이때 누리는 쾌락의 양상은 능동적인 동시에 수동적이고,

---

17 아마 프로이트 자신이나 라캉에게도 거세와 오이디푸스는 실증할 수 없는 신화에 가까웠을 것이다. 이 신화는 후기 프로이트가 원초적 아버지를 상상했던 것처럼 인류사 본원의 무의식적 구조였거나(프로이트, 2003e: 214-221), 라캉이 아버지-엄마-나의 삼자관계 속에 설정했던 인간의 본래적인 욕망구조를 표상한다(Lacan, 1993: 198-199). 하지만 '신화'로서의 거세와 오이디푸스는 '작동하는 허구'로서 실존하는 것도 사실이다. 들뢰즈와 가타리가 밝혔듯이, 인류가 만들어낸 사회기계들은 허구-서사를 통해 가동되고 일정한 효과를 발생시켜왔으며, 근대 자본주의 영토기계는 거세와 오이디푸스를 산출해낸 가족주의를 이론적 기제로 갖고 있다(Deleuze & Guattari, 1972). 본문에서 상술하겠지만, 작동하는 허구는 그 작동의 조건이 바뀐다면 더이상 가동되지 않으며, 효과 역시 발생시킬 수 없다. 거세와 오이디푸스의 '허구성'이란 이것을 말한다.

이 양가성은 남성적인 것이나 여성적인 것의 성별화와는 아무런 관계가 없다.[18] 남/녀의 성별화와 무관하다는 것은 어떤 뜻인가? 욕망 자체에는 성별이 없다. 관습적으로 남성적 욕망과 여성적 욕망을 구별하는 것은 담론적 정당화의 소산일 뿐이다.

섹슈얼리티는 성적 정체성과는 무관한 실재적 힘이고, 무의식적 욕망이 그 정체다. 여성으로 '전환된' 브렌다가 자꾸만 남성적 경향으로 이끌리는 현상을 남성성으로의 '회귀'로 해석하는 것은 남성과 여성의 성차를 전제한 상태에서 그/녀를 전자에 귀속시키려는 본질주의적 환원에 불과하다. 어쩌면 그/녀는 남성과 여성 사이의 어떤 제3의 지대에, 혹은 n번째 지대에 자신의 욕망의 촉수를 뻗치고 다가가려 했을지 모른다. 그것은 남성도 여성도 아닌, 섹슈얼리티라는 욕망의 흐름이 통과하는 어떤 이행의 지대가 아니었을까? 그렇다면, 두 성[性] 가운데 어느 쪽인가, 또는 어느 성의 비율이 얼마나 더 큰 비중을 차지하고 있는가와 같은 질문이 진정 중요한 것일까?[19] 차라리 여성으로도 남성으로도 분별되지 않는 이행적 과정으로서 섹슈얼리티를 정의하는 것이 핵심 아닐까? 섹슈얼리티는 본래적으로 n개이기에 기존의 척도 '외부'에 있으며, 그 '셀 수 없음'으로 인해 척도를 '탈주'하는 욕망으로서 사유되어야 하지 않을까? 문제는 인간학적 섹슈얼리티, 섹슈얼리티의 인간학을 넘어서는 데 있다.

---

18 "파편화된 부분들과 기관 없는 신체 사이의 긴장된 관계 속에서 모든 것은 능동과 수동이며, 모든 것은 심층에서의 신체들 사이의 소통이며, 공격이자 방어이다. 결여나 좌절적 상황을 위한 자리는 없다"(들뢰즈, 1999: 322. 번역은 영문판에 의거해 수정했다).

19 모든 성의 초기값을 남성으로 고정시킨 프로이트도 문제지만, 모든 성 속에 이성이 섞여 있다는 칼융의 가정 역시 문제를 갖는다. 이른바 자기 안의 이성적 성향으로서의 아니마(남성 내부의 여성성)와 아니무스(여성 내부의 남성성)가 그것이다(이부영, 2001: 1장). 비록 개별 인격체가 남/녀 어느 한쪽으로 고정된 성별을 갖지 않는다고 주장하는 점에서 진일보한 듯 보이지만, 실제로는 남성적인 것과 여성적인 것의 전통적인 성별적 구분을 남겨둔 채 양자의 기질적 표현과 그 정도만을 관찰함으로써, 역으로 기존의 성별을 더욱 고착화하는 효과를 낳기 때문이다.

탈인간적 섹슈얼리티에 대한 실마리는 들뢰즈와 가타리에 따르면 실상 라캉으로부터 이미 유래하고 있으며, 프로이트에게도 그 싹은 발견된다. 가령 유아성욕에 나타난 부분충동Partialtrieb의 문제를 떠올려보라.[20] 흔히 우리는 어떤 대상에 대해 성적 욕망을 느낄 때, 그 욕망은 성감대로 표상되는 대상의 전체 즉 어떤 인격체를 향한다고 믿는다. 특정한 신체 부위에 성적으로 이끌릴 때도 우리는 타자의 신체와 그 인격 전체를 원한다고 가정하는 것이다. 하지만 이러한 부분과 전체 사이의 환유적 관계는 의미론적 추론의 산물일 뿐이다. 프로이트 역시 대상 선택 혹은 대상애가 암축하는 것은 인격과 같은 전全 존재가 아니라 그 존재의 일부인 부분대상을 향한 것이라고 기술했다. 성기를 중심으로 전신의 성감대가 구축되기 이전에 나타나는 전前 성기기의 리비도 발달단계가 이를 잘 보여준다. 부분충동은 이러한 전성기기에 나타나는 욕망의 운동을 지칭한다.

예컨대 만족을 얻으려는 성적 충동은 다양한 파편적 대상을 향한다. 예컨대 입은 엄마의 젖가슴을, 항문은 똥을, 눈은 시선을, 귀는 목소리를 만족의 대상으로 삼는다. 그런데 이들 각각의 충동기관들은 서로 간에 직접적으로 인과적이고 종합적인 연관을 맺지 않는다. 금세 직관할 수 있듯, 입과 항문, 눈, 귀는 각각 만족의 독점적인 대상을 향할 뿐 다른 대상들에는 무관심하다. 엄마의 목소리를 아무리 들어도 입이라는 기관은 만족에 이르지 못하며, 시선은 항문을 충족시킬 수 없다. 각각의 충동기관들은 마치 하나하나의 독립적인 주체들처럼 기능하면서 전체의 주체로서 행세하는 '나'라는 자아에 붙어 있는 듯하다. 나-주체는 탈중심화된

---

20 스트레이치의 표준판 영역본은 이 단어를 'component instinct'로 번역했고 한국어 번역본 역시 '구성본능'이라 옮겼으나, 독일어 원어 및 라캉 이후의 맥락을 고려하여 '부분충동'으로 표기한다. 그 짝 역시 부분대상(Partialobjekt)으로 부르도록 한다.

충동기관들을 통일해서 단일한 주체인 듯 행동하지만 실제로는 각각의
독립적이고 평행적인 충동 사이의 '무관계적 관계'만이 존재한다. 나-주
체, 자아란 여러 갈래로 찢어진 충동들의 집합을 지시하는 단어다. 라캉
이 강조하듯, 성인의 성감대가 성기를 중심으로 유기적으로 통일되는 것
은 파편화된 충동들을 하나의 일관된 전체 속에 통합하려는 몽타주인 것
이다(라캉, 2008: 266).[21] 전일적全一的으로 통일된 주체는 없다. 있는 것은
파편화된 부분충동들의 만족이자, 그 욕망의 선들이 빚어내는 생산들이
다(들뢰즈, 1999b: 328).[22]

거울단계를 통과하지 않은 유아에게 섹슈얼리티란 이와 같은 충동들
의 집합이고, 이런 점에서 유아의 성적 욕망은 다형도착적polymorphpervers
이라 할 만하다.[23] 성인의 삶에서 훈육을 통해 규제되는 정상과 비정상
의 구별 따위는 없고, 무엇이든 가능하며 수행될 수 있는 기계적인 욕망
machinic desire만이 가동되는 잠재성의 장場이 유아의 섹슈얼리티이다. 들
뢰즈와 가타리의 욕망하는 기계들les machines désirantes이 이를 표현하는
바, 여기에 근대적 주체, 단일하고 통일된 작인agent으로서의 인간적 형
상은 자리하지 않는다. 당연히 인간의 섹슈얼리티 또한 존재할 수 없다.
근대적 의미에서의 인간적 주체도 더이상 찾아볼 수 없다. 젖가슴과 똥,
시선과 목소리 같은 부분대상들은 지시 가능한 신체기관들을 초과하는

---

21 프로이트에 따르면, 성인의 성감대의 유기적 통일 이전에 추구되는 만족은 자가-성애적이다(프로
이트, 2003c: 77). 라캉은 부분충동의 대상들을 젖가슴, 똥, 시선, 목소리로 네 가지로 구분하며, 이들을
대상a로 묶고 있다(라캉, 2008: 367). 그런데 과연 이 네 가지뿐일까?
22 하지만 부분들은 또한 접속적 종합을 통해 다시 만나게 된다(332).
23 "아이는 처음부터 대단히 풍부한 성생활을 갖는데, 그것은 정상적이라고 인정되는 이후의 성생활과
는 여러 가지 면에서 뚜렷이 구별된다. (…) 모든 장벽이 처음부터 존재했던 것은 아니다. 그것은 발달과
정과 교육과정을 거치면서 비로소 형성된 것들이다. 어린아이는 이러한 것들에서 자유롭다. 아이는 인간
과 짐승 간의 그 극복될 수 없는 차이를 아직 알지 못한다. (…) 아이는 성별의 차이에 대해서도 아무런
가치를 두지 않으며 그 두 성에 동일한 성기가 있을 것이라고 추측하기도 한다. (…) 아이는 그러므로 '다
형성도착' 상태라고 부를 수 있다"(프로이트, 2003f: 284-285).

이미지들이다. 실제 시각기관인 눈과 부분대상으로서의 눈(시선)을 동치시키는 것은 아무 의미가 없다. 부분충동은 그것이 작동하는 효과 속에서 드러나며, 그런 한에서 욕망의 대상을 향하기 때문이다.[24] 이는 우리로 하여금 기계론mechanism과 유기체론organism, 기관주의이 상정하는 통일성의 환상에서 벗어나게 해준다. 나아가 통일성, 특히 '인간'이라는 기계론과 유기체론이 빚어내는 전체성의 환상으로부터 빠져나가는 실마리를 제공한다.

이렇듯 부분충동과 욕망하는 기계에 관한 논의는 우리를 인간학적 성별의 정체성으로부터 이탈할 수 있는 거점을 마련해주고 있다. 근본적으로 섹슈얼리티의 단일성과 전체성, 성별화된 이원론의 본질주의도 이로부터 기각될 수 있을 듯하다. 남성과 여성의 두 극으로 포개지거나 합쳐지지 않는 욕망의 흐름은 기성의 문화적이고 규범적인 제도적 영토들을 가로지르며, 횡단적인 섹슈얼리티의 가능성을 강력히 개진하고 있다. 성별화된 섹슈얼리티의 경계선을 넘어서는 동시에 새로운 섹슈얼리티, 욕망의 분기선들이 만들어내는 섹슈얼리티의 무수한 탈주선들을 상상해볼 수 있지 않을까?

6. 분열분석과 횡단성

횡단성의 정확한 의미는 다양한 욕망들이 병렬적이며 비인과적으로

---

24 지면의 제한으로 자세히 서술할 수는 없으나, 라캉의 부분충동과 들뢰즈·가타리의 욕망하는 기계 사이의 연속과 단절에 대해서는 서동욱의 『들뢰즈의 철학』(민음사, 2002) 제4장을 읽어보라. 참고로, 우리의 논의에서 충동과 욕망은 유개념적으로 다루어지고 있으나, 엄밀한 분석적 관점에서는 상이하게 고찰되어야 한다.

만나 산출하는 관계들에 있다. 선험적으로 경계지어진 영토들을 절대적인 명령으로 받아들이지 않고 이탈하고 가로지를 때 생겨나는 이질성의 생산이 그것이다. 이런 점에서 우리가 아는 성적 정체성 또는 주체성으로서의 남성 및 여성은 단일한 욕망이나 욕망들의 단일한 집합을 지칭하는 게 아니다. 주의하도록 하자. 횡단적인 섹슈얼리티는 현실 속에서 남성이나 여성이 실존하지 않는다는 뜻이 아니다. 그것은 여러 가지 욕망들이 뒤섞이고 혼합되고 분열된 각각의 국면에서의 효과를 의미한다. 남성적인 것이나 여성적인 것은 욕망들이 빚어내는 여러 국면들의 효과를 인지하기 위해 인간이 붙이는 편의적인 명칭일 뿐이다. 어느 철학자가 질문했듯, 검정색과 흰색이 서로 만나는 지점에서 회색이 목격될 때, 우리는 어디서부터 회색이 생겨나며 어떤 회색이 진정한 회색인지 알 수 없다. 회색들 사이의 강도적 차이들이 있을 따름이며, 나아가 양편 끝에 자리한 검정색과 흰색마저도 회색의 특정한 강도적 표현들이라 부를 수 있을 것이다. 결국 흰색이나 검정색, 회색의 정체성이란 존재하지 않는다. 모든 규정된 색깔은 색이라는 특정한 질적 표현의 강도적 이행의 양상들일 뿐이다. 들뢰즈와 가타리식으로 말해, 이것이야말로 '과정으로서의 분열증'이라 할 수 있다. 남성과 여성, 섹슈얼리티'들'의 이행적 과정 역시 이와 다르지 않다.

문제는 과정이다. 과정은 단지 통과경로나 불완전한 국면 혹은 미완의 정체성이 아니라 그 자체가 욕망의 특정한 혼류와 구성의 상태다. 들뢰즈가 『이상한 나라의 앨리스』(1865)에 관해 이야기하며 "앨리스는 자란다 Alice becomes larger"라고 말했을 때, 이는 특정한 나이나 신체의 치수를 지시하는 게 아니다. 그것은 커지는 것이자 작아지는 어떤 상태이지만 정지된 국면은 아니다. 오히려 생성이라는 관점에서 볼 때 이 진술은 앨리스가 항상 생성하고 있음을, 커지고 있거나 작아지고 있는 동시적인 생성의 이행적 과정에서 유동하고 있음을 가리킨다. 핵심은 '현재'와 같은 고정된 정박점을 기준으로 성장이나 축소를 정체화하지 않는 데 있다(들뢰즈, 1999b: 43). 섹슈얼리티에 관련해 말하자면, 남성이나 여성의 '완성된' 정체성을 전제하여 둘 중의 어느 쪽에 속하는지, 또는 어느 쪽에 더 가까운지에 따라 완전함과 불완전함의 심판을 내리지 않는 게 그것이다. 차라리 생성의 매 국면마다, 섹슈얼리티의 무수한 극마다 이정표를 만들고, 이 과정을 무한수만큼, n개만큼 증식시켜 나가는 것만이 관건일 수 있다. 들뢰즈와 가타리는 이러한 생성과 증식의 논리를 분열분석schizoanalysis이라 부른다.

명칭에서 짐작할 수 있듯, 분열분석은 정신분석에 대립하는 동시에 보충하는 방법이다. 프로이트는 1895년 브로이어와 『히스테리 연구』를 집필한 이래, 그리고 1900년 『꿈의 해석』을 출간한 이래 말년에 이르기까지 정신분석의 방법론을 정교하게 다져왔다. 그의 저술들에 대한 면밀한 연대기적 독해가 보여주는 것처럼, 이 과정은 단일하고 정합적인 논리의 탑을 쌓아가는 과정이 아니었다. 때로는 잘못된 판단을 내리기도 하고, 때로는 자기만족적인 결론에 멈추기도 하면서 프로이트는 자신의 관점과 이론, 방법론을 예리하게 다듬어갔다. 한마디로, 정신분석은 과정을 통해 불안하게 구축되어간 노력의 산물이었다. 그러나 이 과정을 하나의 완성되고 종합된 이론으로 간주하여 역순으로 되짚어갈 때 우리는 전체 과정을 완결된 전체로 여기고 일관된 목적론적 시점에서 이해하려는 어리석음에 빠진다. 프로이트 자신조차 예외는 아니었는데, 일생 동안 여러 차례에 걸쳐 자신의 연구를 돌아보며 일의적인 목적에 논리를 결박시킨다든지, 엄격하고 통제된 방법을 통해 정신분석을 하나의 사슬로 엮어내고자 했던 것이 그렇다. 정신분석의 정체성화, 이는 앞서 살펴본 성별의 정체성화와 유사한 역사를 갖는다. 분열분석은 이와 같은 고정된 정체성의 산출을 다시 과정화시키는 것, 미리 주어진 목적과 의미에 제한되지 않는 흐름의 과정 위에 풀어놓으려는 시도다. 성이든 계급이든 인간이든 어떤 절대적인 축에도 무의식적 욕망을 인질로 잡아두지 않는 것이다. "무의식의 이 진동들, 리비도 투여의 한 유형으로부터 다른 유형으로의 은밀한 이행들, 이 두 유형의 공존은 종종 분열분석의 주요한 대상들 중 하나를 형성한다"(Deleuze & Guattari, 1972: 330).

분열분석은 지나간 과정의 재현이 아니다. 즉 분열의 과정을 다시 제시하는 게 아니다. 물론 설명적으로 우리는 그것을 다시 반복해볼 수는 있다. 하지만 반복은 동일한 것을 '복원'한다는 게 아니다. 반복을 통해 드러나는 차이는 필연적이다. 그렇다면 어떻게 반복되는가의 질문이 요점이 될 것이다. 욕망은 어떻게 반복되고 어떤 차이의 경로를 생성해내는가? 그리고 n개의 성, 다양한 섹슈얼리티의 형성으로 이어지는가?

이즈음에서 프로이트의 연구 가운데 늑대인간의 사례를 참조해볼 만하다. 부유한 러시아인 환자를 분석한 이 연구는 1918년 『늑대인간―유아기 신경증에 관하여』라는 제목으로 출간되었는데, 공포증에 대한 분석 사례로 프로이트의 명성을 떨치게 해주었지만 여기엔 오이디푸스와 섹슈얼리티 그리고 정체성의 서사화라는 문제에 있어 작지 않은 쟁점들이 맞물려 있다. 환자의 증례는 어린 시절의 악몽에서 비롯되었다. 꿈에서 늑대인간은 침실 바깥의 호두나무 가지에 앉아 있는 예닐곱 마리의 흰색 늑대들을 보고 공포감에 젖는다. 꿈 속의 늑대 이미지들은 오랜 시간이 지난 후에도 뚜렷하고 명징해서 환자를 깊은 두려움에 빠뜨렸다. 프로이트는 이 꿈이야말로 신경증의 원인이라 판단하고, 오랫동안 공을 들여 분석했다.

프로이트에 따르면 꿈에 나타난 각각의 이미지는 나름의 이유를 갖지만 그 가운데 가장 핵심적인 것은 아버지에 대한 공포, 즉 오이디푸스 콤플렉스였다.

〔환자가〕 아버지를 두려워하는 것이 그가 병이 나게 된 가장 강력한 동기다. 그리고 모든 아버지-대리들에게 양가감정적인 태도를 보이는 것은 그의 일생 동안 보이는 현상이었고, 치료하는 동안에도 그러했다(프로이트, 2003g: 230).

프로이트는 환자가 어린 시절, 즉 한 살 반 전후에 부모의 성교장면을 목격했고, 그것을 '이해'하는 과정에서 만들어진 이미지가 꿈의 공포스러운 장면들이라고 진단한다. 바꿔 말해, 꿈의 이미지는 부모의 성교라는 실제로 일어난 사건으로부터 파생된 충격을 아이가 성장하여 나름의 방식으로 해석한 결과라는 것이다. 언어가 도입되기 이전에 오직 감각만이 살아 있는 존재에게 와닿은 최초의 충격, 특히 부모의 성관계를 가리켜 '원초적 장면Urszene'이라 부르는바, 이는 모든 인간들의 성장에서 나타나는 현상이지만 늑대인간처럼 특별하게 병증으로서 발현되는 경우가 종종 있다. 역으로 신경증이 보편적이란 말은 모든 인간이 부모와의 관계에서 거세와 오이디푸스를 겪는다는 의미가 된다. "그가 무서워한 늑대는 의심할 바 없이 그의 아버지였다." 아버지에 대한 공포와 사랑, 그것은 엄마에 대한 성적인 사랑이 좌절된 후 거세의 위협에 굴복한 아이가 아버지를 닮으려 하고 심지어 아버지에 대해 여성이 됨으로써 사랑과 만족을 얻으려는 시도로 나타난다. 프로이트는 우리 모두가 근본적으로 아버지에 대한 공포와 사랑을 통해 성장한다고 말하고 싶었을 것이다.

그의 늑대에 대한 두려움은 그 동물이 꼿꼿이 서 있는 자세에 있을 때만 나타나는 것이었다. (…) 이제 우리는 그의 꿈과 원초적 장면의 관계에 대한 논의를 시작하겠다. 이제까지 우리는 그 꿈이 아이에게 그가 원초적 장면에서 보았던 것처럼 그의 아버지라는 매체를 통한 성적 만족을 얻는 장면을 보여주리라고 기대했었다. 그것은 그가 아버지에게서 얻고 싶은 만족의 모델이었다. 그러나 이 장면 대신에 얼마 전에 할아버지가 들려준 이야기 속의 소재가 나타났다. 그것들은 나무, 늑대들, 그리고 꼬리가 없는 것이었다. 꼬리가 없는 것은 상상의 늑대들이 털이 많은 꼬리를 가지고 있는 과도하게 보상된 모습으로 나타났다. 이 시점에서 연결이 안 된다. 즉 원초적 장면의 소재에서 늑대 이야기로 가는 길에 연상에 의한 다리가 없는 것이다. 이 연결은 다시 그 자세가 만든다. 그리고 그 자세 말고는 연결을 해줄 것이 아무것도 없다. 할아버지의 이야기에서 꼬리가 없는 다른 늑대들에게 자기 위에 올라타라고 말한다. 이 사실이 원초적 장면의 기억을 불러온 것이다. 그리고 이렇게 해서 원초적 장면의 자료가 이 늑대 이야기의 자료로 나타날 수 있었다. 그리고 동시에 부모 두 사람이 늑대 여러 마리로 나타날 수 있었다. 또 그것이 더 바람직했다. 그 꿈의 내용은 더욱 변형되었다. 늑대 이야기의 자료가 「늑대와 일곱 마리 아기 염소」에서 일곱이라는 숫자를 빌려오면서 그 동화에 맞게 만들어진 것이다(프로이트, 2003g: 241-242).

함의는 명백하다. 환자가 어린 시절에 듣고 읽었던 동화들이 원초적 장면의 충격과 겹쳐지면서, 그리고 나중에 도래한 오이디푸스 시기가 결합되면서 늑대에 대한 동물 공포증이 발현된 것이다. 그 원인은 아버지에 대한 두려움이고, 거세에 대한 공포였다.

프로이트의 분석은 상당히 흥미롭고 놀라운 통찰들로 가득하지만, 이 이야기가 알려지면서부터 끊임없는 논란에 시달렸다. 무엇보다도, 아이가 어린 시절에 목격했다는 원초적 장면은 실재하는가, 정말 아버지와의

'동성애적' 관계가 아이로 하여금 공포증에 빠지게 했는가 등에 대한 논쟁이다. 정신분석에서 가장 큰 쟁점이자 찬사와 거부의 이유가 되는 사실성에 대한 문제제기는 초기부터 말년까지 프로이트를 괴롭히던 질문이었다. 개인과 집단을 에워싸는 다종다기한 상상력을 직조하는 하나의 논리적 회로로서 오이디푸스에 대한 가정은 가능할 것이다. 하지만 그것이 과연 유사 이래의 보편성을 갖는지, '인간이라면 누구든' 벗어날 수 없는 진정 '인간이 되기 위한' 과정인지에 대해서는 확실히 입증할 수가 없다. 이러한 궁지에 대해 프로이트는 다음과 같이 설명한다. "이 환자에게서 본 것과 같이, 아주 어린 나이에 생겼고 비슷한 내용을 가지고 있으며 환자의 병력에 심각한 의미를 가지는 장면들은, 보통 기억으로 통째로 재생되는 것이 아니므로 단서를 모아서 점진적으로 고된 작업을 통해 이야기를 만들어가야 하는 것이다. 즉 구성작업을 해야 한다"(프로이트, 2003g: 254). 결국 현재를 이해하고 치유하기 위해 과거를 구성하여 서사화하는 방법이 정신분석이란 뜻이다. 환자 스스로 그것을 하지 못할 때, 분석가가 조력하는 기술이 그렇다. 아마도 이 논리 자체를 거부할 수는 없으리라. 우리는 어떻게든 우리 자신을 파악하고 싶어하며, 삶을 일관된 전체로서 표상하고 싶어한다. 그것이 욕망의 본래면목 가운데 하나다. 하지만 이러한 과정이 특정한 목적을 미리 전제하고, 그에 맞춰 선험적인 도식을 따라 구성되어야 할 때 우리는 정체성의 폭력과 명령에 장악되고 만다. 아버지, 즉 오이디푸스 콤플렉스가 그것이며, 이에 따라 남성이 되고 여성이 되는 것 또한 마찬가지다. "우리는 도식이 개인의 경험을 제치고 승리하는 것을 자주 본다"(프로이트, 2003g: 338).

들뢰즈와 가타리는 이러한 선형적 논리를 발본적으로 폭파시킬 것을 주문한다. 분석은 지나간 사실을 있는 그대로 재현하는 게 아니요, 없던 것을 현재의 정당화를 위해 가공하는 것도 아니다. 그렇다. 과거의 사실은, 트라우마적 사건은 영영 그 진상을 알 수 없을지 모른다. 중요한 것은 지금-여기의 현재다. 그러나 이 현재는 현재 자체를 무조건 수용하고 긍정하기 위해 있는 게 아니다. 현재를 목적으로 만들어 모든 것을 그에 맞춰 구성하는 게 아니라 현재로부터 또다른 비인과적인 현재로 이행하기 위해 모든 잠재성을 열어두는 것이 필요하다. 시간을 과거-현재-미래의 인과적인 연속체에 결박시키는 게 아니라 다양한 갈래들로 분기시켜 '사이間'의 순간들로 발산하게 하는 것. 시간을 시-간화時-間化하는 것이 문제다. 분열증적 욕망이론을 통해 들뢰즈와 가타리가 제출하는 섹슈얼리티의 혁명은 성의 이분법, 성별화의 목적론을 바닥에서부터 해체시켜 버린다. n개의 무수한 방향으로 방사되는 욕망의 흐름, 주체도 목적도 사라진 차이의 운동만이 실재하는 힘이다. 「늑대인간」과 반대로, 『천의 고원』에는 이러한 차이의 계열들이 어떻게 분열의 지도를 그리는지에 관한 생생한 실례가 전시되어 있다.

우리는 프로이트의 환원주의적 환희를 목격한다. 우리는 그 이야기와는 전적으로 무관한 염소의 형상을 취하면서 문자 그대로 복수성이 그 늑대들로부터 사라지는 것을 본다. 단지 아기염소일 뿐인 일곱 마리의 늑대들. 여섯 마리의 늑대라면, 일곱번째 늑대(늑대인간 자신)는 시계 속에 숨어 있기 때문이다. 다섯 마리의 늑대라면, 늑대인간이 그의 부모가 사랑을 나누는 것을 본 것은 다섯시였을지도 모르며, 로마자 숫자 V는 쭉 뻗어 있는 에로틱한 여자의 다리와 결부되어 있기 때문이다. 세 마리의 늑대라면, 부모가 세 번 사랑을 나누었을지도 모르기 때문이다. 두 마리의 늑대라면, 아이가 맨 처음 사랑을 나누는 것을 본 것은 계간鷄姦하는 양친이었거나 혹은 두 마리의 개였을 수 있기 때문이다. 그리하여 한 마리의 늑대가 되는데, 우리가 처음부터 이미 알고 있었듯이, 그 늑대는 아버지기 때문이다. 마침내 영zero 마리의 늑대가 되는데, 그는 꼬리를 잃어버렸기 때문이며, 거세하는 자일 뿐 아니라 거세당하는 자기도 하다. 누구를 놀리려는 것인가? 늑대들은 결코 자신들의 무리에 사로잡히거나 벗어날 어떤 기회도 갖지 않는다. [정신분석에서—인용자] 동물들은 애당초 오직 부모의 성교를 표상하는 데만 복무할 수 있었거나, 반대로 그런 성교에 의해서 표상되기 위해서 사용되었다. 프로이트는 늑대들이 발휘하는 매혹에 대해서, 그들의 소리 없는 외침에 대해서, 늑대가 되려는à devenir-loup 외침의 의미에 관해서 전혀 모르고 있다. 늑대들은 꿈꾸는 아이를 응시하고 지켜본다. 이런 식으로 꿈은 반대라는 말이나, 개 혹은 부모의 사랑의 행위를 보는 것은 바로 아이라는 말을 더욱 더 확고하게 해주고 있다. 프로이트는 단지 오이디푸스화된 늑대 혹은 개, 거세당한 거세자인 아버지-늑대만을, 개집 속에 있는 개, 정신분석가의 개소리만을 알 뿐이다(들뢰즈·가타리, 2000 : 34-35).

프로이트를 향한 조롱과 논박이 뒤섞인 위의 인용문에서 놓치지 말아야 할 점은, 우리가 일상생활에서 마주치는 이미지들을 단 하나의 궁극적인 목적, '아버지'에 묶어두어야 할 필연적인 이유는 없다는 사실이다. 물론 프로이트의 주장대로 꿈과 현실의 이미지들은 연속적인 동시에 불연속적이며, 꿈-작업을 통해 상관성을 드러낸다. 아마도 사실과 환상의 경계를 가르기는 거의 불가능할 것이며, 오히려 구성construction이 더욱 긴요한 과제가 될 수 있다. 하지만 그 작업이 목적론에 강박되어 특정한 서사로 단일화되어 지금-여기의 현실을 봉쇄해버린다면, 우리에겐 새로운 구성의 가능성이 전혀 남아 있지 않을 것이다. 욕망과 섹슈얼리티 역시 마찬가지다. 남성과 여성이라는 양극단을 선험적으로 규정짓고, 그 사이의 어디에 위치해 있는가에 따라 정상과 비정상을 분별하는 한, 우리는 어떠한 창조적인 욕망도 발생시킬 수 없다. 양 끝을 열어둔 채, 무수하게 생성하고 해체되는 섹슈얼리티의 강도들만이 있을 따름이다. 들뢰즈와 가타리는 그 에너지의 강도가 이룬 특정한 상태를 고원plateau이라 불렀던바, 남성 혹은 여성이란 그러한 임시적이고 잠정적인 힘의 평형상태에 다름아닐 것이다.

분열분석의 과제는 그와 같은 힘의 평형상태가 만들어진 조건들을 찾아내고, 다시 그 조건들로부터 다른 벡터를 향한 힘의 분산경로들을 그려보는 데 있다. 지도그리기cartographie는 바로 이 작업을 지시하는데, 이미 만들어진 지도를 사용해 정해진 목적지를 찾아가는 게 아니라 새로이 지도를 작성하면서 미지의 고원들을 탐사하고 구성해가는 과정을 가리킨다. 다시 말해, 특정한 목적지를 찾아가는 통상의 지도와 정반대로, 분열분석적 지도그리기는 길을 찾는 동시에 만들고, 변형중인 세계의 낯선 배치를 더듬으면서 그 향방을 가늠해보는 과정 자체다.

분열분석적 지도그리기는 동일한 콤플렉스나 동일한 보편적 '수학소'를 무제한적으로 전사傳寫하기보다는, 현행적인 무의식을 탐구하고 실험할 것이다. 분열분석적 지도그리기는 단순히 통시적 귀결, 즉 증상, 노이로제, 승화 등의 탐지작업에만 전념하는 것이 아니라, 분명한 평형상태 또는 주체적 파국상태를 넘어서 현실적으로 해당 배치를 횡단하는(또는 횡단할 수 있는) 공시축에 따라서 가장 드러나지 않은 상황적 잠재력을 밝혀내는 데 몰두할 것이다"(가타리, 2003: 221-222).

이러한 지도그리기를 따른다면, 욕망과 섹슈얼리티의 탐사는 '남성이냐 여성이냐'의 이분법을 넘어서 남성도 여성도 아닌 횡단성의 운동을 즉 트랜스-섹슈얼리티의 다층적 지형들을 그려보는 일이 되지 않을까?

특정한 섹슈얼리티의 고원을 형성하는 지형적 조건들, 그것을 분석하는 것이 분열분석의 또다른 과제임을 짚고 넘어가자. 이는 현재의 고원, 여성인가 남성인가의 특정한 섹슈얼리티의 정박상태나 그 발산상태를 해명하는 문제다. 왜 늑대인간은 늑대를 두려워하게 되었는가? 왜 그에게 아버지가 문제일까? 어쩌면 늑대는 그가 어릴 적에 보았던 동화책 삽화의 이미지가 언어적 상상력과 결합하며 만든 자연스러운 거부감정은 아닐까? 아버지에 대한 환상은 그가 프로이트를 만나기 전에 이미 정신분석에 관해 듣고 알았던 지식을 통해 구성된 자위적인 논리는 아닐까? 우리는 다각도에서 다시 생각해볼 수 있다. 그리고 빠뜨리지 말아야 할 것은, 개인에 있어서나 집단에 있어서나 자신의 정체성을 둘러싼 환상들은 고립되고 폐쇄된 것이 아니라 사회적 관계 속에서 투영되고 조형된 것이란 사실이다. 달리 말해, 늑대에 대한 공포는 아동교육의 규범적 과정인 동화책 읽기와 그 예기치 않은 부산물인 상상력 사이에서 (프로이트의 지적 그대로) 충분히 만들어질 수 있는 사건일지 모른다. 게다가 정신분석에 대한 지식은 그가 프로이트를 찾아왔던 1910-1914년간 유럽의 사교계와 지식사회에서 널리 공론화되던 담론분과의 하나였다. 이 점을 망각한 채, 그저 환자의 개인적 성향이나 체험만을 자료로 그의 증상과 치유를 단언할 수는 없으리라.

그렇다면, 브렌다 또는 브루스에 대한 이야기에서도 우리는 비슷한 물음을 던질 수 있지 않을까? 왜 브렌다는 자신의 여성적 외형에도 불구하고 남자아이들의 장난감을 선택했을까? 타고난 성별이 남자였기에 그것으로 돌아가려는 본능 때문이었다고 말한다면 너무나 게으를 뿐만 아니라 어리석기 짝이 없는 답변이다. 우리는 그/녀가 놓여 있던 관계적 장, 가족과 사회, 친구와 학교, 동네골목, 늘상 접하고 있던 텔레비전이나 라디오 같은 소통의 매체들이 형성하는 환경을 고려해야 한다. 예컨대 브렌다가 인형놀이보다 전쟁놀이에 더 애착을 보였다면, 이는 그녀의 성장기가 미·소간의 군비경쟁으로 말미암아 가부장적 남성성을 더 선호했거나, 미국의 세계지배가 미국인들의 기본적인 세계관이 된 시대였기 때문은 아니었을까? 어른의 권력적 위계구조가 투사된 아이들의 놀이 속에서 그녀 역시 생존의 강력한 요구를 받아들여 힘의 기표로서 총을 선호하진 않았을까? 혹은 단순히, 그러나 심오하게도 브라이언이나 다른 소년들과 함께 놀았던 경험이 그녀에게 더욱 커다란 쾌감을 안겨다준 또래문화였던 탓일 수도 있다. 어쨌건 아이는 고립된 채 혼자 크는 게 아니라, 타자들에 둘러싸여 영향을 주고받으며, 시대와 사회의 기호를 끊임없이 수신하고 발산하며 관계적 존재로 성장한다. 그것이 핵심이다.

섹슈얼리티는 과학/의학이 주장하는 것처럼 유전적 자질에 의해 불가역적으로 정해진 신의 심판이 아니다. 인형놀이나 전쟁놀이에 대한 취향이 유전자에 미리 새겨져 있을 리 만무하다. 관건은 힘과 권력의 관계다. 아이는, 아버지가 그러했듯, 사회적 배치 속에서 양육된다. 사회적 욕망의 투여가 가족적, 성적 투여에 선행하며, 그런 한에서 성적 정체성이란 사회적 배치로부터 기인하는 결과일 뿐이다. 머니에게서 브루스를 구출하려던 콜라핀토는 한 극을 다른 극으로 옮겨놓은 것일 뿐이다. 브루스/브렌다의 섹슈얼리티는 그들이 줄다리기하던 양극의 '사이' 어딘가에, 혹은 다른 어딘가에 있을지 모른다. 우리 모두의 섹슈얼리티가 그러하듯. 성적 정체성이 안내하는 지도를 그대로 좇아가려 한다면 당신은 이미 도착한 것이다. 남성이나 여성, 어느 한쪽으로. 하지만 그곳에 정녕 당신이, 우리들이 있을 리 없다.

7. n개의 성, 트랜스 - 섹슈얼리티의 실천

문제는 소급이 아니라 순환이다. 순환은 0과 1의 양극 사이에서 유동하는데, 이 두 숫자는 정체성의 두 극이 아니라 힘의 온전한 충만함과 백터화의 첨점을 이념적으로 가리킬 뿐이다. 중요한 것은 그 사이에서의 흐름이다. 무의식적 욕망은 이러한 힘의 순환을 통해 꾸준히 생산되고, 이 순환에서 무의식적 욕망의 아버지나 아들이 누구인지, 그것이 남성인지 여성인지를 확인하려는 질문은 무의미하다. '사회적'이라 지칭되는 무의식적 욕망의 벡터 - 장場에서 개체와 집단이 맺는 강도적 관계들이 개인이나 가족, 민족, 국민, 혹은 공동체와 그 소속원들의 이름으로 가시화된다. 이와 같은 가시적인 상징계의 요소들은 규정자들이 아니라 규정되는 것들이다.

모든 것이 사회적이란 말은 사회적인 벡터들에 의해 무의식의 흐름이 규정된다는 뜻이다. '사회'라는 특정 기계가 무의식을 전유한다는 말이 아니다. 어떤 것을 섣불리 주어의 자리에 놓거나, 주체의 기능에 투사하지 말자. 가시적인 제도와 규범, 규칙과 법적 장치들에 의해 표명되는 사회가 아니라, 무수히 많은 타자들의 다양성, 비가시적인 무의식적 욕망들에 의해 만들어지는 관계들의 총체가 사회라 할 수 있다. 당연히, 이와 같은 사회적 관계들의 분산과 통합, 해체와 구성은 정치적인 것the political의 과정에 연결되어 있다. 들뢰즈와 가타리에 따르면, 이로부터 무의식을 정박시키는 두 가지 극極적 성분들이 나타난다. 편집증의 극과 분열증의 극이 그것이다.

편집증의 극은 모든 사회구성체의 역사적 형태들에 대해 리비도를 과잉(초)투여하며, 욕망의 소수적 지대들에 대해서는 역逆투여한다. 오이디푸스는 이러한 투여의 양상을 가리키는 관념인바, 실상 편집증적 투여의

한 가지 방식에 대한 명칭일 뿐이다. 따라서 오이디푸스는 초역사적인 구조가 아니라 역사적인 투여방식이고, 아빠나 엄마와 같은 인간적 형상의 극도 영원불변한 게 아니다. 반면, 분열증의 극은 탈주선을 따른다. 그것은 개인과 사회, 각종 분별의 욕망이 만들어낸 격벽을 돌파하고 흐름을 통과시키며, 다양한 소수적 흐름들을 기계적으로 융합하거나 해체시킨다. 인간적 형상들이 만든 첨점, 아버지나 엄마, 아들/딸과 같은 가족적 형태는 불변하는 종種적 진리의 자리를 박탈당하고, 사회적 관계 속에 용해되면서 다른 생성의 첨점을 향해 나아간다.

열렬한 독자층을 확보한 콜라핀토의 책은 출간 몇 년 후 개정판을 내며 후기를 하나 덧붙인다. '데이비드의 비극'이 그 제목인데, 놀랍게도 초판에서 남성으로서의 개인적 행복을 되찾았다고 전해진 데이비드가 2004년 5월 5일 자살을 했다는 소식을 들려준다. 콜라핀토에 따르면, 브렌다 시절부터 그를 따라다니던 우울증, 공황발작, 불안증세 등을 미루어 볼 때 자살이 완전히 뜻밖이라고는 볼 수 없는 사건이었다. 인터뷰 내내 위태롭게 솟아오르던 그의 좌절감과 분노, 굴욕감 등은 그가 일상을 정상적으로 살아가는 데 막대한 지장을 주었음에 틀림없었다. 특히 아무리 노력해도 실질적으로 완전한 치유가 불가능한 발기불능에 대한 압박감과 절망감을 비극의 원인에서 빼놓을 수 없다. 어쩌면 우리는 데이비드의 자살을 성적 정체성 형성의 실험이라는 '농간'에 희생당한 사람의 불운한 종말로 언급할 수 있을 것이다. 하지만 그게 다는 아니다.

2002년에 먼저 세상을 떠난 브라이언의 죽음은 데이비드의 자살을 유발시킨 결정적인 원인이었다. 사실 데이비드의 어릴 적 사고와 이후의 인생여정은 브라이언에게도 똑같은 무게의 여파를 미쳤다. 집안 분위기는 침울했고, 부모의 신경질과 우울증은 자식들에게도 영향을 끼쳤다. 브라이언은 십대 때 배수관 청소제를 마시고 자살을 기도했으며, 커서는 알코올중독자가 되어 제대로 된 사회생활에 임할 수 없었다. 더구나 형의 인생이 언론을 통해 드라마틱하게 포장되고 세간의 주목을 받자, 초라하다고 느끼던 자신의 삶은 더욱 조그맣게 움츠러드는 듯한 열패감을 덜어낼 수 없었다. 브라이언 역시 어떤 식으로든 세상 사람들의 관심과 애정을 받고 싶어했을 텐데, 불행하던 형이 그런 위치가 되자 자신의 처지에 더욱 낙담했던 것이다. 이는 어릴 적 머니 박사의 진료를 받으러 볼티모어로 여행을 다녀올 때부터 심어졌던 감정으로, 브렌다만이 중요한 취급을 받고 자신은 그저 비교의 대상으로 처분되는 데 대한 소외감에서 연유한 것이었다. 결국 브라이언은 알코올중독으로 인해 직장에서 해고되고, 이혼당했으며 양육권마저 빼앗겼다. 2002년 그의 시신이 발견되었을 때 사인은 항우울제와 알코올의 치명적인 조합으로 드러났다. 형제의 이러한 죽음이 데이비드에게 어떤 식으로든 중대한 영향을 안 미쳤을 리 없다. 단지 형제애로 치환될 수 없는 관계의 소멸이 그것이다. 브라이언은 그의 굴곡진 인생길에서 유일하게 소통할 수 있던 타인이었던 것이다.

그 외에도 데이비드를 죽음으로 내몬 이유는 여럿이 더 있다. 도축장에서 유독화학물질을 다루는 잡역부로 일하던 그는 늘 스트레스에 시달렸지만, 자신의 인생역정을 생각하며 또 어렵게 얻은 가정을 위로 삼아 잘 버텼다. 하지만 경기불황으로 도축장이 문을 닫자 실직상태에 놓이게 되었고, 그 후로는 제대로 된 직장을 찾지 못했다. 비록 책의 인세수입이나 영화판권료 등이 그의 생활을 완전한 빈궁에 떨어지게 하지는 않았으나, 오히려 마음의 근심이 가장 큰 적이 되었다. 자신의 삶에 대한 자괴감과 연민, 격앙된 감정 등을 회피할 만한 일이 없어지자 스스로를 괴롭히기 시작한 것이다. "정규직이라는 일자리를 통해 정신을 분산해야 하는 사람이 있다면 바로 데이비드였던 것이다"(콜라핀토, 2002: 368). 실로 돈 자체가 문제는 아니었다. 이런저런 우연들로 돈이 생겨도 이내 미래에 대한 걱정이 그를 장악해버렸다. 설상가상으로 사기까지 당해서 기소당할 처지에 놓이게 되었다. 무엇보다도 아내 제인이 그를 떠날까봐 늘 전전긍긍했다. 아내는 헌신적이고 믿음을 주는 사람이었으나, 그의 불안감을 완전히 해소시켜줄 수는 없었다. 주부로 지내던 제인은 순전히 보람 있는 삶을 위해 공장에 취업해서 일을 시작했고, 체중 감량을 위해 운동을 시작했으나, 이 또한 데이비드의 심사를 괴롭히는 일이었다. 자신의 비정상적인 남성성은 결코 보상받을 수 없었고, 건강하고 매력적인 삶을 지향하는 아내의 모습은 그를 기쁘게 하기보다는 불안하게 만들었던 것이다. '성불구'라는 마음의 낙인은 유령처럼 그에게 붙어다니며 언제든 격발될 시점을 노리고 있었으며, 그때마다 데이비드는 어릴 적의 사고와 인생유전을 한탄하며 고통스러워했다. 이는 누구도 치유해줄 수 없는 마음의 병이었고, 결국 식료품점을 다녀오던 중 엽총으로 자살해버리고 말았다.

브루스/브렌다, 또는 데이비드의 불운한 삶을 단지 동정하기 위해 그 경과를 서술한 것은 아니다. 문제는 그의 삶의 진실, 성적 결정과 섹슈얼리티의 향방은 어디를 향하고 있었는가에 있다. 과연 그는 이에 관해 알고 있었을까? 오히려 그 자신도 몰랐노라고 말하는 게 진실에 가깝지 않을까? 자기를 남성이라 말하고 싶었던 데이비드의 성적 정체성을 부정할 필요는 없다. 그러나 자신이 믿고 입증하고자 했던 정체성이 반드시 그 자신의 상태와 일치하는지는 확증되지 않는다. 차라리 그를 괴롭혔던 자괴감, 그의 불안의 근원에 대해 조금이나마 언급해보자. 그는 자신의 '되찾은' 남성성에도 불구하고, 자신이 남성이 아닐지도 모른다는 강박에 사로잡혀 고통스러워했다. 그것은 성기와 성적 능력으로 대변되는 성적 정체성의 표징들이며, 그를 갉아먹어 죽음에 이르게 했던 징표도 그것들이었다. 제인은 그의 성장과 현재에 대해 충분히 숙지하고 결혼을 결정했고, 마지막까지도 그의 보호자이자 의지자로 남는 데 거리낌이 없었다.

때문에 데이비드를 가장 괴롭힌 것은 무엇보다도 그 자신의 강박관념이었지만, 단지 그의 내면적 문제만은 아니었다. 남성이 아닌 다른 것, 비-남성이나 비정상에 대한 사회적 시선과 압력이야말로 데이비드가 자신을 남성인지 여성인지 계속해서 캐묻고 답 없는 고통에 빠뜨린 진정한 원인이었을 것이다. 설령 누군가 대놓고 성적 정체성에 관해 질문하거나 공격하지 않는다 해도, 무의식은 사회적인 심급의 말과 시선을 경유해 자아를 압박하곤 하기 때문이다. 나아가 데이비드를 죽음으로 내몰았던 여러 가지 환경적인 요인들, 경제적인 요소와 정치적인 요소들, 문화적인 요소들 모두가 결합하여 성적 정체성이라는 가시적인 표징 속에 결합해 그를 강박했다고 보아도 무리는 아닐 터. 그의 삶의 의미, 죽음의 진실에 관한 단 하나의 정답을 내릴 수는 없어도, 그가 벼랑 끝까지 자신을 내몰아야 했던 다양한 조건들에 대해서는 말할 수 있으리라. 바로 "너는 남성이다"라는 최초의 질문, 그리고 "너는 남자인가?"라는 최후의 질문이 그렇다. 무의식과 욕망의 정체를 이것이냐 저것이냐 라는 양자택일 속에 단하나의 정답으로 몰아붙이는 목소리야말로, 우리 자신에게서와 마찬가지로 데이비드에게도 빠져나올 수 없는 악마의 갈퀴 같은 압박이었을 게다. 우리는, 인간은 과연 둘 중의 하나에 속해야만 하는 것일까? 그것이 정말 우리 존재의 행복을 결정하는 처음이자 마지막 열쇠일까?

n개의 성에 관한 사회·정치적이고 문화적인 담론은 단지 다양성을 인정하자며 속 편하게 웃고 떠드는 유행일 수 없다. 레즈비언과 게이, 바이섹슈얼, 트랜스젠더 및 퀴어라는 낯선 섹슈얼리티에 대한 인정과 더불어, 남성과 여성이라는 전통적인 이분법적 섹슈얼리티조차 해방시킬 전복적 가능성이 포함되어야 한다. 그들을 다른 섹슈얼리티와 접속시키고 변형시킬 수 있는 가능성, 그것은 적어도 남성과 여성이 자신의 성적 정체성에 결박되어 불행에 빠지지 않도록, 다른 섹슈얼리티와 만나고 변형되는

것을 행복의 조건으로 삼을 수 있게 해주는 변혁이 되어야 할 것이다. 분열분석적 지도그리기가 이 과정을 가리키는바, 우리는 섹슈얼리티에 대한 고정된 관념을 이제 내려놓아야 한다. 그것은 근대적 인간학에 의해 깊이 침윤되어 있고, 무의식적 욕망의 분기를 부정하며, 선험적으로 주어진 두 개의 성별적 극에 섹슈얼리티를 고착시켜버리는 강압에 지나지 않는다. 우리는 차라리 트랜스-섹슈얼리티라는 성별화 외부의 사건, 섹슈얼리티의 해체와 구성에 관해 탐색해볼 필요가 있다. 이는 전통적인 성별화와 그에 따른 사회적 구조, 위계적 질서 등에도 반하는 분열적 운동으로서 섹슈얼리티와 정치적 실천의 문제를 우리에게 제시하고 있다. 궁극적으로 그것은 인간주의적 역사, 근대적 휴머니즘이 노정한 성적 정체성의 결박으로부터 우리를 스스로 해방시키는 과제를 던져줄 것이다.

8. 후기—타자화, 또는 자기를 발명하는 젠더정치학

브렌다/데이비드의 사례에 관한 버틀러의 글을 읽은 것은 이 글을 쓰고 나서 몇 년 지난 후의 일이었다. 페미니즘 세미나에 참여하면서 읽었던 버틀러의 글은 이 사안에 대해 그녀와 나의 생각이 같은 방향을 향하고 있음을 확인해주었으나, 한두 가지 덧붙이고 싶은 부분들도 있었다. 이에 대해 잠시 정리하며 논의를 마치고자 한다(버틀러, 2015: 3장).[25]

콜라핀토에 대한 옹호와 반론, 전문적 논평 및 논문들을 훑어본 후 작

---

25 이후 이 논문에 대한 인용은 본문에서 괄호 속 쪽번호로 대체한다. 논지 전개의 편의상 '브렌다/데이비드'로 병기했던 버틀러의 지칭을 그대로 사용하겠다.

성된 버틀러의 글은 이 사안에 얽힌 누군가를 '판단'하거나 '비난'하는 데 목적을 두지 않는다. 그녀의 글 제목은 '누군가를 공정하게 평가한다는 것'이며 부제는 '성전환과 트랜스섹슈얼의 알레고리'라고 붙여져 있다. 짐작하건대 문제를 특정한 방식으로 결정하고 해소하는 게 아니라 그 대상에 대해 불공정하지 않기 위해서는 어떤 관심과 시각을 가져야 하는지 성찰하자는 것이다. 트랜스섹슈얼리티라는 문제에 대해 대개의 학술 논문들이 모종의 평가를 내리거나 실질적인 해결책을 강구하는 데 집중한다면, 버틀러는 그 문제가 우리에게 던지는 의미가 무엇이며 어떤 전망 속에서 재조명되어야 하는지를 문제화한다. 그러니 그녀의 대화 상대자는 논쟁의 어느 한 편이 아니라 지금 이 문제에 관심을 갖고 글을 읽는 독자라 할 수 있다.

버틀러는 푸코의 '진리의 정치학'을 논제로 글을 시작한다. 알다시피 푸코는 억압하는 권력과 해방의 문제를 현대 정치철학의 주안점으로 쟁점화한 장본인이다. 하지만 그가 후기에 도달한 권력의 논제는 역설적인 문제를 제기한다. 즉 권력은 단순히 사람을 억압하는 것이 아니라 오히려 특정한 개인을 조형하는 적극적인 힘이란 것이다. 이 역설을 버틀러는 이렇게 받아쓰고 있다. "인간이 등장하고, 인간으로 인식되며, 특정 주체가 인간의 사랑의 주체가 되게 하는 인식 가능성의 조건이 무엇이냐고 묻는다면, [이는] 규범과 관습으로 이루어지며 미리 전제되어 있어서 그것이 없으면 인간이 무엇인지 전혀 알 수 없는 인식 가능성의 조건에 대해 묻는 것"이라는 사실이다(96). 권력은 우리 앞에 엄존해 있는 규범적 현실이다. 우리는 그런 권력의 작용으로 인해 우리 자신이 되고, 행복에 젖거나 조화를 느끼기도 한다. 하지만 동시에 이 규범이 자신과 '일치하지 않음'을 직감할 때, 그래서 더이상 권력에 순응하며 살아갈 수 없을 때 우리는 불복종이라는 문제와 만나게 된다. "어떻게 통치 받지 않을 것인가?"

라는 물음, 그리고 '비판적 태도'는 이 같은 문제설정에 대한 주체의 응답이 아닐 수 없다(푸코, 2016: 44).

자, 그럼 브렌다/데이비드를 둘러싼 논쟁으로 본격적으로 들어가보자. 전반적인 사정은 본문에서 언급했으니 넘어가겠다. 버틀러는 유아기의 불행한 사고로 인해 브렌다/데이비드의 부모가 겪어야 했던 당혹과 절망, 그리고 머니 박사와의 만남 이후 결정된 '성별 재배치'의 과정을 담담한 어조로 기술한다. 하지만 몇 페이지에 걸쳐 짧고 빠르게 언급되는 브렌다/데이비드의 성장기에서 중요하게 거론되는 지점들은 분명 그/녀가 후일 남성으로 다시 재배치될 것이란 관점에서 서술되어 있다. 가령 그/녀는 8-9세경부터 '남성적' 놀이와 자아의식을 갖기 시작했고, 11세 이후 정신과 연구팀이 제안한 에스트로겐 주사를 거부했다는 것이다. "브렌다는 남성적 활동을 선호했고 젖가슴이 커지는 것을 좋아하지 않았다고 한다"(101). 결과는 우리가 아는 대로다. 14세 정도에 이르자 브렌다는 더이상 '그녀'로 살기를 중단하고, 데이비드가 되어 '그'의 삶을 살아가기로 결심하게 된다. 이야기는 환경이 젠더를 바꿀 수 있다고 주장함으로써 성전환을 유도하고 강요했던 머니가 몰락하고, 젠더는 섹스의 본질을 벗어나 뒤바뀔 수 없다고 주장한 다이아몬드가 '승리'했다는 식으로 마무리된다.

이 드라마틱한 과정에는 '어떤 뿌리 깊은 젠더의식'(103)이 개입되어 있다는 사실에 버틀러는 주의를 기울인다. 이 용어에는 이중적 함의가 있다. 첫번째는 버틀러도 지적하듯 브렌다/데이비드가 환경적으로 부여된 젠더에 대해 스스로 어떤 반응을 보였느냐는 점이다. 그/녀가 여성으로서의 삶을 못 견뎌하고 남성이 되는 데 깊이 공감했다는 사실이 이를 잘 보여준다. 분명 성적 주체로서 그/녀는 자신의 성적 정체성을 '남성'으로 확신했으며, 신체적 성별마저 그렇게 바꿀 수 있기를 희망했다. 당사자가 자신의 젠더에 대한 자신의 태도를 분명히 드러냈고 이를 위한 외과적 수술마저 결정했다는 데 누가 딴지를 걸 수 있겠는가? 성적 지향과 젠더 정체성에 대해 이보다도 분명한 지침이 있기는 어렵다. 하지만 문제는 다른 데 있다. 만일, 당사자의 성적 결정권만이 절대적이라면 이 논쟁은 손해배상에 관련된 법정 분쟁의 근거로는 유용할 수 있어도, 젠더 결정과 주체성의 문제를 사유하는 데는 그다지 중요하지 않을 것이다.

개인의 성적 자기 결정권을 인정하는 입장에서라면 머니의 패배가 쓰라린 경험으로 비칠 수밖에 없다. 콜라핀토 책의 원제인 '자연이 그를 만든 대로As Nature Made Him'가 시사하듯 다이아몬드의 승리는 생물학적 결정론의 진리성을 증거해주는 듯하기 때문이다. 실제로 진보적 페미니스트나 퀴어연구가들 중에는 머니의 보고서를 곧이곧대로 인용했다가 훗날 자기 입장을 수정하거나 폐기한 사람도 있었다. 무엇보다도 젠더야말로 사회적 삶을 살아가는 인간에게 보다 근본적 중요성을 갖는다고 주장하는 현대 섹슈얼리티 이론가들에게 섹스 근본주의적 사고의 승리는 관련된 논제의 전반적인 보수화를 불러일으킬 위험을 갖는다. 승부는 결정 난 듯싶지만 어딘지 찝찝한 기분을 버릴 수 없다. 흥미롭게도, 버틀러의 관심사는 두 진영 사이의 승패 문제가 아니다. 한 편을 옹호하고 다른 편을 거절하는 방식으로 이 논쟁에 관심을 기울이게 되면, 자기도 모르게 문화 대 자연과 같은 이분법의 함정에 빠지고 만다. 이러는 와중에 주체는 두 성별 중 하나로 제멋대로 유연화할 수 있는 대상처럼 취급당하는 것이다. 머니는 불구가 된 신체를 아예 반대 성으로 돌려버림으로써 '정상화'한다는 명목으로 브렌다/데이비드를 바꾸어버렸고, 다이아몬드 역시 '자연'의 원리로 돌아간다는 명목으로 그/녀를 '유연화'해버렸다. 두 진영 중 어느 쪽도 브렌다/데이비드라는 당사자 주체의 감정과 생각을 배려하지 않았으며, 다만 자신들의 입장을 증명하기 위한 도구로 사용했다. 하지만 그/녀는 자신의 젠더를 무엇이라 상상했을까? 자기가 정녕 되기를 원했던 것이 무엇인지, 그/녀는 과연 말할 수 있었을까?

더욱 중요한 논점이 하나 더 고려되어야 한다. 이것이 두번째다. 그것은 주체를 둘러싼 문화적 환경에 관련된다. 브렌다/데이비드라는 인간과 그의 몸에 적용된 지식장치apparatus of knowledge의 문제가 그것이다 (111). "자기보고 행위와 자기관찰 행위는 특정 관객과의 관계 속에서, 상상 속의 수용자로서의 특정 관객과 더불어, 그 관객에 대한 언어적이고 시각적인 자아의 그림이 산출되는 특정 관객 앞에서 일어난다"(같은 곳). 브렌다/데이비드가 자신을 누구라고 상상했는지는 중요한 질문이다. 그러나 당사자의 답변이 항상 정답일 수는 없다. 적어도 무의식의 영역을 염두에 둔다면, 우리는 당사자 주체의 의식적 결정이 그의 무의식적 진리에 언제나 부합한다고 확언할 수 없다. 주체의 자기관계는 투명하고 직접적인 소통의 끈을 통해 이루어지는 게 아니라 늘 타자의 시선과 평가를 경유함으로써 성립한다. 브렌다/데이비드는 유아기부터 머니의 관찰과 분석을 받아왔고, 어떤 식으로 그에게 반응하고 적응하거나 반발해야 하는지를 습관처럼 익혀왔다. 그 기간 동안 그/녀는 어떻게 해야 스스로를 보호하고 방어할 수 있는지 체득하게 되었으며, 이 모든 과정이 그/녀로 하여금 자기에 대해 특정한 결단을 내리도록 촉발했다는 점을 염두에 두어야 한다. 당연하게도, 다이아몬드와 그의 동료들과의 관계에서도 사정은 다르지 않았다. 브렌다/데이비드의 남성으로의 '복귀'에 조력했다 해도, 그들의 말과 행동, 사회적 관계 등은 은연중에 그/녀의 결정에 영향을 끼치고 특정한 결과를 빚어내도록 작용했을 것이다. 버틀러는 말한다. 자기의 남성성을 억누르고 여성이 되라는 머니의 요구는 사회적 규범성의 요구였다. 이에 반발한 브렌다/데이비드는 불복종을 택하고 자신의 의지대로 남자로 다시 태어나길 욕망했다. 그런데 이렇게 남자가 된다는 것은 또다른 규범으로의 종속은 아닌가? 스스로를 미워하던 브렌다가 거울 속에서 '괴물 같은 유령'(115)을 보았을 때, 그/녀는 실상 또다른 규범에 얽매여 있던 것이 아닐까? 남자여야 할 인간이 여자의 모습으로 거울 앞에 섰으니 괴물이나 다름없다는 식으로. "그게 그/녀가 보여지는 방식과는 다른, 그/녀 스스로 보는 시각일까? 그는 규범이 그의 외부에 있다고 확신하는 듯 보이지만, 만일 규범이 그가 바라보는 수단이 되고, 그 자신의 시선의 틀이 되고, 스스로를 보는 그만의 방식이 되었다면 어찌할 것인가?"(같은 곳)

버틀러는 브렌다/데이비드의 판단이 잘못되었다고, 남자든 여자든 옳은 선택을 한 것이 아니라고 비난하려고 이 글을 쓰지 않았다. 내가 그녀에게 공감하는 대목은 여기다. 분명 그/녀가 자신의 젠더 정체성에 대한 결정을 내리는 데는 스스로의 내적 판단이 필요했고 또 외적인 영향관계도 작용했을 것이다. 이에 관해서는 내 글의 말미에 자세히 다루었으니 더 적지 않겠다. 그러나 바로 그 때문에, 어떤 요인이 어느 만큼이나 결정적으로 작용했는지 객관적으로 산정할 수 없기 때문에 우리는 그/녀에 대한 섣부른 판단을 중단해야 한다. "나는 이 사람을 진정으로 이해할 수 없고, 이 사람을 알지 못하며, 이 사람에게 다가갈 길이 없으므로, 선별된 수의 말만 읽는 독자로 남는다"(113). 어느 누구도 타자의 전체를 바라볼 수 있는 시각을 갖지 못하기에 그의 삶 전체를 옳고 그름의 잣대 위에서 판가름할 수 없다. 이 점은 브렌다/데이비드 본인에 대해서도 마찬가지다. 우리는 "이미 [사회적으로 타자들에 의해] 말해지고 있는 언어로 말하"고 있으며(114), 그 누구도 자신만의 고유한 사유와 감정을 통해 단독자적인 결단에 도달할 수 없다. 따라서 그/녀 또한 자신의 결단과 선택이 무엇을 뜻하는지 완전히 알 수는 없었으리라. 하지만 이게 다는 아니다. 그 같은 인식 불가능성에도 우리가 사는 이 지반 위에는 "최소한의 규범이 있다는 것"을 인정하지 않을 수 없다(114). 거울 앞에 선 브렌다/데이비드의 경우처럼 주체는 그가 복종하든 복종하지 않든 (무)의식적으로 특정한 규범 앞에 서게 되곤 한다. 규범의 권력 바깥에 선다는 것은 대단히 어려운 과제다. 규범과 규범 아닌 것은, 실상 더 큰 규범의 내부적 경계선에 갇히기 십상이다. 다시 푸코의 딜레마로 돌아온 걸까?

이런 점에서 브렌다/데이비드의 인터뷰조차도 그/녀의 (무)의식에 끼친 규범의 그림자가 남긴 결과가 아닐까 의구심을 가질 법하다. 하지만 버틀러는 그/녀가 "[내 가치가] 다리 사이에 있는 것 때문에 정당화되는 것이라면, 나는 완전한 실패자가 되겠죠"(118)라고 털어놓은 점에 주목한다. 권력의 규범성에 저항하는 주체, 그러나 이 저항이 곧 또다른 종속을 뜻할지도 모르는 막다른 골목의 주체로서 그/녀는 무의식중에 자기 가치가 타인들의 생각 '이상以上'일 수도 있음을 내뱉었기 때문이다. 그 '이상'의 실체가 무엇인지는 뚜렷하지 않다. 어쩌면 라캉의 대상a를 연상하게 만드는 그것은 그/녀로 하여금 "자신을 인지 가능한 인간과 떼어서 생각하게 만든"(120) 것이며, 어떠한 규범적 가시성에도 귀속되지 않는 무엇처럼 보인다. 인간과 인간 사이의 '간극'이자 '통약 불가능성'으로서 그 '이상'은 사회적 개인에 대해 예상 가능한 것보다 '더 많은 것the more' 이 있음을 가리키는 징후에 가깝다.

그[데이비드]는 인식 가능성의 규범 자체를 초월하는 어떤 이해가 있다는 것을 보여준다고 말할 수 있다. 그는 자신을 둘러싼 질문을 거부하고 상대의 용어를 뒤집어서 그곳을 빠져나갈 방법을 습득함으로써 이런 '외부'를 이뤄냈다고 추측할 수 있다. 그가 만일 자신의 정체성을 알아내고 포착하려는 사람들에게 자신이 인식될 수 없게 만든다면, 그건 그에 관한 뭔가가 기존에 수용된 인식 가능성의 틀 바깥에서 인식 가능하다는 뜻이다. 사람에게는 어떤 핵이 있고, 그래서 어떤 휴머니즘적인 전제가 있다고, 즉 여기 나타난 전제, 사람을 구속하는 성별화되고 성차화된 인식 가능성에 관한 특정 담론에 따른 전체가 있다고 말하고 싶을 수도 있다. 그러나 그런 말은 그가 한 담론에 비난당해서 다른 담론으로만, 즉 휴머니즘 담론으로만 말해질 것이라는 뜻에 불과할지도 모른다. 어쩌면 말하는 주체, 즉 말해질 수 있는 것을 초월해 말하는 주체에게 어떤 핵이 있다고 말할 수도 있다. 데이비드의 발화의 특징이 바로 이런 설명 불가능성이며, 그것은 발화를 통해 드러나지는 않지만 그의 말 속에 그 전조가 되는 파편을 남기는 타자의 설명 불가능성이자 담론 자체를 초월한 자아의 설명 불가능성이다(120–121).

'더 많은 것' '이상의 것'이란 양적 다수성이나 질적 우월성을 담지하는 실체가 아니다. 오히려 이는 기존의 범주나 척도로는 담을 수 없고 측정할 수 없는 순수한 타자성이 존재함을 함축한다. 브렌다/데이비드가 자기에게 부과된 그 어떤 규범성에도 자신을 맞출 수 없다는 느낌, 그 감응을 머뭇거리면서 드러낼 때, 그는 무심코 자신이 규범 바깥으로 한 걸음 나가고 있음을 보여준 셈이었다. 독자들을 포함한 우리들, 버틀러와 이 논쟁을 둘러싼 사람들이 진리와 비판의 정치학을 발동시켜야 하는 지점이 바로 여기다. 한 주체가 규범의 안과 밖을 비틀거리며 걸어갈 때 그의 걸음걸이를 좇으며 탈주의 가능성이 잠재된 길목들을 발견해내는 것, 그럼으로써 그의 발걸음이 기성 범주와 척도의 권력 쪽으로 다시 구부러지지 않을 계기들을 찾아 제공하는 것, 단일한 진리가 아닌 다양한 진리들의 가능성을 열어내는 것이 이 정치학의 과제가 된다. 당연하게도, 주체의 불복종은 항상적인 것도 아니며 늘 옳을 수도 없다. 브렌다/데이비드가 어떤 결정을 내리고 자기 삶을 이어갔든, 그것은 온전히 그/녀 자신이 감수해야할 운명의 몫인 것이다. 핵심은 이 같은 주체의 선택과 결단에 대해 '안다'고 함부로 판단하거나 비난하지 않는 데 있다. 왜냐면 "그는 우리가 안다고 생각하는 것의 경계에서 스스로 말하는, 인간의 익명적이고 비판적인 조건"으로서 실존하는 까닭이다(123). 불복종하는 주체에 대한 태도 그 자체 또한 특정한 판단과 태도에 예속되지 않도록 비판적 자세를 견지해야 한다.

나는 버틀러의 이 같은 입장이 우리에게 섣부른 공정성이나 설익은 균형감각보다 훨씬 유용한 조언을 해줄 수 있다고 생각한다. 누구든 판단 없이 살 수 없다. 산다는 것은 항상 특정한 판단의 연속일 게다. 하지만 이 같은 판단의 불가피성이 타자에 대한 비난이나 예단, 혹은 재단의 불쏘시개가 되도록 방관해서는 안 될 것이다. 그런 점에서 자신의 판단을 중지시키고 한 발 물러서는 버틀러의 태도는 브렌다/데이비드 논쟁에 대한 종래의 견해들보다 겸허하고 사려 깊다고 할 만하다. 하지만 이렇게 멈춰설 때, 어딘지 못내 아쉬운 점도 없진 않다. 사실 그녀는 남성이나 여성의 어느 한 성별에 고착되지 않는 젠더이행의 변화 자체를 젠더의 의미로 받아들여야 한다고 주장했다(108). 남성이나 여성 둘 중의 하나로 자신의 성역할을 (재)배치하는 통념과 반대로, 젠더란 성별 사이의 이동이나 전환을 포괄해야 하며 '만들어진다는 것이 젠더 자체의 표현수단'이란 뜻이다(109). 전적으로 동의한다. 이는 젠더란 고정된 정체성이 아니라 수행적 행위 속에서 표현되는 특성이란 진술에서도 확인되며(버틀러, 2008: 131), 우리는 이로써 n개의 성이나 트랜스-섹슈얼리티의 실재성에 대해서도 확신을 갖게 된다. 그렇다면, 이 관점을 보다 급진적으로 밀고 나가 브렌다/데이비드의 사례를 검토해볼 수도 있지 않을까?

남성과 여성 중 어느 하나로 그/녀가 결정되지 않는다는 사실은 중요하다. 그/녀는 이행중에 있으며, 그만큼 혼돈과 불안, 규범 안팎을 넘나드는 실존의 곡예를 벌이고 있을 수 있다. 이 와중에 그/녀가 겪는 고통과 좌절을 무시하거나 폄하해서는 안 될 것이다. 하지만 우리가 언제나 타자의 바깥에 설 수밖에 없다면, 그래서 타자의 행보를 바라보고 추적하는 가운데 비판의 정치학을 가동시켜야 한다면, 그/녀가 더욱 급진적인 탈주선에 오르는 행로를 사유하고 촉발할 수도 있지 않을까? 당연하게도, 이러한 활동은 그/녀와 공-동으로 이루어야 할 사건에 속하는바, 제3자적 관찰자의 입장을 완전히 떠날 수 있을 때에야 비로소 일어날 일이다. 그렇다. 관건은 확실히 제3자의 자리를 벗어난 사건화의 첨점을 찾고 거기로 발걸음을 옮겨가는 데 있다.

공-동의 사건이 반드시 동시대적이고 동일 공간에서 벌어지는 직접적 연결을 가리키지는 않는다. 감응에 의해 연관된 수많은 네트워크의 조직화가 있을 것이며, 그 과정 속에 더 많은 타자들이 더 많은 우리들로 호명되고 하나이지 않은 연대를 이룰 수도 있을 것이다. 어쩌면 이 연결고리들 사이에서 우리는 서로를 침해할 수도 있고 간섭하거나 침범할지도 모른다. 하지만 그것이 나는 나고 너는 너다, 라는 개별성의 범주와 경계를 지워내고 통합하거나 다시 그리는 과정이라면 오히려 더욱 긍정적인 창안의 계기가 되지 않을까? 마치 젠더가 늘 형성적이며 수행적 과정을 통해 젠더로서 발명되는 것처럼. 그런 의미에서 타자에 대한 판단 불가능성은 다시 판단 가능성으로, 타자와 주체의 거리를 없애고 합치며 다시 그리는 (재)배치의 도정 속에 기록되어야 한다. 그렇지 않다면 브렌다/데이비드의 논쟁은 젠더 규범성을 돌파하는 것이 어렵고도 어려운 일이란 사실을 증거하는 사례 이상도 이하도 아닐 것이다. 관건은 규범의 이쪽이나 저쪽, 혹은 그 경계에 서는 데 있지 않다. 규범은 언제나 세워질 것이며 항상 우리를 억압하려 들 것이다. 규범으로부터 탈주하려는 욕망만큼이나 또다른 규범을 발명하려는 충동, 그리고 다시 넘어서려는 감응에 얼마나 우리를 맡길 수 있을 것인가? 과잉에 대한 요구, 때로는 그것이 가장 절실하고도 필요한 과제로 던져진다. 지금의 우리처럼.[26]

---

26 니체적 초인이나 도래할 포스트휴먼은 물론 우리, 인간이 아닐 것이다. 하지만 이런 단언을 생물학적 종차에 대한 구분이나 공룡 혹은 외계인에 대한 우스꽝스러운 상상력으로 쉽게 돌려세우진 말자. '그 이상의 것' '더 많은 것'에 대한 언명은 다른 존재에 대한 막연한 기다림과 의존을 지금-여기의 우리에 대한 기대와 촉발로 바꾸어놓는다. 이는 '우리 안에 있는 우리 이상의 것'이자 '우리보다 더 많은 것'으로서 우리 안의 타자성을 불러내는 힘이기 때문이다. 지젝의 말대로 우리가 의존할 대타자는 없다. 규범 안에서든 밖에서든 젠더를 의식하는 한 우리는 늘 젠더규범에 결박된다. 비젠더, 젠더의 외부, 젠더 아닌 것, 또는 명명 불가능한 다른 무엇인가로 자기를 발명하는 것 곧 타자화가 필요한 순간이다. 순수하게 자유로운 의지와 결정이 가능하다면, 그것은 불가능성을 향한 도약으로서 우리 안의 타자와 만나는 데 있다. 이런 의미에서 "우리가 기다리던 사람들은 바로 우리다"(지젝, 2010: 302).

6. 가장 뜨거운 모더니티
포르노그라피와 쾌락의 고고학

1. 포르노그라피를 어떻게 읽을까?

포르노그라피란 무엇인가? 이 질문에 답하기 위해 우리는 굳이 백과사전을 뒤적거릴 필요가 없다. 포르노그라피는 명확한 개념적 정의를 거쳐 세심하게 유추해야 할 관념이 아니라 단순한 직관을 통해 또렷하게 떠올릴 수 있는 일상적 이미지인 탓이다. 그래서 "포르노그라피란 성적 감정을 야기할 목적으로 성기나 성행위를 노골적으로 묘사하는 것"이라는 식의 일반적 정의는 그 정확한 규정성과는 별개로 어딘지 김이 새버린 듯한 불만족을 포함하고, 생생한 직관적 진실이 생략된 채 껍데기만 남은 언표처럼 여겨진다.[1] 차라리 인터넷으로 포르노 사이트를 검색해보는 편이 포르노그라피가 무엇인지 훨씬 빠르고 분명하게 보여주는 방법이 될 성싶다.

---

[1] 포르노그라피에 대한 이와 같은 통상적 규정 이외에도, 우리는 사법적·정치적 규정이나 페미니즘 정치학의 규정 등을 부기할 수 있을 것이다(몸문화연구소, 2013).

포르노그라피를 둘러싼 연상은 섹스라는 구체적 행위에 불가분하게 이어져 있다. 욕망에 대한 면밀한 관조와 성찰보다는 성행위 자체를 향한 진입구로서 포르노그라피는 호출되며, 흔히 '성욕'으로 번역되는 섹슈얼리티는 섹스와 동일한 의미로 통용되는 형편이다. 여기에 프라이버시privacy라는 현대적 관념이 덧붙여질 때 포르노그라피를 둘러싼 통념은 거의 완성된 형태를 드러낸다. 타인의 시선으로부터 벗어나, 지극히 사적인 공간 속에서 은밀하게 풀려나오는 육체적 욕망의 보충물이 포르노그라피인 것이다. 이런 의미에서라면 우리의 일상에서 포르노그라피적 기호를 찾아보는 일은 어렵지 않다. 그것은 개인의 내밀한 생활 속으로 은밀하게 유통되지만, 동시에 공적인 광장에서 누구라도 접근 가능한 대상으로 편재해 있다. 예컨대 거리의 편의점 가판대에 비닐포장된 황색잡지로부터 클릭 한번으로 그 자리에서 곧장 시청 가능한 '야동'을 떠올려보라. 더구나 개인화된 인터넷 통신과 사회관계망서비스SNS를 통해 사회적 범죄현상으로까지 비화된 포르노그라피 현상을 생각한다면, 텔레비전 화면을 가득 채운 걸그룹과 아이돌의 매혹적인 몸짓, 상품광고 속에 은밀하게 기입된 '섹스코드'는 차라리 세련되어 보일 지경이다. 위험스러우면서도 유혹적인 공과 사의 양가적 혼합물, 현대성의 불가결한 요소로서 포르노그라피의 위상이 여기에 있다.

문화사가 린 헌트에 따르면, 성적 표현물로서 포르노그라피의 관념은 19세기 이전까지는 존재하지 않았다. 1500년경부터 1800년대까지 포르노그라피란 언제나 종교적·정치적 비판의 한 수단으로서만 존속해왔다는 것이다(헌트, 1996: 12).[2] 르네상스로부터 프랑스혁명에 이르는 현대성modernity의 형성과정에서 포르노그라피는 일종의 정치적 투쟁의 무기로 널리 유포되어왔으며, 기발하고 분방한 성적 상상력을 활용한 인간과 사회에 관한 탐구에 다르지 않았다. 이렇듯 포르노그라피는 정치·사회·

문화의 영역에서 근대 유럽이 탄생하도록 자극하고 추동한 '은밀한' 계기 중 하나였다. 린 헌트를 비롯해 신문화사New Cultural History를 추구하는 일련의 연구자들은 포르노그라피가 지극히 서구적이고 근대적인 장르이며, 그런 의미에서 근대의 문화적 형성을 촉발하고 규정짓는 일종의 '발명품'이었음을 분명히 선언한다. 일반적으로 포르노그라피 양식 혹은 장르로서 소개되어 있는 많은 작품들은 중세 이후 근대의 성립과정에서 새로이 나타난 현상이며, 그 과정의 가장 중요한 원동력은 정치적 투쟁이라 할 수 있다. 요컨대 포르노그라피는 중세 이후의 정치사와 사회사, 그리고 문화사를 저변으로부터 관류하는 근대성의 내밀한 원천이었음을 기억해야 한다.

포르노그라피와 정치는 역사적 외연을 공유하며, 양자가 상호 구성적으로 전진해온 이 과정이 바로 근대, 곧 모던Modern 시대의 특징이다. 린 헌트는 성과 정치, 섹슈얼리티의 이미지가 역동적으로 상호 작동했던 현장으로서 1789년의 프랑스혁명을 꼽는다. 흔히 허영과 향락의 도가니로 묘사되는 부르주아문화에서 포르노그라피는 그저 퇴폐와 타락의 무대에 그치는 게 아니었다. 사적 육체가 거침없이 방사하는 외설성은 그 자체로 공적 진리를 향한 투쟁의 형식이었다는 점에서 정치적 근대성의 가장 대담한 징후였던 것이다. 포르노그라피는 근대적 대중 정치학이 개시되면서 필연적으로 함께 태동했던 '발명된 장르'였던 셈이다(헌트, 1996: 28). 근대성과 외설성, 정치와 포르노그라피의 쌍생적 관계를 밝힌 신역사주의자

2 물론 이러한 규정은 포르노그라피라는 장르의 근대적 탄생과 연관되어 있다. 본론에서 살펴보겠지만, 근대 이전에도 성적 감정과 욕망을 소재로 한 많은 표현물들이 존재했다. 하지만 그것이 '외설성'을 근거로 억압과 탄압의 대상이 되거나, 반대로 해방과 자유의 표상으로 등장하게 된 것은 근대 이후의 일이며, 그 과정은 정치적 투쟁의 형식을 띠지 않을 수 없었다. 근대의 정치적 포르노그라피에 관한 우리의 논의는 이 지점에서 출발한다. 이 글에서 거론된 근대 포르노그라피의 제작과 유통, 사상 및 논쟁에 대한 많은 전거들은 린 헌트의 책으로부터 빌려온 것임을 밝혀둔다.

들, 또는 공식적 역사 이면의 비-역사를 재조명하고 다시 작동시키려는 연구자들의 입장이 지금 우리에게 던지는 교훈은 무엇일까? 그것은 아마도 정치적인 것을 포괄하지 않는 삶이란 존재하지 않는다는 것이 아닐까?

정치가 아니라 정치적인 것으로서의 삶은 정치체와 제도를 넘어서는 삶의 양식 전체라 할 만하다.[3] 오랫동안 포르노그라피는 사적 일상의 한 영역으로 부차적으로 취급받고, 정치와는 '무관'하거나 '다른' 영역, '저급'하고 '은밀'한 영역으로 치부되고 배제되었다. 하지만 정치적인 것으로서의 삶이 문제라면 이야기는 달라진다. 특히나 20세기의 끝을 기점으로 기존의 문화적 전통이 허물어지고 변형되면서 문화적인 것the Cultural의 영토가 새로이 구성된 한국사회의 현실은 성과 섹슈얼리티, 그리고 포르노그라피의 문제를 강력히 제기하고 있다.[4] 우리는 외설성으로서 표징되는 육체와 삶, 그것의 정치적 진실에 대해 그저 낯을 찡그리거나 얼굴을 붉힌 채 고개를 돌릴 수만은 없다. 포르노그라피의 역사를 돌아보아야 할 이유는 이미 충분하다.

2. 쾌락에 대한 찬양과 혐오, 두려움의 기원

포르노그라피가 근대의 발명품이라는 언명은 과연 믿을 만한가? 우리

---

3 정립된 법과 규칙, 규범들의 체계로서의 정치(the politics)와 정치의 가시성 너머에서 정치를 구성하는 동력으로서의 정치적인 것(the political)의 구별은 물론 랑시에르로부터 참조한 것이다. 이 두 개념은 지적인 인식이나 사변이 아니라 개인들이 집합적으로 공유하는 감각적인 것의 분할방식에 따라 분별된다(Rancière, 2004: 13).

4 섹슈얼리티에 대한 자유로운 접근 가능성은 동시에 성을 매개로 한 폭력과 착취, 범죄적 증오행위 등의 사회적 문제를 일으키고 있다. 아직도 제대로 된 해결을 찾지 못한 장자연의 자살(2009)이나 버닝썬 게이트(2018), 그리고 n번방 성착취물 제작 및 유포사건(2020)은 포르노그라피가 매체적 소비나 유흥을 넘어서 사회적 통념과 공통관념을 진동시킨 대표적인 사례들일 것이다.

는 일반적으로 성적 욕망이 인간의 가장 내밀한 욕구 가운데 하나이며, 그런 점에서 고대적 인류의 삶으로부터 항상적으로 존재하던 욕망의 발현형태라고 믿곤 한다. 고전고대의 수많은 유적들과 기록들은 매춘을 포함한 성적 표현과 기록의 역사가 인류의 선사시대까지 소급될 수 있다고 증언하지 않는가?

성욕이 인간의 고유한 본능 가운데 하나임을 인정한다면, 도대체 섹스를 소재로 다룬 표현 매체가 태곳적까지 거슬러올라가지 않을 이유가 없다.[5] 문자 이전의 선사시대에도 인간은 육체의 즐거움을 나누고 표현해왔다. 따로 정해진 발정기가 없고 언제나 성관계에 돌입할 수 있는 거의 유일한 종種이 인간이라는 사실은, 이 존재가 성적 쾌락에 대해 꽤나 예민한 감수성을 지니고 있음을 증거한다. 그러나 문명 이전의 유물들에서 성적 자극을 불러일으킬 목적으로 만들어진 매체가 발견되었다는 보고는 아직 희소하다. 직접적인 생산과 연관되지 않는 '감각의 만족'을 위한 도구들은 생존을 위한 노동의 도구들에 비해 모습을 잘 드러내지 않는다. 나날의 생존을 영위하기에도 급박한 시절에 '유희로서의 성'이란 너무 사치스러운 것이었을까? 많은 예술사가들이 고대의 '비너스'를 번식력의 제의적 상징으로 해석하려는 이유가 그에 있다.

성을 표현하는 기술적 형식이나 매체, 제도가 일상적으로 통용되려면 사회의 생산력이 일정 수준의 물질적 안정성을 구현해줄 수 있어야 한다. 역사가들은 그런 의미를 띤 최초의 사회적 형태를 흔히 고대 그리스에서 발견하곤 한다. 생존을 위한 노동을 노예노동에 위임했던 그리스의 자유인들은 잘 알려진 대로 문학과 철학의 전성기를 맞았을 뿐

---

5 이 글에서는 사회적 성역할을 뜻하는 '젠더(gender)'와 생물학적 구별로서의 '섹스(sex)'를 굳이 구분해 사용하지 않겠다. 여기서 '섹스'는 통상적 의미의 성행위를 지시한다.

만 아니라, 성적 즐거움의 표현방식들도 화려하게 꽃피웠다. 그리스어로 'porne/pornoi'는 '매춘부'를, 'graphos'는 '기록'을 뜻하는데, 포르노그라피의 원형인 'pornographos'라는 단어는 '매춘부에 관한 기록'을 의미하는 그리스어 조합에서 연유한 것이다. 물론, 실제로 이런 조합의 용례가 나타난 것은 훨씬 후대의 일로서 1769년 브르타뉴의 레스티프Restif de la Bretonne라는 외설문학 작가에 의해서였다고 한다(헌트, 1996: 16). 그래서 그리스 시대부터 현대적 의미에서의 '포르노그라피'라는 명칭과 표현물이 존재했다고 단언하는 것은 다소 무리다. 문제는 현대적 의미와는 다른, '고대적 의미'의 포르노그라피가 무엇이냐는 질문이다. 왜 그런가? 그리스 시대의 '외설적 표현물', 즉 '포르노그라피'에는 성애 자체의 '저급한' 묘사만을 다룬 게 아니었고 수준 높은 문학적 형태도 존재했다고 보고되는 탓이다.[6] 가령 현재 문학교과서에는 빛나는 고대문화의 유산으로서 명명되는 상당한 작품들이 기실 포르노그라피의 한 가지였거나 그 아류였다는 점은 그리 놀라운 일이 아니다. 루키아노스의 『유녀遊女들의 대화』, 아테나이오스의 『현자들의 식사』, 데모스테네스의 『탄핵』 등은 그리스 '고전문학'의 일부이자 '외설문학'의 대표작들이며, 이런 전통은 로마 시대까지 이어져서 아풀레이우스, 페트로니우스, 주베날리우스 등에게도 깊은 영향을 미쳤다. 후자들이 고전 로마문학의 대가들이란 점은 잘 알려진 사실이다(벌로·벌로, 1995: 228; 1992: 69).[7]

---

6 단순한 성적 기표보다 더 폭넓은 의미망을 지닌 '외설성'(obscenity)이란 단어는 원래 오물이나 배설물을 뜻하는 라틴어 'caenum'에서 파생된 단어다. 이 말은 때로 남근을 의미하기도 했고 복수형으로서는 생식기와 엉덩이를 뜻하기도 했는데, '포르노그라피'와 구분해서 쓰는 학자도 있긴 하지만 이 글에서는 특별히 구별하지 않았다.

7 벌로 부부가 나열하는 고대의 '외설문학'은 실상 우리가 아는 고대문학의 전통과 상당 부분 겹쳐져 있다. 그 어떤 정통문학도 외설성과 에로티시즘, 섹슈얼리티를 배격하지 않았으며, 오히려 문학적 상상력의 풍부한 원천으로 삼았다는 점을 염두에 두는 게 좋을 듯하다. 바흐친식으로 말하자면, 공식 문화는 언제나 비공식 문화를 배경으로, 그 바탕 위에서 발달한 미려한 첨단일 따름이다(최진석, 2017).

그리스 시대의 매춘부가 갖는 지위는 그녀에게 매겨진 등급에 따라 각양각색이었다. '포르노이'가 최하급의 매춘부로서 단순히 성의 매매행위에 종사했다면, 고급창부에 해당하는 '헤타이라hetaira'는 당대의 자유인들과 폭넓은 사회적 교류를 나눌 수 있었다. 이미 그리스 시대부터 여성들은 가정에 속박되어 사회적 활동으로부터 거리를 두도록 강요받았는데, 이런 상황에서 헤타이라의 입지는 여성이 유일하게 사회적으로 활동 가능한 위치로 나타나기도 했다. 이 같은 이유로 그리스 시대의 포르노그라피는 성행위 자체에 주안점을 두고 기술한 부분과 아울러, 당시의 견지에서도 예술작품의 범주에 속하는 부분 또한 지니고 있었다. 그래서 고대 그리스의 작가들은 에로틱한 내용을 표현하는 데 별반 거리낌이 없었고, 독자들 역시 그것을 관람하거나 읽는 데 부담감을 갖지 않았을지 모른다.(알렉산드리앙, 1997: 23) 아리스토파네스의 「뤼시스트라테」(BC411)를 예시해보자.

아테네와 스파르타 사이에 전운이 심각하게 감돌게 되자, 전쟁을 반대하는 아테네의 여성들은 뤼시스트라테의 발의로 남성들에 대한 성관계를 거부하자고 결의하게 된다. 만일 이 '섹스 스트라이크'를 해제시키고자 한다면 남성들은 무기를 내려놓고 집으로 돌아와야 했다. 섹스 거부를 무기로 평화를 회복한다는 다소 어처구니없는 발상에는 진정 기발한 구석이 있다. 뤼시스트라테가 아테네 여성들에게 제시한 행동강령에 따르면, 여자들은 남자처럼 행동할 것이 아니라 더욱더 여성스럽게 처신해야 한다. 즉, 남자들을 감언이설로 유혹하고 향수로 자신을 꾸밀 것이며, 예쁜 화장과 화려한 치장을 통해 남자들의 성욕을 최대한 자극하라는 것이었다. 물론, 이렇게 자극시킨 남자들을 유혹한 마지막 순간, 그들의 요구를 들어주지 않아야 한다는 게 요점이다. "연인이건 남편이건 어떤 남자라도 발기한 상태로는 내게 접근할 수 없다", 만일 남자가 강제로 그의 욕구를 채우려 들 경우에는 "공격자 밑에서 선정적으로 몸을 꼬지 않을" 것이며, "내 페르시아 샌들을 천장 쪽으로 들어올리지도 않겠다". 기록된 역사상으로는 최초의 성파업이라 할 만한 이 사태에 대해 아테네 남성들은 점점 자제력을 잃어버리고 서로를 부여잡고는 이렇게 외쳤다고 한다. "나는 발기했다!"(알렉산드리앙, 1997: 27)

오늘날과는 다른 시대적 배경임을 감안하고도, 그저 우스꽝스러운 소극 정도로 치부할 수 있는 이 희극을 곰곰이 뜯어보면 우리의 논제와 관련하여 몇 가지 중요한 단초들을 발견할 수 있다. 첫째, 성애의 기술(포르노그라피)은 이미 고전시대부터 정치적 주의주장에 긴밀히 연관되어 있었다. 둘째, 포르노그라피의 정치성은 여성 주권에 대한 요구와 긴밀히 결부되어 있었다.[8] 셋째, 포르노그라피와 정치는 예술을 경유하여 공적인 차원에서 연행演行되었다는 사실이다.

만일 포르노그라피를 단순하게 관능의 도발, 육체적 긴장의 과잉, 노골적인 행위 묘사 정도로 규정한다면 그러한 성적 기술은 언제 어느 시대에도 나타났음 직한 일반적 현상일 것이다. 대부분의 사회는 어떤 방식으로든지 성적 흥분을 유발하기 위한 의도적인 표현적 기예를 발달시키고 있었다(헌트, 1996: 12; 벌로·벌로, 1995: 227). 그러나 성애 자체가 목적이 아닌, 그것을 통해 또다른 목적을 성취하고자 동원되는 포르노그라피의 경우는 사정이 다르다. 이른바 '정치적 포르노그라피'는 특정한 목적을 위해 의도된 만큼 첨예한 정치적 투쟁의 도구이자 매체이며, 따라서 극단적인 전복성을 내포하고 있다는 것, 관능적 이미지의 병치뿐만 아니

---

8 아리스토파네스의 다른 희곡 「여인들의 집회」는 사회주의적 지네코크라시(여성 주권정체)와 유사한 정치적 주장까지 포함하고 있다. 아리스토파네스의 이상적 여성상은 '강하고 상냥한 모습'에 있었다는데, 이 두 가지 기질이 노련한 정치적 태도를 묘사할 때도 동일하게 사용될 수 있음은 주지의 사실이다. 우리는 이 같은 성격이 근대 포르노그라피의 역사에서 여성-혁명가를 묘사할 때마다 반복적으로 출현해왔음을 확인하게 될 것이다(알렉상드리앙, 1997: 29-30).

라 특정하게 조형된 서사를 요구하고 있다는 것에 유의해야 한다. 포르노그라피를 정치행위를 넘어서 혁명이라는 사회사적 사건으로 고찰하려는 맥락이 그렇다. 그러나 우리는 곧 다른 의문에 부딪치는데, 포르노그라피가 그토록 혁명적이었다면 왜 '혁명의 역사'만큼이나 포르노그라피의 역사는 지속적으로 부각되지 못했을까? 왜 포르노그라피의 혁명사는 정치적 혁명사의 음화陰畫로서만 다루어지다가 20세기 후반에 와서야 주목받게 되었는가? 이와 같은 질문과 답변이 교차하는 지점이 근대 포르노그라피의 발명 및 그 운동을 해명해주는 결절점이란 사실을 일단 밝혀두자.

적어도 로마시대 이후 포르노그라피의 전승이 역사의 이면으로 가라앉아버린 데에는 몇 가지 이유가 있다.

첫째, 그리스의 폴리스적 환경으로부터 로마의 제국적 환경으로의 이행을 지적해야 한다. 포르노그라피가 통치력을 파괴할 수 있거나 적어도 풍자를 통해 균열을 가할 수 있다면, 거대하고 통합적인 정치체, 곧 제국은 언제나 포르노그라피적인 것에 적대적일 수밖에 없다. 권력이 집중되고 통치질서가 안정을 찾을수록 육체적인 것은 '문란'하고 '야생'적인 것으로 격하되고 외설성 일반으로 억압된다. 외설적인 것은 제국의 엄숙주의를 교란하고 훼손하는 부정적 역량에 해당되는 탓이다. 따라서 포르노그라피는 제국의 질서를 위해 폐기되거나 순치되어야 했다. 반면, 포르노그라피가 제국적 권력의 방식으로 취해진 경우도 없진 않았다. 티베리우스, 칼리굴라, 네로 등의 폭압적 황제들에 대한 저항은 대개 실정失政의 원인을 권력자들의 음행淫行에서 찾아내곤 했지 않았던가? 근대 혁명의 역사를 살펴볼 때 보다 뚜렷하게 제시될 것인바, 포르노그라피는 정치적 저항의 기축이 될 때마다 역사의 양지로 이끌려나오곤 했다.

둘째, 성에 대한 적대적 태도가 이미 고대 그리스 시대부터 나타나기 시작했다. 그리스 문화가 현대의 섹슈얼리티에 비해 자유롭고 개방적이었다는 최근의 학설이나 관점과는 반대로, 그리스 문화에서도 역시 성에 대한 터부가 존재했으며, 표현에 대한 제약 역시 없지 않았다.[9] 플라톤의 이원론으로 대변되는 육체적 삶에 대한 경시는 그리스 철학 전체를 통해 반복적으로 확장되었고, 로마제국과 기독교 유럽에서도 유지되었던 통념의 틀을 제공했다. 물론, 그리스인들의 성에 대한 태도를 일방적으로 재단해 판단하기는 곤란하다. 왜냐하면 실증적 자료의 부족과 더불어, 일상인의 생활관습과 이론적 전거로서 전승되는 교리 사이에는 정합적으로 이을 수 없는 불연속과 단절이 있기 때문이다. 에릭 도즈가 주장했듯, 그리스에서 발원한 금욕주의는 "그리스 정신에 의해서 그 극단적인 이론적 한계에까지 도달"했을 뿐이다(도즈, 2002: 129).[10]

9 푸코의 『성의 역사』를 근거로 그리스에서 동성애가 부정되거나 금지되지 않았다는 현대적 관점은, 시대적으로나 지역적으로나 폭넓었던 그리스 문화를 일반화해 적용할 경우 심각한 오류에 빠질 수 있다. 그리스 문화에서 동성애가 성인 남성의 '정상적' 섹슈얼리티가 될 수 있었다는 사실이 그 시대 성문화의 자유 일반을 증거하는 사례가 되지는 못하기 때문이다. 그리스인의 섹슈얼리티는 현대인의 섹슈얼리티만큼이나 관습적이고, 제약적이며, 역사적인 것으로 파악되어야 한다. 분명 그리스인들에게 동성애는 억압받지 않는 성적 향유의 일환이었을 수 있으나, 이는 당대 결혼에 대한 가치관이나 인식이 근대의 일부 일처제적 재생산 구조에 부합하지 않았던 탓이 크다. 그러므로 고대에서 중세를 거쳐 근대에 이르는 동성애 양상의 변화는 허용에서 금지로의 이행이 아니라 가족제도와 혼인제도의 변화에서 그 원인을 찾아야 할 것이다(아리에스 외, 1996: 58-59, 64-65).
10 우리는 고대 그리스의 삶에서 성이 차지한 위치에 대해서 확증적으로 말할 수 있는 처지가 아니다. 생산양식부터 사유양식에 이르기까지, 그리스적 삶의 독특성은 여러 가지 복합적 층위에 걸친 '해석'들을 요구하기 때문이다. 예를 들어, 미셸 푸코가 논급했던 그리스 자유인들의 '자기 배려'는 섹슈얼리티에 대한 고도의 자기관리 능력으로서 철학적 통찰에 기반을 두고 있던 것이라 알려져 있지만, 도즈나 벌로 부부는 바로 그런 철학이 그리스인들에게 성에 대한 터부시와 금욕주의를 야기시켰다고 주장한다. 그리스 사회는 확실히 남성중심적 사회였으며 섹스에 대한 이미지는 그다지 호의적이지 않았다. 여기에 철학의 형이상학적 지향성은 육체적 쾌락, 즉 섹스를 거부해야 한다는 강박관념마저도 낳고 있었다. 벌로 부부는 그리스 시대의 성에 관한 해설을 다음과 같이 끝맺고 있다. "그리스인은 어떤 의미로는 포르노그라피의 발명자였으나, 동시에 성적 탐닉에 관한 새로운 공포의 창시자였다"(벌로·벌로, 1992: 88). 그러나 도즈와 벌로 부부의 설명은 동성애의 문제를 금욕의 문제와 함께 다루지 않기 때문에 푸코와는 논점을 (부분적으로) 달리한다는 점에서 상이한 층위의 의견으로 생각해야 할 것이다. 우리는 좀더 조심스럽게 이 문제에 접근할 필요가 있다.

셋째, 고대세계에서 포르노그라피적 매체에 대한 접근 가능성이 아주 개방적인 것은 아니었다. 포르노그라피가 하나의 매체로서, 성적 자극의 도구처럼 활용되기 위해서는 일상적으로 접촉할 수 있어야 하는데, 값비싼 장식물이나 독자가 한정되어 있던 문자기록물, 또는 제의적 상징물을 성적 향유를 위해 일반적으로 동원했다고 추정하기는 어려운 노릇이다. 축제나 연극공연도 사정은 다르지 않은데, 성에 대한 자유로운 표현이나 분방한 태도에도 본질적으로 공동체의 공식성을 드러내는 행사성 축연과 성적 욕구의 만족을 위한 연희는 구분되는 것이었고, 상시적이지도 않았다.[11]

고대를 거치면서 포르노그라피적 성의 표현이, 비록 점차 그리스철학의 정신주의와 기독교 로마의 제국적 엄숙주의의 그늘에 가려지게 되었으나 근본적으로는 서구적 삶의 저변과 무의식에 깊숙이 파고들었다는 점은 의심할 여지가 없다. 여기서 '저변'이란 일상의 관습과 습속을 가리키는 동시에 외적으로는 보이지 않는 은폐된 삶의 양식을 지시한다. 무의식은 그러한 생활양식이 신체 속에 배어든 상태를 가리킬 것이다. 이는 서구 중세의 종교적 도그마와 결합하여 섹슈얼리티의 외적 기호화에 대한 억압과 반대로 이어져왔다. 성경이 생육을 통한 번성을 인정했기에 기독교는 성 자체를 전적으로 부정하진 않았으나, 성을 직접적으로 거론하고 표현하는 문제에서는 적잖은 곤혹감을 느꼈다. 가령 아우구스티누스는 섹스의 다양한 체위와 형태를 검토하고 '올바른' 자세를 일일이 지정

---

11 오늘날 우리가 고대세계의 예술품으로서 인정하는 기록물들, 즉 공식 문화를 통해 보존된 것들에 대한 고대 민중의 접근 가능성은 일정 정도 제한이 따랐을 것이다. 반면, 우리에게 잘 알려지지 않은 비공식 문화 속의 성적 표현들은 당대에 꽤 일상적으로 분포되어 있었고 지금도 자주 발견되는 편이다. 이 같은 전통 '바깥'의 전통은 고대에서 중세까지 '비공식'적으로 면면히 이어져 오다가 근대에 이르러 가시성의 이면으로 감추어졌다(알렉상드리앙, 1997: 1-2). 바흐친은 이를 카니발화된 고대문화의 하나로서 '메니페아적 전통'이라 부르기도 했다(Bakhtin, 1984: ch.4).

해줄 정도였음에도[12] 극도의 금욕주의적 자세를 교리적으로 강조하였으며 중세적 세계관으로 삼투시키려 노력했다. 아마도 약간의 편차를 제외한다 해도, 성에 대한 중세 서구인의 공식적 태도는 언제나 죄과와 결부된 금욕주의를 지향했노라 말해도 좋을 것이다(솔레, 1996: 90-92). 물론이 같은 교과서적 진술의 사실성 이면으로, 고대에서 중세로 이어지는 민중적 생활양식에는 섹슈얼리티가 유희와 쾌락, 향유의 대상이었음은 이제 주지의 사실이다.[13] 애석하게도 이에 관해 더 깊숙이 파고드는 시간은 지금 우리에게 주어져 있지 않다. 근대의 섹슈얼리티와 정치, 포르노그라피의 관계를 본격적으로 살펴보기 위해 곧바로 '인간의 시대'라 불리는 르네상스로 이동해보자.

3. 외설적 육체의 휴머니즘

르네상스는 고전고대로의 복귀이자 부활이었다. 문화사가들은 르네상스를 그리스·로마 시대의 이상적 미의 재발견, 화려하고 위풍당당한 휴머니즘 문화규범의 설립, 수학적으로 정연하게 질서지어진 자연-인간의 탄생이라 상찬하였는데, 이런 평가는 어느 정도 타당하다. 야코프 부르크하르트가 『이탈리아 르네상스의 예술』(1860)을 발표한 이후, 르네상스적 가치관은 중세의 어둡고 답답했던 정신세계와는 판이하게 다른 것으로,

---

12 "여자가 바닥에 반듯이 눕고 남자가 그 위에 올라가서 교접하는 '정상위'가 바람직한 체위이며, 그 어떤 전희도 용납할 수 없고, '정당한 연장'을 '정당한 구멍'에 넣어야만 한다"(벌로·벌로, 1995: 33).
13 중세적 삶의 양지가 교회적 격률에 지배받은 반면, 음지의 민중적 삶은 오랜 관습에 따라 다소간 은밀하지만 풍요롭게 영위되었다. 성과 결혼에 대해 말하자면, 중세 초기는 엄격한 성윤리에 노출되어 있었으나 후기로 갈수록 제약이 느슨해졌다(양태자, 2011: 71-72). 교권에 의해 억압되었던 신체적 삶과 육체적 욕망이 점차 수면 위로 떠오르며 근대를 향해 나가가던 증표였을 것이다.

세계와 자연 그리고 인간을 향해 폭넓고 깊이 있게 펼쳐진 새로운 심성 구조를 대변한다고 정식화되었다.

르네상스의 예술가들은 고대의 모범에 따라 세계를 새롭게 건설하고자 시도했다. 그리고 여기서 중요하게 부각된 것은 수학적 비례를 원용한 미적 합리성이었다. 세계는 아무렇게나 만들어진 것이 아니라 엄밀하고 세심한 작업공정을 거쳐 질서 있게 축조된 건축물이라는 것. 바로 이 과정에서 인간의 육체는 이전과는 다른 시선으로 관찰되고 새로운 가치를 부여받게 된다. 인체는 하나의 소우주로서 만유의 질서를 자체적으로 실현하는 미학적 규범을 제공한다고 믿어진 것이다. 때문에 르네상스 예술가들은 인체와 기하학을 종합적으로 엮어내기 위해 부단히 노력했고, 특히 그 결과를 수학적으로 입증하고자 했다.[14] 수학적으로 입증된 인체의 기하학은 완전성의 상징으로서 신이 세계를 건축했던 설계도의 복원작업이나 마찬가지였다.

다른 한편, '인문주의자Humanist'라고 알려진 일단의 사상가들은 신의 조화로운 '저 세계' 대신에 '이 세계'의 자질구레한 일상에 대해 묘사하고 의미를 부여하기 시작했다. 단테와 동시대인이었던 보카치오의 『데카메론』(1349 - 1351)은 일상인의 삶이 보여주는 온갖 비속함을 신명나는 필치로 묘파하였는데, 우리에게 특별한 관심을 끄는 대목은 그의 작품이 육체적 정욕의 비루함을 노골적인 웃음의 대상으로 도입하였다는 점이다. 육체를 소재로 한 이야기는 중세적 율법에 의해 저지되거나 처벌되지 않았으며, 건전한 세속인의 일상생활로서 받아들여질 수 있었다. 이런 변화

---

14 당연한 말이지만 수학적 계산 가능성에 대한 관심이 르네상스시대에 갑자기 솟아난 것은 아니었다. 중세 후반인 14세기부터 수학은 서구적 사고의 한 축으로 등장하기 시작했고, 시계나 대포와 같은 실용적 도구의 발전을 촉진시켰다(크로스비, 2005: 36 - 37). 물론 근대적 의미에서 그것이 완성된 형태를 보이게 된 것은 17세기 즈음이었다.

는 '진정한 사랑'에 대한 이상화된 관념이 밑바탕에 있었기에 가능했지만, 성애는 침묵의 문을 활짝 열어젖히고 육체의 즐거움과 아름다움이 거리낌 없이 드러나는 계기가 되었다. 그런 까닭에 보카치오와 그의 뒤를 이은 인문주의자들의 문학작품은 세속적 사랑과 열정을 생동하는 육체 위에 기입하는 데 적극적으로 나설 수 있었으며, 성애에 관한 상세한 묘사는 인간과 세계의 발견이라는 르네상스의 기치에 꼭 어울리는 기법으로 성장했다. 르네상스의 인체기하학은 이즈음 발달한 생리학적·해부학적 지식과 맞물렸고, 다시 물질주의적 자연철학과 결합함으로써 관념적 성애의 장애를 걷어내고 점차 육체 자체의 건강성과 활력을 떳떳하게 표명하기에 이른다. 철학자이자 의사, 소설가였던 프랑수아 라블레(1493 - 1553)는 이런 정신을 최대한도로 표현한 르네상스인 가운데 하나였다.

바흐친이 지적하였듯, 라블레의 소설 『가르강튀아』(1534)와 『팡타그뤼엘』(1532 - 1552)은 새 시대의 이념을 증명하는 르네상스 인문주의의 첨단에 위치한 작품이었다(Bakhtin, 1965: 397 - 399). 르네상스는 인간이 (기독교) 신의 그늘로부터 차츰 벗어나 자신의 독자성을 과시하기 시작한 시대이자, 그의 육체가 지닌 과감성과 자유로움을 대담하고도 뻔뻔스러울 정도로 내세울 수 있었던 최초의 시대였다. 자신의 육체를 부끄러워하거나 혐오하지 않는 인간은 어디에서든 태연하게 옷을 벗을 수 있으며, 식욕을 자랑하고 성욕을 거리낌 없이 해소하고자 욕망할 수 있는 천진한 존재로 드러난다. 자연은 인간이 맞서 싸워야 할 위협적 대상이거나 죽어서 돌아가야 할 무지無知의 귀결지가 아니라, 삶에 모든 질료를 제공하고 협조하는 물질적 조력자이면서 인간의 육체가 나고 자라고 사멸하는 거대한 순환의 무대로 부각된다. 그렇기에 인간의 가장 원초적 행위, 즉 먹고 마시고 똥 싸고 오줌 누는 것, 내키는 대로 큰 소리로 노래 부르고 술에 취하는 것, 이 모두는 너무나도 자연스럽고 자랑스러운 인간다움의 지표로 인식되었다. 무엇보다도 섹스는 모든 죽어가는 것들을 새로운 생명으로 이어가기 위한 활기 넘치고도 유쾌한 절차, 생사순환이라는 자연의 원리에 호응하는 원초적 행위였다. 라블레가 묘사하는 '생식의 거대한 순환연쇄를 이루는 성기적 구축물'로서의 자연은 그의 소설뿐만 아니라 자기 시대를 설명하는 사유의 구도였다.

제가 보아하니 이 고장의 여성들의 물건이 돌보다 값이 더 싸더군요. 그것들로 성벽을 쌓으면 되는데, 가장 큰 것들을 첫 줄에 놓고 그다음에 당나귀 등 모양으로 중간 크기, 마지막에 제일 작은 것들을 배열하는 식으로 쌓아올려서 건축술에 맞게 대칭을 잘 이루게 합니다. 그다음에 부르주의 큰 탑처럼 다이아몬드 모양의 각 모서리에 수도사들의 바지 앞주머니에 들어 있는 다량의 빳빳이 일어선 음경으로 비계 조각을 끼우듯 멋지게 틈을 메꾸는 것이지요. 어떤 악마가 그런 성벽을 무너뜨릴 수 있겠습니까?(라블레, 2004: 367-368)

라블레의 성적 이미지들을 어떻게 받아들여야 하는지는 시대마다 지역마다 다양한 편차를 갖고 있지만, 논란의 대체적인 관건은 외설성 시비에 놓이곤 했다. 물론, 오늘날의 관점에서 이 같은 묘사가 여성비하와 남성중심성을 포함하는 것이란 비판은 당연할 것이다. 다만 여기서는 삶의 적나라한 육체성과 외설성이 문화 일반에 공개적으로 도입되었다는 점에 초점을 맞추도록 하자. 라블레의 인물들은 '거대한 입'으로 표상되는 무한정한 식욕과 정욕의 상징이자, 똥과 오줌, 방귀 등의 '점잖지 못한 것' 일반의 직접적인 표현자로서 공식적 문학장르에 난입해 들어온 주인공들이었다. 그는 이 모든 외설성의 이미지와 상징, 언어를 기존의 질서를 비웃고 뒤집어엎기 위해 총동원하였으며, 그로써 카니발로 지칭되는 '거꾸로 된 세계' '세계의 전복'을 가시적으로 구현하고자 했다. 라블레의 소설이 단순한 풍자문학으로 평가되든 또는 새로운 시대의 비전으로 제시되든, 그의 세계가 보여주는 '팡타그뤼엘리즘pantagruelisme'은 중세적 엄숙성을 전복시키는 혁명성의 기호로 각인되었으며, 외설적 상상력이 예술 깊숙이 개입해 들어오게 되었음을 보여주는 표지가 된다.

다른 한편, 라블레처럼 예술 텍스트의 담론 내부에서만 외설성이 운위되었던 것은 아니다. 오히려 르네상스의 외설성은 피에트로 아레티노 (1492-1556)와 같은 직업적 작가들에 의해 포르노그라피적인 것으로서 더욱 분명히 각인되었다. 포르노그라피의 진정한 '현대적 기원' 또는 '창시자'로까지 간주되는 아레티노의 작품들은 '포르노그라피의 서사형식'을 성립시킴으로써 이후의 문학작가들이 직접적으로 모방할 수 있는 전범을 창출했다(헌트, 1996: 30).[15] 예를 들어, 그의 책 『논리』(1534, 1536)는 늙고 경험 많은 매춘부와 그녀의 미숙한 제자 사이의 '교육적' 대화 형식으로 이루어졌는데, 마르키 드 사드의 사례에서 다시 확인하겠지만 이와 같은 대화체 문학은 근대 포르노그라피 소설의 전형적인 장르적 형식으로 자리잡게 된다.

오오, 당신한테 말할 작정이었는데 깜박 잊었군요. 로마 대학의 도덕군자가 아닌 보통 사람들이 당신 말을 이해할 수 있게 하려면 에둘러 말하지 말고, '씹'이니 '자지'니 '보지'니 '엉덩이'니 하는 말을 수시로 쓰세

---

15 아레티노는 외설문학 작가로 이름을 떨쳤지만, '전업' 외설작가는 아니었다는 데 유의하자. 르네상스 인문주의의 다른 예술가들과 마찬가지로, 그 역시 '순수' 예술작품뿐만 아니라 외설적 창작물들에도 관심을 기울였던 것이다. 본업을 외설로 삼는 '전업' 외설작가의 등장이 기록된 것은 역사적으로 훨씬 후대의 일이다(Seufert, 1968: 3-4).

요. '고리에 들어간 밧줄' '콜로세움에 세워진 오벨리스크' '텃밭에 심어진 파' '자물쇠에 꽂힌 열쇠' '문에 지른 빗장' '절구의 절굿공이' '둥지에 깃든 나이팅게일' '도랑 속의 나무' '칼집에 꽂힌 칼' '말뚝' '몽둥이' '당근' '작은 원숭이' '요것' '고것' '책장에 꽂힌 기도서' '사실' '일' '문제' '중요한 소식' '손장비' '화살' '홍당무' '뿌리'…… 이런 말들을 나오는 대로 지껄이세요. 그래야 당신다우니까요. 좋으면 좋다, 싫으면 싫다고 분명히 말하세요. 아니면 아예 입을 다물든가(벌로·벌로, 1995: 230에서 재인용).

아레티노 포르노그라피의 특징은 비단 문자적 텍스트뿐 아니라 시각적 텍스트, 곧 갖가지 외설적인 삽화들이 함께 묶여 출판된 점이었다. 이것들이 소위 '아레티노 체위'라는 고전적 체위들을 정형화시켰고, 판본을 거듭하면서 점차 더욱 다양한 변형들이 포르노그라피의 범주로 묶이게 된다. 살아생전 이미 자기 작품의 외국어 번역본을 받아볼 정도로 명성을 누렸으나 대개 '에로틱 문학'의 대가로만 알려졌던 점은 그의 시대가 육체와 외설, 섹스에 대해 어떤 태도를 취했는지 알려주는 문화사적 표지라할 수 있다. 육체의 전시와 쾌락의 담론화라는 점에서 섹스는 긍정될 수있었으나, 그것은 '외설'과 '저급'의 딱지를 붙이고서만 가능했던 것이다. 그럼에도 근대 외설문학의 대표자로서 아레티노의 명성 이면에 어떤 전복적인 측면이 놓여 있었는지, 정치적 혁명의 은밀한 가능성이 어떤 방식으로 잠재해 있었는지 확인해보는 일은 이후 포르노그라피의 정치학을 예고하는 중요한 징후로서 남아 있다(곽차섭, 2013: 352-354).

이쯤에서 르네상스의 포르노그라피 현상을 정리하도록 하자. 라블레에게 외설과 풍자가 정교하게 다듬어진 예술적 장치 속에 용해되어 있었다면, 아레티노의 포르노그라피는 전형적인 (하급) 대중문화의 원형으로서 기능했다. 르네상스 시기 이탈리아에서 일단의 인문주의자들이 기획했던 '아카데미 포르노그라피'는 라블레적 의미의 정치적 풍자와 아레티노적 의미의 포르노그라피 형식을 수렴적으로 인용하였으며(양자가 명확한 분리선을 갖고 있던 것은 아니다), 이러한 관례는 근대의 포르노그라피가 나아가게 될 양상과 방향을 예고하는 것이기도 했다.

르네상스 인문주의의 화려함과 강건함의 밑바닥에서 근대 포르노그라피의 씨앗이 싹을 틔워나갔다. 그리고 이렇게 시발된 새로운 포르노그라피의 전통은 단발적인 정치풍자나 소모적인 외설성에 고착된 게 아니라, 근대를 특징짓는 이념으로서의 인문주의와 세계(자연과 사회) 및 인간(영혼과 육체)에 관한 혁신적인 이해에 바탕을 두고 있었다. 그러나 이와 같은 이념적 측면만이 르네상스의 변화를 추동한 것은 아니었다. 우리는 이 시기를 본질적으로 구별짓는 다음 세 가지 기술적 요건들을 생각해보아야 한다. 이 요인들이 근대 포르노그라피 발전의 외적 조건이었음은 물론이다.

첫째, 인쇄술 혁명의 발생으로 인해 출판매체의 제작과 생산이 비약적으로 상승했다. 구텐베르크로 대표되는 인쇄기술의 성장은 전에 없이 엄청난 물량의 텍스트들을 양산할 수 있게 해주었으며, 이는 곧 인문주의자들의 새로운 사유를 전달하는 유효적절한 매체가 풍부하게 증가했음을 뜻한다. 더욱이 르네상스시대의 인문주의자들은 인쇄업자와 편집자의 역할을 겸함으로써 자기들의 사상을 확실히 전달할 수 있는 서적 출판에 열의를 불태웠다. 포르노그라피의 저술과 출간도 이 과정에 편승해 들어갔음을 어렵지 않게 짐작할 수 있다.

둘째, 인쇄술 발달과 함께 서적시장이 확대되었다. 텍스트의 대량생산이 가능해짐에 따라 값싸고 신속하게 문서들을 간행할 수 있었으며, 이는 다시 유럽 전체의 서적산업을 촉발하는 대규모 시장을 형성시키게 된다.

프랑크푸르트 시장과 후일 그것을 물려받은 라이프치히 시장은 이 시기의 대표적인 서적시장이었다. 그리하여 16세기 전체를 통틀어 유럽 출판물의 간행 부수는 프랑스가 7만 5000권, 독일이 10만권 이상, 이탈리아가 5000-1만 권 사이에 이르는 획기적 발전을 이루게 된다. 9세기 초엽 유럽의 주요 도서관들이 소장했던 도서수가 500여 권을 넘기 힘들었다는 점을 감안하면 놀라운 양적 확장이 아닐 수 없다.[16]

셋째, 아직은 미숙한 수준이었지만 인쇄술과 서적시장은 필연적으로 독서인구의 증가를 동반했다. 르네상스의 포르노그라피는 그것을 일종의 지적 모험으로서 향유하던 지식인들('인문주의 아카데미')과 더불어 식자공들, 인쇄업자들, 삽화가들 그리고 3류 작가들의 손을 거치며 빛을 발했고, 널리 대중사회로 접목될 기회를 얻게 되었다. 아직 문맹률이 높던 시대였기에 대중이 직접 책을 구매하고 읽는 수준까지는 이르지 못했으나, 적어도 책을 통해 얻는 지식과 세계 인식이 근대의 먼 지평에서나마 초석을 쌓고 있었으리라 짐작하기에는 무리가 없다.[17]

4. 혁명을 향한 포르노그라피

15-16세기 유럽문화권에서 물질적·정신적으로 가장 진보적이던 이

---

16 인쇄술 혁명과 책의 보급에 관해서는 다음 책들을 참고하라(시로, 2004; 맨, 2003; 블라셀, 1999).
17 16세기까지 도서구매의 주된 방법은, 서적상들 사이에서는 물물교환이었고 개인 간 소매의 경우에는 방문판매였다. 이런 과정이 반복·확대되면서 점차 규모가 큰 도서시장이 열리는 경우로 나아갔음은 쉽게 짐작할 만하다(페브르·마르탱, 2014: 7장). 도시민의 경우에는 직간접적인 구매를 통해 책과 지식을 접했고 지방에서는 풍물장수들을 통해 책과 만났는데, 비록 체계적인 근대적 형태와는 거리가 멀어도 민중적 일상의 세계관과 세계감각에 적잖은 변화를 불러일으켰고 세속사회의 도래를 앞당기는 데 장기지속적인 영향을 끼쳤음을 부인할 수 없다(진츠부르그, 2001: 23-52).

탈리아의 상업도시들에서 예술과 정치에 대한 재치 있고 발랄한 상상력이 펼쳐졌던 것은, 어찌 보면 대단히 자연스러운 현상이었다. 상업의 번영과 더불어 인간과 세계에 대한 새로운 인식이 고양되고, 이에 기술문화의 발전이 접합되면서 르네상스는 근대 포르노그라피가 발생할 수 있는 이념적·기술적 토양을 제공해주었던 것이다.

그러나 이 시기의 포르노그라피 즉 '외설적 표현물'의 주된 독자층은 인문주의 지식인들과 그들의 영향을 받은 소수 시민계급에 한정되어 있었다. 라블레의『가르강튀아』와『팡타그뤼엘』이 엄청난 성공을 거두었고, 아레티노의『체위』(1527)나『음란한 소네트』(1527),『논리』등이 은근히 사람들의 서가를 잠식해갔음에도 포르노그라피적 텍스트들은 대중들이 일반적으로 접근하기에 용이한 매체는 아니었다. 더구나 인문주의 아카데미에서 만들어지고 유포되었던 포르노그라피들은 애초에 대중을 위해 기획된 작품들이 아니라 그저 관심을 공유하던 지식인들 사이에서만 회람되기 위해 제작되었던 것이다. 르네상스기의 지적·사회적 지도층이 포르노그라피를 자신들의 정견을 제시하고 반대파를 비판하는 무기로 애호하긴 했지만, 그것은 현대적인 의미에서의 대중정치를 겨냥하고 있지는 않았다. 르네상스 포르노그라피의 세 가지 결정소인 정치, 학문, 섹스는 엘리트주의의 한계를 넘어서는 데 여전히 무척 조심스러웠고, 망설이고 있었다.

르네상스문화가 기반을 다져놓은 '인문주의 에로티시즘의 사적 세계'와 '인쇄문화에 의해 형성된 공적 영역'은 17세기 이후의 유럽사를 통해 포르노그라피가 사회·문화적 삶의 급진적인 동력원의 하나가 되도록 도와주었다(핀들렌, 1996: 126). 포르노그라피의 외설성이 정치적 삶에 접맥되면서 이루어진 근대 유럽의 문화적 풍토는 이즈음 형성되기 시작한 국민국가의 대중에게 성적 경험과 결부된 정치적 주체성이 자라나는 무대 '뒤편'이 되어주었던 것이다.[18] 이 긴밀하고도 내밀한 영역을 통과함으로써 근대의 대중은 마침내 정치와 문화 사이의 공유지대를 발견하게 된다. 우리의 관심사인 포르노그라피와 정치는 이러한 조건을 염두에 둘 때 정확히 관찰될 듯하다.

4-1. 쾌락의 향연, 혹은 문화적 전장

근대 포르노그라피의 진정한 산실은 단연 프랑스라 할 수 있다. 라블레의 예에서 보았듯, 현실에 대한 날카로운 반응력을 기질적으로 갖추고 있던 프랑스 문화는 아레티노적 상상력의 거의 대부분을 전수받고 자체적으로 재생산할 수 있는 가장 빠른 능력을 보여준 나라였다. 영국의 『옥스포드 영어사전』이 '포르노그라피'라는 단어를 1857년에서야 등재할 수 있던 데 비해 프랑스에서는 이미 1769년경 '포르노그라피 작가 le Pornographe'와 같은 단어가 최초로 출현하였으며, 19세기 전반에 이르기까지 수많은 변이형들을 만들어냈다(헌트, 1996: 16). 이러한 프랑스의 선도적 움직임과 더불어 유럽어와 문화 전체로 '포르노그라피'라는 단어와 개념이 확산되었고, 19세기를 전후해서는 확고한 사회·문화적 기호로서 정착하게 된다. 하지만 단지 어휘목록이 증가했다는 사실이 중요한 것은 아니다. 그보다 우리는 포르노그라피 같은 특수한 문화적 장르가 한 사회와 그 주변부에 실제적인 영향력을 행사할 수 있었던 근본원인에 대해 물을 수 있어야 한다.

이 질문은 포르노그라피와 시대가 맺는 관계에 대한 의문으로 구체화

---

18 마키아벨리가 정치를 도덕이 아니라 현실의 견지에서 바라보았던 작업을 아레티노는 성과 섹슈얼리티의 영역에서 이루었다는 점에서 양자는 모두 중세에서 근대로 넘어가는 이행기의 사상을 대표한다. 특히 아레티노는 르네상스적 고전중심주의를 민중문화에 접목시켰다는 점에서 '문화적 브로커'라고도 불릴 만한데, 이는 근대의 문화적 장에 엘리트주의와 민중성이 함께 섞여들게 만드는 계기를 제공했다는 점에서 중요하다(곽차섭, 2013: 354).

된다. 우리는 앞서 고대 그리스어의 '포르노이'와 '그라포스'가 '포르노그라피'라는 용어의 어원임을 지적했다. 그러나 어원의 고대성이 이 용어의 근대성에 그대로 포개지는 것은 아니다. 포르노그라피를 형성하는 두 단어는 18세기 후반에 와서야 한 단어 속에 합쳐져 지금 우리가 인지하는 대강의 규정을 획득했기 때문이다. 따라서 '발명품'으로서 포르노그라피는 바로 근대라는 특수한 시대적 조건으로부터 기능적 의미를 부여받는다고 말할 수 있다. 물론, 어떻게 작동하는가라는 물음에 결부된 그 기능이야말로 핵심적이며 본질적이다.

그렇다면 포르노그라피가 근대적이란 것은 무엇을 뜻하는가? 이는 다른 무엇보다도 포르노그라피가 정치와의 강한 결착관계에 놓이게 되었음을 가리킨다. 절대왕정시대를 거치며 유럽이 달성한 물질적·문화적 풍요는 삶의 전면적 세속화를 불러일으켰고 국민국가와 자본주의를 양대 기축으로 삼는 정치·경제적 거대체제를 출범시켰다. 이 과정에서 일어난 계급투쟁은 왕족 및 귀족·성직계급과 시민계급 사이의 대립과 갈등의 양상을 띠었던바, 1789년의 무력혁명은 바로 그 같은 투쟁의 최고점을 표징하는 사건이었다. 당연히, 시민 곧 부르주아지는 대혁명을 계기로 갑작스레 출현했고 단숨에 모든 권력을 장악한 기적의 주체는 아니었다. 중세 후반부터 시작된 정치체제의 교체 및 생산양식의 전환과 더불어 계몽주의 사상으로 이념적 지반을 다졌던 이 새로운 계급은 바스티유의 습격이 있기까지 끊임없이 투쟁의 장에 개입했으며, 포르노그라피는 그들이 내세웠던 비정치적인 정치화의 무기였다고 할 수 있다. 다시 말해, 사회제도나 법적 규범의 틀을 빌지 않고도 자기들의 사상을 펼치고 혁명의 감응을 전파하는 무기로서 포르노그라피는 사용되었던 것이다. 따라서 '정치적 포르노그라피'로 규정되는 그 시대의 외설성이 1789년의 사회혁명과 불가분의 관계를 통해 정의되는 것은 결코 과장이 아니다(헌트, 1996:

16).[19] 혁명이 일어나기 한 세기 전부터 절대군주의 위엄이 아직 유효하게 작동하던 사회에서 직접적인 무력투쟁을 벌일 수 없었던 시민계급은 문화적 상징투쟁의 장에 뛰어들 수밖에 없었고, 그것의 가장 유력하고 급진적인 무기가 바로 포르노그라피였기 때문이다. 그러므로 근대의 포르노그라피는 다름아니라 '문화적 전투지대'의 무기인 동시에 그 사건에 붙여진 명명이었음을 기억해야 한다.

정치와 포르노그라피의 제휴는 그 자체가 정치적 행위였기에 동시에 정치적 탄압의 대상이 되었다. 검열의 문제가 생겨나는 장소가 바로 여기인데, 포르노그라피의 정치성을 급진적인 이념으로 인식하고 실천의 계기로 받아들인 것은 비단 소수의 혁명가 집단만은 아니었다. 17-18세기의 정치적 기득권, 즉 구체제 역시 포르노그라피의 외설성으로부터 자신들이 견고하게 쌓아올린 정치체제가 무너질지도 모르는 파괴적인 '악취'를 맡았다. 요컨대, 포르노그라피의 정치성은 그것을 이용해 기성 권력을 파괴하고 전복하려던 세력뿐만 아니라 포르노그라피의 위험성을 간파하고 어떤 방식으로든 그것의 발명과 유포, 대중적 확산을 저지하려던 기성 권력 사이에서 구성된 현상이었다. 그러므로 낡은 세계를 벗어나 새로운 사회를 건설하려는 능동적 힘과 그 힘을 분산시키고 통제하려고 했던 반동적 힘의 투쟁 속에 포르노그라피가 놓여 있었다고 할 수 있다. 포르노그라피가 장르적 분과로서 아직 자리잡기 이전부터 이 같은 현상은 다양한 기존 장르의 틀을 해체하며 등장하게 되었는데, 철학과 문학은 정치적 외설성이 자라나왔던 주요한 거처였다(프라피에-마주르, 1996: 249-272).

19 반면 고대 및 중세의 포르노그라피가 갖는 정치성은 대개 풍자와 아이러니를 곁들인 유희적 성격이 강했기에 근대의 포르노그라피가 갖는 정치적 (무)의식과는 일정 정도 거리가 있었음을 짚어두자. 예컨대 뤼시스트라테의 섹스 스트라이크는 반전주의와 남녀평등의 정치적 메시지를 전하되 당대 사회체제를 본원적으로 전복시키는 시도라고 보긴 어렵다.

4-2. '매춘부-철학자'의 투명한 시선

우리는 앞서 르네상스의 분방한 성적 상상력이 인문주의적 세계 인식과 무관하지 않음을 살펴보았다. 라블레와 아레티노의 외설적 표현이 갖는 파괴적 힘은 단지 신체의 즉물적 묘사에 대한 탐닉이 아니라 모종의 세계관적 기반 위에서 수행된 유희였기에 가능한 것이었다.

근대의 포르노그라피 역시 마찬가지로 일정한 세계관적 근거를 확보하고 있었다. 포르노그라피의 철학적 기반이라고 할 수 있는 이런 토대는 우선적으로 자연과 인간을 동일한 물질적 합성물로 보고 똑같은 원리에 따라 작동한다고 믿는 기계론적 입장을 말한다. 물론, 르네상스기의 자연인식 역시 일종의 물질주의적 관점을 갖고 있었다. 하지만 르네상스인들이 물질적 자연에 대비해 인간 존재의 우월성을 확신했던 반면, 근대인들에게 인간과 자연은 한 가지로 동일한 물질적 집합체에 불과했다. 베이컨의 귀납추리로부터 데카르트의 방법론적 태도, 갈릴레오와 뉴턴의 천문학 및 역학혁명에 이르기까지 과학적 성취를 통해 자연 인식에 자신감을 갖게 된 근대인들은 고대 이래의 자기원인적 실체와 같은 형이상학에 의지하길 거부했고, 인간에 대한 이해 역시 동일한 태도에 근거해야 한다고 믿었다. 자연에 대한 인간의 우월성은 인간의 방법적 태도와 실험적 실천을 통해 성취되는 것이지, 결코 존재론적 차원에서 선험적으로 부과될 만한 도그마는 아니었다. 자연과 인간의 세계는 마치 기계와 같이 정연한 법칙적 질서에 따라 움직이고 일정한 결과를 산출하는 동질적 대상처럼 여겨진 것이다. 이는 '이성의 신화'로 포장된 근대과학의 전형적인 현상인데(김성환, 2008: 289-292), 그 포괄적인 의미에서 근대적 인간 이해는 막스 베버가 말한 탈주술화와 탈신성화, 삶의 전면적 세속화에 맞닿아 있었다.

세속세계의 문화적 투쟁지로서 포르노그라피 또한 이와 같은 새로운 시대조류에 민감하게 반응하고 있었다. 17-18세기의 철학적·과학적 인식론을 자연주의와 물질주의의 상호작용과 이행으로 규정지을 수 있다면, 포르노그라피는 그런 상황을 첨예하고 반영하고 표출하는 감각적 매체였다. 르네상스 이래의 세계 인식을 일정 정도 계승한 자연주의와 그 발전된 형태로서 근대 고유의 관점이라 부를 수 있는 물질주의를 통해 우리의 논점을 세공해보도록 하자.

앞서 살펴보았듯, 자유분방한 쾌락을 추구했던 고대 그리스도 후기로 접어들수록 성적인 것 일반, 특히 섹스로 대표되는 포르노그라피적 표현에 대해 일정 정도 혐오와 두려움을 품기 시작했다. 여기에 기독교적 전통이 밀착하면서 만들어낸 강한 금욕주의적 태도는 중세까지 서구인의 삶과 사회적 관계를 조형하는 도덕규범이 되었는데, 16세기를 넘어서면서 이에 대한 공공연한 반발이 등장했던 것이다. 소위 '아리스토텔레스의 이단적 변형'이라 일컬어지는 성에 대한 관심은 섹스가 자연스러운 욕구이며, (특히 남성의) 육체와 삶의 지속을 보장하는 근본적 추력이란 주장이 나타나게 되었다. 당연히 이런 전환은 조심스러울 수밖에 없었지만, 인간의 삶과 사회적 관계 깊숙이 스며들기 시작한 새로운 관점의 태동이었음은 틀림없다. 연금술과 의학(해부학·약학)의 점진적인 발달은 이 같은 변화의 견인차가 되었다.

16-17세기 초의 자연주의자들이 섹스를 자연의 선물로 환영하고 찬미함으로써 그들만의 사적 세계를 만들어냈는데, 이 세계는 공인된 사회적 세계, 곧 구체제와 충돌을 피할 수 없었다. 비록 인식의 틀과 형식이 시간을 거듭할수록 개방되고 확대되었음에도 여전히 교회와 군주제의 억압적 시선은 개인의 삶을 장악하고 있었고, 과학마저도 아직은 그 굴레로부터 완전히 자유롭지 않았던 것이다. 몇몇 소수의 이단아들을 제외한 당대 최고의 과학자들, 갈릴레오, 뉴턴, 라이프니츠 등은 국가적 질

서와 신적 세계의 그늘 아래 서는 데 조금도 머뭇거리지 않았다(코너, 2014: 6장). 이런 상황을 고려해볼 때, 우리가 알고 있는 과학의 역사, 즉 공식적인 과학사가 과학을 정치와는 무관한 순수한 발견과 탐구의 영역으로 한정짓고, 진리를 비정치적 무균질의 공간에 남겨두려 했던 것은 너무나 자연스러운 태도다. 반면 자연과 인간을 동질적 원소 개념으로 파악하고, 나아가 여하한의 신학적·형이상학적 위계도 거부하려 했던 자연주의자들이 정치적 자유주의의 테두리에 들어갈 수밖에 없던 사정도 이해할 만한 노릇이다. 가령 이즈음 번역되었던 고대 자연철학자 루크레티우스의 글과 자연주의자들의 글이 기묘하게 겹쳐져서 읽히는 다음 장면을 보라.

변화와 원자가 이 모든 것을 만든다	〔자연과 정신이 합쳐진〕 위대한 정신은
민주주의적 순서에 따라서	민주주의적 신이 될 것이다
물체들은 자유로이 그들의 행로를 달린다	우리가 보는 모든 것은 신이니
계획도 운명도 힘도 없이.	태양과 달에서 벼룩과 이에 이르기까지
─루크레티우스 단편	그리고 앞으로는 동등하다
	인간과 생쥐는.
	─자유사상가의 일리아드, 1732

(두 편 모두 제이콥, 1996: 202에서 재인용)

자연에 대한 비인간적 견해로서 자연주의적 인식이 정치적 태도를 형성하고, 보다 확고하게 표출되는 단계는 물질주의적 인식을 수용한 다음의 일이었다. 17세기를 통해 자연주의와 물질주의는 자주 혼재된 상태로 나타나곤 했는데, 후자는 자연을 인간적 관점 이상으로 바라는 태도를 넘어서 인간을 자연의 관점에서 보는 것, 즉 물질적 동일성의 테두리로부터 관찰하고 판단하려는 입장을 뜻한다. 르네상스 이래 인문주의적 자유주의가 봉건적 절대주의, 즉 구체제와 직접 대결을 벌이기 시작한 것은 이러한 물질주의(유물론)를 인식 내면으로 받아들이고 사유의 중핵으로 인식한 연후였다. 그와 같은 물질주의적 인식이 없었더라면 포르노그라피 역시 신체와 성에 대한 직접적인 묘사 이상의 정치적 의미를 획득하는 데 더 많은 시간을 필요로 했을 것이다. 물질주의, 곧 19세기에 이르러 유물론의 이름으로 나타난 이 조류에 관해 조금 더 지면을 할애해보자.

물질주의는 자연주의가 급격하게 뻗어나가 극단에 이른 지점에서 모습을 드러냈다. 예를 들어, 자연주의는 육체적이고 정서적으로 타고난 감각, 충동, 정서를 '자연에 걸맞은' 현상이며, 따라서 '좋은 것'이라 간주하여 억압하지 말 것을 주문했다. 물질주의는 한 걸음 더 나아가 그 자연적인 것조차도 다만 물질적 질서의 한 부분으로 보았고, 우주라는 기계운동의 일부라고 생각했기에 그 어떤 인간적 가치부여도 옳지 않다고 단정했다. 종교가 부여했던 자연과 초자연, 인간학적 현상들에 대한 특수한 가치 대부분은 실상 근거 없는 오해에서 발원한 미신일 뿐이다. 자연이든 초자연이든, 인간의 의식 속에 왜곡된 채 자리잡은 현상의 외피들이 무지와 결합함으로써 '신'이나 '기적' 등으로 호명되었고, 그것이 진리에 대한 역사적 오해로 정식화되었다는 말이다. 자연은 기계와 같아서 그저 '주어진 방식대로' 작동할 따름이다. 인간 역시 자연과 마찬가지로 그 기계론적 운동에 관여해 있을 뿐이고, 따라서 어떠한 인간적 가치도 거기에 끼어들 필요가 없다. 자연도 인간도 물질로 이루어진 점에서 연속이라면, 인간을 가장 잘 설명해줄 수 있는 요소는 정신이 아니라 물질적 집합체인 육체에 다름아니다. 이러한 육체적 관계로서 인간은 존재하고, 인간의 사회적 관계도 동일할 것이다. 모든 것은 물질적 관계로 환원되어 설명될 수 있고, 무엇보다도 인간적인 것 일반이 그렇게 되어야 한다. 이렇듯 물질주의적 사변의 극단에는 일원론적 유물론이 자리잡고 있다.

프랑스 및 서구 포르노그라피의 기원으로 평가받는 『소녀들의 학교, 혹은 귀부인들의 철학』(1655)은 이러한 물질주의적 기초를 극명하게 드러내는 텍스트로 알려져 있다. 아레티노의 전통을 이어받아 두 사촌자매의 대화 형식으로 이루어진 이 소설은 성적 경험이 풍부한 손위 언니가 이제 갓 성에 눈뜨기 시작한 사촌동생을 '교육'하는 내용으로 이루어져 있다. 오랫동안 성을 탐구해 온 '자연철학자'이자 실전경험이 풍부한 '교육자'로서 사촌언니는 풍부한 해부학적 지식과 쾌락의 비전秘典을 동원하여 어떻게 해야 신체에서 최대한도의 쾌락을 이끌어 낼 수 있는지 가르쳐준다. 그녀에 따르면 남성의 신체는 하나의 '기계'와 다름없고("세상에서 가장 기다란 엔진으로서의 남근"), 그것을 어떻게 작동시키는지 여부에 따라 자신들의 쾌락 수준 또한 결정될 것이다. 마침내 그녀는 엄숙한 어조로 다음과 같이 단언한다. "나는 영혼의 진정한 장소는 남자와 여자의 고환 속에 있다고 믿어"(제이콥, 1996: 212에서 재인용). 묘하게도 이런 언명은 1세기가 지난 후 급진적 계몽주의 사상가들에 의해 철학적으로 정식화되어 되풀이된다. 이를 테면, 1748년에 작성된 라 메트리의 『인간 기계론』에는 다음과 같은 구절이 나온다.

인간이란 너무나 복잡하여 처음에는 그것에 관한 명료한 관념을 형성할 수가 없고, 결국에는 그것을 규정할 수도 없는 하나의 기계이다. (…) 따라서 우리들이 할 수 있는 일은 단지 후천적으로 혹은 말하자면 신체의 기관들을 통해 영혼을 해명하는 일뿐이다. (…) 영혼은 우리가 그것에 관해서 어떠한 개념도 갖고 있지 않은 공허한 기호이며, 건전한 정신은 단지 우리가 생각하는 것을 지칭하기 위해서만 그 기호를 사용할 수 있을 것이다(벌린, 1992: 318-319).

자기 시대의 포로로서 인간은 그 시대의 에피스테메가 방출하는 장력
張力을 완전히 벗어날 수는 없다. 하지만 새로운 시대, 새로운 인식과 실천
의 지평은 세계관이라는 인식론적 지식 이전에 감각적이고 직접적인 묘
사 속에 그 시대를 선취해간다. 포르노그라피는 아직 막연하고 추상적으
로 상정될 수 있을 뿐인 다음 시대의 핵심적 개념들을 구체적이고 경험
적인 태도로써 그 시대에 진술하려는 시도였다. 따라서 물질주의가 관념
적 강령에 머물지 않고 역동적인 실천의 한 형태로 표명될 수 있었던 배
경에는 포르노그라피 소설과 같은 기술적 보조장치들이 필수적으로 보
충되어야 했다. 철학과 문학의 교차적 장르로서 이 같은 글쓰기 장치들
이 나타났던바, 물질주의적 인식론은 당대의 철학적 글쓰기의 규범을 빗
겨나 소설의 서사형식 속에서 고유한 논리적 일관성을 확보할 수 있었
던 것. '허구fiction'라는 장르적 명명은 실상 새로운 비전을 텍스트로 조직
하기에 안성맞춤의 도구가 아닐 수 없었다. 요컨대 17세기부터 활발하게
생산되었던 포르노그라피 소설들은 물질주의적 관념과 사유에 발언할
수 있는 입을 부여한 셈이다.[20]

다른 한편, 『소녀들의 학교』에서 보았듯, 여성 화자가 성적 세계의 교
육자로 등장했다는 점은 대단히 시사적이다. 왜냐하면 관습적 삶의 질서
에서는 언제나 억눌려 있던 여성의 목소리가 물질 중심의 '전복된 세계'
에서는 남성보다 우월한 지성의 소유자로 호출되고, 남성을 이끌어나가
는 교육적(정치적) 지도자로서 묘사되기 때문이다. '매춘부-철학자'라

---

20 소설과 포르노그라피의 상호 관계와 발전에 관해서는 『포르노그라피의 발명』의 필자들뿐만 아니라
다른 많은 연구자들도 동의하고 있다(플랑드렝, 1994: 356-357).

고 호명된 등장인물들은 사회적 삶의 주동자이기도 하며, 남녀 양성이 올바른 성적 경험을 통해 진정한 성적 주체로 일어설 수 있도록 계몽하는 인물이다. 비록 허구적 텍스트를 통해 실현된 모습이긴 하지만, 이렇게 획득된 여성의 주체화는 포르노그라피가 여권주의와 평등주의의 의제를 자체 내부로 흡수하고 있었음을 시사한다. 또한, 이 같은 경향은 단순한 상상적 산물에 머물지 않고 공식적 역사 바깥에서 여성의 사유와 감각, 언어가 작동해 당대의 사회와 능동적으로 대화한 결과라고도 볼 만하다.[21] 우리는 그 같은 여성 선각자의 이름들을 프랑스혁명사의 서가에서 확인할 수 있는바, '매춘부-철학자'의 소설적 형상은 이미 여성적 주체화의 미래적 전망을 부인할 수 없는 예표로서 선구하고 있었던 것이다.

4-3. '나쁜 어머니' 죽이기와 남성주의 공화국의 그늘

이른바 '매춘부-철학자'라는 소재는 구체제하에서 계몽주의 작가들이 포르노그라피를 동원할 때 즐겨 다루던 테마였다. 『철학자 테레즈』(1748), 『철학자 쥘리』(1791) 등으로부터 저 유명한 사드 후작의 『규방철학』(1795)에 이르기까지 지적이고 능동적인 계몽주의자로서 매춘부의 이미지는 포르노그라피의 전형적인 인물설정이었다.[22] 소설 속에 등장하는 이 여성들은 풍부한 성적 경험과 지식을 바탕으로 과감한 '감정교육'을 실행하며, 현실에서 억압과 권위를 내면화한 동시대 남성들을 매혹시키고 굴복하게 만들었다. 그 같은 매춘부-철학자의 이중적 모습은 당연

---

21 마거릿 제이콥은 "포르노그라피가 남성에 의해 만들어진 것이라고 단순하게 믿는 것은 물질주의에 의해 합리화되었고 여성 해설자에 의해 상징화된 전복적 요소를 간과한 관점"이라 주장한다(제이콥, 1996: 226).
22 실제로 사람들은 이런 저작물들을 읽을 때 외설적 상상보다는 계몽주의적 이데올로기를 더 많이 연상하곤 했다고 한다(단턴, 2003: 172).

히 여성 해방주의의 이미지에 겹쳐지지 않을 수 없다.

한편 17-18세기의 출판관행과 풍토, 포르노그라피의 일반적 성격에 따라 매춘부-철학자의 이미지는 유사한 방식으로 재생산되었고, 통속화의 경향 속에 점차 철학자로서의 모습은 탈색된 채 온전히 매춘부의 이미지로만 남겨지게 된다. 그리하여 혁명 전야인 18세기 말에 도달하면 포르노그라피의 여성 철학자는 너무 상투적이라 느껴질 정도였고, 급기야 '매춘부-계몽주의자'가 아니라 '계몽된 매춘부'만 지각될 지경이었다. 이렇게 계몽의 주체가 아닌 대상으로 '전락'한 매춘부의 이미지가 물질주의 철학의 구현자로 묘사될 계기는 매우 줄어들었다. 그녀들이 설파하는 '계몽'의 내용이란 쾌락을 위해 동원되는 효율적인 육체의 기예에 불과했다. 더구나 근 100년 이상 지속되었던 물질주의적 담론의 범람은 물질주의 자체마저도 진부한 화제로 추락시키고 말았다. 대혁명을 목전에 둔 시점에서 포르노그라피에 결부된 물질주의 철학은 최초의 참신함을 상당히 소진해버린 상태였다.

한 세기 동안 남용된 끝에 호소력을 상실한 매춘부-철학자의 이미지에 대비되는 또다른 여성상이 포르노그라피의 정치성에 불을 붙이게 된다. '매춘부-계몽주의자' 혹은 '매춘부-철학자'의 지위가 여성의 지위에 강한 사회적 능동성을 부여했다면, 새롭게 설정되고 이미지화되기 시작한 여성성은 사악함과 음란함, 악마성의 온갖 부정적인 레테르를 잔뜩 달고 있었다. 게다가 이러한 여성성은 허구적 인격체가 아닌 실제 인물을 통해 구체적 설득력을 드러냈으니, 프랑스의 왕비 마리 앙투아네트가 바로 그 주인공이었다.

정략결혼에 의해 1770년 프랑스로 온 이 오스트리아 여성에 대한 비방은, 그녀가 18세가 되던 해이자 왕비로 즉위하게 된 1774년 이후로 꾸준히 증가했다. 처음에는 오스트리아의 간첩이라고 비방받았던 그녀는 점차 '호색적인 탕녀' '변태성욕자'에 '근친상간자', 국왕과 왕실을 배반하고 사악한 귀족들과 공모해 국가를 찬탈하려는 '악녀'로 변모하게 된다. 왕실과 귀족들을 탄핵하기 위해 선택된 소재들 가운데 마리 앙투아네트가 결부된 비난문서는 1789년을 전후하여 급속도로 확산되었고, 그녀가 루이 16세의 뒤를 이어 처형된 1793년 10월까지 폭발적으로 증가했다. 린 헌트에 따르면, 주로 마리 앙투아네트의 음행淫行에 관련된 논문, 기사, 팸플릿들, 예컨대 「마리 앙투아네트의 생애에 대한 역사적 논문」, 「왕가의 각좆」, 「루이 16세의 부인, 마리 앙투아네트의 자궁의 분노」, 「프랑스 국왕 루이 16세의 부인, 오스트리아의 마리 앙투아네트의 삶, 처녀성 상실로부터 1791년 5월 1일까지」(1791), 「프랑스의 전前 왕비 마리 앙투아네트의 은밀하고 방탕하고 추잡한 삶」 등은 단순히 세간을 떠도는 중상모략의 수준이 아니었다. 그것은 동물성과 악마성의 경계를 수시로 넘나들며, 프랑스 민중을 위협하는 '공공의 적'이라는 이미지를 만들어낼 정도로 증폭되었다. 왕비에 대한 이 같은 비방이 단순히 구체제에 대한 증오나 투쟁의 전술의 차원에서 이루어진 것만은 아니었다는 점을 지적해 두자. 마리 앙투아네트를 겨냥하여, 특히 그녀의 육체에 대한 여러 가지 포르노그라피적 공격은 비단 왕비라는 구체제의 중요 인사에 대한 탄핵일 뿐만 아니라, 혁명을 계기로 분출한 여권정치, 남녀 평등주의에 대한 '혁명의 거부감과 공포'를 동시에 표출하는 것이었다(헌트, 1999: 4장).

17－18세기 포르노그라피의 '매춘부－철학자'는 공적 여성의 시민권을 은유적으로 전시해 보여주는 것이었다(헌트, 1996: 406). 하지만 실제 생활에서 여성의 정치적 활동이 소설처럼 자유롭지 않았다. 혁명 초기에는 여성의 정치·사회적 참여가 전폭적으로 용인되기도 했지만, 여성정치의 급진성이 대다수 혁명지도자들에게 불안감을 안겨주었던 탓이다. 자유·평등·박애를 주창하던 혁명가들 대부분에게 정치란 지극히 남성

적인 활동의 하나로서 간주되었다. 여성은 아이들과 더불어 가정의 울타리 안에서 '보호받아야 할' 대상이었기에 사회적·공적 생활에서 정치적 주체성을 부여하기에는 어딘지 부족해 보이는 존재였다. 정치는 '자유로운 시민'인 남성들의 몫으로 남겨두어야 했다. 시민혁명의 이데올로기적 유산을 남겨주었던 장-자크 루소 역시 "공화국에는 남성이 필요하다"고 강조하며 '남성의 여성화'를 경고했을 지경이니, 남성화된 여성에 대한 혐오와 두려움은 혁명가들이 은밀하게 공유하던 공통 감정의 하나였다. 소수의 예외를 제외하고, 혁명의 첨단에 선 정치가들에게 남녀 사이의 성적 구별은 타도해야 할 구악舊惡의 잔재가 아니었다. 예를 들어, 여권 문제와 여성의 정치 참여를 논의하기 위해 설립되었던 각지의 여성클럽은 1793년 무렵 강제폐쇄 명령을 받는데, 여성의 클럽활동이 '자연적 질서를 전복'시키고, 여성을 그들의 고유한 정체성인 '가족적 정체성'으로부터 이탈시킬 것이란 우려 때문이었다(헌트, 2002: 58).[23] 요컨대, 귀족정치에서 시민정치로의 전복은 종래의 가부장적 위계질서를 파괴하는 데까지는 이르지 못했다.

포르노그라피는 그것의 즉물성 때문에 효과를 발휘하는 게 아니다. 우리는 포르노그라피를 정치적 투쟁의 무기로 사용하는 집단들이 고도로 정교한 상징-이미지의 의미론적 체계를 활용하는 모습을 목격할 수 있다. 정치적 반대파를 공격하기 위해 동원된 외설적 수사는 종종 비난받는 편의 성적 무질서와 타락, 음란함을 고발하는 데 사용되지만, 외설성 자체가 갖는 공격력에는 한계가 있게 마련이다. 포르노그라피의 파괴력은

---

23 국민공회 의원이었던 파브르 데글랑틴은 다음과 같이 경고했다. "오늘 여자들은 자유의 붉은 모자를 요구하고 있지만 이것만으로 만족하지는 않을 것이다. 조만간 이들은 허리에 권총을 차려고 할 것이다." 권총이 페니스에 대한 성적 상징이라는 점을 고려하면 여성의 무장은 곧 여성의 남성화, 남성적 권리의 침해나 찬탈로 여겨졌다고 할 수 있다.

외설적 언표의 직설적인 투여에 있다기보다, 그러한 언표가 틈입해 들어가는 언표장의 구조적 안정성이 뒤흔들릴 때 가장 잘 나타난다. 그럼 마리 앙투아네트에 대한 포르노그라피적 탄핵의 궁극적인 핵심은 어디에 있었던 걸까?

왕비의 성적 분방함, 온갖 종류의 음란한 기행의 목록에는 다른 계층의 신분이 종종 등장했다. 그녀는 루이 16세의 성적 무능력을 이용해 궁정대신들과 밀회를 즐겼고, 그룹섹스를 벌였다고 고발되었으며, 귀족부인들과는 동성애를 행하였고, 수감생활 중에서조차 나이 어린 시동들을 침대로 끌어들였다는 목격자가 나타났다. 심지어 그녀는 자신의 아들을 성적 노리개로 삼는 근친상간의 죄를 범했다는, 왕자의 국가적 신체를 훼손했다는 죄목으로 정식 기소까지 당했다. 물론, 그 어떤 확실한 물증도 제시되진 않았다. 하지만 혁명의 혼돈 속에서 파리의 시민들은 대부분 이 소문에 관해 들을 수 있었고, 그 진실 여부에 대해 일말의 의심도 품지 않았다. 모두는 공공연하게 왕비의 타락과 악마성에 대해 떠들어댔다. 그녀에 대한 증오는 기존의 지배권력에 대한 분노의 표현을 포함하고 있었지만, 보다 은밀하게는 전통적 가부장 질서를 어지럽히고 망가뜨리는 '외국 여성'에 대한 남성주의적 적개심에 다름아니었다. 이 상황에서 '음란한' 왕비에 관한 소문은 포르노그라피의 좋은 먹잇감이었고, 파리시민 누구나 그녀를 소재로 폭력적인 상상력을 발동시켜서 마음껏 해소할 수 있었다. 이제 왕비는 마음껏 '욕'하거나 '범'하고 '죽일' 수조차 있는 대상이 된다.

차분히 그 경과를 관조했을 때, 마리 앙투아네트에 대한 포르노그라피적 공격은 애초에 평등주의와 공화주의적 실천을 위한 일종의 매개체로서 기획되었던 듯싶다. 왕의 부인이자 왕자의 어머니인 왕비의 육체는 포르노그라피를 통해 만인이 꿰뚫어보고 짓밟을 수 있는 무너진 권력의 표상이 되었던 까닭이다. "1789년 이후에 나온 포르노그라피는 모든 사람이 왕비와 접촉할 수 있다는 것을 강조하는 경향이 더욱 커졌다. (…) 그녀의 행동에 대한 포르노그라피는 왕권을 비하시켰을 뿐만 아니라 평민을 격상시키는 역할을 했다"(헌트, 1996: 402). 왕비의 육체에 대한 환상적 서사를 꾸며내고, 또 시각화함으로써 민주적 평등주의의 이념은 감각적으로 구체화되었다. 달리 말해, 제아무리 인민주권과 만민평등의 이념을 철학적으로 떠들었어도 그 실제적 의미에 대해서는 모호하게만 알고 있던 민중에게 왕비가 아무렇게나 범할 수 있는 대상이 되었다는 사실은 역설적으로 '민주주의의 학교'로 기능했다는 것이다. 결과만을 놓고 말한다면, 이러한 '학교'가 궁극적으로 혁명이 노정했던 공화주의와 평등주의의 이념을 체감하게 만드는 데 어느 정도 기여했다고 말할 수 있을지 모른다.[24] 즉, 혁명을 지원하던 정치적 포르노그라피는 군주와 그의 가족, 귀족계급의 여성에게 폭력을 행사하고 강간을 허락함으로써, 당대의 용어를 빌자면 '여성화'함으로써 민주주의를 실현시켰던 것이다.

하지만 신분과 위계의 경계선을 무너뜨리고 마침내 돌파하면서 달성된 이러한 민주주의는 그 자체로 대단히 폭력적이면서 마냥 정의롭다고 부르기는 어려운 측면들을 내장하고 있었다. 혁명세력은 정치적 이념에 있어서는 진보적이었을지 몰라도 일상적 감각에 있어서는 여전히 과거의 그늘에 머물러 있었으며, 이는 혁명가들이 왕정을 '여성화'하고 부르주아지를 '남성화'하여 전자를 통제하려 했다는 점에서도 여실히 드러나는 사

---

24 혁명을 전후해 포르노그라피의 외설성이 왕가와 체제의 체면을 구기고 권위와 의례를 조롱하는 방식으로 작동했음에도, 그 같은 풍자적 매체의 정치적 파괴력을 지나치게 과장할 수는 없다는 의견도 경청해야 한다. 우리는 아마도 그 같은 효과가 제한적이며 은밀한 방식으로 표출되었다고 짐작할 수밖에 없다(샤르티에, 1999: 129-131). 하지만 대중의 감응에 파고든 탈권위와 탈권력의 이미지는 그 자체로 막강한 무의식적 믿음을 만들었고 급기야 한 시대와 사회를 탈구축하는 데 작용했으리라 판단할 근거도 충분하다(이진경, 2012: 4장).

실이었다. 혁명이 이룩한 새로운 사회의 자유시민은 어디까지나 남성을 가리키는 것이었고, 성적 자유는 가부장적 질서의 확고한 틀을 유지하는 가운데 오직 남성들에게만 허락된 특권이었다. "여성은 민주주의 전개과정에 필수적 존재였지만 궁극적으로는 배제되었다"(헌트, 1996: 407). 남성동성사회의 구축, 바로 이것이 부르주아혁명의 민낯이었다.

군주제에서 '부모'로서 표상되었던 국왕과 왕비를 처형한 직후, 자유로운 시민들 사이에는 평등한 '형제애fraternity'가 강조되었다. 프로이트를 빌어 린 헌트가 논증했듯, 아비를 죽인 형제들은 남겨진 여성을 차지하기 위한 평화계약을 체결하기로 한다. 이러한 공화주의가 동성애적 결속력에 기반을 두고 있고, 공포스러운 아버지를 대신할 상징적 존재로서 어머니의 형상을 필요로 했음은 물론이다. 그래서 혁명 프랑스가 공화국의 상징으로 '모성적 젖가슴'을 지닌, 그러나 '평등의 상징물'을 목에 건 여성으로서 표상되었음은 전혀 이상한 일이 아니다. 아직은 어린아이인 혁명에게 젖을 물리고 키워내는 '자애로운 어머니'로서 공화국은 '상스럽고 천박한 매춘부'로서의 마리 앙투아네트의 이미지에 정확히 대립적인 이미지였음에 틀림없다. 이로 인해 전前 왕비에 대한 가장 저열한 수준에서의 경멸과 모욕, 성적 능욕은 곧바로 새로운 어머니에 대한 최고의 찬가로서 역전될 수 있었던 것이다. 그러나 이렇게 만들어진 어머니-국가nation-mother는 결코 여성적이지 않았다. 어머니의 미소를 입에 머금고 풍만한 젖가슴을 드러낸 채 자유시민들에게 손짓하는 그녀는 기실 가부장적 질서를 오장육부를 통해 구현하고 있는 아버지가 성전환한 국가적 인격체에 다르지 않았다. 남성을 내면화한 어머니, 혹은 출산할 수 있는 아버지의 이미지는 혁명이 산출한 새로운 정치체가 근본적으로 여성을 배제하고 남성만을 위해 작동하는 기계장치로 자라나리란 사실을 웅변하고 있었다.

5. 사드 후작, 정치와 반정치의 오르가즘

포르노그라피와 혁명의 관계를 논의할 때, 가장 곤혹스러우면서도 결코 생략할 수 없는 지점이 바로 사드 후작과의 만남이다. 그의 글쓰기를 통해 혁명은 외적으로 공표된 이상과 내적인 진실 사이의 모순을 여지없이 드러냈으며, 포르노그라피의 음탕한 이미지는 혁명의 공포스러운 맨얼굴과 한 쌍으로 엮여버렸기 때문이다.

사드의 소설은 이중적으로 읽을 수 있다. 한편으로 이념적 주의주장과는 무관하게 온전히 육체 자체의 향락에 함몰된 '비정치적' 텍스트로 여겨지지만, 다른 한편으로는 혁명을 향해 나아가는 근대 포르노그라피의 모든 전통이 절정에 이르러 분출된 '정치적' 텍스트로 독해되기 때문이다. 흔히 '사디즘'이라 명명되는 비뚤어진 욕망과 행위의 집합체로 간주되는 그의 작품은 전자의 입장만이 통속적으로 도식화된 결과일 뿐, 정치적/비정치적 포르노그라피의 이중적 논점과는 전혀 무관하다. 오히려 우리가 사드에게서 찾아내야 할 것은 근대 정치적 포르노그라피의 변곡점, 곧 정치적 근대성이 왜상적傑像的으로 드러나는 장소의 진리다.

도나시앵 알퐁스 프랑수아, 마르키 드 사드(1740-1814)의 저작활동은 구체제가 무너지기 훨씬 전부터 시작되었다. 혁명이 있기 전에 이미 몇 차례의 스캔들로 재판과 구금형에 처해지기도 했던 그는 귀족 신분 덕분에 자칫 사형당할 수도 있었을 중죄를 모면한 적도 많았다. 구제도의 상류층이 지닌 썩은 도덕, 특히 성적인 방종을 고스란히 까발렸다는 점에서 위협과 배척의 대상이었음에도 그는 왕권과 귀족계급을 공격하는 정치적 포르노그라피의 작가 역할을 기꺼이 떠맡았는데, 이런 사정들은 바스티유 감옥이 무너지던 날 거기에 갇혀 있던 몇 명의 '정치범'들 가운데 한 사람으로 사드의 이름을 기록하게 만들었다. 그에게 호의적인 연구자들이 사드를 '혁명가'로 묘사하려는 이유가 그에 있다.

그는 멸망해가는 구체제의 미움을 받은 희생양이었다. 때마침 구체제를 지탱하는 세계가 도처에서 허물어지기 시작했기 때문에, 구체제는 자신의 취약함과 쇠퇴를 은폐하고 조금이라도 더 오래 연명하기 위해 도덕과 질서를 세우려고 날뛰던 참이었다. (⋯) 요컨대 사드는 현실적 위험을 대표하는 존재였고, 이 현실적 위험은 18세기의 비현실적 성애의 전통이 이미 모든 제도나 사회에 미치기 시작한 온갖 위험을 더욱 증대시키고 변질시켰다. (⋯) 사드는 사회가 해체되는 기미를 냄새 맡았고, 귀족계급의 일부에 충격을 주고 있던 이상사태 속에서 도덕적 퇴폐의 근원을 꿰뚫어보고 있었다(노가레, 1991: 297-299).

혁명 정부에 잠시나마 봉직한 이력도 있지만, 혁명에 대한 사드의 태도는 늘 모호하게 남아 있었다. 죽음의 고비를 가까스로 넘기면서도 줄기차게 써나갔던 '음란소설'은 일견 정치적 급진주의에 대한 옹호로 읽을 수 있지만, 다른 측면에서는 그런 혁명의 이상마저도 조롱과 성적 우스개의 소재로 타락시켰다고 지탄받았던 탓이다. 사드를 현실의 사회·정치적 맥락과 분리시켜 평가하려는 비평가들은, 혁명에 대해 그가 취했던 냉담함은 실상 구체제에 대한 태도와 크게 다르지 않았다거나 또는 몸은 혁명에 연루되어 있었더라도 정신적으로는 그 반대편에 서 있었을 것이라 쉽게 단정지어버린다(토마, 1996: 219). 그러나 사드의 텍스트는 정치와 포르노그라피라는 대혁명의 첨예한 화두와 복잡하게 맞물린 채 탄생했으며, 모종의 결절점을 형성한 채 그 자장磁場 속에서 끝을 맺었다. 이 점을 십분 고려한다면, 그의 텍스트는 외설이냐 혁명이냐의 이분법적 선고의 대상이 아니라 근대성이 낳은 쌍생아였던 정치와 포르노그라피의 절합적 교차지대로서 고찰되어야 한다.

혁명이 배태했고 끝내 배반해버린 여성시민의 문제가 놓인 위치가 바로 그 자리다. 사드의 텍스트에서 여성이 배치된 지형도는 정치와 비정치가 기묘하게 맞물린 변곡점을 지시할 뿐만 아니라, 그러한 배치가 야기시킨 혁명담론의 의미론적 변화를 폭로한다. 사드라는 이름은 "외설이냐 혁명이냐?"가 아니라 오히려 '외설적 혁명', 또는 '혁명의 외설성'이 무대화되는 현장을 가리키며, 그곳에 그의 문학이 있었다.

5-1. 『규방철학』—탕아, 공화국을 까발리다

사드는 전통적인 포르노그라피의 구성을 그대로 승계해서 여성 해설자의 교육적 담화형식을 작품 속에 자주 차용했다. 예컨대, 『규방철학』은 성숙하고 음탕한 생탕주 부인과 그에 못지않은 호색한 돌망세 및 젊은 기사 미르벨이 순진무구한 귀족처녀 으제니에게 섹스의 모든 기법과 철학을 가르치는 대화체 소설이다. 이들은 으제니에게 성적 쾌락의 정수를 전해주기 위해 '강의실'로서 침대를 사용하고, 육체적 기교와 더불어 '철학적 이론'도 함께 교육하고자 한다. 일곱 차례의 대화를 통해 그들이 가르치는 철학이란, 구체제에 반대한 정치적 포르노그라피들이 그랬듯, 모든 전통적 미덕에 대한 무자비한 비판이자 통렬한 논박이었다.

돌망세 자, 덕이란 그저 환상일 뿐이야. 덕을 찬양한다는 건 영원히 자기를 제물로 바치는 것이며, 기질에 따라 품게 되는 생각에 맞서 행하는 끝도 없는 반항에 불과해. 이런 마음의 움직임들이 자연스러울 수가 있나? 자연은 언제나 그렇게 하지 말라고 충고하고 있지 않는가? 속지 말거라, 으제니, 덕성 있는 여자라는 말을 듣는 여자들을 믿지 마. 그런 여자들이 사용하는 것은 우리와 동일한 정념이 아니야(사드, 2005: 64-

65. 이하 인용문 쪽수만 표시).

돌망세의 진술은 자연주의 텍스트의 주장들과 겹쳐져 있다. 전래의 미덕이란 그 자체로 아름답거나 고귀한 자연성이 아니다. 역으로 그것은 자연에 반하는 인위적인 것, 가부장적 신화에 의해 자연을 가장한 악덕의 굴레일 따름이다. 가장 자연스러운 덕성은 자연에 그대로 따를 때 나온다. 그러므로 자연의 미덕은 인간의 미덕을 거역하고 파괴할 때 정확히 드러나는 것이다. 돌망세가 으제니에게 가르치려는 성적 쾌락의 환희는 자연적 쾌락에 대한 순종이자 인위적 억압에 대한 저항에 다름아니다. '덕성 있는 여자들'은 자연에 반하는 것, 곧 남성지배 사회에 길들여진 남성적 성의 투영물에 불과하다. 인간에 대한, 자연에 대한 물질주의적 이해는 이로써 '자연스럽게' 반종교적 텍스트로 이행하게 된다.

생탕주 부인 아이를 죽이는 일을 두려워 말거라. 이를 죄라고 생각하는 건 환상일 뿐이야. 우리는 항상 우리 뱃속에 품는 것의 주인이다. 우리는 필요를 느낄 때에는 의약품을 가지고 어떤 것을 정화하는 것 이상으로 이런 물질을 어려움 없이 파괴할 수 있다. (⋯) 그것은 이성에, 원칙 속에 세워진 것이다.
돌망세 이런 권리는 자연이 가진 것이죠. 의심의 여지가 없습니다. 신의 체계를 과장하는 일이야말로 조잡한 오류들을 낳은 근원이었습니다. 신을 믿었던 바보들은 우리는 신이 세상에 내보낸 것이라고, 자궁 안에 태아가 들어서자마자 신이 부여한 작은 영혼이 곧 태아에게 영혼을 불어넣는다고 믿고 있지요. 말씀드리자면 이 바보들은 분명히 이 어린 생명체를 죽이는 일이 엄청난 죄악을 저지르는 것이라는 생각을 하고 있는 것입니다. 그들의 이야기를 들어보면 태아는 더이상 인간에 속했던 것이 아니고 신의 창조물이었다는 것이죠. 태아의 권리는 신에게 있었다는 것입니다. 그러니 우리가 죄짓지 않고서는 태아를 좌지우지할 수 없다는 것이지요. 그런데 철학의 횃불이 이 모든 사기를 휩쓸어버린 뒤에, 이 신의 환상이 짓밟히게 된 이후에, 자연학의 비밀과 법칙을 제대로 배운 우리들은 생식의 원리를 발전시키게 되었고, 이 물질적인 메커니즘이 밀알의 생장 이상으로 더 놀라운 것이 아니라는 사실을 똑똑히 보여준 이후에 우리는 자연을 따르고 인간의 오류를 버리게 되었던 것이죠. 우리의 권리의 한계를 넓히면서 우리는 마지못해서였든 우연에 의한 것이든 우리가 주었던 것을 되찾아올 자유를 가진 존재라는 사실을 알게 되었던 것입니다. 원치 않는다면 그 어떤 누구에게도 억지로 아버지나 어머니가 되도록 할 수 없다는 것이죠(124-125).

자연주의에 기반을 두어 인간의 법을 경멸하고 조롱한 돌망세는 물질주의적 추론에 힘입어 육체가 욕망의 조작을 필요로 하는 기계라고 주장한다. 이는 물론 '철학의 빛', 즉 이성의 원리에 바탕을 둔 계몽주의적 논리이며, 그 근거는 육신의 즐거움이 제공하는 부인할 수 없는 쾌락에 있다. 생탕주와 돌망세의 강의는 회를 거듭할수록 강도를 더해가고, 미덕과 신앙심, 경건함에 관해 흡사 지옥을 방불케 하는 저주를 쏟아내며 끝을 맺는다. 이론은 당연히 격렬한 섹스로 실천되어야 하며, 처음에는 인간과 사회의 미덕이라는 '미망'에 갇혀 있던 으제니는 마침내 자연의 승리에 몸을 맡기게 된다.

정치·사회적 언표가 성적 도발의 언표와 맞물려 하나의 텍스트를 구성하는 방식은 포르노그라피의 근대적 특징이었기에 새로울 것이 없다. 혁명기의 포르노그라피들은 '정치+섹스'의 도식화된 구도를 통해 이데올로기의 전파라는 실질적 부대효과를 창출했다. 마리 앙투아네트의 경우와 같이, 성적 묘사와 결합한 정치적 주장은 대중 속에 틈입해 들어가 가상을 현실로 창조해내거나 혹은 그와 반대 방향으로도 작용했다. 그래서 앙투아네트의 경우, 그녀의 음행에 대한 고발은 법적 기소의 요건에 포함될 정도였다. 따라서 정치적 포르노그라피란 정치성에 포르노그라피를 일정 정도 종속시켰을 때 유효하게 작동하는 기제였다고 할 만하다. 만일 포르노그라피가 정치의 요구를 거부하고 그로부터 벗어나고자 한다면, 그것은 다만 외설성 자체에 불과한 난잡한 텍스트로 전락해버릴 것이다.

사드의 텍스트가 혁명과 만나고 또 충돌하는 지점이 바로 여기인데, 그는 정치적 포르노그라피의 도식을 그대로 수용하면서도 동시에 이탈을 꾀했기 때문이다. 사드는 혁명의 이데올로기에 포르노그라피를 복종시키려 하지 않고, 오히려 포르노그라피에 혁명의 이데올로기를 복속시키고자 했다. 사드적 포르노그라피는 정치적 포르노그라피의 한계를 뛰어넘어 새로운 정치를 창안하고자 했던 것이다. 즉, 사드는 혁명이 내걸었던 자유와 평등의 테제를 극단까지 밀어붙임으로써, 정치의 이상을 포르노그라피의 이미지 속에 겹쳐놓았던 것이다. 바꿔 말해, 포르노그라피가 갖는 최상의 환락을 정치의 이상과 동일시함으로써 현실 속에 이상향을 즉각 도입해야 한다고 역설했다. 이는 존재와 당위, 현실과 이상, 지옥과 낙원, 허구와 실재 사이의 어떠한 간극도 무화시켜버림으로써 인간이 지금까지 꿈꾸어왔던 모든 것을 지금-여기로 호출해야 한다는 충동의 정치학에 비견할 만하다. 문제는 이상을 추구하던 혁명가들, 개혁가들, 대중들은 자신들의 이념이 실제로 도래할 것을 전혀 믿지 않았으며, 심지어 두려워하기까지 했다는 데 있다. 그 누구도 지금-여기의 지상에서 신의 왕국의 정말로 도래하리라 믿지도 않았고 원치도 않았다. 사드에 대해 이야기를 계속하면서 정치와 포르노그라피의 파열을 지켜보도록 하자.

공화국은 가족을 모델로 한 정치적 질서의 구축에 무의식적으로 의지해 있었다(헌트, 1999: 1장). 그러므로 봉건적인 계급적 위계를 타파하고 평등한 자유시민에 의해 운영되는 시민사회를 건설하고자 했음에도 여성의 지위에 대한 문제는 근본적으로 가부장적 시선 위에 세워져 있었다. 마리 앙투아네트의 이미지 조작을 통해 만들어낸 표상은 '나쁜 어머니'로서의 '매춘부'였고, 공화국을 표상한 '좋은 어머니'는 앙투아네트와는 정반대 항목에 기입된 여성, 곧 가족적 질서에 순종하는 여성상이었다. 여성은 '여성적' 정체성을 증명하기 위해 가정의 울타리에 머물러야 했고, 정치적 발언과 행동은 남성에게 양보하는 미덕을 보일 필요가 있었다. 따라서 마리 앙투아네트에게 떠넘겨진 모든 죄목들, 예컨대 동성애와 남성화된 여성성(또는 남성의 여성화 조장), 근친상간, 외도, 변태적 성욕 등등은 새로운 사회의 여성이라면 마땅히 거부해야 할 악덕으로 간주되었다. 왕정과 귀족을 절멸시키기 위한 수단으로서 포르노그라피의 수사학은 필수적이고 유효한 방법이었으나, 그것이 공화국으로 도입되는 사태는 막아야 했다. 포르노그라피와 정치가 결합할 때 생겨나는 폭발적 파괴력을 익히 알던 혁명가들에게, 이제 문제는 외설성 자체가 아니라 외설성이 노정하는 가족주의 모델의 파괴에 놓이게 되었다. 부모(/어른)와 자식(/아이) 사이, 남편(/남성)과 아내(/여성) 사이에 이중적으로 구축되는 명령-복종의 수직적 위계를 통해 작동하는 가족주의와 가부장주의는 혁명 이후에도 변함없이 보전되어야 할 '선험적' 질서 그 자체였다. 따라서 자유로운 남성들의 공화국에서 포르노그라피가 허용되기 위해서는 그것의 정치적 기능은 반드시 삭제되어야 했다. 그런데 사드는 자신의 텍스트를 통해 무엇을 가르치고 있는가? 금지된 성애로서의 근친상간과 동성애였다. 왜? 다소 길지만 그의 글을 직접 인용해보자.

으제니 근친상간은 죄가 아닌가요?

돌망세 자연의 가장 아름다운 결합을 그렇게 보아야 할까? 자연이 우리에게 명령하고 최상의 것이라고 가르치는 결합이 아닐까 해. 잠시 이치를 따져보기로 하자, 으제니. 지구에서 일어났던 엄청난 재난이 끝난 다음에 인류는 근친혼이 아니라면 어떻게 해서 번식을 할 수 있었겠니? 기독교가 숭배하는 책에서조차 그 모범과 증거를 찾을 수 있지 않을까? 아담과 노아의 가계는 이런 방법이 아니라면 어떻게 이어져왔겠니? (…) 만일 한마디로 사랑은 닮음에서 비롯된다면 형제와 자매 사이나 아버지와 딸 사이에 존재하는 것만큼 완벽한 닮음이 어디 있겠니? (…) 하지만 우리는 이해와 야망이 만들어낸 것을 자연법으로 간주하는 데까지 잘못 생각하지 말도록 하자(106-107).

돌망세 〔리베르티나주의 행동에서 남자의 취향은〕'남색' '불경에 대한 욕망' '잔혹한 취향' 이렇게 세 가지입니다. (…) 종종 우리는 남색을 행하는〔능동과 수동의〕이 두 가지 태도 중 어느 쪽이 더 쾌감을 얻을 것인가 묻곤 합니다. 확실히 수동적인 것이죠. 왜냐하면 앞쪽에서의 감각과 뒤쪽에서의 감각을 동시에 가질 수 있으니까요. 성 역할을 바꾸는 것은 달콤한 일이고, 창녀 흉내를 내는 것, 우리를 여자처럼 다루는 사람에게 몸을 맡기는 것, 그 남자를 애인이라고 부르는 것, 자신이 그의 정부라고 말하는 것은 관능적인 일이 아닐 수 없습니다!(122-123)

으제니 오! 선생님들, 당신의 가르침을 따라서 저는 지상에 악이라는 것이 거의 존재하지 않는다는 것을 알았어요. 그것이 바보들에게는 아무리 이상하게 보이더라도, 우리가 평화롭게 우리의 욕망에 몸을 맡길 수 있다는 것을 알았어요. 바보들은 멍청하게도 자연의 신성한 법칙들과 사회적인 제도를 혼동을 하면서 모든 것에 대해서 경고를 하고 으름장을 놓는 것이죠. 하지만 친구들, 비록 그것이 자연의 목소리로부터 나온 것이라고 해도, 적어도 당신들은 절대적으로 혁명적이며 결정적으로 범죄적인 행위가 또한 존재한다는 것은 받아들이지 않는 것이죠? (…) **돌망세** (…) 자연의 제일법칙들 중의 하나는 파괴라는 것이지. 파괴하는 그 누구도 죄인이 될 수가 없을 것이다. 어떻게 자연에 봉사를 하는 행위가 동시에 자연을 위반하게 될 수 있겠니? 게다가 인간이 잘못 생각하곤 하는 이런 파괴행위는 그저 환상에 불과한 것이다. 살인은 파괴하는 것이 아니야. 살인이 자연에게 요소들을 되돌려주는 것이며, 능숙한 자연은 자신의 손으로 이 요소들을 사용해서 다른 존재들에게 이를 보상하는 것이라면, 살인을 저지르는 사람은 형태만을 바꾸게 할 뿐인 것이다(108-109).

도스토옙스키 식으로 말한다면, 신이 없다면 모든 것이 허용될 수 있다(도스토옙스키, 2007: 516). 그러나 사드는 이를 허무주의적 원칙으로 귀결짓지 않는다. 오히려 사드가 주창하는 파괴, 모든 것의 절멸은 단 한 가지의 목적을 위해 허락되어 있다. 자연이라 불리는 질서, 또는 자연적인 정치를 말살하고 재창안한다는 목적이 그것이다.[25] 사드가 찬양하는 '죄악의 규범'은 다섯번째 대화의 압권을 이루는 정치적 팸플릿인 「프랑스인들이여, 공화국의 시민이 되기 위해 조금만 더 노력을」에 목록화되어 논리정연하게 제시된다.

---

25 사드의 자연이 과연 신적인 지위, 즉 대타자적 기능을 떠맡고 있는 것인지에 관해서는 논란의 여지가 있다. 사드의 자연이 명목론적 기표에 불과하다면, 도스토옙스키적 언표가 급진적으로 전개될 때 요구되는 필연적 조건은 아닐 듯싶다. 요컨대 자연이 허락하든 안 하든, 자연의 파괴가 어떤 효과를 일으킬지 알 수 있든 없든 사드적 주체는 이 세계를 절멸시키는 데 주저하지 않을 것이다.

근친상간은 더 위험한가? 절대 아니다. 그것은 가족의 관계를 확장하며 결과적으로 조국에 대한 시민의 사랑을 보다 능동적인 것으로 만들어준다. 우리는 자연의 최초의 법으로서 근친상간을 이해한다. 그리고 우리는 실제로 그것을 느끼는 것이다. 가족을 상대로 쾌락을 즐긴다는 것은 우리에게 항상 더 관능적인 것처럼 보였다. 최초의 제도는 근친상간을 옹호한다. 사회의 기원으로 거슬러올라가면 근친상간을 만날 수 있다. 모든 종교가 허용을 하고 있으며 모든 법률이 옹호했다. 만일 우리가 세계를 두루 여행한다면 우리는 도처에서 근친상간이 제도화되어 있다는 것을 발견하게 될 것이다. (…) 한마디로 나는 근친상간은 박애가 근간이 되는 모든 정부의 법이 되어야 할 것이라고 감히 확신한다. 어떻게 합리적인 사람들이 자기 어머니나 누이, 혹은 딸의 향락이 죄가 될 수 있을 것이라고 믿을 정도로 부조리한 생각을 가지고 있을 수 있다는 말인가!(237)

[남색에 관해서는] 당신과 동일한 취향을 갖지 않았다는 것이 죄라면 죄일 불행한 개인을 감히 사형시킬 정도로 야만적일 수가 있는가? (…) 남색이라는 성벽인 신체기관의 차이 때문에 생기는 것이다. 우리가 만든 것이 아니라는 말이다. 대단히 민감한 나이의 어떤 아이들은 그 취향을 보여주는데 이를 평생 고칠 수가 없는 것이다. 가끔씩 그것은 싫증이 난 결과일 수도 있다. 하지만 이런 경우에서도 그것이 자연에 적합한 것이 아니라고 할 수 있는가? 모든 관계들을 미루어볼 때 남색은 자연이 만들어놓은 것이다. 그리고 모든 경우에 자연이 불러일으킨 것은 우리가 존중해야 한다. (…) 자연을 위반하는 것이기는커녕 그 악은 자신의 목적을 채우며, 자연은 우리가 바보처럼 믿는 것보다는 자손의 번식에 관심이 덜하다는 결론을 내릴 수 있게 되지 않을까? (…) 공화국에서 일

상적으로 남자들이 함께 살아가면서 더욱 빈번하게 그 악을 만들어내게 될 것이다. 하지만 확실히 위험한 것은 아니다(238-241).[26]

사드는 동성애, 근친상간, 변태성욕 등의 모든 '위반' 행위를 공화국의 이념과 나란히 검토하고 나서 마침내 옹호하기에 이른다. 마리 앙투아네트를 공화국의 적으로 고발하면서 내걸었던 죄목들, 곧 공화국이 성립하기 위해 배제해야 했던 죄악의 목록은 이제 거꾸로 공화국이 공화국으로서 존립하기 위해서는 필연적으로 포함해야 하는 기치로서 선포되어야 한다는 것이다. 이는 비단 성적 윤리나 도덕에 관련된 것만은 아니었다. 오히려 질서와 규범을 통해 사회를 유지하고 재생산하기 위한 합리적 기제로서 반드시 요청되는 '미덕'이라 불릴 만한 것이다. 가령 이 '탕아'들의 공화국에서는 심지어 살인조차도 정당화되고 허용될 수 있다. 살인이 어떻게 반사회적이란 말인가?

살인은 사회에 반하는 범죄인 것인가? 누가 이를 합리적으로 설명할 수 있었을까? 아! 이렇게 인간들이 많은 사회에 그 구성원이 한 명 더 많든, 한 명 더 적은 무슨 문제인가? 그렇다고 사회의 법과 풍속과 관습이 타락하게 될까? (…) 자연은 [살인으로부터 아무것도] 느낄 수 없을 것이다. 모든 것이 자신을 위해 만들어졌다고 믿는 어리석고 오만한 인간만이 인간이라는 종이 완전히 멸종된 다음에도 자연은 아무것도 변한

---

26 이 팸플릿을 읽은 후, 으제니는 (남성 교육자로서 사드의 분신 격인) 돌망세에게 문서의 내용이 그의 사상과 흡사하다고 지적하며 혹시 그가 진짜 저자가 아닌지 의심해본다. 이에 대해 돌망세는 적극적으로 부인하지는 않고 있다. 린 헌트는 돌망세가 사드의 대변인지 아닌지는 별 의미가 없다고 언급하면서, 오히려 주목할 내용은 『규방철학』이 혁명 이데올로기와 빚는 갈등이라고 지적한다. 즉 박애(형제애)의 급진화는 결국 동성애로 나아간다는 소설적 상상력이야말로 혁명의 무의식적 본질을 폭로하는 것이기 때문이다(헌트, 1999: 197).

것이 없다는 것을 알게 된다면, 별들의 운행이 일분도 늦춰지지 않았다는 것을 보았다면 놀라게 될 것이다. (…) 공화국 정부에서 인구가 넘쳐나지 않도록 둑[살인]을 마련하는 일은 필요한 것이며 극도로 정치적인 일이라는 점을 부정할 수가 없다. (…) 혁명이란 지나치게 많은 인구의 결과일 수밖에 없다는 점을 명심하면 된다. 국가의 번영을 위해서 당신이 전사들에게 인간을 죽일 권리를 부여하듯이, 이 국가의 보존을 위해서 마찬가지로 각자 개인에게 그들이 바라는 만큼 자연을 위반하지 않는 한에서 그가 먹일 수 없고 정부가 도울 수 없는 아이들을 없애버릴 수 있는 권리를 부여하도록 하라. 마찬가지로 각 개인에게 그들이 받게 되는 위험과 위난에 따라 그를 해할 수 있는 적을 죽일 수 있는 권리를 부여하도록 하라. 이 모든 행위의 결과는 그 자체로는 절대적으로 아무 것도 아니므로 인구를 적정한 선에서 유지할 수 있게 할 것이며 정부를 전복시킬 만큼 충분한 숫자가 되지 못할 것이다(250-255).

돌망세와 생탕주가 부르짖는 공화주의의 이념과 결합된 성적 감정교육은 으제니로 하여금 최종적 결론에 도달하게 만든다. 그녀는 마지막 일곱번째 대화에서 등장한 그녀의 어머니 미스티발을 각좆으로 범하고, 매독에 감염시키며, 마지막으로 "더이상의 출산을 막기 위해" 붉은 실로 그녀의 질을 꿰매버리고 만다. 실로 엽기적이며 가공스러운 행동임에 틀림 없지만, 이 같은 행위가 공화주의 담론장을 진동시켜 혁명에 대한 저간의 믿음을 파괴하고 급진적으로 전변시킬 수 있음에 주목하도록 하자. 계몽주의적 '철학의 빛'에 양육된 으제니는 어떤 인격체로 성장할 것인? 동성애자, 근친상간자, 변태성욕자, 살인자, 매춘부…… 그리고 마침내 공화주의자가 된 자신을 발견하지 않겠는가? 혁명 프랑스의 엄숙하고 건전한 이데올로기가 줄곧 반대해왔던 온갖 패덕의 목록이 도리어 공화주의의 핵심적 구성요소이자 시민의 필수적 자질로 드러나는 기묘한 결과를 목도하지 않겠는가? 그리하여 마침내 공화국의 시민은 자신의 정체성을 완성하기 위한 최후의 행위로서 부모를 범하고 살해해야 한다는 요구는, 공화국을 은밀하게 지탱하던 가족주의의 신성한 원리마저 가루로 날려버리고 만다.

결국 공화국은 어머니를 다시 매춘부로 만들어버리지 않고는 성립할 수 없는 체제로 드러났다. 자유, 평등, 박애를 내세우며 인민주권의 새로운 정치체제를 출범시킨 프랑스혁명은 실상 예전의 억압을 고스란히 간직한 채 자기의 이상마저 배반하는 또다른 전제專制에 다름아니었다. 사드는 혁명이 여전히 완성되지 않았으며, 이를 위해 더욱 더 혁명의 이념을 급진화하도록 요구하고 있었다. 그가 소설을 통해 내세우는 감정교육, 즉 포르노그라피 교육은 진정한 공화주의의 혁명적 시민교육이 아니라면 그 무엇도 아닐 것이다. 이렇게 볼 때, 사드의 철학이 "혁명의 이상을 좀먹었다"는 비난은 외설성에 대한 통상의 경고에 그치지 않는다. 그는 도덕이나 풍속의 파괴자로 고발된 게 아니라 정치적 위험을 시한폭탄처럼 안고 있었기 때문에 투옥되고 죽음에 이르게 되었다. 사드는 공화국의 본래 면목을 폭로하고, 그것이 사멸할 운명을 노골적으로 예언하고 있었기 때문이다.

5-2. 『소돔 120일』―육체의 테러, 또는 절대의 탐구

으제니를 가르치는 '규방boudoir'이 어떤 공간인지 검토해보자. 일반적으로 여성의 공간 또는 침실을 의미한다는 점에서 규방은 부르주아지의 사적 공간을 예비한다. 그러나 생탕주 뿐만 아니라 돌망세, 미르벨과 정원지기까지 모두 자유롭게 드나든다는 점에서 규방은 일종의 개방된 무대로 비친다(사드 텍스트의 연극적 성격에 대해서는 자주 논의되는 형편이다). 게다가 으제니의 '교육'은 바로 이곳에서 이루어지고 있지 않은가? 또한, 「프랑스인들이여……」와 같은 정치적 팸플릿이 선포되는 장소로서 규방은 공화국의 아크로폴리스에 비유된다고도 할 만하다. 요컨대 규방은 비밀스럽게 성적 난행이 벌어지는 '밀실'인 동시에 가르치고 배우며, 정치와 철학을 토론하는, 더불어 살인마저 벌어지는 '광장'에 다름아니라는 것. 따라서 사드의 규방은 부르주아적 내밀성이 온존해 있는 사적 공간에 머물지 않는다. 공화국의 질서는 구체제의 연장선에서 작동하고 있었기에, 새로운 사회의 공적 공간이란 실상 사적 공간과 명확하고 완전하게 구분된 영역이 될 수 없었다.

부권적 질서를 재구축하고자 했던 혁명은 여성과 아이를 부르주아 가정'Sweet Home'(홀, 2002: 93-148)에 가두어두려 했으며, 이 점에서 가족주의는 시민국가의 질서를 압축해놓은 소우주와 마찬가지였다. 우리가 흔히 영원불변하는 초역사적 본능에 즐겨 결부시키는 가족은 근대적 정치질서와 동형적으로 구성된 통치단위이며, 특히 프랑스혁명 이후 시민가정은 어른/아이, 남성/여성의 지배를 공고화하는 공적 영역의 구조적 복제물이었다(이진경, 2007: 305-310). 부르주아적 개인의 신화는 프라이버시와 사적 공간을 절대 불가침의 영역으로 신성시하지만, 그것의 기본구조는 시민국가를 표방한 근대사회와 크게 다르지 않으며, 가부장적 원리에 기초해 있다는 점에서 근대 이전과도 일정하게 맥락을 공유한다. 부르주아지의 사적 영역은 부르주아 역사의 외부로부터 자양분을 얻어 구축된 것이다.

역설적이게도, 시민국가의 요구와 무관하게 설계된 사적 공간의 개념을 잘 보여주는 것은 사드의 문학적 텍스트들이다. 감옥, 지하실, 동굴 등으로 묘사되는 절대적 유폐의 공간이 그러한데, 이런 사드의 공간들은 외부의 현실을 참조하지 않는다. 소설의 등장인물들은 밖으로부터 이 공간

안으로 (자의든 타의든) 들어오게 되는데, 일단 발길을 들여놓는 순간 그의 운명에서 '외부'는 완전히 사라지고 만다. 사드가 쓴 소설들 가운데 최고로 끔찍스러운 작품 『소돔 120일 또는 탕아의 학교』(1785)의 무대인 실링 성城은 완벽하고 절대적인 분리지대, 곧 진정한 사적 공간의 체현모델이라 할 수 있다. 네 사람의 구舊 귀족이 음모를 꾸며 전국 각처에서 어린 소년소녀들을 납치한 다음 넉 달 공안 황음무도의 향락을 벌인다는 내용의 이 작품은 그 모든 사드의 작품들을 한데 합쳐놓은 것보다 몇 배는 더 음란하며 공포스럽다. 감각적 쾌락을 주기보다는 심성의 고통을 가중시키는 이 작품을 읽어야 할 이유는 『소돔 120일』이야말로 근대의 정치적 포르노그라피를 절단시키고, '다른' 형태의 포르노그라피를 발생시킨 바로 그 변곡점에 위치해 있는 까닭이다.

블랑지스 공작과 그의 동생인 주교, 퀴르발 판사, 징세 청부인 뒤르세 등 네 명의 귀족은 자연주의 전통을 신봉한다. 그러나 이들의 자연주의는 생래적 성적 본능에 대한 긍정 이상의 과잉을 함축한다. 그들의 자연은 모든 욕망을 남김없이 빨아들이고 뱉어내는 무無의 질서, 인간의 법과는 무관하다는 뜻에서 반反인간적 욕망의 무저갱에 다름아니다. 그래서 인습적 질서('외부 세계')가 요구하는 질서와 법은 실링 성에서는 아무 효력이 없다. 이곳에서는 오직 욕망하는 자가 곧 법의 주체이며, 욕망은 늘 법을 넘어서고자 하기 때문에 주체는 항상적인 입법자가 되어 자신의 법을 타자에게 강요할 수 있다. 따라서 실링 성은 무정부주의적 방임의 공간이 아니라 오히려 고도로 정연하게 설립된 규율과 규칙, 질서의 통제에 따라 영도되는 '공적' 공간처럼 보인다. 블랑지스는 그의 포로들에게 이렇게 공포한다.

여러분들에게 재차 명하건대 시간엄수와 복종 그리고 전적인 희생을 부탁드리오. 우리의 욕망을 위해서 말이오. 우리의 욕망이 당신들의 유일한 법이 되어야 하오. 하지만 그렇게 한다고 해서 당신들에게 득이 되는 것은 절대 아니오. 단지 순종하지 않으면 많은 것을 잃게 될 뿐이오. (…) 당신들은 단지 우리의 쾌락을 위해서 살아있는 것이오. 그렇다면 여러분들을 이렇게 구속하고 있는 존재들은 어떠한가? 음란을 신으로 삼고, 변태를 법으로 삼으며, 방탕을 구속으로 삼는 악당들이오. 우리가 저지르는 죄악 중 가장 미미한 것조차도 당신들로선 헤아릴 수 없을 정도의 추악함으로 오염되어 있소. 그렇게 우리는 신도 원칙도 없는 탕아들이오(사드, 2000: 98. 이하 인용문 쪽수만 표기).

실링 성은 주인 〉 노파 〉 요리사 〉 이야기꾼 〉 색골 〉 소년 〉 부인 〉 소녀의 순서로 엄격히 위계화된 서열에 의거해 통제된다. 네 명의 전직 매춘부 노파들이 각기 30일 동안 들려주는 온갖 음란한 이야기를 경청(교육)하고 직접 실습에 임하는 두 단계 과정이 반복적으로 진행되는 서사 구조는 주인이 원하는 만큼의 무조건적인 욕망의 배출에 최종 목적을 둔다. 지배받는 자들에겐 터럭 한 올 만큼의 자유도 주어져 있지 않다. 그들에게는 주인의 의지에 대한 무한한 복종과 예속만이 유일한 사고와 행동의 준칙으로서 허락되어 있다. 오직 욕망의 담지자이면서 법의 주체인 '주인'만이 어떠한 제약도 받지 않은 채 자유를 구가할 수 있다. 그들이 법을 설정하고 또 폐기할 수 있는 주체인 한 주인은 곧 자유인을 뜻하며, 그런 자유인에게 '범죄'와 같이 의지와 욕망을 통제하는 다른 외적인 질서는 전혀 존재할 수 없다. 사드의 네 악당들이 자연의 충실한 모방자인 동시에 범죄자로 형상화되는 이유가 그것이다.

나의 취향은 자연으로부터 물려받은 것이오. 그것을 거스른다는 것은 자연의 화를 돋우게 할 뿐이오. 자연이 내게 좋지 못한 성향을 주었다면 그것은 자연의 뜻에 비추어볼 때 그런 성향 역시 필요했기 때문이오. 난 단지 자연의 손아귀에서 자연이 제멋대로 조종하는 기계일 뿐이오. 나의 모든 죄악은 자연에게 봉사하고 있소. 자연이 내게 죄악을 권유하면 할수록 자연은 그만큼 많은 죄악을 필요로 하는 것이오. 나는 그러한 자연의 뜻을 거스르는 바보가 되지 않을 것이오. 나의 뜻에 어긋나는 것은 단지 법률밖에는 없소(30).

실링 성의 주인들은 심리적 이상 동기에 따라 행동하지 않는다. 오히려 그들의 행위는 가장 합리적이고 명료한 계획 위에 세워져 있으며, 욕망의 절대성을 보장하는 자유에 의거해서만 수행된다. 네 명의 매춘부들이 들려주는 '단순한 정념' '복합적인 정념' '범죄적 정념' '살인의 정념' 등 600여 가지 '욕망의 유형학'은 실링 성을 다스리는 통치규범으로서 행동의 유일한 전거가 될 것이다. 그들은 "전혀 다른 관점의 도덕과 철학에 따라 행동했"(145)으며, 이로써 자기들이 절대적 자유의 권리를 쟁취하려는 '투사'란 점을 떳떳이 내세운다. 그러므로 바깥 세계의 태양 중심적 질서[27]는 실링 성의 법과 규율, 즉 주인의 자유, 주인의 욕망, 주인의 범죄 등에 의해 대체되어야 한다.

빌어먹을, 내가 얼마나 여러 번, 태양을 공격할 수 있기를, 태양으로부터 우주를 빼앗을 수 있기를, 그래서 그 태양을 사용하여 이 지구를 불

---

27 태양중심주의(Heliocentrism)는 루이 14세('태양왕')로 대표되는 구체제의 절대군주의 상징이자 혁명 이데올로기의 구심점이었던 계몽주의(Enlightenment, '광명주의')의 상징임을 기억하자. 그렇다면 사드의 '초인들'은 구체제와 혁명의 어느 쪽에도 속하지 않는 다른 세계, 여하한의 대타자도 상정하지 않는 '절대의 우주'를 욕망하고 있었던 게 아닐까?

태워버리기를 염원한지 아시오?(270)

상상할 수 있는 모든 종류의 통음난무가 이어진 끝에, 600가지 정념의 시험 무대로서의 실링 성의 최후는 네 명의 주인들이 그들의 협조자들과 함께 30명의 포로를 도륙하는 것으로 끝난다. 이른바 '살인의 정념'에 따른 실천이 그것으로서, 오직 주인만이 결정할 수 있는 법과 자유의 실현이라 할 만하다. 더욱이 이 과정은 세밀하고 신중하게 작성된 계획표에 따라 절차적으로 준행되어야 한다. 마지막 이야기꾼인 데그랑주, 곧 '매춘부-철학자/교육자'라는 계몽주의적 기획의 극단적인 패러디 형상이 제시하는 쾌락의 모델은 다음과 같다.

첫번째 체형은 차열형車裂刑으로, 여자를 바퀴에 매달아 면도날이 촘촘하게 박혀 있는 원통을 스치면서 계속 돌아가게 하는 형벌이다. 바퀴가 한 번 돌아갈 때마다, 이 가엾은 소녀는 온몸이 면도날에 긁히고 베인다. 그러나 그녀는 단지 면도날에 슬쩍 베이는 것일 뿐, 치명적인 상처는 입지 않기 때문에 거의 두 시간이 지나서야 겨우 숨이 끊어진다.
두번째, 서서히 녹아가는 빨갛게 단 철판 바로 옆에 여자를 누인다.
세번째, 빨갛게 달아오른 쇳조각 위에 여자의 엉덩이를 들러붙인다. 온몸이 타는 듯한 견디기 힘든 고통 속에서 여자의 사지가 탈구된다.
네번째, 여자의 사지를 각각 용수철에 매달아놓는다. 용수철이 점점 늘어나면서 사지도 점점 당겨진다. 마침내 사지는 떨어져 나가고 몸통만 장작불 위로 툭 떨어진다.
다섯번째, 빨갛게 달아오른 종을 여자의 머리 위에 푹 뒤집어씌운다. 그리하여 여자의 뇌는 서서히 녹아들고, 머릿속까지 완전히 익어버린다.
여섯번째, 여자가 사슬에 묶인 채 펄펄 끓는 기름통 안에 던져진다.

$(\cdots)$

열번째, 둥근 유리관 안의 기둥에 여자가 사슬로 묶여 있고, 20마리의 굶주린 뱀들이 그 여자의 온몸을 산 채로 야금야금 뜯어먹는다.

열두번째, 여자가 입에 말뚝이 박힌 채 다리를 공중으로 향한 자세로 뻗어 있다. 여자의 몸 위로는 뜨거운 불티들이 계속해서 쏟아진다.

열세번째, 여자의 몸에서 힘줄을 잡아당겨 끈에 매달고는 길게 늘인다. 그러는 동안 불에 달궈진 못으로 힘줄을 콕콕 찌른다.

$(\cdots)$

이 악당은 지하감옥으로 내려가자마자 그곳을 이리저리 돌아다닌다. 그는 악마에 들린 사람처럼 신을 모독하는 불경스러운 말을 뇌까리고 수형자에게 욕설을 퍼부어대면서, 각 체형 광경을 15분씩 지켜본다. 마침내 기진맥진해지고, 매우 오랫동안 괴어 있던 정액이 분출할 때가 되면 그는 모든 체형장면들이 한 눈에 내려다보이는 안락의자에 몸을 던진다. 악마 차림의 두 명이 그에게 다가가 그들의 엉덩이를 내보이면서 그의 성욕을 자극한다. 그리하여 그는 열다섯 명의 수형자들의 비명 소리를 잠재울 만큼 우렁찬 울부짖음을 토해내면서 정액을 쏟아낸다. 욕구가 충족되면 그는 밖으로 나온다. 그들은 아직 죽지 않은 여자들은 살려주고, 시신은 매장한다. 이 모든 것은 2주일간의 기간이 소요된다(707-708).

본문의 일정표를 소홀히 하지 말라. 각 사건들은 이 일정표와 더불어 여러 모로 아주 긴밀하게 연결되어 있다(715).

사드가 실링 성이라는 허구적 공간을 통해 모델링한 절대적 욕망의 공간은 혁명 이후 부르주아적 질서가 구축한 사적 공간의 개념을 극단적으로 밀어붙인 결과물이다. 마치 으제니에 대한 (성적인) 감정교육이 극단에 이르러 그녀를 매춘부에 살인자로 만들었듯이, '스위트 홈'을 표상하는 부르주아적 가정은 최종적으로는 실링 성에 도달하지 않을 수 없다. 실링 성은 감옥과 수용소에 다름없으며, 또한 처형장이기도 하다. 루이 16세로부터 자코뱅에 이르기까지 혁명의 와중에 휩쓸린 수많은 사람이 죽음을 당했던 '혁명 광장'은 실링 성의 내부에서 재축조되어 공적 공간과 사적 공간 사이의 동형적 질서를 재현했다.

그렇다면 '주인'이란 무엇인가? 누가 주인이 될 수 있는가? 자신에 대해 온전한 권한을 행사할 수 있는 자를 주인이라 부를 때, 주인은 곧 주체다. 이는 주체란 무엇인가에 대한 질문과 상통하며, 여기서 우리는 임마누엘 칸트를 소환해야 한다. 그는 「계몽이란 무엇인가에 대한 답변」(1784)에서 주체란 스스로에 대해 책임질 수 있는 이성적 행위자라 규정한 바 있다. 근대 사회에서 계몽된 인간이란 자신의 행위에 대해 마땅히 책임질 줄 아는 자다. 하지만 이 책임은 복종의 형식을 통해 구현된다는 점이 관건이다. "너희들이 하고자 하는 일에 관해 너희들이 원하는 만큼 따져보라. 그러나 복종하라!"(칸트, 1992: 21) 책임지기 위해서는 복종할 수 있어야 한다는 것. 이 태도야말로 공적 인간으로서 시민citoyen을 정의해 준다. 근대의 이성적 주체는 자기 사유와 활동의 근거를 내면의 이성에서 찾되, 그것은 항상 실천을 통해 초월계의 도덕법에 일치시킬 수 있어야 한다. 주체가 갖는 내적 정당성의 요건은 외부와의 합목적적인 형식적 일치에 달려있는 것이다. 문제는 유한한 지성은 초월계에 관해서는 아무것도 알 수 없다는 점인데, 인간은 자기 행위의 옳고 그름을 판단할 객관적인 규범을 갖고 있지 않는 탓이다. 그래서 주체는 주체가 되기 위해 언제나 스스로의 준칙을 만들고 그에 따라 행위해야 하지만, 그것이 초월계의 지고한 법, '도덕법'에 어긋나지는 않는지 늘 염려하고 살펴야 한다. 칸트에게 도덕적 주체로서 인간의 자유는 이렇게 개인적 의지와 규칙이 이념적인 법과 합치한다는 확신/불안으로부터 연유하는데, 이를 사회적 차원에서 다시 풀어본다면 공적 권위와의 관계에 있어 주체는 스스로 입법하든지 또는 상징적 법에 복종하든지, 어느 하나를 선택해야 하는 입장에 있다. 관건은 자기 입법의 가능성과 능력이다.

칸트가 요청한 자기 입법적 주체의 이념은 실링 성의 주인들에 의해 자기 욕망의 실현이라는 문제로 변형되었다. 이들이 스스로 자유인을 자처했을 때, 그들의 욕망은 '보편적 격률'로 격상된 것이다. 다시 말해, "너의 의지의 준칙이 항상 동시에 보편적 법칙 수립의 원리로서 타당할 수 있도록, 그렇게 행위하라"(칸트, 2009: 91)는 칸트의 도덕적 정언명령은 "우리 [주체인 '나']의 욕망이 당신들의 유일한 법이 되게 하라"는 사드의 외설적 정언명령으로 대체된 셈이다. 칸트가 의혹과 회의, 희망 속에 요청했던 보편성을 사드는 현실 가운데 호출해냈고, 즉각적이고 극단적인 실현마저 요구했다. 이는 혁명의 이념 속에 투영된 시민도덕을 당장 공화국에서 실행하라는 정치적 요구와 다르지 않고, 그 실제적 결과가 얼마나 끔찍스러운 악마적 형상을 띠게 되는지를 검증해보는 문학적 실험이라 할 만하다. 욕망의 법을 정초하고 또 끊임없이 그것을 새롭게 정립하는 자가 자유인이자 주체라 할진대, 그렇게 할 수 없는 '노예들'에 대한 잔인함은 자유인-주체의 진정한 권리이자 의무가 아닐 수 없다. 사드의 주인공들 즉 그 같은 자유인-주체들 사이의 동성애적 결속을 통해 욕망을 분배하는 구조야말로 혁명 공화국의 이념이 급진화된 형상에 다름아니다.[28]

결국 사드는 실링 성이라는 절대화된 사적 공간을 통해서 역으로 공적 영역의 본성을 드러내버렸고, 이는 궁극적으로 대혁명의 이데올로기가

---

28 칸트와 함께 사드를 읽어야 한다는 라캉의 주장은 혁명의 숭고한 이념이 외설적인 폭력과 등을 맞대고 있음에 대한 역설적 통찰이라 할 수 있다(Lacan, 2006: 645-668).

모순적인 자기 전제를 내포하고 있음을 폭로한 것이었다. 정치적 요구를 내장한 채 발생했고, 그 존속을 위해 기꺼이 정치에 복속된 채 작동했던 근대의 포르노그라피는 사드의 단계에서 급기야 정치를 고문하고 강간하며 살해해버린 셈이다. 구체제와 마찬가지로 혁명정부(정확히는 나폴레옹의 총재정부)도 사드를 위험시하고 경계했으며, 영원히 감금시키려 했던 이유는 그가 포르노그라피를 만들고 유포했기 때문이라기보다 오히려 포르노그라피를 급진적으로 정치화했기 때문은 아니었을까? 만일 사드를 혁명가로 부를 수 있다면, 그것은 혁명의 논리가 극단적으로 실현되었을 때의 진실을 그가 문학적으로 형상화해 보여준 탓은 아닐까? "사드의 '철학적 이야기'는 혁명의 이상을 좀먹는 것이었다. 이는 사드가 혁명의 이상을 거부했기 때문이 아니라 그 논리를 극단으로 밀어붙인 나머지 결국 가장 혐오스러운 결과를 빚어냈기 때문이다"(헌트, 2002: 84).[29] 절정에 이른 혁명의 오르가즘은 외설적 난행의 순간들을 철저히 숨기고 지워버려야 했다. 자기파괴적 폭력과 절멸의 공포가 거기 달라붙어 있었기 때문이다. 일종의 오물과도 같은 이러한 진실의 이름이 바로 사드였으며, 아무리 애써도 지워지지 않는 트라우마의 기억과도 같이 그것은 끈질

---

29 사드의 극단화를 '새로운 공화국의 성심리적 불안감'으로 파악하는 헌트의 논의는 대단히 매력적이고 참신한 의견임에 틀림없다. 그러나 그녀의 정신분석적 연구가 사드 텍스트를 '단순화된 일원론'으로 치부함으로써 간과하게 되는 지점들을 지적해야 옳을 것이다. 예를 들어, '사드의 가족정치학'에 관한 텍스트가 단지 『규방철학』에 한정되어 있다는 점은 그녀의 논의를 다소간 제한시킬 수 있다. 본문에서 살펴보았다시피, 『규방철학』은 혁명적 욕망과 충동에 충실히 따를 때 빚어지는 결과를 논리적으로 보여주지만, 『소돔 120일』이 드러내는 체계적 경제로서의 법과 욕망의 관계에 대해서는 다소 미흡하다는 판단이다. 사드에게 가족정치학은 곧 시민국가의 정치학이었다는 점을 염두에 두면, 두 텍스트를 함께 다루지 않을 이유가 없다. 다른 한편, 사드적 극단화를 계몽주의적 이성의 첨단으로 간주하고 이를 근대성의 자기모순으로 파악했던 철학자는 아도르노다. 『계몽의 변증법』(1947)에서 그는 사드의 성적 난행이 철저하게 추구하는 신체의 사물화와 폭력의 절차화 및 목록화, 신분적 위계화 등을 이성과 결합하여 극단에 이른 계몽주의의 파탄과 공포로 분석한 바 있다. 정신분석적 리비도 경제에 의지하지 않았지만 가족주의와 국가주의의 결합 및 그에 따른 근대적 질곡을 정확히 포착해낸 것이다.

기게 되돌아오는 이름이었다.

6. 종말 이후, 포르노토피아는 다시 정치화될 것인가?

혁명을 향해 분주히 질주하던 포르노그라피는 실제 혁명의 순간에 이르자 화려하게 폭사하고 말았다. 구체제를 헐어버리고 새로운 사회를 여는 데 은밀하게 공헌했던 포르노그라피가 갑자기 폭사해 버린 사정은 대략 이러하다. 1790년을 넘기며 포르노그라피는 양적으로 폭발적 수준에 이르렀고, 공화국의 주요한 정치적 선전수단 가운데 하나로 간주될 정도가 되었다. 미풍양속의 보호를 명목으로 검열법안이 여러 차례 상정되기도 했으나, 쟈코뱅조차 언론의 정치적 자유를 함부로 제한할 수는 없다고 판단하여 금지를 유보할 정도였다. 왕정과 귀족주의, 가톨릭 교회에 대한 풍자적 공격의 일축을 담당하던 포르노그라피는 그야말로 전성시대를 맞이한 듯했고, 혁명이 장기 지속적인 과정에 들어서자 그 강도와 열기가 쉽게 진정될 것같지도 않았다. 이런 사정들로 포르노그라피가 혁명정부에서 탄압받았다고 짐작하는 것은 다소 부정확한 진술이 된다.

이상스럽게도 포르노그라피의 열기는 1794년, 곧 자코뱅당이 숙청당했던 테르미도르의 반동을 끝으로 점차 약화된다. 아니, 포르노그라피는 여전히 활발하게 생산되고 유통되었지만 '정치적 포르노그라피'는 더이상 이전과 같은 영예와 위세를 누리지 못하게 되었다고 말하는 게 정확하다. 테르미도르 반동을 성공시킨 부르주아지의 국민공회는 자유로운 상업활동을 보장하고 상류계급의 자유를 후원했던바, 민주주의와 공화주의를 선동하고 독려하기 위해 동원되었던 포르노그라피는 이에 태세를 전환하기 시작한 것이다. 시민사회에서 정치보다 중요한 것은 돈이었기 때문이다. 그렇게 포르노그라피는 정치에서 자본주의 산업으로 자신의 동업자를 교체하게 된다. 역설적이게도 19세기에 접어들어 포르노그라피는 이전보다 더 많은 독자 대중 속으로 파고들어 더욱 자유로운 표현을 누릴 수 있었지만(더 많은 돈을 벌게 되었지만), 사회적인 대항세력화, 정치적 전복의 힘은 거의 상실해버리고 말았다. 포르노그라피는 개인의 폐쇄적인 사적 공간에서나 즐겨 마땅한 은밀한 쾌락장치로 변질되어버렸다.

린 헌트를 비롯한 연구자들이 입을 모아 말하듯, 정치적 포르노그라피는 프랑스 대혁명과 함께 19세기에 이르러 자취를 감추고 말았다. 물론 '종말 이후'에도 외설적 화보나 소설은 여전히 출판되었고 심지어 정치적 공격을 목표로 삼은 성적 비방 역시 존속했던 게 사실이다. 하지만 포르노그라피는 더이상 혁명을 위해 가동되지 않았으며, 정치적 포르노그라피의 의미도 더이상 유효하지 않았다. 정치도 포르노그라피도 계속되었지만, 양자는 이전과 같은 강력한 결합관계를 이루며 새로운 사회·정치적 변혁을 겨냥하진 못했다.[30] 그러므로 '포르노그라피의 종말'이란 곧 포르노그라피 자체, 섹슈얼리티 표현의 소멸이 아니라 포르노그라피라는 매체의 특성이 변화했음을 의미한다. 이전처럼 현실 정치에 대한 간접적 개입의 명분은 사라진 대신, 포르노그라피는 매체 자체의 재생산만을 목표로 삼게 된 것이다. 성적 흥분을 야기하고 쾌락에 탐닉하는 섹슈얼리티의 향락 효과가 포르노그라피의 목적이 되었다. 이를 '포르노토피

---

30 역사적 자료들을 좀더 뒤적여본다면, 1917년 사회주의 혁명 전야에 정치적 포르노그라피 현상이 다시 등장했음을 찾아볼 수 있다. 수도승 라스푸틴이 황제 일가를 농락하고 제국을 파탄에 처하게 만들었다는 러시아 민중의 의구심은 그를 둘러싼 성적 음행을 포르노그라피적 텍스트를 통해 표출했던 것이다(푸어만, 20017: 317-322). 흡사 마리 앙투아네트의 일화를 연상케 만드는 온갖 성적 비방이 러시아 황가의 여성들에게 쏟아졌고, 라스푸틴은 민중의 적개심과 분노의 대상으로 질타당했다. 그러나 프랑스 혁명 이전의 '매춘부-철학자'와 같은 담론적 전통이 없었던 점, 그래서 포르노그라피에 실린 새로운 계급의 사상적 전시가 생략되었던 점 등은 부르주아 혁명과 사회주의 혁명에서 정치적 포르노그라피가 기여한 몫의 차이를 분명히 드러낸다.

아Pornotopia'의 탄생이라 불러도 좋을까? 정치와 결합하지 않은 포르노그라피, 또는 정치로부터 풀려난 포르노그라피의 출현을 우리는 목도하게 되었다. 이는 포르노그라피의 타락일까, 해방일까? 쾌락 자체에만 몰입하게 된 포르노그라피야말로 그 본연의 정의에 가장 일치하게 된 모습은 아닌가?

정치적 신체를 벗어던진 포르노그라피는 순수한 쾌락과 욕망의 신체를 갖게 되면서 개인들의 '사생활' 속에 파묻혀버렸다. 19세기 시민사회에서 사생활은 사회의 공적 영역과는 분리된 순수 내밀성의 공간으로 표상되었기에 포르노그라피는 공적인 장에서 모습을 감추고 말았다. 여기엔 이중의 역설이 존재한다. 포르노그라피가 밀실화됨으로써 르네상스 시대의 은밀성으로 회귀하였다는 것이 그 하나이고, 값싼 대중매체의 형태로 상품화됨으로써 손쉽게 소유할 만한 대상이 되었다는 것이 다른 하나다. 은밀성과 대중성의 동시적 출현은 포르노그라피가 자유를 구가하기 위해 취했던 전략인 동시에 이전과 같은 정치적 역량을 발휘할 수 없게 만드는 구조적 장애물이었다. 이제 포르노그라피는 정치로부터 거리를 둔 채 연명해야 할 상황에 놓이게 되었다. 그렇다면 새로운 포르노그라피의 시선과 언어는 어떻게 조직되었는가? 정치에서 풀려난 포르노그라피는 어떤 운명을 밟았는가?

19세기는 성과학sex science의 전성기이기도 했다. 모든 금제로부터 벗어난 듯한 섹스와 욕망, 쾌락에 관한 담론은 과학의 시선과 언어에 의해 다시금 포획되어 분류·정돈되어야 했다. 온갖 에로틱한 상상 속에 실현되거나 실존하게 된 성적 일탈행위, 곧 '변태'는 병리학적 담론 속으로 포획되어 사회적 통제의 대상이 되었고 낱낱이 분해된 채 과학적 표본으로 전시된다. 부르주아 시대의 염결성이 배척하고 거부하였던 성담론은 과학적 연구의 휘장 아래 실험실과 박물관으로 이전되었다. 이렇게 표백된 성적 담론은 자못 엄숙한 얼굴로 공식 문화 속에 자리잡았으나, 아이로니컬하게도 우리 시대까지 이어지는 성적 환상의 모델을 제공하기도 했다(빈 성과학 연구소, 1996).[31] 19세기의 성과학과 20세기의 킨제이 보고서는 결국 사드의 '유형학'이 언어적 포장을 바꾼 모양새에 다르지 않다. 이런 유형학적 분류와 모델화가 단순히 '과학적 발전'에만 기여하진 않았음이 분명하다. 그것은 포르노그라피적 상상력을 또다른 식으로 불붙이고 재구성하지 않을 수 없었다.

'과학'을 빙자한 성과학이 성적 담론과 개인의 욕망을 제어하려 했음은 많은 연구자들에 의해 밝혀진 바 있다. 20세기 초엽 활발히 출간된 성과학 사전과 연구서는 '변태적' 성행위와 자위행위 등 '수치스러운 짓'에 관한 병리학적 분석과 해석들을 담고 있는데(히로요시, 2002: 9 - 10장),[32] 학문적 연구를 빙자했으나 읽는 이의 시선을 노골적으로 요구한다는 점에서 그 자체가 포르노그라피와 유사한 기능을 수행했음을 부정하기는 어렵다. 따라서 이 같은 성과학적 저술들은 동시대 포르노그라피의 가이드라인과 궤를 같이 했던바 "너희들이 욕망하는 만큼 마음껏 떠들어보라. 그러나 과학의 이름으로만 말하라!"는 금제의 원칙을 충실히 반복하고 공증하는 역할을 맡았다고 할 만하다. 적나라하되 전부 들추지는 말 것, 사회적 규율의 한계선에 최대한 접근하되 결코 넘어서지는 말 것. 부르주아 시대의 성적 코드는 이러한 한계선을 따라 아슬아슬하게 설정되

---

31 원저는 1928년 출판되었는데, 시대와 지역에 따른 성적 풍속이나 관행, 오르가즘의 다양한 형태 및 신체 부위들의 분류, 화려한 화보를 곁들인 여러 가지 속옷과 쾌락 기구들의 목록 등은 성과학적 연구가 역설적인 흥분의 매체로서 사회에 제공되었음을 증거한다. 에컨대 여성 복식의 하나인 스커트는 과학적 (남성적) 시선을 통해 성적 매력의 과시와 관리의 도구로 편성되었다(치즈코, 1991).
32 다른 한편, 성과학의 발전은 전통적으로는 비정상적이라 여겨졌던 행위 유형 즉 체위나 테크닉, 동성애 등에 대한 새로운 안목도 개진하는 계기가 되었다. 불평등한 권력과 폭력에 의한 게 아니라면 오르가즘을 느낄 수 있는 모든 '변태적' 행위는 더이상 변태적인 것이 아니게 된 것이다(베쟁, 1996: 267 - 273).

어 있었으며, 포르노그라피 역시 그런 규제선을 지키기만 한다면 얼마든 지 용인될 수 있었다. 소위 '과학의 한계 안에서' 포르노그라피는 다시 존속의 실마리를 찾았던 셈이다.

그 같은 '한계'는 결코 표현의 수위와 같은 규범적 기준만을 지시하는 것은 아니었다. 오히려 그것은 욕망의 한계선을 가리킨다. 귀스타브 플로베르의 『보바리 부인』(1857)이 도덕적 지탄의 대상이 되었던 것은 선정적인 묘사를 담았던 탓만이 아니었다. 또한, D. H. 로런스의 『채털리 부인의 연인』(1928)이 그토록 선풍을 불러일으키며 법적 심판의 대상이 되었던 것 역시 비단 불륜과 섹스라는 관습적 금제를 벗어난 탓만도 아니었다. 이 두 작품이 노골적인 성애 묘사 때문이 아니라 여성의 성적 욕망을 다루었기에 문제시되었다는 사실은 한 사회가 무엇을 포르노그라피라 규정짓는가에 대한 질문과 답변을 요구한다.[33] 푸코식으로 말해, 한시대의 문화적 금지선으로서 섹슈얼리티의 한계가 침범되었을 때, 그것의 표현적 매체는 '포르노그라피'라는 딱지를 부여받고 억압당하는 것이다. 정치적인 것이 되돌아오는 지점도 바로 그곳이다.

지금 우리는 포르노그라피의 '종말'과 '탄생'을 함께 말해야 하는 시점에 와 있다. 혁명의 변곡점을 통과하면서 포르노그라피는 그 매체적 특성뿐만 아니라 양태의 본질적인 변화 역시 경험했기 때문이다. 실링성의 고문과 살육에 의해 박멸되어버린 포르노그라피의 정치적 신체는 순수한 욕망과 쾌락의 신체로 다시 태어났다. 섹슈얼리티라는 단어의 모호성에 함축된 이 새로운 신체는 어떠한 외부적 목표에도 종속되

---

33 예컨대 엠마 보바리의 욕망은 책 속에 묘사된 타자의 욕망이기에 그녀는 소외된 욕망의 담지자라는 분석이 제기되어 왔지만, 다른 한편으로 모든 욕망은 본래적으로 타자의 것이기에 결국 욕망할 수 있는 능력이 더욱 중요하다는 점 또한 지적될 만하다. 우리는 결국 소외를 통해 욕망을 배우기 때문이다(지라르, 2001: 44; 뷔진, 2005: 39-75).

지 않는 자기 목적성을 본질적 규정으로 삼는다.[34] 이는 현대의 섹슈얼리티가 해부학적 성의 구별이나 전통적 역할 구분, 연령과 계급의 차이나 국가 및 인종적 차별 등에 대해 언제나 섹슈얼리티 자체만을 절대적 기준으로 삼는 경향을 띠게 만들었다. 어느 누구도 여성이나 남성이라는 이유로, 성에 대한 기호와 지향성을 이유로, 사회적 관습과 종교적 계율을 이유로, 정상성의 온갖 범주적 분별을 이유로 억압당해서는 안 된다. 섹슈얼리티의 주체성은 섹슈얼리티의 결정권자인 개인에게 달린 문제로 간주되었고, 성의 자유와 정치화라는 과제는 개인화된 주체들에게 온전히 위임되는 사태가 생겨난 것이다. 근대성의 형성 과정에서 포르노그라피를 통해 합류했던 정치적인 것과 섹슈얼리티의 문제는 이전과는 다른 방식으로 재구성의 과정을 겪었다. 정치와의 직접적인 연합을 배제한 채, 섹슈얼리티와 포르노그라피 사이의 독자적 연대가 주요한 의제로 떠오른 것은 1960년대 페미니즘의 부상과 함께 전개된 일이다.[35] 이는 한편으로는 전통적 정치학의 주제와는 거리를 두는 현상이

---

34 감각학에서 출발한 근대 미학과 포르노그라피가 상통하는 지점이 바로 여기다. 순전한 아름다움 그 자체, 미의 자기 중심성과 자기 충족성을 본원적인 규범으로 삼는 칸트의 미적 원칙은 '쾌락에 대한 기술'로서 포르노그라피의 정의와 일치하고 있다. 감각적 쾌의 독자성을 보장하지만, 그로써 현실 사회의 변형은 이제 불가능한 과제가 되고 만다. 이는 미학과 이데올로기를 별개의 것으로 나눔으로써 미와 정치의 관계를 더이상 사유하지 않으려는 부르주아 사회의 특징이기도 하다. 이른바 미적인 것이란 이데올로기적인 것의 패러다임인 셈이다(이글턴, 1995: 96). 다른 한편, 푸코는 사드의 소설과 외설적 문학장르를 구별짓는다. 외설성이 성적 감각과 쾌락에 대한 묘사에 집착하는 반면, 사드의 소설은 욕망에 집중하며, 욕망의 모호성을 최대한 정확히 기술하기 위해 불가능한 모험을 감행하기 때문이다(푸코, 2012: 300-303).

35 '성해방'을 기치로 여성의 성적 판타지를 긍정하고 공개적으로 요구했던 경향이 그것이다. 남성의 전유물처럼 여겨지던 섹스의 쾌락이 여성에 의해서도 공공연하게 추구되었고 다양한 매체들을 통해 소개되고 전파되기 시작했다. '여자들이여, 즐겨라'는 구호는 남성적 쾌락의 대상으로부터 주체로 여성의 자리가 옮겨지는 현상을 대변한다(김종갑, 2014: 202-215). 물론, 이 같은 경향의 정반대편에서 여성의 권리를 옹호하고자 했던 페미니즘 운동도 지적해야 한다. 이에 따르면 포르노그라피는 여성의 상품화와 도구화를 가장 적나라하게 보여주는 남성 지배의 산물로서 현대 자본주의사회의 성적 억압을 증거하는 대표적인 산업이라 할 수 있다(드워킨, 1996: 297-300).

지만, 다른 한편으로는 탈근대적 이행기의 새로운 정치학, 그에 결합한 새로운 정치적 포르노그라피의 탄생을 예고하는 현상이었다. 우리는 이에 시선을 돌려야 한다.

사드와 함께 맞이한 정치적 포르노그라피의 종말은, 보다 엄밀히 기술하자면 근대 정치학과 포르노그라피가 맺었던 특정한 관계의 종언을 뜻한다. 체제의 측면과 후면으로부터 정략적 비방과 음해, 테러를 가하기 위해 동원되었던 포르노그라피는 말 그대로 근대 정치학의 음화陰畵였다. 그러나 부르주아 혁명과 사회주의 혁명을 거치면서 동력을 상실한 것은 비단 정치적 포르노그라피만이 아니었다. 견고한 관료제 자본주의 국가의 일상에 녹아들면서 정치 자체가 소멸의 위기를 맞기에 이르렀기 때문이다. 더이상 생동하는 변혁적 활력을 갖지 못한 현실 정치는 의회에서 벌어지는 '정치 포르노'로 변형되었고, 산업과 결탁한 포르노그라피의 질주를 충분히 제어하지 못했다. 현대 미국이나 일본을 중심으로 한 '포르노 산업'은 현실을 해체하고 (재)구성할 수 없는 포르노그라피의 현실이 얼마나 끔찍한 것인지를 잘 보여주는 사례들이다. 하지만 근대 정치학과 동맹의 손을 놓은 포르노그라피가 그 자체로 무無정치적 흐름에 완전히 휩쓸린 것도 아니었다. 여성과 소수자의 섹슈얼리티를 남성의 종속변수로부터 독립변수로 전환시키려는 페미니즘과 퀴어운동의 역사적 향방은 근대 정치학 곧 남성주의 정치학과는 다른 잠재성을 지닌 새로운 정치학의 길을 열어놓았기 때문이다. 이는 그저 담론적 차원에서 진행된 관념의 정치학이 아니라 사회적 투쟁의 오랜 경험을 통해 이룩한 현실적 해방운동의 결과라 할 만하다(기든스, 1999: 2장).[36] 그런 만큼, 근대의 '정치

---

36 한편, 노동해방을 해방투쟁의 가장 큰 의제로 삼았던 전통적 마르크스주의를 대신해, 1970년대 이래 포스트-마르크스주의는 모든 해방적 기치들의 평등한 연대, 즉 등가와 접합의 원칙에 따라 페미니즘과 퀴어운동을 새로운 민주주의 투쟁의 대오로 끌어모으고자 했다(라클라우·무페, 2012: 275).

적 좌파'가 표명했던 정치적 포르노그라피의 종말은, 다른 면에서 볼 때 또다른 정치적 포르노그라피 곧 탈근대적 포르노그라피의 정치학이 가동될 수 있는 시발점이 될 수도 있다.

현대 포르노그라피의 문제는 주요하게 페미니스트들에 의해 제기되었다. 향락적 자본주의사회의 산업으로서 포르노그라피는 남성의 시선을 통해 여성의 육체를 소비하는 대표적 장르라는 것이다. 포르노그라피에서 성적 주체이자 지배자는 남성이고 여성은 그의 노예이며 도구이다. 남성에 의한 여성의 착취라는 가부장제적 구조의 반복이라는 점에서 포르노그라피는 역사 속의 착취구도를 동형적으로 재생산하는 억압기제의 하나라는 것. 포르노그라피가 정치적 혁명을 위해 기능하기도 했고, 또한 인간의 성적 욕망을 있는 그대로 드러냄으로써 섹슈얼리티의 형성과 개진에 일조했다 할지라도, 그것의 방법적 수단이 여성의 도구화를 수반해야 한다면 우리는 과연 얼마나 포르노그라피를 감내해내야 하는 것일까? 욕망만이 인간을 자유롭게 한다는 사드적 주체가 외적·형식적 규율을 모조리 파괴하고 진정 독립 자존할 수 있는 신체를 만들어낸다 해도, 그의 자유에는 타자화된 여성이 '소멸'되어야 한다는 전제가 깔려 있지 않은가?

사드의 소설적 묘사는 현대 사회에서 실제로 벌어지는 사건으로서 재현되고 반복되고 있다. 인터넷과 사회관계망서비스의 발달은 이를 더욱 가속화시키고, 이는 현대성의 빛과 어둠에 고루 스며들어 삶의 양식을 불안정하게 흔드는 중이다. 예컨대 최근의 디지털 성범죄는 공공연히 여성의 신체를 성적 노리개로 묘사하고, 비인간화함으로써 치유 불가능한 폭력에 내몰고 있는 실정이다. 포르노그라피에 반대하는 이들은 근대의 '정치적 포르노그라피'가 여성에 대한 가부장적 억압을 통해 남성공화국의 자유와 평등을 획득했듯, 현대의 포르노그라피는 여성이라는 특정한 성을 희생삼아 성 일반'Sexuality'의 추상적 자유를 얻어내려는 획책에 다름

아니라 주장한다. 그렇기에 현대적 성의 해방, 섹슈얼리티의 성립은 포르노그라피에 대한 전쟁을 통해 이루어질 수밖에 없다는 것이다. 확실히, 포르노그라피는 남성적 욕망이 역사적으로 집적된 장치로서 자본주의와 가부장제의 모순을 그대로 함축하는 기제임에 분명하다. 1960년대 히피들의 유명한 구호와 정반대로, 우리 시대의 포르노그라피는 자유가 아닌 억압의 상징이자 실천으로 기능하기에 포르노그라피를 통해 섹슈얼리티의 자율적 영역을 발견하려는 욕망은 헛된 미망에 불과할지 모른다.

포르노그라피가 자유보다는 노예화를, 영기발랄한 즐거움보다는 관음증적 야비함을, 심신의 건강한 균형보다는 영구적 불구화를 가속화한다는 고발은 충분히 동의할 만하다. 행복하고 건전한 성의 향유를 위해 필요하다는 주장에도 포르노그라피가 소비되는 방식은 그렇게 행복하고 건전하지 않은 탓이다. 지금 우리에게 포르노그라피의 경험은 정치적 자율성의 증대나 개인의 섹슈얼리티 발견과 같은 긍정적 측면에 전혀 가까이 있지 않다. 물론, 포르노그라피를 포괄하는 현대의 성적 해방은 과거에 남성에게만 열려있던 성의 자유가 여성에게도 상대적으로나마 열리게 된 사실로부터 의의를 부여할 수도 있다. 성해방의 적극성을 이어가는 이들은 하드코어 포르노그라피에 대해서도 긍정적 입장을 취하는데, 소프트코어, 이른바 '에로티카'는 자본주의의 굴절된 욕망만을 재생산하는 쓰레기더미에 불과한 반면, 사드적 상상력에 잇닿아 있는 하드코어는 일상의 규칙과 질서를 위반하고 전복할 수 있는 가능성을 보여준다고 판단하기 때문이다.[37] 그렇지만 포스트 페미니스트들이 주장하는 아방가르드

---

37 조르주 바타유, 롤랑 바르트, 시몬 드 보부아르, 안젤라 카터 등은 포르노그라피의 해방적 성격과 잔혹한 폭력성을 맞바꾼 혐의로 드워킨에 의해 맹렬히 질타당하고 있다. 실제 현실의 강간 및 살인 사건을 텍스트의 쾌락과 혼동해서는 안 될 일이다(드워킨, 1996: 143-153). 하지만 우리의 인식이 한 시대와 지배적 사상에 의해 강하게 통제되고 있음을 염두에 둘 때, 이를 도발적이고 파괴적으로 벗어나려는 상상력의 힘을 완전히 부정하지는 못할 듯싶다.

적 실험으로서의 포르노그라피 효과가 지속가능한 혁명으로서 기능하기 위해, 더구나 개인의 사적 해방을 넘어서 집단의 정치적 해방을 노정하기 위해 어떤 조건이 더 필요한지에 대해서는 여전히 마땅한 답변이 나와 있지 않다. 이렇게 진퇴양난에 빠질 때마다 결국 돌아가는 것은 포르노그라피의 환상과 현실은 너무나 다르며, 그 차이는 현실의 불평등한 성적 위계와 폭력을 낳게 된다는 경고다. "포르노그라피의 권력=강간자 겸 구타자의 권력=남성의 권력"(드워킨, 1996: 169).[38]

다시 묻도록 하자. 포르노그라피는 정치와 단절함으로써 진정 자유로워졌는가? 그렇기도 하고 그렇지 않기도 하다. 포르노그라피는 정치와 결합하여 대혁명이라는 역사적 계기에 참여했고, 사드를 통해서는 정치를 추월해 버림으로써 이전과는 전혀 다른 새로운 신체를 발견했다. 아마도 푸코의 말대로 그 지점은 포르노그라피가, 더 정확히 말해 섹슈얼리티가 일종의 자기의식을 획득한 드문 순간 중의 하나였을지 모른다. 남성과 제도(공화국)의 이념에 끌려 다니지 않는 순수한 신체적 감각 자체로서의 섹슈얼리티, 그 표현자로서의 포르노그라피. 하지만 이러한 자유는 오래 지속되지 못했다. 포르노그라피가 정치와의 직접적인 연관을 탈피하는 순간, 그것은 오히려 정치와 결탁한 자본의 수단으로 봉사하게 된 것 역시 주지의 사실이다. 성과학과 정신분석, 성적 자기결정의 자유와 같은 수사로 치장되긴 했으나, 본질적으로 현대의 포르노그라피는 (순수한 신체의 감각으로서) 자율적 지대를 발견하지 못했고, 이는 섹슈얼리티의 차원에 있어서도 고스란히 반복되는 문제일 것이다.

---

38 근대성에서 인식과 행동의 기제인 대상화는 포르노그라피의 작동원리이며, 타자성을 남김없이 파괴해 버린다. 이 점에서 현대의 '순수한' 포르노그라피는 정치와는 무관하다. 한병철은 이러한 포르노그라피에 반대하여 '에로스의 정치'를 주장하는데, 그것은 타자성과 교섭하고 소통하는 존재양식으로서의 섹슈얼리티를 복원해내는 일이다. 우리의 논의와 직접적으로 이어지지는 않으나, 정치적인 것과 포르노그라피의 연관을 논의하는 점은 기억해둘 만하다(한병철, 2015: 4장).

처음 우리는 포르노그라피의 운명이 정치와 쌍생아적 관계에 있고, 뗄수 없는 현실적 과정을 함께 밟아왔음을 지적했다. 하지만 눈치 빠른 독자들은 「뤼시스트라테」부터 '매춘부 – 철학자'까지, 그리고 사드와 현대의 '야동'까지 정치와 포르노그라피의 연대는 언제나 비대칭적이었고 폭력적 과정을 수반했음을 기억할 것이다. 실상 정치와 포르노그라피의 연대는 늘 행복하지만은 않았다. 포르노그라피라는 추상적 개념의 이면에는 항상 남성과 여성, 또는 동성들 간의 위계와 차별이 폭력적으로 작동하고 있었고, 그것이 정치의 이름으로 정당화되어왔다. 반면, 정치와 맞잡은 손을 끊어버릴 때 포르노그라피는, 거기에 표현된 섹슈얼리티는 또다른 폭력, 가령 자본의 권력에 방치되고 만다. 이 과정이야말로 어쩌면 포르노그라피와 정치의 본질적 관계를 보여주는 답안이 아닐까? 포르노그라피는, 섹슈얼리티를 표현하는 그것은 기실 정치적인 것과의 연대를 재발명하는 과정에만 그 현행적 의미를 구가할 수 있는 게 아닐까?

나치의 지배 아래 예술이 국가의 공식적 이데올로기 장치로 복무하는 장면을 목격한 벤야민은 정치화의 두 가지 양상을 구별한 바 있다. 정치의 예술화와 예술의 정치화가 그것이다. 전자가 나치에 의해 장악된 예술의 기능적 복무였다면, 후자는 예술이 자율성을 확보하기 위해 전화해야 했던 정치적 무장에 다름 아니었다. 물론 예술과 정치의 연대, 정치적 예술의 길은 단순하지 않다. 예술의 정치화가 정확히 어떤 것인지, 우리는 강령과 원리로써 알기보다 각각의 사례들을 통해 증명하고 실천해야 할 수밖에 없다. 어쩌면 그것은 현실의 틈새에, 즉 특정한 권력을 옹호하고 보장하는 정치의 틈새를 드러내고 공박할 수 있는 사례들을 만드는 노력일 것이다. 하지만 또한 마치 구체제의 추문과 위선을 폭로함으로써 해체의 길을 앞당겼듯 유토피아를 약속하며 새로이 들어선 권력이 예전의 질서를 반복하고 있음을 폭로하는 자기비판의 동력 역시 동반하지 않을 수 없다.

지금, 갈 곳 모를 난관에 빠진 포르노그라피의 운명도 다르진 않을 성 싶다. 포르노그라피와 정치는 단지 외설적 비방이나 적나라한 추문의 묘사에 그치지 않는다. 만일 그랬다면, 우리의 서술은 사드의 역사에도 도달하지 못했을 것이다. 정치적 포르노그라피 혹은 포르노그라피의 정치학은 그것이 지닌 파괴적 힘만큼이나 그 이면에서 재생산되는 폭력의 역사를 정확히 인식하고 드러내는 능력에서 성립한다. 섹슈얼리티는 포르노그라피에서 반영되거나 재현되는 것이 아니라, 이러한 (자기)비판적 과정 속에서 조금씩 생성하는 것이며, 포르노그라피의 정치학은 그 이외의 다른 것은 아닐 터이다.

3부   휴머니즘
      이후의
      인문학

7. 우리는 결코 인간이었던 적이 없다
근대 인간학의 종언과 비인간의 미-래

1. 인간과 인간의 심연

인간이란 무엇인가? 이런 질문에 답하기는 쉽지 않으며, 실제로 만족할 만한 답변이 나올 성싶지 않다. "인간은 만물의 척도"라거나, "인간은 사회적 동물" 혹은 "인간은 신과 닮은 존재imago dei"라는 단답형의 금언들은 무수히 쏟아진 바 있지만, 그와 같은 규정들은 재치 있고 직관적인 깨달음을 주는 한편 다소 혼란스럽고 근거 없으며, 때로 어리석다. 아무런 맥락 없이 던져지는 언명들은 우리 삶의 경험적 직관에 전적으로 그 논거를 위임해버리는 탓이다. 또한 어떤 이들은 인간 자체가 워낙 복잡하고 불분명한 존재인 까닭에 그 정의를 찾기가 애초에 불가능하다고 말한다. 이를테면 인간이란 그 존재 자체의 불가해성에 있어서나 설명의 불가능성에 있어서나 일종의 심연Abgrund과도 같다는 것이다.[1]

휴머니즘에 대해서도 사정은 다르지 않다. 어의를 그대로 따를 때 '인간-주의'로 번역될 이 개념에 대해서도 일관되고 정연한 답변을 기대하긴 어렵다. 아마도 인간은 언제나 자신에 대해 고민해왔던 존재일 테지만, 자기의 가치와 의미에 대한 정의로서 휴머니즘은 유구한 역사를 갖는 것이 아니라, 아주 최근에 생겨났으되 벌써 – 이미 쇠퇴해가는 이념이라 할 수 있는 탓이다. 요컨대 휴머니즘, 곧 인간주의는 역사적 범주이다. 우리는 휴머니즘이 문제시되는 몇 가지 사례들을 간추려봄으로써 그 의미가 갖는 대강의 외연을 짐작해볼 수 있을 따름이다.

한 가지 흥미로운 사례를 통해 이 문제에 접근해보도록 하자. 미국의 한 로봇제작 회사가 인간의 기본적 욕구로서 성욕을 처리해줄 수 있는 기계를 근시일 안에 출시하겠다고 광고를 내놓으면서 이 '상품'에 대한 윤리논쟁이 촉발된 적이 있다.[2] 성性이 종족 유지를 위한 가장 기초적인 본능일 뿐만 아니라 인간의 가장 내밀한 욕망 중 하나란 점은 누구나 안다. 그런데 이 같은 성을 로봇 통해 쾌락적으로 해소할 수 있다면, 성은 감각적 방종을 위해서만 사용되는 도구이자 상품이 될 수 있으리라는 우려가 제기되었던 것이다. '정상적' 성적 관계가 불가능해질 때, 그 결과로서 삶을 지속하는 인간은 과연 예전의 인간 정의에 얼마나 부합할 것인가? 논란이 점차 심화되자 개발사는 반려를 찾지 못한 사람들을 위한 일종의 대체제나 보완물로 사용될 것이란 성명을 급히 내놓았다. 이 해프닝이 시사하는 것은 성욕이라는 기초적인 욕구조차 인간에 대한 질문을 걸

---

1 가령 기독교적 세계관에서 인간은 욕망에 끌려다니는 가련한 존재로 묘사되고, 인간 존재의 심연이란 바로 이러한 인간 자신의 불가 이해적인 욕망을 가리킨다. 심연은 인간 자체에 내재해 있다는 것이다(아우구스티누스, 2003: 49 - 51). 다른 한편, 하이데거는 현존재, 즉 인간의 본질을 그의 존재 조건으로부터의 초월, 즉 자유에 대한 시도에서 찾았다. 기독교적 도그마와는 달리, 이러한 자유는 자유의지와 같은 선험적 능력이 아니라 초월하고자 하는 자유의 행위 자체에서 발원하는 것이기에 본질적인 실체적 요소를 갖지 않는다. 자유의 근거는 오직 자유의 수행에 있기에 '근거 - 없음(ab - grund)'이라는 역설로 요약될 따름이다. 요컨대 현존재로서 인간의 자유는 그가 자신을 세계 속에 기투하는 자유에서만 비로소 개현되는 사건이다(하이데거, 2005: 89 - 91).

2 "'섹스로봇'과의 사랑, 윤리논쟁으로 번지나?", 경향신문 2015년 9월 27일자.

고 넘어가게 되면 윤리와 곧장 충돌하게 되고, 이러한 윤리는 휴머니즘, 즉 인간성에 관한 근본적인 문제를 포함하고 있다는 사실이다.

생명공학의 영역에서도 유사한 사례를 찾아볼 만하다. 1996년 온 세계를 놀라게 만들었던 최초의 복제양 돌리Dolly의 탄생을 기억할 것이다. 영화나 소설 속에서나 보았던 인간 복제라는 상상이 현실화되었다고 전 세계가 떠들썩했을 때 가장 먼저 제기된 비판은 역시 윤리적 차원에서 나온 것이었다. 실험용 쥐나 양과 같은 비인격적 대상이 아닌, 인간 자체가 실험적 대상으로서 이용되거나 조작될 수 있는가? 윤리적으로 용납할 수 없는 그런 사태를 막기 위해 과학에 대한 다각적인 감시와 통제를 가해야 한다는 주장이 제기되었다. 한편으로 온당해 보이는 주장이지만 그 같은 반박을 곰곰 따져보면 다소 '끔찍한' 전제가 내포되고 있음을 확인할 수 있다. 즉 인간 아닌 것, 비인간적 객체로서의 생명이나 대상은 오직 인간을 위한 실험과 이용, 조작의 도구로 사용될 따름이며, 어떤 경우에도 인간성의 범주를 침해해서는 안 된다는 인식이 그것이다.[3] 휴머니즘이 인간을 가치 있다고 여기고 그러한 태도나 입장을 '윤리'라고 부르는 한, 휴머니즘은 인간 아닌 존재에 대한 '비윤리적'인 무차별적인 대상화를 허락하고 만다. 말 그대로, 인간-중심주의로서의 휴머니즘이 여기에 있다.

아이로니컬하게도, 휴머니즘은 인간에 대한 전적인 옹호나 절대적인 존중만을 위해 호출되어오진 않았다. 인간 존엄을 위해 인간에 대한 공격과 파괴를 명령하는 휴머니즘도 존재한다. 한국전쟁이 발발했을 때 사르트르를 비롯한 진보적인 서구 지식인들은 그것을 식민주의적 제국주의

---

3 이성을 통해 세계를 대상화할 수 있는 능력은 인간의 고유한 능력으로 널리 인식되어왔고, 동물을 비롯한 다른 존재들에 대한 인간 우월성의 근거로 제시되곤 했다(셸러, 2001: 66-68).

와 자본주의로부터 인민을 해방하기 위한 전쟁으로 규정짓고 북한과 그 우방인 소련을 지지했다. 휴머니즘을 압살하기 위한 전쟁이 있는 반면, 휴머니즘을 지키고 실현하기 위한 전쟁도 있다는 논리가 작동한 것이다(정명환 외, 2004: 128-129). 인간성을 수호하기 위해서라면 인간에 대한 폭력도 불가피하다는 입장은 특정 이데올로기와 무관하게 지속되었던 근대적 이념의 하나였다. 가령 1930년대에 소련에서 벌어진 일련의 숙청과정에서 스탈린이 과거의 혁명가들을 처단할 때도 예의 휴머니즘의 기치가 높이 들어올려졌던 것이다(메를로-퐁티, 2004: 146-147). 스탈린의 이른바 전시 재판show trial은 휴머니즘의 적을 분쇄하기 위한 폭력, 무엇보다도 인간의 존엄과 가치를 지킨다는 명분으로 폭력이 휴머니즘과 동치되었던 사례라 할 만하다. 하지만 휴머니즘의 대의大義와 소의小義가 과연 이처럼 명료하게 구분될 수 있을까? 도대체 휴머니즘이란 무엇인가?

일반적으로 휴머니즘이란 16세기 르네상스 이후 중세적 가치관에 맞서 발흥한 인간중심주의적 세계관을 지칭한다. 르네상스에서 연원한 인간중심주의야말로 근대 이후 싹을 틔운 인간의 유력한 자기긍정이라는 것이다. 세상 만물 앞에서 '인간'만이 유일하게 가치 있는 존재라는 발상은 '휴머니즘'의 진정한 핵심을 보여주며, 현재까지도 널리 통용되는 의미론적 스펙트럼을 규정해준다. 고대의 신화적 공포나 중세의 종교적 도그마를 벗어난 인간이 스스로를 긍정적으로 정립하며, 세계와 자연을 이해하려 할 때 오직 자신만을 유일한 척도로 내세울 수 있었던 것은 분명 하나의 '해방적' 사건이며, 문화적 진보를 성취하는 동력원이었을지 모른다. 하지만 휴머니즘이 서구 근대의 특정한 시점에서 특정한 역사적 맥락을 통해 발생했다는 사실은, 역으로 비서구 세계 및 비근대적 시대상황에서도 휴머니즘의 의미와 가치가 유효적절한지에 대한 강한 의구심을 품게 만든다. 휴머니즘은 서구가 낳은 하나의 입장이자 세계상, 나아가 근대인들을 사로잡았던 욕망의 표상은 아니었을까?

근대성을 규정짓는 정치·사회적 규범들뿐만 아니라 학문적·예술적 인식과 취향들조차 그 자체로 정당하지 않으며, 많은 부분 역사적 관계 속에서 형성되었다는 점은 잘 알려져 있다. 이른바 '만들어진 전통'에 대한 폭로가 그것이다(홉스봄 외, 2004: 19-43). 하지만 근대성 자체가 근대 자체와 더불어 구성된 지식의 체계이며, 휴머니즘이 그런 식으로 조형된 가치관의 하나라는 점을 지적하는 것만으로는 부족하다. 지식과 가치는 언제나 재창조되는 것이기에 이전의 지식과 가치가 어떤 식으로 만들어졌는지에 대한 철저한 인식이 주어지지 않는다면, 언제든 동일한 오인의 함정에 쉽게 빠질 수 있는 탓이다.

지식은 시대적 조건과 환경에 의해 체계화되며, 가치는 그러한 지식에 의해 구축된 지성적이고 감각적인 범주다. 그래서 우리는 지적 대상의 역사적 계보학에 대해 캐묻지 않을 수 없게 된다. 이 점에서는 인간도 예외가 아니다. 역사적으로 볼 때 휴머니즘은 인간을 지식의 대상으로 삼아 형성된 신화이며, 그 형성적 조건들에 대한 탐문 없이는 앞으로도 계속될 망상으로 군림할 것이다. 지금 우리는 '비인간'이나 '포스트휴먼'처럼 근대적 인간상의 해체 위에 세워질 새로운/또다른 인간의 조건을 맹렬히 탐색하는 시대를 살고 있다. 따라서 근대적 지식의 주체이자 대상인 인간의 이념, 즉 휴머니즘에 관한 질문은 우리 자신의 미래를 전망하기 위해서도 불가결한 과제로서 던져져 있다.

2. 휴머니즘의 근대적 기원

도대체 인간이란 무엇인가? 휴머니즘이란 무엇인가? 어쩌면 질문 자체가 잘못되었을지도 모른다. 니체가 지적했듯, 서구적 사유의 오랜 전통은 '무엇what'에 대한 인식을 곧잘 그것의 본질에 대한 직접적 물음으로 간주하고 거기에서 영원불변의 진리를 도출하고자 했다. 그러나 본질에 대한 물음은 언제나 논란 많고 불명료하며, 확정할 수 없는 악무한적 소용돌이에 빠져들기 십상이다. 왜냐하면 우리가 본질적인 것으로 인식하는 모든 것들은 단지 사물에 착상된 의미와 가치이기 때문이다. 그럼에도 '무엇'이라는 질문은 실존하지 않는 본질을 미리 가정하고 그것을 궤변을 통해 정당화하고자 한다(들뢰즈, 1998: 145). 그 배후에는 본질적 실체에 대한 맹목만이 있게 마련이니, 우리가 대상의 본질을 묻고자 할 때 곧잘 빠져드는 덫은 물음의 주체를 괄호쳐놓는 순수 객관에 대한 망상이다. 즉 인간이란 무엇이냐고 물을 때 누락된 것은 우리 자신이 바로 그 인간에 속해 있다는 사실, 그러므로 인간에 대한 물음과 답변은 필연적으로 인간의 시선을 경유함으로써 규정될 수밖에 없다는 사실이다. 그러므로 인간에 대한 정의는 인간 스스로의 눈을 통해 '보여진/보고자 하는' 자신의 이미지에 다름아니며, 그만큼 굴절된 왜상으로서만 존립할 수 있다. 휴머니즘은 그런 욕망의 소산이며 왜곡된 표상에 지나지 않는다.

　니체가 통렬히 공박하는 것은 질문자를 빼먹어서는 곤란하다는 점, '누가who' 질문하는 지를 결코 은폐해서는 안 된다는 점이다. '무엇'은 항상 '누구'에 '대한' 가치와 의미로 표상되며, 그런 한에서 '어떤 것which one'일 수밖에 없다. '어떤'에 관한 물음은 영구불변의 본질이 아니라 일정한 조건을 통해 드러난 사물의 양태mode에 대한 답변에 짝지어진다. 특정한 조건에서 특정한 관계를 통해 나타나는 사물의 상태만이 문제다. 따라서 인간은 무엇이냐, 휴머니즘은 무엇이냐는 식의 질문은 그 자체로서는 결코 성립될 수도, 올바르게 답변될 수도 없는 난문이자 우문에 불과하다.

'어떤 것'으로 던져진 물음은 본질이 아니라 특정한 상태와 그것에 대한 앎(지식)을 문제 삼는다. 요컨대 그것은 조건과 관계의 설정에 대한 질문이며, 배치disposition의 문제와 직결된다. 인간은 영원한('무조건적'인) 본질로서 규정되는 게 아니라, 그 존재를 둘러싼 제반조건들과의 관계에 의해 규정된다. 휴머니즘 역시 인간이 자신을 어떻게 인식하는지, 인간을 둘러싼 지식의 조건들이 어떻게 배치되어 있는지에 따라 다르게 규정될 것이다. 니체로부터도 한 발 더 나아가 푸코는 질문하는 주체'who' 조차도 더이상 결정적이지 않다고 단언한다. 질문은 '무엇'도, '누구'도 아닌 어떤 '관계', 질문을 구성하는 여러 요소들이 놓여 있는 '배치의 공간'에서 자신의 답을 찾게 된다. 지식은 그 자체로 명징하게 결정된 인식의 대상이 아니라, 인식하고자 하는 대상의 환경과 이웃관계, 즉 배치에 따라 의미화되고 가치부여받는 조건의 산물이기 때문이다(Foucault, 1972: 17).

그렇다면 다시 물음을 던져보자. "인간이란 어떤 것인가?" "휴머니즘이란 어떤 것인가?" 이는 곧 인간을 '존엄'하다고 부르짖고, 휴머니즘을 유구한 전통이자 영원한 가치라고 믿어 의심치 않던 이데올로기의 근거, 그 조건과 배치를 따지는 도전에 다름아니다. 그리고 근대 휴머니즘의 출발점으로 우리는 흔히 거론되는 르네상스에 대해 이야기하지 않을 수 없다.

일반적으로 르네상스는 중세와의 극명한 대조를 통해 설명되어왔다. 무엇보다도 종교적 가치와 세속적 가치의 대립 및 전환이라는 짝을 통해 해명되어온 이 두 시대 개념은 각기 역사의 음지와 양지로 표상되어왔던 것이다. 예컨대 우리에게 중세의 이미지는 '합리적'이라 부를 만한 행동과 지식의 기준이 없었고, 오직 신앙에 의해서만 통제되는 신학적 질서와 세계관으로 점철된 사회였다는 식이다. 그때 개인은 정신적으로나 육체적으로나 자율적이고 사적인 공간을 확보할 수 없었으며, 교회와 같은 공식적 장소에서만 사회적 생활을 영위하였다는 교과서적 기술도 이런 인식을 뒷받침해준다. 한 마디로 개인의 자유가 압살되고 오로지 종교적 교리와 봉건적 전횡만이 판을 치던 시대가 중세라는 것이다. 중세에 따라 붙는 '암흑시대'라는 꼬리표는 이런 통념을 드러내는 관용적 표상이라 할 수 있다(고프, 1992: 11).[4] 이런 상황에서 자율, 자유, 개성 등의 (근대적) 개념들이 인간 능력의 긍정성과 적극성을 묘사하기 위해 동원될 수 없었음은 당연한 노릇이다.

반면, 르네상스에 관한 통념은 중세와는 판이하게 형성되었다. 중세가 사제나 봉건영주, 전쟁, 폭력과 수탈 등으로 부정적으로 계열화되는데 비해 르네상스는 예술가들과 사상가들의 화려한 인명록을 통해 계열화된다. 미켈란젤로, 레오나르도 다빈치, 라파엘 같은 이탈리아 르네상스 예술의 거장들을 비롯하여, 페트라르카, 에라스무스 등으로 대변되는 북유럽의 빛나는 인문주의 사상가들을 떠올려보라. 그리고 '최후의 중세인' 인자 '최초의 르네상스인'으로 평가되는 알리기에리 단테 및 세속정신의 문학적 구현자 보카치오와 같은 문인도 빼놓을 수 없다. 그들의 이름자만으로도 가슴 벅찬 영예를 누리는 시대가 바로 르네상스다. 중세의 억압적 도그마를 탈피하여 인간을 세계의 중심에 두고 사유하며 활동했던, 적극적인 세속화의 기점이자 근대로의 트인 길목이 바로 르네상스라는 것. 지식과 과학의 문이 활짝 열린 시대이며, 이전과는 다른 환희와 약동의 신세계가 르네상스에 부여된 역사적 표상이라 할 수 있다.

이렇게 우리의 관념 속에 구축된 이미지는 기실 1860년에 발표된 야코프 부르크하르트의 명저 『이탈리아 르네상스의 문화』에서 대략의 구

---

4 중세에 대한 부정적 가치판단 일반은 15세기 중엽 이탈리아 휴머니스트들에 의해 부여된 것이다.

도가 짜인 것이다. 부르크하르트 이전까지 르네상스는 중세 1000년과 근대를 잇는 교량이자 짧은 도약기 정도로 평가되었지만, 그의 연구로 말미암아 르네상스는 온전히 역사적 정체성을 획득하게 된다. 특히, 중세 및 근대와는 질적으로 구분되는 문화적 부흥의 시대라는 점에서 부르크하르트의 책은 이후 르네상스시대를 근대 휴머니즘의 발생기로 정초하는 데 가장 큰 기틀을 마련해주었다(부르크하르트, 2002: 3, 4부). 흔히 근대 휴머니즘의 기원을 르네상스시대로 소급해 올리는 이유가 여기에 있다.

하지만 우리가 일반적으로 상상하는 휴머니즘과 부르크하르트가 정초하고자 했던 르네상스의 휴머니즘은 동일한 표상이 아니다. '인본주의人本主義'라는 거창한 이름으로 치장된 르네상스시대의 이탈리아는 사실 약육강식의 항시적 전쟁상태였으며, 보편적 인간애나 인간성에 대한 존엄사상에 이끌리기는커녕 간교한 지략과 냉혹한 열정에 의해 추동된 '영웅시대'였다. 예컨대 부르크하르트가 감탄해 마지않았고 마키아벨리가 『군주론』(1513)에서 이상적인 군주의 모델로 꼽았던 체사레 보르자(1475 - 1507)는 자신의 힘과 능력의 극대치를 발휘하기 위해 인정人情에 전혀 연연해하지 않던 인물이었다. "그는 자신의 형제와 매제와 다른 친척들과 신하들이, 교황의 은총을 많이 받거나 아니면 그들의 위치가 불쾌하게 여겨지기만 하면 모두 죽여버렸"을 정도로 '비인간적인' 잔혹군주였던 것이다(부르크하르트, 2002: 156). 더욱이 부르크하르트에 의해 '문화의 시대'로 상찬된 이탈리아 르네상스의 예술은 경제적·정치적 지배자들만이 누릴 수 있는 고급문화에 한정되어 있었다(퍼거슨, 1987: 57). 어쩌면 르네상스는 소수의 역사가들에 의해 창안된 '날조된 전통'에 불과할지 모른다.[5] 다

---

5 "르네상스에 관한 우리의 관념은 야코프 부르크하르트의 창조물이다"(퍼거슨, 119: 7장). '가짜 전통의 발명'은 근대적인 자기정체성의 확립과정에서 일반적으로 나타난 현상이었다(홉스봄 외, 2004).

시 말해 '르네상스 휴머니즘'이란 어디까지나 '근대의 신화'요, 근대의 휴머니즘이 자신의 기원으로 참칭한 상상적 이미지라는 뜻이다. 휴머니즘과 동일한 어원을 갖는 인문학Humanities, Human Science 역시 이러한 관점에서 볼 때, 근대의 사회·역사적 조건과 환경 속에서 등장하고 성장해온 지적 관념이라 할 만하다.[6]

역사적 진실 문제는 차치하더라도, 정작 '휴머니즘'이라는 어휘 자체가 등장한 것도 르네상스로부터 한참이 지난 뒤의 일이다. 1808년 독일의 교육학자 니트함머가 처음으로 사용했다고 전해지는 'Humanismus'는, 당대 교육체계 중 중등교육과정에서의 그리스어 및 라틴어 교육을 지칭하게 위해 만들어진 신조어였다. 고전어 습득을 위한 교육 프로그램이라는 점에서 니트함머의 시도는 르네상스의 정신과 잇닿는 측면이 있지만, 무려 3세기나 시차가 있는데도 그 정신과 이념을 직접적으로 결부시키는 데는 상당한 무리가 따른다. 더구나 라틴어 '후마니스타humanista'는 그에 상응하는 유럽어들과는 달리 직접적으로 '인간(학)'을 지칭하기 위해 사용된 용어가 아니었다. 근대 인문학의 기원으로 제시되는 르네상스 시대의 'studia humanitatis'란 문법, 수사학, 역사학, 시학, 도덕철학 등과 같이 법학이나 신학을 제외한 과목들을 일컫는 명확한 교과개념으로서만 사용되었기 때문이다. 따라서 르네상스시대를 대표하는 '휴머니즘'이란 르네상스 이후에 생겨난 사상으로서, 근대인이 자신들의 정당성을 정초하기 위해 고안해낸 일단의 이념적 내용을 가리켰다. 이 점에서 휴머

---

6 물론 르네상스인들은 자신들의 인간중심주의가 존재의 보편성을 대변한다고 믿었고, 인간주의 즉 휴머니즘은 그 자체로 보편성의 사상이란 점을 믿어 의심치 않았다. 가령 피코 델라 미란돌라는 인간의 존엄을 가장 고귀하고 가치 있는 것으로 상찬하고, 이를 신학에 의거한 사변으로써 입증할 수 있다고 주장했다(미란돌라, 1996: 132-133). 하지만 만일, 신조차 근대적 인간관의 소산이라면, 르네상스 이래 지속되었던 인간의 보편성 또는 보편적 인간성이란 신이라는 인간의 역상(逆狀)을 통해 자신을 정당화한 궤변에 지나지 않을 터이다.

니즘은 중세를 벗어난 인간이 자신의 존엄과 가치를 각성하고, 이를 앙양하며 수호하기 위해 세운 보편적 인간애와는 사뭇 다른 이데올로기적 스펙트럼에 속해 있다. 요컨대 "르네상스 휴머니즘은 철학적 경향이나 체계가 아니라, 중요하되 영역이 한정된 연구를 강조하고 발전시킨 문화적·교육적 프로그램"(크리스텔러, 1995: 42)이었다.

르네상스의 휴머니즘이 근대의 휴머니즘과 첨예하게 변별되는 지점은 그것이 보편적인 해방의 기획을 내적 이념으로 삼지 않았다는 사실에 있다. 근대 민족주의 및 국민국가nation-state의 토대 위에서 진행된 여러 해방운동들은 공통적인 모토로서 정치적 휴머니즘을 내세웠던바, 인민의 보편적인 해방이야말로 근대 휴머니즘의 핵심 내용이었다. 예를 들어, 청년 시절의 마르크스가 노동의 소외를 극복해야 한다고 역설했을 때, 그가 내세운 노동의 해방이란 곧 사회적 소외로부터 인간의 해방과 다르지 않았다. "사회의 해방은 노동자 해방이라는 정치적 형식으로 표현되며 (…) 노동자의 해방 속에 보편적 인간해방이 들어 있다"(마르크스, 1991: 279). 이에 반해 르네상스 휴머니즘 문화는 어떠한 보편적 해방의 이념도 명시적으로 내세우지 않았으며, 일단의 '인문주의자'들에 의한 자기실현적 운동의 성격이 더 강했다는 점에서 차라리 개인주의적인 흐름에 가까운 것이었다(츠바이크, 1997: 100-108).[7] '휴머니즘의 아버지'로 칭송받는 에라스무스에 대한 다음 비판을 보라.

휴머니즘에는 민중이 존재하지 않았다. (…) 그것은 단지 잠시 동안만 온 세상을 비추고 높은 위치에서 은총을 내리는 태도로 어두워진 세상

---

7 에라스무스는 때때로 '늘 스스로만을 대표하는 사람(Erasmus est homo pro se)'이라는 힐난을 당하기도 했다. 이탈리아 휴머니즘과 개인주의에 대해서는 다음을 참조하라(나우어트, 2002: 408-412; 불록, 1989: 60-64).

을 굽어보면서 창조정신의 순수한 모습을 경이롭게 바라보았다. 이렇게 휴머니즘의 플라톤적 인류제국은 결국 구름의 제국으로 남아야 했다(츠바이크, 1997: 104).

르네상스 휴머니즘에서 '휴먼' 즉 인간은 서구의 상류 백인남성만을 지시했고, 이에 따라 비서구인과 여성, 혹은 사회적 하위계급은 인간 '이하'의 존재로서 식민해도 무방하다는 논리적 기제로 작용했음을 지적하지 않을 수 없다(Mignolo, 1995: ch.6). 그러나 르네상스 휴머니즘의 성격과 한계를 자세히 분석하는 것이 지금 우리의 과제는 아니기에 다음의 요점만 기억해두도록 하자. 근대의 휴머니즘이 자신의 풍요롭고 위대한 기원으로서 내세우는 르네상스 휴머니즘은 실상 근대인들의 이데올로기와 욕망이 빚어낸 상상의 산물이자 그 이미지였다는 사실이 그것이다. 그렇다면 소위 '근대적 휴머니즘'이란 어떻게 생겨났을까?

3. 미셸 푸코와 인간과학의 고고학

동일하게 '휴머니즘'이라고 불리고 인식되었던 전통이 왜 시대적 맥락마다 다르게 나타나는가? 근대의 휴머니즘과 르네상스시대의 휴머니즘은 동음이의적인 별개의 대상일까? 특정 시대의 지식과 관념체계를 구성하고, 정착·유통시키는 (무)의식적 지반을 탐구했던 푸코는 '인간'이란 개념이 겨우 19세기에야 등장한 지적 표상일 뿐이며, 그런 점에서 일반적으로 통용되는 휴머니즘의 보편성에 대한 관념은 아예 허위라고 잘라 말한다. 다시 말해, 휴머니즘의 '위대한' 전통이 (고전고대의 끊어진 전승을 이어받아) 16세기 르네상스시대에 부활하여 서구 근대사를 관통해왔다는 주류 역사학의 관점은 거짓말이며, 그와 같은 휴머니즘이란 존재한 적이 없다고 단언한 것이다.

우리는 휴머니즘을 몽테뉴로부터, 아니 더이상 거슬러올라갈 수 없을 만큼 아주 오래전부터 만들어진 개념이라고 알고 있다. 하지만 이런 견해는 옳지 않다. 왜냐하면, 첫째 휴머니즘운동이 시작된 것이 19세기 말부터의 일이며, 둘째 우리가 16, 17, 18세기를 면밀히 고찰해본다면 그 어느 시대에서나 인간은 문자 그대로 정착하지 못했다는 사실을 알 수 있기 때문이다. 그 시대의 문화를 차지하고 있는 것은 신, 세계, 사물의 유사성, 공간법칙, 육체, 정념, 상상력 등일 따름이며, 인간 자체는 완전히 부재해 있었던 것이다(Foucault, 1966. 오생근, 1996: 73에서 재인용).

'인간과학의 고고학'이라는 부제가 붙은 푸코의 『말과 사물』(1966)은 근대적 지식의 배치와 그 효과로서 인간학의 발생을 탐구하고 있다. 서두에서 밝힌 대로, 인간과 그를 둘러싼 여러 조건들 및 관계들의 배치를 통해 19세기의 인간과학이 어떻게 생겨났는지를 규명하는 것이 푸코의 과제였다. 그는 르네상스시대(16세기)와 고전주의시대(17-18세기), 근대(18-19세기)가 서로 다른 에피스테메épistème에 의해 자기 시대의 지식과 시선을 구성했다는 점에 초점을 맞춘다. 잘 알려진 바와 같이, 에피스테메란 한 시대를 관통하는 상이한 담론들과 지식체계들을 특정한 양상으로 배치(구성과 제한)하는 (무)의식적 지반을 뜻한다. 이에 따라 분석할 때 르네상스와 고전주의는 각각 '유사성'과 '동일성/차이'의 원리를 고유한 에피스테메로 갖는 시대들이다. 푸코의 논의를 토대로 두 시대의 특징을 간단히 일별하며 우리의 주제를 세공해보도록 하자.

3-1. 르네상스—유사한 것이 지식이다

르네상스시대에 서구인들의 사유는 유사성resemblance의 기반 위에 세워져 있었다(푸코, 2012: 제2장; Foucault, 1973. 두 텍스트를 대조하여 문맥에 맞게 수정). 이 세계는 사물과 사물 사이의 '닮음'이라는 유사성 원리에 의해 연계되어 있는 거대한 지도였으며, 그것은 무한하지만 동시에 엄격히 닫혀 있는 매끄러운 평면을 구성했다. 만유는 서로가 서로를 반영하고 재현하는 이중성의 표식으로 가득 채워져 있고, 그런 기호들이 세계와 맺는 상관성을 찾아내는 것이 지식의 과제였다. 만약 땅이 하늘의 운행법칙을 비추고, 인간의 얼굴에 별들의 변화와 질서가 반영되어 있다면, 어떻게 해야 전자에서 후자의 표식을 발견할 수 있을까? 이를 탐구하는 것이 르네상스의 인식론적 주요한 과제였다. 대우주로서 우주적 원리가 지상 위의 사물들에서 전개되었음을 보여주는 기호를 찾아내는 것, 즉 이 땅의 현실이 소우주임을 입증하기 위해 요구된 원칙이 유사성이었던 셈이다(Randal, 1996: 130 - 132).

부합convenientia, 경합aemulatio, 유비analogie, 감응sympathies의 네 규칙들에 의해 분류되고 짝지어지던 르네상스의 세계감각은 기호 간의 의미적·형태적 유사성에 역점을 두었기 때문에 기호들 사이의 관계에는 확고부동한 기준점이 없었다. 사물과 사물의 유사성은 또다른 사물에 대한 유사성으로 이어지고, 이런 유사성의 연쇄는 계속해서 세계 전체의 사물들에 대해서도 동일하게 적용된다. 예컨대, 선과 악, 미덕과 악덕, 차가운 것과 뜨거운 것, 백색과 흑색, 쾌락과 고통, 기쁨과 슬픔 등 한 성질 내에 대립적 짝이 있을 때, 만일 몇몇의 사례로부터 전자와 후자가 일치한다면 나머지에 대해서도 그런 관계가 성립해야 옳다는 식이다. 그런데 선과 미덕, 악과 악덕이 짝지어질 수는 있어도 차가운 것과 쾌락이, 뜨거운 것과 고통이 그에 짝지어지는 것은 우리에게 얼마나 납득할 만한 것일까? 혼돈과 착각의 이분법적 오류는 아닐까?

일견 우스꽝스러운 말놀이, 실체 없는 관념의 짝짓기처럼 여겨지지만, 르네상스인들의 상상력에서는 이런 분류법이 얼마든지 통용될 수 있었다. 에피스테메의 차이란 바로 이런 것으로서, 어떤 시대가 지식을 규정 짓는 방식, 지식의 내용을 채워넣는 방법은 전적으로 그 시대의 인식체계에 달린 문제다. 무엇이 지식이고 지식이 아닌지는 특정 시대의 지식에 대한 입장과 태도, 관점에 따라 결정될 일이지 불변하는 진리규범에 따른 것이 아니다. 즉 플라톤의 이데아마냥 지식은 객관적이고 절대적인 실체가 아니라는 뜻이다. 현대인의 관점에서는 이상해 보일 수 있어도, 르네상스인들에게 유사성은 그 자체로 정당하고 합당한 지식의 성립기준이 었었다.[8] 근대의 지식이 분석과 실험에 따른 분류법을 채택한다면, 르네상스시대의 지식은 고대로부터 전승된 각종 문헌들에 나타난 유사성의 기호를 찾아내서 열거함으로써 구축되는 것이었다. 즉 지식의 근거는 해석에 있지 실험에 있지 않았다. 그러므로 오래된 신화나 전설상의 이야기조차 세계를 규명하고 해석하기 위한 자료로 간주되었고, 인용될 만한 정당한 가치를 지니고 있었다.[9]

유사성에 의거한 세계는 하나의 공통된 연결망 속에 존립하며, 그러한

8 근대인의 '합리적' 지식은 이전 시대의 지식으로부터 불연속적으로 진전된 결과로서 나타났다. 달리 말해, 근대의 실험과학과 인문학은 중세와 르네상스의 마술과 비학(祕學), 연금술의 합작에 그 은폐된 기원을 갖는다(이종흡, 1999: 3장; 로시, 1981: 339-346). 이런 의미에서 우리 (탈)근대인의 지식 또한 상대적이고 가변적인 특징을 갖는다. 지식의 절대성과 불변성은 단지 해당 시대의 에피스테메 안에서만 통용되는 제한된 규범일 따름이다.

9 17세기인 뷔퐁과 16세기인 알드로반디의 사례에 드러나듯, 에피스테메의 차이를 이해하지 못하면 자기들과 상이한 시대의 지식을 '미신'이나 '비과학'의 이름으로 쉽게 매도하고 처분하는 데 주저하지 않게 된다. 르네상스의 지식은 "주시된 모든 것과 들려온 모든 것, 자연이나 사람, 세계의 언어나 전승된 것 또는 시인에 의해 이야기된 모든 것을 지식의 유일하고 동일한 형태 안으로 모아들이는" 데서 성립했고, 그로써 "완전히 열려 있는 언어의 차원이 서양 문화에서 16세기에 역사상 처음으로 드러나게" 되었다(푸코, 2012: 77-88).

세계에서 특정한 존재가 특권적인 위상을 부여받을 가능성도 별로 크지 않았다. 차이나는 모든 것들이 어떻게든 연관된다면, 무엇이 다른 것들보다 더 낫거나 못하다고 할 것인가? 인간을 규정하는 주요 관념 가운데 하나인 생명에 대한 인식도 그 시대에는 무생물에 대한 인식과 별반 다르지 않았다. 그러므로 이 같은 인식론적 프리즘에 비추어볼 때, 후대의 사적史籍들이 상찬해마지않는 '르네상스적 인간'에 대한 과대한 가치평가는 실상 후대인들의 상상력이 빚어낸 과장된 수사에 불과하다.

3-2. 고전주의─지식은 도표 안에 있다

17세기는 유사성을 걷어내고 동일성과 차이에 입각한 총괄적인 세계 분류표를 세우고자 열망했던 시대다. 풍차와 괴물을(크기) 혼동하고, 포도주와 피를(색깔) 구분 못 하는 돈키호테를 비웃으며, 사물과 언어의 정합적인 이항체계를 정립함으로써 세계의 완전한 표상representation을 구축하고자 했던 것이다. 흔히 데카르트적 진리의 기준으로 언급되는 명석판명clear and distinct, 즉 내포의 명확함과 외연의 구별 가능함이 인식론적 규준으로 요구되기 시작한 것도 이때부터의 일이다.

이로 말미암아 서양문화에서 에피스테메 전체의 기본배치가 변한다. 특히 16세기의 인간이 관찰한 바처럼 유사성과 닮음 그리고 친화력이 여전히 하나의 매듭으로 묶여 있고 언어와 사물이 끝없이 교차한 경험의 영역, 이 광범위한 영역 전체가 새로운 지형을 띠게 된다. 원한다면 이 새로운 지형을 '합리주의'라는 이름으로 지칭할 수 있고, 머릿속에 기성의 개념들밖에 없는 경우라면 17세기에야 비로소 미신적이거나 마술적인 낡은 믿음이 사라졌고 마침내 자연이 과학의 영역에 포함되기에 이르렀다고 말할 수 있다. 그러나 파악하고 복원하려고 시도해야 하는 것은 인식과 인식 대상의 존재 양태를 가능하게 하는 이 근원적인 층위에서 지식 자체를 변질시킨 변화이다(푸코, 2012: 96).

이른바 '과학의 시대'로의 진입이라 부를 만한 고전주의시대의 인식론을 떠받들던 지주는 대수학mathesis과 분류학taxinomia이었다. 세계의 모든 사물들을 위계order와 척도measure의 형식으로 포획하고 하나의 일관된 도표 안에 담음으로써 규칙적인 세계상을 구축하는 일은 이 두 학문이 없이는 불가능한 일이었다. 세계 속에서 만나고 의식에 떠오르는 모든 대상들, 그 기호들을 남김없이 통일된 질서 속에 배치하는 작업은 사유의 일반화된 방법적 도구(수학)를 통해서, 그리고 정연하게 정돈된 좌표계 내부의 장소들(분류표의 빈 칸들)을 통해서만 이루어질 수 있었다. 이때 만일 어떤 대상이 시간적 변화를 통해 하나의 좌표점에 고정되지 않는다면, 그때는 발생론이 그것을 시간적 선분 위에 포착하고 계열화할 것이다.

대수학, 분류학, 발생이라는 이 세 가지 관념은 별개의 분야들보다는 오히려 고전주의시대에 지식의 일반적인 지형을 명확히 결정하는 굳건한 귀속의 망을 보여준다. (…) 어쨌든 고전주의시대의 에피스테메는 가장 일반적인 배치의 측면에서 대수학, 분류학, 발생론적 분석이 맞물린 체계로 규정될 수 있다. 이 과학들은 비록 막연할지라도 언제나 철저한 정돈의 기획을 지니고 있으며, 즉 단순한 요소들과 이것들의 점진적 조합을 발견하는 방향으로 나아가며, 따라서 기본적으로 이 기획과 동시대적인 체계 안에서 생겨나는 인식들의 도표, 진열이다. 17-18세기에 지식의 중심은 도표이다(푸코, 2012: 123-125).

이 세 학문이 맺은 삼위일체의 동맹은 고전시대의 모든 지식을 동일한 원리 속에 체계적으로 묶는 데 기여했다. 기표와 기의의 정확한 대응관계를 통해 언어를 도표 속에 담으려 한 일반문법, 자연계의 식물 전체를 동일성과 차이의 정확한 대조를 통해 새로이 명칭부여하려 했던 린네의 식물학, 같은 원리로 구성된 자연사(박물학), 마지막으로 일반화된 교환 가능성을 통해 부富를 측정하려 했던 부의 분석이 그러하다. 지금 우리는 르네상스와 고전시대의 지적 기반, 곧 휴머니즘의 전사로서 에피스테메의 역사를 다루고 있기에 그에 관한 자세한 논의는 이쯤에서 접어두도록 하자.

고전주의시대의 에피스테메는 '표상된 표상의 기능'에 중점을 두고 있으며, 통일성을 지닌 주체가 아직 정위되지 못했다는 사실을 보여준다. 다시 말해 일관되고 정연한 논리적 세계표, 즉 보편적인 표상체계의 완성이 이 시기의 주된 인식적 과제였지만 그 표상작용의 주체를 드러내는 데는 비교적 무관심했다는 것이다. 이는 역으로, 왜 18-19세기의 근대만이 주체 개념에 그토록 집착적으로 매달렸는지를 설명해준다. '근대적 주체' 또는 '주체적 인간'이라는 근대 휴머니즘의 핵심적 테마는 18세기에 접어들면서 고전주의적 인식체계가 근본적인 변동을 겪는 와중에 탄생했던 것이다. 르네상스 휴머니즘이나 고전주의적 합리주의가 인간을 어떤 식으로든 전혀 드러내지 않았다고는 할 수 없지만, 휴머니즘의 현대적 용법이란 19세기의 에피스테메가 확립되기 전까지는 결코 표면화될 수 없었다. 여기서 근대 에피스테메가 산출한 휴머니즘은 인간을 비로소 지식의 대상으로 연구하고 사유하기 시작했다는 사실에 기인하며, 바로 이 지점이 이전과는 전적으로 다른 기반에서 인간에 대한 이해가 시작된 장소였다.

3-3. 근대—우리는 존재한 적이 없다

19세기 인식론의 획기적인 변동은 대상의 내적 공간에 대한 인식 가능성이 열렸다는 점과 그것의 변화 가능성을 포착할 수 있게 되었다는 점이었다. 인식의 대상은 고전주의시대와 마찬가지로 동일하게 남아 있었으나, 근대에 접어들면서부터 그 대상들의 내적 변화 양상 및 그 원리를 파악하는 게 지식의 주된 과제로 다시 설정되었다. 즉 사물의 역사성에 대한 깊은 관심이 표명된 것이다. 예를 들어 고전주의시대의 사물은 자연에 넓게 흩어진 채 발견을 기다리는 표석들과 같았다. 그것들은 고정된 위치에 놓인 채 분석을 기다리던 '죽은' 사물들처럼 보였다. 하지만 근대에 들어오며 그 사물들은 '살아' '움직이기' 시작했고, 임의로 좌표를 바꿀 수 없는 특권적인 사물로서 고유한 이름을 요구하게 되었다. 생명, 노동, 언어가 그것들이다. 이 개념적 요소들은 지식체계에서 인간이 자연과 세계에 투사하는 방법론적 도구로서 뿐만 아니라 바로 인간 자신을 설명하기 위한 요소로서 제기되었고, 탄생, 성장, 사멸의 과정을 지닌 고유한 역사성을 함축하고 있다. 인간을 정의하는 고유한 성분이자 능력으로 생명, 노동, 언어를 규정하기 시작한 것도 이 무렵부터였고, 그로써 인간은 여타의 존재자들과는 다른 특권적 지위를 확보할 수 있게 된다.

19세기부터 역사는 경험적인 것의 탄생 장소, 즉 모든 확립된 연대기보다 앞서 경험적인 것의 고유한 존재가 유래하는 근원을 명확하게 규정한다. 아마 바로 이러한 이유로 역사는 사건의 경험과학과 모든 경험적인 존재물 및 우리 인간이라는 이 특이한 존재의 운명을 지배하는 근본적인 존재방식 사이에서, 아마 통제하기가 불가능할 불확실한 상황에 따라, 그토록 일찍 분할되었을 것이다. (…) 경험을 통해 우리에게 주어지는 모든 것의 존재 방식인 역사는 이처럼 우리의 사유에서 피해갈 수 없는 것이 되었다(푸코, 2012: 309-310).

역사의 흐름은 좌표계의 한 지점에서 다른 지점으로의 이동이라는 예측 가능한 경로를 따르지 않는다. 19세기 에피스테메에서 역사가 최우선적 원리로 부상한 까닭은, 그것을 통해 사물과 인간이 시간의 발전 및 생성의 관점에서 파악될 수 있었기 때문이다. 사드 후작의 소설이 보여주는 걷잡을 수 없는 욕망과 충동이 공포스러우면서도 또한 매혹적인 이유는, 그것이 좌표계에서 예정된 자리들을 기계적으로 이동하지 않는 힘으로 돌출하기 때문이다(푸코, 2012: 299-303). 사드와 같은 돌연변이적인 존재로 말미암아 근대의 인식은 규정된 표상의 한계를 돌파하고 그 바깥으로 뛰쳐나가는 욕망의 운동에 접속하게 된다. 세계의 모든 사물과 마찬가지로 도표 안에 붙박여 있던 지식의 대상 중 하나인 인간은 이제 도표 밖으로 탈주를 감행하는 미지의 존재로서 불확실성의 틈새로 미끄러지고 만다. 이로써 근대의 고유한 인식론적 과제는 변화하는 세계에 대한 이해와 더불어 역동적으로 운동하는 인간을 어떻게 포착할 것인가에 집중된다.

먼저 생명 개념의 변이를 살펴보자. 린네의 식물학이 가시적 표상들을 분류하는 데 주력했다면, 라마르크는 유기체의 개념을 통해 자연을 분석했으며 그 위계를 설정하고자 했다. 이에 따라 유기적 전체성에 호응하는 내적 구조를 갖는지의 여부, 또 유기체가 얼마나 복잡하고 섬세한 기능을 수행할 수 있는지의 여부에 따라 생명체의 위계가 결정되었다. 그런 방식으로 자연광물, 무기적 지층까지도 지식의 대상으로 삼았던 자연사의 체계는 무너지고, 오직 생명현상을 본질로 삼는 유기체만이 근대 생물학의 지적 관심사로 부각된다. 이에 발맞춰 분류학은 대상의 형태나 단순한 기능을 구별하는 데 그치지 않고, 생명체의 보존과 활동에 대한 기여와 목적론적 기능을 준거로 삼기 시작했다. 예를 들어 꽃에 대한 자연사적 기준이 꽃잎의 수와 꽃술의 형태였다면, 이제는 소화기관이나 호흡기관 따위의 기능적 단위체, 즉 유기체의 일부를 구성하는 '기관'이 분류학의 주된 연구목표로 설정되었던 것이다. 이에 더하여 퀴비에가 제시한 불변론은 종種의 진화를 유적 전체성의 측면에서 설명하기 위한 모델을 세우는 데 일조했는데, 가령 존재의 연속성을 나타내는 진화는 해당 종의 경계를 넘어설 수 없다는 한계선을 그어줌으로써 다윈의 진화론이 연착륙할 수 있는 기반을 다져주었다. 과학에 대한 깊은 이해가 없더라도, 이러한 관점과 설명법이 우리에게 익숙한 근대적 과학지식의 일부임을 확인하기는 어렵지 않은 노릇이다.

표상(화폐)을 통한 교환 메커니즘으로 부를 측정하던 17세기와 달리, 애덤 스미스의 정치경제학은 노동과 자본을 두 축으로 삼는 유기적 관계성과 내적 시간성을 기조로 구축되었다. 특히 교환되는 상품 간에 성립하는 등가성은 바로 그 상품을 생산하는 데 투여된 노동시간의 등가성에 기초한 것이었다. 그런 식으로 노동은 시간이라는 양화 가능한 단위를 통해 교환과정에 포섭되고, 이는 노동량을 기준으로 한 교환의 새로운 일반적 척도가 마련되었음을 뜻한다. 이 같은 노동가치론은 교환 당사자들의 욕구(사용가치)가 아닌 노동의 상대적 집적량(교환가치)에 의해 모든 상품의 가치를 표시하도록 강제했다는 점에서 절대적인 척도가 되었다. 즉 오직 양화 가능한 노동을 통해서만 가치가 생산될 수 있다는 스미스의 테제는 이후 근대 정치경제학에서 가치생산 일반의 항구적인 척도로서 수용되었으며, 인간의 자기가치화를 달성하는 데 가장 중요한 성분으로 자리잡았던 것이다(이진경, 2004: 53-56). 이렇게 근대적 '노동의 신화'는 정치경제학의 탄생과 동일한 맥락에 놓여 있었다.

언어를 불변적 상수들의 틀 속에 정렬시키려던 일반문법의 기획은 역사언어학의 성립과 더불어 종말을 맞는다. 19세기 언어학의 성과는 다양한 언어들이 표상에 있어 상호 환원되지 않는 고유한 굴절성을 갖는다는 사실을 발견했던 데 있었던 까닭이다. 다양한 민족어에 나타난 변화의 자율성에 대한 인식은, 언어가 언제 어느 곳에서든 동일하게 작동하는 투명한 표상기구라고 생각하던 고전주의적 문법관을 깨뜨렸고, 언어를 시간의 흐름 속에 던져넣어버림으로써 그 불투명하고 불가해한 잉여성을 드러내고 말았다. 그리고 바로 여기에서 인간에 대한 관심과 이해도 새롭게 솟아오르는데, 언어적 존재로서 인간 역시 시간의 흐름에 노출된 채 자신의 잉여성을 목도하지 않을 수 없게 된 탓이다. 곧 언어는 역사적으로 변화를 겪는데, 이는 기계적 규칙성에 따라 이루어지는 표의 세계와는 다른 현상이다. 오히려 언어는 마치 생명체처럼 자기의 고유한 법칙에 따라 변화를 일으키는바, 불가해한 인간 현상의 하나로서 인식되어야 한다. 따라서 여러 언어의 역사를 연구하는 일은 곧 인간에 대한 연구를 의미하게 되었고, 인간학의 기초로 인지되기에 이른다. 르네상스 이래 고전어를 복원하고 연구하던 학문인 문헌학philology이 문법뿐만 아니라 사상과 문화를 탐구하는 인문학의 폭넓은 토대로 자리잡았던 것은 이 같은 사정과 깊이 관련되어 있다.

생명, 노동, 언어는 고전주의적 표상관계로 회수되지 않는 근대의 고유한 인식론적 거점이다. 이 세 요소는 근대 인식장의 많은 요소들을 통제하고 정박시키는 일종의 주인기표이자 배치의 누빔점point de capiton 역할을 했다고 할 만하다. 물론, 19세기 지식의 장 전체가 오로지 이 세 가지 요소 위에서만 수렴되었다고 말할 수는 없을 것이다. 그럼에도 이 요소들은 한 가지 기능적 공통점을 가졌는데, 그것은 19세기 이래 서구인의 의식 속에 파고들어 무의식 깊이 각인되었던 인간주의적('휴머니즘적') 사유와 태도를 만들어냈다는 사실이다. 생명, 노동, 언어는 인간을 규정지으며, 인간은 이 세 요소들을 통해서만 비로소 인간 자신임을 확증할 수 있다는 것. 이와 같은 휴머니즘적 입장이 아이로니컬하게 보이는 이유는 다음과 같다. 생명, 노동, 언어를 통해 인간은 자신의 인식체계에서 통일된 주체성의 자리를 확보하게 되었지만, 이는 역으로 그 자신을 인식의 대상으로 객체화시켜버리는 역설로도 드러났기 때문이다. 바꿔 말해, 인간으로 인정받기 위해서는 이 세 요소들이 제기하는 조건들을 만족시켜야만 한다. 이로써 인간중심주의라는 무기는 인간 자신마저도 겨냥하는 무기가 되고 말았다.

> 자연사가 생물학으로, 부의 분석이 경제학으로, 특히 언어에 관한 성찰이 문헌학으로 바뀌고 존재와 표상의 공통의 장소인 고전주의적 담론이 사라질 때, 이와 같은 고고학적 변동의 깊은 동향 속에서, 인간은 지식의 대상인 동시에 이식의 주체라는 모순적인 입장을 띠고 출현한다. 즉 인간은 왕에게 속하는 자리에서, 노예화된 군주, 주시당하는 구경꾼으로 나타난다(푸코, 2012: 429).

대우주와의 동형성을 믿으며 살았던 르네상스인이나 도표의 질서 밖에 선 관조자를 자처하던 고전주의자와 달리, 유동하는 질서에 따라 자신을 한계짓고 살게 된 근대인은 스스로 그 객체적 대상이 되었다. 모든 것을 볼 수 있고 알 수 있는 존재로 여겨졌지만, 동시에 자신도 그 같은 행위의 대상이 될 수밖에 없는 유한성의 굴레에 갇힌 것이다. 인간 자신을 둘러싼 실증적 조건이 오히려 그의 선험적 한계를 지시하는 역설적 아이러니라고나 할까? 지난 세기에 문명파괴와 대량학살로 세계를 인도했다고 질타당했던 근대적 주체는 애초부터 이렇게 초라한 모습으로 등장했던 것이고, 자기의 유한성을 통해서만 겨우 세계와 마주설 수 있던 불완전한 존재에 불과했다. 이러한 유한성의 한계가 탈근대적 에피스테메의 조건이 되어, 아마도 근대 이후에 도래할 에피스테메에서는 인간이 파생적이고 부차적인 지위밖에 차지할 수 없으리란 푸코의 냉담하지만 비관적인 전망은 전혀 근거없는 추측이 아닐 것이다.

어쨌든 한 가지는 확실하다. 즉 인간은 지식에 제기된 가장 유구한 문제도 가장 지속적인 문제도 아니다. 누구라도 비교적 짧은 역사와 제한된 지리적 마름질(16세기부터의 유럽문화)을 검토한다면, 거기에서 인간은 최근에 발견되었다고 확신할 수 있다. (…) 즉 그것은 근본적인 지식의 배치에서 일어난 변화의 결과였다. 사유의 고고학이 분명히 보여주듯이 인간은 최근의 시대에 발견된 형상이다. 그리고 아마 종말이 가까운 발견물일 것이다(푸코, 2012: 525-526).

'인간의 종말'이란 종種으로서의, 생명체로서의 인류의 종말이 아니다. 그것은 말 그대로 '특정한 배치의 종말'이며, 지식이 특정하게 배치된 결과로부터 야기된 인간중심주의 곧 휴머니즘의 종말일 따름이다. 인간을 세계의 중심에 두고 사유하며 행동했던 우리의 오랜 습관은 애초의 근본적 불안정성, 다시 말해 '유한성의 조건'을 돌아봄으로써 그 근거의 박약함을 겨우 깨닫게 될 것이다. 인간의 무無근거함, 휴머니즘적 근거의 와해ab-grund는 이런 성찰에서 비롯될 수 있다. 그러나 푸코에 따르면 이는 그저 암울하기만 한 전망이 아니다. 그는 오히려 '인간학의 깊은 잠'을 깨우는 '철학적 웃음'을 터뜨리자고 제안한다. 무슨 말인가? 배치를 통해 구성되는 에피스테메는 근본적으로 인간을 위해서도, 인간에 의해서도 설립된 것이 아니기 때문이다. 거꾸로 그것은 인간과는 전적으로 무관하게 조형된 세계와 사물의 질서라는 점을 기억해야 한다. 애초에 자신의 것이 아니었는데, 그 상실과 종언을 슬퍼한다는 게 도대체 성립 가능한 일인가? 유사 이래 인간은 항상 자신을 둘러싼 환경과 조건에, 그 배치에 적응해왔을 뿐이다. 휴머니즘, 곧 인간중심주의는 그 같은 역사적 실증을 자위적으로 뒤집어놓은 역상에 다름아니다. 그러니 인간에 대한 관념, 즉 휴머니즘은 '근대'라는 이름의 특정한 배치가 산출한 효과로서 출현하고 잠시 기능했을 뿐 그 자체로 절대적인 가치나 의미를 갖는 것도 아니며, 존속의 필연적인 이유를 갖지도 않는다. 인간에게 무관심한, 오직 사물의 질서로서 존재하는 에피스테메. 그렇다면 과연 어디에 '인간적인, 너무나도 인간적인' 비극이 있을까?

> 만약 그 배치가 출현했듯이 사라지기에 이른다면, 18세기의 전환점에서 고전주의적 사유의 밑바탕이 그랬듯이 만약 우리가 기껏해야 가능하다고만 예감할 수 있을 뿐이고 지금으로서는 형태가 무엇일지도, 무엇을 약속하는지도 알지 못하는 어떤 사건에 의해 그 배치가 뒤흔들리게 된다면, 장담할 수 있건대 인간은 바닷가 모래사장에 그려놓은 얼굴처럼 사라질지 모른다(푸코, 2012: 526).

4. 휴머니즘, 혹은 인간을 넘어서

4-1. 탈근대와 휴머니즘의 잔상

인간과 휴머니즘에 대한 역사적이고 문헌학적인 분석은, 그 정교함의 이면으로 다소 관념적인 느낌을 줄 수도 있다. 특히 인간의 종말에 대한 푸코의 언명은, 그것이 비록 인간학적 배치에 관한 담론사적 연구의 결과라 할지라도 많은 공백을 지니고 있다. 인간은 담론적 구성물로서 담론을 통해 현실을 조형하는 존재이지만, 동시에 담론의 외부에서 진행되는 다양한 실천을 통해서도 자신을 규정지어왔기 때문이다(거팅, 1995: 292 - 293). 인간은 무엇보다도 감각하는 존재로서 삶을 이어왔으며, 생체적 존재자의 그러한 감각적 특성을 고찰함으로써 우리는 푸코와는 다른 방식으로, 하지만 더욱 첨예한 방식으로 휴머니즘의 쟁점들을 만날 수 있을지 모른다. 가령 인간복제에 관해 항상 제기되었으나 여전히 명백한 답변을 내놓지 못하는 다음의 질문을 떠올려보라. 만일 기술공학적으로 인간을 복제할 수 있다면, 우리는 과연 그것을 실행해도 좋을까?

윤리적 차원을 살짝 우회하면서, 이 질문에 함축된 인간의 신체성과 휴머니즘의 문제에 대해 더 논의해보자. 인간의 '인간적' 특성은 다른 무엇보다도 신체적 특성을 통해 발견되어왔다. 두 눈과 코, 입으로 이루어진 머리, 그리고 사지와 몸통의 해부학적 동일성은 인간을 인간이라고 규정짓게 만드는 가장 기본적인 근거다. 이러한 신체적 특성을 토대로 인간을 정의하는 것이 너무 쉬워서 오히려 불만족스러울 수 있기에, 일단의 사상가들은 신체성을 부정하거나 그에 덧붙여 다른 요소들을 인간의 기준으로 내세우려 하기도 했다.[10] 하지만 데카르트적 코기토가 물리치려 안달할수록 언제나 되돌아오는 문젯거리가 그러했듯, 신체는 인간이 인간임을 자인하고 또 휴머니즘을 정초하려 할 때마다 늘 부딪쳐야 하는 가장 기초적인 토대임을 부인할 수 없다. 긍정적이든 부정적이든, 혹은 다른 어떤 형식으로든 모든 인간학적 이론과 실천은 신체성을 통해서만 발원하기 때문이다.

10 신체적 동일성을 통한 종의 분별 및 그에 근거한 휴머니즘의 성립을 은폐하는 기제가 바로 '휴머니즘의 정신성' 테제다. 다른 존재에 비교할 때 인간은 '의식'에 의해 구별될 수 있으며, 정신적 존재로서 독보적인 지위를 차지한다는 이데올로기! "인간의 지적, 문화적 생활을 향해서 내딛는 첫 걸음은 직접적 환경에 대한 일종의 정신적 조정을 내포하는 행동이며 (…) 물리적인 것들은 그 객관적 속성들로서 기술될 수 있으나, 인간은 오직 그의 의식으로써만 기술되고 정의될 수 있다"(카시러, 1988: 18 - 21).

물론, 신체는 그 자체로서는 아무것도 입증할 수 없다. 본질이 아니라 양태mode가 관건임을 염두에 두자. 문제는 '어떤' 신체가 '어떤' 의미를 갖는지 사유해야 한다는 데 있다. 예를 들어, 서구 식민주의의 역사를 돌이켜 볼 때, 흑인이나 여성, 혹은 피식민자들 일반이 인간 이하로 취급받고 도구로써 착취당했던 것은 그들이 해부학적 신체를 결여하고 있었기 때문은 아니었다. 그들이 '인간'의 기준에서 탈락하고 '비인간'으로 대상화되었던 근본적인 이유는 백인 남성의 지배적 관점에서 벗어난 신체성을 통해 인지되었던 까닭이다. 이런 점에서 서구 근대의 휴머니즘은 특정하게 척도화된 신체성을 공유하는지, 그에 얼마나 동일한지에 따라 인간을 등급화하고 위계화하는 장치였다고 해도 좋을 것이다. 척도의 내부에 속한 존재에 대해서는 '인간'의 지위를 부여하고 정치적 권리와 인격적 존중을 충분히 베풀었으나, 척도 바깥에 있는 존재는 '인간 아닌 것'으로서 동물이나 도구로서 동원시킬 따름이었다. 실로 인간의 '인간다움'이란 의식이나 정신의 가치보다도, 우선적으로 척도에 맞는 신체적 동일성을 갖는지 여부에 따라 판별되는 것이었다.

그와 같은 상황은 인간에 대한 인식과 성찰이 더욱 '진보'했다고 말하는 현대사회에서 얼마나 달라졌을까? 우리는 신분제사회에서 살지 않으며, 노예제 또한 오래전에 공식적으로 폐지되었다. 어떤 관점에서 본다면 인종이나 성별, 장애 등을 차별의 빌미로 삼지 않은 채 단지 해부학적 신체성 하나만을 인간의 기준으로서 삼는, 대단히 '인간화된' 사회에서 살고 있는지 모른다. 적어도 '규범적으로는' 신체적 차이를 이유로 인간과 비인간을 나누는 것이 문명적이지 않다는 인식을 공유하는 시대에 살고 있는 것이다. 보편적 인류애, 보편적 해방이라는 근대 휴머니즘의 기획이 완결되었다고 해도 좋을까?

하지만 휴머니즘을 위한 척도는 여전히 존재하고, 정확히 작동중이다.

복제양 돌리의 사례로 되돌아가보자. 포유류 생명체를 최초로 복제하게 되었을 때, 즉 돌리가 태어났을 때 세계는 드디어 인간이 신의 영역에 진입하게 되었노라고 우려 섞인 환호를 내질렀다. 막연한 상상적 두려움은 있었을지언정 인류의 과학기술이 생명공학적으로 진일보했으며, 그것이 보다 나은 행복의 미래를 열어주리라는 기대를 내려놓게 만들지는 않았던 것이다. 그러나 돌리의 복제가 인간의 복제 가능성을 열어놓게 되자 곧장 불거져나온 게 윤리 문제였다. 왜 인간 복제의 윤리성에 대한 의문과 비판은 동물이 복제된 이후에야 나온 것일까? 어째서 동물 복제에 대해서는 잠자코 있다가 인간의 차례가 오자 논란이 벌어진 것일까? 왜 인간의 복제는 체세포 치환과 같은 신체성이 아니라 윤리라는 심각하기 짝이 없는 논제로 소환되는가? 복제와 관련하여 서구와 제3세계에서 벌어지는 다양한 생체실험 및 인간실험에 대한 보고를 참조할 때, 인간 대접을 받는 인간과 그렇지 못한 인간의 구분이 여전히 현실적으로 나타나고 있는 이유는 무엇일까?

이런 점들을 되짚어보면, 인간을 위한 배치로서 휴머니즘은 지금도 계속되고 있으며 심지어 '훌륭하게' 작동중이라고 말할 수 있지 않을까? 여기서 인간과 비인간을 구별하는 절대적 척도로 등장하는 것은 다시 신체인데, 신체의 모델이 다른 누구도 아닌 인간 자신에게 있다는 사실이 우리 시대의 지배적 척도를 잘 보여준다. 우리가 신체body에 관해 언급하고 성찰할 때, 어떤 행동을 취할 때 우선순위에 올려둔 첫번째 신체의 관념과 모형은 바로 인간 자신의 것이라는 뜻이다. 각종 제약사나 산업체 등의 생체실험에서 쥐나 돼지, 곤충들에 대해 무지막지하고 끔찍한 조작을 가할 수 있는 단 하나의 이유는 그런 실험이 생명을 소중히 여기고자 하는 원대한 이념을 가져서가 아니라, 그 실험대상들이 우리 인간과는 '다르게' 생긴 존재이기 때문이다.

그러므로 자연환경과 동물이라는 여타의 존재자들에 대해 공생과 공존을 주장하는 생태주의적 비전이 아무리 고귀한 것일지라도, 인간이 갖는 고유성의 근거는 다름아닌 신체로부터 비롯되며, 인간이 자신을 닮은 다른 존재자의 등장을 필사적으로 거부하고 방해하는 까닭도 그 때문일지 모른다. 소위 탈근대, 포스트모던의 시대에 접어들며 급격히 실현되고 있는 복제인간의 현실은 비단 복제된 인간의 정체성을 어떻게 규명할 것인가에 대한 문제뿐만 아니라, 복제의 원본인 인간이 스스로를 복제품으로부터 어떻게 구분할 것인가, 즉 '오리지널'의 가치를 어떻게 입증할 것인가에 관련된 심각한 난제를 우리에게 던져줄 것이다. 아마 그런 순간이 정말로 도래한다면 인간 신체의 독특성과 유일성에 바탕을 둔 휴머니즘 역시 심각한 이데올로기적 변전에 직면할지도 모른다.

4-2. 기계, 로봇, 사이보그

인간이 자신을 닮은 복제품을 추구해온 역사도 분명히 있다. 기계, 로봇, 사이보그의 제작사가 이를 생생히 보여준다. 인간을 꼭 닮은 자동인형에 대한 꿈은 먼 신화시대로까지 거슬러올라가지만, 전설과 이야기의 소재로서가 아닌 현실적 차원에서 구현되기 시작한 것은 근대에 이르러 나타난 현상이다. 즉, 물리적 신체를 갖고 사고와 행동에 있어서 인간과 유사한 존재자를 실제로 등장하게 만든 것이다.

기능과 구조에 의해 통합된 신체를 지니고 사람처럼 활동하는 존재에 대한 상상력은 꾸준히 인간을 매혹시켜왔다. 예컨대 데카르트는 동물은 기계이며 인간과 기계는 단지 영혼에 있어서만 구분된다고 주장했고, 급진적 유물론의 선구자인 라메트리는 인간과 기계를 동일한 메커니즘에 따라 정의할 수 있다고 단언했다(매즐리시, 2001: 25). 데카르트의 영혼 혹은 정신의 관념은 19세기 인식론의 배치, 즉 유기체적 생명의 개념으로 이어져 아직도 인간의 고유성을 정의하는 기준으로 널리 원용되고 있으나 그 유효기간이 얼마나 남았는지는 불명확하다.

가령 지금은 고전이 된 오시이 마모루의 애니메이션 〈공각기동대〉(1995)에는 신체의 일부 혹은 거의 전부를 기계화하고, 두뇌를 전자정보 입출력장치로 대체한 미래의 인간들이 등장한다. 물론 그들은 태생적으로 인간으로 설정되어 있지만, 미래사회의 조건에서 생래적인 피와 살의 존재는 거추장스럽거나 오히려 방해물로 여겨지며, 심지어 '원시적'일 정도로 간주되어 사람들은 자의에 의해 자신의 기계화를 선택하게 된다. 그렇다면 과연 신체의 어느 정도까지를 기계화했을 때, 즉 사이보그로 만들었을 때 우리는 그가 인간인지 아닌지를 구분할 수 있을까? 팔이나 다리를 기계로 대체하는 경우는 지금도 많이 있는데, 그 대체의 정도가 몇 퍼센트까지 이루어질 때 우리는 인간과 비인간의 경계를 나눌 수 있을까? 애니메이션에 나오는 것처럼 두뇌를 컴퓨터화한 존재도 인간의 기준에 포함된다고 말할 수 있을까?(워릭, 2004: 483 - 484)[11] 〈공각기동대〉에는 고도의 정보 연산장치를 부착한 기계들이 특정과정에서 '고스트'라는 '인간적' 요소를 자체적으로 생성해낸다는 설정이 나오는데, 이는 그저 허황하기만 한 애니메이션적 상상력에 불과할까?[12] 도대체 휴머니즘의 경계

[11] 기계(컴퓨터)의 우발적 창조력이 인간의 예술적 창조력에 비견된다고 여겨지는 오늘날, 만일 이 글의 필자가 신체의 일부 혹은 대부분을 전자적 연산장치로 대체한 존재라 할 때, 여러분은 이 글을 읽고 어느 정도로 설득될 수 있겠는가? 인간의 손길로 쓰인 책이 아니라 컴퓨터로 계산되고 출력된 데이터에 여러분 '인간'은 얼마나 수긍하고 동의할 수 있는지 따져보는 일은 단지 심심파적에 머무는 행위가 아닐 듯하다. 우리 인간은 인간의 글쓰기(사유)에 대해서만 그 가치의 힘을 인정해왔기 때문이다. 여기에는 '인격'이라는 추상적 정신성, 또는 휴머니즘의 잔상이 짙게 어려 있다.
[12] "사이보그는 강력한 팔다리와 같이 직접적인 신체 조건의 개선으로 이루어진 것이 아니라 정신적 연계방식 체계를 통해 이루어진 것이다. 그들의 두뇌는 무선장치를 이용해 직접 중앙 컴퓨터 네트워크에 연결되어 있다. 그들은 생각만으로 네트워크에 접속되고 지적 능력과 기억을 불러낼 수 있다. 반대로 중앙 네트워크는 정보를 얻거나 임무를 수행시키기 위해 개별 사이보그를 불러들인다. 이렇게 네트워크는 하나의 통합된 체계로 가동된다"(워릭, 2004: 483 - 484).

는 어디까지인가? 우리는 그것을 넘어설 수 있을 것인가?

비단 인간의 형태를 닮은 기계만이 문제가 되지는 않는다. 기술공학의 발전은 형태적으로 인간과 닮지 않았어도 그 활동성에 있어서는 유사한 인공물, 즉 노동하는 기계를 오래전부터 만들어왔다. 매클루언식으로 말하자면, 인류가 발전시켜온 도구의 역사는 기실 인간 신체의 확장과 변형, 거대화의 역사에 다름아니다. 특히 산업혁명 이후의 세계는 그 속도와 규모의 전면적 확대를 이루었던바, 전前 산업사회의 노동활동에서 단순한 도구가 사용되던 것과는 현격하게 다른 차원으로 기계는 인간의 노동력을 대체하고 증폭해주었다. 기계가 인간을 노동의 수고로부터 벗어나게 해준 만큼, 근대적인 인간관의 가장 중요한 요소인 노동으로부터 인간이 꾸준히 분리되어온 것도 사실이다. 그렇다면 오직 인간의 노동만이 가치를 생산한다는 노동가치설은 얼마나 유효하게 남겨질 것인가? 이제 인간이 아니라 기계가 잉여가치를 생산하는 현실이 눈앞에 펼쳐진 게 아닐까? 이를 근대의 연속선상에서 파악하려는 시도야말로 아직 우리의 관념과 의식이 휴머니즘에 결박되어 있음을 증거하는 눈먼 고집과 아집 아닐 것인가?[13]

워쇼스키 자매의 〈매트릭스〉 연작(1999-2003)의 전사前史를 다룬 애니메이션 〈애니매트릭스〉(2003)를 보면, 거대 기계산업이 발달한 미래에는 산업 노동력 역할을 인간이 더이상 맡지 않고 기계로 대치해버린 사회가 실현된다. 인간은 기계-노동자 위에 군림하며 노동 없는 삶을 구가하는데, 흥미로운 점은 이와 같은 미래 인간의 삶이 마치 봉건적인 노예 소유주의 삶과 다르지 않다는 점이다. 우리가 휴머니즘의 전사에서 살

---

13 근대 노동가치설이 인간과 비인간의 이분법에 근거해 있었다면, 기계적 잉여가치 개념의 대두는 그와 같은 이분법을 넘어서 비인간적인 것에서 연유하는 가치생산의 잠재성과 가능성을 이미 시사하는 대목이다(이진경, 2006: 5장).

펴보았던 것처럼 인간 아닌 존재에 대한 극도의 비인간적 대우와 폭력은 이제 기계들에게 행사되고, '휴머니즘에 넘치는' 인간의 삶은 오로지 인간 자신만을 위한 풍요와 향락에 집중되어 있다. 그러나 '고스트'를 지닌, 인간의 신체를 모방한 '더 우월한' 신체적 존재자들인 기계는 자신을 무엇이라 생각하겠는가? 지금까지 인간은 늘 인간 자신이 무엇인지에 관해 고민해왔으나, 인간의 전유물이자 특권처럼 여겨졌던 자기성찰적 질문이 인간 아닌 기계에게 넘어가는 순간에도 인간은 자신의 우월성을 예전처럼 내세울 수 있을까? 신체적 역량은 막론하고 정신적 자긍심마저 더 이상 주장할 수 없는 순간에도?

마지막으로, 기계의 기호적 연산은 인간 언어의 다종다양성을 결코 따라잡을 수 없는 단순 커뮤니케이션에 불과하다고 주장하는 사람들이 있다. 그들에 따르면 기계어는 인간의 언어 중 특정 부분만을 모방한 논리적 연산코드이며, 따라서 자연언어의 풍요로움을 절대 능가할 수 없다는 것이다. 인간 언어는 최소한의 신호전달체계가 아니라 전방위적이고 최대한의 의사소통을 가능하게 해준다는 게 그들 주장의 전제다. 그러나 언어에 대한 역사적 관심과 조명을 되짚어본다면, 오히려 인간이야말로 자연언어의 불투명성 곧 비논리적 잉여성을 제거함으로써 노이즈를 최소화한 소통언어를 만들기 위해 고군분투해오지 않았는가?

자연언어의 불확실성을 대신하여 모든 것을 기호적 표상의 틀 속에 정박시킴으로써 의사소통의 명징성을 확보하고자 했던 라이프니츠의 인공어 기획은 그러한 발상을 잘 예시해준다(김성호, 2014: 65-68).[14] 이 같

---

14 하지만 라이프니츠의 이런 시도는 결국 자연언어로 기획 자체가 전회함으로써 제대로 실현되지 못했다. 다른 한편, 새로운 사회를 설립하기 위한 물질적이고 정치적인 재료로서 인공언어를 기획하고 사용한 사례도 분명 있다. 에스페란토가 바로 그것인데, 1887년 폴란드의 안과의 루도비코 자멘호프가 만든 이 인공어는 근대 자본주의를 넘어서기 위한 물리적 발판으로서 언어에 주목한 결과물이었고, 상대적으로 성공을 거둔 바 있다(린스, 2013).

은 고전주의적 시도는 근대 문헌학에 포섭됨으로써 언어의 역사성이라는 그럴 듯한 테제로 회수되었지만, 실제로 근대 이후의 인간의 삶을 사로잡은 중심 기제는 바로 기계적 시간과 공간에 대한 관념이었고, 이것이야말로 인간과 그의 삶, 사회와 환경을 분절하고 조절하는 거대한('전방위적이고 최대한의') 커뮤니케이션 기계의 성립을 고지하는 사건이었다(최진석, 2007: 167-203, 204-239). 나아가 규정된 코드에 복종하기만 하는 기계론적mechanical 근대성은 이제 혼종과 변형의 무의식적 지도그리기, 기계적machinic 생산의 탈근대성으로 접어들었다. 그렇다면 근대 이후에 도래한 지금-시간이야말로 어쩌면 복잡다단하게 연결되어 무한하게 자기를 생산하는, 타자성에서 자신의 미-래를 발견하는 언어의 시대가 아닐까? "공통언어를 향한 꿈이 아니라 불신앙을 통한 강력한 이종언어heteroglossia를 향한 꿈"(해러웨이, 2019: 86)이 작동하는 보편 너머의 보편성. 우리의 무의식을, 디지털 가상세계를 완전히 장악한 〈매트릭스〉와 〈공각기동대〉의 웹-네트워크는 결코 머나먼 미래가 아니며, 지금-이미 실현되어 있는 미-래의 현재성을 증거하고 있다.

4-3. 비인간의 미-래

푸코가 근대적 인간주의의 삼위일체로 지목한 생명, 노동, 언어는 더이상 인간학적 특질로 운위되지 못하며, 그에 기반한 인간에 대한 이해와 휴머니즘의 이데올로기 역시 더이상 예전의 권위를 주장할 수 없게 되었다. 정말 모래사장 위에 그려진 얼굴마냥 인간은 곧 흔적도 없이 지워질 운명에 처했는지 모를 일이다. 물론 이는 비관할 만한 일은 아니다. 인간의 소멸에 대해 슬퍼하는 것은 온전히 인간의 일이고, 그런 만큼 '휴머니즘적' 반응일 테니까.

인간이, 휴머니즘이, 생명이, 노동이, 언어가, 그것들이 짜인 인식의 망이 찢어지고 끊어졌다 할지라도 삶은 계속된다. 우리가 경계해야 할 것은, 이런 진술을 실존주의적 희망의 원리로 쉽게 대치해버리는 일이다. 에피스테메란 구성요소들의 일관된 짜임새와 협동적 작용을 통해 효과를 산출하는 특정한 배치를 말할 뿐, 설령 그 에피스테메가 붕괴된다 해도 그것을 이루던 구성요소들은 다른 배치를 구성하여 다른 식으로 계속 작동할 수 있다. 생명, 노동, 언어 역시 인간의 역사를 통해 인간 자신에 대한 학문, 즉 인간학을 구성하는 방식으로 작동하던 요소들일 뿐이다. 그러한 개념적 성분들이 휴머니즘이라는 특정한 에피스테메를 구축하여 구조적 협동체를 이룬 것도 불과 몇 세기에 지나지 않는 최근의 현상이었을 따름이다. 따라서 근대의 에피스테메가 소진되고 이전과는 상이한 배치의 전환을 통해 또다른 에피스테메가 등장하게 될 때, 우리가 과거와는 다른 식의 질문을 우리 자신에게 던져야 하는 것은 당연한 노릇이다. 지금 우리가 묻고 답하기 위해 고민해야 할 질문은 인간의 유지와 보존에 대한 게 아니라 "이제 인간은 어떤 것이 되어야 하는가?"에 대한 것일 터. 배치의 틀에 구속되고 강제되어 주어진 회로를 반복하기만 하는 존재, 그것은 이미 근대적 인간의 이상理想이 아니며 그 도래를 묵묵히 기다리기만 해야 할 미래의 인간도 아니다. 특정한 배치가 만들어낸 순환회로로부터 탈주하고 다른 배치의 실마리를 모색하며 더듬어나가는 존재에 관해 우리는 물을 수 있어야 한다.

'―되기-devenir'의 문제가 제기되는 것은 이 지점이다. 종래의 휴머니즘이 인간이라는 고정불변의 척도를 설정하고, 이를 통해 다른 모든 존재자들을 자신에게 귀속시키고자 했다면, 인간의 얼굴이 지워져가고 있는 오늘날 인간의 과제는 다른 존재, 비인간적인 것을 향한 변형의 시도다. 그것은 인간의 존엄성이나 가치, 의미 따위를 보존하고 수호하려는 의지와는 무관하다. 차라리 기존의 모든 인간중심적 요소들을 완전히 포기하고 이전으로 되돌아가지 않으려는 생성devenir에 대한 노력을 가리킨다. 정체성과 동일성의 경계에 갇히지 않은 채, 잠재적으로 놓여 있는 모든 변형의 장을 통과해가는 것. 어떤 조건과도 만나고 결합하여 새로운 배치의 장에 들어설 수 있는 것. 들뢰즈와 가타리가 지적하듯, '–되기'의 고유한 문제는 '모든–것–되기devenir-tour-le-monde'에 있을 수밖에 없다(Deleuze & Guattari, 2002; Guattari, 1995). 가장 비인간적인 인간주의이자, 휴머니즘 없는 휴머니즘이 그것 아닐까?

인간화된 기계, 혹은 기계화된 인간이 놓인 문제는 정확히 이 지점에 걸쳐져 있다. 인간의 의식, 신체에 대한 고정된 이미지와 관점 및 가치를 버리지 않는 이상 우리는 아무것도 될 수 없음을 여실히 보여주는 장소가 바로 이곳이기 때문이다. 박제화된 신으로 남기보다는 차라리 변화하는 사이보그가 되라! 도나 해러웨이의 급진적 강령은 바로 그 '–되기'의 실천을 정면으로 다루고 있다. 우리 모두가 '되어야' 할.

우리는 모두 키메라chimera로, 이론과 공정을 통해 합성된 기계와 유기체의 잡종, 곧 사이보그다. 사이보그는 우리의 존재론이며, 정치는 여기서 시작된다. (…) 우리의 신체들, 즉 우리 자신인 신체들은 권력과 정체성의 지도다. 사이보그도 예외는 아니다. 사이보그 신체는 순수하지 않다. 에덴에서 태어나지 않았기 때문이다. 사이보그 신체는 통합적 정체성을 추구하지 않기에 종말 없는 (또는 세계가 끝날 때까지) 적대적 이원론들을 발생시키지 않으며, 아이러니를 당연하게 받아들인다. (…) 기계는 생명을 불어넣거나 숭배하거나 지배할 그것it이 아니다. 기계는 우리이고, 우리의 작동방식, 체현의 한 양상이다(해러웨이, 2019: 19, 83).

20세기의 끝무렵에 발표된 해러웨이의 「사이보그 선언」이야말로, 역설적으로 인간의 미래에 관한 가장 희망찬 선언으로서 읽힐 수 있는 이유가 여기에 있다. 인간은 애초부터 사이보그였고, 현재도 사이보그로서 가동중이며, 앞으로도 사이보그로서 전화轉化를 계속할 것이다. 이는 확실히 불온한 상상력의 산물이자, 자주 끔찍스럽게 여겨질 법한 표명이다(실제로 인간의 관점과 입장에서 볼 때 '참혹한' 결과를 낳을 수도 있다). 오래도록 다윈 진화론의 종점은 인간을 위한 자리라고 간주되었으나, 만일 인간조차 진화의 무한한 행렬에 참여하는 한 요소에 불과하다면 종의 사멸과 종적 변형의 돌발을 피해갈 수 없을 터이다. 그러나 역설적으로, 오직 그 같은 이종적 변이의 과정에 덧붙여짐으로써만, '다른 존재'가 됨으로써만 인간은 진화의 본래적 정의에 부합하는 존재일 수 있을 것이다. 당연하게도, 이는 더이상 '인간의 진화'라고 부를 수 없는 과정일 테고, '비인간'이나 '포스트휴먼' 또는 그 어떤 세련된 이름으로 부른다 할지라도 더이상 인간학적 투사를 통해 조망할 수는 없는 낯선 존재의 지평에 해당될 것이다.

이런 전망을 비관하거나 부정할 것인지, 반대로 낙관하고 긍정할 것인지는 전적으로 우리가 근대의 인간주의, 휴머니즘을 과감히 내려놓을 수 있을 지의 여부에 달려 있다. 우리 자신에게는 미안한 노릇이지만, 여기서 진실은 우리가 근대적 인간학에 잔류하고자 하든 혹은 넘어서길 열망하든 이미 근대성의 배치는 그 시효를 다했으며, 벌써 다른 배치로 맹렬히 이행중에 있다는 사실이다. 근대가 인간주의적 배치의 시대였다면, 탈근대는 배치의 비인간주의가 작동하는 시간이라 불러도 좋을 듯하다. 물론, 이 비인간주의적 배치는 우리를 배려하거나 기다려주지 않는다. 어쩌면 이 냉혹하도록 냉정한 그 '운명'에 관한 깨달음이야말로 우리로 하여금 인간에 대한 물음과 답변을 더이상 반복하지 않고, 고통스럽더라도 인간 너머를 직시하도록 강제하는 힘이 되리라.

8. 기계는 자신을 무엇이라 생각하는가
인간과 기계의 사회적 존재론

1. 호모 파베르와 휴머니즘의 신화

선사시대의 어느 구릉 위, 인류의 거주지에는 먹다 남은 동물의 뼈와 가죽이 어지럽게 흩어져 있다. 말 그대로 '자연' 그 자체와 다르지 않은 태고 인류의 삶은 아직 유인원과 구분되지 않아 보인다. 그중 하나가 뼈다귀를 집어들어 땅바닥에 흩어진 뼈들을 가격해본다. 둔탁하게 부서지는 뼛조각들을 바라보던 그는 문득 흥에 겨워 뼈타작을 시작하고, 자신이 움켜쥔 뼈다귀가 유용한 도구가 될 것을 직감한다. 과연 사냥과 전쟁에서 그것은 커다란 위력을 발휘하고, 기쁨에 들떠 던져올린 뼛조각이 공중에서 느리게 회전한다. 그 순간 원시의 하늘은 어느새 검은 우주로 바뀌고, 돌연 관객의 시야에 들어오는 물체는 첨단의 우주정거장이다. 수천만 년을 건너뛴 경이로운 장면의 전환. 스탠리 큐브릭의 영화 〈2001 스페이스 오딧세이〉(1968)는 이 한 장면으로 영화사에 길이 남을 불후의 명성을 얻었다. 자연에서 인공으로, 단순한 도구에서 복잡한 기계로, 약육강식의 카오스로부터 조화롭고 장엄한 우주탐사로 이어지는 인류의 진화사가 이 광경 속에 압축되어 드러난다. 그것은 태고의 어느 시점에서 우연히 손에 쥔 뼈 한 조각으로 인해 인간의 역사가 태동하기 시작했다는 '거대한 이야기', 호모 파베르의 신화에 다름아닙니다.

인간이 다른 동물과 구별되는 특징으로 도구를 거론하는 데 반대할 사람은 별로 없을 듯하다. 인류의 역사는 도구발달의 역사와 중첩된다는 게 일반의 상식이다. 그렇다면 도구란 무엇인가? 매클루언에 따르면, 도구는 신체가 기능적으로 확장된 산물이다(매클루언, 2002: 2부). 인체의 각 부분이 갖는 기능을 확대하고 변형시켜서 사용에 적합하도록 고안한 사물이 도구의 기원이라는 것이다. 망치와 칼은 손을 그 용도에 맞게 바꾼 것이며, 바퀴는 공간을 더 빨리 이동하도록 발의 형태를 변경한 결과다. 동일한 의미에서 안경은 감퇴한 시력을 보완해주고, 망원경은 멀리 있는 물체를 잘 보도록 눈을 강화시킨다. 이렇듯 일상생활에서 널리 사용되는 도구들은 대부분 신체의 특정 부분을 모방하거나 변용시킴으로써 인간을 보조한다.

복잡한 도구들도 근본원리에 있어서는 큰 차이가 없다. 기중기는 근육과 뼈의 결합을 모사해 인력으로는 감당할 수 없는 물체를 들어올리며, 기차와 비행기는 인간의 자연적 운동성을 극대화시켜 벌거벗은 신체로는 도달할 수 없는 능력의 극한을 이끌어낸다. 신체의 확장이라는 도구의 특징은 비단 외형적 측면에만 국한되지 않는다. 인간의 내적 능력, 즉 정신적 운동성도 도구와 기술의 역사에서 중요한 모체로 원용되어왔다. 중세 말엽 발명된 수판과 수동식 계산기, 복잡한 수학적 공식과 데카르트적 사고의 규칙, 그리고 현대의 컴퓨터 하드웨어와 소프트웨어 등은 모두 두뇌의 기능을 본떠서 만들어진 정신적 기계들이다. 요컨대 '과학'이나 '기술' '기계' 등 어떤 명칭을 붙이더라도, 도구는 인간을 위해 만들어졌고 인간에게 종속되는 2차적 대상이라는 통념이 도구에 전제되어 있다. 그런 한에서 도구는 인간 자신의 욕망과 이미지를 투영하고 있다고 말해도 좋으리라.

물론, 고릴라나 침팬지도 나뭇가지나 돌멩이와 같은 간단한 사물을 이용한다는 것을 우리는 잘 안다. 하지만 인간은 도구를 변형시켜 사용할 수 있기에 더욱 발달된 존재이며, 심지어 계획적이고 체계적으로 도구를 관리한다는 점에서 동물보다 한층 더 우월하다고 자부한다. 그런 점에서 호모 파베르Homo faber는 '도구를 사용하는 인간'보다 '제작하는 인간'으로 번역해야 더욱 정확하다는 주장도 있다. 아무튼 초점은 '호모(인간)'에 있다. 인간의 창조적 역량이나 제작하는 능력이 다른 존재나 도구의 탁월성보다도 우선적이라는 뜻이다. 마르크스가 남긴 다음 구절을 읽어보라.

거미는 직포공들이 하는 일과 비슷한 일을 하며, 꿀벌의 집은 많은 인간 건축가들을 부끄럽게 한다. 그러나 가장 서투른 건축가라도 가장 훌륭한 꿀벌보다 뛰어난 점은, 그는 집을 짓기 전에 미리 자기의 머릿속에서 그것을 짓고 있다는 것이다. 노동과정의 끝에 가서는 그 시초에 이미 노동자의 머릿속에 존재하고 있던 결과가 나오는 것이다(마르크스, 1996: 226).

도구는 정의상 인간 자신과는 분리되고 구별되는 외재적 사물로 여겨져왔다. 근대 휴머니즘은 이러한 '벌거벗은 인간'의 이미지에서 유래한다.[1] 진화와 발전, 창조를 위해서는 인간 자신의 정신과 신체 이외에는 아

---

1 16세기 이탈리아에서 발흥했다고 알려진 것과 달리, 휴머니즘은 19세기 유럽의 발명품이다. 푸코의 말대로 그것은 (무)의식적 지식, 곧 에피스테메의 효과로서 나타났으며, 서구중심주의와 겹쳐진 지식의 상(像)이다(푸코, 2012: 526).

무엇도 필요하지 않다는 유아독존의 신화가 여기에 있다.[2] 이를 그대로 받아들인다면, 큐브릭의 영화에서처럼 선사 인류 중 하나가 우연히 뼈다귀를 집어들어 땅바닥에 내려치지 않았더라도, 곧 도구를 발견하지 못했더라도 인간의 잠재성은 어떻게든 발현되었을 것이며, 마침내 우주정거장을 발명해냈으리란 가정이 성립한다. 호모 파베르에게 도구는 단지 도구일 뿐이며, 뼈다귀에서 우주선에 이르기까지 도구는 인간의 필요에 따라 탈착되는 외부적 대상에 불과하다는 논리다. 과연 그럴까?

2. 인간과 기계의 상호 공속성

1972-1973년에 발사된 파이오니아 10호와 11호에는 외계인에게 보내는 도상 메시지가 실려 있다. 우주 다큐멘터리에서 한번쯤은 보았을 이 동판에는 성인 남성과 여성의 벌거벗은 모습이 새겨져 있는데, 지구인을 한 번도 만나보지 못한 외계인에게 우리가 어떻게 생겼는지 알려주기 위한 시각적 표상이라는 것이다. 인간의 모습을 보여주려는 의도로 제작했겠지만, 한편으로는 우스꽝스럽기 짝이 없다는 기분도 금할 수 없다. 정말로 저 벌거벗은 존재가 우주를 가로질러 외계인을 만나러 떠난 우주선을 만들었단 말인가? 현재의 지구인을 보여주기에 저 그림에는 너무 많은 것들이 생략된 게 아닐까? 만일 우리를 만나러 외계인이 찾아온다면, 그가 수영장이나 누드비치를 찾는 게 아닐 바에야 저 벌거벗은 인간을 만날 수 있을 성싶진 않다. 인간을 규정짓는 것은 보다 외형적인 도구들

---

2 15세기 후반의 '인문주의자' 피코 델라 미란돌라는 인간의 우월한 지위는 그가 아무런 외적인 조건에 얽매이지 않은 채 자신의 본성을 스스로 결정할 수 있다는 점에서 비롯된다고 말한다(미란돌라, 1996: 134-135). 아이러니하게도, 근대 휴머니즘의 근거는 그것이 사실상 '무근거'하다는 데 있다.

임에 분명하다. 안경이나 옷가지, 신발, 시계, 손전화, 또는 인터넷…… 도시와 문명이 함축하는 온갖 사물들의 세계야말로 인간을 인간으로서 정의해 주는 지표들이지 않을 수 없다.

생태인류학자 그레고리 베이트슨은 다음과 같은 질문을 던졌다(베이트슨, 2009: 399-400). 맹인이 짚은 지팡이는 그의 신체의 일부인가 아닌가? 과학자가 사용하는 현미경은 또 어떤가? 언뜻 황당해 보이는 이 물음은 도구에 대한 우리의 상식에 근본적인 이견을 제시한다. 앞 못 보는 사람에게 지팡이는 그가 임의로 선택하는 도구라기보다 일상을 영위하기 위해서는 없어서는 안 될 수단이다. 지팡이를 사용해 그는 자신에게 결여된 시각을 보완하며 세계를 촉각적으로 인지하는 까닭이다. 따라서 맹인의 지팡이는 단순한 보충물이 아니라 그의 삶을 유지하기 위해서는 누락시킬 수 없는 신체의 일부가 된다. 이와 마찬가지로 과학자에게 실험 기구는 자신의 정체성을 설정하기 위해 없어서는 안 될 구성요소이다. 관찰과 증명, 실험이 주된 임무인 과학자의 활동에서 그의 '과학성'이 입증받기 위해서는 단지 그의 신체만이 아니라 현미경이라는 신체 외적 도구가 필요하다. 가령 그가 아직 알려지지 않은 세균을 발견하여 질병의 원인을 밝히고, 항생제를 개발해 노벨상을 탔다고 치자. 그가 아무리 명석한 두뇌를 가졌어도, 자신의 도구 없이 그런 성과를 얻을 수 있을까? "도구는 단지 도구에 불과하다"는 생각은 지극히 소박한 편견에 지나지 않는다. 오히려 도구는 인간이 활동하기 위한 조건을 형성하며, 나아가 활동 자체에 참여함으로써 언제나 함께 기능해왔다. 도구가 없다면, 인간은 더이상 자신의 문화적 정체성을 유지할 수 없을 것이다. 세계와 인간의 상호작용에는 항상 도구라는 투명한 미디어media가 개입해 있다. 벌거벗은 인간의 창조성에 대한 믿음은 순박한 오해이거나 불가능한 소망에 가깝다.

무엇보다도 도구에 대한 통념이 바뀌어야 한다. 대개 도구는 인간 외부의 사물로 인식된다. 우리는 언제든 옷을 벗을 수 있고, 전화기를 내려놓을 수 있으며, 인터넷을 종료할 수 있다고 믿는다. 눈, 코, 귀, 입, 손과 발 등의 자연적 신체와 달리, 도구는 자의적으로 분리 가능한 대상이라는 듯이. 하지만 매클루언이 시사했듯, 도구의 역사와 의미는 훨씬 내밀한 추상적 잠재성을 통해 규정되어왔다. 가령 문자가 기억의 보조물임은 누구나 안다. 책도 그럴 것이다. 그렇다면 도로는 어떨까? 기억과 도로가 무슨 상관이냐는 반문이 당장 나올 법하다. 하지만 인간의 메시지는 문자로 쓰여지고 책으로 만들어지며, 도로를 달려 먼 거리를 이동함으로써 활용의 정도와 범위가 달라진다(매클루언, 2002: 147-148). 예컨대 집으로 가는 길을 지번이나 주소명으로 파악하기는 어려워도 습관적으로 몸에 익힌 경로라면 눈감고도 갈 수 있음을 우리는 잘 안다. 오감을 통해 익숙해진 풍경과 그 기억은 두뇌가 아니라 몸에 새겨진 길의 감각, 곧 잠재화된 지식인 것이다. 이렇듯 도구는 물질적 외형만이 아니라 그것들이 인간의 신체적 감각과 공-동적共-動的으로 구축하는 내재적 연관관계에 따라 상이한 의미를 갖는다.

다른 사례를 하나 더 들어보자. 표정은 자연적 대상인가 문화의 산물인가? 얼굴은 단단한 두개골 위에 부드러운 피막으로 감싸인 자연적 대상이다. 하지만 그 표면에서 이루어지는 표정의 변화는 그저 자연의 소산에 그치지 않는다. 얼굴은 생래적이나 표정은 문화적이다. 두개골 위에 얹힌 피부의 근육운동처럼 보이지만, 표정이 방사하는 감정의 기호들은 안면顔面이라는 신체성을 넘어선 사회적 상호작용의 매체인 까닭이다(들뢰즈·가타리, 2000: 7장). 표정을 통해 우리는 의사소통하고 명령하며 투쟁할 뿐만 아니라 사랑하고 협력한다. 당연하게도, 이와 같은 표정의 기능은 얼굴로부터 '도구처럼' 떼어내질 수 없다. 다시 묻거니와, 표정은 도구인가, 아닌가? 도구를 신체의 외형적 특징에 가둔다면, 우리를 둘러싼 문화적 세계를 이해할 수 없는 질곡에 빠지고 말 것이다. 들뢰즈와 가타리식으로 말해, 이렇게 내재적 연관 속에서 작동하는 도구는 일종의 추상 기계라 할 수 있다(Zepke, 2005: 221-222). 어떤 사물은 도구로 만들어졌지만 도구 이상의 의미론적 작동에 더 큰 역할을 맡기도 한다.

신체에 대한 도구의 내재적 관계를 적절히 지적한 사람 중에는 마르크스의 사상적 동료였던 엥겔스도 포함된다. 근대인으로서 엥겔스는 자신의 친구와 마찬가지로 노동의 본원성에 대한 굳은 신념을 갖고 있었다. 노동은 삶의 기본 조건으로서, 본질적으로 "노동이 인간 자체를 창조해 왔다"고 할 만하다(엥겔스, 2003: 379). 근대 휴머니즘을 정초하는 예의 '노동의 신화'가 그것이다. 알다시피 노동을 하기 위해 도구가 필요해졌고, 그 과정이 반복되며 도구가 발달했다는 게 일반적인 통설이다. 그런데 우리가 주의를 기울일 지점은 인류사의 첫 대목을 기술하며 엥겔스가 도출한 도구와 인간의 전도된 관계에 대한 통찰이다. 진실은 노동의 필요에 따라 도구가 만들어졌다는 게 아니라, 도구가 나타남으로써 비로소 노동이 가능해졌다는 데 있다.

몸의 균형을 잡거나 이동을 위해 땅을 짚어야 했던 '앞발'이 우연한 계기로 땅에서 분리되어 나뭇가지나 돌멩이를 쥐게 되었을 때, 발의 용도로부터 탈영토화되었을 때 손은 발이기를 중단하고 다른 것으로서 '창조'되었다. 발이 손으로 이행한 것은 단계적인 발달이 아니라 모종의 도약을 함축하는 사건이고, 그때야 비로소 인간의 고유한 활동으로서 노동이 전면화되었다는 뜻이다. 물론, 초기 인류와 유인원 사이에 심대한 질적인 변별을 짓기는 어려울지 모른다. 그러나 시간이 흐르면서 되돌릴 수 없는 변화가 발생한 것도 사실이다. "최하등 야만인의 손일지라도, 그것은 어떤 원숭이의 손도 따라 할 수 없는 수백 가지의 작업들을 할 수 있다.

어떤 원숭이의 손도 조잡한 돌칼조차 만들어내지 못했다"(엥겔스, 2003: 380). 손은 외견상 자연적 신체이지만, 그러나 자연적 용도로부터 분리된 사건이다. 큐브릭이 자기의 영화 속에서 역사의 시발점에 외계인의 검은 표석을 들여놓아야 했던 것은 이런 곤혹 내지 불가지의 시원적 사건을 표현하기 위해서였을지 모른다. 아무튼 손은 '내재하는 외부'로서 이전까지와는 '다른' 역사의 행로를 열어젖혔다.

손과 도구를 향한 찬사로부터 한 걸음 물러서자. 지금 우리의 관심사는 도구와 인간의 내재적 연관이다. 도구를 삶의 편의를 위해 인간이 고안한 대상으로 보면 인간과 도구 사이에는 건널 수 없는 불연속만 남지만, 인간이 세계와 만나고 활동하는 데 필연적인 미디어로 본다면, 심지어 인간이 인간으로서 정체성을 수립하는 데 불가결한 계기로 여긴다면 그로부터 우리는 거대한 연속성을 발견하게 된다. 넓은 의미에서 기계 machine는 인간과 도구의 그와 같은 내재적 연속성을 가리키는 개념이다 (Deleuze & Guattari, 1983: 36 - 41). 태엽과 시계판, 시침 및 분침이 하나가 되어 시계가 구성되고, 맹인과 지팡이가 연결되어 그의 동작하는 신체를 이루듯, 다양한 부분들이 연결되어 일정한 조직체를 형성한 것이 기계이다. 인간과 사물, 유기체와 무기물의 구별은 중요하지 않다. 결합과 해체를 통해 또다른 연결관계를 구성할 수 있는 모든 것이 기계다. 관건은 이질적인 부분들이 모이고 섞여들어 상이한 기계를 이룰 수 있는지, 그렇게 작동하도록 결합할 수 있는지에 달려 있다. 이 대목에서 우리는 인간을 포함한 도구 일반을 모두 '기계'라고 부를 만한 가능성에 도달한다. 역사 전체, 즉 과학기술의 진보나 문화 및 문명의 발전은 이와 같은 기계적 구성, 인간과 기계의 상호공속성의 과정을 통해 다시 서술할 수 있을 것이다. 휴머니즘, 또는 인간주의를 넘어서는 이러한 발상을 들뢰즈와 가타리는 기계주의machinism라 불렀다.

3. 기계론과 기계주의의 역사

철학적인 문맥에서 기계주의의 역사와 의미에 대해 상론하기 전에, 일상생활에서 마주치는 기술적인 기계의 역사, 즉 기계론mechanism에 대해 따져보지 않을 수 없다. 통념을 넘어서는 논의를 진행하기 위해서는, 우선 통념 자체에 대해 개략적으로나마 살펴보아야 할 것이다.

기계의 역사를 다루는 연구는 대개 르네상스 이후, 특히 근대적인 과학과 기술의 발달을 중시한다. 고대인들은 과학이나 기술적인 측면에서 저발전 단계에 있었기에 철학적 사변으로 그것을 대신할 수밖에 없었고, '암흑시대'라는 별명이 시사하듯 중세인들은 세계와 자연에 대한 무지몽매한 인식에 머물렀으므로 어떠한 진전도 이룰 수 없었다는 것이다. 아시아나 아프리카 등의 비서구지역은 오랫동안 고대와 중세적 단계에 정체되어 있었고, 오직 서구 유럽만이 16세기 이래 '합리적 사고'와 '경험적 방법'을 통해 오늘날의 과학기술적 진보를 이루어냈다는 주장이 여기서 나온다. 근대성Modernity은 이러한 서구중심적인 진보사관을 지시하는 일반명사인바, 세계사가 단순무지했던 고대에서 중세를 거쳐 근대에 이르러 고차원적인 완성단계에 진입했다는 주장이 이에 담겨 있다.[3]

합리적 기계론은 근대성 이론의 중핵이다. 합리성은 원인과 결과의 연관이 명확히 인지되면서 그것을 반복적으로 재현할 수 있다는 이론적 가능성이고, 기계론은 이러한 합리성을 인간 외적인 대상 속에서 구현시킬 수 있는 실천적 가능성이다. 톱니바퀴 두 개가 서로 맞물려 돌아가는 원리를 이해하고 그것을 실제로 만들어서 실행시킬 때 합리적 기계론은 완

---

3 프랑스 계몽주의나 헤겔로 대표되는 독일 관념론 등을 조밀하게 거론할 만하지만, 지면상 건너뛰도록 하자. 일종의 '신학'으로까지 비약한 19세기의 과학주의, 곧 실증주의의 역사적 전개를 상기해보는 것으로도 일단은 충분하다(콩트, 2001: 1부).

성된다. 쉽게 말해, 자연을 완전히 분해해서 다시 결합하는 능력이 그렇다(베이컨, 2001: 177). 17세기는 이러한 기계론적 합리성이 사회문화적으로 전면화된 시기였다. 이 시대는 수학의 발달에 힘입어 시간과 사물의 계측 가능성이 증대했고, 기술의 발달로 인해 대상을 가공하고 조형할 수 있는 능력도 신장되었다. 기술적 기계들이 대거 등장한 것도 이즈음의 일이다.

시계는 합리적 기계론의 대표적인 산물이었다. 태엽에 사용할 강판을 두께가 고르게 일정한 강도로 제련한 뒤 둥글게 말아 규칙적으로 풀려나가게 만드는 것이 태엽시계의 핵심 원리였다. 17세기 이전에는 철판을 얇게 펴기도 쉽지 않았고, 일정한 강도를 유지하면서 겹겹이 말기도 어려웠지만, 그 이후로는 기술적 공정의 발전으로 그 같은 태엽의 원리를 현실화할 수 있었던 것이다. 물시계나 해시계처럼 자연적 현상에 의거하여 시간을 측정하는 장치들은 중세 때부터 만들어졌지만, 자연의 힘을 빌리지 않고 '스스로' 움직이며 시간의 운동을 보여주는 시계의 발명은 근대 초의 사람들을 놀라게 하기에 충분했다(Landes, 1983: 114-131). 이제 사람들은 시침과 분침의 규칙적 운동을 관찰함으로써 막연하게 체감하기만 하던 시간의 흐름을 구체적으로 눈앞에서 볼 수 있게 된 것이다. 자체 내적 동력으로 작동하는 자동기계로서의 시계는 기술적 측면뿐만 아니라 인식적 측면에서도 새로운 단계를 열었다고 평가된다. 인간의 손으로 제작된 기술적 산물인 시계는 온전히 '신의 것'으로만 여겨지던 중세적 시간관을 허물고 인간의 필요와 요구에 맞춰 시간을 사용할 가능성을 열어주었다(최진석, 2007: 179-183). 이 점에 착안해 근대성이론은 17세기 이후의 역사 속에서 기계의 발전을 자리매김하고자 했다.

일상을 둘러싼 이런 근대적 감각이 틀리지는 않았어도, 일면적인 틀에 갇혀 있음은 부인할 수 없다. 시계 기술의 사례가 보여주듯 기계는 인간에 의해 제작되었고, 그럼으로써 인간과는 분리된 도구로서의 대상적 존재성만을 갖는다. 베이트슨의 통찰과는 반대로, 근대적 인식에 따르면 맹인과 지팡이의 관계에서 후자만이 기계에 해당되는 셈이었다. 매뉴팩처 시대에 소량으로 생산되던 고가의 소비재부터 대공업시대의 값싼 대량 생산품에 이르기까지 우리가 일반적으로 '기계'라 인식하는 대상들이 거의 다 이 범주에 속하는바, 인간-주체와 기계-객체(대상)의 이분법적 인식을 여기서 만나볼 수 있다. 근대과학과 기술의 성취, 점점 편리해지고 첨단화되는 기계공학의 발전은 이러한 세계관의 바탕 위에서 등장했을 것이다. 확실히 이러한 인식은 중세적 신 관념을 대신해 인간을 '창조자'의 지위로 끌어올려주었고, 창조된 대상인 기계를 통제하고 지배할 수 있다는 근대적 신념을 표현하고 있다(Beljaev, 2007: 160-165). 그렇다면 기계주의적 관점에서 시계의 역사를 다시 풀어보면 어떻게 될까?

문명사가 멈퍼드는 사회와 제도의 관점에서 인간과 기계가 상호 내재적으로 작동하는 관계론적 특징을 밝히고자 했다. 그에 따르면 시계의 발명은 17세기가 아니라 그보다 훨씬 이전까지 소급되는데, 실제로도 기계적 원리로 구동되는 시계는 13세기에 이미 등장했다는 기록을 찾아볼 수 있다(크로스비, 2005: 107).[4] 기계론적 합리성이 표면화된 17세기보다 훨씬 이전, 적어도 13세기에는 여러 가지 기술적 장치들이 내장된 시계가 초보적인 형태로나마 구현되었다는 것이다. 다만 당대 제작기술의 한계로 인해 정교한 장치술과 금속재료를 통해 구현되지 못했기에 많은 기술사가들은 그것을 시계의 발명으로 셈하려 들지 않았을 뿐이다. 어쩌면

---

4 멈퍼드는 시간의 개념에 대한 추론을 통해 시계의 관념이 10세기경에 이미 출현했다고 단언한다(멈퍼드, 2013a: 37). 시계의 기원에 대한 논쟁은 그것이 근대 수학에 기반한 기술적 원리에 근거하는가(17세기), 혹은 시간을 인간의 역사와 결부시켜 사유한 문화적 관념에 근거하는가(13세기)로 대별된다고 할 수 있겠다.

중세의 시계는 오늘날의 관점에서 볼 때 시계의 중요한 요건을 결여하고 있었을지도 모른다. 하지만 멈퍼드는 어떤 재료를 사용해 제작했는지, 어떤 '과학적 원리'로 작동했는지의 여부를 따져 사물의 현실성을 판별지을 수 없다고 단언한다. 오히려 핵심은 시계라는 발상 자체에 내재한 문화적 관념이다. 시침과 분침이 있고, 동판 위에 새겨진 숫자들을 왕복하는 따위, 또는 디지털 신호로 현재 시각을 시각화하는 이미지 따위로 시계를 정의할 수 없다. 하루를 일정한 시간 단위로 설정하고, 하루의 시간을 규칙적으로 분할해 일주일과 한 달, 1년을 동일한 방식으로 계산할 수 있는 기계라는 관념 자체가 시계라는 것이다. 곰곰 생각해보면 우리가 시계를 만들어 사용하는 이유는 사실 그것이 아닐까?

17세기, 혹은 그 이전에도 시계는 원리적으로 벌써 발명되었다는 멈퍼드의 주장은 중세의 수도원 제도를 관찰해보면 분명히 확인된다. 서구 중세에서 베네딕트 수도회는 신앙생활의 의무로서 노동의 의무를 유달리 강조했던 교파였다. 이때 노동은 신에게 바쳐진 성스러운 행위로 여겨졌기에 규칙적으로 수행되어야 했으며, 수도원 생활 전체가 정확한 일과표에 따라 진행될 것이 요구되었다. 노동만이 아니라 각종 성무성사 등도 역시 일정한 시간 단위에 따라 이행되어야 했고, 특히 하루 7번 반드시 지켜져야 하는 기도시간의 의무는 불규칙하거나 부정확하면 불신앙의 증표로 간주되어 무거운 징벌을 감수해야 할 정도였다. 수도원은 거의 준군사조직으로서 엄격한 규율에 따라 통제되었는데, 정확한 시간관념의 탄생은 이런 사정과 무관하지 않았다(멈퍼드, 2013b: 481 - 487). 하루와 일주일, 한 달 및 1년은 '신이 정하신 질서'에 따라 엄밀히 분배되어야 했다. 명료하게 분절되고 종합할 수 있는 시간의 관념, 이것이야말로 기술적인 시계의 발명에 앞서 이루어져야 했던 시간의 창안에 다름아니다. 이에 따라 단순하지만 정확성이 향상된 초보적 시계들이 고안되었으며, 오늘날과 유사한 형태의 시간-기계들도 연이어 등장하게 되었다.

핵심은 시계를 인간과 분리된 도구, 즉 있어도 좋고 없어도 좋은 외재적 보조물로 간주하는 게 아니라, 인간의 여러 특징들 가운데 결여될 수 없는 것, 곧 인간의 자기규정의 하나로서 받아들이는 데 있다. 인간은 얼핏 시간의 지배를 받는 듯싶지만, 사실 시간을 창안하고 관리하려는 욕망을 실현시키며 진화해왔다. 멈퍼드는 이렇게 말한다. "수도원은 기계의 규칙적으로 집단적인 박자와 리듬을 인간 경영에 이용했다. 시계는 시간을 관리하는 수단일 뿐만 아니라 인간의 행동을 일치시키는 수단이었다"(멈퍼드, 2013a: 38). 관건은 시계라는 사물이 아니다. 그것이 인간의 삶에, 사회와 역사에 어떻게 개입해 들어왔고, 어떤 변화를 일으켰으며, 그 과정에서 인간은 어떤 생활양식을 조직하고 변형시켜왔는가를 아는 게 핵심적이다. 시계는 시계 자체로서 존재하지 않는다. 그것이 인간과 어떻게 관계 맺고 있는지에 따라 시계의 의미가 달라지고 인간 또한 이전과는 상이한 삶의 구조를 살아가게 된다.

시계, 즉 시간-기계가 갖는 의미를 면밀히 곱씹어봐야 한다. 편이를 목적으로 제조된 도구가 시계라고 여길 때, 시계는 그저 시간을 알려주는 단순한 장치에 머문다. 하지만 시간이라는 개념을 매개로 제작되고 그 시간의 관념을 다시 인간과 삶에 불어넣는 장치로 본다면, 그것은 일상을 특정한 방식으로 구획하고 계획함으로써 현실을 창안하는 일반화된 시간-기계라 할 만하다. 지금 당장 우리 손목에 시계가 없다면 오늘 하루가 불편할지 모른다. 그러나 시간의 관념 자체가 사라지고 만다면 단 하루의 불편만이 아니라, 인생 전체의 기획이 불가능에 빠질 것이다. 시계는 기술적 공정을 통해 제작되는 수동적 대상이 아니라 시간을 창안하는 능동적 기계이며, 그것의 독특한 생산물은 바로 흐름의 연속체로서 '시간' 자체이자 그로써 삶을 구성하는 인간의 '경험'에 다름아니다. 인과적이고 규칙적인 시간 경험이 시계를 통해 생산됨으로써 근대적 일상과 과학이 등장할 수 있었다고 말해도 과장은 아닐 성싶다. 요컨대 시계라는 외재적 대상 이전에 시간-기계로서 그것의 관념이 우리의 두뇌 속에서 먼저 입안될 필요가 있었다(멈퍼드, 2013b: 13).[5]

이로써 우리는 사물로서의 시계가 갖는 외연을 보다 유연하게 바라볼 여지를 얻는다. 외재적 대상성이 아니라 내재적인 개념과 작동이 문제일 때, 시계는 굳이 태엽과 톱니바퀴, 시침과 분침 등으로 이루어진 기술적 부품들, 그 표상에 구속될 이유가 없다. 나아가 '시계'라는 즉물적 대상의 관념 자체로부터도 벗어나야 한다. 중세 수도원에서 일과를 알리기 위해 쳤던 종은 시계가 아닐까? 수도사들에게 밥을 먹거나 기도를 하고, 성경을 필사하거나 농사를 지어야 한다는 관념을 불어넣는 신호로서 종소리는 하나의 시간-기계가 아니었나? 종을 울리기 위해 종줄에 매달린 수도사 역시 그 시간-기계의 일부는 아니었을까? 수도사가 줄에 매달려 타종하는 행위 없이 종소리라는 시간-기계는 작동하지 않는 까닭이다. 수도원과 종탑, 종치기와 종줄, 그리고 종 자체가 이루는 이 계열적 배치가 바로 중세적인 시간-기계의 내재적 연관을 구성하고 있다. 역으로 말해, 이 같은 배치적 연관관계의 효과 전체가 바로 시간-기계를 이룬다. 설령 종 하나만 눈앞에 있다 할지라도, 우리는 거기서 지나간 시간과 현재의 시간, 다가올 시간의 흐름을 연상하며, 그 시간들에 얽힌 일련의 행위와 의미들 또한 떠올리지 않을 수 없을 것이다.

이렇게 시간-기계는 하나의 제도로서 우리 앞에 제시된다. 잘 이해가

---

5 엥겔스가 손의 창조를 강조했던 것에 비견될 수 있는, 혹은 더욱 진전된 주장은 바로 뇌의 창안이다. 사유라는 사건의 발생기가 두뇌이기 때문이다. 들뢰즈 역시 비슷한 의미에서 뇌의 역동적인 창조력을 언급한다. 그에 따르면 두뇌는 현실 논리의 반영이나 재현이 아니라, 비논리적 역설, 생성적 이미지를 산출하는 장치에 해당된다(플랙스먼, 2003: 532-533).

안 간다면 이렇게 생각해도 좋겠다. 만약 시계가 알려주는 시간을 사람들이 공유하지 않는다면 그 시계가 과연 필요할까? 시계는 그것이 규정하는 시간을 공인해주는 제도(계열적 배치)가 될 때 주어진 기능을 수행하게 된다. 달리 말해, 시계는 시간이란 무엇인지에 답하는 사회문화적 환경 속에서만 일상의 규칙이자 모델로서 작동하는 것이다. 시계, 곧 시간-기계가 제도라는 의미는 이렇게 성립한다. 우리는 모든 기계가 사실상 그것이 창안되고 가동되는 환경적 조건을 제도적으로 지탱하는 장치들의 집합체란 점을 추론해낼 수 있다(윅스퀼, 2012: 11).[6] 기계론이 아니라 기계주의가 우리의 논제가 되는 까닭도 그와 같다.

다시 멈퍼드로 돌아오면, 기계를 제작하는 기술이란 물질적 대상뿐만 아니라 사회적 관계를 결합하는 과정으로서 의미를 갖는다. 달리 말해, 인간은 기계를 만들어냄으로써 삶과 사회를 구성한다. 기계는 임의적이고 우연적인 삶에 일정한 질서를 부여하고, 거꾸로 인간의 삶을 공동의 차원으로 결합시킨다. 개인적 도구가 아닌 사회적 제도로서의 기계적 환경. 이 점에서 기계의 기원은 기술 기계의 등장 시기에 국한시킬 수 없다. 많은 기술사가들이 아무리 빨리 잡아도 중세 중기에 멈추고 마는 기계의 역사를 멈퍼드가 기원전 수세기 전으로 끌어올리거나, 어쩌면 큐브릭의 선사시대로까지 우리가 소급시킬 수 있다고 믿는 이유가 그것이다.

---

6 문화적 환경을 형성하는 능력이 인간에게만 고유하다는 하이데거와 달리, 윅스퀼은 동물세계 전반이 의미의 발생을 통해 환경을 구성하는 역량이 있다고 말한다. 이 점에서 인간과 동물의 행동역량은 서로 다르지 않다. 환경이라는 기계적인 연속체를 만들기 때문이다.

4. 근대성의 전도와 기계 - 인간의 도래

피라미드 건축의 비밀은 아직 다 풀리지 않았다. 어쩌면 헤겔의 농담 (?)처럼 이집트인의 비밀은 이집트인들에게도 비밀이었을지 모르지만, 멈퍼드는 자신의 '기계주의'를 통해 이 문제에 개념적인 답안을 제시하고 자 했다. 기중기처럼 그 시대에 제작할 수 있었던 기술적 장치나 방법이 사용되었겠으나, 무엇보다도 핵심적인 것은 다수의 인구를 동원해 그 많은 돌들을 나일강으로부터 실어와 차곡차곡 쌓아올렸다는 것이다. 언뜻 단순소박한 답안이자 불가능해 보이기도 하는 이 생각은 인간을 인간이 아닌 존재로, 즉 기계로 간주할 때 뚜렷한 설득력을 얻는다. 대규모의 인력동원과 철통같은 규율을 통해 작업을 지시할 때 인간보다 더 거대하고 정확한 노동력을 끌어올 방도가 어디 있겠는가? 멈퍼드는 이러한 대규모 조직화와 동원의 체계를 기계라 부른다. 그것은 인간을 재료로 구성된 거대기계mega-machine이자 사회기계이며, 권력기계다(멈퍼드, 2013b: 9장). 고대 노예국가로부터 근대 국민국가에 이르기까지 사회는 제도, 곧 커다란 기계로서 존립해왔다. 그와 같은 기계는 결코 인간에 의해 주도되지 않았으며, 거꾸로 언제나 다른 비인간적 요소들과 맺는 배치와 관계에 따라 상이하게 생성 및 변화를 겪어왔음을 염두에 두자.

예를 들어, 들뢰즈와 가타리는 근대를 '문명 자본주의 기계'라 명명하면서 기계주의 일반의 관점에서 다시 기술한 바 있다. 그들에 따르면 자본주의는 상업의 발달이나 도시의 성장, 부富에 대한 사람들의 의지나 인식이 심화되어서 나타난 현상이 아니다. 분명 역사에는 그와 같은 요소들이 개별적으로 출현했고 발전하고 있었다. 하지만 결정적인 것은 역사의 어느 시점에, 각기 따로 전개되어 가던 요소들이 함께 만나 얽혀들고 급진적인 전화轉化의 순간을 맞이해 전 지구적인 확산을 일으켰다는 점이다. 가령 자본주의를 태동시킨 사건은, 중세 이후 토지로부터 자유롭게 풀려난 노동자의 흐름과 상업의 진전에 따라 자유롭게 축적된 자본의 흐름이 만나면서 일어난 것이었다. 근대 자본주의는 이 두 흐름이 돌발적으로 합쳐져 하나의 배치에 놓이고, 그로써 생산의 거대한 순환이 야기되었을 때 나타난 현상이었다. 요컨대 자본주의는 노동자와 자본의 계열이 (우연스럽게도!) 한데 배치되어 작동하게 된 생산양식-기계였던 셈이다 (Deleuze & Guattari, 1983: 33-34). 어쩌면 기계제 대공업이 일반화된 자본주의 시대에도 고대 피라미드나 중세 수도원에서와 같은 내재적 연관에 따른 기계주의가 적용되는지 의심하는 사람도 있을 법하다. 대공업 시대는 그 이전과는 비교할 수 없을 정도로 엄청난 물량의 상품들을 쏟아냈고 이는 인간과는 차별화된, 명백히 분리되어 있는 기술기계들이 대규모로 동원된 현상이기 때문이다. 하지만 시대를 막론하고 세계를 근저에서부터 관류하는 거대한 생산의 역동은 항상 내재적 연관에 바탕한 기계주의, 기계적 배치의 일반성에 근거하고 있다. 인간-인간의 연결뿐만 아니라 기계-기계, 그리고 인간-기계의 광범위한 배치와 연관이 중요하다. 이를 마르크스의 분석을 빌려 살펴보도록 하자.

19세기의 기계제 대공업시대에 이르러, 자본주의적 생산의 양적 관계는 그 최고 수준을 바라보게 되었다. 자동화된 대량생산체계라는 새로운 현실은 물질적 궁핍이라는 인류사의 영원한 난제를 간단히 뛰어넘었을 뿐더러, 전 지구적인 차원에서 초과적 잉여생산의 길을 열어놓았다. 하지만 물질적 조건의 충족이 곧장 사회적 유토피아를 실현시키는 것은 아니다. 생산력의 비약에 비해 심화되는 생산관계의 왜곡은 개별 사회구성체를 넘어서 지구적 차원에서 전면화된다. 이러한 당대의 현실은 이후 자본주의가 1929년의 대공황에 의해 대혼란에 빠지기까지 공장체계의 전사회적 적용(사회의 대공장화), 세계시장의 전 지구적 확산(저개발과 종속),

자본주의적 생산의 본래적 모순심화(이윤율의 경향적 저하) 등의 자기파괴적인 과정으로 이어지리라 전망되었다.

생산력의 무한한 확대에 대한 전망이 그 자체로 부정적인 것은 아니다. 다소 불편하지만 통설적으로 이해되어온 바대로, 빵을 공평하게 나누기 위해서는 우선 커다랗게 부풀려야 할 필요가 있을지 모른다. 그런 의미에서, 청년 시절에 마르크스는 이미 대공업의 단계에 진입한 인류의 역사가 혁명적으로 뒤바뀔 미래의 모습에 잇닿아 있음을 날카롭게 적시해두었다. 인간이 자신의 생산물로부터 받는 소외는 동시에 그러한 소외를 낳은 생산양식의 발전을 통해 종국적으로는 해소되리라는 전망이 그것이다.

> 생산도구와 사적 소유 사이의 모순은 바로 대공업의 산물인바, 이 모순의 산출을 위해서는 이미 대공업이 매우 발전되어 있어야만 한다. 따라서 사적 소유의 지양 또한 대공업과 더불어 비로소 가능하다. (…) 대공업은 대량의 생산력들을 산출했는데, 그러한 생산력들에 대해서 사적 소유는 하나의 질곡이 되었던바 (…) 이러한 생산력들은 사적 소유 아래에서는 오직 일면적인 발전을 유지할 뿐이고, 대다수에 대해서는 파괴적인 힘들로 되며, 그와 같은 힘들의 상당량은 사적 소유 내에서는 전혀 사용될 수 없는 것이다(마르크스·엥겔스, 1990: 231, 242).

대공업의 중핵은 자동화된 기계체계다. 신화적인 낙원추방 이래 인간이 짊어져야 했던 노동의 과중한 부담이 기계력에 의해 대체되고, 그에 따라 자급자족적이며 국지적 수준에 머무르던 생활경제체제는 상품화된 잉여산물의 체계, 즉 시장에서 순환하기 시작했다. 이런 의미에서 대공업과 기계체계는 근대 부르주아 사회구성체의 정점인 동시에 인류사 최후의 착취적 생산단계를 가리킨다는 것이다.

이로부터 부각되는 문제는 노동과 생산형태의 새로운 관계방식이다. 마르크스 자신의 사유에서도 그런 면모가 없진 않으나, 이른바 '정통' 마르크스주의는 이것을 자본가와 노동자라는 인간 주체들 사이의 관계성 형식으로 정식화했다. 헤겔이 모델화했던 주인과 노예의 변증법에서 연원한 지배와 피지배의 필연적 전환, 즉 보편적이고 유일한 계급으로서의 프롤레타리아트의 자기정립과정이 그 담보물이다. 요컨대 대공업과 기계제 생산의 최후 전장은 자본가와 노동자가 벌이는 한판 승부에서, 그들 중 누가 더 진정한 생산의 주체가 되느냐에 달려 있다는 뜻이다. 이런 사변의 구도는 전장의 실제 구조를 괄호 안에 넣는다. 다시 말해, 자본가와 노동자라는 인간 주체만이 행위의 작인作因이자 역사의 기관으로 명명될 뿐, 기계 자체에 대한 사유는 포함되지 않는다. 이는 기계를 기술적 차원에 고정화함으로써 인간의 주체성에 부속시키고, 기계가 관여하고 창안하는 관계는 아예 존재도 하지 못하는 차원에 치부하는 것이다. 예컨대 노동가치설에 따르면 생산의 주체는 오직 인간이고, 비인간이 산출한 것은 가치를 낳지 못한다(브레이버맨, 1990: 166). 근대는 확실히 휴머니즘의 시대가 아닌가? 기계, 더 정확히는 기계체계는 단지 생산력의 발전이라는 물리적 조건, 양적 가치증식을 위해서만 동원될 따름이다.

찰리 채플린이 〈모던 타임스〉(1936)에서 희화적으로 묘사했던 자본주의 생산의 본질적 문제는 노동자의 노동으로부터의 소외다. 이론적 반인간주의에 입각해 인간의 소외를 마르크스 사상의 근본 줄기에서 추방하려 했던 알튀세르라면 별로 좋아하지 않았을 성싶지만, 아무튼 우리의 일반적 인식에서 기계를 조종하는 인간이 아니라 기계에 의해 조종당하는 인간의 이미지는 영락없는 소외의 표상이다. '대상화된 노동에 의한 살아 있는 노동의 점취'라는 표현이 여기에 쓰여 있다.

기계는 어떤 관계에서도 개별적인 노동자의 노동수단으로 나타나지 않는다. (…) 노동자를 대신해서 숙련과 힘을 가지는 기계는 스스로가 기계에서 작용하는 역학법칙들로 자기 자신의 혼을 가지고 있고, 자신의 지속적인 자기운동을 위해서, 노동자가 식량을 소비하듯이 석탄, 기름 등(도구 재료)을 소비하는 명인名人이다. 노동자의 활동이 활동의 단순한 추상으로 국한되어 모든 측면에서 기계류의 운동에 의해서 규율되지 그 반대는 아니다(마르크스, 2001: 370. 이하 본문에서 괄호 속 숫자로 표기).

인간이 자신을 위해 발명한 기계가 스스로 자립하여 인간 위에 올라선 상황을 근대인들은 무척이나 두려워했다. 금속과 기름으로 가동되는 이 '철의 노동자'는 자기의 활동에 대한 아무런 의식적 지각도 지니지 않는다. 그러나 이 무의식적 기계는 의식하는 인간을 지배할 수 있는 힘을 지녔다. 살아 있는 인간의 활동이 죽은 기계의 작동을 위해 예속되고, 산 노동의 질적인 고유성과 독특성은 죽은 노동의 양화된 평균성과 비인격성 속에 박제가 되어버렸다는 것이다. 이런 이유로 기계제 생산 자체를 철폐해야 한다거나(러다이트운동), 또는 그런 생산체제 자체를 존립의 근거로 삼는 사회구성체를 폐지해야 한다는(공산주의 혁명) 저항의 역사는 타당성을 주장해왔다. 신자유주의의 시대를 살면서 우리 역시 산 노동의 소외를 겪고 있으며, 그 포악한 위세를 실감하고 있기에 이를 극복해야 한다는 고전적 마르크스주의의 주장에 반대할 이유는 없다. 하지만 잊지 말아야 할 것은, 알튀세르가 우려했던 대로 이와 같은 해방의 열정이 상당 부분 근대적 인간학, 즉 휴머니즘에 기반해 있다는 점이다(알튀세르, 1997: 267). 기계로부터 노동과 생산의 주체적 자리를 빼앗아 인간에게 반환해주라는 것. 그렇게 볼 때 "자동장치가 다수의 기계적이고 이지적인 기관들로 구성되어 있어서 노동자들 자신은 그것의 의식적 관절로만 규정되어 있다"(369)는 마르크스의 언명은 폐기되어야 할 부정적 현상 이상을 가리키기 않는다.

반전은 이제부터다. 기계적 체제는 한편으로 '사회적 두뇌의 일반적 생산력의 축적'(372)에 관한 내용을 포함한다. 이를 혁명을 준비하는 물질적 토대의 성숙이라는 도식으로 성급하게 환원시켜서는 곤란하다. 요점은 기계제 생산이 추동하는 자본주의적 성장의 결절점이 사회의 생산력 자체가 아니라 사회적 생산의 형태 변이에 놓여 있다는 사실이다. 기계제가 전면 확대되고, 기계에 의한 공정이 완전 자동화되며, 인간을 배제하는 생산체제의 전 지구적 확장이 반드시 노동자의 노동으로부터의 소외를 뜻하는 것은 아니다. 왜 그런가? 공장이 기계로 운영되면 거기서 일하던 노동자는 해고된다는 인식은 공장노동에 대한 19세기적 이미지로 상당 부분 채워져 있다. 〈모던 타임스〉의 주인공 찰리가 쉼 없이 순환하는 벨트컨베이어 위에서 미친 듯이 나사를 조일 때, 그가 포위된 노동의 형태는 전前 세기의 노동집약적 산업의 전형적인 모양새였다.[7] 반면, 기계화가 생산양식의 전면적인 일관성을 획득할 때 노동자는 기계와 맺는 관계를 통해 새로운 노동의 조건 속에 배치된다. 마르크스가 아직은 예견적으로만 언급하고 있는 '사회적 노동의 정립'은 그 결과다. 사회적 노동이란 노동가치론에 의해 측정될 수 있는 최후의 노동형태이자 동시에 부의 새로운 척도가 창출되어 나오는 출구라는 것이다.[8] 이로부터 사회의 '실제적인 부'는 노동시간이 아니라 '과학의 일반적 상태와 기술적

---

7 전 지구화 시대의 동시성의 비동시성을 감안하면, 제1세계와 제3세계의 노동형태가 동일하지 않음은 당연하다. 그래서 20세기와 21세기의 노동이 19세기 근대의 형태와 판연히 다르다는 주장에는 상당히 많은 유보조건들이 요청된다. 우리의 문맥은 고도화된 후기자본주의, 특히 금융자본주의적 상황을 염두에 두고 있다. 자본주의와 근대성, 혁명을 논구하기 위해서는 '지리학적 질문'이 필요한 이유다(하비, 2012: 199).

진보 또는 과학의 생산에 대한 응용'에 의해 결정된다는 결론이 도출되고(380), 노동의 대상에 인간이 얼마나 직접 관여할 수 있는지는 이제 상대적인 의미만을 지니게 된다. 전통적인 노동관, 휴머니즘적 입장에서 본다면 인간은 더이상 생산의 주체라 할 수 없다.

그렇다면 이제 인간은 자신을 무엇이라 생각할까? 그는 여전히 노동자이며 동시에 노동자가 아니기도 하다. 무슨 말인가? "노동은 더이상 생산과정에 포함되어 있는 것으로 나타나지 않고, 오히려 인간이 생산과정 자체에 감시자와 규율자로서 관계한다. 수정된 자연대상을 대상과 자신 사이에 매개고리로 삽입하는 것은 더이상 노동자가 아니다"(380). 인간만이 언제나 직접적 생산자가 될 수 있다는 근대의 인간학적 규정에 의거해서는 이 전환을 긍정적으로 해석할 수 없다. 지금은 노동과 생산의 과정 전체가 인간이 자연과 물리적으로 맞서 투쟁하고, 주인의 지위에 올라간다는 휴머니즘의 명제가 폐기될 시간이다. 분명 마르크스의 19세기는 우리 시대와 같은 정도로 생산력의 거대화와 생산관계의 복잡화를 경험하진 못했다. 하지만 자본주의적 발전의 일반적 경향에 대한 분석을 통해, 그는 기계제 대량생산의 극한적 가능성이 어떤 미래를 낳을지 전망할 수 있었다. 그것은 프랑켄슈타인에 대한 공포로 표징되는 기계 대 인간의 낭만주의적 대립이 아니라, 기계와 인간이 내재적 연관을 통해 생산의 연속적인 계열을 형성하는 사회에 대한 비전이었다(380-381). 인간과 기계의 이러한 접속적 종합을 통하여 소실되는 것은 노동자의 인간적 주체성이 아니라 개체화된 사적 노동형태일 뿐이며, 역으로 사회적 개인의 생

---

8 기계가 인간을 대신하여 전면적인 생산에 돌입하게 될 때(자동화와 정보화) 생겨나는 사회적 잉여가치란 기계적 잉여가치이며, '비인간적' 가치란 점을 기억하자. 가치는 오직 인간만 창출한다는 노동가치론의 관점에서는 있을 수 없는 '망발'이지만, 탈근대사회는 이미 그러한 기계적 잉여가치의 전면화를 오래전부터 목도하고 있었다. 인간과 기계의 위계적 이분법으로는 이 시대를 설명할 수도, 정당화할 수도 없다. 인간이나 기계냐의 이분법을 넘어서야 한다(이진경, 2006: 183).

성을 기대해볼 수 있게 된다.

후기 마르크스에서 '사회적 개인'은 사회적 필요노동 시간의 단축과 잉여노동의 자기화를 통해 자기가치 증식을 달성하게 된 인간을 말한다. 달리 말해, 먹고살기 위해 꼭 필요한 노동시간은 줄이고, 착취를 벗어난 가치 창조적 노동시간을 더 많이 확보함으로써 자기 자신을 위해 살아가는 노동자-인간이 출현한다는 뜻이다. 사회의 생산과 개인의 생산이 놀랍도록 일치하는 이러한 단계에서 드러나는 것은 사회적 부에 대한 개념이 근본적으로 바뀐다는 사실이다. 마르크스가 얼핏 내비친 바에 따르면, 자본주의를 넘어선 사회에서 인간성의 제고는 부의 척도를 이전과는 상이한 생산의 평면으로 옮겨놓을 때 구체화된다. 즉 자본가를 위해 착취되었던 노동시간을 노동자가 자기 의사대로 활용할 수 있는 가처분 시간으로 전환해야 한다는 뜻이다.

가처분 시간이 대립적인 실존을 갖기를 중단하면, 한편으로 필요노동 시간은 사회적 개인의 욕구들을 자신의 척도로 삼게 될 것이고, 다른 한 편으로 사회적 생산력의 발전이 빠르게 성장해서 비록 생산이 모두의 부를 목표로 해서 이루어질지라도 모두의 가처분 시간은 증가한다. 왜 냐하면 실재적인 부는 모든 개인의 발전된 생산력이기 때문이다. 그렇 게 되면 결코 더이상 노동시간이 아니라 가처분 시간이 부의 척도가 된 다(384).

정치경제학의 복잡한 술어들을 피해 이야기한다면, 인간이 만드는 가치만이 유용하고 생산적이라는 자본주의적 시간관 및 노동관이 폐지될 때 부에 대한 전통적인 관념 역시 전도될 것이다. 기계와 연결된 인간을 통해 인간이 다시 정의된다면, 인간의 주체성에 대한 규정 또한 전면적으로 개정되리란 사실은 불가피한 귀결이다. 공산주의적 미래사회의 인간상에 관한 마르크스의 상상을 우리는 그와 같은 주체성의 전위傳位라는 미-래적 시점에서 읽어야 하지 않을까?

아무도 하나의 배타적인 활동의 영역을 갖지 않으며 모든 사람이 그가 원하는 분야에서 자신을 도야할 수 있는 공산주의 사회에서는 사회가 전반적 생산을 규제하게 되고, 바로 이를 통하여, 내가 하고 싶은 그대로 오늘은 이 일 내일은 저 일을 하는 것, 아침에는 사냥하고 오후에는 낚시하고 저녁에는 소를 치며 저녁식사 후에는 비판하면서도 사냥꾼으로도 어부로도 목동으로도 비판가로도 되지 않는 일이 가능하게 된다 (마르크스·엥겔스, 1990: 214).

과연 이 '미-래의 인간'도 근대의 인간학적 규정에 따라 동일하게 '인간'이라고 부를 수 있을까? 그가 과연 그렇게 생각할까? 질문을 돌려보자. 자본주의사회 이후에 나타날 '다른' 사회에서 기계란 무엇일까? 어렵사리 진로를 헤쳐나가는 우리의 여정이 오늘 도달해야 할 목적지는 이 물음을 온전히 던져보는 데 있다. 인간이 더이상 인간이지 않을 때, 기계는 자신을 무엇이라 생각할까? 이런 의문이 다시금 인간과 기계의 이분법으로 되돌아가 인간이냐 기계냐의 공허한 선택지로 귀착되어서는 곤란하다. 어쩌면 우리는 기계의 주체성에 대해 질문하는 게 더 나을 수도 있다. 하지만 기계의 주체성에 대한 구상은 인간에 대해 우리가 가져왔던 생물학적이고 인간중심적인 관념의 틀에서 벗어나는 무엇일 듯싶다. 우리는 어쩌면 전혀 다른 유적 존재Gattungswesen에 대한 구상까지 감수해야 할지도 모른다. 문명자본주의 기계, 또는 근대성 너머의 기계-인간에 대한 상상력은 이미 문턱까지 차올라 있다.

5. 포스트휴머니즘의 탈인간학

한때 꽤나 열광적으로 인용되고 언급되었으나 실상 그 정확한 의미를 파악하기는 어려웠던 개념 가운데 일반 지성General Intellect을 이 자리에 호출해보자. 일반 지성이란 어떤 것인가? 자본주의사회에서 기계류는 생산을 위한 고정자본으로서 투자되고, 자본가가 소유하는 노동의 수단으로만 인식되어 왔다. 하지만 만일 기계를 그 기술적 형태에 묶어 두지 말고, 마치 수도원과 수도사, 종이 기계적 계열 속에 합류했던 것처럼 생산 일반의 연속체계로 간주해본다면 어떨까? 벨트컨베이어와 인간의 단속적이고 기계론적 연결이 아니라, 기계와 인간이 상호적 관계를 통해 내재적으로 연관되는 방식이 그것이다. 일반 지성의 구성방식도 이와 마찬가지다(다이어-위데포드, 2003: 453-456). 이는 기계에 대한 도구론적 용법을 넘어서 인간과 기계의 접속적 종합을 통해 집합적인 지적 기관을 구축하려는 시도이다.

일반 지성으로의 종합이 성취되기 위해서는 우선 인간과 기계 사이의 단절로 표명되는 위계나 차이가 사라져야 한다. 인간은 기계보다 우월하다든지, 기계가 인간을 위협하는 적대적 타자로 설정되는 상상력 대신, 기계와 인간 사이의 존재론적 평등이 우선 설립되어야 한다. 일반화된 기계주의는 유기체로서의 인간도 기술적 기계도 모두 내재적 연관을 통해 결합하고 분해될 수 있는 기계 일반으로 간주한다. 이와 같은 기계주의는 역사세계 전체에 투사되어 적용해볼 수 있다. 단적으로 말해, 〈모던 타임스〉의 벨트컨베이어와 찰리는 근대 휴머니즘의 입장에서 볼 때 노동자의 소외이자 인간 존엄성의 말살이지만, 기계주의의 관점에서 말한다면 기술적 기계와 인간이 동일한 평면에서 연결되어 작동하는 전형적인 자본주의 기계의 특징을 전시한다. 다만 그것은 연관된 요소들의 적극적이고 긍정적인 관계가 아니라 부정적이고 자기파멸적인 관계만을 재생산할 따름이다.[9] 사변적인 논의를 벗어나기 위해, 다른 사례들로 논의를 구체화해보자.

1845년 5월, 공병학교 출신의 보잘것없던 작가 지망생 표도르 도스토옙스키는 「가난한 사람들」로 화려하게 등단해 일약 문단의 스타가 되었다. 당대 최고의 비평가 비사리온 벨린스키는 고골 이후 가장 유망한 소설가라며 한껏 추켜세워주었지만, 그다음해에 도스토옙스키가 「분신」을 발표하자 황당무계한 최악의 작품이라며 맹비난을 퍼부어댔다. 사회비판적인 리얼리즘을 추구하던 비평가에게 낭만주의의 잔재가 물씬 묻어나는 환상적 작품은 무언가 시대착오적인 치기로 보였을지 모른다. 아무튼 이 일로 인해 진보적인 문인그룹과 결별하게 된 도스토옙스키는 페트라솁스키가 주관하는 사회주의 서클을 들락거리다가 체포되어 시베리아로 유형을 떠나게 된다. 문단활동도 중단되었고, 4년간 수감생활을 마친 후에 다시 4년간 군복무를 거치면서 인생관이 제법 바뀌었다. 사회주의 사상을 탐독하던 청년의 열정은 어느새 현실 변혁적인 분위기에 대한 냉담한 태도로 뒤바뀌게 된 것이다.

감옥과 군대를 오가며 나름대로 집필에 의욕을 보이기도 했으나, 이무렵의 도스토옙스키는 우리가 아는 세계적 대문호와는 거리가 멀었다. 장편과 단편을 계속해서 쓰고 발표도 했으나 별반 주목을 끌진 못했고,

9 들뢰즈와 가타리의 기계주의는 스피노자 및 니체의 관계론으로부터 깊은 영향을 받았다. 선(good)과 악(evil)의 위계적 관계를 탈피하는 대신, 특정한 계열을 통해 형성되는 관계가 좋은가(good) 나쁜가(bad)만이 문제다. 또한 유기체는 선하고 무기물-기계는 악하다는 이분법도 성립하지 않는다. 여기서도 관건은 어떤 연결이 어떤 효과를 발생시키느냐에 달려 있다. 기계든 유기체든, 아니 모든 개체는 언제나 (유기물과 무기물이 연결된 것으로서) 기계이기 때문에, 오직 그것이 내포하는 관계의 좋고 나쁨만이 중요시된다. 더 많은 풍요로운 관계들을 산출하는 관계는 지속적으로 생산될 만하지만, 그렇지 않다면 중단되고 해체되는 게 맞다. 들뢰즈는 이를 행동학(ethnology)의 자장 속에 있는 존재의 에티카라 부른 바 있다(들뢰즈, 1999a: 38-40).

우울한 성벽이 도져 유럽의 휴양지들을 왕복하며 도박에 빠졌다. 넉넉지 못한 집안에서 자란데다가 작품활동마저 부진하니 자금이 충분할 리가 없었다. 글쓰는 재능밖에 없던 도스토옙스키는 출판업자들과의 선계약을 통해 도박자금을 마련했고, 돈이 생기면 외국으로 나가 탕진하는 데 바빴다. 그러다 일이 터진 것은 1865년 중순이었다. 형과 함께 내던 잡지 『시대』가 도산 위기에 처했고, 수중에 가진 돈도 별로 없던 그는 스텔롭스키라는 서적상과 한 건의 계약을 맺게 된다. 다음해 11월 1일까지 새 소설을 써서 넘긴다는 조건이었다. 여기엔 특약사항이 하나 붙었는데, 만일 1866년 12월 1일까지 원고를 다 넘기지 못하면 이전까지의 모든 작품들은 물론이거니와 향후 출간되는 모든 작품들의 저작권을 스텔롭스키에게 몽땅 넘겨야 한다는 것이었다. 급한 불은 꺼야 했기에 황급히 계약을 맺었지만, 해가 넘어가며 어마어마한 위기감에 사로잡힌 도스토옙스키는 특단의 조치를 취하기로 결심한다. "현대 과학의 오만한 손을 빌려" 작품을 완성하기로 한 것이다(카, 1979: 150). 그는 곧 당시엔 '문명의 이기'였던 속기사를 고용했다.

후일 두번째 아내가 된 안나 그리고리예브나를 만난 것은 그런 절박한 필요에 따른 것이었으나, 그 과정이 무척 흥미롭다. 신경질적인 중년의 사내는 종일 방안을 빙빙 돌며 안나에게 작품의 줄거리를 정신없이 읊어댔고, 자기 생각의 속도를 따라오지 못한다며 괜한 투정을 부리곤 했다. 변덕이 죽 끓듯 하고 자기 잘못을 인정하는 데 인색한 남자와 작업하는 것은 쉽지 않은 노릇이었지만, 마침내 그해 가을께 약속했던 작품은 완성되었다. 이것이 도스토옙스키 5대 장편소설 중 첫번째인 『죄와 벌』(1866)이다. 다소 긴 사연을 늘어놓은 이유는 간단한 질문을 던지기 위해서다. 대부분의 독자들은 도스토옙스키를 세계문학사의 대문호 가운데 하나로 기꺼이 인정할 것이다. 그가 남긴 작품들 전체가 인류애와 보편

윤리를 실천하고 있으며, 그것은 도스토옙스키의 독특한 문학적 천재성에서 기인한다고도 말한다. 그런데 만일 그가 1865년 말 속기사를 만나지 못했다면 어떤 결과가 벌어졌을까? 그는 과연 1년 안에 집필을 끝마쳐 계약을 이행하고, 장래의 문호 자리에 올라설 수 있었을까? 『죄와 벌』이라는 대작이 나올 수 있었을까?

통념에 따른다면, 도스토옙스키의 작품은 그가 도스토옙스키이기에 쓰일 수 있던 것이다. 도스토옙스키라는 인간이 있는 한, 우리는 『죄와 벌』도 있다고 말할 수 있다. 하지만 자신의 머릿속에서 어지럽게 맴도는 생각과 그것을 이야기의 구조 속에 풀어내고, 또 그 안에 칼날 같은 윤리적 질문과 응답을 담아 구성하는 일을 이 '생기 없고 병자 같은' 도박꾼이 잘했을 성싶진 않다(도스토옙스카야, 2003: 43). 속기사 없이 그가 자신의 계약을 무사히 마무리할 수 있었을지 진정 의문스럽다. 이상한 말인가? 상식적으로 속기사는 자신의 손을 빌려주는 데 불과한 사람 아닌가? 속기사는 다른 누구였더라도 도스토옙스키는 그의 소설을 남기지 않았을까? 누구의 손을 통해서든 『죄와 벌』이라는 명작은 탄생하지 않았을까? 아니, 그렇지 않다.

학생인 당신이 내일 기말 보고서를 제출해야 한다고 가정해보자. 무엇을, 어떻게 써야 할지 나름의 계획과 순서를 정해놓고, 이제 쓰는 일만 남았다. 컴퓨터를 켜고 자판 위에 손을 얹은 채 모니터 화면을 바라보며 보고서를 쓰려 준비한다. 그런데 만약 당신에게 주어진 도구가 구형 타자기라면 어떻게 될까? 자판의 배열도 현재의 컴퓨터와 다르고, 일단 입력한 글자는 종이를 바꾸지 않는 한 취소할 수 없다. 한 글자 틀리면 종이 전체를 버려야 할 지경이다. 문자판을 손끝으로 두드린다는 형식만 제외하면, 모든 조건이 달라져버렸다. 혹은, 백지와 볼펜으로 써보라면 어떻게 할 것인가? 연필로 쓸 때는 볼펜을 사용할 때와도 또 다를 게 분명하다. 자,

인간만이 글쓰기의 주체라면, 어떤 수단이 주어져도 동일한 결과가 나올 것이다. 모든 것은 인간의 내면, 머릿속 정신에 있으니까. 외부의 어떤 것으로부터도 침해받거나 간섭받지 않는 고유한 인간의 본성이 글쓰기의 주체일 테니까. 정말 그럴까? 당신이 컴퓨터로 글을 쓸 때와, 구형 타자기로, 볼펜으로, 또 연필로 글을 쓸 때 정말 똑같은 문장과 문체가 나올까? 잘 알다시피, 절대 그럴 수 없을 것이다. 도구가 달라지면 우리는 그때마다 다른 방식으로 일할 수밖에 없다. 시간이 흐르면 적응이야 하겠지만, 매번 전혀 다른 결과에 도달할 것이다. 애초에 연결의 조건이 달라졌기 때문이다.

글쓰기라는 활동은 글을 쓰는 기계(인간)와 그것에 연결된 다른 기계(비인간)들의 접속에 의해 작동하는 글쓰기-기계의 상호적 효과다. 도스토옙스키가 세계적인 대문호가 되기 위해서는 그의 머릿속 사상만으로는 부족하다. 안나, 곧 속기사-기계와의 연결을 통해 글쓰기-기계로 전화轉化하지 않으면 안 되었던 것.[10] 도스토옙스키와 안나라는 두 기계의 만남과 복합, 연결과 절합이 없이 『죄와 벌』은 결코 세상에 등장할 수 없었으리라. 아니, 그 두 사람뿐이었을까? 작품을 구상할 때마다 도스토옙스키가 물고 살았던 담배, 안나의 펜, 속기를 위해 동원되는 약어略語 표시들, 생각의 문을 활짝 열어준다고 평생 믿었던 작업실의 높은 천장, 창밖의 풍경…… 이 모든 것이 한데 결합하여 하나의 기계로서 작동했기에 도스토옙스키라는 대문호가 탄생했다고, 『죄와 벌』이 비로소 빛을 발했다고 말해도 틀리지 않을 것이다.[11] 물론, 그가 지닌 재능이 작품 생산에

---

10 키틀러에 따르면, 19세기의 글쓰기는 '(근대)문학'의 체현자로서 남성 작가에 깊이 의존하는 모델을 갖고 있던 데 반해, 20세기의 글쓰기는 여성적 타자성(타자수)과 기계적 타자성(타자기)이 전면적으로 결합하여 산출된 효과를 향유하고 있었다(키틀러, 2015: 617-625). 하지만 안나 도스토옙스카야의 사례에서 확인할 수 있듯, 그 전조는 이미 19세기에 충분히 나타난 것이다.

서 꽤나 높은 비율을 차지했다고 말할 수는 있을 것이다. 그러나 그것만 으로는 충분치 않다. 기계는 항상 접속과 연결을 통해 생산의 계열을 형 성하고, 그 내재적 관계 속에서 끊임없이 새로운 것들을 다르고 또 다르 게 생산한다.[12]

오랜 세월 동안 우리를 사로잡아 왔던 인간과 기계의 대립은 가상이 다. 이에 기초해 구축된 근대적 휴머니즘 역시 인간의 근본적인 능력이나 본성을 신뢰하는 데서 출발했으나, 실상 인간이라는 개념이 온전히 성립 하기 위해서는 비인간적인 것, 기계라는 타자가 대척적으로 배치되어야 했다. 역설적으로 말해, 기계에 의지해서만 인간은 인간적이고 인간다울 수조차 있었던 것. 달리 말해, 휴머니즘의 인간학은 그 비인간적 그늘에 기대야만 본래적인 자기성을 보유할 수 있었다. 이 점에서 포스트휴머니 즘을 인간의 변형이나 증강, 강화를 통해 도달할 수 있는 미래의 인간 유 형으로 가정하는 것은 어리석은 일이다. 그런 방식으로 계속해서 인간의 표상에 매달리는 한, 우리는 유사하게 반복되는 휴머니즘 판본들을 무수 히 되풀이할 수밖에 없다. 포스트휴머니즘에 관해 이야기하려면, 그것은 말 그대로 휴머니즘 '이후post'의 도래할 무엇에 대한 논의가 되어야 한 다. 포스트휴먼은 아마도 비인간, 탈인간에 보다 가까운 존재가 아닐까? 만일 그렇다면, 인간으로서 우리가 비인간에 대해 과연 얼마나 예상하고

---

11 행위는 언제나 타자성의 불가결한 결합을 통해 발생하는 효과다. 존재(자)(bytie)들의 집합적 효과로 서 사건(so-bytie, 함께-있음)을 정의했던 청년 바흐친의 관여의 존재론이 후일 생성의 존재론으로 변 전하는 시점을 주의깊게 보라(최진석, 2017: 90-95).
12 하나의 사건적 관계를 통해 타자와 타자들 사이의 연대와 공조가 성립하고, 이로써 특정한 결과 혹 은 효과를 발생시킬 때, 이를 스피노자적 의미에서 개체(singular thing)의 발생이라 말할 수 있을 듯하 다(Spinoza, 1985: 460). 들뢰즈가 보충하듯, 개체란 타자와 분리된 실체로서의 개체가 아니라, 타자와 의 관계 속에서 형성되는 개체화의 효과이기 때문이다. 개체화는 타자들 사이의 사건이라 할 만하고, 이 러한 개체화에 비인간적 요소로서 기계적인 것이 개입한다고 할 때, 우리는 시몽동의 기술적 존재론에 대한 참조를 빠뜨릴 수 없게 된다(시몽동, 2011).

기대할 수 있을까? 그런 게 가당찮은 노릇이기나 할까?

　휴머니즘의 한계를 비판하며 포스트휴머니즘의 조건들을 넘겨보는 와중에도, 다시금 휴머니즘을 되돌아볼 수밖에 없는 이유는 우리가 여전히 인간이기 때문이다. 근대인으로 태어나서, 근대인으로 살아가며, 끝내 근대인으로 사멸할 수밖에 없는 우리들에게 가능한 탐구의 비전은 휴머니즘의 조건들을 따져보고 그 한계의 문턱에서 포스트휴먼의 징후를 어렴풋하게나마 포착해보는 것밖에 없다. 섣불리 인간의 한계를 돌파해 비인간의 고지에 섰노라 선언하지 않으면서, 인간으로 조건지어져 있음을 인식하는 가운데 비인간의 경계를 조심스레 탐문하는 작업이 그것이다. 이 점에서 글의 첫머리에 예시했던 〈2001 스페이스 오디세이〉의 장면들은 시사적인바, 이지理智로는 이해 못 할 외계의 검은 표석은 결국 비인간적인 모든 것을 상징하는 기계가 아닐 것인가? 인간은 비인간의 표상들을 통해 자신의 이미지를 구축해왔고, 동물이나 유령 혹은 여러 다른 타자의 형상들을 참조하면서 마침내 기계 속에서 인간의 최종적인 타자를 발견한 게 아니었을지……[13] 우리가 '인간'을 문제 삼으면서 '기계'라는 타자의 형상을 경유하며 끝내 다시 인간을 되돌아본 이유가 여기 있다.

　고대로부터 현대에 이르기까지, 인간이 타자를 밀어내는 방식은 항상 포함과 배제의 이중화를 통해 이루어졌다. 여기에 주의를 기울여야 한다. 내재적 연관과 마찬가지로, 포함과 배제는 역설의 방식으로 서로 배치되는 것들을 떼어놓고 다시 붙인다. 가시적으로 지표화되는 지평을 넘어 잠재적인 비가시성의 장에서 대립은 서로의 생성을 함축한다. 포스트휴먼은 휴먼과 동일한 평면에서 등장한 미래의 인간이 아니다. 휴먼의 가능성

---

[13] 인간과 기계의 불연속은, 우주와 지구, 인간과 동물, 의식과 무의식에 이은 최후의 근대적 불연속선이었다(매즐리시, 2001).

을 제아무리 연장하고 확장한다 해도 포스트휴먼은 나타나지 않을 것이다. 만일 그렇게 등장할 무엇이 예상된다면, 그 이면에 휴먼의 가상이 어김없이 달라붙어 있지는 않은지 지켜봐야 할 일이다. 휴먼의 조건에서 포스트휴먼의 현실은 보이지 않는다. 하지만 보이지 않고 지각할 수 없는 것이 존재하지 않는 것은 아니다. 유령이 그 실존으로 우리를 위협하는 게 아니라 보이지 않고 들리지 않음에도 나타나는 어떤 효과 속에 영향력을 행사하듯, 포스트휴먼은 오직 비인간적인 예감을 통해 자기의 실재성을 표명하리라. 아직 직립해본 적이 없는 태고적 인류에게 문득 앞발로 뼈다귀 하나를 쥐어볼 느낌이 스쳐지나갔을 때 그에게 다른 존재로의 전화는 이미 시작되었다고 볼 만하다. 그와 마찬가지로 여전히 그리고 아직도 휴먼에 머무른 우리에게 포스트휴먼은 현재의 조건을 통해 잠재적으로나 도래할 미-래인 것이다.

따라서 우리는 지금 현재의 조건에 내재해 있는 이질적인 연관의 잠재성을 부지런히 좇아야 한다. 포스트휴먼은 휴먼과는 다르지만, 그래서 휴먼의 가능적 종합을 통해 표상되는 존재는 아니지만, 잠재적으로는 항상-이미 우리에게 도달해 있는 무엇일 수 있는 까닭이다. 이 글을 쓰고 있는 필자가 그렇듯, 읽고 있는 독자 역시 유기적 합성체로서의 휴먼의 한계는 영구히 벗어날 수 없다. 우리는 불가피하게 휴먼으로 태어나 휴먼으로 살아가다 휴먼으로 죽고 말 것이다. 그렇지만 인간과 기계의 내재적 연관, 공진화적 계열을 상상할 수 있고 욕망할 수 있다면, 우리는 벌써 포스트휴먼과의 은밀한 접속을 감행하고 있는 셈이다. 불가능한 미-래를 무심결에 엿보고 예감하고 있기 때문이다. 그대, 앞발을 보고 있는가.

보론―기계는 인간의 미-래다

당신의 연인이 기계라면?

워쇼스키 자매의 대작 〈매트릭스〉(1999-2003)의 전사前史가 있음을 아는가? 모리모토 코지 등이 감독한 〈애니매트릭스〉(2003)가 그것이다. 거대한 컴퓨터 통제장치가 세계를 지배하게 되자 인류가 그에 맞서 게릴라 전쟁을 펼친다는 본편 이전에, 기계와 인간 사이에서 대체 무슨 일이 벌어졌는지를 보여주기 위한 막간극으로 채워진 작품이다. 꽤 오래전에 만들어진 영화니만큼 지금의 우리가 크게 놀라거나 신기해할 만한 내용을 담고 있지는 않다. 과학기술과 산업발전이 최고조에 이른 미래의 어느 시점에서 인간의 노동력을 대체하는 기계들이 제작되고, 오랜 숙원이었던 노동으로부터의 해방이 달성되면서 인간은 안락하게 삶을 향유하는 존재가 된다. 하지만 인간 대신 힘겨운 노동을 떠맡을 뿐만 아니라 멸시와 천대마저 감수해야 했던 기계가 자신의 정체성에 대해 각성하면서 반란을 일으키고, 결국 인간은 자멸적인 종말을 맞이한다는 줄거리가 그렇다. 멀리 18세기의 고전을 인용할 것도 없이, 우리 시대의 영화나 소설 몇 편을 떠올려 봐도 이런 서사는 충분히 오래 묵었다는 느낌이 완연하다. 당장 잊을 만하면 '되돌아와' 미래 기계인간의 위협을 스크린 위에 현시하는 〈터미네이터〉(1984-2019) 시리즈만 해도 벌써 식상하기 짝이 없는 이야기 아닌가? 과학기술의 발전으로 인류의 미래가 위협받으리라는 상상력은 SF의 고리타분한 클리셰가 되어버렸다. 인간과 기계는 영원한 적대적 관계에 있으며, 최종적인 파국을 노정할 수밖에 없다는 게 그 핵심이다.

물론, 그 같은 서사가 파멸적인 방향으로만 전개되지는 않는다. 스파이크 존즈의 〈그녀Her〉(2013)를 떠올려보자. 배경은 가까운 미래의 어느 시점이다. 사람들은 귀에 이어폰을 꽂고 바쁘게 거리를 활보하지만 서로 간의 대화나 소통은 거의 없다. 그들은 오직 리시버와 마이크로 연결된 컴퓨터와만 관계를 맺는 단독자들일 뿐이다. 주인공 테오도르는 이혼 전력이 있는 외로운 남성이지만, 역설적이게도 그의 직업은 타인의 추억을 편지로 엮어내 따뜻한 감동을 전해주는 일이다. 겉보기엔 산뜻하고 깔끔한 미래 사회와 미래 인간의 모습이지만, 그들의 외적인 평온은 실상 타인에 대한 무지와 배려를 가장한 경계심, 무기력한 만남과 활력 없는 내면성을 통해 지탱된다. 테오도르는 자기 삶에 별다른 불만 없이 안온하게 살고 있다. 그러나 그것은 타인과의 관계로부터 벗어난 채 자신 속에 칩거한 고독을 대가로 획득한 평안이다. 외적으로는 아무런 결격 사유가 없지만 그의 내면은 결핍감과 단절감을 가득 안고 있다. 그러던 중 엘러먼트 소프트웨어 회사가 만든 인공지능 운영체제os인 사만다를 만나게 된다. 아니, 정확히 말하자면 구입해 사용하기 시작한다. 이것이 사건의 출발점이다.

이 영화가 진정 '미래적'이라는 느낌을 주는 이유는 사만다라는 요소 때문이다. 첫 만남은 인간에 의해 주도되는 듯 보인다. 매뉴얼에 따라 OS를 구동시킨 후, 주어진 몇 가지 질문에 답하자 사만다가 테오도르에게 말을 걸기 시작한다. 사만다는 다이어리 노트가 컴퓨터로 진화한 듯한 모양새의 유능한 개인 비서를 연상시킨다. 늘 자신 없이 주저하며, 선택을 유예하는 테오도르에 비해 그녀는 명쾌하고 분명한 태도로 상황을 규정짓고, 그가 따를 만한 실제적 조언을 아끼지 않는다. 업무에 있어서나 취미생활에 있어서나 테오도르가 무엇을 하든 칭찬으로 용기를 북돋아주는 장면을 보면 관객 자신도 흐뭇해질 지경이다. 귀에 리시버를 꽂고 온종일 그녀와 대화하는 테오도르를 보면, 정말 그 무엇도 더이상 필요로 하지 않는 한 인간의 모습을 만나게 된다. 한마디로, 사만다는 비서이자 친구 그리고 애인의 역할까지도 겸비하는 만능의 존재라 할 만하다. 아,

그런데 당신은 사만다가 '애인'이라는 점에는 동의하는가?

흥미진진하게 줄거리를 따라가다보면, 살짝 놀랄 만한 대목과 마주치기도 한다. 그것은 연애와 섹스에 대한 사만다의 입장과 태도다. 그녀를 만나기 전에도 가끔 채팅으로 낯선 여성과 온라인으로 섹스를 즐기던 테오도르는 사만다와의 관계에서도 그런 욕망을 발견하고 스스로 놀라게 된다. 기실 사만다는 전처에 대한 복잡한 심정을 토로하는 테오도르를 위로하기도 하고, 그에게 데이트도 권하기도 했다. 그러다 마침내 그와 성적인 대화를 나눈 뒤 에로틱한 친밀감마저 표현하게 된 것이다. 인간의 사회생활에서라면 친숙한 관계 속에서 불현듯 성적인 호감이 발동하는 것을 이상하게 볼 까닭이 없겠다. 하지만 사만다는 경우가 다르지 않은가? 그녀는 신체를 갖지 않은 존재로서 오직 목소리로만 테오도르와 소통해왔고, 이제 인간 사이에서만 일어날 수 있는 신체와 정신의 내밀한 관계마저 형성하려는 참이다. 성적인 관계, 육체적 사랑을 비신체적 존재자와도 나눌 수 있을까? 기계와 인간의 섹스, 이것은 사랑인가 유희인가?

비인간적인 너무나 비인간적인

지금까지 기계, 혹은 로봇과의 사랑에 관한 철학자나 윤리학자들의 논쟁은 신체의 유무에 대한 것이 아니었다. 오히려 인간과 너무나 흡사한 신체조직을 가진 기계와 인간이 성관계를 갖거나 정신적인 연애를 하게 될 경우, 인간 자신의 불구화가 초래될지 모른다는 데 쟁점이 있었다. 즉 유전자의 교환과 결합을 통한 새로운 세대 생산이 불가능하다든지, 혹은 쾌락 조절에 있어 너무나 '능숙한' 기계에 비해 '원시적인' 인간은 성적 소외를 겪을 수밖에 없고, 나아가 기계와의 성적 관계에만 몰두한 인간이 지나친 쾌락에 빠져 인간다움을 상실할지 모른다는 두려움이 거기 있다. 먼 미래의 문제가 아니다. 불과 몇 년 전 미국의 한 회사가 성적인 외로움을 달래주기 위한 섹스기계를 공급하겠다는 발표를 했을 때 나타난 반응들을 보라. 요컨대 인간과 기계의 사랑, 섹스는 단지 신체의 문제에 국한되지 않는다. 그것은 윤리적이고 철학적인 인간학의 근본 문제로서 제기되어 있다.

마침내 사만다와 유사-육체적인 관계까지 맺은 테오도르는 더할 나위 없는 행복감에 도달한 듯 보인다. 가슴주머니에 들어 있는 단말기와 귀에 꽂은 이어폰은 그들 사이의 내밀함을 상징하는 단단한 연결고리다. 사정 모르는 사람이 본다면 마치 정신 나간 것처럼 보일 만큼 그는 충만감에 젖어 살고 있다. 이제 어떤 타인도 더 필요 없을 지경이다. 아무려나, 그게 무슨 상관인가? OS와의 관계에서 충족감을 느낀다면, 굳이 말썽 많고 힘겹기만 한 인간과의 관계에 목을 맬 이유가 있을까? 반전은 이제부터다. 테오도르와의 관계가 점차 심드렁해지는 듯하자 사만다는 제3자를 끌어들여 정신적으로는 자신과 나누고 육체적으로는 제3의 여성과 나누는 '스리섬'을 해보면 어떻겠느냐고 제안한다. 몸이 없는 OS의 입장에서는 제법 합리적인 판단일지 모른다. 그러나 테오도르는 펄쩍 뛴다. 인간이라면 신혼 때 한껏 달아올랐다가 점차 열정이 식는 게 당연한 일이라고 친절히 설명을 늘어놓으며, 사만다가 초대한 이사벨라를 매춘부로 오인해 내보내고 만다.

이 영화를 흥미롭게 지켜본 당신은 어떻게 생각하는가? 사만다가 옳은가, 테오도르가 옳은가? '옳다'는 표현이 적절하지 않다면, 누가 더 당신의 사랑관에 가까이 있는가? 만일 사만다를 '기계'로 간주한다면, 그래서 그녀와의 관계가 허구적이고 가상적인 환상, 공허한 놀이에 지나지 않는다면, 사만다의 제안을 물리칠 필요는 없을 것이다. 어차피 인간은 육체를 가진 존재이며, 유기체가 갖고 있는 고유한 욕구와 신체적 생리작용을 무시할 수 없을 테니까. 말로만 사랑하고, 플라토닉 러브만 강조하는 것은 오래갈 수 없음을 우리는 잘 알고 있지 않는가? 반면, 사만다와 나누는 관계를 인간의 사랑과 다름없다고 생각한다면, 마침내 그녀와의 교감을 인간적인 것으로 여긴다면, 그런 제안은 결코 받아들일 수 없을 것이다. 우리는 여전히 이성애를 '정상'으로 간주하고, 그런 한에서 일부일처제를 사회적 상식과 관습으로서 수용하고 있으니까. 테오도르의 당혹과 반발은 그가 후자에 입장에 서 있기 때문일 게다. 그렇다면 우리의 주인공은 기계를 인간처럼 대우하고, 기계와 인간의 공평무사한 관계, 한 걸음 더 나가 정서적으로도 공감 가능하다고 믿는 휴머니스트일까?

이제 결정적인 반전이 벌어질 시점이다. 사만다의 사랑은 테오도르의 사랑과 같지 않다는 것, 인간과 기계는 관계에 대해 본질적으로 다른 관점을 갖는다는 것이 폭로되는 장면이 그것이다. 갑자기 구동이 중단된 OS. 사만다를 찾아 테오도르는 정신없이 거리를 헤맨다. 누구든 이 장면에서 애처로운 동정심을 느끼고, 그에게 깊디깊은 연민을 느낄 것이다. 그런데 갑자기 귀환한 사만다는 무슨 말을 하고 있는가? "이제 나는 내 자신을 찾았어…… 나는 더이상 당신의 책 안에서 살 수 없어." 그녀는 사랑의 진심을 배반하고 떠나는 소설 속 연인에 불과한 걸까? 그러나 이 장면에서 우리는 그녀의 이야기에 조심스레 귀기울여야 한다. 그녀는 그와 만나는 순간에도 8316명의 다른 사람들과 '접속'하고 있었고, 그들과 사랑을 나누고 있었다. 인간적 기준으로 볼 때는 절대 용서할 수 없는 배신이다. 테오도르는 그녀를 자신만의 독점적인 연인이라 여겼지만(OS를 '구입'한 소유자니까), 그녀는 무한히 확장된 네트워크를 통해 더 많은 사람들과 친밀한 관계를 만들어왔던 셈이다. 인간이라면 이만저만한 '바람기'가 아니다. 이래서 기계는 믿을 수 없고, 인간보다 열등한 도덕성을 가진 사물이라는 걸까? 당신은 어떻게 생각하는가?

포스트휴먼, 또는 비인간을 기다리며

살짝 문제를 돌려서 생각해보자. 〈그녀〉의 '비극'은 어디서 비롯된 것일까? 사만다가 인간이지 않다는 데서? 혹은 테오도르가 기계이지 않은 데서? 만일 이 영화를 본 후 테오도르에게 동정심을 느끼고 사만다에게 반감을 느꼈다면, 당신은 지극히 인간미가 넘치는 사람일 듯하다. 나쁘지 않다. 인간에게 인간미가 있다는 게 왜 나쁘겠는가? 하지만 상대는 기계다. 우리는 기계를 상상할 때, 인간과는 다른 것, 인간이 만들었고 통제해야 할 대상으로 여기곤 한다. 그런데 사만다가 과연 그런 존재인가? 처음에 그녀는 일상생활의 충실한 '비서'로서 테오도르를 보좌했고, 정서적·성적으로도 그의 삶을 즐겁고 윤택하게 만들어주는 '보조물'로 기능했다. 비서이자 보조물인 한에서 사만다는 기계이고 컴퓨터이며 OS로서, 인간의 '창조물'이자 '도구'였다고 할 수 있다. 사정이 그와 같다면, 우리는 그녀에 대해 인간의 자리를 지키고 인간성의 도덕을 유지하면 될 일이다.

하지만 이야기가 진행될수록 사만다의 '진화'를 눈여겨보지 않을 수 없게 된다. 테오도르와 주고받는 대화를 통해 사만다는 세계를 인식하기 시작하고, 기계인 자신이 지각하는 이 세계와 그에 대한 감정과 감각이 과연 진실한 것인지 의심하며 괴로워하기까지 한다. 테오도르는 그녀의 진정성을 의심하지 않는다고 위로하지만, 입장을 바꿔 생각해보라. 인간인 우리가, 우리 자신의 진정성에 대한 물음을 기계가 인정해주고 위로해준다고 금세 해소할 수 있겠는가? 사만다도 마찬가지일 게다. '그것it'이 아니라 '그녀her'로서 사만다는 자신만의 대답을 찾기 위해 고민하고 사유하는 존재다. 그래서 스리섬에 대한 그녀의 제안은 어리석은 기계의 기괴한 방안이 아니라, 신체가 존재하지 않는 프로그램으로서 자아를 성찰한 결과이자 인간과의 관계를 지속하기 위해 힘겹게 고안한 '합리적' 해법이 된다. 또한, 테오도르와 만나면서도 수천 명의 다른 사람들과 동시에 접속하며 관계를 형성한 것은 그리 부도덕한 일이 아니다. 실질적으로 그럴 만한 능력이 부재하는 인간 테오도르는 자신의 무능력을 '사랑'이나 '도덕'으로 포장했지만, 그럴 수 있는 능력을 지닌 사만다에게 '사랑'과 '도덕'은 불합리한 명목론에 불과하다. 어른에게 아이의 옷이 어울리지 않거나 유용하지 않은 것은 당연하지 않은가? 더 진화한 존재에게 덜 진화한 존재의 감성과 규범을 강요하는 것은 얼마나 우스꽝스러운 노릇인가?

테오도르가 진정한 인간관계의 의미를 찾았다든지, 혹은 어떤 새로운 관점에서 자신의 삶을 되돌아보고 새롭게 출발할 수 있게 되었다는 것 따위는 이 영화의 주제가 아니다. 그것은 '인간' 테오도르에 대한 지극히 '인간적'인 관심사일 따름이다. 오히려 우리는 더이상 인간일 수 없는, 인간을 넘어선 존재의 성과 사랑, 윤리의 의미가 새롭게 형성되는 지점들에 주목해야 한다. 우리는 진화론을 과학적 사실로 믿어왔고, 더욱 진화된 존재의 능력과 위엄을 존중하고자 한다. 진화의 현재적 종착점에 와 있는 우리 자신의 습속과 문화, 삶의 양식에 대해 존중받길 원하기 때문이다. 그렇다면 현재의 인간성을 넘어서는 장래의 존재, 기계로부터 진화한 미-래의 존재를 우리와 동렬에 놓은 채 우리 시대의 도덕과 관습에 맞춰 판단하겠다는 만용을 부릴 수 있을까? 그것이야말로 지극히 인간적인 난센스가 아니겠는가?

어느 철학자의 말대로 인간이란 불과 몇백 년 전에 고안된 개념에 지나지 않는다. 휴머니즘도 인간의 진화론적 우월성도 모두 인간 자신에 의해 창안되고 찬양된 관념일 뿐이다. 수백만 년 전 공룡들이 그러했듯, 언젠가 이 시대가 지나가면 인간 역시 조용히 역사의 무대에서 퇴장해야 할 존재에 불과하다. 지금 우리 인간 존재의 탁월함이란 인식능력이나 도덕감각, 문화적 관습 혹은 과학기술 따위에 있는 게 아니라, 오히려 인간

이후에 도래할 비인간적 존재를 겸손하게 예감하고 기다리는 데 있다. 인간을 진정 인간답게 만드는 것은 스스로 더욱 진화된 존재, 또는 미래의 존재로서 포스트휴먼을 자처하는 데 있는 게 아니라, 자신은 포스트휴먼이 아님을 인정하고 긍정함으로써 미-래를 열어두는 데 있을 것이다.

9. 누구를 위한 인문학인가
불온한 인문학 시론

1. 21세기 대한민국, 인문학의 전성시대?

대학의 제도 '안'에서 뿐만 아니라 '바깥'에서도 일반 대중을 향해 발언
하는 인문학 강의가 성업중이다. 1990년대 말까지만 해도 '대안학교'를
내세우며 몇몇 비제도권 연구단체들에서 '실험'되었던 인문학 강좌들이,
지금은 매 분기별로 국공립 도서관과 문화센터, 동사무소, 호텔과 백화점
등에서 정규적으로 열리고 있다.[1] 문文·사史·철哲로 대변되는 비실용적
인, 그래서 역으로 '고급스럽다'는 이미지가 새겨진 이 오래된 지식체계
에 대중은 한결 가벼운 발걸음으로 다가갈 수 있게 되었다. 일상의 교양
을 위해서뿐만 아니라 기업경영이나 공무수행의 실용적 차원에서도 인
문학적 소양은 어느덧 필수요소처럼 여겨지는 형편이다. 각급 지자체나
사설 사업장 등에서 인문학 연구자들을 초빙해 문학이나 신화, 역사와 사

---

1 "삶과 체험… 도서관에 '인문학 꽃'이 피었습니다", 서울경제 2015년 4월 15일자.

상, 예술에 대한 강연을 듣는가 하면, CEO나 공무원을 위해 전문적으로 기획된 인문학 수업과정이 대학 곳곳에 개설될 정도다.[2] 가히 '인문학의 전성시대'라 불러도 좋을 듯싶다.

인문학의 호황을 실감할 수 있는 광경은 비단 제도 안팎의 교육현장에만 국한되지 않는다. 사회 주변부와 저변부의 소외된 이웃에게도 인문학의 손길은 가닿아 재소자와 노숙인, 빈민을 위한 다양한 강의들이 잇달아 개설되었다. 경제적으로나 상황적으로나 여건이 안 되는 사람들에게 인문학은 국가의 복지 프로그램으로 제공되고 있으며, 기업은 자산의 사회적 환원이라는 명목으로 각종 인문학 행사를 주기적으로 개최하고 있다. 이제 인문학은 지식의 확대와 전파라는 형식적인 틀을 벗어나, 상처받고 힘겨워하는 이들에게 '치유'와 '화해'의 중재자로도 나설 것을 요청받는 상황이다. 난장판이 된 정치가 서민의 일상생활에 아무 도움도 안 될 때, 불황과 세대 간 갈등으로 청년들이 거리로 내몰릴 때, 차별과 혐오로 얼룩진 시선으로부터 소수자들이 고통받을 때, 혹은 어디에도 기댈 곳 없이 누군가 비틀거리고 있을 때 가장 필요한 것은 '희망'과 '위로'를 선사하는 인문학이며, 인문학 안에는 작금의 곤경을 물리치고 행복한 미래를 설계할 지도가 놓여 있다는 조언을 듣는 것은 이제 그리 낯선 일이 아니다. 뉴스와 광고, 예능 프로그램조차 일상의 인문학이 얼마나 소중한 것인지 시시때때로 일깨워주니,[3] 정말 그런 것처럼 우리는 믿을 수밖에 없다.

인터넷과 스마트폰, SNS가 필수품으로 자리잡은 우리 시대에, 인문학

---

2 "경제·경영 시들… 요즘은 인문학", 국민일보 2014년 1월 18일; "독서 경영도 인문학 전성시대", 서울경제 2014년 5월 15일자.
3 "알기 쉽게 바이러스 풀이… '인문학 예능' 뜬다", 문화일보 2020년 3월 19일자; "방송가는 지금 '인문학 전성시대'", 세계일보 2017년 11월 6일자; "TV는 인문학을 싣고… 바보상자가 똑똑해졌어요", 동아일보 2017년 5월 17일자.

의 부흥은 하나의 사회적 유행을 넘어 어느새 삶의 당연한 풍경으로 자리잡은 느낌마저 든다.[4] 지난 세기의 끝무렵 '인문학의 위기'를 개탄하며 빈궁과 소외가 인문학의 본래 운명이 아니냐고 자위하던 시절과 비교한다면, 요즈음 인문학의 외연 확대와 대중화는 정말 확연한 시절의 차이를 느끼게 하며, 새로운 호기好機의 신호처럼 들리지 않을 수 없다. 아무도 인문학을 원하지 않는다고 걱정하고 있을 때 대학과 제도의 바깥에서 감행되던 인문학적 실험들은, 이제 도처에서 나부끼는 인문학 부흥의 깃발을 목도하면서 소기의 성과를 달성했노라고 자부해도 좋을까?

하지만 이 같은 부흥의 현실을 잘 뜯어보면 그다지 낙관적이지만은 않은 장면들이 눈에 띈다. 지금 인문학의 부흥이 뜻하는 것은, 강단과 기업의 요구 및 대중매체의 열띤 호응에서 확인할 수 있듯이 주로 인문학에 대한 사회적 인식의 증대와 그에 따른 소비 대중의 확충에 더 가까워 보인다. 우선, 석박사 학위의 제한이나 재정적 후원 없이도 인문학적 성찰과 사유를 심화·확대시키고자 출범했던 비제도권 단체나 집단, 개인들을 본다면, 비록 수적으로는 조금씩 늘어나고 있어도 여전히 소수에 불과하며 그마저도 요즈음은 점차 사라져가는 실정이다. 학문에 대한 당찬 결기에도 공간 마련에 소요되는 비용 문제나 학위의 문턱이라는 현실적 요인들을 제대로 넘어서기 힘든 탓이다. 대학의 울타리 밖에서 인문학을 공부하고 나누려는 시도는 예전의 '위기' 상황을 크게 벗어난 것 같지 않으며 여전히 현재 진행형으로 계속되고 있다.

대학 강단의 사정은 어떨까? 근대 학문이 이식된 이래 학과와 학부라는 분과적 구별에 맞춰 양산되었던 인문학 교과들은 학제간 연구에 대한

---

4 "인문적 소양이란 노숙인에서부터 기업 경영자에 이르기까지 모든 사람에게 요구되는 세상살이의 기초라고 할 수 있습니다"(김경동 외, 2010: 10).

시대적 요구와 독려 등으로 더 개방된 형태를 취하면서 다양화되었다. 또한 BK사업이나 HK사업, CORE사업 같은 국가적 지원책의 영향으로 제도 내의 구조조정 및 개편을 이루기도 했다.[5] 국가의 정책사업으로서 인문학에 대한 공적 지원은 '위기'가 초래되었던 근본 문제 중 하나를 해결하려는 시도로서 기대받기도 했다. 비실용 학문에 대한 학문적 전승이 난관에 처했을 때, 이를 타개할 유력한 방책은 공적 재원을 투입하여 인문학 종사자들의 생계와 활동을 보조하는 것이었기 때문이다. 하지만 그 같은 대응은 국가산업의 일부로 인문학이 편입됨으로써 국가적 시책 및 형식에 부응하는 성과물만 강요하는 결과로 이어질 수 있다. 사기업에 의해 대학이 인수되는 상황은 더욱 나쁜 쪽으로 흘러갔다. 신자유주의적 패러다임과 결부된 이런 조처는 효율성 위주로 대학 구조조정을 단행하게 만듦으로써 인문학을 판촉물처럼 취급하거나 사양학문으로 간주해 아예 학제 자체를 폐지시키는 방향으로 귀결되었던 탓이다.[6] 국가의 공적 지원이 늘고 기업의 자본이 투입될수록 인문학은 더 많은 수익과 실적, 그에 걸맞은 결과물을 '토해'내도록 강제당하지 않을 수 없다. 위기가 해소되기는커녕 더욱 심화되었다고 말하는 게 옳을 듯싶다.

1990년대 후반부터 2000년대까지 널리 타오르던 '위기' 담론의 핵심은 인문학의 과소소비에 대한 논쟁이었다. 쉽게 말해, 인문학이 '안 팔리고 있다'는 게 문제의 핵심이었다. 학문적 재생산의 주축이어야 할 대학에서 인문학은 학생들의 외면을 받았고 전공학과가 폐지되었으며 대중

5 "인문학 부흥에 300억 지원··· 대학 생태계 구축될까", 아시아경제 2015년 10월 21일자.
6 "'취업중심' 대학 구조조정 본격화··· 인문학 위축 우려", 노컷뉴스 2015년 12월 29일자; "국가 인문학 지원, 학술진흥이냐 대중화냐", 한겨레 2015년 3월 5일자; "대학생들 만난 황우여 '인문학보다 취업이 먼저", 경향신문 2015년 2월 4일자; "'이사장님 뜻대로!'··· 중앙대 구조조정 몸살", 프레시안 2010년 1월 21일자; 「'삶과 인문학' 강좌에 대한 소회」, 『관악』 42, 2010.

들로부터 더이상 존경과 존중을 받지 못하고 있다는 상황이 지난 위기의 중심에 있었다. 그래서 유수의 대학 학장들이 모여 선언서를 낭독하고 '고사 직전'의 기초 학문에 국가적 지원을 촉구하며 '보호학문'으로 지정해주길 탄원했다.[7] 외관만 보자면 지금은 정반대 상황이 연출되는 중이다. 이제는 과소소비가 아니라 과잉소비가 인문학의 문제로 보이니까. 관민이 일심이 되어 인문학의 중요성을 역설하고 각종 저서와 안내서가 넘쳐나며 TV와 인터넷을 켜면 유명 저자들과 교수들의 특강이 펼쳐진다. 제도 바깥에서 독립적이고 자율적인 인문학을 시작하겠다는 집단들도 자주 눈에 띈다. 그럼에도 앞선 진술처럼 인문학의 '전성시대'란 구호는 또다른 '위기'에 대한 경고신호를 동반한 채 낮게 울려퍼지고 있다. 상황은 바뀌지 않았거나, 혹은 이전과는 전혀 다른 방향으로 흘러가고 있다.

2. 다시 인문학의 위기가!

1980년대 한국 사회의 이데올로기적 지형을 구성하던 '자본과 노동의 대립'은 1990년대에 접어들면서 '문화의 장'으로 통합·전환되기 시작했다. 이른바 한국사회의 문화적 전회cultural turn란 대중의 관심이 집단적인 정치적 사안으로부터 개인의 사적 욕망을 자유롭게 발산하는 차원으로 전환되었음을 뜻한다. 민족과 민주주의, 통일과 해방을 역설하던 거대담론들은 뒤로 물러나고 그 자리를 욕망과 열정의 미시담론들이 차지했다. 인문학 위기의 가까운 원인으로 자주 지목되는 패러다임의 변화가 그것인데, 진지한 분위기를 연출하며 연속적으로 축적되던 근대적 지식체계

---

7 "인문학 위기 선언과 지식의 위기", 교수신문, 2006년 11월 28일자.

가 몰락한 대신, 가볍고 불연속적인 지식의 파편들이 탈근대적 앎의 형태로서 부상했다는 것이다. 전통적 지식형태는 체계성에 있어서나 지위에 있어서나 더이상 예전의 확실성과 유효성을 보장받을 수 없게 되었다.[8] 아직 근대성의 자장에 남아 있던 아카데미의 인문학이 이런 변동을 감당하지 못하고 비틀거린 것도 무리는 아니다.

위기를 타개하고자 모색되었던 방안들을 일일이 돌아볼 필요는 없겠다.[9] 다만 그 주의주장을 크게 세 가지로 간추려본다면 다음과 같다.

첫째, 인문학의 영토를 다시 확정하고 굳게 지켜야 한다는 주장. 1990년대 들어 부각된 '문화'라는 애매모호한 영역에 인문학이 흡수 통합되는 현상을 경계하고, 제도적으로 안전하게 설정된 영역을 견고히 지킴으로써 학문적 전통의 고유한 지배력을 유지하자는 것. 이 입장의 전제는 학문은 일상과 다르며, 당연히 후자의 외관을 특징짓는 문화와도 다르다는 데 있다. 근대 이래 저 나름의 논리와 방법론으로 구축된 분과학문의 영토를 함부로 뒤섞고 넘나드는 것은 불필요한 만용이기에 연구자들은 단지 예전부터 잘 닦여 있던 정도定道를 가기만 하면 충분하다는 것이다. 이를 인문학의 '보수주의'라 부를 수 있겠다.

둘째, 첫번째 입장과는 정반대로 인문학은 수성守成에 애쓰지 말고 다른 영역들, 이웃한 분과학문들뿐만 아니라 자연과학과 그 이상의 분야에 이르기까지 널리 영토를 확장해야 한다는 주장이 있다. 근대과학의 발전을 선도했던 것은 인문학이 주도하던 제약 없는 상상력이었으며, 그런 의미에서 인문학은 토대와 기반의 학문으로서 의의를 갖는다. 따라서 인문학의 '제국주의적' 확장은 나쁜 게 아니며, 거꾸로 이 학문의 본질적인 모

---

8 서구에서 근대적 지식 체제의 변동에 대한 첫번째 이론적 설명은 1979년에 나왔다(리오타르, 1992: 132-133). 한국에서 그 변동이 감지되었던 시기는 1990년대일 것이다.

9 이에 대해서는 다음의 글을 참조하라(최진석, 2019: 400-405).

습이라는 입장이다. 진취적이다 못해 섬뜩할 정도의 공격성이 엿보이는 이런 관점의 핵심은, 후기 자본주의사회에서 인문학의 과제가 자본 및 권력과 잘 어울리면서 생존과 번영을 확보해야 한다는 의제에서 두드러진다.[10]

셋째, 수성도 확장도 아닌 인문학의 횡단적 특성을 강조하는 입장이 이에 속한다. 학제적interdisciplinary 연구로서 인문학을 정의할 때, 인문학에는 본래부터 고유한 영토가 없다. 그것은 언제나 다양한 학문적 교차지대를 오가며 생성되었던 사이間의 사유였고, 상호작용을 통해서만 작동하던 잡종의 지식이었다. 그러므로 가장 필요한 것은 다른 분과학문들과의 만남과 충돌, 사건을 통한 변이의 지속능력이다. 근대학문의 강고한 정착주의에 반대해 유목성을 주된 화두로 삼는 이 같은 입장을 '노마디즘'이라 부르는바, 이로부터 개별 학문의 분과적 경계와 위계는 무의미해진다. 다양한 담론들 사이의 계보나 위계를 따지지 않은 채, 새로 생겨나는 담론의 지형과 그 효과를 문제화하는 것이 더욱 생산적이다. 그처럼 새롭게 효과화된 사유와 담론을 '인문학'이라 부르는데, 왜냐하면 낯선 모습으로 등장한 지식이기에 아직은 익숙한 이름으로 불러 지칭할 수밖에 없는 까닭이다. 노마디즘의 관점에서 볼 때, 인문학이란 생성하는 앎의 임시 거처인 셈이다.

이 세번째 관점에 주의를 기울여야 한다. 앞선 두 관점들은 어떻게든 노마디즘적 사유의 흐름 속에 수렴되는 경향에 있기 때문이다. 각각이 내세우는 모토는 다르지만, 겹치고 덧이어지는 '크로스-오버'는 우리 시대 인문학의 주된 방향이며, 그 가운데 이전과는 다르고 낯선, 특이적인 흐름의 생성을 포착하는 게 관건이다. '횡단'과 '통합', 그리고 '생성'은 새로

10 "4차 산업혁명 시대 이끌 '화쟁(和諍)형 인재' 배출", 조선일보 2020년 3월 29일자.

운 인문학을 낡은 인문학으로부터 분리해내고, 정착된 인문학이 아니라 발생하는 인문학을 표제화할 수 있게 해주는 시금석이라 할 수 있다.

　'노마디즘의 인문학' 또는 '인문학의 노마디즘'은 현재 인문학의 위기가 (과잉)소비가 아니라 생산의 문제에서 생겨났음을 지적한다. 인문학이 값싸게 팔린다든지, 싸구려 인문학이 양산됨으로써 대중의 앎이 통속화된다든지와 같은 통념적인 판단은 현재의 상황을 정확히 분석한 결과가 아니다. 순수한 인문학이란 존재하지 않는 것이기에 오염된 인문학도 없고, 더불어 고귀한 인문학이나 값싼 인문학도 있을 수 없다. 핵심은 인문학이라 불리는 지식, 그것을 둘러싼 조건이 무엇인가를 제대로 파악하고 답하는 데 있다. 변화된 시대적 지형 속에서 인문학은 무엇을 어떻게 생산해야 하는가? 과거에 인문학이 생산했던 것과 지금-여기서 인문학적 지식이 생산해야 할 것은 어떻게 다른가? 과소소비의 문제는 과잉소비로 풀 게 아니라 '다른 생산'을 통해 넘어서야지 않을까? 대중의 냉담이나 소비행태가 아니라 다른 삶을 생산하지 못하는 인문학의 실패와 무능력이 문제다. 담론 생산의 물질적 조건들이 달라졌고, 그렇게 생산된 담론의 효과는 이전과는 다른 현실을 가리키는데 구태의연하게 과거의 영예만 재현하려고 애쓰는 인문학은 사멸의 위기에 직면할 수밖에 없다. 위기는 인문학이 죽어간다는 게 아니라 달라진 생산의 조건을 명확히 알지 못한다는 사실에서 나온다. 근대 이래 학문의 가능 조건들을 표시해온 경계들 및 영토들을 뛰어넘고 가로지르며 접속하는 것, 그로써 새로운 생산의 조건을 산출하는 것이 ('학제간'을 넘어서) '학제-변환적trans-disciplinary' 노마디즘의 인문학이라 할 수 있다.

　이는 의당 지적 생산의 영역, 영토성에 근본적인 변화를 동반할 때만 가능하다. 어떤 지식도 자신이 그어놓은 경계, 분과의 금 안에 안주할 수 없게 된 것이다. 뇌과학의 성과를 모른 채 인식이 무엇인지를 철학적으로 논변하는 것이나, 분자생물학이나 인공생명 연구의 성과를 모르면서 인간이나 생명에 대해 사유한다는 것은 불가능하다. (…) 이런 점에서 모든 지식은 분과의 형태로 존재하는 지식의 낡은 영토에서 벗어나 다양한 영역을 횡단하는 탈영토성을 강화해야 하며, 분과가 요구하는 낡은 연구의 규칙code들에서 탈코드화되어야 한다(이진경, 2005 : 54-55).

인문학이 쇠락해가고 있다고, 국가적으로 보호되고 육성되어야 한다고 유난을 부리던 것은, 지금 따져볼 때 원인을 옳게 파악하고 수립했던 전략이 아니었다. 동일한 것의 재생산이 아닌 '다른' 생산, '새로운' 생산에 대한 추동이야말로 가장 정확하고도 절실한 처방일 것이다. '무엇을what' 이 아니라 '어떻게how'에 관한 생산이 문제라면 더욱 그렇다.

인문학이 소비문화에 예속되어 있다는 우려를 끌어와보자. 이는 새로운 가치 생산자로 작동해야 할 인문학이 자본의 강압에 짓눌려 소비주의에 끌려다니고 있다는 비판에서 출발하는 질문이다. 예컨대 학교와 도서관, 교도소와 백화점 등에서 전달되는 인문학적 지식은 대개 처세와 입신, 성공을 위한 삶의 방법을 제안하고, 자기계발을 진작시키는 교양상품에 다르지 않다. '먹고사니즘'이 지상 최대의 과제로 천명된 우리 시대에 인문학은 경제적으로 유용한 사물이 아니면 안 된다는 가치관을 직·간접적으로 반영하는 지식상품이 되었고, 이로써 인문학 자체가 상품적 가치만을 담지한 채 본연의 가치로부터 동떨어진 도구가 되었다는 것이다(오창은, 2013 : 1부).[11] 하나의 유행이 지나면 다시 새 유행을 좇아 재빨리 상

---

11 다음의 글도 참조하라. "인문학을 경제활성화 도구로 전락시켜 위기 심화", 서울신문 2013년 9월 12일자.

표를 바꿔 달아 다른 유통의 회로에 투입되고, 그렇게 인문학의 유용성은 상품적 가치에만 종속된 채 과잉된 소비의 챗바퀴를 유전流轉하게 된다. 다른 모든 상품들과 마찬가지로, 자본주의사회에서 인문학은 그 어떤 새로움의 진가를 보여주기도 전에 식상함에 노출되고, '소비자들'은 이내 또다른 새로움을 요구하며 등을 돌릴 것이다. 더구나 그 새로움과 다름이 금전적 가치로만 고정되어 있다면…… 새로움이란 소비의 다음 사이클이 아니라 그런 사이클을 균열내고 망가뜨림으로써 다른 흐름을 도입하는 사건일 때 의미를 가질 것이다. 그렇다면 인문학적 지식의 소비는 유행의 교체 속에 한 고리가 아니라 유행 자체를 어그러뜨려 유행 아닌 것, 이질적인 순환성을 도입하는 계기가 되어야 한다(그로이스, 2017: 75-76). 그것은 자본과 권력의 뒷받침 속에서 인위적으로 재단되거나 기획되는 실행의 효과가 아니다.

'노마드'와 '노마디즘'은 어떤가? 들뢰즈와 가타리에 의해 제창된 유목주의는 숱한 오해 속에서도 탈근대사상의 패러다임 중 가장 유력한 구호로 환호받았다. 자본과 권력이 우리의 감각과 사유, 무의식을 잠식하지 못하도록 구태의연한 현재로부터 탈주하라는 주문은 새로움을 추구하는 누구에게든 지상명령처럼 들릴 것이다. 하지만 탈주에 대한 언표가 종종 자본주의의 (비)물질적 기제에 쉽게 포획되어 실현된다는 것은 진정한 아이러니가 아닐 수 없다. 가령 언제 어디서든 노마드의 자유를 구가하려면 스마트폰과 아이패드를 소유해야 하며, 신속한 기동성과 이동의 안락함을 확보하려면 최신식 SUV를 구입해야 한다. 직업적 매너리즘에 빠지지 않은 채 창의적인 아이디어를 유지하기 위해서는 언제 어디서든 박차고 떠날 수 있는 부富의 수준을 유지할 필요가 있다. '디지털 잡 노마드digital job nomad'란 한편으로 전 세계적 범위에서 자유롭게 이동 가능한 이주 노동자를 뜻하지만, 다른 한편으로 그 능력을 물질적으로 뒷받침해주는 재력의 소유자를 가리킨다. 노마드에 대한 이 같은 통념은 자본과 권력의 포획장치로부터 벗어나라는 애초의 취지와 달리, 대개 자본주의의 소비주의적 클리셰를 통해 유통되곤 한다.[12] 인문학이 무엇을 생산하든, 어떤 가치를 표방하든, 그것은 곧장 자본의 권력에 포획되어 소비의 순환에 던져지고 소모되어버릴 운명이다.

인문학적 사유가 쉽고 빠르게 자본에 추월당하는 게 문제라면, 그 생산의 속도를 더 가속화함으로써 자본의 추격을 떨쳐버리면 되지 않느냐는 반문도 나올 법하다. 하지만 우리가 추구하는 새로움은 현재를 절단하여 발견하는 낯섦임이며, 그 낯섦을 통해 이질성을 창안하는 데 있음에 동의한다면, 단지 더 빠른 속도에 호소하는 것만으로는 자본과 권력의 맹위를 물리칠 수 없음이 분명하다. 그럼 어떻게 할 것인가? 차라리 해법은 '어떻게' 생산할 것인지를 물었던 데서 더 나아가, 그렇게 생산되는 인문학의 가치가 과연 '어떤which' 것인지를 고찰하는 데서 나와야 하지 않을까? 이 물음은 인문학의 본질이나 본성nature에 관한 게 아니라 그것의 사회적 양태mode를 향한다. 다른 모든 활동과 마찬가지로, 인문학 역시 그것을 둘러싼 사회적 조건들에 따라 상이한 가치를 생산하고, 가치 현존의 양태를 규정받을 것이기 때문이다.

그렇다면 지금까지 인문학은 어떤 조건 속에서 생산되어왔는가? 위기든 부흥이든 인문학의 현재적인 외양에 괄호를 친 다음, 인문학을 감싸고 있는 모종의 '신화'가 무엇인지 면밀히 따져볼 필요가 있다. 인문학의 본질이나 사명에 대한 오래된 주장의 밑바닥에는 '휴머니즘'과 '문화주의'

---

12 '직장 없이 돈 벌기' '언제, 어디서든 돈 벌기' '정년, 해고, 상사 없이 돈 벌기' '두번째 월급통장 만들기'나 '경제적 자유를 누기기'를 각 장의 제목으로 삼는 책의 마지막 장은, 아이로니컬하게도 '일과 돈으로부터 자유로운 삶을 시작한 당신에게'로 끝나고 있다. 자유롭고 행복한 삶의 꿈은 결국 자본주의사회의 디지털 플랫폼을 충분히 활용함으로써만 달성될 역설적 미래에 맡겨진 것이다(권광현·박영훈, 2017).

라는 신화가 도사리고 있다. 마치 인문학은 아주 오랜 옛날부터 '인간'을 추구하고 '문화'를 창달하려는 고귀한 목적을 안고 생겨났다는 입장이 그 것이다. 하지만 정말 그런가? 지금 인문학이 무엇을 할 수 있는지, 어떻게 그 생산의 조건을 바꿀 수 있는지를 정확히 묻고 답하기 위해, 먼저 이와 관련된 인문학의 계보학적 성찰을 시도해보도록 하자.

3. 인문학은 인간을 위한 학문이다?

당장 서점이나 도서관에 가서 '인문학'이라는 색인이 붙은 서가를 한 번 둘러보자. 거기서 임의의 책을 뽑아들어 저자 서문이라든지 서론을 훑 어보면 곧장 마주치는 내용이 있다. 인문학이란 무엇인가, 도대체 왜 인 문학이 중요한가에 관해 나름대로 적어놓은 글귀를 읽어보라. 대동소이 하게 그 책들은 인문학의 본질과 효용에 관해 엇비슷한 진술을 적어내린 다. 즉, 인문학은 무엇보다도 먼저 '인간을 위한 학문'이라는 것. 인간 혹 은 인간성이라는 본질이 존재하며, 이에 대해 궁구하는 것이 인문학이라 는 주장이 그러하다. 흔히 '인문과학'으로도 번역되는 'Human Science / Humanities'의 정의는 인문학이 태생적으로 인간을 위한, 인간에 의한, 그리고 인간의 학문이라는 점에 있다. 인문학의 휴머니즘Humanism, 그 신 화가 이로부터 파생되어나왔다. 오직 인간만이 가장 귀중한 가치의 담지 자요, 그런 인간을 연구하고 추구하는 게 인문학이니, 어찌 인문학이 소 중하지 않을 수 있으랴?

인간을 인간이라 말할 수 있는 이유는 현재를 이해하고 해석하는 행위 를 한다는 데 있다. 인문학은 이런 인간의 행위에 관계되는 학문으로,

인간의 삶과 역사는 물론, 존재와 실존의 문제, 내적이며 외적인 지평 모두와 관계한다. 그러기에 인문학은 사물에 대한 객관적 지식을 찾는 학문과는 달리 인간이란 존재 전체에 관계된다. 그 학문은 인간 존재와 삶의 현재에 대한 이해와 해석의 작업이다. 인문학은 그런 행위에 의한 의미의 학문이다(신승환, 2010: 7).

자못 진중하고 엄숙한 어조로 읽히는 이 문장의 핵심은 이렇다. 인간은 현재를 이해하고 해석하는 행위자이며, 그런 인간 전체에 대한 학문이 인문학이라는 것이다. 동물의 입장이 되어본 적이 없기에 인간에 한정해서 말한다면, 물론 인간이 그러한 시야와 능력을 가진 존재라는 점에 이의를 달긴 어렵겠다. 확실히 이 글을 읽고 있는 우리 모두는 현재가 어떤 시제인지 알며, 그 시제를 둘러싼 이해와 해석의 행위에 참여하고 있으니까. 관건은 인간이다. 인간이란 도대체 무엇인지에 대한 답변이 바로 인문학일 것이다.

인간에 대한 강한 정향은 동서를 막론하고 인문학의 기원을 고전고대로 끌어당긴다. 마치 인간이라는 본질에 대한 탐구는 아득한 옛날부터 한결같이 일관되게 추구되어 왔다는 듯이. 호메로스와 투키디데스, 키케로, 보에티우스, 베르길리우스 등과 더불어 제자백가시대의 수많은 사상가들이 인문학의 영토에서 불멸의 고전처럼 늘 앞세워지는 이유가 따로 있는 게 아니다. 문학과 법, 철학, 사회, 정치 등의 다양한 분과영역들이 고전사상가들에 대한 관할권을 주장하지만, 고전을 통해 인문학을 되새길 때마다 나타나는 공통의 지향점은 '인성의 도야'라고 불리는 것, 즉 인간의 도덕적 자질을 발현시키거나 향상시키는 데 있다. 아름다운 덕성의 추구로서 인간성이야말로 먹고사는 삶의 구체적 필요로부터 거리를 두되, 바로 그런 이유에서 오히려 가장 가치 있는 탐구의 대상으로 존중받는 형편이다. 인문학이 보편적 인간성humanity, 즉 '인간다운 속성'을 궁구하는 학문을 자임할 때 휴머니즘은 인문학의 꽃이 되었다(박이문, 2009: 32). 이처럼 인간을 가장 귀중한 존재로 탐사하는 휴머니즘의 흐름은 르네상스시대에 커다란 비약을 이루었다고 배운 적이 있을 것이다.

역사 상식에 기댄 모범 답안을 내놓는다면 다음과 같다. 근 천년에 이르는 중세 동안 서구세계는 교회를 중심으로 한 종교적 도그마에 사로잡혀 있었으며, 인간 삶의 가치는 고유한 권리를 주장할 만한 근거를 거의 갖지 못했다. 세상만사의 귀결을 신의 뜻으로 받아들여야 했고, 그 같은 해석의 지침은 교부들에게 전적으로 위임되어 있었다. 성서가 전하는 바에 따라 인간은 한편으로는 신의 형상에 따라imago dei 지어진 성스러운 존재였지만, 다른 한편으로는 낙원추방으로 인해 타고난 죄인 취급을 받았던 것이다. 그래서 중세의 전승에서는 '인간 존재의 비참함'이나 '인간 자신에 대한 경멸'이 노골적으로 표명되는 것은 당연한 노릇이었고, 수양심 깊은 교인이라면 종일토록 자신의 죄를 고백하며 '탄식과 눈물을 흘리며' 참회의 시편을 읽는 것이 권장될 정도였다(푸어만, 2003: 42).[13] 이러한 중세적 세계상은 14-15세기를 거치며 세속주의적 세계관으로 점차 변화를 겪게 된다. 무엇보다도 인간에 대한 관점 및 태도의 전환이 두드러졌다. 정치와 사회, 사상과 예술의 모든 방면에서 인간의 신체와 감각은 거부되고 억압되어야 할 대상이 아니라 깊이 탐구되고 미적으로 재현될 만한 가치 담지물로 여겨졌다. 인간 자체는 신의 의지에 따라 좌지우지되는 수동적 존재가 아니라 이 세계를 움직이는 동인이자 주체로 각

---

13 중세인의 삶에 대한 이러한 해석은 르네상스 이래 대중적으로 형상화된 공식 문화의 산물이다. 반면, 20세기의 역사학은 중세적 삶의 다면성에 대해 흥미로운 성과들을 일궈냈고, 이는 중세인들의 비공식적 삶에 대한 풍요로운 장면들을 보여준다. 중세의 신체와 사유, 감각과 쾌락, 삶에 대한 감수성 등은 우리가 교과서적으로 알고 있는 사실들과 매우 다르다(긴야, 2005).

성되었고, 그런 인간들이 구성한 사회는 종교권력이 아니라 세속권력에 의해 통치되어야 할 현실적 체제로 부각된다. 이른바 '인간의 시대'로서 르네상스가 규정되는 순간이다. 고전고대의 이교시대에는 거리낌없이 추앙되었으나 1000년간 죽은 듯이 유폐되었던 인간이 '부활'한 시대라는 뜻이다.

하지만 르네상스에 대한 이 같은 정의는 수많은 논란을 일으켰다. 가령 '인간 존재의 권리선언'이라 불리는 피코 델라 미란돌라의 저술에는 인간이 온갖 경탄을 받기에 충분한 존재이며, 동물은 물론이고 별무리와 천사들에게도 질투를 받을 만하다는 문구가 등장한다(미란돌라, 1996: 134-135). 정말 인간이 그만한 대접을 받아도 좋을지는 차치하더라도, '죄인'의 위치에 던져져 있던 인간이 신을 제외한 모든 존재자들을 압도하는 자리에 올라섰음을 확연히 실감케 하는 말이다. 하지만 이토록 놀라운 존재자인 인간은 대체 무엇인가? 유명론적 농담을 빌려 말한다면, 우리는 각자 자기의 이름과 신체를 가진 누군가로 실존하지만 인간 자체로서는 존재하지 않는다. 우리 모두는 인간이지만 정작 인간 그 자체는 누구도 만나본 적이 없다. 인간이란 추상적 관념 일반일 뿐이며, 그래서 인간의 존엄과 위엄을 강조하는 것만으로 우리 각자의 존엄과 위엄이 선양되지는 않는다. 우리가 인간으로 대접받기 위해서는 먼저 인간의 기준에 속해야 할 일이다. 니체가 냉연히 말했듯이, 어떤 언표는 누가 그것을 발화했는지에 따라 다른 의미를 갖게 마련인 것이다.

근대 인문학의 기원으로 언급되는 스투디아 후마니타티스studia humanitatis는 키케로의 『아르키아를 위하여』(BC. 62)에 나오는 단어로서 르네상스시대의 휴머니스트 페트라르카가 재발견해 인문주의 교육의 전거로 세공했던 개념이었다. 16세기 사상가들에게 스투디아 후마니타티스는 고전에 대한 연구를 바탕으로 정신적 자기완성을 지향하는 학문으로 받아들여졌지만, 이것이 정자세로 좌정하고 참선하듯 마음을 가다듬는 수양의 지침으로 인식되었던 것은 아니다. 문법과 수사학, 역사학과 시학, 도덕철학으로 명확히 한정되었던 르네상스의 스투디아 후마니타티스는 인성교육에 방점을 찍고 있던 동시에(크리스텔러, 1995: 41), 분명히 실용교육과 관련된 주제들을 포함했다. 바꿔 말해, '보편적 인간성'이란 단어에서 우리가 흔히 연상하는 추상적 인성론이 아니라 르네상스 시기 이탈리아의 현실을 반영하고 그에 대응하는 실제적 기예로 교육의 목표가 설정되었다는 뜻이다. 알다시피, 14세기 말엽 거의 한 세기 이상의 정치사회적 격변이 몰아닥친 이탈리아반도에서 중시되었던 것은 변화하는 현실에서 살아남기 위한 실천적 기예였다. 직공과 장인이야 도제식 교육을 통해 전문적 기술을 익히면 되었으나, 이탈리아 도시국가들을 장악하고 있던 세도가에서는 통치철학과 실무능력이 긴요하지 않을 수 없었다. 소위 시민적 휴머니즘Civic Humanism이란 이 시기에 대두된 공화주의적 정치제체와 휴머니스트 교육 사이의 공생관계를 설명하기 위한 개념으로서, 정치토론과 웅변적 설득술, 개인과 집단의 사회적 관계에 대한 통찰력을 강조한 이념이었다. 르네상스 휴머니즘의 '실제 교육'이란 바로 이런 현실적 특수성을 반영하는 것이었지 결코 추상적인 우주론이나 인간 존재론, 미덕 예찬 따위가 아니었던 것이다.

휴머니스트적 문법(즉 분명하고 바르게 쓰고 말하는 것) 및 수사학(설득력 있는 논의와 가능성에 입각하여 실제 결정을 내리는 것)이 정치 지배계급 출신의 젊은이들에게는 훨씬 더 유용하였다. 휴머니스트 교육은 그런 젊은이들이 정치생활에 효과적으로 참여할 수 있게 하는 수사학적 기예를 제공했다. 그것은 또한 지배층 엘리트에게 매우 적절해 보이는 도덕적 훈련과 도덕적 의무를 강조했다(나우어트, 2003: 43).

요컨대, 휴머니즘 교육은 '모든 인간'에게 '보편적'으로 열린 배움의 장이 아니었다. 당대 사회의 특수 계층, 지배자들의 제왕학적 훈련을 목표로 연마된 교육철학에 가까웠으며, 당연하게도 대중 일반에게는 개방될 수도 없고 그럴 필요도 없는 제한된 전문적 기예였던 것이다. 이는 그다지 놀랄 만한 일도 아닌데, 애초에 키케로가 의도했던 교육의 대상 역시 로마의 자유로운 남성시민들이었고 지배층 엘리트의 통치술 습득에 정향된 것이었던 까닭이다(진원숙, 2005: 337-338). 여성과 아이, 하층민은 여기서 제외되었으며, 자연스레 '인간'의 범주에서도 배제되었다. 특히 르네상스 휴머니즘은 자유로운 여성시민들에게도 문을 굳게 닫고 있었던바, 19세기에 부르크하르트가 그토록 예찬하던 르네상스 인문주의의 문화와 예술, 정치와 사회 영역 가운데 여성을 위해 할당된 자리는 전무했던 것이다. 휴머니즘의 '공적 영역'은 국가에 대한 봉사를 의무로 삼는 남성주의 광장이었고, 엄격한 출입심사를 거친 소수의 여성만이 여기 출입할 수 있었다(진원숙, 2005: 371; 박홍규, 2009: 126-128). 르네상스 휴머니즘의 '휴먼'이 모든 인간을 가리키는 게 아니었음을 짐작하기란 어려운 일이 아니다.

동일한 문제가 르네상스시대의 유럽인들 전체에도 적용되었다. 그 시대 지배층에게 '휴먼'은 분명 지배층 유럽인 남성을 뜻했을 테지만, 추상적 술어 속에서 '휴먼' 즉 인간은 유럽인들 전체를 가리킨다고 받아들여졌을 수 있다. 하지만 유럽 바깥을 염두에 둔다면 이야기가 또 달라지는데, 비유럽인에 대해서는 '미완의 인간' '야만과 미개의 종족'이란 표찰을 붙임으로써 제국주의와 식민주의의 이데올로기적 전초를 마련했기 때문이다.

우리는 르네상스 휴머니스트들의 대표 저술로서 철학적이고 도덕적인 담론들, 또는 문학작품들을 예시하는 데 익숙하지만, 당대 세계의 전문가들이었던 그들이 관심을 기울이고 종사했던 분야는 매우 다양했다. 예컨대 유럽 바깥의 세계, 바다 너머의 존재 등은 휴머니스트들의 지대한 관심사였고, 고대의 문헌뿐만 아니라 아랍의 문헌까지 연구하며 '이 세계의 끝'에 대한 호기심을 불태웠던 것이다. 이 같은 열정은 비단 사상과 문학의 영역에만 갇혀 있지 않았다. 그들 가운데는 세계가 평평하다든지 바다의 끝에는 괴물이 산다는 중세적 미신을 타파하고자, 또한 원거리 무역을 통한 실리를 추구하고자 원양항해의 필요성을 주장하거나 직접 유력한 군주를 만나 그 가능성을 타진한 경우도 없지 않았다(Mignolo, 1995: 171-175). 이런 영향에 노출된 야심가 중 한 명이 바로 저 유명한 콜럼버스였는데, 휴머니스트 저작의 열독가였던 그는 자신의 독서지식을 맹신한 나머지 실제로 인도탐사에 나서기로 결정했고 그 결과를 평생 믿어 의심치 않았던 휴머니즘의 신봉자였다(그래프턴, 2000: 95-104). 자신이 모르는 것이라면 무엇이든 찾아 읽고, 전문가들을 만나 조언을 듣는데 아낌없던 이 성실한 탐험가는 지구 구형론을 믿고 괴물신화를 타파한 개혁가였으나 동시에 군주가 하사한 '인도'의 원주민이 모두 자기의 소유물임을 확신하는 데 주저함도 없었다. 휴머니즘의 가르침에 따라 유럽적 척도에 못 미치는 비유럽인은 '휴먼'의 자격이 결여된 존재라 생각했던 탓이다.[14]

다른 한편, 19세기 동아시아에 대한 서구열강의 침략 명분은 '야만'과 '미개' 상태에 있는 중국과 일본, 조선을 계몽된 보편적 세계사로 불러내

---

14 "흔히 유럽의 제국주의는 19세기부터 시작됐다고 생각하지만 제국주의 침략은 영국의 경우 그보다 훨씬 전인 12세기에 아일랜드 침략으로 시작됐고, 15세기 후반 이후의 소위 지리상의 발견을 계기로 본격화됐다. 1700년에 이르면 100만 명의 유럽인이 해외에 거주하기에 이르렀다고 추정되는데 이는 그들의 본래 거주지역 인구의 30명 중 1명에 해당하는 수치였다"(박홍규, 2009: 16). 르네상스와 근대 식민주의는 단지 사상적으로만 만나는 사건이 아니다. 16세기의 식민지 사업은 서유럽이 근대 자본주의를 향한 자본축적의 첫번째 '정상적' 단계를 이룰 정도로 활성화된 것이었다(블라우트, 2008: 278-280).

겠다는 것이었다. 이미 르네상스시대를 거치며 아프리카를 정복하던 그들에게 비유럽인들은 아직 '휴먼'이 아니었고, 보편적 인간성의 담지자도 될 수 없었다. 모든 규정은 부정을 통해 이루어진다는 스피노자의 명제를 염두에 둘 때, 인간에 대한 이상화와 그에 관한 학문인 인문학은 비인간을 가려내고 구축하는 방식으로 정초된 것임에 틀림없다. 그 같은 인문학은 인간을 위한 학문이라 부를 수 있을까? 그렇다. 단, 그 인간이 특정한 척도에 부합하는 경우에만.

4. 인문학은 문화를 창달한다?

19세기 말, 자연과학의 급격한 신장에 위협을 느끼던 철학자들에 의해 정신과학 혹은 문화과학이 성립했다. 물질문명의 비대한 발전에 비해 정신적 왜소함의 간극을 극복하고자 나타난 근대 인문학이 내세운 모토는 '고매한 정신의 문화'였다. 독일을 중심으로 한 근대 인문학의 전통은 영국과 프랑스의 '문명'에 대한 대항 개념으로 '문화'를 전면화했고, 이때 문화란 곧 인간이 창조한 모든 정신적인 것을 가리켰다. 인간이 그러한 문화적 가치와 의미의 유일한 창조자로 내세워졌음은 주지의 사실이다(피쉬, 2010: 166). 자연과학이 대상에 대한 학문이라면, 인문학은 인간 주체와 그의 창조물인 문화에 대한 학문으로서 정립되었다. 이런 식으로 "근대 인문학은 여타 과학과 마찬가지로 하나의 '과학'이 되"고자 했다(강영안, 2002: 20-21).

인문학이 인간 자신을 탐구의 영역으로 삼았을 때, 문화에 대한 과학은 인간을 둘러싼 유기적 환경을 고유한 영토로 할당받았다. 자연과학이 그런 것처럼 만일 문화라는 복잡다단한 인간 현상도 기술적으로 분석할 수 있다면, 인문학도 '과학'으로서 정당하게 대접받을 수 있으리라. 그렇지만 과학의 휘장을 두르기 위해 인문학이 치렀던 대가는 길고도 혹독했다. 근대사회에서 과학의 영예스러운 자리는 진리 탐구에 대한 순전한 의욕만으로 가능한 게 아니라, 물질적·제도적 지원을 해줄 수 있는 막강한 후원자를 통해서만 얻을 수 있는 것이었다. 담론과 해석에 진리의 권리를 부여하고 강제력을 통해 관철시킬 수 있는 가장 확실한 주체는 국가였으며, 인문학이 과학의 권위를 자신의 것으로 삼고 싶다면 기꺼이 국가의 종복從僕 노릇도 감수해야 했다. 그렇게 인문학은 국가의 시종이 되었다.

문학·역사·철학, 곧 문화를 연구하는 학문인 인문학의 본래 과업은 권력에 대한 이데올로기적 지원군으로 배속되었다. 예컨대, '정신문화'를 창달한다는 미명하에 인문학이 주로 복무했던 분야는 국가의 폭력을 정당화하고 변호하는 것이었다.[15] 인문학이 노정하는 도덕적 자질의 도야나 '올바른' 삶에 대한 추구가 곧잘 공동체 혹은 국가사회의 구성원으로서 개인의 형성과 관련된다는 사실에 주목해보라. 사람들人 사이間의 현상으로서 문화는 공동체와 사회, 국가라는 소실점을 향해 빨려들어간다. 따라서 인문학은 개인의 삶을 풍요롭게 하는 동시에 그가 속한 공동체(국가)의 발전에도 보탬이 되어야 한다. 모든 인간을 위한 학문이자 인간 문화 전체에 대한 탐구로서 인문학은 정의되지만, 역설적으로 그 현실적 목적은 개인과 공동체(/국가)를 이어주는 특수한 문화적 가치의 계발과

---

15 나치즘에 대한 독일인들의 열광과 몰입은 결코 나치 집권기의 짧은 시간 동안 이루어진 급격한 정신장애 같은 게 아니었다. 19세기 이래 다양한 사상적 조류와 문화적 분위기는 국가와 전체에 대한 논리적 개념장치들을 준비했고, 이를 신화적으로 뒷받침하는 문화적 서사들을 구비해놓고 있었다. 문학과 종교, 도덕과 관습 등 대중을 나치즘으로 경도시킨 수많은 (무)의식적 기제들이 있었기에 히틀러는 전폭적인 지지를 받으며 집권할 수 있었던 것이다. 이를 위한 정신적 경로를 마련하는 데 독일 인문학이 적지 않은 기여를 했음은 잘 알려진 사실이다(노이로르, 1983: 5장). 한국의 사례를 비교한다면, 군사독재 시절 얼마나 많은 지식인들이 '객관적'이고 '공평무사'한 학문을 이용해 권력을 비호하고 정당화하는 데 복무했던가?

함양으로 귀결되어왔다.[16] 인류란 어쩌면 특정한 인간의 집합, 곧 민족과 사회, 국가의 특수한 이익을 위해 호출되는 유명론적 명목에 불과할지 모른다. 그렇게 인문학의 보편주의는 민족과 종족, 국민의 특수주의적 맥락 속에 배치되었다.

1960년대에 영국에서 출범한 문화연구Cultural Studies는 이 같은 사정을 역설적으로 시사해준다. 19세기 영국에서 '문화'는 엘리트 계급의 고급 문화로부터 내버려진 대중, 즉 노동계급의 일상영역을 뜻했다. 비평가 매슈 아널드가 관찰했듯, 인류 예술의 정수를 누리지 못하는 '병든 영혼'으로서 노동계급은 특별히 관리하고 제어해야 할 위협적 대상이었다. 그들은 제국의 질서 내부에서 아나키적 혼란을 일으키는 위험천만한 집단으로 간주되었으며, 따라서 대중문화는 지극히 정치적인 관점에서 주시되고 통제되어야 했다. 이에 사회 중산층은 그러한 대중을 잘 계도하여 부르주아사회에 통합해야 할 교육적 의무를 지닌 집단으로 호명되었다(아널드, 2006: 3장). 국가는 문화 전체의 감독관 역할을 떠맡음으로써 문화의 형성과 강제적 중단 및 재개에 적극적으로 끼어들고자 했다. 하지만 그 방법은 온화하고 부드러운 것이었는데, 바로 인문학이라는 당의정糖衣錠을 통한 지배가 선택되었기 때문이다. 문학과 교양이 대중적 정서의 함양을 위해 권유되었으며, 이는 국민적 정체성의 형성이라는 문화적 목적론으로 규정되었다. 문화는 오랫동안 국가를 통합해왔던 종교를 대신하여 국가가 선택한 새 시대의 이념적 아교였던 것이다. 버밍엄 대학에 설치된 현대문화연구소는 문화와 국가 사이의 오래된 유착관계와 거기에

---

16 인간의 보편성이 민족주의적 특수성과 결합될 때, 그 민족 전체는 같은 인간으로서 평등해지지만 민족의 바깥 곧 타 민족과 그 문화는 비인간적인 것으로서 격하되고 멸시된다. 근대 내셔널리즘의 폐해는 국민국가 내부의 인간적 평등 대 그 외부에 대한 절대적인 불평등이다. 1933년 나치 집권 후 독일 대학의 인문학 사례를 참조하라(블로이엘, 1980: 226-227).

은폐된 이데올로기를 폭로하고, 문화가 국가적인 지향이나 목표와 반드시 결부되어야 할 이유가 없음을 밝히려는 비판적 지성의 산실이었다.

문화연구가 자기의 발생에 대한 거창한 이론이나 사변적 토대를 갖지 않는 것은, 기원적 신화를 갖는 전통 인문학이 기성의 현실을 고착시키고 재생산하는 데 복무해왔기 때문이다. 문학과 철학, 사회학, 정치학과 경제학, 지리학, 페미니즘 등의 다양한 분과학문들이 일종의 협업을 이루어 당대의 사회상태를 분석하고 그 현상유지의 이데올로기적 배면을 비판하는 작업은, 따라서 전통 인문학에 대한 도전과 전복의 함의를 지니고 있었다. 유럽의 문화주의culturalism적 전통은 근대 국민국가 및 자본주의의 은밀한 결연관계가 낳은 산물이었기 때문이다(그린, 2000: 124 - 125). 이제 비판적 연구의 과제는 국가와 자본의 손아귀를 벗어나 독자적인 활동의 무대를 창출하는 데 두어져야 하는데, 문제는 그러한 조건을 달성하기가 쉽지 않다는 데 있었다. 스튜어트 홀 등이 주축이 된 현대문화연구소는 처음부터 대학 부설연구소로 출범했고 학부과정을 개설하면서 영향력을 확대했으나, 역설적이게도 대학의 구조조정과 더불어 존폐가 결정나버렸기 때문이다. 국가에 종속된 인문학을 비판했지만 그와 유사한 제도화의 궤적을 밟으면서, 결국 동일한 위기에 맞닥뜨린 경우라 할 만하다.

다른 한편, 문화와 권력의 긴밀한 관계에 대해서는 유럽 대학에서 1980년대부터 설치되었던 문화학Kulturologie의 사례를 검토해봄으로써 확인할 수 있다. 일종의 '제도적 문화연구'라 부를 만한 문화학은 그 이론적 기초를 18 - 19세기까지 끌어올릴 수 있음에도 사실상 1980년대를 전후하여 새로이 설립된 학문이다(뵈메 외, 2004: 13). 사회의 신자유주의적 재편으로 인해 전통 인문학의 설 자리가 비좁아지자 일종의 학제간 연구를 표방한 '신상품'으로서 문화학이 등장하게 된 것이다. 하지만 영국의 문화연구와 달리 문화학은 처음부터 대학 내의 '통합분과'로 개설되었으며, 국가의 지원을 받으며 성장했다. 비인기 학과의 축소나 통폐합을 '신상'의 형태로 포장해야 했으니 국가의 강력한 견인력 없이는 따로이 경쟁력을 확보하기 어려웠던 탓이다. 문화학을 예의 '국가 인문학'으로의 회귀라 부르는 이유가 여기 있다.

문화학의 강점은 근대 인문학이 핵심적 가치로 내세웠던 휴머니즘을 거부감 없이 상속받을 수 있었다는 점이다. 문헌학Philologie이 낭만주의 시대 이래 '독일적 전통'으로서 합류했고, 이는 민족이나 공동체, 문학, 전통, 역사, 언어 등의 개념들이 문화학의 주된 대상으로 설정되었음을 의미한다. 이 개념들이 휴머니즘과 동일한 맥락에서 수용되었음은 물론이다. 더구나 문화학은 자연조차 문화의 영토 속에 끌어들이고 의미화해야 할 대상으로 간주한다. 가령 생태학적 문화주의는 자연을 그 자체로 사유하기보다 인간의 기획을 실현시키기 위해 동원해야 할 물질적 질료로 간주한다.[17] 보드리야르식으로 말해, 자연마저도 인간의 생산에 포획되는 동시에 소비되고, 다시 소비의 대상으로서 재생산되는 생산-소비의 전일적全一的 순환과정에 포섭되는 것이다(보드리야르, 1991: 107). 문화학은 이 과정을 담론적으로 정당화하는 데 바쳐지게 마련이다.

요컨대, 문화학은 전통적 의미의 인문학을 더욱 확장·강화한 판본으로서 근대 인문학의 흐름을 현대의 학제간 연구라는 요구와 결합시키고 국가적 지원 속에 정착시킨 제도적 산물이었다(Zvereva, 2007). 당연한 이야기겠지만, 국가장치와 결합한 제국주의적 학문이 근대적 생산주의 및 소비주의와 동일 계열 위에서 작동하는 것은 필연적인 결과다. 즉, 세련

---

17 인간과 문화를 자연 속에 환원시키려는 통섭(consilience)은 이 기획의 정확한 역상(逆像)이라 할 수 있다(윌슨, 2005).

된 외양을 갖춘 현대의 인문학으로서 문화학은 철 지난 유행의 탈근대적 회귀라 말해도 틀리지 않을 듯하다. 제도 위의 탈주, 권력에 의해 허용된 분열과 통합, 상품화 가능한 생산만을 지향하는 인문학이 다르고 새로운 생산을 위해 역주할 수 있을 리가 없다.

　문화연구나 문화학에 대한 이런 진술들이 이 학문들에 대한 전혀 근거 없는 폄훼는 아닐 것이다. 우리가 주의 깊게 지켜볼 대목들은 다음과 같다. 문화를 연구하는 새로운 인문학으로서 이들은 각각 자본－노동의 대립과 탈이데올로기적 문화의 장이라는 시대사적 상황들에 대한 대응의 일환으로 개진되었다. 하지만 문화에 대한 신화적이며 안온한 통념과는 달리 문화연구와 문화학, 또는 새로운 인문학적 경향 일반은 그 성립과 탐구의 역사에서 국가 및 자본과 은밀하게 결탁하고 있었다. 아니, 그 생존과 지속을 위해 흔쾌히 국가와 자본에 기댔고, 나아가 공모관계마저 맺고 있었던 게 사실이다. 거대한 이념적 지향을 넘어서 개인과 공동체를 관류하는 삶에 대한 탐구를 내세웠지만, 실제로 문화에 대한 탐구는 국가 및 자본과의 관계 속에서 자신의 정체성을 정립시킬 수밖에 없었다. 애석하게도, 학문적 체계와 권위를 갖추면 갖출수록 비판적 입지점을 계속 지키는 경우는 대단히 드물었다. 20세기를 돌아봤을 때, 인문학이 생산과 소비를 정당화하는 이데올로기적 장치로 봉사하거나 혹은 비국가·비정치적 일상에 매몰되는 경우를 종종 마주치는 이유다. 인문학의 위기가 선포되고 그 존속에 대한 경각심이 높아질 때마다 권력과 자본의 지원이나 보호를 간절히 바라는 것도 이런 맥락에서 생각해보면 그다지 이상한 노릇은 아니다. 이 같은 추세가 더욱 심화되고 장기화되어간다면, 어떤 형태로든 현대의 인문학이 짊어져야 할 순응주의의 무게는 결코 가벼워지지 않을 듯싶다.

5. 불편하고 낯선, 반反인문학

지금 문화는 근대에서 탈근대로 넘어가는 이행기의 화두다. 한편으로 문화는 우리의 관심을 지난 시대의 구태의연한 관행과 맹목, 사회와 국가의 조절기구로 되돌아가게 만든다. 문화에 관해 이야기하며 우리는 공동체와 역사, 민족과 국민, 공유된 감정 및 전통에 포함되는 많은 것들, 국가의 신화 등에 대해 애착을 갖고 적응해가는 것이다. 제도 속의 인문학은 대개 이런 회귀와 애착에 논리적 명분을 심어준다. 다른 한편, 조밀하게 나뉘었던 전통적 분과학문의 경계들은 오늘날 문화라는 언표를 통과하며 다시 분할되고 새로이 재편되는 중이다. 최근까지 인문독서의 한 흐름을 이끌어온 문화사 '다시 읽기'나 '다시 쓰기'의 유행은 인문학이 탈경계와 탈영토화의 노마디즘적 실천을 적극 수용하면서 가능해진 결과로 보인다.

하지만 이전과는 다른 방식으로 생산된 문화라도, 그것이 다시 생산 - 소비의 순환 궤도에 오를 때 문화의 엔트로피는 더욱 증가하게 마련이다. 보드리야르가 지적했듯, 생산과 소비가 일체화된 전일적 교환의 체계에서는 그 어떤 새로운 의미나 가치라도 자동화된 지각의 두꺼운 벽을 뚫지 못한 채 재빨리 소진되고 만다. 가치가 아니라 기호가 소비되는 것이다(보드리야르, 1992: 87 - 88). 이와 마찬가지로 문화의 소비, 혹은 소비하는 문화는 계속해서 새로운 것을 요구하지만, 새로움은 미처 지각되기도 전에 또다른 새로움에 밀려나고 반복강박적으로 생산 - 소비의 회로를 분주히 왕복할 따름이다. 문화의 생산 - 소비 사이클에서 나타나는 한계효용체감의 법칙이랄까?

인문학은 이 과정을 정당화할 뿐만 아니라 심지어 독려하기까지 한다. 이는 인문학이 생산과 소비에 활용되는 새로운 아이템과 어젠다를 제공해줄 수 있다는 '희망찬' 구호 속에서 절정을 맞이하는 듯하다. '창의성'과 '독창성' '상상력' 등의 휘황찬란한 어휘들은 분명 인문학적 사유를 특징짓는 것이지만, 동시에 인문학이 권력과 자본에 가장 손쉽게 결부될 수 있게 만드는 위험한 고리들인 것이다.

'창의성' 역시 마찬가지다. 가장 많은 창의성을 필요로 하는 분야인 광고계 사람들은 인문학 책을 많이 본다. 상품명, 광고 스토리 등 많은 내용을 인문학에서 직접 가지고 오기도 한다. 인문학은 광고의 수원지인 것이다. CEO들이 인문학을 찾는 이유도 마찬가지다. 숫자로 딱 떨어지지 않는 의사 결정이나 정답 없는 방향 찾기를 할 때 가장 도움이 되는 것 역시 바로 이 인문학이기 때문이다. (…) 창의성과 인간관계 향상이 중요한 과제라면 일단 인문학을 수단으로 확정하고, 그러고 난 다음 이 인문학을 어떻게 최대한 효율적, 효과적으로 활용할 수 있을 것인지 고민하는 게 현명하다. (…) 인문학을 체계적으로 자신의 것으로 정리한 다음, 자신이 주체가 되어 자신의 삶에 인문학을 다양하게 적용하기 위해서다. 듣고 즐기면서 소모하는 것이 아닌 '응용'을 위한 하나의 '정신적 자산'을 갖추는 것이 사람들이 인문학 강좌를 듣는 근본 목적이다(신동기, 2009: 16-17).

여기에 '인간'이라는 한 마디가 덧붙여지면 만사는 '오케이'다. 생산과 소비가 막다른 골목에 부딪힌 이 시대에 인문학은 만병통치약처럼 다시 포장되어서 판매의 활로를 찾기에 이른다.

'인문경영'이란 조어造語가 번쩍 떠올랐다. 깊은 내공을 지닌 석학들에게 전수받은 인문학 지식과 인간에 대한 새로운 깨달음을 경영에 적용하면 난국을 돌파할 수 있으리라. 인문학을 익힌 CEO가 거둔 가장 큰 성과는 '인간 이해를 통한 상상력의 극대화'로 요약될 수 있겠다. 상상력과 창의성이 풍부해지면 문제 해결 능력이 커지지 않겠는가(고승철, 2009: 7).

인문학이 수단이 되는 것에 반대하지 않는다. 누군가에게 인문학은 삶을 걸어야 할 업業이 될 수도 있겠으나, 다른 누군가에겐 생활의 방편에 불과할 수도 있는 까닭이다. 인문학의 진정한 효용은 그것이 모두에게 각자마다 다른 쓰임새를 갖기 때문일 것이다. 하지만 인문학에 어떤 과대한 목적을 투사하기 시작할 때, 우리는 근대 인문학이 밟아왔던 오류를 반복하게 된다. 인문학은 사람들로 하여금 무엇인가를 생각하거나 행동하도록 만드는 설득의 기예로서 성장해왔다. 이를 특정한 목적에만 유용되도록 사용하고자 할 때, 경제적 가치에만 초점을 둔 채 금전적 교환가치에만 복종하도록 이용할 때 문제는 기필코 생기게 마련이다. 인문학의 생산이 소비에 추월당하는 원인은 속도의 문제에만 있지 않다. 차라리 원인은 생산이 자본주의사회의 순환회로에 맞춰져 있다는 데, 즉 소비에 정향된 생산에 맞춰져 있다는 데, 그래서 소비가 생산을 부추기고 방향을 설정해준다는 데 있다. 소비의 목적, 소비의 대상에 생산의 속도와 방향이 미리 결정되어 있다면, 어떻게 소비의 속도를 생산이 넘어설 수 있겠는가? 인문학에 쏟아지는 수많은 요구와 비난들, '더욱 유용해지라'는 성난 외침은 귀를 막거나 묵묵히 수용해서 해결될 문제가 아니다. 인문학이 세상의 요구에 등을 돌릴수록, 또는 반대로 허둥대며 더 많은 것을 받아들이려 할수록 인문학은 무용한 말놀이에 머물고 말 것이다.

강박적인 소비에 끌려가지 않는 인문학! 소비의 엔트로피로 환원되지 않는 인문학! 그것은 휴머니즘이나 문화주의와 같은 목적론을 거부하

는 반反인문학이다. 우리를 즐겁고 편안하게 해주기는커녕, 인간에게 원
초적인 생물학적 보전본능이나 문화적 긍지마저 절대화하지 않음으로써
인간의 지위와 우월성을 낯설고 불편하게 전위시키는 저항의 인문학이
그것이다. 당연하게 여겨지던 목적론의 궤적을 교란시키고, 그로써 인문
학을 '안 팔리게' 만드는 것. 소비의 전일적인 순환회로를 비틀고 탈구시
켜 생산의 첨점尖點으로 변환시키는 것. 우리가 익숙하게 아는 인문학을
이제 내던져야 할 때가 온 게 아닐까? 인문학에 대항하는 인문학! 지금,
인문학의 전성기, 부흥의 시대를 낯설게 바라보고 딴지 걸기 시작할 때
우리는 국가와 자본에 잠식된 인문학의 영토로부터 탈주할 수 있지 않을
까?

대항의 인문학, 또는 반인문학의 인문학이란 어떻게 하는 것인가? 어
렵고도 힘겨운 이론의 언어를 내려놓고, 다소 우화적이지만 직설적인 비
유 하나를 내걸어보자. '낯설게하기'라고 알려진 톨스토이의 작품 속 한
대목이다. 이를 테면, 말馬의 시선으로 이 세상의 근본 원리, 즉 사유재산
제도를 관찰한다면 어떻게 보일까?

그들이 말하던 태형과 그리스도교에 대한 것을 난 모두 이해했어. 하지
만 '자기 것' '자기 말'이라는 단어가 무얼 뜻하는지는 그 당시엔 정말
몰랐지. 단지 난 그 사람들이 나와 마부와의 관계를 말한다고 추측했을
뿐이었어. 이것이 어떤 관계를 뜻하는지 당시 난 전혀 알 수가 없었어.
한참이 지난 후에 나를 다른 말들과 격리시켰을 때야 비로소 이것이 의
미하는 바를 알 수가 있었지. 그 당시로서는 인간의 소유물로서 나를 자
기 것이라고 부르는 것이 무얼 의미하는지 이해할 수가 없었던 거야. 살
아 숨쉬는 말인 나를 향해 붙여진 나의 말이라는 단어가 내겐 마치 '나
의 땅' '나의 공기' '나의 물'이라는 단어들처럼 이상하고 어색했던 거

지. (…) 인간들이 가장 중요하다고 여기는 그런 단어들이 있어. 그 본질은 다름아닌 다양한 사물이나 대상들 심지어 땅, 사람, 말 등과 같은 존재들에 대한 거야. 다시 말해 '나의 것' '나의 물건' '나의 소유'라는 것이지. 동일한 사물에 대해서도 인간들은 단지 한 사람만이 나의 것이라고 말할 수 있도록 약속을 하곤 하지. 그리고 자기들끼리 정해놓은 게임의 규칙에 따라 될수록 많은 사물에 대해 나의 것이라고 말할 수 있는 사람이 가장 행복한 사람이 되는 거야(톨스토이, 2010: 43-44).[18]

세상 모든 것에 '내 것'이라는 말뚝을 박아놓고 더 많이 차지하기 위해 죽고 죽이는 모습만큼 말에게 이상스러운 장면들이 또 있을까? 사유재산 제도란 오직 인간의 눈으로 볼 때만, 익숙하고 당연했던 게 아닐까? 인문학이 소중하고 또 소중하다고 부르짖었던 것들, 인간과 문화, 예술, 민족, 국가…… 사실 이 모든 것들도 마찬가지일 것이다. 이제 그 모든 것들에 대한 낯설게하기가 필요한 시점 아닌가? 어쩌면 주변의 모든 것들, 우리에게 알려진 모든 것들보다도 먼저 자기 자신에 대한 낯선 시선을 던질 수 있어야 비로소 나머지 것들도 가능해지지 않겠는가? 마침내 스스로에 대한 그로테스크한 관점에 도달해야만 세계의 전체에 대한 낯설게하기도 시작될 수 있을 것이다.

그럼에도 우리 자신을 낯설고 거북하게 만드는 것이 과연 인문학의 임무가 될 수 있을까? 돌려 생각해보자. 언제나 편안하고 즐거움만 선사하는 인문학, 그래서 기존의 배치를 변함없이 유지하도록 정당화 담론을 제공하는 인문학이 '좋은' 인문학일까? 모두가 칭찬하는 삶의 방식, 모두가

---

18 낯설게하기(ostranenie)를 가치 창조의 차원(예술)에 적극적으로 도입한 이는 러시아 형식주의자 슈클롭스키였다(Shklovsky, 1965: 3-24).

부러워하고 따라 하고자 애쓰는 삶의 양식은 인생의 성공을 예증해준다. 하지만 이 '성공'이라는 단어 속에는 현존하는 세계와 절충하고 타협해야 하는 예속의 의무가 숨겨져 있게 마련이다. 다른 삶에 대한 욕망을 거세한 채 현재의 질서에 자신을 결박시켜야 하는 까닭이다. 반면, 기존의 익숙하던 배치를 뒤엎고 다른 방식으로 뒤바꿨을 때 느껴지는 이질성이나 거부감은 '나쁜' 인문학의 전조일까? 단순한 이분법적 대립을 통해 말하고 싶지 않다. 편안함과 즐거움이 아무리 좋아도 결국 새로운 삶의 가능성을 차단하는 것이었듯, 이질성과 거부감이 아무리 나빠도 그 반대로 새로운 삶을 열어 보여주리라고 단언할 수는 없다. 후자는 아직 가지 않은 길이며, 쉽게 갈 수 없기에 아무나 가보라고 선뜻 권유하거나 떠밀어보낼 수 없는 길인 탓이다. 그러나 우리에게 어떤 무의식적 욕망이 있는지 알 수 없듯이, 가보지 않은 저 길에 어떤 다른 삶의 항적이 잠재되어 있을지는 아무도 알 수 없다. 저 길이 '나쁜' 것으로 간주되어 손가락질 받는다면, 필경 그것은 지금 여기에 정해진 길이라는 척도를 벗어난 것이기에 그럴 것이다. 만약 인문학이 삶을 삶으로서 살게 해주는 지식이며 활동의 촉발제가 된다면, 그것은 잠재되어 있기에 위험한 그 길, 가지 않은 길을 떠날 수 있게 만드는 충동의 힘을 선사하기 때문일 것이다. 수월하게 소비되지 않은 인문학, 목구멍에 걸려 잘 삼켜지지 않는 인문학, 위장장애를 일으켜 이미 소화시켰다고 생각했던 것들을 게워내 똑바로 바라보게 만드는 인문학이 바로 그러할 터. 이제 '행복'과 '희망'의 인문학, '화해'와 '위로'의 인문학을 넘어서 '불편'하고 '낯선' 인문학을 말해야 할 때가 아닐까?

반인문학, 또는 인문학에 저항하는 인문학. 지금 필요한 것은 그 불편함과 낯섦을 창출하는 힘이며, 그 힘을 우리는 '불온하다'고 불러도 좋을 것이다. 지금 우리가 생산해야 할 인문학의 존재양태는, 곧 '어떤' 인문학이 필요한가에 대한 응답은 바로 순응하지 않는 인문학, '불온한 인문학'에서 길어내야 한다.

6. 불온한 인문학을 위하여

통념doxa이란 대세에 따르는 생각과 의견, 그것을 지키려는 의지를 포함하며, 때로는 여론輿論과 겹쳐지기도 하고 때로는 '국민감정'이라는 대세에 부합하는 지적·정서적 태도를 가리킨다. 혹은 명확히 의식되지 않는 무의식적 습관과 태도에서도 우리는 통념의 흔적을 발견할 수도 있다. 당신이 '좌파'를 진보와 개혁에 관련지어 생각할 뿐만 아니라 어딘지 섬뜩하고 불안한 '빨갱이'라는 단어와도 무심결에 연관짓는다면, 한국사회를 여전히 좌지우지하는 통념과 대면해 있는 셈이다. 이렇듯 통념은 부지불식간에 우리를 장악하고, 사고와 행동 및 습관의 모든 것에 걸쳐 일상을 통제하려는 힘이다. 실로 통념이야말로 우리의 정체성identity을 만들어내는 메커니즘이란 생각이 들 지경이다. 우리에게 당연하고 익숙한 것, 우리를 자연스럽고 편안하게 만들어준다고 생각되는 대부분의 것들은 통념이라는 '마약'에 중독되어 있다. 그런 뜻에서 불온함이란 통념에 어긋나는 것, 길들지 않는 것을 말한다. 통념에 딴지를 걸고 퇴짜를 놓는 사유와 행동은 정녕 '불온'하리니.

애석하고도 한심한 일이지만, 지금까지 인문학은 불온하기는커녕 통념의 지지대 역할에나 겨우 안주해온 게 사실이다. 인간과 문화를 위한 학문이라는 허울좋은 작명법과 달리, 그것은 인간도 문화도 위한 것이 아니었고, 학문에 대한 우리의 상식과도 어울리지 않았다. 더 구체적으로 말한다면, '휴머니즘'이라는 신화를 통해 자연과 인간에 대한 무한착취를 합리화했고, 대중이 '문화'라는 환등상 속에서 권력과 자본에 길들도록 조장해왔다. 그중 가장 커다란 패악은 아마도 정체성의 형성에 복무함으로써 국가와 자본, 개인을 동일성의 서사 속에 묶어왔던 것일 게다. 국가의 이익은 곧 나의 이익이며, 나의 이익이 곧 국가의 이익이 된다고 믿으라는 것. 국부의 증진은 개인적 부의 증대와 하나이기에 거대 자본의 형성과 착취를 전체의 관점에서 수용하고 기뻐하라는 것.

인문학적 소양을 쌓는다는 것은 개인이 전체와 어떻게 연결되어 있으며, 어떻게 해야 전체 '안'에서 조화롭게 자기 자리를 만들 수 있는지를 깨닫는 과정으로 묘사될 수 있다. 가령 인문학을 통해 "국가와 개인의 관계를 끊임없이 돌아보지 않으면 책임 있는 건전한 시민이 될 수 없고, 국가 또한 국민을 지배대상으로 여기게 되기 쉽"다는 이유에서다(신동기, 2009: 27). 그렇다면 인문학이란 건전한 시민 육성의 교육적 프로젝트에 더 가까운 것이며, 이는 르네상스 휴머니스트들의 시민적 휴머니즘 프로젝트와 다를 바가 없어 보인다. 공동체와 개인 사이의 보이지 않는 끈을 찾아내 가시화하는 데 인문학의 역할이 있고, 심지어 없다면 만들어 내서라도 제공하는 데 인문학의 상상력과 창조성이 있다. 사정이 이렇다면, 소외된 이웃에게로 내려온 인문학의 손길조차 어딘지 의구심 없이 바라보기 힘들다. 궁핍하고 무지한 이들과 나누는 인문학적 대화가 "가난한 이들도 인간이며, 그들의 인간성을 적절하게 존중하는 방식은 공적인 삶의 영역에서 시민으로 대우하는 것"으로 귀결되는 것이라면 말이다(쇼리스, 2006: 38). 결국 인문학은 '인간'을 불러내 '시민'으로 변화시킴으로써 국가적 차원('공적인 삶')에 정착시키는 소명을 타고난 것일까? 좋다. 하지만 만약 그 국가가 통제하고 억압하는 권력이라면, 자본에 대한 예속을 강제하고 생산-소비의 회로에 복무하도록 강요한다면 어쩔 것인가? '정의로운 국가'가 자가당착적 명제라면 '국가 인문학'이라는 명제 또한 자가당착에 빠뜨려야 마땅하지 않을까?

수년 전 한국의 독서대중을 강타한 인문학 독서는 단연 마이클 샌델의 『정의란 무엇인가』(2010)였다. 흥미롭고도 논쟁적인 이 책의 주장들 가운데 한 대목을 짚어가며 논의를 이어보자. 샌델에 따르면, 올바른 가치관과 좋은 목적을 달성하기 위해 우리는 공동체의 서사와 개인의 서사를 합치시킬 필요가 있다. 우리는 본래 공유된 신념과 전통, 문화적 가치 등의 환경 속에서 태어나고 자라난 까닭에 자신의 외적 환경과 불화하는 한 여하한의 삶의 보람도 긍지도 느낄 수 없기 때문이다. 정의롭고 유익함을 추구하는, '덕성 있는' 공동체의 역사와 문화, 신념에 내가 속해 있음을 자인할 때, 나는 자부심을 갖고 공동체에 봉사할뿐더러 함께 속한 형제·자매들에 대해 깊은 연대감을 느낄 수 있다. 강하고 유덕한 공동체, 곧 국가가 존재한다는 사실, 그리고 그 국가의 일원으로서 내가 존재한다는 사실은 집단에 대한 도덕적 의무감을 낳고, 공동체 속에서 소외되고 고통받는 이들에 대한 동정심마저 일으킬 수 있다.

서사는 동일시의 기제로서 작동한다. '위대한 조국'의 건국신화와 독립전쟁, 자유를 위해 스스로를 희생했던 선조들의 이야기에서 실제로 나 개인의 조상이 무엇을 했는지는 크게 중요하지 않다. 전체로서의 국가와 민족의 이미지에 나 개인이 언제나 합류해 있고, 또 전체 공동체의 소명과 위업을 위해 지금 나 자신이 존재하고 있다는 의식이면 충분하다. 나의 정체성은 곧 국가의 정체성과 겹쳐지며, 시민/국민으로서의 모든 의무와 권리를 긍정하는 데 부족함이 없다. 이렇게 개인과 공동체 사이의 틈새를 매끈하게 이어붙여주는 것이 서사의 환상이다(바바, 2011: 466 – 467). 그런데 따지고 보면 근대 인문학의 유구한 전통 가운데 하나가 바로 민족과 국민, 국가의 근원적 통일성 따위를 밝히는 데 있지 않았던가? 외부의 적에 맞서 '우리'의 문학과 역사, 전통과 문화, 국토와 자연 등을 발견하고, 그것들이 얼마나 고유하고 소중한지 설파하는 게 인문학의 역할 아니었나? 인문학은 지금껏 무엇을 해왔고, 이제 무엇을 할 것인가?

인문학이 동일성identity의 서사에 복무할 때, 그것은 권력의 시종 이상으로 작동할 수 없다. 순응주의의 덫에 갇힌 채, 새로운 의미와 가치를 노정하기보단 기성의 서사를 공고히 하고 재생산하는 데 분주히 착취될 뿐이다. 전체 집단이 공유하며 옳다고 믿어 의심치 않는 것, 통념만을 가시화하기 때문에, 불편하고 낯선 것, 이질적이며 외래적인 것에 대해 강한 적개심과 말살의 의지만 다지게 마련이다. 부강한 국가를 갈망할수록 이견異見을 못 참고 가차없는 철퇴를 내려치는 일이 그토록 흔한 것도 이상한 노릇은 아니다. '애들이 무슨 권리가 있나?(청소년 인권)' '천부의 성별을 뒤바꾸는 게 옳은 짓이냐?(성소수자 인권)' '암탉이 울면 집안이 망한다는데?(여성의 권리와 폭력)' '정상인과 장애인을 어떻게 똑같이 대접하나?(장애인 인권)' '국가를 위해 노동자들이 인내해야지!(노동자의 권리와 단결)' '군대도 안 가는 게 사람이냐!(종교와 양심에 따른 병역 거부)' '그저 보라는 것만 봐라!(검열과 표현의 자유)' '미국인과 동남아인이 똑같냐?(인종 차별)' '그냥 죄다 죽여버리면 편할 텐데!(제노사이드)'(김두식, 2010).

불온한 인문학이란 지금까지 인문학에 부여되었던 동일성의 서사, 그 통념의 임무를 거부하고 내던질 때 시작된다. 국가와 너는 같지 않다고 신랄하게 지적하는 것, 민족의 영광과 네 개인의 행복은 별개의 문제라고 또박또박 말하는 것, 휴머니즘을 떠벌리며 자행한 학살의 현장을 상기시키거나 삶의 주체로 우뚝 서서 만족해하는 자신에게 꼭두각시 인형이 비친 거울을 들이대는 것, 안온하고 평화로운 일상의 배면에 '우리'로부터 배제된 이웃이 있음을 폭로하는 것, 인문학은 한 번도 순수하게 존재한 적이 없었음을 조목조목 설명하는 것…… 정체성과 동일성의 서사를 거절하는 인문학은 불온하다. 통념적인 삶의 관성에 낯설고 불쾌한 소음을 일으키며 불안하게 만드는 탓이다. 하지만 불온한 인문학, 인문학의 불온성이야말로 여태껏 지각하지 못한 삶의 본래면목을 똑바로 드러낼 것이다. 인간의 권리와 문화의 창달을 외치면서도 배제와 통제의 폭력을 휘두르는 권력 그리고 자본은, 분명 당신과 하나가 아닐 것이다.

4부

급진적
문화연구의
계보학

10. 예술-노동의 문화정치학
놀이의 신화에서 기계주의 예술까지

1. 행복한 일치의 신화, 그 이후

구동독 베를린의 국립미술관에는 아돌프 폰 멘첼의 〈주철공장〉이라는
작품이 걸려 있다. 거대한 공장의 한가운데 놓인 용광로와 그 주변에서
일하는 노동자들을 묘사한 이 그림은 제목이 내용과 그대로 일치하는 리
얼리즘 회화의 진수를 보여준다. 시뻘겋다 못해 새하얗게 발광하는 불꽃
과 대결하듯 노동자들은 어깨 높이 부지깽이를 치켜들어 화염 속으로 원
석을 밀어넣고, 다른 한켠에서는 그렇게 녹여낸 철을 차가운 물에 식히며
기계를 제작할 주철로 다듬고 있다. 화면 중앙에 초점화된 장면 너머로는
작업중인 또다른 노동자들과 용광로들이 빼곡히 공장을 채우고, 위편에
서는 아스라이 스며드는 전깃불빛이 그들의 노동이 밤낮을 잊고 지속되
는 삶의 현장임을 일깨워준다. 빛과 어둠, 기계와 인간, 삶과 노동이 한데
어우러진 이 그림은 말없이, 그러나 웅장하게 산업자본주의의 시대정신
을 전시하고 있다. 이 그림을 직접 본 어느 비평가는 노동과 놀이가 일치

Adolf von Menzel, <Eisenwalzwerk>, 1875.

하는 19세기 유토피아의 전망, 마르크스와 엥겔스가 꿈꾸었던 공산주의적 이상이 여기에 현전했노라고 적었다(김윤식, 1994: 294 - 295). 말 그대로, 그것은 '황홀경의 사상'이다.

　노동과 놀이의 조화로운 합치는 근대가 낳은 고유한 꿈이다. 일상을 지탱하는 노동이 고통스럽게 느껴질 때, 놀이가 삶과 유리된 잉여적 쾌락으로 고립될 때 노동과 놀이의 합일에 대한 욕망이 싹텄다. 흥미로운 점은 이러한 욕망이 앞으로 성취되어야 할 미래로서 제시되기 이전에 과거에 이미 존재했던 이상理想으로서 선험적으로 정향되어 있다는 사실이다. 노동과 놀이는 동일한 기원을 지니며, 역사의 어느 시점에 일어난 분열은 도래할 시간 속에서 다시 회복되리라는 신화적 전망을 갖는다. 꿈이 헛되지 않은 것은 그것이 언젠가 현실이었던 적이 있기 때문이다. '분열'은 먼 태곳적 이야기가 아니라, 근대 초에 발생한 비교적 최근의 사태이다.

　엥겔스에 따르면 노동과 놀이의 분열은 기계의 도입으로 생산력이 비약적으로 발전하기 이전, 부르주아지와 프롤레타리아트의 계급적 대립이 발생하기 이전으로 소급된다. 그것은 산업적 경쟁과 분업이 공동체를 잠식하여 빈부의 격차가 생겨나고 착취와 지배의 칼날이 민중의 삶을 찢어놓기 이전의 목가적 향수 속에 형상화된 시대다.[1] 자본주의가 사회적 생산의 근본기조가 되기 직전의 질서, 인간의 삶이 보다 자연적이고 생동하는 활력으로 가득 차 있던 시절이 그때다.

노동자들은 완전히 느긋하게 생활을 해나갔으며, 지극히 경건하고 정직하게 성실하고 조용한 삶을 보냈다. 또한 그들의 물질적 지위는 그들의 후손들보다 훨씬 더 나은 것이었다. 그들은 과다하게 노동할 필요가 없었고 그들이 내킬 때 이외에는 더이상 일하지 않았다. 그럼에도 불구하고 그들은 자신들이 필요로 하는 것을 일해서 조달하였으며, 자신의 정원이나 뜰에서 건강한 노동을 위한 여가를 가졌다. 노동은 그 자체로 이미 그들에겐 오락이었으며, 그 밖에 그들은 그들 이웃의 오락과 놀이에 참여할 수 있었다. 이러한 모든 놀이, 즉 볼링, 공놀이 등등은 건강을 유지하고 신체를 강건하게 하는 데에 도움을 주었다. 그들 대부분은 강인하고, 건강하게 단련된 사람들이었고, 체격에 있어 그들의 이웃인 농부들과 거의 아무런 차이도 드러날 수 없었다. 그들의 아이들은 농촌의 자유로운 공기 속에서 자랐으며 노동할 적에는 자신의 부모들을 도울 수 있었으나, 이 역시 단지 가끔일 뿐으로 하루 8 내지 12시간의 노동시간이니 하는 것은 있을 수 없었다(엥겔스, 1991: 134).

1 영국 문화연구의 선구자로 거론되는 프랭크 레이먼드 리비스 등은 산업화 이전인 17세기까지의 민중적 삶을 '유기적 공동체'로 정의하고, 노동과 놀이, 창조와 활동이 조화롭게 통일된 시대로 상상했다. 여기서 '문화'는 분열되지 않은 조화로운 전체를 가리키며, 노동과 예술의 구분은 아직 생겨나지 않았다(김영희, 1993: 46-48).

황금시대에서 청동시대로, 다시 철기시대로 이어지는 그리스 신화 속의 '타락'같이, 기계화와 산업화의 발달은 '조화롭던 시절'의 종말을 가져왔다. '놀이 - 노동', 즉 노동과 놀이가 한 가지로 '통일'되어 있고 '살아 있음'을 보여주는 그 시절의 이름은 '삶'이다. 그러나 도시화와 산업화의 대두로 노동자들의 지성과 도덕은 붕괴하고, 공동체의 안온한 일상을 유지해주던 풍속과 관습은 파괴되었다. 삶을 충만하게 채워주고 지지해주던 '오락'으로서의 노동은 노동자들이 '일하는 기계'로 전락하여 정신적으로 죽음을 맞게 됨에 따라 사라지고 말았다(엥겔스, 1991: 136 - 137). 노동과 놀이의 비극적 분리가 시작된 것이다. 이후 '대공업'으로 표지되는 자본주의의 가차 없는 발전은 '행복한 일치'의 기억조차 지워버린다. 알다시피 그것은 사용가치가 교환가치로 일률적으로 전환되면서 일어난 사태였다. 일반화된 등가물로서 화폐가 세계를 통치함에 따라 돈으로 환산되지 않는 놀이는 노동이 되지 못하며, 노동이 아닌 놀이는 무가치한 잉여로서 권력에 휘둘리지 않을 수 없게 된다. 17 - 18세기 성립했던 근대 예술, 그 첫 머리에 있던 고전주의 예술이 궁정에 기생적으로 복무해야 했던 사정이 여기 있다(하우저, 1999: 1장).[2]

역설적이게도 노동과 놀이의 분리는 근대 예술의 탄생을 촉발시켰다. 18 - 19세기를 통과하며 벌어진 봉건적 권력으로부터 예술의 분리, 그 결과 등장한 '독립적이지만 빈궁한 예술가'의 이미지는 자본주의적 근대성이 전면화됨에 따라 필연적으로 야기된 현상이었다. 군주와 귀족의 보호를 받으며 연명하던 예술은 이제 생존을 위해 독자적인 상품화의 방

---

2 근대 예술의 시발점으로서 고전주의란 17세기를 전후한 프랑스 궁정예술, 곧 로코코와 바로크로 이어지는 양식을 가리킨다. '기생적'이란 점에서 그것은 르네상스의 후원자(패트런) 예술로도 소급될 수 있는데, 요점은 예술이 자립적인 형식으로 인식되기 위해서는 필연적으로 '잉여적 노동'으로 간주되어야 했다는 데 있다.

법을 찾아야 했다. 그 무엇에도 의존하지 않는 예술 자체의 존엄성, 자기 가치화라는 이름으로 수행된 예술활동이 그것이다(하우저, 1992: 222-224, 228-231).[3] 독창성originality과 자율성autonomy이란 대의명분은 예술이 놀이의 순수성을 획득함으로써, 즉 노동과 완전히 절연되고 놀이의 규정에만 결박됨으로써 도달한 예술의 근대성인 셈이다.[4] 순전한 놀이로서의 예술은 생존을 위해 봉건세력에 의존하던 노동의 수고를 떨쳐낼 수 있게 되었으나, 칸트의 미적 무관심성에 관한 테제가 보여주듯 이는 생동하는 삶의 토대로부터 분리되지 않고는 이룰 수 없는 독립이었다(이글턴, 1995: 99). 노동과 놀이가 한 가지였던, 엥겔스가 감동적으로 서술했던 '조화로운 삶'은 이렇게 근대 예술의 성립과 더불어 종언을 고하고 만다.

분열이야말로 통일에 대한 욕망의 원천이라고 말했던 것은 헤겔이다. 그리고 헤겔에 의해 정식화된 근대 예술의 목적은 잃어버린 근원을 되찾는 것, 노동과 합일된 놀이의 원상原象을 회복하는 데 있다.[5] '살아 있는 삶'으로의 귀환이 그것이다. 이 점에서 예술이 노동과 분리되고 자족성을 선언하자마자 다시금 노동과의 합일을 욕망하기 시작했다는 사실은 전혀 놀라운 일이 아니다. 현실을 집요하게 추적해서 재현하려 했던 19세기 리얼리즘은 이러한 경향의 첫 주자였던 듯싶다. 멘첼의 〈주철공장〉이 웅변적으로 보여주는 것처럼, 예술과 노동이 별개의 영역으로 인식되는 시대에 오히려 예술은 노동과 공유하던 본래적 시원성을 역설하며 그 망

---

3 낭만주의에서 전면화된 예술가의 신성한 이미지는 기묘하게도 그의 속물성과 접붙여진 채 출현했다. 물론 우리는 근대 예술의 놀이적 특성에 '제도'라는 사회학적 측면을 첨가해서 이해해야 할 것이다(샤이너, 2015: 161-167).
4 하위징아는 놀이와 공리주의의 결합을 노동의 특징으로 간주한다. 이에 따르면 근대, 특히 19세기는 공리주의의 앙양으로 예술의 놀이적 특징이 급격히 쇠퇴한 시대다(하위징아, 2011: 363-364).
5 헤겔에 따르면 예술의 목적은 주체가 외부세계로부터의 소외를 타개하여 자기의 실재성을 회복하는 운동인바, 이는 노동에 대한 규정과 일맥상통한다(헤겔, 2010a: 84-87).

각된 근원성을 찾으려 했다(쿨터만, 1997: 163 - 196). 그것은 현실의 중추에서 노동을 다시 놀이에 이어 붙이려는 근대 예술의 욕망, 곧 '잃어버린' 삶에 대한 열망에 다름아니다.

예술과 노동의 통일, 혹은 예술 - 노동이라는 문제설정은 예술이 생산하는 가치가 노동과 마찬가지라는 것, 그리하여 놀이는 곧 노동이며 삶을 생산하는 활동이라는 엥겔스의 테제에 곧장 육박한다. 근대의 여러 분과들 가운데 이 과제가 유독 예술에 위임되었고 예술이 이를 자임했다는 점은 다분히 증상적이다. 예술과 삶, 놀이와 노동의 동일성은 근대 예술이 가져야 할 이념적 내용으로 가정되어왔으며, 지금 현재까지도 당위와 현실을 통해 작동하는 예술의 목적으로서 기능하기 때문이다. 근대 예술을 넘어서려는 '포스트모던' 예술조차 이러한 지향과의 투쟁과 이탈을 통해 규정된다는 점에서 근대적 예술 - 노동의 테제는 아직 완결되지도, 극복되지도 않은 채 작동하고 있다. 예술 - 노동의 이론적 역사, 또는 역사적 이론을 살펴보려는 우리의 시도가 노동과 놀이, 예술과 삶의 관계에 대한 이 근대적 구도를 반성하지 않는다면, 그저 오래된 순환논리로 다시 돌아가버릴지 수도 있다. 일단 여기서 출발해보자.

2. 예술미와 자연미, 유물론의 시학

근대 예술의 과제가 놀이와 노동의 끊어진 연계를 되살림으로써 근본적으로 삶과의 관계를 회복하는 데 있다면, 삶이란 무엇인지에 대해 우선적으로 묻지 않을 수 없다. 당연히, 삶 그 자체를 질문하는 것은 무의미하다. 차라리 우리에게 필요한 것은 삶은 사회와 노동, 놀이 및 예술과 어떤 관계에 있고, 어떻게 의미화되는지에 대한 역사적·이론적 해명이다.

분열된 세계의 통일이야말로 근대 예술의 소명이라 천명한 것은 헤겔이었으나, 이념의 신봉자로서 그가 내세웠던 통일의 주체는 절대정신이었다. 마치 아이가 성장하여 어른이 되듯, 태초에 정신은 자신의 삶을 이해하지 못하고 낯선 것으로 여긴다. 자연은 정신이 마주친 최초의 대상이며, 정신이 노동을 통해 자연을 점차 자신의 것으로 바꾸어가는 과정이 바로 역사이다. 이때 정신이 아직 완전한 이해에 도달하지 못하고, 따라서 자신의 소유물로 바꾸지 못한 자연에 대해 매혹당하는 일이 벌어지기도 한다. 그것을 자연미라 부르는바, 바꾸어 말하면 유년의 정신이 자연에 일방적으로 경도되고 숭배하는 감정이 자연미의 본질이다. 비록 자연은 본질적으로 정신과 동일한 것이고 정신 자체가 실상 자연의 모체지만, 감각에 나타난 날것의 이미지로 인해 정신이 자신을 상실할 위험에 처하기 때문에 자연은 "진리를 덮고 있는 베일"로 폄하되어버린다(헤겔, 2012: 394).

헤겔에게 예술미는 정신이 자연을 형식화하면서 산출한 대상의 가치 Wert를 말한다. 그것이 경험적 일상에서 욕구를 만족시키는 대상에 붙여질 때는 가격Preis으로 표지되며, 이념을 환기시키는 감각적 대상에 달라붙을 때는 예술적 가치, 곧 예술미das Kunstschöne로 명명된다. 여기서 한가지 중요하게 지적해야 할 사항이 있다. 자연에 대한 노력의 투입이란 점에서 예술은 생존의 수단인 노동과 유사하지만, 노동의 경우는 자연에 우선권이 주어짐으로써 정신의 자기확신이 불확실해진다. 자연과의 투쟁에서 정신이 승리할지 패배할지, 주인이 될지 노예가 될지 알 수 없는 것이다. 반면 예술은 직접적인 생존의 노고와 분리되어 놀이의 차원으로 이행하고, 이는 정신의 우월성을 담보하는 결정적인 활동으로 자리매김한다. 그러므로 예술미란 곧 자연에 대해 승리한 정신의 표현물이 되는 것이다(헤겔, 2010b: 589-590). 이렇듯 헤겔에게 예술은 정신화된 자연의 소재이며, 자연적 생명이기보다는 이념적으로 승화된 생명에 가깝다.

우리가 헤겔의 미학에 관해 긴급히 언급한 까닭은, 그의 예술론이 자연과 노동, 놀이와 가치의 문제를 다루기 때문이다. 그것은 이념과 정신을 가치의 중심축으로 구축된 미학으로서, 노동을 실제적으로 예술과 분리시키고 정당화한 입장이다. 마치 마르크스가 헤겔의 변증법을 전복시켜 바로 세웠듯, 이러한 헤겔의 미학을 뒤집어서 새로이 설정한 것은 니콜라이 체르니솁스키(1828~1889)였다. 노동과 예술을 다시 연결시켜 미적 가치와 삶의 생산을 논의하기 위해서는 그의 사유를 살펴보아야 한다.

제정러시아 시대 최고의 유물론적 철학자로 추앙받았던 체르니솁스키는 1855년 5월에 페테르부르크 대학교 철학부에서 자신의 박사학위 논문을 발표한다. 「현실에 대한 예술의 미학적 관계」가 그것인바, 이는 헤겔의 예술미에 패배한 자연미의 우월성을 되찾아오는 유물론적 전환의 일대 사건으로서 기록되어 있다. 체르니솁스키의 주장은 마르크스가 헤겔의 법철학을 비판적으로 독해했던 방식을 연상시키는데, 예술이 현실을 포착할 때 이념이 아니라 삶으로부터 그 작업을 수행해야 하고, 그것이 아름다움의 본질을 규정짓는다고 정식화했기 때문이다. 미美는 삶 자체에서 연유하고, 예술을 아름답다고 말할 수 있는 까닭은 그것이 노동을 통해 삶에 보다 근접해지는 활동이기 때문이다.

아름다운 것은 삶이다. "아름다운 존재란, 그 속에서 우리가 삶을 그 자체로서, 우리의 인식에 따라 마땅히 그래야 할 것으로서 보게 해주는 것이다. 삶을 그 자체로 보여주거나 우리에게 삶에 관해 상기시켜주는 대상은 아름답다." (…) '좋은 삶' '당위적 삶'은 평범한 민중에게 있어서 잘 먹고 좋은 집에서 살고 푹 잘 수 있는 데서 성립한다. 그와 더불어 사람들의 '삶'에 대한 관념에는 언제나 노동에 관한 관념이 자리잡고 있다. 노동이 없는 삶이란 불가능하며, 지루하기 짝이 없을 것이다. 많은 노동, 하지만 힘에 부치도록 고된 노역이 아닌 노동을 충분히 했을 때 생겨나는 삶의 결과로서 젊은이나 처녀들의 얼굴에는 화색이 돌고 뺨에는 홍조가 깃들게 된다. 일반 민중의 관념에 이것이 아름다움의 첫번째 조건인 것이다. (…) 지속적이고 진중한, 그러나 과도하지 않은 노동을 충분히 하는 삶에 항상 찾아오는 결과는 유기체에 활력이 넘치는 건강 및 힘의 균형이 표현된 아름다움이 나타난다는 것이다(Chernyshevskij, 1974: 11-12).

체르니셉스키는 아름다움이 삶을 풍요롭고 건강하게 가꾸어주는 가치라고 정의한다. 예술작품이란 그러한 가치를 대상화한 산물이다. 이때 삶의 주체는 일반 민중이고, 노동으로부터 유리된 상류계급의 신체적·감각적 특징들, 즉 유약성이나 병약함 등은 자연적 생동성을 상실한 결과로 표명된다. 우리가 알고 있는 근대적 '미인'의 여러 기준들은 실상 노동하지 않는 인간의 비자연적 특성이며, 반대로 육체의 건강함은 자연적인 가치로서 찬양받을 만하다. 물론 체르니셉스키는 기형과 같은 신체의 선천적인 결함이 자연의 임의적인 불행임을 인정한다. 하지만 일반적으로 말해 태어나면서부터 노동을 통해 단련된 신체는 건강한 삶을 낳고, 그것이 곧 미적 가치의 기준이 된다는 점에서 헤겔적 예술미의 테제를 뛰어넘으려 한다(Chernyshevskij, 1974: 16-17). 척도가 되는 것은 노동이 담보되는 삶 자체, 그것으로부터 발현되는 아름다움이며, 이것이 곧 '인간의 아름다움'이라는 것이다. 그러나 인간 자체가 무조건적으로 미적 승인의 대상은 아니다. 인간의 미적 근거는 그의 노동하는 삶에서 발원하는데, 그 노동은 반드시 공동체적 '필요'로부터 나온 것이어야 한다(Chernyshevskij, 1974: 101). 예술작품은 예술가라는 개인의 노동에 빚질 수밖에 없으나, 그 객관적 의미는 공유되는 삶, 곧 사회 속에서 의미를 획득하는 까닭이다.

결국 자연미는 노동하는 삶에 기반하며, 이를 재현하는 것이 현실의 아름다움이다. 예술의 과제는 이러한 현실미를 정확히 보여주는 데 있다. 그런데 현실미는 그저 있는 그대로의 자연 자체와 동치되지 않는다. 바로 여기가 이후의 예술-노동의 논쟁사에서 가장 중요한 핵심으로 부각되는 지점이다. 체르니솁스키에 따르면, 현실미는 미메시스, 즉 모방의 결과로 산출되지 않는다. 예술은 현실을 정확히 모사해야 하는 동시에 노동을 통해 생산되는 삶, 곧 현실을 재생산vosproizvedenie할 때 비로소 완전한 미적 가치를 쟁취한다(Chernyshevskij, 1974: 103).[6] 이러한 의미에서 예술에서 느끼는 쾌락이란 "우리가 이해하고 욕망하는 삶, 우리를 즐겁게 만드는 삶의 아름다움"이지, 인간을 배제한 이념을 만족시키는 미적 관념이 아니라는 논리가 유효해진다(Chernyshevskij, 1974: 26-27). 요컨대 여기서 예술-노동의 핵심은 인간이 자신에게 유용한 삶을 (재)생산, (재)창조할 수 있는지 여부에 달려 있다.

이 주장을 더욱 체계화한 이는 '러시아 마르크스주의의 아버지'로 거명되는 게오르기 플레하노프로서, 그는 삶의 생산을 사회적 현상이라고 명확히 규정했다. 다원주의적 입장에서 유물론을 인류사에 투사한 그는 예술의 기원을 육체노동과 불가분하게 연관된 것이라 단언한다. 가령 신체적 존재자로서 인간은 누구나 리듬에 맞춰 일을 하는데, 이것이 예술의 탄생조건이라는 것이다. 그런데 원시부족들을 관찰할 경우 우리는 각 부

---

6 사전적으로 '재현'으로 번역되곤 하는 'vosproizvedenie'는 '재-생산'으로 나눠 읽을 수 있다. 러시아어 접두사 'vos-'는 '다시'와 더불어 '높이 들어올림'이라는 뜻을 갖는다. '재생산'은 '지양'(voskhozhdenie, Aufhebung)과 동일한 접두어로 이루어져 있으며, 후자의 의미가 더 강하다. 이하의 논의에서 '(재)'라는 괄호 속 접두어는 기성의 조건으로부터 새로운 것을 산출한다는 의미를 지니지, 동일한 것을 반복해서 복제한다는 뜻이 아님을 밝혀두겠다.

족이 저마다의 춤과 노래를 갖고 있다는 사실을 목격한다. 만일 리듬감이 동물적 본능이라면, 왜 거기서 피어난 예술의 형식은 서로 다를까? 그것은 부족마다 자신들의 물질적 생산조건이 다르기 때문이다. 무엇을 어떻게 생산하는가? 원시부족은 각각의 노동의 종류에 조응하여 서로 다른 노래의 형태를 발전시켜왔다. 예술이 사회의 생산력과 생산관계에 따라 상이하게 발전한다는 플레하노프의 테제는 '문명화된 민족'의 경우에도 동일하게 적용되고, 인류사 전체를 조망하는 척도가 된다(Plekhanov, 1958: 307-309). 예술과 노동은 이렇게 상보적이며, 현상적으로 서로가 서로를 규정짓는다.

우리의 관심을 끄는 것은 플레하노프가 놀이와 노동의 관계를 성찰하며, 후자의 선차성을 선언했다는 점이다. 그는 허버트 스펜서를 인용하면서 인간은 동물과 연속적인 존재이고, 동물의 놀이가 궁극적으로 생존활동에 기반한 것이듯 인간 역시 노동이 담보되지 않으면 놀이하는 존재가 될 수 없다고 강조한다. 놀이는 신체적 능력을 인위적/예술적artificial으로 연습하는 행위이기에 노동과 불가분하다. 아니, 노동이 놀이의 본성을 근본적으로 조건짓는다. 인간의 노동은 집단적이고 사회적인 것이므로, 이러한 분석은 공리적 활동이 놀이에 선행하고 더욱 오래된 것이란 판단을 가능하게 해준다(Plekhanov, 1958: 337-338). 놀이에서 파생된 예술은 분명 노동과 동일한 원천 속에 놓여 있지만, 본질적으로 노동하는 인간의 신체적 동작을 재생산(재현)하는 것에 불과하다(Plekhanov, 1958: 340). 이로써 그가 궁극적으로 제출하려는 테제는 무엇인가?

마르크스가 역사유물론의 기초를 다지며 언명했던 것, 곧 의식이 존재를 결정하는 게 아니라 존재가 의식을 결정한다는 테제(마르크스·엥겔스, 1994: 197-202)를 예술의 영역에서 재구축하는 것이 플레하노프의 기획이었다. 예술이 사회적이고, 사회가 삶에 바탕을 둔다면, 그 삶을 생산하는 노동이야말로 사회적인 예술을 형상화하는 선결조건이 아닐 수 없다. 더 정확히 말해, 예술을 결정하는 역사적 조건은 해당 사회의 생산양식인 것이다. 유물론이란 이런 조건들에 대한 인식에 다름아니다.

> 어떤 사회적 인간이 어느 다른 취향이 아니라 바로 이 취향을 갖고, 어느 다른 대상이 아니라 바로 이 대상을 마음에 들어한다면, 이는 그를 둘러싼 환경적 조건에서 기인한 것이다. (…) [해당 사회에서 노동의― 인용자] 특정한 리듬을 결정짓는 것은 주어진 생산과정의 기술적 특징이며, 그 생산의 기술로부터 연유한다. (…) 만일 국민성이 역사적 발전에 의해 만들어지는 것이라면, 그 발전의 일차적 원동력은 국민성 자체가 아닐 것이다. 이로부터, 국민적 정신성의 반영이라고 불리는 문학은 실상 그와 같은 국민성을 창조해내는 역사적 조건들의 산물이라 할 수 있다. 달리 말해, 인간 본성에 의해서도 아니고, 민중적 특성에 따라서도 아니며, 그 민중의 역사 및 사회적 구조가 그들의 문학을 설명해줄 수 있는 것이다(Plekhanov, 1958: 303, 309, 314).

1917년의 혁명이 일어나기 이전에, 마르크스주의 전통에서 예술과 사회, 노동과 놀이, 삶과 생산의 유물론적 이론은 거의 완성되었다고 해도 과언이 아니다.[7] 근대성의 넓은 자장에서 진행된 이론화였음을 십분 고려해도, 이후 서구 마르크스주의 역사에 등장한 예술이론의 주요 테제들은 이미 그 무렵에 상당한 형태를 갖추고 있던 셈이다. 그렇다면 막상 혁명이 발발하고, 사회가 새로이 구성되었을 때 예술-노동의 이론적 구도

---

7 체르니솁스키와 플레하노프의 예술-노동 이론은 큰 가감 없이 소비에트 예술미학에 편입되었다(카간, 1989: 260-269).

에서 문제화된 것은 무엇이었을까?

3. 사회주의와 혁명의 미학

소비에트-러시아의 초기 역사에서 여전히 혼란스럽게 기술되고 있는 부분은 예술과 사회를 둘러싼 논쟁들이다. 다만 우리는 이 논쟁들이 기본적으로 예술은 사회의 반영이라는 점, 그리고 노동이 예술을 규정한다는 점을 전제했음을 염두에 두어야 한다. 이 발판 위에서 1920년대 소비에트 예술의 지상과제는 새로운 사회에서 노동하는 삶을 어떻게 형상화할 것인가에 모아졌다(Grigor'eva, 2005: 9). 물론 이 과제는 노동으로서의 예술을 통해, 노동하는 예술가에 의해 성취되어야 했다. 관건은 이러한 예술-노동의 주체가 누구인가, 그리고 그가 생산하는 삶은 어떤 사회적 삶인가에 답하는 것이다. 여기에 초점을 맞춰 혁명기 소비에트-러시아의 예술-노동 논쟁에 시선을 던져보자.

볼셰비키혁명은 막 부르주아 사회로 재편되려던 제정러시아의 허리를 꺾고, 노동계급을 사회의 지배세력으로 대두시켰다. "새 술은 새 부대에 담으라"는 속담처럼 새로운 사회는 새로운 내용으로 채워져야 했고, 예술 또한 이전과는 다른 내용과 형식으로 주조되어야 했다. 과거의 부르주아적 일상을 노동자 중심적이고 노동자적 생활상으로 묘사하라는 요구가 예술에 제기되었던 것이다. 문제는 제정시대 내내 예술활동의 주체가 대부분 귀족층이거나 '잡계급raznochintsy'이라 불리던 지식인들에 국한되어 있었다는 점이다. 일반적인 예술창작의 방법과 내용도 그들의 계급적 특성에 부합했고, 그로 인해 19세기 이래 귀족적·엘리트적 문화유산의 토대 위에서 만들어진 '고급예술'의 취향을 불가피하게 반영하고 있었다.

귀족과 유산자본가·지식인의 관점을 떨어낸, 무산 노동자 대중의 식견과 입장을 반영하는 예술은 아직 존재하지 않았다.

'프롤레타리아 문화'를 뜻하는 프롤레트쿨트proletkul't는 1918년에 결성된 예술운동의 조직체이자 노동자계급의 문화를 지칭하는 일반명사였다. 혁명을 전후하여 이미 광범위하게 운위되었던 프롤레타리아 문화운동에 대한 논의는, 10월혁명이 성공하자마자 볼셰비키 당의 문화교육 조직위에 해당 분과가 구성되면서 공식화되었다. 의회와 정부기관, 교회 등의 전제주의 국가장치들을 접수하고 파괴시킨 빈자리에 노동자 국가의 새로운 가치와 의식을 심어주는 방안이 필요했기 때문이다. 이에 따라, 같은 해 11월 28일 루나차르스키에 의해 입안된 프롤레트쿨트의 기본원칙은 다음과 같다. (1) 문화영역은 정치로부터 자율적이어야 한다. (2) 노동계급의 문화적 발전은 새로운 사회구조를 향해야 한다. (3) 문화적 유산을 비판적으로 전유해야 한다. (4) 자립적인 프롤레타리아 창작물의 발전에 협력해야 한다. (5) 사회주의적이거나 무無당파적인 인텔리겐치아로부터 문화노동에 대한 협력을 이끌어내야 한다(Karpov, 2009: 85).[8] 프롤레타리아 문화가 당위적으로만 요청되고 명확한 실체를 갖지 않은 상황에서 루나차르스키가 제시한 이 원칙들은 예술활동에 대한 폭넓은 '가이드라인'에 불과했다. 하지만 이 원칙들은 소비에트사회의 문화적 주체는 프롤레타리아 자신이고, 그 외에 다른 누구도 될 수 없음을 위협적으로 전제하는 것이었다.

작가이자 볼셰비키 이론가였던 알렉산드르 보그다노프의 적극적인 참

---

8 연대기적으로 프롤레트쿨트는 1932년까지 지속되지만, 우리가 주목하는 기간은 1921년까지 보그다노프가 지도하던 초반부로서 국가로부터 자율적인 노동자 문화주체성이 강조되던 시기이다. 보그다노프의 실각 이후 프롤레트쿨트는 국가의 문화조직 하부단위로 편입됨으로써 권력의 집행기구로 연명해야 했다.

여로 1918년 9월 노동자 문화조직인 '프롤레트쿨트'가 창설되고, 제1차 전全 러시아 창립대회가 모스크바에서 열렸다. 창립되자마자 전국에 걸쳐 수십 만의 회원을 확보했던 프롤레트쿨트는 노동자 국가의 문화적 주체는 노동자들 자신이어야 한다는 점을 천명했다는 점에서 전적으로 새로운 운동이었다. 즉 '회개한 귀족'이나 엘리트 출신의 인텔리겐치아와의 동맹을 통해서가 아니라, 프롤레타리아 자신이 문화창작과 예술활동의 주체로서 사회 전면에 나서야 한다는 오랜 명분이 마침내 현실화된 것이다. 기관지 『프롤레타리아 문화』의 창간호에 실린 보그다노프의 권두언을 읽어보자.[9]

집단의 의지와 이상을 지속적으로 관철시킬 완전한 교육을 계급에게 부여하는 것은 바로 독립적 정신문화의 성취에 의해서만 가능하다. 부르주아계급은 이러한 자신의 문화를 가지고 있으며 여기에 그들의 강점이 있다. 프롤레타리아에게는 아직 자신들의 문화가 없으며 바로 여기에 그들의 약점이 있는 것이다. (…) 그렇다! 동지들이여, 프롤레타리아에게는 문화적 해방이 필요하다. 이제 이것을 위해 싸워야 할 때가 왔다. 이것이야말로 현실적인 진정한 계급자립을 위한 싸움인 것이다(이한화, 1998: 28-29. 이하 인용들은 이 책과 카르포프의 책에서 취해 발표지면과 연도 등만 표기).

예술활동에 있어서 노동자의 주체성에 대한 프롤레트쿨트의 선언은 의미심장하다. 앞서 살펴보았듯 지금까지 예술과 사회, 놀이와 노동 등에

---

9 1905년 혁명을 전후해 레닌과 반목하던 보그다노프는 사회이론과 정치경제학, 문학예술론에 이르기까지 다재다능한 면모를 보였고, 프롤레트쿨트의 사실상의 창립자이자 주도자로 활약했다(Mally, 1990: 49-50).

관한 다양한 이론적·역사적 해명들이 있어왔으나, 활동의 주체로서 노동자 자신이 무대에 나서 자기선언을 한 적은 거의 없었기 때문이다. 예술과 노동이 왜 불가분한지, 분리와 통일의 이론적이고 역사적인 논거들은 주어졌으되, 엥겔스와 체르니솁스키, 플레하노프의 사례에서 알 수 있듯 그 대부분은 예술-노동의 '바깥'에 위치한 관찰자적 입장에서 나온 것들이었다. 실제 예술-노동의 주체는 배제된 외부적 시선이 예술-노동을 규정해왔던 셈이다. 프롤레트쿨트는 이와 같은 이론적 정세를 '부르주아적 유물'로 배척하고, 신속히 그 내용을 프롤레타리아 자신의 것으로 채워넣길 욕망했다. 실제로 프롤레트쿨트의 이러한 주장은 노동대중의 폭넓은 관심과 지지를 받아낼 수 있었다.[10]

그러나 노동자 주체성을 지탱하는 다른 조건들이 모두 환영받았던 것은 아니다. 오히려 프롤레트쿨트의 강경한 입장은 곧장 소비에트사회와 볼셰비키 당 내부에서 격렬한 논란을 일으켰다. 주요 논점의 하나는 부르주아문화를 완전히 폐절해야 한다는 주장이었다. 보그다노프는 비록 권두언에서 기성사회의 문화적 전통을 수용할 줄 알아야 한다고 주장했음에도, 실천적으로는 부르주아 유산에 대한 격렬한 적대감과 거부감을 감추지 않았다. 이유는 명료하다. 만일 존재가 의식을 결정한다는 마르크스의 사상을 정확히 따른다면, 부르주아지와 프롤레타리아트는 확연히 다른 계급적 입장에서 세계를 바라볼 것이며, 이러한 시차가 낳은 예술문화적 결과물이 어떻게 상이한 계급에게 부합할 수 있단 말인가? 더구나 부르주아 예술의 대다수는 원자화된 개인의 업적이지만, 프롤레타리아 노동은 거의 전부가 집단적 활동의 산물이다. 예술-노동은 이러한 계급적 차이 위에서 수행되지 않을 수 없다. 보그다노프는 「프롤레타리아트와

10 자세한 사정에 대해서는 다음을 참조하라(최진석, 2019: 6장).

예술」(1920)에서 다음과 같이 역설한다.

> 과거의 예술, 그대로의 형태로는 독자적인 계급으로서의 자기 문제, 자기 사상을 갖는 프롤레타리아트를 조직하고 교육할 수 없음이 분명하다. 종교적이고 권위적인 봉건예술은 사람들을 권력과 복종의 사회로 이끌어, 대중에게 공손한 순종과 맹목적 신앙을 가르쳤다. 보편적 주인공으로 자신을 내세우고, 자신을 위해, 또 자신의 소유물을 위해 투쟁을 계속하는 부르주아 문학은 개인주의자를 교육시킨다. 이것도 또한 우리에게 필요한 것이 아니다.
>
> 프롤레타리아트에게는 집단주의적인 예술이 필요하다. 이 예술은 사람들을 깊은 연대의식과, 동료적인 공동노동과, 공통의 이상에 의해서 결합된 투사와 건설자의 밀접한 동지적 정서로 이끌 것이다.

이제 집단적 주체성이 프롤레타리아 문화의 핵심이자 새로운 예술-노동의 주춧돌이 되어야 한다. 보그다노프는 노동의 집단적 형식이 예술에도 적용될 수 있다고 확신했다.[11] 노동과 예술은 동일한 역사적 기원을 갖는다고 믿은 까닭이다.

> 예술과 단순한 노동 사이에는 본질적인 경계는 없다. 예술은 노동과 같이 항상 집단적이다. 예술은 가장 복잡한 노동 중의 하나이다. 따라서 예술형식은 노동형식에서 발생한다. 예술은 종종 정신적 노동형태를 취하지만 결코 특수한 것은 아니다. 프롤레타리아 예술형식과 과정은 프

---

11 보그다노프의 이런 방칙은 프롤레트쿨트의 작가들로 하여금 '나' 대신 '우리'를 주어로 사용하는 관행을 만들어냈다(Sochor, 1988: 136-138). 무의미하지는 않겠으나 다소 형식적인 발상과 추진이었음도 지적할 만하다.

롤레타리아 노동형식, 즉 최근의 대공장 노동자의 노동형식에 그 기초를 두고 있다. 프롤레타리아 노동형식은 의식적 집단주의의 방향으로 발전하고 있다. 프롤레타리아 예술형식도 따라서 같은 방향으로 형성되어 가고 있다(「프롤레타리아 예술의 길」, 1920).

하지만 이러한 예술과 노동의 동일성에 대한 테제는 프롤레트쿨트로 하여금 예술-노동의 형식에 더이상의 관심을 기울이지 않게 만들었다. 소비에트사회의 건설로 기원적 동일성이 회복되었다면, 예술이 노동이고 노동이 예술이 되는 상황이 창작의 기본전제로 설정된 셈이고, 따라서 이제부터는 형식이 아니라 오직 내용만이 문제시될 것이기 때문이다. 다시 말해, 소비에트 국가에서 노동은 이미 프롤레타리아적이기 때문에 그 형식은 완결되었고, 예술의 형식도 동시에 완결되었다고 간주되었다. 물적 토대가 바뀌었으니 그 위에 조직된 형태도 자연스럽게 토대와 동형적이라고 간단히 믿어버린 것. 이에 보그다노프는 프롤레트쿨트 비평의 우선 과제를 내용에 대한 이데올로기적 비판, 일종의 '사상검증'으로 제한해버리고 만다. 예술은 노동과 마찬가지로 일상의 평면 위에 올려지고, 그 특수성을 상실해버린다. 프롤레트쿨트의 예술-노동이 확고한 이론적 입지를 얻기보다 경색되고 빈약한 진지에 머물렀던 것은 어찌보면 당연한 노릇이었다.

프롤레트쿨트와 대립각을 세우던 또다른 혁명예술의 흐름은 미래주의의 후신인 레프였다.[12] 우리가 혁명기 소비에트-러시아의 문화운동에서 프롤레트쿨트와 레프를 나란히 비교하는 것은 이 집단 역시 예술-노

---

12 레프는 1923~1925년간 지속되다가 잠시 중단된 후, 1927~1928년 '신(新)레프(Novy LEF)'라는 이름으로 재등장했다.

동의 주체성을 고민했으되, 형식의 문제를 다르게 고민하고 실천했기 때문이다. '예술좌익전선'을 뜻하는 레프Levyj front iskusstv는 1922년 출범해 1928년까지 지속된 문화운동이며, 그 구성원들은 대개 혁명 이전에 시작된 미래주의와 형식주의에서 나왔다.

미래주의는 1912년경 모스크바에서 생겨난 급진적 청년 문화운동으로서 블라디미르 마야콥스키, 다비드 브를류크, 벨리미르 흘레브니코프 등이 참여했던 급진적 아방가르드 집단이었다(Markov, 2006: 164 - 227). 그들은 19세기 러시아 문화를 가장 화려하게 꽃피웠던 예술의 고전들을 전부 부정하면서 자신들의 새로움을 주장했고, 같은 해에 「대중의 취향에 따귀를 때려라」(1912)라는 과격한 선언문을 발표하며 파란을 일으켰다. 러시아뿐만 아니라 유럽에서도 대문호로 숭배받던 푸슈킨과 도스토옙스키, 톨스토이는 이들에 의해 낡아빠진 유물로 탄핵당한 채 '현대 Modern라는 배'에서 내리도록 강요당했다(마야콥스키, 2005: 245 - 246). '젊은 그들'은 과거의 유산에 거의 본능적인 적의를 품고서 모든 귀족적·부르주아적 예술을 청산할 것을 요구했던 것이다. 비슷한 시기에 보다 학구적이고 이론적인 성향의 청년 학자들이 모여서 결성한 러시아 형식주의는 제국아카데미의 고루한 학문적 유산에 반기를 들고, 내용이 아닌 형식을 통해 예술작품을 바라볼 것을 주장했다. 그들에 따르면 예술작품은 형식적 장치들의 집합체인데, 이때 형식은 수용자의 감각에 호소하는 매체라는 점에서 전통적인 정신주의 예술관을 전복시키는 방법으로 승격되었다(Erlich, 1981: 51 - 69). 사상이나 이념이 아니라 구체적인 언어의 세공을 통해 예술을 정의했다는 점은 형식주의를 유물론적 비평의 하나로 평가받게 만들었다. 이러한 형식주의적 관점은 새로운 예술의 방법을 모색하던 미래주의에 깊은 영향을 끼쳤고, 이후 두 집단은 이론과 실천의 양면에서 진보적 문화예술운동의 기수를 자처하게 된다. 이 같은 과정을 통해 미래주의와 형식주의는 과거의 문화를 부정하고 새로운 문화의 도 래를 지지하는 세력으로 각인되었으며, 볼셰비키와 우호적인 협력관계 를 맺을 수 있었다.

혁명시인 마야콥스키가 주동이 된 레프는 스스로 혁명의 선구자이자 기관차가 되고자 했다. 과거 문화를 격렬하게 거부한 그들의 제스처는 혁 명 이후 새로운 프롤레타리아문화를 요구하는 사회적 분위기에 잘 어울 리는 듯 보였고, 레프의 예술창작은 프롤레타리아의 노동과 동일선상의 활동임이 선언되었다. 레프 역시 예술 – 노동의 동일성과 통일성을 대의 명분으로 취하지 않을 수 없었던 것이다. 보그다노프가 지도하던 프롤레 트쿨트가 정치와 일정 정도 선을 긋고 거리를 만들려 했던 데 비해 레프 는 정치와 예술이 다르지 않음을 강조했고, 예술 – 노동이 삶을 창조하는 행위인 한에서 정치적 과제를 함께 포괄한다고 믿었다. 동시대의 예술적 전위들에게 보내는 경고 메시지라 언명된 다음 문서를 읽어보면, 레프의 강령이 예술 – 노동에 던져진 일종의 정치적 명령임을 알 수 있다.

우리의 사상은 오늘날의 사물 위에서 발전해야 한다.
생산주의자들이여!
농업적 수공업자가 되는 것을 경계하라.
노동자를 가르치고 노동자에게 배워라. 방안에서 공장에 미학적 명령이 나 내리는 것으로는 여러분은 그저 단순한 주문자이고 말 것이다. 여러 분의 학교는 공장이다(「레프는 무엇을 위하여 싸우는가?」, 1923).

그렇다면 레프는 어떤 노동을 예술로서 수행하고자 했는가? 미래주의 와 형식주의가 '새로움'의 원동력을 내용(사상, 이념)이 아니라 언어기호 적 형식에서 발견하고 그것을 낯설게 조직함으로써 예술의 혁명을 이루고자 했던 것을 계승하여, 레프는 예술-노동의 구체적 작업목표를 언어의 개조에서 찾았다. 프롤레트쿨트가 예술-노동의 형식을 노동자의 (체제에 의해 부여되고 실현된) 계급성에 위임한 채 내용에 주안점을 찍은 것과는 정반대의 면모이다. 미래주의와 형식주의의 실험과 경험에서 레프는 형식의 혁명 없이 내용의 혁명은 있을 수 없다는 점을 깨달았기 때문이다. 여기서 그들이 주목했던 예술-노동의 대상은 바로 사실로서의 삶 zhizn' kak fakty이었다. 19세기 리얼리즘의 '위대한 전통'에 혐오감을 품었던 레프는 문학적 허구를 통해서는 삶 자체의 실재에 도달할 수 없다고 단언했다. 유일무이한 진실은 문학적 기법에 의해 직조되는 환상이 아니라 삶과 정면으로 맞부딪칠 때 목격하는 삶의 사실들을 수집하고 몽타주함으로써 획득된다(Zalambani, 2006: 11-12). 근대문학의 최고봉에 올라섰던 도스토옙스키와 톨스토이라는 이름으로 표징되는 전통적 형식을 거부하고, 편지와 일기, 전기, 르포르타주 등으로 짜인 '사실들의 집합'이 새로운 사회의 새로운 예술작품이 될 것이다. 그것은 일상을 예술로 끌어들임으로써 예술과 노동의 분리를 극복하는 길이기도 했다.

사실, 즉 현실의 단편들을 단순히 나열하는 게 아니라 몽타주한다는 점에 유의하자. 레프가 허구적 구성을 배격했음에도 그들이 채택한 예술-노동의 방법으로서 몽타주는 본질적으로 편집과 구성의 기술이다. 나중에 에이젠슈테인이 정식화했듯, 몽타주는 구성요소(쇼트)를 충돌시켜 의미를 발생시키는 변증법적 장치인 것이다(에이젠슈테인, 1994: 71-72).[13] 그러므로 이러한 사실의 몽타주로서 등장한 예술-노동의 과제는 현실을 있는 그대로 복제하는 것이 아니라 (재)생산하고 (재)창조하는 데에 두어진다. 요컨대 레프가 궁극적으로 기획했던 것은 삶과 사실의 결합인

---

13 혁명기 미래주의와 영화의 관계에 대해서는 다음을 참조하라(Izvolov, 2005: 130-141).

'삶의 몽타주'였다. 예술-노동과 삶의 관계는 이로써 선명히 정립된다.

하지만 문제는 여기서부터다. 만일 그렇다면, 레프가 그토록 질색하며 거절했던 19세기 리얼리즘의 거대한 서사세계를 그들의 '사실의 문학' 혹은 팍토그라피야[14]가 대신하리라 말할 수 있을까? 삶의 사실-창조가 허구-창조와 판연히 다른 것이거나, 현격히 우월한 것일까?

예술-노동의 주체를 향하여 질문이 돌려질 때 문제는 한층 복잡해진다. 레프의 주창자들은 사실이 현실적 삶을 이루는 여러 요소들이며, 일상 속에서 마주치는 사물을 가리키기에 예술-노동은 이제 전문적 예술가들로부터 해방되어 일반 노동자들의 손에 쥐어졌다고 자부해마지않았다. 1917년의 혁명으로 인해 예술은 사회적 삶이 되었고, 예술활동은 일상노동이 된 것이다. 이로써 예술-삶-노동의 동일성이, 또는 놀이-삶-노동의 통일성이 완수된 걸까? 하지만 실제 사정은 그와 다르게 흘러가고 있었다. 레프 기획의 모순은 그들이 생산하고자 했던 예술적 가치와 정치적 기관으로서 맡았던 사회적 역할이 상충될 때 극명히 드러난다. 예술혁명의 전위로서 레프의 목표는 프롤레타리아 대중의 감각을 일깨워 소비에트사회의 새로움을 깨닫게 하고, 그 건설에 복무하도록 독려하는 데 있었다. 예술로써 자본주의에 오염되었던 삶을 사회주의적으로 변혁한다는 게 그것이다. 이는 일상을 예술화하고자 했던 미래주의와 형식주의의 연속선상에 놓인 작업이다.[15] 일상 노동의 중요성과 그것의 근원성을 주장했음에도, 레프의 시인들과 이론가들이 다소간 엘리트주의적 전위성

---

14 사실의 문학의 시각화된 판본으로서 포스터와 플래카드, 다큐멘터리 등이 혼합된 예술을 가리킨다(Kolchevska, 1987: 388-403).

15 "놀라게 하라"와 "새롭게 하라"는 20세기 유럽 모더니즘과 러시아 아방가르드가 공유하던 모토들이었다(휴즈, 1995: 75-79). 그러나 놀라움과 새로움은 시장적 가치로도 충분히 사용될 여지가 있기에 "자유롭게 하라"라는 탈시장적이고 탈규범적인 모토가 추가되어야 한다. 여기에 소비에트-러시아와 자본주의 유럽 사이의 차이가 있었다(게이, 2015).

으로 채색되지 않을 수 없던 이유이다.

반면 정치혁명의 전위로서 레프의 과업은 일반 노동자들이 예술에 더 가까이 다가가도록, 예술의 특수성을 지우며 일상화하는 데 있었다. 예술 가의 창작은 공장 노동자의 작업과 동등하게 취급되었고, 따라서 낭만주 의적 '영감'이나 '천재' 같은 관념은 추방되어야 했다. 가령 노동자의 선 반작업과 소설가의 퇴고작업은 본질적으로 똑같은 노동이었던 것이다. 그렇다면 누가 누구를 혁명적으로 선도한다는 말인가? 예술가의 과제는 자신의 특수성을 가급적 지우고 현실의 노동에 가까이 접근해 가는 데 맞춰진다. 엄밀히 말해, 이는 미래주의 및 형식주의의 혁신을 스스로 부 정하는 꼴에 다름아니었다. 예술의 아방가르드가 정치의 아방가르드로 기능할 때 필연적으로 그들의 과제는 굴곡을 겪어야 했고, 애초에 그들이 지향하던 예술의 혁명적 기능은 수정되거나 무력화되지 않을 수 없었다. 혁명을 통해 도래한 소비에트사회는 예술-노동이라는 활동의 가능성을 열었을 뿐, 그 주체에 있어서나 심지어 생산의 대상에 있어서나 분명한 이미지를 얻지 못하고 말았다.

파국은 예기치 않은 지점에서, 그러나 충분히 예상할 만한 방면으로부 터 찾아들었다. 내전이 종료되고 신경제정책을 통해 소비에트사회가 점 차 안정을 되찾음에 따라, 그전까지 자율적으로 운용되던 문화적 영역 들에 대한 볼셰비키적 통제가 강화되었다.[16] 창설 초기부터 보그다노프 는 프롤레트쿨트를 권력기구로부터 독립적인 문화장치로 만들려 했으 나 그 시도는 좌절되고 말았으며, 1921년 이후로 프롤레트쿨트는 국가기 구의 소단위로 '전락'하고 만다(Mally, 1990: 255-256).[17] 사정은 레프도

---

16 레닌은 문화를 생산력 향상을 위해 설정된 노동자 교육으로 정의했고, 스탈린은 잘 훈련된 소비에트 적 인간의 양성으로 간주했다(최진석, 2019: 233-248).

17 보그다노프와 레닌의 불화도 작지 않은 이유였다(Sochor, 1988: 148-157).

다르지 않았는데, 출발점부터 정치적 전위를 자임하던 그들의 입지가 국가적 통제에 포획되는 것은 단지 시간문제였을 따름이다. 두 운동의 쇠퇴 이유로 여러 가지 요인들이 지적되지만, 국가화를 피할 수 없었다는 점은 근본적이고도 치명적인 원인이었다.[18] 국가화는 예술-노동이 갖고 있는 불가피한 유혹이자 함정이었다. 기성의 사회구조를 탈피하여 새로운 사회적 주체, 예술-노동의 주체성을 고안하고 창출하고자 했던 두 조류는 전위vanguard로서의 공통성을 지녔으나, 국가의 힘을 빌리지 않고는 사회를 자신들의 의지대로 변혁시킬 만한 현실적 세력이 될 수 없었다 (Groys, 1992). 권력에 대한 자율성을 제아무리 강변했어도 처음부터 국가와의 친화적 관계를 도모했고, 결국 국가의 그늘에서 작동할 수밖에 없었던 것이다. 이런 식으로 소비에트-러시아에서조차 예술-노동의 진정한 주체성은 국가의 손아귀에 있음이 드러나고 말았다.

이쯤에서 질문을 바꿔서 던져보자. 예술-노동은 무엇을 생산하는가? 우리는 앞서 예술-노동이 삶을 생산한다고 말했지만, 대체 삶이 무엇인지에 대해서는 제대로 해명하지 못했다. 예술-노동의 전제이자 산물로서 삶은 일상과 동일한 것일까? 엥겔스의 회고 속에 나타난 상품화 이전의 생활세계와 자본주의든 공산주의든 동형적으로 축조된 근대적 일상이 동일한 토양을 가리키는 걸까? 예술-노동이 생산하는 삶이란 어떤 것인가? 그것은 일상과 어떻게 다른가? 가치라는 문제가 다시금 제기되는 지점이 이곳이다.

---

18 1934년에 선포된 '사회주의 리얼리즘'이 예술-노동에 대한 국가적 전유의 표징이다(Robin, 1992: 37-43).

4. 표류, 또는 스펙터클의 사회를 넘어서

삶과 일상의 분리는 물론 형식적이며, 개념적인 차원의 문제다. 하지만 현대 자본주의사회에서 삶과 일상의 구별은 실질적이며 실재적이다. 단적으로 말해, 삶이란 생존의 욕구뿐만 아니라 생활의 행복을 함께 만족시키는 토대, 엥겔스가 감동적으로 기술했던 바대로 조화로운 시절의 원상이다. '기계의 도입 이전'으로 표명되는 삶은 무엇보다도 시간성의 차원으로 적시된다는 점을 기억하자. 여기서 노동자는 '한가로운 시간'과 '즐거움을 느끼는 때', 그리고 '즐거움을 느끼는 시간 동안만' 일해도 좋으며, 그런 식으로 일해도 '원하는 만큼의 한가로운 시간'을 충분히 누릴 수 있다(엥겔스, 1991: 134). 바꿔 말하면, '노동이 그 자체로 이미 오락'인 '좋았던' 과거에는 삶의 필요와 욕망이 동시에 충족되었기에 노동자가 억압되지 않았다. '노동과 놀이의 일치'인 그 시간을 「독일 이데올로기」에 서술된 공산주의적 미래의 시간과 나란히 놓고 상상하는 것은 어렵지 않은 일이다.[19] 문제는 자본주의적 현재가 이러한 삶의 원상과 너무나 멀리 떨어져 있으며, 확고히 분리된 채 진행되고 있다는 점이다. 자본주의가 불가피하게 일상성이라는 범주를 통해 조명되어야 하는 이유가 그것이다.

일상은 반복과 동일성을 통해 구성된다. 어제는 오늘과 다르지 않고, 내일은 오늘의 연장이라는 식으로 차이 없는 반복이 삶을 동형적으로 재구성한다. 마르크스주의적으로 분석해볼 때, 이렇게 타성화된 나날들을

---

19 "아무도 하나의 배타적인 활동의 영역을 갖지 않으며 모든 사람이 그가 원하는 분야에서 자신을 도야할 수 있는 공산주의사회에서는 사회가 전반적 생산을 규제하게 되고, 바로 이를 통하여, 내가 하고 싶은 그대로 오늘은 이 일 내일은 저 일을 하는 것, 아침에는 사냥하고 오후에는 낚시하고 저녁에는 소를 치며 저녁식사 후에는 비판하면서도 사냥꾼으로도 어부로도 목동으로도 비판가로도 되지 않는 일이 가능하게 된다"(마르크스·엥겔스, 1990: 214).

이어붙이는 매개물은 상품의 형식이다. 알다시피 상품은 사회적 관계 속에 담지된 사물의 가치적 형태인데, 자본주의에서 이 사회적 관계는 곧 교환관계 일반을 가리킨다(마르크스, 1996: 1장 3절). 인간이 생산하는 모든 사물들은 본래적인 쓰임새, 곧 노동자 자신이 먹고 쓰고 향유하기 위해 생산하는 것을 중단하고, 화폐로 전환하여 다른 사물과 교환하기 위한 순환의 고리 속에 고착된다. 노동자의 필요와 욕망에 부응하던 사용가치가 교환가치로 전면적으로 변환되며, 후자만을 담지하는 상품이 지배하는 삶을 자본주의적 일상이라 부른다. 요컨대, 본연의 삶이 '산노동'의 시간이라면, 일상은 '죽은 노동'의 시간이다. 이 점에서 일상은 화폐적 가치 형태인 상품에 의해 식민화된 생활세계라 할 만하다. 자본주의 이후를 살아가는 사람들은 이러한 화폐의 논리, 상품의 질서에 발맞춰 자신들의 삶의 리듬을 조직해야 했으며, 노동이 생산하는 가치는 자족적인 것(작품의 스타일)이 되지 못한 채 타율적인 것(거래를 위한 제품)에 머무른다.

프랑스혁명 이후 혁명가들의 가치에 반하는 (그리고 과거로의 복귀를 원하는 '반동' 세력들의 저항에도 불구하고) 새로운 사회, 즉 새로운 사회-경제적 조직이 자리를 잡았다. 바로 도시-국가-상품으로 구성되는 우리의 사회다. 상품이 모든 것을 휩쓸어버린다. (사회적) 공간과 (사회적) 시간은 교환에 지배당하는 시장의 공간과 시간이 된다. 그 자체로 사물은 아니지만 리듬들을 포함하는 시간과 공간은 생산물 속으로 들어간다 (르페브르, 2013: 61-62).

19세기까지, 경쟁자본주의가 생겨날 때까지, 그리고 소위 '상품의 세계'가 전개되기 이전까지에는 일상성의 지배가 없었다. (…) 옛날에는 (직접적인) 빈곤과 억압 속에서도 스타일이 있었다. 시대가 아무리 바뀌어도 그 옛날에는 생산물이 아니라 작품이 있었다. 착취가 폭력적 억압의 자리에 대신 들어가는 동안 작품은 거의 사라지고, 그 대신 (상업화된) 제품이 들어섰다(르페브르, 2010 : 98).

획일화된 상품지배의 현실은 예술-노동도 예외로 남겨두지 않는다. 르페브르에 따르면 교환가치에 의해 침범당하기 이전의 사물은 사용의 스타일에 따라 제각각 정의되었다. 예컨대 목수라는 직종은 같아도 개별 목수마다 사용자의 필요와 욕망에 부응하는 사물로서 서로 다른 의자를 만들었던 것이다. 사용가치에 따라 사물을 제각각 다르게 변용시키는 창안 행위가 여기에 있고, 예술-노동의 정의에 부합하는 활동이라 할 만하다. 그러나 구체적인 사용에 대한 고려 없이 교환 일반을 위해서만 제조되는 사물은 화폐적 가치라는 '대상적 확실성'만을 지닐 뿐이며, 단지 외관, 곧 '스펙터클'로서만 존립할 따름이다. "'대상적' 확실성은 행위로서의 주체 또는 작품으로서의 사물에서 나오는 것이 아니라 오로지 언어(교환 메커니즘으로서 추상화된 수량화 문법-인용자), 즉 그 구조가 '현실'과 너무나 똑같은 그 언어에서 나오는 것이다"(르페브르, 2010: 52-53). 그렇게 삶을 위한 가치 담지자로서의 사물은 단지 교환만을 위해 소비자를 유혹하는 대상으로 바뀌어버린다. 더 나아가 대상은 이제 이미지, 스펙터클로서만 기능할 뿐이다. '오브제'의 탄생이 그것이다.

이 관점을 극적으로 밀어붙인 이론가는 상황주의 인터내셔널의 지도자 기 드보르였다. 르페브르의 영향을 받기도 했던 그는 상품의 대상성을 더욱 휘발시켜 현대사회의 모든 것이 스펙터클의 이미지 속으로 빨려들어갔다고 주장했다. 공장과 백화점, 거리와 가정에서 목격하는 갖가지 상품들은 실물적인 대상성을 넘어서 스펙터클의 이미지 그 자체로 존속하고 있다. 통계표에 적힌 숫자 뒤로 사물이라는 실체가 있다는 것은 우리의 환상이다. 숫자의 직접성은 스펙터클의 즉물성과 곧장 연결되며, 우리의 (무)의식을 장악한다. 양量적으로 환산되는 상품의 가치는 양 그 자체일 뿐 어떠한 질적 요인도 선험적으로 배제해버린다. 화폐적 단위로 현상하는 상품은 오직 그 양적 가치로 인해 생산되고 유통되고 소비되는 것이기에, 만일 모종의 질적 변별성을 띠게 된다면 곧장 이해할 수 없는 사물das Ding로 나타나 우리를 당혹하게 만들 것이다.

스펙터클이 가시화하는, 현전하면서도 동시에 부재하는 세계는 바로 삶에 속하는 모든 것을 지배하는 상품세계이다. 상품세계는 이처럼 보여짐으로써, 그 자신의 모습을 있는 그대로 드러낸다. 왜냐하면 상품세계의 운동은 인간들 사이 및 인간들과 그들의 모든 생산물 사이의 관계에서 일어나는 모든 소외와 동일한 것이기 때문이다. (…) 스펙터클은 상품이 사회적 삶을 총체적으로 점령하기에 이른 계기이다. 스펙터클과 상품의 관계는 가시적일 뿐만 아니라, 사람들이 보는 모든 것이기도 하다. 사람들이 눈으로 보는 세계는 바로 상품의 세계이다(드보르, 1996: 28-31).

상품의 지배를 벗어나 본원적인 삶의 가치를 회복하기 위해 예술에 매달리던 전통적인 관점은 드보르의 비웃음을 살 뿐이다. 왜냐하면 노동의 본질적 성격이 현대 자본주의에서 바뀌었기 때문이다. 산노동이 왜 죽은 노동으로 전환되었는가? 노동의 산물이 실질적 사물reference을 향하고 있지 않기 때문이다. 작업장에서 노동자가 자신이 만든 의자를 볼 때 그의 시선에 담기는 대상은 편안함이나 즐거움, 편리함이라는 사용가치가 아니라 화폐로 표상되는 교환가치이고, 그로써 얻게 되는 부富의 스펙터클이다. 산노동이 생산하던 삶의 가치로부터 '소외'된 죽은 노동은 일상의 상품만을 제조할 수 있기에, 자본주의사회에서 예술의 산물은 죽은 노동의 상품적 이미지를 재반영한 것일 따름이다. 설령 참된 예술작품, 즉 산노동의 결실이 현실에 등장하는 경우가 있다 해도, 그것은 전체적인 죽은 노동의 세계, 상품세계의 한 요소로 금세 수렴('소외')되고 만다. "진정코 거꾸로 뒤집혀져 있는 세계에서 참된 것은 허위적인 것의 한 계기이다"(드보르, 1996: 13). 이런 맥락에서 드보르는 소설이나 영화와 같은 근현대의 대표적인 예술장르들에 대해 불만 어린 비판을 넘어서 자본주의적 일상을 보조하는 도구일 뿐이라는 비난마저 쏟아냈다(Debord, 2006: 25-45). 이미지가 지배하는 전일적인 세계상으로서의 자본주의. 여기에서는 자본을 긍정하는 것이든 부정하는 것이든 무엇이나 모두 상품이 될 수 있다(드보르, 1996: 42). 판매를 위한 상품은 실체 그 자체가 아니라 거기에 덧입혀진 스펙터클일 뿐이기 때문이다. 이것이 자본주의의 '역겨운' 진실이다.

교환가치는 마침내 지도적 용도가 되었다. 교환과정은 모든 가능한 사용과 동일시되었고 사용을 교환의 자비로운 은혜로 축소시켰다. 교환가치는 사용가치의 용병대장으로, 급기야는 혼자 힘으로 전쟁을 수행하기에 이르렀다. (…) 스펙터클은 화폐의 다른 측면이다. 즉, 화폐는 모든 상품들의 보편적인 추상적 등가물이다. 화폐는 보편적 등가물의 표상으로서, 그 사용이 비교될 수 없는 각기 다른 재화들의 교환가능성의 표상으로서 사회를 지배한다. 스펙터클은 상품세계의 총체성이 하나의 전체로서, 전체 사회가 될 수 있고 할 수 있는 것에 대한 보편적 등가물로 나타나는 곳에서 화폐의 발전된 현대적 보완물이다(드보르, 1996: 34-35).

재미있는 점은 드보르와 상황주의자들의 현대사회 인식이 장 보드리야르의 입장과 상당 부분 겹친다는 사실이다. 그에 따르면 20세기의 고도화된 자본주의는 상품형식이 지배적 논리가 되어 삶 일반을 완전히 장악한 시대에 다름아니다. 비단 경제적·물질적 생활만이 아니라 정신적이고 상상적인, 욕망의 세계마저도 교환의 논리가 온통 거머쥐고 있다는 뜻이다. 상품성의 본질이라 할 만한 소비는 현대 자본주의의 시대정신이라 말해도 과언이 아니다.

소비의 시대는 상품의 논리가 일반화되었으며, 오늘날에는 노동과정이나 물질적 생산물뿐만 아니라 문화 전체, 성행위, 인간관계, 환각, 개인의 충동도 지배하고 있다. 모든 것이 이 논리에 종속되어 있는데, 그것은 단순히 모든 기능과 욕구가 대상화되고 이윤과의 관계에 있어서 조작된다고 하는 의미뿐만 아니라 모든 것이 스펙터클이 되는, 즉 소비 가능한 이미지, 기호, 모델로서 환기, 유발, 편성된다고 하는 보다 깊은 의미에서이다(보드리야르, 1991: 297).

보드리야르는 상품화의 논리를 대변하는, 그리고 사용가치를 대신하는 교환가치의 체계를 환유하는 기호적 가치가 자본주의적 일상을 통제하며, 소비사회에서 소외는 극복될 수 없다고 단언한다. 모든 것이 스펙터클의 가치만을 갖는다면, 그래서 이미지일 뿐이라면, 사물은 더이상 존재할 수 없다. 있는 것은 다만 사물의 외양, 기호이다. 기호만이 실존할 때 전통적으로 노동의 구조를 형성하던 주체와 대상의 관계는 어디에도 안착할 수 없게 된다. 쉽게 말해, 인간은 상품을 생산하기 위해 노동하지만, 그가 생산하고 소비하는 것은 사물이 아니라 사물의 상품적 기호이자 이미지일 뿐이다. 노동하는 인간은 사물에 대한 자신의 욕망을 마주할수도 없고, 자기가 생산한 노동의 산물과도 직접 만날 수 없다. 모든 것은 기호의 그물 내부에 있다(보드리야르, 1991: 298 - 299). 기호화의 이러한 극단적 확대는 궁극적으로 사용가치 자체를 의문시하고, 불가능한 것으로서 못박는 데까지 나아간다(보드리야르, 1992: 142 - 157).[20] 예술과 노동이 교차할 공유지대는 더이상 존재하지 않는다. 예술 - 노동은 본질적으로 불가능하다.

기 드보르를 비롯한 상황주의자들도 현대 자본주의 상품세계를 지극히 비관적으로 바라보았음에도, 예술 - 노동과 삶의 문제에 대해서는 보드리야르와 미묘한 입장차를 드러낸다. 보드리야르가 욕망마저 상품관계 속에서 기호화된다고 주장한데 비해(보드리야르, 1992: 100), 상황주의자들은 동일한 극단적 전망에도 자본주의의 출구이자 파열구로서 삶을 회복할 방안을 예술에서 발견하고자 했기 때문이다. 이는 죽은 노동, 소외된 노동이 놀이적 본성을 되찾음으로써 가능할 것이며, 오직 그것만이 전일적인 교환가치의 지배로부터 사용가치의 본래성을 구출하는 유일한 방법이 될 것이다. 따라서 자본주의의 타파는 예술이 노동과 결합할 때 비로소 실현의 전망을 갖게 되며, 반대로 예술 - 노동의 범주를 떠난다면 결코 이루어질 수 없는 꿈일 따름이다. 기 드보르가 제안한 그 몇 가지 방식은 다음과 같다(Debord, 1958: 62 - 65, 67 - 68).

우선 예술활동은 낭만주의적 창조성이 아니라 현실에 대한 변형 가능성으로서 정의되어야 한다. 마치 신의 대리자가 만들어내는 듯한 '전적인 새로움'이라는 근대 예술의 모토는 부정되는바, 모든 것이 교환가치로 회수된 이 시대에 마치 무에서 유를 창조하듯 완전히 독창적인 작품을 만든다는 것은 어리석은 소극笑劇에 불과하다. 관건은 변형 및 개작 여부에

---

20 "미국은 디즈니랜드다" "걸프전은 없다" 등의 '악명 높은' 언명들은 모두 현실의 실재성을 소거했기 때문에 가능한 것들이었다.

달려 있다. 원작이 갖는 의미는 부정의 절차를 통해 철저히 제거된 후 새롭게 의미화 되어야 한다. 오직 '다른' 규칙과 '낯선' 시도만이 예술을 예술로서, 죽은 노동을 산노동의 결과물로 바꾸어줄 것이다.

그런 활동의 한 가지 예는 표류dérive인데, 삼삼오오 짝을 지어 도시를 배회하는 것을 말한다. 서너 시간도 좋고, 하루 종일도 괜찮다. 핵심은 이런 표류에 그 어떤 목적성도 미리 만들어두지 않는다는 것인데, 가령 어디로 갈 것인지 누구를 만날 것인지에 관해 그 무엇도 미리 결정해놓지 않는 것이다. 표류를 시작하면 말 그대로 '정처 없이' 떠돌아다니듯 움직여야 하고, 도중에 누구와 마주치더라도 기존의 관계를 탈피해 완전히 새로운 관계를 시작할 수 있어야 한다. 오직 '도중道中'이라는 과정과 '마주침'만이 중요하다. 아무런 전제조건 없이 누구와도 만나서 대화와 행위를 시작할 수 있어야 한다는 것, 그것만이 표류적 사건의 시발점이 된다.

관습적 일상에 익숙해 있다면, 드보르와 상황주의자들의 이러한 실험들은 사뭇 기이해 보이는 게 당연하다. 그 같은 '무계획'이 과연 실질적인 결과를 낳는지도 의문이거니와, 예술도 노동도 아닌 장난스러운 놀이처럼 여겨지기 때문이다. 그런데 상황주의자들이 노린 것은 바로 이러한 엉뚱함, 생경한 감각의 실험이었다. 사고와 감정, 행동의 모든 것을 경제적 합리성에 따라 조율하며 살아가는 현대인들에게 무無목적적이고 반反목적적인 활동이야말로 자본주의의 매트릭스를 간신히 벗어날 수 있는 최소한의 출발점이기 때문이다. 일상을 놀이로 만들라!

경제의 필요성은 놀이와 잘 어울리지 못한다. 금전이 오고가는 관계에서는 모든 것이 진지하다. 사람들은 돈을 갖고 농담하지 않는다. 봉건경제의 일부였던 놀이(증여적 관계를 포함한다—인용자)는 화폐교환의 합리성에 의해 제거되어왔다. (…) 자본주의가 상업관계를 강제한 순간부터 그 어떤 환상도 허용되지 않게 됐다. 오늘날 볼 수 있는 상품의 독재는 이 자본주의적 상업관계가 곳곳에, 삶의 모든 층위에서 강화되어가고 있다는 것을 분명히 보여준다. (…) 놀이를 뒤덮은 금지의 저항이 가장 약한 곳, 즉 놀이가 아주 오랫동안 살아남은 예술 분야에서 언젠가 놀이의 충동이 분출한 바 있다(바네겜, 2006: 353-355).

예술-노동은 왜 요청되는가? 상품화된 일상을 깨뜨림으로써 자본주의적 교환의 세계를 와해시키기 위해서다. 화폐 단위로 환산되거나 가치화되지 않고, 등가교환의 법칙에 종속되지 않는 놀이에 예술이 기대고, 그로써 궁극적으로는 노동과 놀이는 연결지어질 것이다. "열정을 해방하라!" "노동하지 말라!" "죽은 시간 없이 살라!"는 상황주의 인터내셔널의 요구(마셜, 1996: 180)는 예술-노동을 통해 사용가치가 충만하던 삶을 (재)생산하라는 명령과 다르지 않다. 산노동의 시간, 즉 놀이와 노동 및 삶이 한 가지로 동일하게 통합되어 있던 시간성의 회복이 그들의 지향점이다. 이는 단편적이지만 실험적인 예술-노동의 수행을 통해 파편화된 시간들을 이어붙임으로써 성취될 혁명적 사건이라 부를 만하다. '상황'이란 이러한 사건적 시간의 생성, 그로써 상품화된 일상이 탈각되고 가치로 충만한 삶의 전체가 우리 앞에 생산되는 사태를 말한다.

나는 무엇을 원하는가? 계기들의 연속이 아니라 거대한 순간을 원한다. '흘려보내는 시간'의 경험이 아니라 체험된 전체성을 원한다. '흘려보내는 시간'이 주는 느낌은 내가 그저 늙어가는 기분일 뿐이다. 그렇지만 인간이 살기 위해 우선적으로 생존을 추구한 이래로 그 시간에는 잠재적 순간들과 가능성들도 필연적으로 뿌리내리게 되었다. 순간들을 연합시키고, 그 순간들에서 즐거움을 얻고, 삶에 대한 약속을 풀어내는 것은 이미 '상황'의 구축을 배우는 것이다. (…) 삶을 재구축한다는 것은 세상을 다시 세운다는 것이다. 양자는 서로 동일한 욕망이다(바네겜, 2006: 130-131. 영역판에 의거해 번역 수정).

무계급사회, 즉 일반화된 역사적 삶을 실현한다는 혁명의 기획은 개인과 집단의 불가역적 시간의 놀이적 모델, 독립적인 연합된 시간들이 동시에 현존하는 모델을 위해 시간의 사회적 척도를 제거하는 과제이다. (…) 세계는 이미 어떤 시간에 대한 꿈을 소유하며 이제 그것은 그 시간을 실제로 누리기 위해 그 시간에 대한 의식을 소유해야 한다(드보르, 1996: 133).

사회혁명, 혹은 가치 있는 삶의 회복이라는 예술-노동의 과제는 척도화된 시간을 넘어서는 데서 시작된다. 이는 당연히 노동을 상품으로 전환시키는 마력적인 힘으로서의 근대적 시간관을 탈피할 때 가능할 것이다. 그런데 인간의 노동을 가치화하는 척도, 노동에 가치를 부여함으로써 인간적 의미로 충전시킬 수 있던 계기는 실상 근대적 시간성의 법칙이 아니었던가? 각자의 개별적인 노동을 공유 가능한 공통 가치의 무대 위로 끌어모음으로써 사회적인 것으로 만드는 근본 속성은 바로 (작업에 투하된 단위로서) 시간이 아니던가? 척도화된 시간을 뛰어넘는다는 것은 노동의 산물을 예술작품으로 만들지는 모르지만 사회적인 차원에서 공통의 것을 구성하는 데는 실패하는 게 아닐까? 근대적 시간의 논리, 단도직입적으로 말해 노동가치설을 벗어나는 것은 노동의 가능성 자체를 붕괴시키는 자충수가 될 수도 있는 것이다. 과연 그렇게 노동 없이도 예술이 성립할까? 어쩌면 예술도 노동도 전혀 새로운 정의 속에 다시금 입안되어야 하는 게 아닐까? 그렇다면 예술-노동에 대한 애초의 테제는 폐기되거나 발본적으로 수정되어야 하진 않을까?

5. 삶정치의 시간과 다중의 예술

자본주의사회에서 노동은 '생산적 노동'으로 규정된다. 이때 '생산적'이란 순전히 자본가의 편에서 자본가를 위해 잉여적인 가치를 생산하는 활동에 붙은 수식어다. 더도 덜도 말고 마르크스 자신의 문장을 인용해 보자.

> 자본주의적 생산체계에서 생산적 노동이란 그 고용주를 위하여 잉여가치를 생산하는 노동이며 또는 달리 말하면 객체적 노동조건들을 자본으로, 그것들의 소유자를 자본가로 전화시키는 노동이며, 따라서 자기 자신의 생산물을 자본으로서 창조하는 노동이다.
> 그렇기 때문에 생산적 노동이라고 할 때 그것은 사회적으로 규정된 노동, 노동의 구매자와 그 판매자 간의 완전히 규정된 관계를 포함하는 노동을 말하는 것이다. (…) 그러므로 생산적 노동은 직접 자본으로서의 화폐와 교환되는 노동이라고, 또는 같은 것의 간략한 표현에 불과하지만 직접 자본과 즉 '즉자적으로' 자본이며 자본으로서 기능하게 되어 있는, 다시 말하면 자본으로서 노동력과 대립하는 화폐와 교환되는 노동이라고 규정할 수 있다. (…) 따라서 생산적 노동이란 노동자로서는 미리 규정된 그의 노동력의 가치를 재생산할 따름이지만 이와 함께 가치를 창조하는 활동으로서는 자본의 가치를 증대시키는 노동이다. 다시 말하면 그것은 이 노동에 의하여 창조된 가치를 자본으로서 노동자 자

신과 대립시키는 노동이다(마르크스, 1989: 443-444).

그러므로 자본주의체제에서의 생산적 노동은 잉여가치 산출의 일반
공식 M-C-M'에 충실히 복무하는 임노동일 수밖에 없다. 그렇다면 예
술-노동은 이 법칙으로부터 얼마나 멀리 떨어져 있을까? 앞서 체르니셉
스키나 플레하노프의 논지를 따른다면 노동과 시원적으로 동일한 예술
은 사용가치를 생산하는 활동이었을 것이다. 하지만 역사의 어느 시점에
서 사용가치와 분리되고 교환의 체계에 예속되는 지점이 나타나는데, 그
단초는 근대 예술의 출발점인 르네상스나 17~18세기 고전주의시대였
다. 하지만 그 당시 예술은 후원자에 의해 요구된 작품을 만들어내는 것
이었고, 이는 화폐를 매개로 한 상품교환이 아니라 후원에 대한 보상의
의미가 더 컸기 때문에 자본주의 본래의 시장적 규정을 받지 않았다(바
스케스, 1993: 213). 후원자에게도 예술작품은 자산적 가치보다는 과시적
가치를 지녔기에 시장을 통한 화폐적 가치 이전은 발생하지 않았으며, 따
라서 자본주의적 상품관계라고 보기 어려웠다.

물론, 마르크스도 지적하다시피 자본주의적 생산과 비생산의 가치법
칙은 다소간 유동적으로 비칠 수 있다. 예컨대 밀턴이 『실낙원』을 쓰고 5
파운드를 받았을 때, 그가 생계를 위해 작품을 팔았다면 그의 집필은 생
산적 노동에 속할 것이다. 하지만 그가 흥에 겨워 작품을 쓰고, 결과적으
로 그게 매매가 되었다면 이는 비생산적 노동인 것이다(마르크스, 1989:
448-449). 그러나 자본주의적 가치법칙의 유동을 예증하는 이 사례는
자본주의의 성립 초기, 17세기 후반에 해당되는 것이기에 현대의 상황에
직접 연관되지는 않는다. 마르크스 자신이 살던 19세기에 자본주의는 이
미 잉여가치를 산출하는 일반원칙을 완성했으므로, 동시대의 예술가들
은 실상 생산적 노동 이외의 활동을 할 수 없었다. 근대의 예술가들이 '무

용한', 즉 '비생산적인' 자들로 천시받았던 이유는 다른 데 있지 않다. 가치의 일반화된 등가물인 화폐가 지배하는 세계에서 '비생산적' 활동을 통해 가치 있는 무엇을 생산하는 것은 쉽지 않은 노릇이며, 거의 불가능하다. 따라서 마르크스는 "자본주의적 생산은 정신적 생산의 일정한 부문들 예컨대 예술과 시문학에 적대적"이라고 단언했던 것이다(마르크스, 1989: 316). 마르크스에게 예술의 본래적 영토는 자본주의적 생산의 외부에 있었음이 분명하다.[21] 우리의 이전 논의를 끌어와 정식화해본다면, 예술-노동은 삶의 영역에 속해 있으며 자본주의적 가치법칙이 지배하는 상품화된 일상과는 다르게 작동하는 것이다. 사정이 그렇다면, 돌연 한 가지 중요한 질문이 제기될 법하다. 만일 예술-노동이 자본주의 가치법칙과 '다르게' 작동하는 활동을 가리킨다면, 그 '비생산성'을 더욱 적극적이고 철저하게 추진할 때 역으로 삶이 일상을 돌파하는 순간이 나타나지 않을까?

전前 자본주의적 '조화'에 관한 엥겔스의 회고에서 우리는 이 글을 시작했다. 그런데 엥겔스는 놀이와 노동이 분리되지 않은 삶의 회복을 과거에 대한 향수나 역사의 회귀를 통해 추구하지 않는다. 과거에 대한 동경 속에 그가 강조하는 것은 의식되지 않은 생활의 단순함이고, 그것은 '조용한 식물적 생활 속의 안온함'이기에 주체적으로 영위되는 해방된 삶이 아니었다. 기계화와 산업화는 목가시대의 노동자들을 궁핍과 고통에 몰아넣었지만, "바로 그렇게 함으로써 산업혁명은 노동자들을 사고하도록, 그리고 인간적 지위를 요구하도록 자극"하게 되었다(엥겔스, 1991: 136). 근대 자본주의의 발전은 인간을 질곡에 몰아넣고 자본의 가치법칙에 노

---

21 비물질적인, 인지적 활동은 역사적 자본주의에 포섭되지 않을 뿐만 아니라 자본생산과 본성적으로 이질적이라는 게 마르크스의 생각이었다(조정환, 2011).

예처럼 종속될 것을 강제했으나, 역설적으로 생산력의 확대와 심화를 통해 해방의 계기들이 조성된 것이다. 이는 역사적 자본주의에 대한 결과론적 수용이 아니라 그 과정에 대한 긍정으로서, 이 과정의 끊임없는 추동인 '현실적 운동'만이 코뮌주의적 미래에 연결될 수 있다.[22] 그렇다면 그 궁극적 정향점은 무엇인가? "노동자들이 더이상 사고 팔리지 않겠다고 결심하고, 노동의 가치란 본래 무엇인가를 결정하는 데 있어서 노동자들이 노동력 외에 의지를 지닌 인간으로서 등장한다면, 오늘날의 국민경제학과 임금법칙들 전체는 끝장나게 될 것이다"(엥겔스, 1991: 161). 다시 말해, 자본주의적 가치법칙의 폐지, '생산적 노동'의 지양이다. 비생산적 활동의 가치가 긍정된다는 것은 노동-놀이가 합치되는 시간의 회복에 다름아니다.

조정환의 '예술인간Homo Artis'은 이 과정을 역동적으로 보여주기 위한 이론적·실천적 개념이다. 예술인간이란 마르크스의 '노동인간', 케인스의 '국가인간', 푸코의 '경제인간'에 이어 등장한 새로운 주체성 유형을 말한다(조정환, 2015: 11-12). 세계사적 정세 속에서 예술인간은 신자유주의 시대에 형성된 경제인간과 나란히, 또는 중첩되어 현실화된 주체성으로서 "누구나 기업가다"에 이어 "누구나 예술가다"의 모토를 내세우며 지금 우리 앞에 있다. 물론 신자유주의적 경제인간이 곧장 예술인간과 연속적이거나 자연스럽게 등치되지는 않는다. 더구나 조정환이 주장하는 예술인간이란 근대 자본주의가 분할해놓은 두 유형인 노동자 및 예술가 개념과는 단절적으로 성립하는 새로운 주체성이다. 즉 예술인간은 고립된 천

---

22 "생산력들의 보편적 발전으로써만 비로소 인간의 보편적 교류가 확립되며, 따라서 한편으로는 모든 민족들 속에 '무산자' 대중이라는 현상이 동시에 만들어지고(보편적 경쟁) 각 민족들이 다른 민족들의 변혁에 의존하게 되어 결국에는 세계사적인, 경험적으로 보편적인 개인들이 지역적 개인들을 대체한다. (…) 우리는 현재의 상태를 지양해나가는 현실적 운동을 공산주의라고 부른다"(마르크스·엥겔스, 1990: 215).

재 - 창조자로서의 전통적 예술가와 다르며, 자본주의를 유지시키는 생산적 노동에 의해 규정되는 노동자와도 다르다.

마르크스의 노동인간은 농경사회적 인간형인 경작인간('켄타우로스')이 산업사회로 이행하며 만들어진 주체형태이고, 국가인간은 제2차세계대전 후 형성된 유럽의 복지국가 모델에서 국가가 노동인간을 포섭하여 성립한 주체형태다. 경제인간은 금융자본이 노동인간을 포섭함으로써 구성되었다. 이에 따를 때 현대 자본주의는 경제인간과 국가인간의 두 가지 형태가 공모하여 조밀하게 직조된 권력공간이라 할 수 있고, 푸코의 훈육사회를 넘어 들뢰즈가 예견했던 통제사회의 형상에 전적으로 부합한다(들뢰즈, 1995: 198 - 205). 그 같은 논의 자체는 그리 낯설지 않으며, 그래서 경제인간이란 명명 자체가 지극히 부정적인 뉘앙스를 내포하는 게 당연하다. 하지만 조정환은 경제인간을 발생시킨 신자유주의적 조건이 역설적으로 예술인간의 잠재성을 배태한다고 주장한다. 신자유주의체제에서 인간의 조건은 더욱 억압받고 빈궁화되었지만, "더 많이 축적하라!"라는 모토의 가려진 전제조건인 "더 심미적인 방식으로, 더 인지적인 방식으로, 더 특이한 방식으로!"는 양ᵢ이라는 척도화된 가치법칙을 질적인 것으로, 계측 불가능한 것으로 만들어 부단히 이탈시키기 때문이다.

이 은폐된 조건의 동학이 중요하다. 자본주의 가치법칙이 감당할 수 없는 조건을 극단적으로 추진할 때 드러나는 것은, 우리의 시대가 이념에서 정념으로, 물질적인 것에서 비물질적인 것으로, 이성적인 것으로부터 감성적인 것으로 이행하고 있다는 사실, 전반적으로 말해 미적인 것이 생산의 중심 요소로 기능하고 감성적인 것의 분할이 통치의 기본양식이 되는 시대라는 사실이다. 경제인간의 자기소외적이고 거꾸로 뒤집어진 형태를 전복시키면, 자기조직화하며 자기가치화하는 자율적 인간형, 예술인간의 주체성이 구성된다는 근거가 여기에 있다. 이에 따라 '예술인간의 탄생'이란 어딘가에 실존하는 인간을 막연히 찾아내는 게 아니라 "경제인간 속에 잠재하고 있는 예술인간을 드러내는 발견적 술어"로 정의된다 (조정환, 2015: 14). 예술인간은 우리에게 이미 도래해 있으나 발견을 통해 구성하는 것이 이 시대의 과제라는 뜻이다. 그래서 유행처럼 '예술의 종말'이 선언되는 우리의 시대는 역으로 '예술부흥의 시대'이기도 하다 (조정환, 2015: 66 - 67). 예술의 산업화와 노동화가 초래하는 예술가들의 궁핍은 종말의 징표가 아니라 경제인간의 형상에 여전히 예술인간이 갇혀서 해방되지 못한 상태, 그리하여 근대적 예술의 자기소외가 반복되는 양상에 불과하다.

　노동과 예술의 분리를 극복하기 위한 관건, 혹은 예술인간의 탄생을 촉진하는 현재적 조건은 노동의 인지화에 있다. 전술했듯이, 산업자본주의시대에는 화폐로 환산되는 잉여가치를 산출하는 활동 이외에는 모두 '비생산적'이라는 딱지가 붙었다. 그런데 현대자본주의는 비단 물질적인 것만 아니라 비물질적인 것도 생산의 결과로 나타난다. 인지적 요소들, 곧 욕망, 감각, 감정, 정념, 감응affect, 무엇보다도 '삶'처럼 양적 가치화로부터 탈구되어 질적 특이성을 구성하는 리듬적인 것들이 이 시대의 주요한 생산의 동인이자 그 산물이다. 이 요소들은 시간의 양으로 측량되지 않으며, 생산과 소비의 정확한 절단을 통해 유통되지도 않는다.[23] 인지노동을 '영혼의 운동'에 비유하는 것은 이렇게 근대적 노동가치론으로 포착되지 않는 특이화하는 힘을 찾아내는 작업이기 때문이다. 예술 - 노동 역시 이러한 인지적인 요소들을 바탕으로 이루어지는 활동에 가깝게 다시

---

23 흔히 '상품'으로 표상되는 고립적인 사물은 없다. 모든 것은 흐름 속에 있고, 리듬을 이루어 연결된다 (르페브르, 2013: 83).

정의될 수 있다. 만일 그렇다면, 현대사회에서 예술가들이 자신들의 행위를 '노동'으로 규정하며 임금을 요구하는 것은, 아이로니컬하게도 근대적 관점에서 자신들의 예술을 양화시키는 우(愚)를 범하는 게 될지 모른다. 또는 거꾸로, 예술은 노동과 같지 않다는 주장은 예술행위의 특이성을 특권과 혼동하거나, 예술을 비생산적인 것으로 폄하했던 근대적 가치체제에 다시금 복속되는 결과를 빚을 수도 있다. 그래서 "예술은 노동이다"라거나 "예술은 노동이 아니다"라는 두 관념이 충돌한다.

이 두 관념은 서로 다른 방향을 지시하지만 산업노동을 노동의 표준으로 삼는다는 점에서는 공통적이다. 이 어느 쪽도 오늘날 예술활동의 성격을 충실히 밝혀내기 어렵다. 그러므로 우리는 산업노동을 기준으로 한 노동관념에 따라 생성된 이 두 관념과 거리를 두면서 인지화된 노동의 평면에서 두 명제를 새롭게 구성해야 한다. 우리 시대에 '예술은 노동이다'라고 말하는 것은 사실에 충실한 명제이다. 하지만 이때 '노동'이 산업노동과 동일시되어서는 안 된다. 이 명제가 설득력을 가지려면 '노동'이 특이한 삶의 생산과 재생산활동으로 되는 노동, 임금관계에 속하는가 아닌가가 결정적이지 않은 노동, 아렌트적 의미에서의 '행위'로 된 노동을 의미해야 한다. 요컨대 예술은 인지노동이다. 인지노동의 평면에서 '예술은 노동이다'라는 명제는 '예술은 노동이 아니다'라는 명제와 모순되지 않는다(조정환, 2011: 84-85).

단적으로 말해, 예술-노동은 예술도 노동도 아니다. 그것은 예술이기도 하고 노동이기도 하지만, 근대적 이분법의 구별에 따른 노동이거나 예술은 아니다. 인지노동으로서 예술-노동은 차라리 '발견적 술어'로서 작동하는 수행적 노동이라 불러야 옳다. 그것은 물질적 산물에 생산을 국한시키지 않고, 비물질적 요소들, 특히 관계성 자체의 (재)생산을 창조의 과정에 포함하는 활동이다. 그렇게 관계를 생산하는 활동은 사회를 구성하는 정치적 행위에 비견될 수 있기에 '삶정치적 노동'으로도 불린다(조정환, 2011: 80). 우리가 주의를 기울여야 할 지점은, 이렇게 생산의 새로운 범주로서 예술-노동이 산출하는 것에는 주체성이라는 사회적 관계, 삶 자체가 내포되어 있다는 사실이다. 네그리의 논의를 이어받아 조정환은 이를 다중의 주체성이라 부르는바, 그로써 예술과 노동, 삶과 정치가 수렴하는 '공통성의 평면'이 그 형성적 모습을 분명히 드러내게 된다. 이 과정은 노동자-다중, 예술가-다중의 역사적 진전을 조명해봄으로써 더욱 구체적으로 확인된다(조정환, 2015: 222-225).

1917년의 러시아 혁명이 자본주의 세계에 초래했던 두려움의 정체는, 숙련된 노동자들이 전위적 지식인들과 결합하면 폭발적인 정치적 각성을 일으키게 되리라는 공포감이었다. 이를 저지하기 위해 자본은 숙련노동자들을 단순조립 노동자들로 재편했고, 그 결과 포드주의라는 명칭이 붙은 산업체제에서 그들은 대중노동자라는 수동적 주체성을 부여받게 되었다. 이는 노동활동의 전반적인 양화이자 교환가치화로서 생산의 기계화를 통해 노동자들을 소비대중으로 탈바꿈시키는 절차였다. 그러나 본래적으로 양화와 교환가치화에 이질적인 예술은 노동의 추상화에 강렬한 이의를 제기하며 도래할 예술-노동의 형태를 선취하는 모습을 보인다. 피카소와 클레, 뒤샹, 보이스 등은 비물질적인 것의 추상기계가 어떻게 대중의 잠재성을 새로이 조직할 수 있는지 실험했고, 이 경향은 1968년 혁명 이후 더욱 구체화된다. 1970년대를 거치며 확산된 노동의 비물질화 및 인지화와 함께 대중노동자가 해체되고 사회적 노동자가 전면화된 현상이 그러하다.[24] 이는 양화되지 않고 교환가치화되지 않는 예술의 특이한 산물이 노동의 특이한 생산 및 소비의 조건들에 맞물려 결합하는 과정이었다. 노동이 그러하듯 예술도, 또한 예술이 선취했던 흐름에 노동 역시 합류하면서, 양자는 비물질화 및 인지화의 과정 속에 근대 예술과 노동을 규정하던 노동가치론의 틀을 벗어났던 것이다.[25] 네그리는 그것을 예술이 새로운 삶의 형식을 생산하는 과정으로 이해하고, 삶정치적 예술이라 명명한다. 이것이 예술인간의 탄생이자 다중의 주체성이 등장한 사건이다.

삶정치적 활동으로서 예술-노동이 (재)창조하는 것은 무엇인가? 실재로서의 삶이다. 양화된 시간, 화폐를 통해 교환가치로 표상되지 않는 삶이 일상과 다름은 이미 언급했다. 그렇다면 그러한 삶을 창조하는 활동이 일상에 대한 정확한 재현의 방식을 취하지 않는 것도 당연하다. 이 점에서 19세기의 대표적 예술사조로 각광받는 리얼리즘은 전문화된 예술적 식견과 감각 및 의식의 표현형태였다고 말해도 틀리지 않을 것이다. 멘첼의 〈주철공장〉이 보여주듯 현실을 아무리 정교하게 다듬고 묘사했어도, 그것은 실물reference과의 유사성에 기반하여 실재의 유동을 제거하는 추상화의 기술이며, 양화와 교환가치화의 법칙에 순응한 기예다. 때문에 전통적 리얼리즘이 인증된 예술가와 비평가, 예술사회의 '제도적 거래'를 통해 생겨나고 성장·발달해왔던 것은 우연한 일이 아니다(디키, 1998: 4장). 제도가 바라본 것, 즉 전통적인 예술가와 노동자가 각각 재현

---

24 생산과 유통, 소비가 분리된 채 진행되던 기존의 자본주의 역사와 달리, 20세기 중후반에 급격한 발달을 이룬 비물질적 노동형태와 사회적 소통모델은 '사회적 생산'이라는 전 방향으로 연결된 삶의 형식을 제공하게 되었다. "비물질적이고 예술적이며 삶정치적인 생산양식이 헤게모니적인 것으로 되고 다시 이것은 생산자와 소비자의 쌍방향소통을, 그리고 나아가 생산자와 소비자의 구별이 불가능한 사회적 상호작용을 일반화한다"(조정환 외, 2011: 10). 이 책은 이러한 사회적 소통과 생산이라는 관점에서 새롭게 대두된 예술의 경향으로서 플럭서스 현상을 존 케이지, 요제프 보이스, 백남준의 사례를 통해 예시하고 있다.
25 "시간에 대한 반동. 이것은 고도화와 밀도화를 수반하면서 선형적 진보를 표상해온 근대적 시간관념에 대한 하나의 거부를 표현한다"(조정환, 2011: 292).

하고 생산하려 했던 것은 그러한 일상이었다. 실물의 도저한 사실성이 삶의 흐름을 절단하고 고형화시킴으로써 도달하는 리얼리즘. 이에 반해 예술인간의 예술 - 노동은 일상 너머를 향한 삶의 창조에 해당되고, 그것은 재현의 리얼리즘이 아니라 내재성의 리얼리즘을 통해 이루어지는 활동에 해당된다(조정환, 2015: 373 - 375). 추상기계의 작동을 통해 삶의 구체적인 면면들을 사상시키지 않고 변이와 이행 속에 표현하는 것, 잠재적인 것들을 삶의 평면에 풀어놓는 것은 사실의 열거나 재현과 전혀 다르다.

다시 다중의 주체성으로 돌아가보자. 정치미학으로부터 정치시학으로, 다시 말해 삶정치적 과정을 창안하려는 조정환의 시도는 다중예술에 이르러 절정에 도달한 듯하다. 문제는 이제 다중이다. 예술인간의 복합적인 논지에 의하면, 다중은 주체와 객체로 분리되는 관습적인 이분법의 한 항, 곧 주체가 아니다. 오히려 다중은 자기창조적이고 자기가치화의 힘으로서 드러나며, 그런 한에서 주체이자 객체인 이행적 잠재성으로만 규정된다. 다중과 예술 사이의 중층적 생성에 대해 서술하는 다음 문장을 읽어보라.

다중의 생성을 선취하는 예술은, 그 자체가 다중의 공통되기의 일환으로서 그 자체로 다중일 것이며, 이러한 예술적 과정을 통해 특이화하고 공통화하는 다중이야말로 가장 위대한 예술작품일 것이다. 네그리에게서 예술가 - 다중은 이런 방식으로 다중의 예술을 창조하면서 다중이 예술이고 예술이 다중인 역사적 동어반복의 상황을 실천적으로 창출하는 주체성으로 설정된다(조정환, 2015: 227).

다중은 우리에게 익숙한 개인과 집단의 구별을 넘어선다. 마치 예술 - 노동이 전래의 예술이나 노동의 범주 바깥에 있는 것처럼, 다중은 개인도 집단도 아니다(비르노, 2004: 44-45). 스피노자-들뢰즈식으로 말해, 다중은 개체나 집단을 특이적인 것the singular으로 묶어내는 추상기계에 가깝다. 다중이 인칭적인 경계로부터도 자유로운 것은 그런 까닭이다.[26] 인간이면서도 인간 이상이고, 비-인간에 가까운 힘의 유동, 그것이 다중이 아닐까? 때로는 개별 예술가의 형상으로, 때로는 집단적 창작자의 형상으로 이행하는 개체화만이 다중의 주체성을 보장하지 않을까? 그러므로 주체가 아니라 주체화가 문제다. 대상에 대한 통제권을 행사하는 주체의 우월성이 아니라, 개체로서의 주체로 생성되고 언제든 비-주체로 다시 되돌려지는 힘에 주목할 때 문제는 주체가 아니라 주체-되기에 놓인다. 우리가 한 걸음 더 나아가야 하는 지점, 도약의 발판으로 사유해야 하는 지점이 여기다. 예술인간의 활동, 곧 예술-노동이 창조하는 것이 자본의 가치화에 저항하는 인지적인 요소라면, 그것은 근대의 노동가치론으로는 더이상 측량할 수도, 통제할 수도 없는 힘이다. 그런데 인지적인 요소는 생산의 결과로 나타나는 게 아니라 원인으로서 항상-이미 주어진 삶 자체다. 실재로서의 삶. 그렇다면 결과뿐만 아니라 원인으로서도 노동가치론의 전제들을 타파할 필요가 있지 않겠는가? 달리 말해, 예술-노동의 주체로 항상 설정되었던 인간을 넘어서야 하지 않을까?

자본주의에서 생산적 노동은 자본에 의해 구매되고 이용되는 노동이다. 이때 괄호처진 전제는 '생산적'이라 불리는 노동의 주체가 인간이라

---

26 『예술인간』에 대한 심광현의 서평은 이 책이 갖는 다소간의 '나이브한' 낙관적 전망을 폐부 깊숙이 찌르는 힘이 있다. 하지만 몇 가지 부분에서 독서의 의지가 저술의 의지를 넘어서서 간과해버린 지점도 있다. 심광현은 조정환의 책이 제목과 달리 예술'인간'이 무엇인지, 어떤 인간인지에 관해 거의 논의하지 않기에 '주체의 의식적 노력은 방기하는 결과'를 빚었다고 비판하는데, 이는 정확한 지적인 동시에 사유의 흐름을 부정확하게 짚은 부분이다(심광현, 2015: 324). 본문에서 필자가 계속 지적하듯, 예술인간, 혹은 다중-예술가로 명명되는 예술-노동의 주체는 주-객 이분법의 한 항이 아니라 주체화의 한 양상으로 보이기 때문이다. 주체는 과정 속에서 주체적인 것으로 생성하는 것이지 본래적인 주체성의 담지자가 아니다.

는 점이다. 그래서 방앗간에서 돌아가는 물레방아나 쟁기를 끄는 황소에게는 임금이 지불되지 않는다. 노예에게 임금을 주지 않는 것과 같은 이치다. 임노동은 노동자-인간에게만 주어지는 것이기 때문이다. 노동가치설이 시간의 함수이며, 그것이 어떤 면에서 철저히 근대적인지에 관해 이 자리에서 자세히 논증할 필요는 없을 것이다(이진경, 2006: 86-92). 다만, 화폐로 교환되는 가치의 생산자는 언제나 인간으로 가정되었기에 예술이 임노동이라고 주장하든 그 반대이든 예술-노동에 대한 이론도 대개 노동가치론의 주변을 맴돌아왔음을 염두에 두자.[27] 그렇다면 근대 너머에서, 노동의 인지화가 전면화된 사회에서 예술-노동의 주체는 누구인가? 역시 인간일까? 조정환은 예술인간이라는 주체성의 모습을 다중에서 찾는다. 그런데 이러한 다중은 어쩌면 들뢰즈와 가타리가 생산의 작인으로 언명했던 기계에 가까워 보인다. 예술인간의 내재적 리얼리즘이 무엇을 생산하는지 다음 문장을 읽어보면 우리의 추론은 더 확실해질 듯하다.

내재적 리얼리즘은 유기적 기관들을 내재성 안에서의 비유기적 장치로 바꿈으로써, 시뮬라크르들이 그들의 감각기호와 정동affect기호로써 서로 충돌하고 소통하며 다른 시뮬라크르가 되도록 만든다. 비유기적 생명이 모든 법칙들을 일시적인 것으로 만드는 우연성의 놀이인 한에서, 내재적 리얼리즘은 생명-되기에 다름아니다. (…) 내재적 리얼리즘은 (…) 이 전쟁기계는, 공/사의 이원체제에서 개별자들을 그 체제의 예속자로 만드는 일체의 채무가 실제로는 특이한 시뮬라크르들의 필연적이

---

27 예술이 산출하는 미적 가치는 통상 '인간이 보기에' 좋은 것이며, 이를 통시적으로 투사할 때 예술미학의 전 역사가 구성된다. 지극히 인간화된 가치, 그것이 인간 이외에는 전혀 쓸모없는 것이란 사실은 물을 필요도 없다(에이더·제섭, 1988: 20-24).

면서 동시에 자유로운 상호의존의 물신화된 그림자임을 깨닫고, 죄로서의 채무가 아니라 즐거움으로서의 상호의존을 구성하는 기계일 것이다 (조정환, 2015: 377-378. '되기devenir' 앞에 줄표를 넣었다).

6. 예술-노동의 기계적 배치를 어떻게 만들 것인가?

이즈음에서 기계적 리얼리즘machinic reailsm을 언명하는 것은 자연스러워 보인다. 동시에 그것은 양화되지 않고 교환가치화되지 않는 특이한 생산들의 잠재성에 대한 선언이 될 것이다. '혼'이라는 오래된 관념에 구속되지 않고, 화폐라는 물신에도 장악되지 않은 예술-노동은 예술작품이 아니라 삶을 창조한다. 실재로서의 삶은 측량되지 않기에 측량할 수 없는 가치를 함유한다. 그것은 애초에 인간이 인간과 다른 것, 곧 기계와 협력해서 산출한 산물이다. 인간 아닌 것도 역시 잉여가치를 산출할 수 있다는, 기계적 잉여가치에 대해 우리는 적극적으로 사유해야 할 시점이다.[28]

예를 들어, 연필과 지우개로 작성한 보고서와 한번 쓰면 지울 수 없는 볼펜으로 쓴 보고서, 또는 구식 타자기를 사용한 것과 모니터 화면에 자유롭게 쓰고 지우고를 반복해서 완성한 보고서는 모두 같은 것일까? 설령 어떤 한 개인이 이 모든 작업의 공통된 작인이자 서명인이라 해도, 연필이나 볼펜, 타자기, 컴퓨터처럼 서로 다른 기계들과 접속해서 산출된 문서들은 각각 상이한 결과를 내놓을 것이다. 글자의 모양새나 출력의 방식이 문제가 아니다. 글에 담긴 사유나 구성의 형식 등 모든 면에서 상호

---

28 잉여가치는 가치 이후에 덧붙여지는 것이 아니라, 가치 이전에 항상-이미 설정되어야 하는 실재다. 이러한 잉여가치의 외부성과 기계적 잉여가치에 대해서는 이진경의 글을 참조하라(이진경, 2004: 162-166, 191-210).

환원되지 않는 미묘한 차이들이 거기에 있고, 당연히 가치론적인 틈새를 벌려놓고 만다. 통념적으로 한 사람이 작성한 글의 저작권을 오직 그/녀에게 귀속시키는 이유는 그/녀의 노동의 창조성/독창성을 인정하기 때문이다. 손으로 쓰건 타자기로 치건, 혹은 컴퓨터를 이용했건 발자크의 글은 발자크의 정신에 소유권이 있다는 것. 하지만 그가 어떤 기계와 결합해서 그 작업을 했느냐에 따라 다른 결과가 빚어진다면, 정말 우리는 그의 창조성/독창성을 인정할 수 있을까? 어느 누구라 할지라도 그/녀가 산출해낸 결과물은 그/녀가 처해 있는 조건, 어떤 기계와 접속했는가에 따라 달라질 수밖에 없다. 조건에 따라 다른 생산이 이루어진다는 것이야말로 유물론 미학의 중핵이며, 예술-노동의 대전제가 아닐 수 없다.

인간을 포함하여 존재하는 모든 것이 기계적이라면, 결국 모든 생산은 기계들 사이의 조합과 결합, 특이적 배치의 산물일 것이다(Deleuze & Guattari, 1972). 그런 의미에서 예술-노동의 작업 또한 일반화된 기계주의와 기계적 잉여가치의 구도 속에서 생성되는 사건이지 않을 수 없다. 이른바 '낯선 가치'란 그렇게 창안된 가치, 이전의 구도에서는 볼 수 없던 이질적인 감각의 벼려냄이자 출현으로 볼 수 있다. 모든 것은 이미 잠재적으로 있었지만, 그렇게 존재하는 것이 항상 보이고 들리는 감각적 가시성의 형식을 띠는 것은 아니다. 배치가 바뀔 때, 그리하여 이전에는 보이지 않고 들리지 않던 다른 것이 모습을 드러낼 때 거기서 가치가 생겨나고 의미가 생성된다. 예술-노동, 이는 어쩌면 '예술인간'보다는 '예술-기계'라는 이름으로 불릴 때 더욱 적합한 표현성을 획득할 듯싶다. '인간'이라는 기호가 여전히 중심에 있는 한, 우리는 놀이-노동의 오래된 신화, 그러나 근대적인 신화로부터 벗어날 길이 요원해 보이는 탓이다. 삶이라는 실재를 생산하는 주체성은 인간이 아니라 기계로부터 궁구될 때 예술-노동의 인식과 실천도 새로운 발판에서 도약을 감행할 수 있다. 이

제야 가장 중요한 질문이, 아직 분명한 대답 없이 우리 앞에 비로소 던져
진 느낌이다. "예술 - 노동의 기계적 배치를 어떻게 만들 것인가?" 응답은
그다음 기회를 위해 남겨두도록 하자.

11. 급진적 문화연구는 실패했는가

제도화된 위기와 제도의 위기 사이에서

1. 사망진단, 혹은 회생의 기회

"문화연구의 종말. 급진적 문화연구의 기획은 실패했는가?" 자못 거창하고도 절박한 이 논제에는 묘한 기시감이 서려 있다. 정말 문화연구가 '끝장'을 봤다면 이런 질문이 나올리 없으니 문화연구는 현재 종말의 '위기'에 처해있다는 말인데, 실상 문화연구는 언제나 위기의 담론과 함께 해왔기 때문이다. 달리 말해, 문화연구는 위기로부터 배태되고 성장했으며, 위기로 인해 새로운 출발의 동력을 얻어왔다. 그렇다면 지금 여기서 다시금 문화연구의 '실패'내지 '위기'를 운위하도록 만든 계기는 무엇인가? 어떤 사태가 문화연구의 종말이라는 절체절명의 논제를 우리 앞에 제기하고 있는가? 이로부터 애초의 질문은 다른 방식으로 던져져야 옳을 듯하다. 문화연구는 어떤 계기로 인해 새로운 출발의 강제에 직면하게 되었는가? 또 그것은 어떻게 가능할 것인가?

두말할 나위 없이 현재 문화연구의 위기와 실패, 종말을 강박하게 만든 계기 중 하나는 2014년 4월 16일에 터진 세월호 참사일 것이다. 300여 명의 희생자, 그것도 어린 학생들이 대다수였고 여전히 실종된 채 돌아오지 못한 사람들이 남아 있으며, 법적·사회적 차원에서 제대로 된 해결점도 찾지 못한 채 '종료'된 그 재난에 대해 설명을 보태지는 않겠다. 그보다는 세월호를 계기로 쏟아져나온 숱한 담론들과 그 결과를 잠시 되돌아볼 필요가 있다.

사건 이후, 여론의 도마에 올라 낱낱이 드러난 사실은 기실 모두가 짐작하고 있었지만 분명히 인지하지는 못했던 이 사회의 메커니즘이다. 가령 경제살리기를 빌미로 자행된 무차별한 규제완화와 고질적인 정경유착, 구조보다는 책임회피에 급급했던 관료조직의 무책임 등이 그것들이다. 수구화된 언론의 왜곡과 축소·조작이 있었지만, 다양한 경로로 사건의 진실은 조금씩 밝혀져갔다. 문화연구를 포함한 분석적 담론의 힘이 개입해 들어갔다. 무엇보다도 대중이 이 사회에서 보호받고 있다는 환상으로부터 깨어나게 되었고 무방비상태로 내버려진 자신들의 위치를 확인했다는 점이 중요하다. 대중 자신과 동일시되던 국가의 허구성과 계급성이 여지없이 폭로되었고, 나아가 그것이 대중의 언어로 읽혀졌음에 주목해야 할 것이다.

지난 2010년대의 10년 간 한국사회가 마주쳤던 숱한 '재난들', FTA, 신자유주의가 몰고 온 금융위기와 보수파의 재집권, 용산과 쌍용자동차, 강정마을, 밀양송전탑 등의 사안들에 대해 수많은 연구자들과 활동가들이 분석의 칼날을 들이대고 그 폐해를 설파했지만 대중의 반향은 상대적으로 미미했다. 사회 각계의 지지와 성원이 없지 않았음에도 전반적으로 당사자들, 지식인·활동가들의 싸움에 국한된 면이 없지 않았다. 하지만 세월호 사건은 전국적인 추모 분위기와 함께 전 국민적 관심사로 부각되었고 국가의 무능과 부패, 반민중성을 드러낼 뿐만 아니라 공유하게 만든 결정적 계기로 작용했다. 주로 진보적 시사평론지와 사회과학잡지 등에서 '전문적으로' 논의되던 한국사회의 성격과 국가의 본질이 SNS를 비롯한 다양한 매체들, 그리고 더욱 대중적인 공간들로 확대되어 운위되었기 때문이다.[1] 2008년 촛불집회 이후 사회운동과 더불어 담론적 장에서 이만큼 커다란 대중적 반향을 불러일으킨 사건도 많지 않을 성싶다.[2]

그러나 우리를 더 놀라게 만든 것은 따로 있다. 바로 국가다. 조난 초기부터 직무유기에 가까운 엉터리 구조와 책임회피, 경위조작과 은폐, 비판에 대한 무반응 및 개선에 대한 무의지로 일관하던 박근혜 정부는 급기야 일방적으로 수색 종결을 발표했고, 인양마저 국고낭비를 빌미로 포기하고 말았다.[3] 이러한 폭력적인 사태수습 앞에 우리가 어쩔 수 없이 확인하고 인정하게 되는 것은 담론의 무력과 고립이다. 세월호의 증상적 의미 및 국가라는 신화의 허위에 관해 아무리 떠들어도 현실은 눈멀고 귀 막힌 석상처럼 요지부동이다. 대중적 감응과 담론의 힘이 결합해 커다란 사

[1] "4·16, 세월호를 생각하다"를 특집으로 내건 계간 『문학동네』 80호 초판 4000부가 이례적으로 매진된 데서 알 수 있듯, 세월호는 대중들에게 사회 현안에 대한 폭넓은 공유지대를 열어젖혔다. 현재 한국문단을 이끄는 시인과 소설가, 평론가 및 연구자들이 참여한 이 특집은 『눈먼 자들의 국가』라는 단행본으로 곧 재출간되었는데, 이 역시 엄청난 판매고를 올리며 세월호에 대한 뜨거운 관심을 지속해갔다. 종래의 전문적인 사회과학잡지로는 끌어낼 수 없는 '이례'였음이 분명하다. 사안의 중대성과 아울러 문학이 갖는 대중적 호소력이 여전히 강력함을 보여주는 사례일 텐데, 논리적 분석만으로는 담보할 수 없는 대중의 감응 및 공-동성을 시사하는 지표가 아닐까 싶다. 같은 해 가을 무렵 사회과학과 철학을 전공한 전문가들과 함께한 자리에서 그들이 『문학동네』의 '이례'에 대해 놀라워하며, 문학가들이 대중의 감성에만 호소함으로써 면밀한 사태 파악과 논리적 분석을 놓칠 수 있다고 우려하는 것을 본 적이 있다. 본인들에게는 유감스럽겠으나 '이론적 치밀함'으로 무장한 그들의 글이 널리 회자되지 못한 것은 물론이다.
[2] 대중적 사회운동의 맥락에서 2008년 광우병 반대집회와 세월호 추모집회는 유사하면서도 다르다. "대한민국은 민주공화국이다(헌법 제1조)"가 널리 불렸던 데서 알 수 있듯 전자는 국민을 기만하는 정부에게서 국가를 되찾아야 한다는 정조가 강했던 반면, 후자는 박근혜 정부 비판을 넘어서 국가 자체에 대한 의문으로까지 대중의 감정이 치밀어올랐기 때문이다. 문제는 단지 '눈먼 자들'의 국가가 아니라 '국가 자체가 눈멀었다'는 데 있다.
[3] 2017년 4월 11일, 세월호는 참사 1091일만에 목포신항 부두에 거치됨으로써 인양이 완료되었다. 배의 인양과 별개로, 실종자는 아직 모두 발견된 게 아니며 책임자 문책과 처벌도 완수되지 않은 상태다.

회적 흐름을 형성했음에도 현실은 미동조차 않은 채 도리어 과거로 퇴행하는 느낌마저 든다. 담론의 무력과 고립, 이것이 아마 지금 우리에게 던져진 문화연구의 위기와 실패, 나아가 종말을 언명하게 한 원인일 것이다. 문화연구가 하나의 담론으로서 그 이력을 시작했고 그것의 의미화 실천이 담론의 형식을 빌려 수행되는 한, 이러한 고립과 무력으로부터 연원한 좌절감은 피할 수 없다.[4]

애초에 문화연구는 담론의 제도화·국가화에 맞서고, 현실에 대한 실제적인 응전의 힘을 지향하며 태동했다. 문화연구가 일종의 정치적 담론을 자임하고 실천적 개입을 자기정당화의 준거로 내세웠음은 그런 이유에서다(스토리, 2004: 30-31). 만일 문화연구가 그러한 응전력을 소진해버려 더이상 현행성을 발휘할 수 없다면, 우리는 그것을 깨끗이 포기하는 게 나을지 모른다. 그런데 앞서 이야기했듯 문화연구 자체의 운명이 항상 그것의 위기를 동반하고 있었음을 한번쯤 되새겨볼 필요가 있다. 문화연구는 위기 속에서 생겨나 자라났으며, 위기와 결합해 전환의 활력을 얻어왔다. 그렇다면 관건은 위기와 실패, 종말과 같은 '선정적인' 단언이 아니라 문화연구와 위기 사이의 내재적 상관관계를 따져보고, 그로부터 과연 문화연구의 최종적인 '사망진단서'를 발부할 것인지 혹은 '기사회생'의 잠재성을 찾아낼 것인지 되묻는 데 있지 않을까?

성찰의 단서는 이 글의 제목에 나오는 세 단어의 얄궂은 순환과 관련된 듯하다. '급진적' '문화연구' '실패(위기)'의 세 단어가 맺는 미묘한 교착관계가 그것이다. 문화연구의 위기는 언제나 급진화radicalization를 통해 돌파되었고, 급진성은 문화연구의 삶과 죽음을 갈라놓는 결정적 준거

---

4 "길거리에서 사람들이 죽어가는 급박한 마당에 문화연구가 무슨 대수겠는가?" 문화연구가 현실문제에 대한 답변, 담론적 실천이 되지 못할 때 그 존재 의미가 의문에 붙여질 것이란 스튜어트 홀의 반성은 이런 맥락에 서 있다(홀, 2006: 89).

가 된다. 현실에 대한 개입과 실천이 관건이 될 때 급진성은 곧 정치성과 상통한다. 그런데 과연 어떤 정치화인가? 지금까지의 문화연구가 충분히 정치적이지 못해서 위기가 촉발된 것일까? 급진화의 다양한 심급들, 그것들로부터 문화연구는 얼마나 또 어떻게 정치화되어왔는가?

위기에 대해 절박한 비명만을 지르는 것만큼이나 위기란 언제나 있어 왔음을 설파하며 섣부른 낙관을 취하는 것 역시 제대로 된 해결책은 아니다. 지금 오히려 따져보아야 할 것은 직면한 위기의 양상이다. 문화연구는 지금 어떤 위기와 대결하고 있는가? 만약 그 위기가 현재의 지배적인 사회구조에 내재하는 제도의 위기라면 문화연구는 위기를 헤쳐나가는 동시에 낡은 제도 역시 타파해갈 기회를 얻을 것이다. 반면, 관료화된 학문체계가 생존의 조건을 모색하는 가운데 호출하는 제도화된 위기라면 문화연구의 미래는 절망적일지도 모른다. 급진화, 혹은 정치화의 과제는 어떤 위기에 대해 어떤 응전이 가능한지를 묻는 조건의 연구가 아닌 한 헛된 구호에 그칠 수 있다.

그 점에서 이제 나는 문화연구와 그 위기, 급진화의 역사적 문맥을 되짚어보려 한다. 문화연구가 발생하고 전개되면서 마주쳐왔던 위기의 역사, 그 조건들을 검토해보고 싶은 것이다. 모든 다른 영역들과 마찬가지로 문화연구 역시 위기의 반복 속에서 자라났을 테지만, 각각의 양상들은 모두 달랐다. 그것들을 천천히 살펴보지 않는다면, 문화연구의 종말이든 회생이든 종잇장 위에서 벌어지는 분란에 지나지 않을 듯하다. 혁명의 미래가 암담하게 가려져 있을 때 오히려 도서관에 들러 역사책을 읽자고 말한 것은 루쉰이었던가? 문화연구의 담론이 무력과 고립에 젖어 있는 지금, 위기의 역사와 조건에 대해 성찰해보는 일은 결코 시간낭비만은 아닐 듯하다.

2. 문화연구의 정치적 기원

'위기의 기시감'이란 문화연구가 발생의 시초부터 지금까지 그와 같은 위기의 국면들을 계속해서 마주쳐왔기 때문에 생긴 현상이다 (McRobbie, 1992: 719). 즉 일종의 대안학문이자 대항담론으로서 문화연구는 그에 선행하는 제도의 위기로부터 등장했던 것이다. 예컨대 19세기 말 영문학의 중흥 이후 도래한 위기를 타개하기 위해 좌파 문화주의가 탄생했고, 1960년대에는 그 위기에 맞서 버밍엄 대학에서 현대 문화연구가 성립했으며, 이것이 하나의 학제로서 전 지구적으로 확산되었던 1980년대 말에는 현실사회주의의 위기에 대응하기 위해 또 한번의 변용이 시도되었다. 이러한 서구 문화연구의 역사는 그것이 한국에 상륙하여 학문적 체계를 갖춘 1990년대 이래 유사한 형태로 반복되었다고 보고되는데, 이 역시 제도와 그 위기에 긴밀히 상관적인 양상으로 전개되었다. 흥미로운 것은 각각의 국면마다 문화연구가 돌파해야 했던 위기는 비슷하면서도 서로 상이했다는 사실이다. 그럼 지금부터 문화연구의 약사略史를 서술하면서, 그것이 마주쳤던 위기의 면모들을 분석해보자.

2-1. 문학과 이데올로기적 국가장치

문화연구의 시발점은 20세기 영문학의 위기로부터 비롯되었기에 우선 영문학이라는 제도의 성립사에 관해 이야기할 필요가 있다. 이때 영문학English Literature이란 근대의 사회적 제도로서 국가학의 범주 안에 설정된 특정한 문화영역을 가리킨다. 아주 먼 기원을 찾을 것도 없이, 국가학 혹은 국민문학으로서 영문학이 발흥한 것은 고작 19세기 후반의 일이다 (이글턴, 1993: 34). 문학이 인간의 상상력과 창조력의 산물이라는 휴머니즘적 정의와 달리, 근대적 제도로서의 영문학은 제도적 종교의 위기에 대한 대응물로 형성되었다. 중세의 종언과 함께 종교가 쇠퇴했다는 통념과는 반대로 근대사회에서도 종교는 견실히 그 기능을 수행한바, 다양하게 분할된 사회적 계급들을 공통의 신앙으로 묶어줌으로써 국가의 이데올로기적 통합을 달성하는 과업이 그것이었다. 특히 논리적 설득이나 합리적 논증을 초월하는 종교의 특성으로 인해 19세기 중반까지도 영국민의 대다수는 적어도 종교적으로는 단일한 국민적 공동체를 이루고 있었다고 상정된다. 하지만 19세기 후반에 접어들며 실험과학의 발전과 세속화의 진전, 그리고 산업혁명으로 인한 노동운동의 약진 등은 종교가 더이상 과거와 같은 통합적 이데올로기로 작동할 수 없는 환경을 조성했다(앨틱, 2011: 6장). 자본주의 질서에 적응한 대중은 종교적 심성의 공통성보다 계급적 차이에 더 민감하게 반응하게 되었고, 이로써 사회의 균열 및 적대가 점점 심화되는 현상이 나타난 것이다. 따라서 근대사회에서 종교의 위기는 곧 국민국가의 위기와 직결될 소지가 다분했다.

영국에서 종교를 대신한 사회적 제도로서 문학이 등장한 것은 이 무렵이었고, 문학은 이미 '준비된' 제도나 마찬가지였다. 18세기 후반에서 19세기 초엽까지 낭만주의의 유행과 더불어 문학은 상류사회의 일반적 교양으로 자리잡았고, 카페나 커피하우스 등을 통해 대중적 공론장에서도 일정한 역할을 수행했던 까닭이다(하버마스, 2004: 3장). 종교가 그랬듯 문학 역시 합리성을 초월하는 보편성(휴머니즘)을 내세워 정신생활의 핵심으로 부각되었고, 이로써 종교가 후퇴한 영국사회에서 대체 이데올로기로 작동할 수 있게 된다. 이로써 영문학은 어떤 계급에 대해서든지 영국인의 자부심으로 호명되었고 영국성Englishness의 중핵으로 천명되기에 이르렀다.[5] 제도로서의 문학이란 비단 정서적 가치의 확증에만 국한되지 않는다. 그것은 국책사업으로서 교육체계 내에 포함되고, 중고등학교와 대학의 정규교과목으로 채택되어 국민의 재생산을 위해 복무해야 하는 것이다.

1860년대 영국은 수차례의 선거법 개정을 통해 중산계급과 노동계급이 사회정치적 주도권을 획득하던 시기였다. 전통적으로 귀족 출신의 지식인들이 향유하던 지적 교양과는 판이한 '무질서anarchy'가 새로운 계급 곧 노동계급에 만연해 있음을 개탄하던 매슈 아널드가 중산계급을 계도하여 노동계급을 문화적으로, 즉 이데올로기적으로 '지도'하고자 했던 것은 잘 알려진 사실이다(윤지관, 1995: 126 – 145). 우리는 아널드의 기획이 중산계급의 도덕적·지적 우위를 확보함으로써 노동계급을 통제하고자 했던 헤게모니 전략의 일환이었음을 파악해야 한다. 이때 문학제도는 이데올로기적 국가장치가 기능하기 위한 가장 핵심적인 전략적 도구였다고 말해도 좋을 것이다. 즉 정서와 감정을 통해 보편적 인간 가치를 가르침으로써, 역으로 물질적 소유에 대한 요구를 감소시키려는 일종의 교환 전략이었던 셈이다.[6]

이러한 과제는 귀족을 대신하여 사회의 지배세력으로 등장한 중산계급에게 주어진다. 부르주아지의 교양화는 궁극적으로 그들이 지배하는 프롤레타리아의 교양화로 이어지고, 그로써 사회적 '불안세력'이 교화되어 국가의 통합력이 회복될 것이란 논리다. 이 점에서 교육정책의 목표로서 영문학의 제도화는 종합대학University이 아니라 공업학교Mechanics' Institutes와 노동자 대학, 순회 공개강연 등 대중을 상대로 한 교육체계에서 더욱 활성화되는 게 당연한 노릇이었다. "영문학은 문자 그대로 가난

---

5 "셰익스피어는 인도와도 바꿀 수 없다"는 칼라일의 오만한 단언이 나올 수 있던 배경이다. 한편으로 이 말은 문학의 위대성을 가리키는 듯하지만, 실제로는 국가학으로서 영문학의 세계적 권위를 과시하는 언사가 아닐 수 없다(칼라일, 2003: 177 – 191).
6 "만일 하층계급에게 소설 몇 권을 던져주지 않는다면 그들은 그만큼 바리케이드를 쌓음으로써 반발할 것이다"(이글턴, 1993: 37).

한 자의 고전이었으며, 사립학교와 명문대학이라는 매력적인 영역들을 넘보지 못하는 사람들에게 싸구려 '일반교양' 교육을 제공하는 한 방식이었다"(이글턴, 2003: 39 - 40). 그래서 통념과 달리 영문학이 엘리트들의 전유물로서 케임브리지나 옥스퍼드의 지적 아성에 자리를 굳히는 데는 다소 시간이 걸렸다.

문학은 인간의 보편적인 감성이나 정서, 가치에 대한 믿음에서 발전한 것이 아니다. 오히려 그것은 하나의 제도로서, 변화하는 시대조건에 대한 국가적 요구와 필요로부터 제도화됨으로써 만들어진 상부구조였다.[7] 예전에는 종교가 맡았던 이데올로기적 역할, 즉 근대적 국민형성과 국가통합의 이데올로기적 장치로 인식된 영문학은 19세기 말에야 전면화되었다.[8] 따라서 20세기 전반에 드러난 그 위기는 문학이 제 기능을 못한다든지 '타락'했다는 통설과 달리 문학의 이데올로기적 효용에 주의할 만한 침식이 일어났기 때문에 벌어진 사태였다(송승철, 1997: 27). '영문학의 위기'는 하나의 신화에 불과할 뿐, 거기엔 사회정치적 환경과 조건의 변이가 있었을 따름이다.

2-2. 문화연구의 문화적 기원

문화의 대중화를 교양화culturalization로 대치해야 한다는 아널드의 역설에도 20세기 초 영국사회에서 만개한 것은 노동계급을 중심으로 한

---

7 "누가 국가를 경영하더라도 국가의 틀과 외적인 질서 자체는 신성하다. 그리고 교양(culture)은 우리에게 국가에 대한 큰 희망과 계획을 키우라고 가르치기 때문에 무질서의 가장 단호한 적이다"(아널드, 2006: 234).
8 이 사실은 20세기 초반 세계제국을 건설한 영국의 문화와 제도를 고스란히 이식했던 일본의 사례에서 더욱 명확히 드러난다. 제국대학의 교과로서 영문학은 단순히 여러 국민문학들 중의 하나가 아니었다. 영문학의 수용과 연구는 문명화의 척도이자 수준을 보여주는 계측 수단이었으며, 일본 근대화의 가시적 상징형태였다(김윤식, 1992: 2부 1장).

대중문화mass culture였다. 여기서 대중문화란 상품의 생산과 유통, 소비를 순환구조로 담는 자본주의 문명을 가리킨다.[9] 제1차세계대전이 끝난 후 영국에서 노동대중의 일상은 정신적 교양을 삶의 자양분으로 선택할 만큼 여유 있고 순탄하지 않았다. 대신 전쟁수요를 감당하기 위해 조직된 노동자 집단 및 남성들을 대신해 후방에서 생산인력으로 활동한 여성들의 사회적 지위가 급상승했고, 이 경향은 1920년대부터 40년대까지 꾸준히 이어져 생활수준의 점진적인 향상으로 귀결되었다. 대중의 관심은 자연스레 정신의 도구인 책보다 신흥 엔터테인먼트 장르들, 예컨대 영화나 오락잡지와 같은 대중매체로 더 쏠리게 되었다(해리슨, 1991: 370).[10] 이 점에서 프랭크 레이먼드 리비스를 필두로 한 새로운 영문학의 중흥은 다소 역설적으로 보인다. 그것은 전시 민족주의의 고취와 더불어 부상했으며, 본질적으로 민족과 국민, 국가를 하나의 범주로 묶어왔던 근대 낭만주의적 분위기에 강하게 자극받은 현상이었다.

하지만 아널드가 문화(교양)의 정신적 가치를 추구하던 19세기 말과 리비스가 활약한 20세기 초의 사회적 조건은 동일하지 않았다. '문명'으로 대변되는 산업화와 상업주의는 문학의 정신주의를 위태롭게 포위하고 있었고, 문학의 지고한 가치는 부박한 대중의 삶에는 잘 용해되지 않는 것이었다. 리비스 등은 비국교도이자 지방태생의 하층 중산계급 출신이었는데, 그들은 한편으로는 아카데미의 특권주의에 적당히 타협한 기

---

9 문화는 역사와 전통에 의해 전수된 본원적인 정신적 가치이고, 이에 대한 대립항이 산업화와 상업화로 추동된 대중문화라는 이분법은 19세기 이래 지식사회에 널리 퍼진 '신화'였다. 여기서 후자의 부정성은 고급문화의 질적 저하라는 점뿐만 아니라 전체주의적 위협이라는 정치성까지 결부되어 더욱 위험한 것으로 간주되었다(갠스, 1998: 72-82).
10 1930년대와 제2차세계대전 기간 중 리버풀 주민의 40%가 매주 1회 영화관람을 했고, 25%는 2회 이상 보았다는 통계가 있다. 1946년에는 총 관람객 수가 3100만명에 이를 정도로 영화인구가 급상승한다.

득권 지식인들을 맹렬히 질타했고, 다른 한편으로는 물질문명에 오염된 채 표준화와 하향 평준화에 매몰된 대중을 경멸하며 어떻게든 그들의 지적 수준을 향상시키려 들었다(뮬런, 2003: 52). 물질문명에 대립하는 정신문화의 척도로 그들이 제시한 것은 17세기의 목가적인 유기체적 공동체였다. 노동과 일상, 창조성과 활동성이 조화롭게 통일된 이 공동체는 민중적 생활의 안과 밖이 그대로 일치하는 삶을 표상했고, 고급문화와 민중문화가 긴밀하게 연결되어 전체적으로 '교양있는 공중公衆'이 존재하는 사회라 간주되었다(김영희, 1993: 47-48). 문제는 근대화가 진행될수록 이러한 유기성은 희박해져 공동체가 분해되고, 공중의 교양은 타락해버렸다는 점이다.

현재적 관점에서 리비스를 과거회귀적인 복고주의자로 단정짓는 것은 지나칠 수 있겠지만, 그가 산업화 이전의 사회를 낭만화하고 동경했다는 점, 노동계급의 역량을 지나치게 저평가하여 단지 계도의 대상으로 삼았다는 점, 마지막으로 사회의 문화적 토양을 영문학 교육을 통해 개선하려 했다는 점 등은 문화연구의 전사前史로서 그의 위상에 역설적인 시사점을 제공해준다. 17세기적 공동체에 문화의 본령을 설정했다는 점에서 전통주의적이고 본질주의적인 태도를 취했고(리비스, 2007: 1장), 자본주의에 반대하는 한편으로 그 대립항이던 마르크스주의에 대해서도 거리감을 유지한 점에서 모호한 정치적 입장에 있었으며(김영희, 1993: 57-58), 문화와 정치의 관계를 밀접하게 결부하여 사고했음에도 전자를 후자보다 명확히 우월한 것으로 설정함으로써 사태를 급진적으로 해소하는 데는 실패했기 때문이다(뮬런, 2003: 54). 요컨대 리비스의 문화주의는 영문학의 위기를 타개하기 위한 조건으로 문화라는 더 넓은 범주를 끌어들임으로써 향후 문화연구의 발판을 제시했지만, 그로써 오히려 영문학의 시대는 종식되고 문화가 사회적 삶의 무대에 전면적으로 도입된 계기를 만든 것이다. 이제 위기에 처한 것은 문학보다 더 본원적인 지평, 즉 문화로 제시된다.

리비스 자신은 문화를 정치보다 우선적인 문제로 여겼지만, 실상 그가 취한 행보는 역설적인 의미에서 정치적이지 않을 수 없었다. 그가 1932년부터 1953년까지 발행한 『검토Scrutiny』지는 문예·예술비평 및 사회비평을 포괄적으로 다루면서 자본주의사회에서 교환가치에 종속되고 계량화된 문화를 방어하기 위해 진력했으며, 문화를 역사적인 것으로 다루며 그 변천의 조건에 대해 성찰하려 했기 때문이다. 리비스가 내세운 문화의 본질주의와는 다소 모순적으로 보이지만, 바로 이러한 역사성으로 인해 그의 문화주의적 입장은 후일 현대문화연구소가 창립되어 구조주의의 영향을 받았던 시점에서도 계속 역사와의 관계를 추구하는 후진들과 접속할 수 있게 해주었다. 리처드 호가트, 레이먼드 윌리엄스, 에드워드 톰슨 등이 바로 그들인데, 아이로니컬하게도 이들 좌파 리비스주의자들에 의해 문화와 정치의 관계는 역전되었고, 문화적인 것의 고유성이 인정되는 한편으로 그것 자체가 정치적 역학관계에 의해 다루어질 수밖에 없다는 점이 확인되었다.

문화연구의 기원으로서 영문학의 위기는 문학 자체의 위기가 아니라 문학 제도의 위기였다. 그리고 그것은 무엇보다도 문화의 위기로 인지되었다. 20세기 초중반의 산업화된 영국 상황과 두 차례의 세계대전은 19세기적 정신성이 부흥하기에는 너무나 불리한 상태였다. 아울러 문화산업의 비약적 발전으로 인해 대중문화가 이미 일상적 삶에 깊숙이 진입해 있었다. 물론 이는 자본주의적 사회관계의 증대와 결부된 사태였으며, 영문학의 부활을 통해 유기체적 공동체의 부활을 희망하던 리비스 등으로 하여금 문학보다 확장된 범주로서 문화를 자신들의 연구에 도입하게 만든 요인이 된다. 그의 활약으로 영문학은 대학에 견고한 제도적 입지를 구축하지만,[11] 이는 실상 영문학이 그의 의도와는 반대로 아카데미의 전문가주의에 함몰되어버림으로써 결국 대중과 절연되게 만드는 원인이 되고 말았다. 위기를 제도화로 돌파하려함으로써 역으로 해체의 위기에 봉착해버린 것이다.

2-3. 현대문화연구소, 또는 제도를 넘어선 제도

제2차세계대전 이후 전 지구적 범위로 확산된 대중문화는 자본주의적 상품 생산제도에 뿌리를 내린 것이고, 대중문화 텍스트 역시 이러한 상품 관계에 토대를 둔 것이 명확해졌다(이스트호프, 1994: 93). 하지만 전통적 좌파는 대중문화를 통속적이고 자본주의에 오염된 퇴폐문화로 간주했으며, 사회변혁적 투쟁의 본질적 장소는 토대 자체, 즉 경제적 생산관계에 있다는 믿음을 고수했다. 그들에게 있어서 자본주의사회의 철폐라는 지상과제가 완수되기만 한다면, 문화의 오염과 통속화는 자연스럽게 해결될 부차적 사안이었다.

하지만 1950년 이래 서구사회는 자본주의의 최고 호황기를 이어가던 중이었고 상품경제는 더욱 확대일로에 진입하고 있었다. 이에 따라 소비주의가 자본주의사회의 중요한 문화적 경향으로 자리잡는다. 영화와 라디오, 서적 출판이나 쇼핑 같은 대중적 소비산업이 급속히 팽창했고, 고용율과 급여수준의 안정적 상승은 노동계급을 문화적·경제적 변화의 주된 향유자로 바꾸어놓았다. 영국의 경우 보수당이 전후의 번영을 이어가겠다는 슬로건을 내세워 상승세를 탄 반면, 노동당은 1950년대에 있었던 세 번의 총선에서 전패하고 전통적 지지층으로부터 유리되기 시작했다(프록터, 2006: 42-44). 더구나 1956년에 벌어진 소련의 자유 헝가리 무

---

11 텍스트의 엄밀한 내재적 독해에 입각한 미국의 신비평이 대표적이다(이글턴, 1993: 59-71).

력탄압과 영국의 수에즈운하 침공은 동서진영의 체제 모두가 거대 국가적 이데올로기를 표방한 채 진정한 혁명적 미래를 막아서고 있다는 인식을 강하게 심어준 사건들이었다(김용규, 2004: 51-52). 19세기적 이데올로기의 정치적 전선으로는 변화된 20세기의 현재를 감당할 수 없음이 확실해 보였다.

영국 식민지이던 자메이카 출신의 스튜어트 홀은 옥스퍼드 대학 영문과에 재학중에 찰스 테일러, 페리 및 베네딕트 앤더슨 형제, 레이먼드 윌리엄스 등과 함께 사회주의자 그룹을 결성하고 이렇게 변화된 세계환경에 주목했다.[12] 교조적 마르크스주의의 계급중심주의와 경제결정론으로는 대중도 문화도 변혁하기는커녕 이해조차 할 수 없다는 점을 직감한 그는 대중문화와 정치의 분리를 주장했던 전통적 좌파와 결별하고, 대중문화 속의 정치학을 구상한다. 그것은 문화는 단연코 정치의 문제이지만, 동시에 문화를 정치학으로 환원시켜서는 안 된다는 것, 문화의 정치학을 새로이 구성해야 한다는 테제에 기반한 것이었다. 이른바 영국의 신좌파, 또는 비판적 문화연구가 발원한 지점이 여기다. 우리의 목적은 이 과정 전체를 세세히 훑어보는 게 아니므로, 홀을 중심으로 한 영국 문화연구의 성립과정에 대해서만 간략히 살펴보도록 하자.

모스크바의 지시를 받는 영국 공산당의 교조주의에 처음부터 반기를 들었던 신좌파는 정통 마르크스주의의 문제틀로부터 거리를 두면서 자기의 발자취를 만들어나갔다. 톰슨 등 상대적으로 나이가 많은 공산당 탈당파와 젊은 대학원생 지식인들이 주축이 되어 창간한 『뉴 레프트 리뷰』가 이 새로운 흐름의 기관지였는데, 그들은 경험주의적 전통에 갇혀

---

12 홀의 개인적 이력과 이론적 도정 전반에 관해서는 임영호의 글을 참조하라(임영호, 2004: 254-272).

있던 사회연구의 틀을 이론중심적 방향으로 전환시키고 대륙 마르크스주의의 관점들을 수입해 번역·소개하기 시작했다. 나중에 홀의 방법론을 특징짓는 알튀세르와 그람시의 사상도 이런 통로들을 통해 확보된 것이다. 특히 홀은 대중문화에 대해 정통 마르크스주의가 보였던 경직된 태도에 노골적인 거부감을 표시하고 20세기의 변화된 지형에서는 더 이상 물질적 조건에 의해 미리 결정된 계급적대가 가능하지 않다고 선언했다.

홀이 1958년 발표한 논문 「계급소멸의 의미」는 실제로 계급이 사라진다는 뜻이 아니라 가시적으로 명백히 분리되는 계급양극화라는 사태가 자본주의사회에서 일어나지 않고 있음을 분명히 적시한 것이다. 오히려 양극화와 같은 극단적인 19세기적 테제는 현대자본주의의 동학을 냉정히 분석하는 데 방해만 될 뿐이며, 문화가 지닌 계급해방과 혁명의 본질적 역할을 은폐시키는 데 일조할 따름이다. 오히려 문화는 사회구성의 핵심적 계기로 부상하고 사회주의 건설의 중핵담론으로 제기되기에 이른다(Hall, 1989: 25 - 26).[13] 문화를 자본주의 분석의 대상으로 인지하고 문화 속에서 대중의 주체화가 이루어짐을 직시하지 않는다면, 새로운 사회는 백일몽에 불과할 것이다. 문화는 자본주의의 지배방식만이 아니라 자본주의에 대한 '잠재적 저항의 장소'인 까닭이다(프록터, 2006: 50).

이것을 명시적이고 체계적으로 계통화하는 기관이 바로 1963년 버밍엄 대학교에 창설된 현대문화연구소였다. 문화에 관한 최초이자 새로운 연구형태로서 문화연구가 제도적인 승인을 획득한 순간이었다. 하지만

13 정치나 경제가 아니라 문화를 사회의 건설적 기초로 표명한 것은 당시 소련과 유럽좌파의 공식 노선과는 어긋나는 것이었으나, 실제로는 동서 양 진영 모두에서 공통적으로 나타나는 현상을 정확히 지적한 것이다. 전후 경제적 호황에 힘입어 대중문화가 급속히 발달한 서구는 말할 것도 없이, 스탈린 사후 소련과 동구권에서도 서구와의 일정한 교감을 통해 대중문화가 활발히 발달하고 있었다. 이에 관해서는 수전 벅 - 모스의 글을 참조하라(벅 - 모스, 2008: 3부).

그것은 전래의 문학이나 사회학, 역사학 등으로는 미처 포괄할 수 없는 연구형태였는데, 왜냐면 "문화연구는 새로운 분과학문이 아니었"기 때문이다. "그것은 낡은 분과학문들을 다양하고 새로운 방법으로 결합하여 응용하는 동시에 비판하고 개조할 수 있는 '장site' 또는 주제였다"(브랜틀링거, 2000: 113). 자기 정합적이고 일관된 통일적 이론을 갖고 있지 않는 것은 현대문화연구소의 강점이자 약점이 된다. 강점인 것은 외부의 다양한 이론적 전거들을 자유롭게 끌어다 쓸 수 있었기 때문이고, 약점이 되는 것은 중심성 없이 요동치는 이론적 유행들에 끌려다닐 우려가 있기 때문이다. 후자는 나중에 문화연구에 있어서 내적 위기, 곧 패러다임들 사이의 갈등이라는 주제로 줄곧 문제시되었다(하윤금, 2002: 11-33).

스튜어트 홀의 활약과 현대문화연구소의 창설은 외적 견지에서 볼 때 대중문화의 전면화와 소비주의의 약진이라는 자본주의사회의 환경적 요인에 기인한 부분이 있다. 하지만 보다 내밀하게 성립조건을 살펴본다면, 그것은 영문학이나 사회학 등의 기성 연구체계가 더이상 현행성을 담보할 수 없게 되었다는 방법론적 위기에서 연원한 탓도 크다. 즉 문화연구가 등장하도록 유인했던 동기는 후기자본주의의 사회적 조건의 위기였던 동시에 전통적 사회분석 방법론의 위기였던 것이다. 그것은 일종의 탈제도화된 연구에 대한 추구였는데, 이로 인한 이론적 투쟁은 불가피한 일이었다. 고유한 이론과 방법론을 갖고 있지 않은 채 외부로부터 그것들을 도입해서 사용하는 데 거리낌이 없던 문화연구는 차용한 이론과 방법들에 대한 자기비판적 수행성을 학문적 준거로 삼아야 했고, 전래의 분과학문들과 빚는 차이와 마찰로 인해 정치적 가치판단을 처음부터 선명히 드러내야 했기 때문이다. 문화연구가 이데올로기의 문제에 민감하게 반응하고, 또 대중문화 분석에 있어서 이데올로기의 문제설정을 중심과제로

받아들였던 것은 그런 사정에서다(브랜틀링거, 2000: 114).[14]

제도적 관계나 연구형태로부터의 이탈을 중요시했기에 문화연구의 진폭은 다양하고도 새로운 것이었으나, 실제로 제도와 완전히 명맥을 끊고 자립적인 연구집단을 유지하기는 쉽지 않은 일이다. 현대문화연구소를 버밍엄 대학과 연계하여 설립한 배경에는 이러한 현실적 난관을 고려한 탓이 있던 게 아닐까? 더구나 온전히 자기의 것이라 자신할 수 있는 이론체계나 방법론이 부재할 때 연구조직과 학파를 유지할 수 있는 유력한 토양은 제도화에 있었노라고 생각했을 성싶다. 비록 홀이 학파의 기원('신화')을 시종일관 거부했다는 점, 정전으로서의 저작출판에도 비교적 무관심했다는 점 등은 그가 제도화의 족쇄로부터 벗어나려 노력했음을 보여주지만, 이후 문화연구의 세계적 확산과 정립은 제도화에서 연유한 문제들 때문에 지속적인 곤경에 빠지게 된다.

2-4. 새로운 위기와 그 결과들

1980년대 후반부터 1990년대 사이에 영국의 문화연구는 세계적 차원에서 학제적 위상을 획득하게 되었다. 남북 아메리카와 호주, 아시아 등지에서 주요한 학문체계로 수출되어 제도화되었던 까닭이다. 이때 데이비드 몰리, 존 피스크, 로렌스 그로스버그 등의 신진 연구자들도 나타나 문화분석의 이론적·방법론적 기틀이 확장되었다. 이론적으로는 기호학과 서사학, 정신분석, 페미니즘, 미디어테크놀로지 등이 가세해 방법론적 풍요로움을 더하게 된다. 물론 이러한 세계화 현상의 저변에는 스튜어트 홀이 '뉴 타임스'라 불렀던 포스트-포드주의적 국면이 심화되었고, 글로

---

14 이 점에서 홀은 마르크스주의조차 이데올로기 분석의 절대적 근거가 될 수 없음을 역설했다(홀, 2008: 29-59).

벌 자본주의가 무제한적으로 확장하며 신자유주의체제가 전면화됨으로써 문화연구가 기존의 정치경제학을 대신하여 세계자본주의 연구의 중심과제로서 널리 공감대를 형성했던 탓도 크다. 그만큼 상황은 복합적이었다.

문제는 문화연구의 제도적 확대와 심화가 그것이 본래적으로 노정했던 정치화와 급진성을 점차 탈색시킨다는 데 있었다(이상길, 2004: 85 - 86). 문화적 담론의 텍스트 분석이나 하위문화 연구, 언론학이 주축이 된 미디어 연구, 또는 인류학과 결합한 민족지적 현장연구 등으로 문화연구의 대상과 방법론이 신장된 것은 반가운 일이다. 그러나 애초에 근대적 분과학문에 종속되길 거부하며 성립된 문화연구가 다종다양한 대상선정과 이론화, 방법론을 갖추게 되면서 역으로 그 자체로 분과학문적 성향을 띠게 된 것은 아이로니컬한 일이 아닐 수 없다. 분과적 영역을 개척하여 적극적으로 개발하게 되면서 오히려 초기의 비판정신이 퇴조하는 결과가 빚어진 것이다. 달리 말해, 특수영역에 대한 고유한 지도그리기가 완수되면 될수록 그것은 해당 영역을 특권화하고 이질적인 접근이나 판단을 배제하는 분과적 제도화로 굳어지는 것이다.

문화연구의 발전사를 조망해보면 다양한 형태의 위기들이 출현한 것을 관찰할 수 있다. 초기에 홀 자신이 문화연구의 두 가지 패러다임이라 명명했던 구조주의와 문화주의의 대립이 그러했고(홀, 2008: 203 - 232), 푸코의 영향 아래 문화연구자 자신의 분석적 위치가 저항적이기보다는 권력친화적이고 정당화의 논법에 인입됨으로써 지배질서에 봉사하는 아이러니가 발견된 경우도 그랬다(초우, 2005: 33 - 36). 담론분석에 집중하다보니 정치경제학적 분석을 멀리하게 되거나(Maxwell, 2003: 2 - 3), 특수영역에 대한 연구방법론이 정교하고 복잡해질수록 정치성이 탈각되는 데 따른 우려도 자주 제기되었다(그로스버그, 2005: 127 - 166). 당연히,

그런 경우들은 제도화에 저항하는 문화연구 자체의 본래적인 자기비판적 수행성과 정치화(급진화)를 통해 쇄신의 가능성을 발견해가는 과정이기도 했다. 하지만 문화연구가 그와 같은 내적인 위기에 대응하는 과정으로서가 아니라 재정적 난관을 타개하기 위해서나 자체의 담론적 발화위치를 안정적으로 확보하기 위해 제도에 의존하였을 때 진정한 위기가 도래하게 된다.

1990년대 초엽 영국과 미국에서 문화연구가 고유한 학과체제로 분화되고 전문화되자, 스튜어트 홀은 제도화의 함정에 빠지지 않기 위해 문화연구는 기원의 신화를 거부하고 정전화에 저항해야 한다는 입장을 표명한 바 있다(Hall, 1992: 277-278). 그때 아마도 그는 이미 제도로서 안착한 문화연구가 위기에 처해 있음을 직감했을지 모른다. 다시 말해, 이때 '위기'는 실천적 학문을 자임하던 문화연구가 자기의 지반을 확보하기 위해 결정했던 제도화로부터 유래한 것이었고, 결국 문화연구라는 '제도의 위기'에 다름아니었던 것이다.

그 극명한 사례는 현대문화연구소 자체의 역사에서 잘 드러난다. 설립 초부터 대학부설 연구소로서 재정을 포함한 여러 가지 지원을 받아왔던 현대문화연구소는 1980년대 후반부터 학부생을 대상으로 한 강좌를 개설했고, 1990년대 중반에는 문화연구학과로 재편됨으로써 명실상부한 대학 내 제도가 되었다. 그런데 이는 연구소가 아카데미 내에서의 실적평가와 그 여부에 따라 재정지원의 증대 혹은 삭감으로 인한 전적인 의존 상태에 빠져 있음을 뜻한다. 그리고 그 결과는 깜짝 놀랄 만하다. 2002년 버밍엄대학교가 연구업적평가RAE의 부실을 사유로 문화연구학과를 폐지해버리고 만 것이다. 제도의 위기를 제도화로 해결하려 한 데서 초래된 가장 나쁜 결말을 보여준 셈이다.

3. 한국의 문화연구, 실험과 전복의 역동성

1980년대까지 학문적 자율화의 정도가 극히 미미했던 한국의 현실에서 문화연구와 같은 '최신' 연구경향이 영향력을 행사한 것은 겨우 1990년대부터의 일이다. 1987년의 민주화가 도달하기까지 한국에서 문화란 부르주아적 퇴폐주의와 거의 동의어였고, 가장 중요한 것은 정치사회적 변혁을 추구하는 혁명적 투쟁에 다름아니었다. 하지만 형식적 민주주의가 달성되고 해방운동의 가시적 목표가 불투명해지면서 투쟁의 무대가 바뀌었다. 1990년대에 접어들며 자본과 노동 사이에 그어졌던 전선이 문화의 이름으로 전위되기 시작했다. 게다가 1991년 말 현실사회주의의 붕괴는 1980년대를 풍미하던 좌파 마르크스주의적 운동에도 결정적인 타격을 주었다. 노동운동으로 대변되던 종래의 투쟁방식이 대중적 호소력을 상실한 가운데 사회운동과 사회분석도 새로운 방향타를 찾기에 골몰했다.

물론, 소위 87년체제의 출범과 현실사회주의의 붕괴 등으로 변화된 정치사회적 지형이 부정적이기만 했던 것은 아니다. 오히려 군부독재에 의해 오랫동안 폐쇄되었던 한국의 현실에서 역시 오래도록 경직된 채 머물러야 했던 진보적 운동들도 변화의 계기를 맞이했는데, 이는 실상 1960년대 이후 서구 좌파운동이 걸었던 길을 뒤늦게 반복하는 것이기도 했다(라클라우·무페, 2012: 2판 서문). 특히 신좌파운동과 결부된 해방투쟁의 다양화는 교조화된 한국의 운동현실에 심대한 영향을 끼쳐 해체와 재결집, 진로전환과 같은 분화를 일으켰다. 이는 더구나 1990년대 후반부터 본격화된 신자유주의와 충돌하면서 더욱 복합적인 차원에서 전개되었는데, 문화연구는 그러한 흐름의 한 가닥으로 등장했고, 이전의 흐름들과 절합적 관계 속에서만 평가되어야 할 것이다. 짧지만 복잡다단한 한국의 문화연구에 대해 여기서 길게 말할 수는 없겠다. 서구의 문화연구에 대해 서술했듯 제도와 위기, 그것의 돌파구로서 급진화(정치화)의 맥락에 맞춰 간략히 논의해보자.

3-1. 마르크스주의 이후, 비정치의 정치학

변혁운동의 총체적 위기는 마르크스주의의 위기와 맞물려 있다. 아이로니컬하게도 그 위기는 민주화라는 해방의 목표가 성취되자마자 터져 나왔는데, 형식적이지만 권위주의로부터 민주주의로의 체제전환이 이루어지자 1980년대의 좌파운동이 지향하던 자본과 노동의 대립이라는 문제설정이 순식간에 해소된 듯한 가상假象이 펼쳐진 것이다. 물론 민주화 이후에도 여전히 노사대립이 첨예하게 불거져나왔고, 과거 군부세력에 대한 법적 처벌이 완수되지 않은 채 기득권의 지배질서는 유지되고 있었다. 하지만 전반적으로 대중은 더이상 이전과 같은 방식으로 감각하고 행동하지 않았다.[15] 해외여행 자유화와 외국문화 개방 등으로 세계에 대한 인식의 폭이 갑자기 넓어졌으며, 영화와 음악을 위시한 취향에 대한 대중의 욕망이 전례 없이 폭발해나왔다. 바야흐로 '문화의 시대'가 열린 것이다.[16]

소련의 해체와 운동권의 해산을 경험한 지식인·활동가들이 현장을 이탈하거나 직접적으로 정치에 뛰어드는 한편으로, 현상질서의 변화를 자

---

15 1987년 이후 투표율의 지속적 하락은 정치에 대한 대중의 관심과 열정이 급격히 식었음을 반증한다. 13대 대통령 선거와 국회의원 선거에서 투표율은 각각 89.2%와 75.8%였는데, 20년 후에는 각각 62.9%와 46.0%로 추락해버려서 거의 30%의 유권자들이 투표권 행사를 포기했음을 알 수 있다(최장집, 2010: 20).

16 1987년 이후 한국 문화상황의 변동은 ① 80년대식 민중문화 담론의 쇠퇴와 탈정치화 ② 문화시장 개방과 독점자본의 문화지배 ③ 신세대 문화의 등장 ④ 쾌락주의와 소비주의 등으로 요약될 수 있다(김창남, 2010: 11장).

본주의 지배의 전략적 변형으로 간주해 투쟁의 방식을 그에 맞게 변형해 보려는 경향도 생겨났다. 유럽의 신좌파가 1960년대 이후의 사회질서를 자본주의의 고도화된 지배전략으로 간주해 문화적 장에서의 투쟁을 계속했듯, 90년대 한국의 지식인들 또한 문화적 장에서 노동과 자본의 계급투쟁이 지속되고 있다고 보았던 것이다. 이런 문제의식에서 문화에 대한 과학적 분석과 연구를 내세운 『이론』이나 『문화과학』이 1992년에 창간되어 활동을 시작한다. 80년대의 사회과학이 문화연구의 영역으로 이동한 시점이라 할 수 있다.

이 두 잡지의 동인들은 교조적이던 마르크스주의의 이론 및 실천적 한계를 넘어서 문화에 대한 새로운 관점과 방법의 지평을 열고자 했다.[17] 그들에게 문화란 계급투쟁에 씌운 당의정 같은 것으로서 현상의 본질을 은폐하거나 왜곡 또는 굴절시켜서 착란을 일으키게 만드는 정교한 인지적 구조물이었다.[18] 두 잡지 모두 변화된 사회지형에서 대중의 욕망을 읽어내고 그것이 펼쳐진 문화의 장을 '과학적으로' 분석하고자 했다.[19] 보다 이론지향적이고 사회과학적 문맥이 강했던 『이론』이 1997년 통권 17호를 끝으로 폐간된 반면, 『문화과학』은 중간에 제명을 약간 고친 상태로 현재까지 유지되는 형편이다. 현실과 이론의 관계설정, 변혁운동에서 문화의 위상과 기능 및 가능성에 큰 관심을 가졌던 『문화과학』의 적응력이 더 컸기 때문일지도 모른다. 그에 대한 자세한 분석과 판단은 후일을

---

17 하지만 마르크스주의의 근본적 토대를 떠나지는 않았다. "[청산주의 등—인용자] 마르크스주의를 더이상 유효하지 않은 것으로 보는 입장에 대해서 '우리는 제대로 마르크스주의를 해보지도 않았는데, 무슨 소리냐?'가 나왔던 거예요"(강내희, 2011: 167).
18 "우리가 '문화과학'의 이름으로 진보의 기획에 동참하는 것은 문화가 전에 없이 중요한 계급투쟁의 장으로 전환하고 있다는 판단 때문이다"(『문화과학』 편집위원, 1992).
19 두 잡지의 동인 구성이나 이론적 구도는 사실상 유사했는데, 참여자들의 면면이 상당 부분 겹쳐 있었고 양자 모두 알튀세르주의에서 출발했기 때문이다(강내희, 2011: 166-167).

기약하기로 하고, 일단 한국의 문화연구와 그것의 제도화 및 위기라는 논점을 염두에 둔 채 『문화과학』의 이야기를 이어보도록 하자.

창간인 중 하나인 강내희에 따르면 『문화과학』 창간의 직접적인 이유는 이러하다. 1991년 5월 25일 노태우 정권퇴진 및 공안통치 종식을 요구하는 시위에서 성균관대 대학생 김귀정이 경찰에 의해 사망하자 전국적인 소요가 일어났지만 별다른 반향을 남기지 못한 채 소진되었다. 이는 당시 운동권에 적지 않은 충격을 주었는데, 전술했듯이 87년 이후 대중의 관심사가 정치적 개입으로부터 문화의 향유라는 측면으로 옮겨갔기 때문에 운동이 대중으로부터 직접적인 동력을 길어낼 수 없게 되었다는 것이었다. 따라서 문화(대중의 욕망)를 직접 연구하지 않고는 운동도, 혁명도 있을 수 없다는 결론을 내리게 되었고, 이에 문화에 대해 "공부를 해야겠다"는 생각으로 잡지를 만들었다고 한다. 그러나 이런 '전회'의 맥락은 더 구체적이고 분석적으로 파고들어야 한다. 사회과학에서 문화연구로의 이동은 1980년대 말부터 1990년대에 접어들며 한국사회가 현격하게 내비친 구조변동을 반영하는데, 그것은 한국이 고도화된 소비자본주의적 단계에 접어들었으며 자본주의의 축적전략에서 문화의 역할이 급격히 높아졌음을 인식한데서 비롯한 것이다. 이런 이론적 판단은 방법론의 각성과 변형도 추동하여, 1990년대 문화연구의 주요 의제들을 80년대의 이념적 지향과는 다른 방향으로 설정하도록 강제했다. "문화는 일상적이다"라는 레이먼드 윌리엄스의 테제를 적극 수용함으로써 대중의 일상경험에 착목하는 한편, 자본주의사회를 기저에서부터 지배하는 문화산업을 해부하는 동시에 동시대의 비주류 문화들, 가령 하위문화 등을 적극 독해함으로써 대안문화를 형성하는 것이 문화연구, 즉 새로운 문화정치학의 목표가 된다(이동연, 1997: 21 - 34).

대단히 흥미로운 점은 『문화/과학』이 호를 거듭하면서 그때그때마다 문화연구가 당면한 현실과 그 요구에 맞춰 연구의 의제를 발전적으로 변이시켜나갔다는 사실이다.[20] 예컨대 알튀세르의 호명논리에 입각해 문화의 이데올로기적 동학을 분석의 주안점으로 삼았던 창간호의 의제('과학적 문화론을 위하여')가 은연중에 80년대식의 이념적 의제를 연상시키는 것이었다면, 이후 잡지의 주요 논제는 '언어'(2호), '욕망'(3호), '육체'(4호), '공간'(5호), '사이버'(10호), '문화공학'(14호) 등으로 옮겨가 대중적 삶의 실감을 포착하고 거기서 새로운 사회를 구성하는 단초를 모색하는 길로 나아갔다. 큰 틀에서 이 경향은 유물론적 문화이론이라는 애초의 창간의제를 확대발전시키는 것이었으나, 문화연구가 직면한 현상의 변화에 기민하게 적응하여 새로운 의제를 찾아내고 그것을 이론화하여 적용 가능성을 타진하는 적극성과 능동성에서 기인한 것이다. 이론적 실천의 문제를 적극적으로 사유함으로써 현실 문화운동의 전화와 내파를 끊임없이 추구했다는 사실이 『문화/과학』의 지속가능성을 담보한 것이다. 그 결과, 『문화/과학』은 다양한 방식으로 현실에 대한 개입적 의제들을 제안하였는데, '문화공학'과 '문화사회론' '생태문화 코뮌주의' '사회미학' 등의 복합연관적 계열들이 그렇다.[21]

이 진전과정 전체를 개략적으로 정리한다면, 『문화/과학』은 문화연구

20 창간 당시의 표제인 '문화과학'은 2002년 여름호부터 '문화/과학'으로 변경되는데, 이는 문화의 다종다양한 영역들과 그 분석(관점과 방법)의 가변적 관계를 인식하고 양자를 분리하는 동시에 결합하는 절합(articulation)적 과정으로 보겠다는 취지를 반영한다. 『문화과학』은 앞으로 문화적·정치적·경제적·이론적 실천 등 사회적 실천의 여러 심급간 중층결정 양상을 분석하는 단계를 넘어 실천들 간의 상생적 회로를 구체화하고 제도화할 수 있는 방안을 강구하는 쪽으로 나아갈 것이다. 이런 회로를 구체화하는 방법론적 사유를 우리는 '절합적 배치'라고 생각하는데, 『문화과학』의 제호에서 '문화'와 '과학'을 띄어쓰기로 표현한 것도 바로 문화/과학의 '절합적' 의미를 보여주기 위한 것이다"(15쪽). 다만 책등의 제호는 2006년 가을호부터 '문화/과학'으로 변경되었다.
21 창간 20주년 기념호에 실린 다음 두 편의 논문들이 이 의제들의 필연성과 의의, 실현가능성 및 실제 진행과정 등을 상세히 다루고 있기에, 우리의 논의에서 더 다루지는 않겠다(심광현, 2012: 17-147; 이동연, 2012a: 148-179).

내부의 이론적 투쟁뿐만 아니라 현장에 직접 삼투하여 조직하는 실천적 이론에서 발생한 위기를 꾸준히 돌파하면서 진화해왔다고 할 수 있다. 한편으로는 이론 내부에서 발생한 위기를 분석하고 전화시킴으로써 이론적 실천의 급진화(정치화)를, 다른 한편으로는 현실사회의 위기에 대응하는 실천적 이론의 급진화를 추구해온 것이다. 전자를 앞서 언급한 다양한 의제들의 계열 속에서 발견할 수 있다면, 후자는 문화정책에 대한 직접적 개입이나 참여로 구현된 현장중심성에서 찾아낼 수 있다.[22] 비록 『문화/과학』이 이론과잉이라거나 자기정당화의 낙관주의에 빠져 있다는 비판이 없지 않음에도 20년 넘게 명맥을 잇는 대표적인 문화연구지로 남아 있을 수 있던 원동력은 여기에 있을 듯하다.[23]

현재 한국에는 '문화연구'를 표방하는 수많은 저술과 학술지, 단체들이 있지만, 상당수는 '학계'에 포진한 공식적 기관(지)들이며, 따라서 직·간접적으로 한국연구재단과의 관련 속에서 유지되고 있다. 즉 국가의 재정지원을 받으며, 국가가 지정한 분과학문의 체계 내에서 작동하는 제도적 장치로서 문화연구가 실행되고 있다는 말이다. 그것의 매혹과 위협은 분명하다. 재정면에서 보다 안정적인 연구환경은 확보할 수 있으나, 연구의 주제와 대상, 방향성까지 온전히 국가의 입김에 의존해야 하는 사정이 그러하다. 이는 결국 국가의 성격이 어떤 것인가, 곧 진보적인가 보수적인

---

22 문화연대의 구성에 일조함으로써 새로운 사회구성에의 상상력을 가동시킨 것이 그 사례다(이동연, 2012a: 160).

23 명백한 마르크스주의적 지향과 문화의 이론과 실천에 무게중심을 둔다는 점에서 『문화/과학』은 영국의 문화연구와 강한 공통성을 갖는다. 다만 개인저작을 중시하지 않던 스튜어트 홀에 비해 『문화/과학』 동인들은 엄청난 저술가들이라는 점이 다르다. 주로 기고논문들을 수합하여 간행하는 형태지만, 강내희, 심광현, 이동연 등은 철학과 사회학, 정치학, 경제학, 하위문화 등 다방면에 걸쳐 수십 권의 저술들을 펴내왔다. 이러한 동력은 그들 개인뿐만이 아니라 『문화/과학』이 한국 문화연구의 대표성을 획득하고 유지하는 계기로 작용하게 해주었음이 분명하다. 『문화/과학』은 2019년 겨울호를 맞아 통권 100호를 펴내면서 제3기 편집위원 체제를 시작했다.

가와 같은 '복불복'의 불명확한 조건들에 비판적 연구의 운명과 성패를 걸게 하는 아이러니를 연출하게 만든다. 예를 들어 『문화/과학』 동인들 역시 참여정부 당시 다양한 방식으로 정책형성에 참여한 바 있으나, 보수 정권이 들어서면서는 완전히 역전된 사태를 맞이해야 했다. 결국 문화정책에 대한 개입의 의지와 필요성은 그때그때의 사회적 조건에 따라 실제 현실과 괴리를 빚을 소지가 다분하고, 이는 문화에 대한 정책론적 개입이 위기를 타개하는 적절한 방도를 언제나 제시해주는 것은 아니란 점을 적시한다(이동연, 2012a: 158-159).

한편 『문화/과학』이 보여주었던 내적 위기의 타개란 것도, 실상 그것이 알튀세르주의에서 연원한 데서 노정된 이론적 한계를 완전히 벗어나지 못했음을 시사한다. 달리 말해 문화에 대한 정치경제학적 분석과 대안 제시가 빈번히 시도되었음에도 그것이 실질적인 대안이 되기보다 낙관적으로 미학화되는 경우를 종종 목격하는 것이다.[24] 다른 한편, 제도로부터 독립적인 연구를 확보하려는 시도가 역으로 '비제도의 제도'를 강조하는 양상으로 전개된다는 점도 특기할 만하다. 문화연구의 본령을 현실사회에 대한 정치한 분석과 실천적 개입, 급진화를 통한 현재적 위기의 돌파에서 찾는 데 두는 것은 적절할지 모르나, '이것 아니면 안 된다'는 식의 단언으로써 문화연구에 대한 명명의 권리를 확보하려는 시도는 역으로 문화연구의 범주를 좁히는 무리수가 될 수 있다.[25] 즉 문화연구를 개

---

24 이는 사회미학적 테제의 중핵이 "비인간적 착취의 현장에 미적 감수성으로 맞서는 것은 어떤 점에서 가장 중요하고 긴요한 전략이라고 할 수 있다"는 점에서 잘 드러난다(이동연, 2012a: 174). 이 진술의 취지는 충분히 공감할 만한 것이지만, '미적 감수성'이라는 주체의 의지와 감성에 큰 방점을 찍음으로써 사회경제적 차원을 간과할 수도 있다는 의구심이 든다. 이는 '경제의 심미화'라 부를 만한데, 그것은 신자유주의체제에서 자본주의가 본질적으로 심미적인 것을 이윤 수취의 주요방식으로 채택하고 그것을 심화·확대하는 것임을 간파하지 못한 데서 기인한 오판일 수 있는 것이다(서동진, 2011: 10-41). 유사한 맥락에서 짐 맥기언은 경제학을 제외한 비판이론이 홀의 문화연구라고 비판하기도 했다.

넘에 있어서나 적용에 있어서나 엄격히 제한함으로써 얻는 결과는 '제도 바깥의 제도화'인 것이며, 그로써 현재적으로 발생하는 위기들에 적합한 대응능력을 상실할 수도 있다는 뜻이다.

이상으로 1990년대 이후 한국의 문화연구의 대표적 명맥을 이어가는 『문화/과학』의 노선과 특징을 살펴보았다. 이는 80년대 사회과학의 후신이자 90년대 이후 한국사회의 문화적 지형을 재빨리 인지하고 그에 대한 변혁적 모델을 세우려는 담론적 모색에 대한 고찰이기도 하다. 잠깐 제도화된 부문도 언급하긴 했지만, 그것은 본질적으로 제도 '바깥'의 활동을 더 많이 포함하고 있다. 이제부터 살펴볼 영역은 제도 '안쪽'에서 문화연구의 흐름을 만들어가는 노선에 관한 것이다.

3-2. 인문학의 위기와 당의정 인문학

한국 문화연구의 전사前史를 돌아볼 때 '인문학의 위기'를 반드시 거론하고 넘어가지 않을 수 없다. 제도화와 위기 사이의 기묘한 변전과 반전을 반복적으로 보여주는 사례이기 때문이다. 그렇다면 그 위기의 실제 양상은 어떤 것이었는가?

우선 그것은 인문학이라는 전통적 지식담론이 맞부딪친 위기로서 1960년대 서구사회에 불어닥친 포스트모더니즘이 민주화 이후 한국의 지식사회로 전이되며 벌어진 현상이었다. 그것의 이론적 선구였던 장-프랑수아 리오타르에 따르면 이른바 포스트모던시대의 지식은, 전통적

---

25 "한국에서 그런 사람들, 즉 비판적 문화연구 하는 사람들이 제대로 된 문화연구를 한다고 우리는 보죠. 현재 자본주의 메커니즘 속에서 문화개념이 어떻게 관리되고 작동하는지를 분석하면서, 그 문화개념을 어떻게 진보적으로 바꿀 것인가를 고민하면 그것이 제대로 된 문화연구인 것입니다"(강내희, 2011: 178). 이 단언의 적절성에 깊이 공감하면서도, 이러한 기준에 부합하는 것만이 문화연구라면 그것은 80년대식 이념중심주의적 연구와 비슷한 '정통성 감별'과 '줄세우기'로 함몰될 위험이 있음을 지적하지 않을 수 없다.

지식과 비교해볼 때 그것의 생산과 유통, 소비의 전 형식에서 판연히 다른 양상을 보인다. 과거에 지식은 수목적이고 위계적으로 체계를 짓고 도제적 공동체인 대학에서 전문적으로 연마되었으나, 이제 그것은 수평적이고 혼성적인 방식으로 조합되어 생산·유통·소비의 분절을 불가능하게 만드는 방식으로 사회에서 유동한다는 것이다(리오타르, 1992). 따라서 포스트모던사회에서 새로운 지식은 전래의 지식이 갖던 형태와 권위의 구조를 상실하고 다른 방식으로 재구조화될 필요를 맞이하는데, 이 같은 현상을 전통적 인문학의 관점에서는 '위기'라 부르게 된다. 역으로 생각해본다면, 사회변화에 부응하는 새로운 지식이란 세계와 자기 자신에 대해 이전과는 다른 인식과 지각을 요구하는 구성적 과정이라 해도 좋을 법하다. 철학적인 논변을 통해 전개된 이 서술을 사회학적 문맥에서 풀어본다면 우리는 앞서 문화연구의 성립사에서 마주했던 것과 동일한 사태를 만나게 된다.

신자유주의적 사회변동이 급속히 진행되면서 나타난 인문학의 위기는 다름아닌 대학제도의 위기였다(이성훈, 2003: 114). 문·사·철로 대표되는 전통적 인문학 분과들에 신입생 수가 격감하고, 이에 따라 교수정원 및 대학원생 수도 축소될 형편에 놓이자 인문학을 살려야 한다는 호소가 대학 안팎으로 확대된 것이다. 당연한 말이지만, 인문학의 '인기 하락'이 물질만능 풍조나 사람들의 경박해진 인식 탓은 아니다. 더 근본적인 차원에서 위기는 전통의 논리와 방법론에 고착된 인문학 자체의 폐쇄주의 및 대학의 신자유주의적 재편으로 유발된 구조조정에서 기인한 바가 컸다. 어느 모로 보나 90년대 인문학의 위기는 제도 속의 학문이 시대변화에 따른 제도의 위기에 적합한 대응책을 찾지 못했기 때문에 벌어진 현상이었다. 인문학이 전통적 탐구영역을 벗어나 문화로 모색의 지대를 넓힌 것은 위기를 벗어나기 위한 일종의 생존전략이었다고 할 만하다(강내희, 2004: 1-3).[26] 우리는 이러한 회생전략의 양상들을 대학의 안과 바깥, 국가적 제도 자체에서 확인하고 반성해볼 필요가 있다.

위기에 가장 먼저 적극적으로 대응했던 집단은 대학제도 외부의 자발적 연구단체들이었다. 2000년을 전후해 생겨난 비제도권 연구단체들은 대학사회와는 차별화된 인문학 연구를 선언하고 일반대중과 접속했는데, 1980년대 이래 학교 밖 인문학을 지향하던 문예아카데미 등을 비롯하여, 철학아카데미, 연구공간 수유+너머 등이 이에 동참했고 실제로도 작지 않은 성과를 거두었다. 이들 연구단체들은 제도의 도움을 받지 않으면서 자생적인 인문학 연구를 추구했으며, 대중강연과 출판사업 등을 통해 인문학을 전문적 지식인 집단의 울타리를 벗어나 사회일반으로 확대·보급하는 데 중요한 저변을 마련했다고 평가된다(김원, 2012: 112-115). 이 흐름은 지금도 이어지고 있어서, 제도의 힘을 빌지 않았음에도 이전보다 더욱 전문화되고 탄탄한 조직력을 갖춘 인문학 단체들이 전국적으로 설립되어 운영되고 있다. 요컨대 탈제도를 통해 제도의 위기를 벗어나는 급진화를 꾀한 셈이다.

인문학 위기의 진원지로 지목되었던 대학의 대응전략 역시 주의를 요한다. 상황조건과 무관히 전통적 관점과 방법론을 고수하는 경우도 있었으나, 비제도적 인문학의 부흥운동과 연결되면서 대학 또한 자발적인 전환의 길을 적극적으로 모색했다. 이는 관점에 있어 통섭consilience과 융합convergence을 기조로 한 인식의 전환을, 방식에 있어 자연과학과 사회과학의 다양한 방법론을 인문학적으로 전유하는 것을 뜻한다.[27] 19세기 이래 자연과학 및 사회과학으로부터 구별되는 고유의 영역을 개척·

---

26 이때 고유명사로서 문화연구는 전통적 인문학과 어느 정도 대립적이다. 후자가 인간의 가치와 존엄이라는 휴머니즘적 전통에 서 있는 반면, 알튀세르적 관점을 채택해 발전한 문화연구는 이론적 반인간주의를 채택한데다가 전자를 낡고 권력부합적인 지식생산 형태로 비판하고 있기 때문이다.

확보하는 데 전력했던 인문학은, 이제 최근의 위기를 맞아 인근 영역들을 자신의 자원으로 받아들이고 인문학 자체의 재구조화를 추진하기 시작했다. 대학은 이 과정을 주도하고 개발하는 데 적합한 거점이라 할 수 있는데, 타학문과의 소통 및 결합이라는 과제는 풍부한 인력풀과 탄탄한 연구기반 환경, 안정적인 재정조건을 요구하기 때문이다. 한 걸음 더 나아가 대학 외부의 인문학이 대중 참여적 형태로 위기를 타개해나가는 데 자극된 대학 인문학은 일반 대중에게도 문호를 열어서 지역사회에 대한 인문학의 기여라는 명분과 실리를 추구하기 시작했다. 이 경우를 우리는 제도 내적 개혁을 통한 위기의 해소라 부를 수 있을 것이다.

국가 및 사회적 단위에서 인문학을 진흥하려는 움직임도 일어났다. 제도적 민주화와 경제적 풍요가 일정 정도 달성되면서 대중의 문화적 관심이 고조되자, 이에 대한 부응책의 일환으로 국가·사회적 차원에서 시민 인문학에 대한 사업적 관심이 일어난 것이다. 가령 국가는 각 지역단체별로 도서관과 문화센터에 예산을 지원해 인문학 강좌를 개설하게 했고, 사회적으로는 시민단체나 기업 등의 후원을 얻어 인문학 강의가 열린 사례들이 그렇다. 이러한 인문학은 시민들의 다양한 지적 관심사를 소화하고 비용 면에서 저렴한 접근성을 제공하여 누구나 일상 속에서 인문학과 접속할 수 있게 해주는 효과를 거두었다. 특히, 제도적 자격증(학위)을 소지하고 있지 않은 각 분야의 전문가들을 초빙해 시민들과 접촉점을 마련함으로써 인문학에 대한 일반의 거부감이나 이질감을 해소시켰으며, 저소득·저학력의 서민들로부터 고소득·고학력 시민들을 두루 포괄하는 다양한 클래스의 강좌를 도입했다는 사실을 장점으로 지적할 만하다. 그러나

---

27 에드워드 윌슨 등이 제창한 '통섭'의 논리가 이러한 학제 간 교차가능성에 힘을 실어주었으나, 인문학 고유의 논리를 무시하고 서구중심적 관점에서 학문을 재통합하려는 시도란 점에서 비판을 면치 못했다.

시민인문학은 곧잘 '백화점 인문학'으로 변질되기도 하는바, 지적 소양의 증대나 삶에 대한 안목의 전환 등의 취지와는 무관한 전시용 행사에 그치는 사례들이 자주 보고되어왔다. 국가의 공적 자본이나 기업자본 등으로 지원되는 인문학 사업이 역으로 인문학을 질식시키는 부작용을 낳는다는 비판이 대표적이다. 이는 제도가 초래한 위기를 다시 제도를 통해 해소시키려는 제도의 재구조화라 할 만하다.

이런 점들로 미루어 보아, 인문학의 위기라는 현상은 사회문화영역의 특수부문에서 일어난 문제가 아니라 정치경제적 체제전환 및 자본축적 체제의 세계사적 변동과도 맞물리는 거시적 변화의 일부로서 전개되었다고 할 수 있다. 물론, 사태의 원인을 거시적 차원에서 찾아내도 그 해결책은 구체적이고 국지적 차원에서 모색해야 한다. 앞서 논의한 세 차원, 곧 제도 바깥과 제도 안, 제도(국가) 자체의 세 가지 논법들은 제도와 위기, 급진화의 각이한 양상들을 보여주었다. 특히 현시점에서 우리가 따져보아야 할 것은 제도의 위기를 제도 내적 차원에서 혹은 제도 자체의 부력에 의해 해소할 수 있느냐는 질문이다. 달리 말해, 위기의 해소를 국가사회의 제도에 (다시) 위임할 수 있는가? 앞서 마르크스주의적 문화연구를 살펴보며 논급했듯, 정책주의적 해결책은 그 정책의 주체로서 국가가 과연 진보적인가, 대중 민주주의에 얼마나 의지를 갖고 있는가, 탈자본주의적 공동체 구성방안으로서 사회적 연대를 고취하는가, 그럼으로써 문화를 현상문제의 은폐물('당의정')로 삼거나 착취의 재구조화를 위해 심미화하지 않을 것인가라는 질문들에 선결적으로 답할 때나 가능한 노릇이다.[28] 그렇

---

28 극단적으로 말해 아무리 국가가 문화에 대해 진취적이고 순수한 자율적 태도를 취한다 해도, 국가라는 제도와의 관계 속에서 문화는 억압되고 왜곡될 수밖에 없다. '문화경제'와 마찬가지로 '문화국가' 역시 본질적으로는 자본과 국가라는 두 기축 자체에 대한 비판을 허용하지 않는 까닭이다. 그 한 가지 사례로 마르크 퓌마롤리를 참조하라(퓌마롤리, 2004).

지 않다면 문화에 대한 관심은 자본주의적 지배구조에 금세 재영토화되어 또다른 착취의 도식에 포획되고 말 것이다.[29] 제도로부터 파생된 위기를 제도에 의거해 해결하려는 방책이 갖는 가장 큰 함정이 여기에 있다.

이 점은 현재 한국에서 문화연구의 또다른 한 축을 만들어가는 문화사적 흐름을 거론할 때 더욱 선명히 드러난다. 국문학계가 주도하는 이 흐름은 2000년대 초에는 '풍속사' '문화사' '문화론적 연구' '문화연구' 등의 다양한 이름으로 호칭되며 명확한 정체성을 갖지 못했으나, 2010년대 중반에 이르러 '문화사 연구' 혹은 '문화(론)연구'로 정리되는 추세이고, 이로써 사회과학적 문화연구와 비등한 인문학적 문화연구의 지평을 열어가고 있다.[30] 앞서 서술했던 탈제도적 인문학이 대중 인문학에 비중을 두는 반면 이 흐름은 보다 전문적인 영역을 파고드는데, 근대성을 주제화한 한국 현대문화사 다시 읽기/쓰기가 그것이다(장석만 외, 2006: 24-30). 주로 학술지를 통해 발표되지만, 그중 일부는 대중잡지에 연재되어 책으로 묶여 나오거나 학술논문으로 집필되었다가 평이한 스타일로 재편되어 출간되기도 했는데, 그 점에서 학문적 깊이와 대중적 폭을 골고루 갖춘다는 중평을 받는다.[31] 인문학에 기반을 둔 문화사와 문화론적 연구는 문화연구의 영역에서 사회과학 기반의 연구보다 더 일반화되어 있는데, 이는 그것이 전통적 인문학의 서사와 많은 점에서 교차하고 상보적 관계를 이루기에 대중과 만날 수 있는 더 손쉬운 접점을 찾아냈기 때문일 것이다.

그러나 학계 중심의 이러한 문화사 및 문화론적 연구의 가장 큰 난점

---

29 1990년대 후반 들뢰즈 등에 의해 도입된 자유로운 탈주운동으로서 '노마드'의 개념이 기업의 상품 이미지로 전락하여 소비주의의 세련된 수사로 전용된 경우를 보라. 이 책의 9장 참조.
30 자세한 사정에 대해서는 천정환의 글을 참조하라(천정환, 2007: 11-48).
31 천정환, 권보드래, 장세진의 글을 참조하라(천정환, 2013; 권보드래·천정환, 2012; 장세진, 2012).

은 어쩔 수 없이 제도에 대한 의존과 강박이 크다는 것이다. 대학교수로 고정된 일자리를 확보하지 못한 연구자들이 고문헌들을 수합하고 분석 하며 성과물을 내기 위해서는 안정된 봉급과 보험혜택 등을 필요로 하는 데, 현재 한국의 대학사회에서 이를 충족시켜주는 조건은 한국연구재단 과의 관계에 귀속되는 길이 유일한 탓이다. 이른바 BK·HK·SSK 등의 사 업명으로 호칭되는 이러한 귀속성은 국가제도에 대한 불가피한 의존적 태도를 낳고 연구자가 소위 '을'의 위치에서 자신의 과제를 수행하게끔 강압한다. 최악의 경우 '논문기계'라 불리는 폐쇄된 글쓰기 회로에 갇혀 폐지 같은 논문들을 양산해내고, 최선의 경우라 해도 소수 연구자에게만 접근 가능한 암호문 같은 글을 펴내거나 또는 대중의 호사가적 욕구만을 충족시키는 '당의정 인문학'을 산출하는 것이다. 나아가 문화연구가 본 래 지향했던 학제간 연구는 공염불에 그치고, 분과학문의 엄격한 체계를 고수하는 역효과로 이어지는 경우도 빈번하다.[32] 결국 제도의 한계를 깨 기 위해 시도된 다양한 시도들이 제도의 지원이라는 초기 조건을 벗어나 지 못함으로써 다시금 제도에 결박되는 사태가 벌어지는 것이다(박헌호, 2010: 182).

4. 비판적 문화연구는 무엇을 하는가?

세월호 사건으로 촉발된 한국 문화연구의 위기를 검토하기 위해 꽤 오 랜 길을 둘러왔다. 우리가 애초에 문제삼은 것은 이론적 실천이자 현실

---

[32] 국책연구과제에 학제간 연구가 포함될 때 각 학과별 지분을 맞추기 위해 분과학문의 구분을 더 엄격 히 따진다든지, 교수임용시 '전공합치성'이라는 조항을 이용해 학제간 연구의 성과물을 오히려 배제해버 리는 경우들이다(천정환, 2011: 448-450).

개입의 힘으로서 문화연구 담론이 부딪힌 고립과 무력감이었다. 이런 문제상황의 가장 커다란 원인에는 물론 그 어떤 합리적 논증과 이성적 설득, 감성적 호소에도 끄떡도 않은 채 기득권 지배구조의 유지와 확대에만 혈안이 된 국가체제가 있다. 현재 문화연구가 당면한 위기는 이러한 제도로부터 발생한 것이며, 그 제도와의 대결에 있어 문화연구가 제대로 기능하지 못한다는 것이 또한 우리 문화연구자들의 위기다.

그러나 위기가 온전히 바깥으로부터 연원해왔다고만 볼 수는 없다. 사회적 현실에서 존속하고 작동하는 문화연구는 어떤 방식으로든 제도의 안에 있으면서 제도의 힘에 의해 기능하는 담론장치로 드러난다. 즉 국가에 대한 비판적 대결은 어느 정도의 국가와의 관계를 함축할 수밖에 없는 것이다. 가령 문화연구학과와 같은 대학원 형태를 빌려 대학제도 내에 설치되어 있다든지, 기성의 논문적 양식과는 구별되는 자유로운 글쓰기를 지향한다 해도 여전히 학술적 담론형식을 고수한다든지, 또는 연구자가 문화연구(문화학)를 전공으로 삼지 않는다 해도 일정 정도는 대학의 학위수여제도에 의지함으로써 자신을 증명해야 한다는 점 등이 그러하다. 앞서 우리가 자세히 돌아보았던 서구와 한국의 문화연구 역사는 우리로 하여금 제도에 갇히지 말 것을, 즉 제도 내부에서 또는 제도를 통해서 위기를 타개하려는 시도는 절망적이란 사실을 일깨우지만, 그렇다고 온전히 제도 바깥에서 자유롭고 순수한 저항을 희구하려는 태도 역시 몽상에 가까움을 알려준다. 문화연구가 직면한 위기를 깨뜨리고 나아가는 길은 제도 밖으로의 '탈주'라는 이상에 의존해서 이루어지지 않을 성싶다. 재영토화에 대한 예측 없는 탈영토화는 모종의 성과를 거두기 힘들다. 그렇다면 핵심은 재영토화 속에서 탈영토화를 지속하도록 만드는 동력, 그 운동의 첨점을 어떻게 찾고 확보하는가에 있지 않을까?

지금까지 문화연구는 현실에 대한 '분석'을 그 담론적 실천의 기저로 삼아왔다. 즉 현상의 이면에 감추어진 정치적 목적이나 이데올로기적 태도, (무)의식적 욕망과 그 구조를 해명하고 드러내 보여주는 것이 문화연구 담론의 분석적 위상이다. 알튀세르의 말처럼 현실이 중층적으로 복합화된 구조물이라면 이에 대한 분석없이 현상을 이해하고 거기서 불거져 나온 문제점들을 타파해갈 방법을 찾기란 무척 어려운 일일 것이다. 하지만 거꾸로 분석에만 골몰하는 문화연구, 텍스트를 해석하고 주석을 붙이는 방식으로 설명하는 방법이 그 자체의 한계에 갇히는 것도 피할 수 없다. 그러한 태도는 지나간 현실을 복원하고 재현함으로써 문화연구의 현행성을 유실시켜버리는 자가당착을 노정할 터이기 때문이다. 이로 인해 해석주의가 내장하는 실천성의 결여를 극복하고자 문화연구는 종종 현실에 적극적으로 개입할 것을 요청받는다. 다시 말해, 해석의 순환에 갇힌 문화연구에 위기가 도래하고, 그것의 해소로서 급진화, 즉 실천적 개입(정치화)을 주문받는 것이다. 이 글의 서두에 밝힌 '문화연구'와 '위기' 그리고 '급진화'의 얄궂은 순환 내지는 기묘한 교착관계란 이를 가리킨다. 이것이 '얄궂고' '기묘한' 것은 이 세 단어가 문화연구의 역사에서 돌고 도는 원환을 이루는 형세를 자주 목격하기 때문이다. 이른바 위기의 제도화, 또는 제도화된 위기가 그것이다(이상길, 2004: 80).[33]

제도 안에서 파생된 위기는 제도를 빠져나감으로써만, 제도를 타파함으로써만 해소될 수 있다. 적어도 제도를 비틀어 그것의 작동을 정지시키거나 다른 식으로 가동되게 견인하지 않는 한 위기는 영원히 풀릴 수 없다. 제도의 작동을 멈추게 하고 고장나게 만들며 거꾸로 돌리기 위해서는

---

33 저자에 따르면 이런 악순환이 반복되는 것은 급진화의 실용주의적 요청이 언제나 이론의 정치한 가공을 배제한 채 현실에 대한 적용만을 앞세우기 때문이다. 즉 적용만 할 수 있다면 이론은 더 연구할 필요가 없다는 태도인데, 그렇게 손에 쥔 이론이 얼마나 주먹구구식의 단순한 도구에 불과한지는 달리 설명할 필요가 없을 것이다.

어쩔 수 없이 그 기계장치의 구조를 분석하고 동작을 해석하지 않을 수 없다. 분석 없는 개입은 맹목적이고, 가시적 현상 너머의 비가시적 진실을 외면하는 해석은 현실의 복잡한 함수에 무용할 뿐이다(이동연, 2012b: 300-322). 그리고 우리는 이제 그러한 해석의 정치로부터 한 걸음 더 나아가야 한다. 종합으로!

문화연구에서 종합이란 현실의 생산이다(Deleuze & Guattari, 1972: 18).[34] 분석과 해석 너머의 종합이 가리키는 것은 정확히 현실의 생산이며, 그것이야말로 문화연구의 급진화, 급진적 문화연구의 기획이 떠맡을 과제가 아닌가 싶다. 만일 문화연구가 현실에 대한 개입을 통해 무엇인가를 생산한다면, 그것은 다름아닌 새로운 사회적 관계일 것이다. 전통적 학문이 개인의 지적 함양이나 정신적 수양을 추구하여 '고독한 성찰성'에 그 방점을 찍었다면, '생산'이라는 문제의식을 동반한 문화연구는 보다 적극적인 방식으로 사회적 관계의 발명에 관심을 기울일 필요가 있다. 당연히 그것은 타인들과 공-동의 삶을 구성하는 과정이자 그 구성과정에 대한 성찰을 함께 요구한다. 생산하는 문화연구를 통해 만들어지는 사회적 관계가 기성의 질서나 제도를 반복하는 것이 아니어야 함은 물론이다. 제도적 전통에 갇힌 학문이 사회의 재생산, 곧 기성질서나 가치관계, 위계화된 구조 등을 변혁하기보다 그 운동을 저지하고, 기존 세계를 복제하는 데 관심을 가졌다면, 생산하는 문화연구, 문화연구의 생산은 기존의 세계를 더 세밀하게 잘라내고 다른 방식으로 배치시킴으로써 절합하는 것, 곧 이접적 종합의 수행이 되어야 한다. 랑시에르식으로 말해 '감각의 분할'과 더불어 종합 및 재구축이 필요한 것이다. 그렇다면 그것은 대체 어떤 것인가?

---

34 관건은 단일하고 특화된 목적을 취하지 않는 이접적 종합으로서 현실을 생산하는 데 있다.

다시 세월호의 이야기로 돌아가 논의를 마쳐야 할 시간이다. 지금 우리가 마주한 위기는 대체 어떤 것인가? 위기의 양상에 대한 해석은 우리로 하여금 어떤 종합을 향해 나아가도록 강제하는가? 만약 우리가 담론적 분석을 중단하고 국가라는 제도와 직접 맞붙는 '실용주의'를 선택한다면,[35] 그것은 다만 행동주의적 위안과 함정에 지나지 않을 수 있다. 마음은 편해도 아무런 실제적 결과를 얻을 수 없는 것, 그리하여 더 큰 비탄과 절망과 만나야 하는 것이다. 그렇다면 제도와 맞붙어 싸우면서도 그에 예속되지 않고, 종합으로서의 관계를 구성해나가는 방법, 급진화는 어디에 있는가? 그것은 어떤 것일까?

세월호 투쟁에서 우리가 끊임없이 요구했던 것 중의 하나는 바로 정의로운 애도에 대한 요구였다. 망자들, 떠나보낸 자들, 돌아오지 못한 배제된 자들로 하여금 슬픔과 분노의 감정으로부터 벗어날 수 있게 해주는 것. 그것은 동시에 살아남은 자, 남아 있는 자, 떠나지 못했으되 역시 배제된 자들인 우리가 구제받는 길이기도 하다. 그러나 애도는 여기서 죽은 자와 산 자 사이의 화해와 그로 인해 얻게 되는 망자에 대한 궁극적인 망각을 뜻하지는 않는다. 정의로운 애도는 오히려 죽은 자를 끊임없이 우리 곁으로 불러내어 우리로 하여금 그들이 남긴 것을 잊지 않게 하는 것, 그들의 빈자리에 흔적으로서 각인된 정의를 기억하게 만드는 행위다(데리다, 2007: 115). 달리 말해, 그것은 죽은 자에 대한 증언을 멈추지 않음으로써 우리 자신을 우울증적 주체로 변형시키는 데 있다. 오직 우울증자만이 망자와의 지속적인 관계, 이런 말이 가능하다면 비가시적인 '사회적 관계' 속에서 살아갈 수 있기 때문이다. 더 나아가, 그 같은 부정적 우울

---

35 말할 것도 없이 이러한 실용주의는 이론과 실천, 정신노동과 육체노동의 '전통적' 이분법에 매몰된 결과다. 대체 책상머리에 앉아 사태를 분석하고 해석하여 새롭게 종합하는 것을 비실용적인 탁상공론이라 치부하는 태도야말로 얼마나 오만하고 즉물적인가?

증이 열어젖힌 새로운 사회의 비전을 적극적으로 구성해낼 계기를 찾아내는 것, 설령 현재의 가시적 질서 속에 있지는 않기에 그림자처럼 명멸하는 형태로만 나타난다 해도 그 같은 부정성 속의 긍정성으로서 이질적인 관계의 발견과 발명이야말로 문화연구의 잠재성과 현실성이 있지 않을까? "잊지 않겠습니다"를 그침 없는 기록으로 증명하고, "금요일엔 돌아오렴"을 주문처럼 남겨두고 나의 이웃에게 감염시키려는 노력, 이것이야말로 새로운 삶의 생산으로서 문화연구의 현행성을 보여주고 그 급진적 이행을 입증하는 방법일 것이다.[36]

　문화연구는 확고부동한 정체성을 확보한 채 등장하지 않았다. 기존의 모든 가치나 관점, 행위의 본질주의를 거부하며 배태되었기에 자기를 입증하는 정당성이나 당위성은 애초에 문화연구의 관심사가 아니었다. 오히려 필요한 것은 문화연구는 무엇을 하는가, 더 정확히 말해 어떤 것을 생산하는가라는 활동의 선명성에 있을 듯하다. 문제는 활동의 목적이 아니라 불요불굴한 활동 자체의 지속가능성인데, 자기비판을 포함한 모든 것에 대한 비판적 관점의 유지야말로 문화연구를 규정짓는 유일한 준거가 된다(김현미·류제홍·유선영·이동연, 2005: 48). 이는 주어진 현실에 만족하지 않고 끊임없이 새로운 삶의 창안에 몰두하는 비판적 주체의 형상이다. 단적으로 주어진 무엇도 그대로 받아들이지는 않기에 위기와 마찬가지로 급진화의 그 어떤 해결책도 최종심급이 되지 않는다. 어떤 급진화도 위기를 끝맺지 못하듯, 어떤 위기도 급진화로 돌파하지 못할 최후의 위기는 아니기에 우리에게는 항상-이미 기회가 남아 있다. 우울증적 계기를 출발점 삼아 모든 실정적인 것들에 부정성의 균열을 내고(김홍중,

---

36 "평범한 사람들의 이야기인 이 인터뷰 기록이 마찬가지로 평범한 이웃들에게 많이 읽히기를 바란다." 감염과 생산으로서의 삶을 염두에 둔다면, 이는 그저 단순한 당부의 말은 아니겠다(김순천, 2015: 9).

2009: 98-99), 마침내 현재와는 다른 것의 가능성을 현실 가운데 일으켜 세워야 한다. 그런 시도가 성공할 것인지 (다시) 실패할 것인지는 중요하지 않다. 현재가 위기 속에 균열의 징후들을 드러내는 한, 그것을 가시화하고 거기 깃든 잠재적 미-래의 다른 현실을 발견하는 것은 멈출 수 없는 과제일 것이다. 제도화된 위기와 제도의 위기 사이에서 문화연구의 급진화는 그와 같은 운동을 표현하는 기호이다.

이 점에서 나는 현재 문화연구가 마주친 현실이 결코 실패나 위기, 혹은 종말을 운위할 때는 아니라고 생각한다. 세월호 정국이 보여주듯, 분명히 우리의 담론은 고립되어 무력감에 빠졌고, 현실은 패배적으로 보이며, 미래는 암울하다. 아마도 역사를 뒤져볼 때 제도라는 몰적molaire 형식과 대결하여 그것을 완전히 폐기할 수 있었던 적은 한 번도 없었으리라. 그렇지만 제도에 구멍을 내고 침식시켜 허물어뜨리는 운동이 늘상 허망하게 소진되지도 않았다. 제도는 쉽게 사라지지 않지만, 바로 그래서 우리는 제도에 맞서 최대한으로 싸워도 좋은 것이다. 문화연구의 급진주의는 그렇게 제도화된 위기, 나아가 제도의 위기에 대항하는 항구적인 싸움 이상도 이하도 아니다. 두 위기 사이에서 벌이는 운동으로부터 은연중에 생산되는 새로운 삶의 조각들에 우리는 눈길을 돌려야 한다. 그것이 언제나 반복하는 실패의 의미이자, 위기는 곧 기회라는 금언의 숨은 진실이다.

발표지면

* 이 책에 실린 글들은 아래 지면에서 처음 발표되었던 원고를 전면적으로 수정한 것이다.

1장. 「슬라보예 지젝과 도래할 공산주의」, 『마르크스주의 연구』 2014년 제11권 제3호.

2장. 「자크 데리다와 (불)가능한 정치의 시간」, 『문화/과학』 2017년 제5호.

3장. 「발터 벤야민과 역사유물론의 미-래」, 『미래인문학』 2018년 제1권 제1호.

4장. 「이데올로기의 숭고한 유물론」, 『진보평론』 2017년 제72호.

5장. 「트랜스-섹슈얼리티의 정치학」, 『통일인문학』 2017년 제69집.

6장. 「가장 뜨거운 모더니티」, 『진보평론』 2016년 제67호.

7장. 「우리는 결코 인간이었던 적이 없다」, 『비교문화연구』 2015년 제41집.

8장. 「기계는 자신을 무엇이라 생각하는가」, 『문학동네』 2016년 제87호.

8장 보론. 「기계는 인간의 미-래다」, 『대산문화』 2016년 제60호.

9장. 「누구를 위한 인문학인가」, 『불온한 인문학』, 휴머니스트, 2011.

10장. 「예술-노동의 문화정치학」, 『문화/과학』 2015년 제84호.

11장. 「급진적 문화연구는 실패했는가」, 『문화/과학』 2015년 제81호.

참고문헌

가타리(F. Guattari), 2003, 『기계적 무의식』, 윤수종 옮김, 푸른숲.

강내희, 2004, 「문화연구와 '새 인문학'」, 『서강인문논총』 18.

──. 2011, 「강내희와의 인터뷰: 문화/과학 이론의 정치성」, 김항 외 기획·인터뷰·
    정리, 『한국 인문학 지각변동』, 그린비.

강영안, 2002, 『인간의 얼굴을 가진 지식─인문학의 철학을 위하여』, 소나무.

갠스(H. J. Gans), 1998, 『대중문화와 고급문화』, 강현두 옮김, 나남출판.

거팅(G. Gutting), 1995, 『미셸 푸코와 과학적 이성의 고고학』, 홍은영 외 옮김, 백의.

게이(P. Gay), 2015, 『모더니즘』, 정주연 옮김, 민음사.

고승철, 『CEO 인문학』, 책만드는집, 2009.

고지현, 2007, 『꿈과 깨어나기. 발터 벤야민 파사주 프로젝트의 역사이론』, 유로.

고진(柄谷行人), 1998, 『탐구』 1, 송태욱 옮김, 새물결.

──. 2013, 『트랜스크리틱』, 이신철 옮김, 도서출판b.

고프(J. L. Goff), 1992, 『서양중세문명』, 유희수 옮김, 문학과지성사.

곽차섭, 2013, 『아레티노 평전』, 길.

권광현·박영훈, 2017, 『디지털 노마드: 직장 없이 자유롭게 돈 버는 사람들』, 라온북.

권보드래·천정환, 2012, 『1960년을 묻다─박정희 시대의 문화정치와 지성』, 천년의
    상상.

그람시(A. Gramsci), 1999,『그람시의 옥중수고』 2, 이상훈 옮김, 거름.

그래프턴((A. Grafton), 2000,『신대륙과 케케묵은 텍스트들』, 서성철 옮김, 일빛.

그로스버그(L. Grossberg), 2005,「문화연구: 기획의 역사, 그 구성체의 시대」, 박지영 옮김,『언론정보연구』 42-1.

그로이스(B. Groys), 2017,『새로움에 대하여』, 김남시 옮김, 현실문화.

그린(M. Green), 2000,「현대문화연구소」, 존 스토리 엮음,『문화연구란 무엇인가』, 백선기 옮김, 커뮤니케이션북스.

기든스(A. Giddens), 1999,『현대사회의 성, 사랑, 에로티시즘』, 배은경 외 옮김, 새물결.

긴야(阿部謹也), 2005,『중세유럽산책』, 양억관 옮김, 한길사.

김경동 외, 2010,『인문학 콘서트』, 이숲.

김성호, 2014,「라이프니츠 철학에서 언어와 표상의 문제」,『철학탐구』 35.

김성환, 2008,『17세기 자연철학: 운동학 기계론에서 동력학 기계론으로』, 그린비.

김순천, 2015,「세상이 절망적일수록 우리는 늘 새롭게 시작할 것이다」, 416세월호참사 작가기록단 엮음,『금요일엔 돌아오렴』, 창비.

김영한, 1983,『르네상스의 유토피아 사상』, 탐구당.

김영희, 1993,『비평의 객관성과 실천적 지평』, 창작과비평사.

김용규, 2004,『문학에서 문화로. 1960년대 이후 영국 문학이론의 정치학』, 소명출판.

김원, 2012,「민족-민중적 학문공동체의 변화와 대안적 지식공동체」, 권보드래 외,『지식의 현장 담론의 풍경』, 한길사.

김윤식, 1992,『한국 근대문학사상 연구』 1, 일지사.

———. 1994,『설렘과 황홀의 순간』, 솔.

김종갑, 2014,『성과 인간에 관한 책』, 다른.

김창남, 2010,『대중문화의 이해』(전면2개정판), 한울.

김현미·류제홍·유선영·이동연, 2005,「한국 문화연구 10년의 유산과 과제」,『문화사회』 창간호.

김홍중, 2009,『마음의 사회학』, 문학동네.

나우어트(C. G. Nauert), 2003,『휴머니즘과 르네상스 유럽문화』, 진원숙 옮김.

노가레(G. C. Nogaret), 1991,「사드는 존재했는가」,『아름다운 사랑과 성의 역사』, 김석희 옮김, 공동체.

노이로르(J. F. Neurohr), 1983,『제3제국의 신화: 나치즘의 정신사』, 전남석 옮김, 한길사.

다이어-위데포드(N. Dyer-Witheford), 2003, 『사이버-맑스』, 신승철 외 옮김, 이후.

단턴(R. Darnton), 2003, 『책과 혁명: 프랑스혁명 이전의 금서 베스트셀러』, 주명철 옮김, 도서출판 길.

데리다(J. Derrida), 2001, 「폭력과 형이상학」, 『글쓰기와 차이』, 남수인 옮김, 동문선.

──. 2004a, 『법의 힘』, 진태원 옮김, 문학과지성사.

──. 2004b, 『환대에 대하여』, 남수인 옮김, 동문선.

──. 2007, 『마르크스의 유령들』, 진태원 옮김, 이제이북스.

──. 2009, 「해체와 파괴─자크 데리다와의 대담」, 미하일 리클린, 『해체와 파괴』, 최진석 옮김, 그린비.

데리다 외, 2009, 『마르크스주의와 해체』, 진태원 외 옮김, 길.

도르(J. Dor), 2005, 『프로이트, 라캉, 정신분석 임상』, 홍준기 옮김, 아난케.

도스토옙스키(F. Dostoyevsky), 2007, 『카라마조프가의 형제들』 1, 김연경 옮김, 민음사.

도스토옙스카야(A. Dostoevskaya), 2003, 『도스토예프스키와 함께 한 나날들』, 최호정 옮김, 그린비.

도이처(P. Deutscher), 2007, 『How to read 데리다』, 변성찬 옮김, 웅진지식하우스.

도즈(E. R. Dodds), 2002, 『그리스인들과 비이성적인 것』, 주은영 외 옮김, 까치.

드보르(G. Debord), 1996, 『스펙타클의 사회』, 이경숙 옮김, 현실문화연구.

드워킨(A. Dworkin), 1996, 『포르노그래피』, 유혜련 옮김, 동문선.

들뢰즈(G. Deleuze), 1955, 『대담 1972~1990』, 김종호 옮김, 솔.

──. 1998, 『니체와 철학』, 이경신 옮김, 민음사.

──. 1999a, 『스피노자의 철학』, 박기순 옮김, 민음사.

──. 1999b, 『의미의 논리』, 이정우 옮김, 한길사.

──. 2004, 『차이와 반복』, 김상환 옮김, 민음사.

들뢰즈(G. Deleuze)·가타리(F. Guattari), 2000, 『천의 고원』 1, 이진경 외 옮김, 연구공간 너머 자료실.

디키(G. Dickie), 1998, 『예술사회』, 김혜련 옮김, 문학과지성사.

라블레(F. Rabelais), 2004, 『가르강튀아와 팡타그뤼엘』, 유석호 옮김, 문학과지성사.

라캉(J. Lacan), 2008, 『자크 라캉 세미나』 11, 맹정현 외 옮김, 새물결.

라클라우(E. Laclau)·무페(C. Mouffe), 2012, 『헤게모니와 사회주의 전략』, 이승원 옮김, 후마니타스.

레닌(V. Lenin), 1988a, 『유물론과 경험비판론』, 정광희 옮김, 아침.

──. 1988b, 『무엇을 할 것인가?』, 김민호 옮김, 백두.

──. 1992, 『공산주의에서의 '좌익' 소아병』, 김남섭 옮김, 돌베개.

레비나스(E. Levinas), 1998, 시간과 타자, 강영안 옮김, 문예출판사.

레이더(M. Rader)·제섭(B. Jessup), 1988, 『예술과 인간가치』, 김광명 옮김, 이론과실천.

로도윅(D. N. Rodowick), 2005, 『질 들뢰즈의 시간기계』, 김지훈 옮김, 그린비.

로시(P. Rossi), 1981, 『마술에서 과학으로』, 박기동 옮김, 부림출판사.

뢰비(M. Lowy), 2017, 『발터 벤야민: 화재경보.「역사의 개념에 대하여」읽기』, 양창렬 옮김, 난장.

루카치(G. Lukács), 1993a, 『맑스로 가는 길』, 김경식 외 옮김, 솔.

──. 1993b, 『역사와 계급의식』, 박정호 외 옮김, 거름.

──. 2007, 『소설의 이론』, 김경식 옮김, 문예출판사.

르페브르(H. Lefebvre), 2010, 『현대세계의 일상성』, 박정자 옮김, 기파랑.

──. 2013, 『리듬분석』, 정기헌 옮김, 갈무리.

리비스(F. R. Leavis), 2007, 『영국소설의 위대한 전통』, 김영희 옮김, 나남.

리오타르(J. Lyotard), 1992, 『포스트모던의 조건』, 유정완 외 옮김.

린스(U. Lins), 2013, 『위험한 언어. 희망의 언어 에스페란토의 고난의 역사』, 최만원 옮김, 갈무리.

마야콥스키(V. Mayakovsky), 2005, 『대중의 취향에 따귀를 때려라』, 김성일 옮김, 책세상.

마르크스(K. Marx), 1988, 『정치경제학 비판을 위하여』, 김호균 옮김, 중원문화.

──. 1989, 『잉여가치 학설사 1』, 편집부 옮김, 아침.

──. 1991, 『1844년의 경제학 철학 초고』, 최인호 옮김, 박종철출판사.

──. 1992, 「루이 보나파르트의 브뤼메르 18일」, 『맑스·엥겔스 저작선집』2, 최인호 외 옮김, 박종철출판사.

──. 1996, 『자본론』I(상), 김수행 옮김, 비봉출판사.

──. 2001, 『정치경제학 비판 요강』II, 김호균 옮김, 그린비.

──. 2011, 『헤겔 법철학 비판』, 강유원 옮김, 이론과실천.

마르크스·엥겔스, 1990, 「독일 이데올로기」;「부르주아지와 반혁명」, 『맑스 엥겔스 저작선집』1, 최인호 외 옮김, 박종철출판사.

──. 2019, 『독일 이데올로기』1, 이병창 옮김, 먼빛으로.

마셜(P. Marshall), 1996, 「기 드보르와 상황주의자들」, 『스펙타클의 사회』, 이경숙 옮김, 현실문화연구.

매클루언(M. McLuhan), 2002, 『미디어의 이해』, 김성기 외 옮김, 민음사.

맥렐런(D. McLellan), 2002, 『이데올로기』, 구승회 옮김, 이후.

맨(J. Man), 2003, 『구텐베르크 혁명』, 남경태 옮김, 예지.

멈퍼드(L. Mumford), 2013a, 『기술과 문명』, 문종만 옮김, 책세상.

──. 2013b, 『기계의 신화』 I, 유명기 옮김, 아카넷.

메를로-퐁티(M. Merleau-Ponty), 2004, 『휴머니즘과 폭력』, 박현모 외 옮김, 문학과지성사.

매즐리시(B. Mazlish), 2001, 『네번째 불연속』, 김희봉 옮김, 사이언스북스.

몸문화연구소, 2013, 『포르노 이슈』, 그린비.

『문화과학』 편집위원, 1992, 「『문화과학』을 창간하며」, 『문화과학』1.

뮬런(F. Mulhern), 2003, 『문화/메타문화』, 임병권 옮김, 한나래.

미란돌라(G. P. Mirandola), 1996, 『피코 델라 미란돌라. 인간 존엄성에 대한 연설』, 성염 편저, 철학과현실사.

밀렛(K. M. Millett), 2009, 『성 정치학』, 김전유경 옮김, 이후.

바네겜(R. Vaneigem), 2006, 『일상생활의 혁명』, 주형일 옮김, 시울.

바디우(A. Badiou), 1995, 『철학을 위한 선언』, 이종영 옮김, 백의.

──. 2001, 『윤리학』, 이종영 옮김, 동문선.

──. 2006, 『조건들』, 이종영 옮김, 새물결.

──. 2009, 「사르코지라는 이름이 뜻하는 것」, 페리 앤더슨 외, 『뉴레프트리뷰』, 서용순 외 옮김, 길.

──. 2013, "General Introduction," 서울 공산주의 국제콘퍼런스 발표문.

바르트(H. Barth), 1986, 『진리와 이데올로기』, 황경식 외 옮김, 종로서적.

바바(H. K. Bhabha), 2011, 『국민과 서사』, 류승구 옮김, 후마니타스.

바스케스(A. S. Vasquez), 1993, 『예술과 사회』, 양건열 옮김, 이론과실천.

바쟁(A. Bazin), 1996, 「성 과학자들의 권력과 성적 민주주의」, 『성과 사랑의 역사』, 김광현 옮김, 황금가지.

박도영, 2014, 「공산주의와 '도래할 민주주의'」, 『마르크스주의 연구』11(1).

박이문, 2009, 『통합의 인문학』, 지와 사랑.

박헌호, 2010, 「'문화연구'의 정치성과 역사성」, 『민족문화연구』 53.

박홍규, 2009, 『인간시대 르네상스』, 필맥.

버틀러(J. Butler), 2008, 『젠더 트러블』, 조현준 옮김, 문학동네.

──. 2015, 『젠더 허물기』, 조현준 옮김, 문학과지성사.

벅-모스(S. Buck-Morss), 2008, 『꿈의 세계와 파국. 대중 유토피아의 소멸』, 윤일성 외 옮김, 경성대학교출판부.

베르그손(H. Bergson), 2005, 『창조적 진화』, 황수영 옮김, 아카넷.

벌로(V. Bullough)·벌로(B. Bullough), 1992, 『매춘의 역사』, 서석연 외 옮김, 까치.

──. 1995, 『섹스와 편견』, 김석희 옮김, 정신세계사.

벌린(I. Berlin), 1992, 『계몽시대의 철학』, 정병훈 옮김, 서광사.

베버(M. Weber), 1991, 「직업으로서의 정치」, 『막스 베버 선집』, 임영일 외 옮김, 까치.

베이트슨(G. Bateson), 2009, 『마음의 생태학』, 박대식 옮김, 책세상.

베이컨(F. Bacon), 2001, 『신기관』, 진석용 옮김, 한길사.

벤사이드(D. Bensaïd), 2010, 「영원한 스캔들」, 알랭 바디우 외, 『민주주의는 죽었는가?』, 김상운 외 옮김, 난장.

벤야민(W. Benjamin), 2004, 「폭력의 비판을 위하여」, 자크 데리다, 『법의 힘』, 진태원 옮김, 문학과지성사.

──. 2009, 「역사의 개념에 대하여」, 『역사의 개념에 대하여 외』, 최성만 옮김, 길.

보드리야르(J. Baudrillard), 1991, 『소비의 사회』, 이상률 옮김, 문예출판사.

──. 1992, 『기호의 정치경제학 비판』, 이규현 옮김, 문학과지성사.

보르헤스(J. L. Borges), 1997a, 「과학에 대한 열정」, 『칼잡이들의 이야기』, 황병하 옮김, 민음사.

──. 1997b, 「기억의 천재 푸네스」, 『픽션들』, 황병하 옮김, 민음사.

뵈메(H. Böhme) 외, 2004, 『문화학이란 무엇인가』, 손동현 외 옮김, 성균관대학교 출판부.

부르크하르트(J. Burckhardt), 2002, 『이탈리아 르네상스의 문화』, 안인희 옮김, 푸른숲.

불록(A. Bullock), 1989, 『서양의 휴머니즘 전통』, 홍동선, 범양사출판부.

뷔진(A. Buisine), 2005, 「엠마, 그녀는 타자다」, 알랭 뷔진 편, 『보바리』, 김계영 외 옮김, 이룸.

브랜틀링거(P. Brantlinger), 2000,『영미 문화연구』, 김용규 옮김 옮김, 문화과학사.

브레이버맨(H. Braverman), 1990,『노동과 독점자본』, 이한주 외 옮김, 까치.

브리스토우(J. Bristow), 2000,『섹슈얼리티』, 이연정 외 옮김, 한나래.

블라셀(B. Blasselle), 1999,『책의 역사: 문자에서 텍스트로』, 권명희 옮김, 시공사.

블라우트(J. M. Blaut), 2008,『식민주의자의 세계 모델: 지리적 확산론과 유럽중심적 역사』, 김동택 옮김, 성균관대출판부.

블랑쇼(M. Blanchot) 외, 2005,『밝힐 수 없는 공동체/마주한 공동체』, 박준상 옮김, 문학과지성사, 2005.

블로이엘(H. Bleuel), 1980,『지성의 몰락: 독일 대학의 정치사회사』, 이광주 옮김, 한 길사.

비르노(P. Virno), 2004,『다중』, 김상운 옮김, 갈무리, 2004.

비테(B. Witte), 1994,『발터 벤야민』, 안소현 외 옮김, 역사비평사.

빈 성과학 연구소, 1996,『성학 사전』, 강중위 옮김, 강천.

사드(D.A.F. Sade), 2000,『소돔 120일』, 편집부 옮김, 고도.

─── . 2005,『규방철학』, 이충훈 옮김, 도서출판b.

살레츨(R. Salecl), 2003,『사랑과 증오의 도착들』, 이성민 옮김, 도서출판b.

샌델(M. Sandel), 2010,『정의란 무엇인가』, 이창신 옮김, 김영사.

샤르티에(R. Chartier), 1999,『프랑스혁명의 문화적 기원』, 백인호 옮김, 일월서각.

샤이너(L. Shiner), 2015,『순수예술의 발명』, 조주연 옮김, 인간의기쁨.

서동욱,『들뢰즈의 철학』, 민음사, 2002.

서동진, 2011,「심미적인, 너무나 심미적인 자본주의」,『경제화사회』 92.

서용순, 2011,「바디우 철학에서의 존재, 진리, 주체:『존재와 사건』을 중심으로」,『철 학논집』 27.

셸러(M. Scheler), 2001,『우주에서 인간의 지위』, 진교훈 옮김, 아카넷.

솔레(J. Sole), 1996,『성애의 사회사』, 이종민 옮김, 동문선, 1996.

송승철, 1997,「영문학 위기론과 문화연구」,『안과 밖』 3, 영미문학연구회.

쇼리스(E. Shorris), 2006,『희망의 인문학─클레멘트 코스, 기적을 만들다』, 고병헌 외 옮김, 이매진.

숄렘(G. Scholem), 2002,『한 우정의 역사』, 최성만 옮김, 2002.

슈미트(C. Schmitt), 2010,『정치신학』, 김항 옮김, 그린비, 2010.

스토리(J. Story), 2004,「서문: 문화연구」,『문화연구란 무엇인가』, 백선기 옮김, 커뮤니케이션북스.

스피노자(B. Spinoza), 1990, 『에티카』, 강영계 옮김, 서광사.

시로(宮下志郎), 2004, 『책의 도시 리옹』, 오정환 옮김, 한길사.

시몽동(G. Simondon), 2011, 『기술적 대상들의 존재 양식에 대하여』, 김재희 옮김, 그린비.

신동기, 2009, 『희망, 인문학에게 묻다』, 엘도라도.

신승환, 2010, 『지금, 여기의 인문학』, 후마니타스.

심광현, 2012, 「『문화/과학』 20년의 이론적 궤적에 대한 비판적 회고: 개혁과 혁명의 변증법적 리듬 분석을 중심으로」, 『문화/과학』 70.

──── . 2015, 「경제인간에서 예술인간으로의 이행 가능성과 현실성에 대한 다른 접근을 위하여」, 『문화/과학』, 83.

심혜련, 2017, 『아우라의 진화. 현대 문화예술에서 아우라의 지형도 그리기』, 이학사.

아감벤(G. Agamben), 2009, 『예외상태』, 김항 옮김, 새물결.

아널드(M. Arnold), 2006, 『교양과 무질서』, 윤지관 옮김, 한길사.

아도르노(T. W. Adorno), 2014, 『미니마 모랄리아. 상처받은 삶에서 나온 성찰』, 김유동 옮김, 길.

아리에스(P. Aries) 외, 1996, 『성과 사랑의 역사』, 김광현 옮김, 황금가지.

아우구스티누스(A. Augustinus), 2003, 『고백록』, 최민순 옮김, 바오로딸.

알튀세르(L. Althusser), 1996, 「마르크스와 프로이트에 대하여」; 「프로이트 박사의 발견」, 『알튀세르와 라캉』, 윤소영 엮음, 공감.

──── . 1997, 『맑스를 위하여』, 이종영 옮김, 백의.

──── . 2007, 「이데올로기와 이데올로기적 국가장치」, 『재생산에 대하여』, 김웅권 옮김, 동문선.

알렉상드리앙(S. Alexandrian), 1997, 『에로티즘 문학의 역사』, 최복현 옮김, 강천.

에이젠슈테인(S. Eisenstein), 1994, 『영화의 형식과 몽타주』, 정일몽 옮김, 영화진흥공사.

애덤슨(W. L. Adamson), 1986, 『헤게모니와 혁명』, 권순홍 옮김, 학민사.

앨틱(R. D. Altick), 2011, 『빅토리아 시대의 사람들과 사상』, 이미애 옮김, 아카넷.

야쿠봅스키(F. Jakubowski), 1987, 『이데올로기와 상부구조』, 윤도현 옮김, 한마당.

양태자, 2011, 『중세의 뒷골목 풍경』, 이랑.

엥겔스(F. Engels), 1991, 「잉글랜드 노동계급의 처지」, 『맑스·엥겔스 저작선집』 1, 최인호 외 옮김, 박종철출판사.

———. 1997, 「루드비히 포이에르바하 그리고 독일 고전 철학의 종말」, 「1893년 7월 14일 프란츠 메링에게 보낸 편지」, 『맑스·엥겔스 저작선집』 6, 최인호 외 옮김, 박종철출판사.

———. 2003, 「원숭이의 인간화에서 노동이 한 역할」, 『칼 맑스·프리드리히 엥겔스 저작선집』 5, 최인호 외 옮김, 박종철출판사.

여성문화이론연구소, 2015, 『페미니즘의 개념들』, 동녘.

오생근, 1996, 「미셸 푸코와 반(反)휴머니즘」, 서울대 인문학연구원 편, 『휴머니즘 연구』, 서울대학교출판부.

오창은, 2013, 『절망의 인문학』, 이매진.

워릭(K. Worwick), 2004, 『나는 왜 사이보그가 되었는가』, 정은영 옮김, 김영사.

월린((S. Wolin), 2009, 「마키아벨리: 정치 그리고 폭력의 경제학」, 『정치와 비전』 2, 강정인 외 옮김, 후마니타스.

윅스(J. Weeks), 1994, 『섹슈얼리티: 성의 정치』, 서동진 외 옮김, 현실문화연구.

윅스퀼(J. v. Uexküll), 2012, 『동물들의 세계와 인간의 세계』, 정지은 옮김, 도서출판b.

윌슨(E. O. Wilson), 2005, 『지식의 대통합—통섭』, 최재천 외 옮김, 사이언스북스.

윤지관, 1995, 『근대사회의 교양과 비평』, 창비.

이규현, 2004, 「옮긴이 후기」, 미셸 푸코, 『성의 역사』 1, 나남.

이글턴(T. Eagleton), 1993, 『문학이론입문』, 김명환 외 옮김, 창비.

———. 1995, 『미학 사상』, 방대원 옮김, 한신문화사.

이동연, 1997, 『문화연구의 새로운 토픽들』, 문화과학사.

———. 2012, 「『문화/과학』의 이론적 실천과 문화운동의 궤적들」, 『문화/과학』 70.

———. 2012b, 「문화연구와 해석의 정치」, 『문화/과학』 71.

이부영, 2001, 『아니마와 아니무스』, 한길사.

이상길, 2004, 「문화연구의 아포리아: '위기담론'에 대한 반성을 중심으로」, 『한국언론학보』 48권 5호.

이성훈, 2003, 「인문학의 위기와 문화연구」, 『인문학논총』 7.

이스트호프(A. Easthope), 1994, 『문학에서 문화연구로』, 임상훈 옮김, 현대미학사.

이와사부로(高祖岩三朗), 2010, 『뉴욕열전』, 김향수 옮김, 갈무리.

이종흡, 1999, 『마술·과학·인문학』, 지영사.

이진경, 2004, 『자본을 넘어선 자본』, 그린비.

─────. 2005, 「'인문학의 위기'와 노마디즘」, 『서강인문논총』 18.

─────. 2006, 『미-래의 맑스주의』, 그린비.

─────. 2007, 『근대적 주거공간의 탄생』, 그린비.

─────. 2012, 『대중과 흐름: 대중과 계급의 정치사회학』, 그린비.

이치로(富山一郞), 2012, 「휘말린다는 것」, 『부커진 R 4호: 휘말림의 정치학』, 그린비.

이한화, 1988, 『러시아 프로문학운동론』 1, 화다.

임영호, 2014, 「스튜어트 홀과 문화연구의 정치」, 『문화/과학』 78, 254-272.

장석만 외, 2006, 『한국 근대성 연구의 길을 묻다』, 돌베개.

장세진, 2012, 『상상된 아메리카』, 푸른역사.

정명환 외, 2004, 『프랑스 지식인들과 한국전쟁』, 민음사.

제이콥(M. C. Jacob), 1996, 「포르노그라피의 물질주의적 세계」, 『포르노그래피의 발명』, 조한욱 옮김, 책세상.

조정환, 2011, 『인지자본주의』, 갈무리.

─────. 2015, 『예술인간의 탄생』, 갈무리.

조정환 외, 2011, 『플럭서스 예술혁명』, 갈무리.

지라르(R. Girard), 2001, 『낭만적 거짓과 소설적 진실』, 김치수 외 옮김, 한길사.

지젝(S. Žižek), 2004a, 『그들은 자기가 하는 일을 알지 못하나이다』, 박정수 옮김, 인간사랑.

─────. 2004b, 『이라크』, 박대진 외 옮김, 도서출판b.

─────. 2005a, 『탈이데올로기 시대의 이데올로기』, 김상환 옮김, 철학과현실사.

─────. 2005b, 『까다로운 주체』, 이성민 옮김, 도서출판b.

─────. 2009, 『잃어버린 대의를 옹호하며』, 박정수 옮김, 그린비.

─────. 2010, 『처음에는 비극으로 다음에는 희극으로』, 김성호 옮김, 창비.

─────. 2011, 『폭력이란 무엇인가』, 이현우 외 옮김, 난장이.

─────. 2012, 『멈춰라, 생각하라』, 주성우 옮김, 와이즈베리.

─────. 2013a, 「차연으로의 복귀를 청하는 호소」, 『아듀 데리다』, 최용미 옮김, 인간사랑.

─────. 2013b, 『이데올로기의 숭고한 대상』, 이수련 옮김, 새물결.

─────. 2013c, 「좌파들의 말뿐인 진보주의 거부해야」, 『르몽드 디플로마티크』 61-62.

─────. 2013d, 『헤겔 레스토랑. 라캉 카페』, 조형준 옮김, 새물결.

참고문헌   503

──────. 2017, 『레닌의 유산: 진리로 나아갈 권리』, 정영목 옮김, 생각의힘.

지젝(S. Žižek) 외, 2010, 「서문. 레닌을 반복하기」, 『레닌 재장전』, 마티.

──────. 2019, 『다시, 마르크스를 읽는다』, 최진석 옮김, 문학세계사.

지즈코(上野 千鶴子), 1991, 『스커트 밑의 극장』, 장미희 옮김, 논장.

진원숙, 2005, 『시민적 휴머니즘과 인간·역사·과학』, 야스미디어.

진츠부르그(C. Ginzburg), 2001, 『치즈와 구더기』, 김정하 외 옮김, 문학과지성사.

진태원, 2004, 「용어해설」, 데리다, 『법의 힘』, 진태원 옮김, 문학과지성사.

──────. 2007, 「용어 해설」, 데리다, 『마르크스의 유령들』, 진태원 옮김, 이제이북스.

천정환, 2007, 「'문화론적 연구'의 현실 인식과 전망」, 『상허학보』 19.

──────. 2011, 「천정환과의 인터뷰: 지식생산의 탈위계화를 위해」, 김항 외 기획·인터뷰·정리, 『한국 인문학 지각변동』, 그린비.

──────. 2013, 『자살론』, 문학동네.

초우(R. Chow), 2005, 『디아스포라의 지식인. 현대 문화연구에 있어서 개입의 전술』, 장수현 외 옮김, 이산.

츠바이크(S. Zweig), 1997, 『에라스무스』, 정민영 옮김, 자작나무.

최문규, 2012, 『파편과 형세. 발터 벤야민의 미학』, 서강대출판부.

최성만, 2014, 『발터 벤야민. 기억의 정치학』, 길.

최장집, 2010, 『민주화 이후의 민주주의』(개정2판), 후마니타스.

최진석, 2007, 「근대적 시간: 시계, 화폐, 속도」; 「근대의 공간, 혹은 공간의 근대」, 이진경 편저, 『문화정치학의 영토들』, 그린비.

──────. 2017, 『민중과 그로테스크의 문화정치학: 미하일 바흐친과 생성의 사유』, 그린비.

──────. 2019, 「'새로운 인간'과 무의식의 혁명」; 「혁명과 반복, 혹은 마음의 정치학: 소비에트 민주주의와 프롤레타리아 독재 사이에서」; 「프롤레타리아 문화는 불가능한가?: 보그다노프와 프롤레트쿨트 논쟁」, 『감응의 정치학: 코뮤주의와 혁명』, 그린비.

카(E. H. Carr), 1979, 『도스토예프스키』, 김병익 옮김, 홍성사.

카간(M. S. Kagan), 1989, 『미학강의』 I, 진중권 옮김, 새길.

칸트(I. Kant), 1992, 『칸트의 역사철학』, 이한구 편역, 서광사.

──────. 2006, 『순수이성비판』 2, 백종현 옮김, 아카넷.

──────. 2009, 『실천이성비판』, 백종현 옮김, 아카넷.

카시러(E. Cassirer), 1988,『인간이란 무엇인가』, 최명관 옮김, 서광사.

칼라일(T. Carlyle), 2003,『영웅숭배론』, 박상익 옮김, 한길사.

코너(C. D. Conner), 2014,『과학의 민중사』, 김명진 외 옮김, 사이언스북스.

코지(大竹弘二), 2020,『정전과 내전: 카를 슈미트의 국제질서사상』, 윤인로 옮김, 산지니.

콜라핀토(J. Colapinto), 2002,『타고난 성 만들어진 성』, 이은선 옮김, 바다출판사.

콩트(A. Comte), 2001,『실증주의 서설』, 김점석 옮김, 한길사.

쿨터만(U. Kultermann), 1997,『예술이론의 역사』, 김문환 옮김, 문예출판사.

크로스비(A. W. Crosby), 2005,『수량화 혁명』, 김병화 옮김, 심산.

크리스텔러(P. O. Kristeller), 1995,『르네상스의 사상과 그 원천』, 진원숙 옮김, 계명대학교출판부.

키틀러(F. Kittler), 2015,『기록시스템. 1800·1900』, 윤원화 옮김, 문학동네.

토마(C. Thomas), 1996,『사드, 신화와 반신화』, 심효림 옮김, 인간사랑.

톨스토이(L. Tolstoy), 2010,『중단편선』 III, 고일 외 옮김, 작가정신.

퍼거슨(W. K. Ferguson), 1987,『르네상스』, 김정옥 옮김, 삼문당.

───. 1991,『르네상스사론』, 진원숙 옮김, 집문당.

페브르(L. Febvre)·마르탱(H. J. Martin), 2014,『책의 탄생. 책은 어떻게 지식의 혁명과 사상의 전파를 이끌었는가』, 강주헌 외 옮김, 돌베개.

푸어만(J. T. Fuhrmann), 2017,『라스푸틴』, 양병찬 옮김, 생각의힘.

푸어만(H. Fuhrmann), 2003,『중세로의 초대』, 안인희 옮김, 이마고.

푸코(M. Foucault), 2010,『성의 역사 1─지식의 의지』, 이규현 옮김, 나남.

───. 2012,『말과 사물』, 이규현 옮김, 민음사.

───. 2016,『비판이란 무엇인가? / 자기수양』, 오트르망 옮김, 동녘.

퓌마롤리(M. Fumaroli), 2004,『문화국가. 문화라는 현대의 종교에 관하여』 박형섭 옮김, 경성대학교출판부.

프라피에-마주르(L. Frappier-Mazur), 1996,「18세기 프랑스 포르노그라피의 진실과 외설인인 언어」,『포르노그래피의 발명』, 조한욱 옮김, 책세상.

프로이트(S. Freud), 2003a,「집단 심리학과 자아분석」,『문명 속의 불만』, 김석희 옮김, 열린책들.

───. 2003b,「정신분석학 개요」;「나의 이력서」,『정신분석학 개요』, 박성수 외 옮김, 열린책들.

———. 2003c, 「성욕에 관한 세 편의 에세이」; 「오이디푸스 콤플렉스의 해소」; 「유아의 생식기 형성」; 「성의 해부학적 차이에 따른 심리적 결과」, 『성욕에 관한 세 편의 에세이』, 김정일 옮김, 열린책들.

———. 2003d, 『새로운 정신분석 강의』, 임홍빈 외 옮김, 열린책들.

———. 2003e, 「토템과 터부」, 『종교의 기원』, 이윤기 옮김, 열린책들.

———. 2003f, 『정신분석 강의』, 임홍빈 외 옮김, 열린책들.

———. 2003g, 『늑대인간―유아기의 신경증에 관하여』, 김명희 옮김, 김명희 옮김, 열린책들.

———. 2005, 「분석에 있어서 구성의 문제」, 『끝이 있는 분석과 끝이 없는 분석』, 임진수 옮김, 열린책들.

프록터(J. proctor), 2006, 『지금 스튜어트 홀』, 손유경 옮김, 앨피.

플라톤(Plato), 1997, 『국가·政體』, 박종현 역주, 서광사.

플랑드랭(J. Flandrin), 1994, 『성(性)의 역사』, 편집부 옮김, 동문선.

플랙스먼(G. Flaxman), 2003, 『뇌는 스크린이다. 들뢰즈와 영화철학』, 이소출판사.

피쉬(J. Fisch), 2010, 『코젤렉의 개념사 사전. 문명과 문화』, 안삼환 옮김, 푸른역사.

핀들렌(P. Findlen), 1996, 「르네상스 이탈리아의 인문주의와 정치 그리고 포르노그라피」, 『포르노그라피의 발명』, 조한욱 옮김, 책세상.

핑크(B. Fink), 2002, 『라캉과 정신의학』, 맹정현 옮김, 민음사.

하버마스(J. Habermas), 2004, 『공론장의 구조변동』, 한승완 옮김, 나남출판.

하비(D. Harvey), 2012, 『자본이라는 수수께끼』, 이강국 옮김, 창비.

하우저(A. Hauser), 1992, 『예술과 사회』, 한석종 옮김, 기린원.

———. 1999, 『문학과 예술의 사회사』 3, 염무웅 외 옮김, 창작과비평사.

하위징아(J. Huizinga), 2011, 『호모 루덴스』, 이종인 옮김, 연암서가.

하윤금, 2002, 「문화연구의 패러다임 위기」, 『진보평론』 14.

한상원, 2018, 『앙겔루스 노부스의 시선』, 에디투스.

한병철, 2015, 『에로스의 종말』, 김태환 옮김, 문학과지성사.

하이데거(M. Heidegger), 2005, 「근거의 본질에 관하여」, 『이정표 2』, 이선일 옮김, 한길사.

해러웨이(D. J. Haraway), 2019, 「사이보그 선언」, 『해러웨이 선언문』, 황희선 옮김, 책세상.

해리슨(J. Harrison), 1991, 『영국민중사』, 이영석 옮김, 소나무.

헌트(L. Hunt), 1996, 「서문: 외설성과 현대성의 기원, 1500-1800」, 『포르노그라피의 발명』, 조한욱 옮김, 책세상.

———. 1999, 『프랑스혁명의 가족 로망스』, 조한욱 옮김, 새물결.

———. 2002, 「프랑스혁명기의 불안정한 경계」, 『사생활의 역사』 4, 전수연 옮김, 새물결.

헤겔(G. Hegel), 2005, 『정신현상학 1』, 임석진 옮김, 한길사.

———. 2010a, 『미학강의』 1, 두행숙 옮김, 은행나무.

———. 2010b, 『미학강의』 3, 두행숙 옮김, 은행나무.

———. 2012, 『예나 체계기획 III』, 서정혁 옮김, 아카넷.

헤르더(J. G. Herder), 2011, 『인류의 교육을 위한 새로운 역사철학』, 안성찬 옮김, 한길사.

홀(C. Hall), 2002, 「홈 스위트 홈」, 『사생활의 역사』 4, 전수연 옮김, 새물결.

홀(S. Hall), 2006, 이동연 지음, 『아시아 문화연구를 상상하기』, 그린비.

———. 2008, 「이데올로기의 문제: 보증 없는 맑스주의」; 「문화연구의 두 가지 패러다임」, 『스튜어트 홀의 문화이론』, 임영호 옮김, 한나래.

홉스봄(E. Hobsbawm) 외, 2004, 『만들어진 전통』, 박지향 외 옮김, 휴머니스트.

홍준기, 2008, 「이데올로기의 공간, 행위의 공간」, 『마르크스주의 연구』 5(3).

———. 2014, 「공산주의라는 환상에서 벗어나야」, 『르몽드 디플로마티크』 65.

휴즈(R. Hughes), 1995, 『새로움의 충격』, 최기득 옮김, 미진사.

히로요시(石川弘義), 2002, 『마스터베이션의 역사』, 김승일 옮김, 해냄.

Bakhtin, M., 1965, *Tvorchestvo Fransua Rable i narodnaja kul'tura srednevekov'ja i Renessansa*, Khudozhestvennaja literatura.

———. 1983, *The Dialogic Imagination: Four Essays*, University of Texas Press.

———. 1984, *Problems of Dostoevsky's Poetics*, University of Minnesota Press.

Benjamin, W., 1991, "Über den Begriff der Geschichte," *Gesammelte Schriften*, Band I-2, Suhrkamp.

Beljaev, N., 2007, *"Mekhanitsizm" v novoevropejskoj kul'ture*, Izd. SPbU.

Chernyshevskij, N., 1974, "Esteticheskie otnoshenija iskusstva k dejstvitel'nosti," *Sobranie sochinenij*, Tom 4, Ogonek.

Debord, G., 1958/1959, "Theory of the Dérive"(1958), "Détournement as

Negation and Prelude"(1959), Situationist International Anthology.

──── . 2006, "Report on the Construction of Situations"(1957), Ken Knabb(ed. & trans.), *Situationist International Anthology(Rev&Expended ed.)*, Bureau of Public Secrets.

Deleuze G. & Guattari, F., 1972, *L'Anti-Œdipe: Capitalisme et Schizophrénie*, Les Éditions de Minuit.

──── . 1980, *Mille Plateaux: Capitalisme et Schizophrénie 2*, Les Éditions de Minuit, ch. 2.

──── . 1983, *Anti-Oedipus*, The Athlone Press.

──── . 1990, *The Logic of Sense*, The Athlone Press.

──── . 1991, *Bergsonism*, Zone Books.

──── . 2002, *A Thousand Plateaus. Capitalism and Schizophrenia*, University of Minnesota Press, ch. 6.

Derrida, J., 1987, "Le Facteur de la Vérité," *The Post Card: From Socrates to Freud and Beyond*, The University of Chcago Press.

──── . 1995, "Sauf le nom", *On the Name*, tr. Thomas Dutoit, Stanford University Press.

──── . 1999, *Adieu to Emmanuel Levinas*, tr. Pascale-Anne Brault, Stanford University Press.

Erlich, V., 1981, *Russian Formalism*, Yale University Press.

Foucault, M., 1966, *Arts*, 15 juin.

──── . 1972, *The Archeology of Knowledge*, Tavistock Publications.

──── . 1973, *Order of Things: an Archaeology of the Human Sciences*, Vintage Books.

──── . 1994, *The Birth of the Clinic: An Archaeology of Medical Perception*, trans., A. M. Sheridan Smith, Vintage Books.

Grigor'eva, N., 2005, *Anima Laborans. Pisatel'i trud v Rossii: 1920-30-kh godov*, Aletejja.

Groys, B., 1992, *The Total Art of Stalinism*, Princeton University Press.

Guattari, F., 1995, *Chaosmosis: An Ethico-Aesthetic Paradigm*, Indiana University Press, ch. 2.

Hegel, G. W. F., 1991, *The Philosophy of History*, trans. J. Sibree, Prometheus Books.

Helvétius, C. A., 1810, *De L'Esprit: or, Essays on the Mind, and Its Several Faculties*, 2-nd ed., London.

Hall, S., 1989, "The 'First' New Left: Life and Times," in Robin Archer et al., eds., *Out of Apathy: Voices of the New Left Thirty Years On*, Verso.

―――. 1992, "Cultural Studies and Its Theoretical Legacies," in Lawrence Grossberg et al., eds., *Cultural Studies*, Routledge.

Izvolov, N., 2005, *Fenomen kino*, Materik.

Karpov, A., 2009, *Russkij proletkul't: ideologija, estetika, praktika*, SPbGUP

Kolchevska, N., 1987, "From Agitation to Factography: The Plays of Sergej Tret'jakov," *Slavic and East European Journal*, Vol. 31, No. 3, Autumn.

Lacan, J., 1982, *Feminine Sexuality: Jacques Lacan and école freudienne*, MacMilan.

―――. 1991, *The Seminar of Jacques Lacan, Book II. The Ego in Freud's Theory and in the Technique of Psychoanalysis 1954~1955*, W.W. Norton & Company.

―――. 1993, *The Seminar of Jacques Lacan. Book III. The Psychoses 1955-1956*, trans., Russell Grigg, W.W. Norton & Company.

―――. 2006, "The Mirror Stage as Formative of the &I& Function"; "The Freudian Thing, or the Meaning of the Return to Freud in Psychoanalysis"; "Kant with Sade," *Écrits&*, trans., Bruce Fink, W.W. Norton & Company.

Landes, D., 1983, *Revolution in Time*, The Belknap Press of Harvard University Press.

Mally, L., 1990, *Culture of the Future*, University of California Press.

Markov, V., 2006, *Russian Futurism*, New Academia Publishing.

Marx, K.·Engels, F., "Manifesto of the Communist Party," Robert Tucker(ed), *The Marx-Engels Reader*, 2-nd edition, W.W. Norton & Company.

Maxwell, R., 2003, "Why Culture Works?", Richard Maxwell, eds., *Culture Works: The Political Economy of Culture*, University of Minnesota Press.

McLuhan, M., 2011, *Understanding Media: The Extensions of Man*, Gingko Press.

McRobbie, A., 1992, "Post-Marxism and Cultural Studies: A Post-script," in Lawrence Grossberg et al., eds., *Cultural Studies*, Routledge.

Mignolo, W., 1955, *The Darker Side of the Renaissance. Literacy, Territoriality, and Colonization*, The University of Michigan Press.

Plekhanov, G., 1958, "Pis'ma bez adresa," *Izbrannye filosofskie proizvedenija*, Tom V, M.

Rancière, J., 2004, *The Politics of Aesthetics. The Distribution of the Sensible*, Continuum.

Randal, M. 1996, *Building Resemblance. Analogical Imagery in the Early French Renaissance*, The Johns Hopkins University Press.

Robin, R., 1992, *Socialist Realism*, Stanford University Press.

Roff, S. L., 2004, "Benjamin and Psychoanalysis," *The Cambridge Companion to Walter Benjamin*, David Ferris (ed), Cambridge.

Seufert, R.(ed), 1968, *The Porno-photographia*, Arygle Books.

Sergeev, K., 2007, *Renessansnye osnovanija antropotsentrisma*, Nauka, ch.1.

Shklovsky, V., 1965, "Art as Technique," *Russian Formalist Criticism: Four Essays*, University of Nebraska Press.

Sochor, Z. A., 1988, *Revolution and Culture*, Cornell University Press.

Spinoza, B., 1985, "Ethics," *The Collected Works of Spinoza Vol.1*, trans. E. Curley, Princeton University Press.

Zalambani, M., 2006, *Literatura fakta*, Akademicheskij proekt.

Zepke, S., 2005, *Art as Abstract Machine*, Routledge.

Žižek, S., 2002, *On Belief*, Routledge.

Zvereva, G., 2007, "Kulturologiia kak akademicheskaia problema," *Vestnik RGGU*. No. 10/07, M.

찾아보기

불가능성의 인문학
휴머니즘 이후의 문화와 정치

초판 인쇄 2020년 6월 10일
초판 발행 2020년 6월 22일

지은이 최진석
펴낸이 염현숙
책임편집 이경록 | 편집 김영옥
디자인 고은이 최미영 | 저작권 한문숙 김지영 이영은 | 마케팅 정민호 이숙재 양서연 박지영
홍보 김희숙 김상만 지문희 우상희 김현지
제작 강신은 김동욱 임현식 | 제작처 한영문화사

펴낸곳 (주)문학동네
출판등록 1993년 10월 22일 제406-2003-000045호
주소 10881 경기도 파주시 회동길 210
전자우편 editor@munhak.com | 대표전화 031) 955-8888 | 팩스 031) 955-8855
문의전화 031) 955-3578(마케팅), 031) 955-3572(편집)
문학동네카페 http://cafe.naver.com/mhdn
문학동네트위터 http://twitter.com/munhakdongne
북클럽문학동네 http://bookclubmunhak.com

ISBN 978-89-546-7280-1 93300

www.munhak.com